DROIT A LA REMUNERATION JUSTE ET A LA PROTECTION SOCIALE DU CLERGE DIOCESAIN

AFRICAN THEOLOGICAL STUDIES

Etudes Théologiques Africaines

Dirigée par Gerhard Droesser et Chibueze Udeani

CLASSIFICATION THÉOLOGIQUE

VOLUME 19

Note sur l'assurance de la qualité et l'examen par les pairs de cette publication

La qualité des ouvrages publiés dans cette série sera vérifiée par un éditeur de la série avant la publication.

Notes on the quality assurance and peer review of this publication

Prior to publication, the quality of the work published in this series is reviewed by one of the editors of the series.

CRISPIN KABEYA KIPANA

DROIT A LA REMUNERATION JUSTE ET A LA PROTECTION SOCIALE DU CLERGE DIOCESAIN

Etude historico-canonique du can. 281, §§ 1-2. Dans la perspective de la prise en charge de l'Église particulière par elle-même en République Démocratique du Congo

PETER LANG

Information bibliographique publiée par « Die Deutsche Nationalbibliothek»
« Die Deutsche Nationalbibliothek » répertorie cette publication dans la
« Deutsche Nationalbibliografie » ; les données bibliographiques détaillées
sont disponibles sur internet sous http://dnb.d-nb.de.

ARCHIDIÓCESIS DE OVIEDO

ISSN 2196-0615
ISBN 978-3-631-80649-4 (Print)
E-ISBN 978-3-631-82141-1 (E-PDF)
E-ISBN 978-3-631-82142-8 (EPUB)
E-ISBN 978-3-631-82143-5 (MOBI
DOI 10.3726/b16941

Peter Lang – Berlin · Bern · Bruxelles ·
New York · Oxford · Warszawa · Wien

www.peterlang.com

PREFACE

L'Église de Dieu qui est en Afrique, depuis son implantation à nos jours, a dû faire face à d'importants défis, notamment en raison du contexte économique et socio-politique difficile, dans lequel s'accomplit la mission évangélisatrice. L'un de ces défis consiste à surmonter la dépendance économique vis-à-vis de l'extérieur et, par conséquent, à être capable d'affronter l'évangélisation avec ses propres ressources économiques. Nous pourrions résumer ce défi par une question : comment faire en sorte que chaque Église particulière puisse assurer de manière autonome, du point de vue économique, les différents projets évangélisateurs et offrir des conditions de vie dignes aux agents pastoraux ?

Avec une profonde affection pour son peuple et pour l'Église, et après un généreux travail intellectuel et pastoral au cours des dernières années dans l'Archidiocèse d'Oviedo (Espagne), le prêtre congolais Crispin Kabeya Kipana, docteur en droit canonique de l'Université Pontificale de Salamanque, offre une réponse sereine, bien documentée et bien argumentée à ce problème dans sa thèse de doctorat, qui porte le titre : *Droit à la rémunération juste et à la protection sociale du clergé diocésain. Étude historico-canonique du « can. 281, §§ 1–2 » dans la perspective de la prise en charge de l'Église particulière par elle-même en République Démocratique du Congo.*

Dans une argumentation cohérente, le docteur Crispin Kabeya commence par souligner les difficultés qu'affronte l'Église en Afrique, et plus particulièrement l'Église congolaise, dans l'organisation du travail pastoral et missionnaire. Considérant que l'Église ne peut jamais renoncer à l'annonce de l'Évangile, il estime que pour pouvoir le faire avec plus d'efficacité et d'ardeur missionnaire, il est très nécessaire d'offrir des conditions de travail décentes aux agents pastoraux et aux séminaristes dans leur processus de formation, tout en garantissant de manière adéquate les droits sociaux des travailleurs au service de l'Église.

Cela exige de prendre des mesures nécessaires pour trouver des solutions efficaces et durables au problème épineux de l'autosuffisance matérielle et financière des Églises africaines, qui vivent aujourd'hui en dépendance économique d'autres Églises. Avec ces solutions, il serait possible de garantir les droits sociaux des agents pastoraux et, dans le même temps, de revitaliser l'engagement évangélisateur, aujourd'hui affecté par la perte d'enthousiasme apostolique et missionnaire chez certains prêtres.

Le droit à une juste rémunération et à la protection sociale, non seulement pour les prêtres, mais pour chaque être humain, est un droit fondamental reconnu à tout individu pour son épanouissement personnel et pour le respect authentique de sa dignité humaine. Malheureusement, dans le contexte actuel des Églises et des pays africains, comme le souligne à juste titre l'auteur, ces droits sont loin d'être garantis aux prêtres et à l'ensemble des citoyens. C'est donc un véritable défi social et pastoral qui doit interpeller les dirigeants politiques et religieux d'Afrique car les causes qui expliquent l'incapacité des sociétés africaines en la matière sont à la fois historiques, juridiques, économiques, socio-politiques, culturelles et organisationnelles. Pour faire face à cette situation, notre ami invite les Africains à devenir eux-mêmes les protagonistes de leur histoire et du développement de leurs pays, en tournant le dos à la mentalité de « perpétuels assistés ».

Cette approche, outre qu'elle exige un profond changement de mentalité et une sincère conversion du cœur, comporte la nécessité de redéfinir un modèle de société et d'Église, capable de briser les chaînes de la dépendance sous toutes ses formes, de combattre la culture de la mort et de la faim et de proposer une organisation sociale et économique qui garantisse le respect des droits de l'homme et favorise des conditions de vie décentes pour tous les citoyens.

Se basant sur les fondements bibliques, historiques, doctrinaux et juridiques du droit des prêtres à une subsistance digne et à une juste protection sociale, l'auteur fait une analyse des fondements canoniques de ces droits et de leur application dans l'Église particulière de la République démocratique du Congo. Par cette analyse, il est possible d'évaluer les progrès et les limites dans l'application de la législation canonique jusqu'à présent dans les Églises particulières du Congo.

Les insuffisances constatées donnent à l'auteur la possibilité de faire quelques propositions concrètes, en invitant l'Église universelle à renoncer à une attitude paternaliste qui n'a jamais aidé ni aidera les jeunes Églises à atteindre la maturité nécessaire. En ce sens, toute collaboration économique avec les Églises dans le besoin devrait être fondée sur le principe de subsidiarité pour favoriser ainsi la promotion d'une gestion autonome et responsable de ces Églises.

Quant aux droits sociaux du clergé, le docteur Crispin Kabeya, s'appuyant sur les enseignements du Concile Vatican II et du Code de Droit canonique, propose que les Églises d'Afrique renoncent à un modèle ecclésial qui constitue un fardeau insupportable pour les communautés les plus pauvres. Il pense que la solution du problème économique de l'Église africaine et l'attention économique aux besoins des prêtres et des agents pastoraux ne sont pas tant la dépendance à d'autres Églises, sinon dans la recherche de moyens propres pour parvenir à l'autofinancement, en assumant ainsi le rôle et la responsabilité de son propre développement. Cela exige, outre une organisation orientée vers la réalisation de cet objectif, une stratégie adéquate dans la politique d'investissement et de mobilisation des ressources matérielles et financières de l'Église, mais aussi une gestion responsable des biens communs en veillant à tout moment à la transparence.

Je considère que les réflexions du docteur Crispin Kabeya, même si elles exigent de nouveaux développements, doivent être prises en compte par la clarté de ses arguments, par l'honnêteté de ses formulations et surtout par son grand amour pour l'Église. La réalisation des objectifs énoncés dans la thèse exige un profond changement de mentalité chez tous les membres du Peuple de Dieu. C'est à partir de cette conversion qu' il sera possible de progresser dans la bonne direction, en dénonçant les attitudes et les comportements qui freinent le développement du continent africain et favorisent la violation constante des droits de l'homme.

Mgr Atilano Rodríguez

Evêque de Sigüenza-Guadalajara (Espagne)

Le droit à la rémunération juste et à la protection sociale pour le prêtre diocésain comme pour toute personne est un droit fondamental reconnu à tout individu pour l'élévation de la dignité humaine. Dans le contexte actuel des Églises africaines en général et de celle de la RDC en particulier, le prêtre diocésain a du mal à en jouir à cause des pesanteurs historiques, juridiques, économiques, socio-politiques, culturels et organisationnels. Pour remédier à cette situation, les Églises africaines nées de la logique de dépendance matérielle et financière du monde extérieur doivent aujourd'hui redéfinir un nouveau modèle d'Église et une nouvelle pastorale capables de briser les chaînes de la dépendance, de combattre la culture de la faim et de la mort, de promouvoir la dignité de la personne humaine et de garantir aux fidèles chrétiens en général et aux prêtres en particulier leurs droits sociaux fondamentaux.

REMERCIEMENTS

Cette étude est le fruit d'une recherche doctorale à la Faculté de Droit Canonique de l'Université Pontificale de Salamanca en Espagne. Elle a été rendue possible grâce au concours des plusieurs personnes, les unes pour leur soutien moral, spirituel et financier et les autres pour leurs conseils et encouragements sur le plan scientifique. Que toutes et chacune trouvent ici l'expression de notre profonde reconnaissance et gratitude. De manière spéciale cette reconnaissance et cette gratitude s'adressent d'abord à leurs Excellences Mgrs Louis Nzala Kianza, évêque de Popokabaka en RDC, et Jesús Sanz Monte, archevêque d'Oviedo (Asturies) en Espagne, le premier pour avoir accepté notre projet d'étude et le second pour nous avoir incorporé dans le presbyterium de l'Archidiocèse d'Oviedo et accordé les moyens matériels et financiers pour la réalisation de ce travail. Que tous les prêtres de l'Archidiocèse d'Oviedo, du Diocèse de Popokabaka et tous les chrétiens, particulièrement ceux de la Paroisse de Fatima de Gijón-La Calzada et de l'UPAP de San Pedro de Bimeda de Cangas del Narcea, trouvent ici l'expression de notre profonde gratitude.

Bien qu'absentes de ce monde, nous ne pouvons passer sous silence l'apport combien considérable de ma mère Julienne N'lepita Nganda et de la révérende Sœur Rosario Alonso Noval, missionnaire clarétaine, dans notre vie et dans notre ministère sacerdotal. Elles sont parties de ce monde avant l'aboutissement de ce travail, mais depuis le Ciel elles ont toujours gardé un regard maternel sur moi. Puisse le Seigneur de la miséricorde leur accorder le repos éternel.

Notre profonde gratitude s'adresse enfin au Prof. José San José Prisco qui, par ses conseils judicieux et par ses remarques avisées, nous a aidés à mettre en chantier ce projet d'étude et au prof. Victor Suarez Gondar qui a bien accepté de reprendre la direction de cette thèse et la conduire jusqu'à la soutenance. Que tous les professeurs de la Faculté de Droit Canonique de Salamanca, les camarades étudiants et les amis (es) et connaissances trouvent ici l'expression de notre profonde reconnaissance pour leur soutien.

TABLE DES MATIERES

ABREVIATIONS ET SIGLES

AA	Decretum Apostolicam Actuositatem (Vatican II)
AAS	Acta Apostilica Sedis
AC	L'Année Canonique
AG	Decretum Ad Gentes (Vatican II)
Art. cit.	Article cité
A.S..B.L.	Association Sans But Lucratif
A.S.I.C.	Action Sociale Interdiocésaine Congolaise
BOCEE	Boletin Oficial de la Conferencia Episcopal Española
BOO	Boletín Oficial del Obispado
BO	Bulletin Officiel
Can. / c. /	Canon
CC	Canons
Card.	Cardinal
CCEO	Codex Canonum Ecclesiarum Orientalium
CD / Ch D	Decretum Christus Dominum
CEE	Conférence Épiscopale Espagnole
CEI	Conférence Épiscopale Italienne
CEF	Conférence Épiscopale Française
CENCO	Conférence Épiscopale Nationale du Congo
CENC	Conférence Épiscopale Nationale du Congo
CEPAS	Centre d'Études pour l'Action Sociale
CEZ	Conférence Épiscopale du Zaïre
CIC /83	Codex Iuris Canonici de 1983
CIC/ 17	Codex Iuris Canonici de 1917
Codex Eccl. Afr.	Codex Ecclesiae Africa
Col.	Colonne
Coll.	Collection
Comm.	Communicationes
CPTL	Conseil Pontifical pour les Textes Législatifs.
C. Th.	Constitution Théodosienne
DDC	Dictionnaire de Droit Canonique
DC	Documentation Catholique
Dir.	Directeur/ Direction
DGDC	Diccionario General de Derecho Canónico

DThC	Dictionnaire de Théologie Catholique
Éd.	Éditeur /Édition
E.I.	Ecclesiae Imago, Directoire pour le ministère pastorale des Évêques
E.M.I.	Entraide Missionnaire Internationale
E.S.	Ecclesiae Sanctae
Exhort. Ap.	Exhortation Apostolique
F.I.C.	Fonds Interdiocésains Congolais
GS	Constitution Gaudium et Spes (Vatican II)
Ibid.	Ibidem
JC	Ius Canonicum
I.N.S.S.	Institut National de Sécurité Sociale
IM	Decretum Inter Mirifica (Vatican II)
Lettr. Ap.	Lettre Apostolique
LG	Constitution dogmatique Lumen Gentium (Vatican II)
Loc. cit.	Locus citatum
M. P.	Motu Proprio
Mgr /Mgrs	Monseigneur /Messeigneurs
O.C.	Opus citatum
OT	Decretum Optatam Totius (Vatican II)
PB	Constitution Apostolique Pastor Bonus
PC	Decretum Perfectae Caritatis (Vatican II)
PG	Patrologie Grecque
PL	Patrologie Latine
PO	Decretum Presbyterorum Ordinis (Vatican II)
PP	Pape
Pp.	Pages
Publ.	Publication.
PUF	Presse Universitaire Française
RB	Revue Biblique
RDC	République Démocratique du Congo
REDC	Revista Española de Derecho Canónico
REU	Regimini Ecclesiae, Constitution Apostolique.
RTA	Revue de Theólogie Africaine
T.	Tome
UDHR	Universal Declaration of Humans Rights

UPAP	Unidad pastoral parroquial
UPSA	Universidad Pontificia de Salamanca
UPL	Universidad Pontificia Lateranense
USC.	Universidad de Santiago de Compostela
Vol.	Volume.

INTRODUCTION

La norme du can. 786 du CIC de 1983 dit que la finalité de l'action missionnaire est la constitution pleine de nouvelles Eglises. Cette pleine constitution suppose que celles-ci « soient munies de leurs propres forces et de moyens suffisants qui les rendent capables de poursuivre par elles-mêmes l'œuvre de l'évangélisation »[1]. Dans beaucoup d'Églises d'Afrique, cet objectif semble une chimère surtout dans le domaine matériel et financier. Après plus d'un siècle de leur implantation, ces Églises continuent encore à vivre des aides extérieures de la Propagande de la Foi et des Églises-sœurs de l'Occident. Cette dépendance handicape sérieusement l'efficacité de la nouvelle évangélisation et remet en cause le degré de maturité de ces Églises particulières. L'un des domaines où cette dépendance se vérifie et se vit avec angoisse est celui de l'entretien du personnel apostolique. Les conséquences de cette dépendance et les angoisses qu'elle génère nous ont motivés à porter notre choix sur la problématique du droit à la rémunération juste et à la protection sociale du clergé diocésain, tel que défini dans le can. 281, §§ 1–2 du CIC de 1983. En effet, ce canon qui définit le principe du nouveau régime économique pour les membres du clergé dit ceci : « Puisqu'ils se consacrent au ministère ecclésiastique, les clercs méritent une rémunération qui convienne à leur condition, qui tienne compte autant de la nature de leur fonction que de circonstances de lieux et de temps, et qui soit telle qu'ils puissent subvenir à leurs propres besoins et assurer une rétribution équitable à ceux dont les services leur sont nécessaires »(§1) ; « de même, il

1 CIC 1983, can. 786. ; Cfr. PIE XII, PP., Lettre Encycl. *Evangelii praecones*, n° 22–24 : AAS 43(2 juin 1951) : « Le but des Missions, comme chacun sait, est d'abord de faire resplendir pour de nouveaux peuples la lumière de la vérité chrétienne, et de susciter de nouveaux chrétiens. Mais le but dernier auquel elles doivent tendre — et qu'il faut toujours avoir sous les yeux — c'est que l'Église soit fermement et définitivement établie chez de nouveaux peuples, et qu'elle reçoive une hiérarchie propre, choisie parmi les habitants du lieu [...] L'Église assurément n'a nullement le dessein de dominer les peuples ou de s'emparer du pouvoir temporel : son seul désir est de porter à toutes les nations la lumière surnaturelle de la foi, de favoriser le développement de la civilisation humaine et civile et la concorde entre les peuples » (*Epist. Perlibentie quidem*, AAS., 1950, p. 727) » ; cfr. Sur la finalité de l'œuvre missionnaire on peut se référer aux Encycliques suivantes : BENOIT XV, PP., Lettre Ap. *Maximum illud*, 30 novembre 1919 : AAS. 11(1919), 440 sq ; PIE XI, PP., Encyclique *Rerum Ecclesiae*, 28 février 1951 : AAS.18 (1926), 65 sq.

faut veiller à ce qu'ils bénéficient de l'assistance sociale grâce à laquelle il est correctement pourvu à leurs besoins en cas de maladie, d'invalidité ou de vieillesse » (§2).

Malgré ces principes définis dans la législation canonique en vigueur, force est de constater que dans beaucoup d'Églises particulières en Afrique en général et dans celle de la RDC en particulier, les conditions de vie des membres du clergé diocésain sont lamentables et très préoccupantes. C'est une situation qui est à la base de la perte de l'enthousiasme apostolique, de l'indiscipline, des tensions et des conflits dans les diocèses et qui jette un discrédit sur l'image de l'Église. Il fait déjà plus de la moitié d'un siècle quand le Pape Pie XII dénonçait, dans l'Exhortation Apost. *Menti Nostrae,* une pareille situation en ces termes : « il était inadmissible que le pain quotidien manque aux ouvriers envoyés dans la vigne du Seigneur »[2]. Face à cette précarité de vie des prêtres, il exhortait les évêques et toute la communauté chrétienne à tout mettre en œuvre pour soulager leurs malheurs, leurs peines et leur extrême indigence. Car toute négligence à cette situation fraie la voie aux ennemis de l'Église et « paralyse ou affaiblit le dynamisme missionnaire [...] et engendre la peur, le désespoir et éteint la joie de vivre dans les cœurs des prêtres »[3].

Au regard des conditions lamentables de vie et de travail de tant des prêtres en Afrique en général et en RDC en particulier, nous nous posons la question de savoir si réellement ces derniers ont des droits sociaux tels que définis par le droit canonique et pourquoi les diocèses sont-ils incapables aujourd'hui de les leurs garantir ? Quelles sont aujourd'hui les voies idéales pour résoudre efficacement le problème de l'insuffisance des moyens matériels et financiers auquel ces Églises particulières font face ? Pourquoi les différentes orientations et options pastorales prises par les différentes Conférences épiscopales en Afrique en général et en RDC en particulier ont-elles toujours des résultats mitigés ?

En se penchant sur la problématique du droit à la rémunération juste et à la protection sociale du clergé diocésain en RDC, notre étude veut exactement répondre à ces interrogations. En fait, à travers cette problématique, cette étude veut en réalité mettre en exergue toute la problématique de la vie matérielle et financière de nos Églises particulières africaines, ses conséquences et surtout l'enjeu de l'avenir de ces Églises.

---

2 PIE XII, PP, Exhort. Ap. *Menti nostrae*, Part. IV, n. III, § 1: AAS 42 (1950).

3 FRANÇOIS, PP., Exhort. Ap. *Evangelii gaudium*, nn. 51 et 52: AAS105 (24 novembre 2013).

La pertinence de notre réflexion[4] repose sur le fait qu'elle prend en compte les difficultés auxquelles les Églises d'Afrique sont confrontées dans le domaine du temporel afin de fournir des clefs de lecture de la situation présente et des pistes d'actions pouvant nous aider à sortir de la dépendance extérieure et à nous apprendre à prendre notre destin en mains. Il s'agit donc d'offrir des pistes pour la refondation d'une Église au visage vraiment africain ; une Église qui, comme le dit Jean Marc Ela, doit inventer une intelligence renouvelée de la mission face aux misères et aux situations de pauvreté de masses africaines, une Eglise qui n'appelle plus seulement à la conversion, mais aussi qui lutte pour la promotion de l'homme dans toutes les dimensions de son existence[5]. Car, la pauvreté dans laquelle croupissent les membres du clergé diocésain africain est le reflet de la grande pauvreté des populations africaines. Poser ce problème du clergé diocésain africain, c'est poser à la fois le vrai problème de la pauvreté africaine en général qui contraste avec les énormes richesses naturelles et humaines dont regorge le continent. Devant une telle situation qui porte atteinte à la dignité de l'homme africain, les Églises africaines doivent être porteuses d'un message qui libère l'homme car le Christ est venu pour nous donner la vie en abondance. A travers un thème particulier qui touche une catégorie sociale dans l'Église, l'argument principal de notre réflexion est surtout de dire aux pasteurs et aux chrétiens africains en général et ceux de la RDC en particulier, qu'en assumant soi-même la responsabilité de son développement, on accélère le processus de la maturité qui est encore déficitaire et dont nos Églises particulières ont besoin pour mettre un terme à la dépendance qui nous empêche de construire une Église au visage vraiment africain. Il nous faut donc inventer un autre modèle d'Église capable de combattre la culture de la mort, de la faim et du sous-développement pour que les gens aient la vie et qu'ils l'aient en abondance. En d'autres termes nous voulons dire aux chrétiens africains que l'autosuffisance et le développement de l'Afrique et de ses Églises ne deviendront réalité que si

4 VIGNON, J., « *Diagnostic d'une situation : Pertinence et impertinence du discours social de l'Eglise* », in : « *Transversalités. Colloque Stanislas Breton : l'avenir du christianisme entre foi et dialogue* ». Revue de l'Institut Catholique de Paris, n° 135 (Oct.-Déc. 2015), 121 : « On parle de pertinence lorsqu'une parole est appropriée au contexte, lorsqu'elle se développe au regard des difficultés qui ont provoqué la question au débat. En bref, elle n'est pas « à côté de la plaque ». Elle rejoint des protagonistes là où ils sont aux prises avec des questions nouvelles et essentielles. La pertinence évoque une relation juste avec une actualité et un contexte. On sent bien qu'elle est liée à une dimension d'écoute et d'attention aux réalités du présent ».

5 ELA, J.M., *Le cri de l'homme africain. Questions aux chrétiens et aux Églises d'Afrique*, Paris : L'Harmattan, 1980, 35.

nous-mêmes africains nous devenons les acteurs principaux de notre histoire ecclésiale, économique et politique et si nous abandonnons toutes les attitudes historiques, culturelles et psychologiques qui nous tirent vers le bas, nous marginalisent et nous poussent à croire que les autres trouveront des solutions à nos problèmes. En ce troisième millénaire, il est urgent que les Églises d'Afrique, tout en maintenant leur enseignement sur les vérités de foi, sur les sacrements et la morale individuelle, optent d'avantage pour « une catéchèse sociale » car « la vie chrétienne s'exprime aussi par les valeurs sociales et politiques »[6]. Voilà pourquoi Mgr Gabriel Kembo, évêque de Matadi (RDC), soutenait lors du Synode des Évêques sur l'Afrique de 1994 : « les Eglises d'Afrique ne peuvent annoncer de manière crédible l'Évangile de libération que si elles sont elles-mêmes, dans leur organisation et leurs structures internes, promotrices de cette libération et de ce développement de l'homme et de tout l'homme. Les Eglises d'Afrique ne peuvent contribuer au développement intégral du continent, et inviter les gens à se prendre en charge que si elles sont elles-mêmes autofinancées et autogérées »[7]. Dans le même sens le prof. Phocas Pfunga-Pfunga, renchérit : « il n'est pas possible que le développement des Églises africaines soit durable tant qu'il dépend, pour son financement, des dons de l'Europe. L'autonomie financière, l'autofinancement des Églises du Tiers-monde est une valeur pour le développement humain et [ecclésial] »[8]. Ce sont les africains eux-mêmes et les Églises africaines elles-mêmes qui doivent être le moteur propulseur de cette libération, de ce développement et de cette autonomie matérielle et financière, en faisant preuve d'une grande capacité organisationnelle[9] et en mettant

6 MESSI METOGO, E., « *Religions, christianisme et modernité : quelle mission pour le second synode ?* », in : NDI-OKALLA, J. (Dir.), « *Le deuxième synode africain face aux défis socio-économiques et éthiques du continent* », Paris : Karthala, 1999,36.

7 Mgr KEMBO, G., « *La prise en charge des Église locales par elles-mêmes* », in : CHEZA, M. (éd.), *Le Synode africain. Histoires et textes*, Paris : Karthala, 1996, 173.

8 PFUNGA-PFUNGA, PH., *Église et développement. Prise en charge matérielle de l'Église du Bandundu par ses propres fidèles. Hier, aujourd'hui et potentialités d'avenir*, in : L. DE SAINT MOULIN ET 0. MUYEMBE (éd.), Un siècle d'évangélisation du Bandundu. Bilan et perspectives, Kinshasa : CEPAS, 2005, 182.

9 A propos de cette capacité organisationnelle, Mgr LUIS GUTIÉRREZ MARTÍN, Évêque de Segovia, écrit : «El gobierno eclesiástico, aunque mensurable por criterios evangélicos, no por eso se exime de ciertas leyes que afectan a todo gobierno humano. Características tales como la descentralización, el estudio conjunto de las decisiones, la división del trabajo, la especialización por funciones etc. Propias del mando moderno, no han de ser ajenas al gobierno de la Iglesia, incluso para llevar mejor a la práctica los principios de la comunión y de la corresponsabilidad.

en place un modèle d'Église en harmonie avec le contexte socio-économique du peuple et une vraie pastorale inventive et réaliste.

La problématique de la rémunération et de la protection sociale des clercs revient régulièrement dans plusieurs documents du Magistère et a déjà fait l'objet de plusieurs réflexions ou monographies surtout dans les pays de longue tradition chrétienne. Cependant, au niveau de beaucoup d'Églises particulières en Afrique en général et en RDC en particulier, bien qu'on peut trouver quelques directives et orientations des Conférences épiscopales, des réflexions de colloques ou quelques références dans des études monographiques[10], il est difficile de trouver une étude qui aborde la problématique comme sujet principal et de manière approfondie. Cette étude veut justement combler ce vide en analysant la problématique dans ses deux aspects et surtout dans sa perspective canonique. Unir dans une même étude les deux aspects d'un même problème nous semble importante car dans la société moderne, il est souvent difficile de parler de la protection sociale sans aborder la question de la rémunération qui est d'une manière ou d'une autre l'une de ses sources de financement. En les abordant ensemble, nous voulons leur donner une vision globale qui ferait que la résolution de l'un impliquerait celle de l'autre. En d'autres termes, si les prêtres peuvent bénéficier d'une rémunération digne telle que souhaitée par le Code du Droit canonique, ces derniers auront aussi la facilité de contribuer par eux-mêmes à leur protection sociale. Le manque de garantie du premier droit fondamental conduit toujours à l'échec de toute politique de protection sociale pour le prêtre. Car, pensons-nous, l'un ne va pas sans l'autre aujourd'hui. Et il

---

Cuando los sacerdotes o los fieles no reciben con agrado ciertas decisiones del Obispo que les afectan, o cuando adoptan ante ellas actitudes de desinterés y pasividad, es oportuno primeramente analizar esa situación a la luz de ciertos postulados de la técnica del mando" (Mgr GUTIERREZ MARTIN, L., El régimen de la diócesis, Salamanca: Publ. UPSA, 2004, 22).

10 A ce propos, il est intéressant de lire les réflexions ci-après : 1. RECCHI, S. (dir.), *Autonomie financière et gestion des biens dans les jeunes Églises d'Afrique*, Paris : Le Harmattan, 2007 ; 2. KI, J-P et alii, *Lutter contre la pauvreté en Afrique par l'Évangile. La production des biens économiques*, Paris : Le Harmattan, 2009 ; LUWANA PERO, M, *La constitution de divers fonds diocésains pour la prise en charge des Églises particulières par elles-mêmes can 1274, §§ 1–3. Expérience de la République Démocratique du Congo*. Thèses Doctoratum in Iure Canonico, Romae : PUL, 2001 ; 4. LUTUMBA KOMBA, B., *Le travail et la sécurité sociale des clercs dans l'Église et l'État. Droit comparé*. Excerptum thèses ad doctoratum, Romae : PUL, 1999 ; 5. LONEMA DZ'DJO, F., *Devoir et droit des fidèles chrétiens de subvenir aux nécessités de l'Église dans la perspective de l'Exhortation apostolique «Ecclesia in Africa »*, Romae : PUL, 2005.

est aujourd'hui temps et urgent de ne pas se cramponner seulement aux structures d'assistance sociale qui dépendent des aides extérieures et qui n'offrent pas une protection suffisante aux prêtres diocésains. Celles-ci doivent jouer un rôle complémentaire ou subsidiaire dans la politique de protection sociale du clergé diocésain. Dans les études évoquées plus haut, les pistes de solutions vont dans le sens de la responsabilité des Églises africaines de s'assumer pour assurer leur avenir et participer de façon adulte au bien de l'Église universelle. Tout en nous inscrivant dans cette perspective, l'originalité de notre réflexion réside aussi dans la remise en question du modèle d'Église hérité de l'époque missionnaire qui, à notre avis, justifie l'échec des plusieurs directives et orientations pastorales. La refondation du modèle hérité de l'époque missionnaire doit impliquer une nouvelle pastorale plus responsable et réaliste. Dans le sillage du théologien et sociologue africain, J-M Ela, nous proposons une « Pastorale de grenier », c'est-à-dire celle qui doit amener les pasteurs et les chrétiens africains à rompre avec toutes les attitudes qui font d'eux de « consommateurs » pour devenir des « producteurs de biens matériels » dans l'esprit d'une Église-Famille de Dieu prônée par les Pères synodaux lors du Synode des Evêques sur l'Afrique en 1994.

Bien que les Églises africaines en général présentent aujourd'hui presque le même tableau clinique sur la vie matérielle et financière des prêtres diocésains, notre étude s'est limitée sur la seule situation particulière du clergé diocésain de l'Église particulière de la RDC. Cette délimitation du champ d´étude nous permet d'éviter toute généralisation hâtive, tant sur le diagnostic des problèmes et des questions, que sur les suggestions de solutions car l'Afrique est un continent qui a une vaste variété et une grande diversité de situations, tant pour l'Église que pour la société[11]. En effet, la recherche de solutions dans le domaine matériel et financier dépend plus de la situation sociologique, économique et politique de chaque pays, voilà pourquoi notre choix est porté sur la situation du clergé diocésain en RDC, un pays que nous connaissons mieux. Comme le souligne F. Mwanama Galumbulula, « pour mieux comprendre [les problèmes du prêtre diocésain], le lieu de son incardination n'est pas quelque chose d'anodin. L'on est tous prêtre, mais ce n'est pas la même chose que d'exercer ce sacerdoce à Rome, à Kinshasa ou à Luiza [...] [Ces problèmes se comprennent mieux] par rapport aux conditions objectives dans lesquelles le prêtre exerce son ministère, en rapport avec les hommes et les femmes avec lesquels il est en contact et pour lesquels il se dévoue [...] [Ainsi le choix de l'Église particulière de la RDC] n'est

---

11 Card. THIANDOUM, H., "*Rapport introductif*", in : CHEZA, M. (éd.), o. c, 31.

pas un simple espace géographique. Il s'agit d'un lieu au sens anthropologique, compte tenu de l'influence que les facteurs socio-culturels exercent sur la vie et le ministère du prêtre »[12]. Dans cet espace géographique et ecclésial, sans exclure les divergences socio-économiques et politiques entre les différents diocèses, nous pensons aussi que plusieurs facteurs culturels, socio-économiques et politiques offrent une homogénéité quant à la situation matérielle et financière générale du clergé diocésain. Cela reste un atout pour mieux cerner la problématique sur base des données concrètes vérifiables dans plusieurs diocèses et dont l'accès est plus facile compte tenu des difficultés de temps et économiques. Ce qui ne serait pas le cas si l'étude prenait en considération un espace géographique plus grand comme le continent africain où les divergences culturelles, socio-économiques et politiques sont très prononcées entre différentes espaces géographiques et où l'accès à l'information serait très difficile. Outre l'espace géographique, notre étude a aussi limité le sujet concerné par les droits sociaux, objet de notre réflexion. Nous nous limitons aux droits sociaux qui concernent le clergé diocésain et non le clergé régulier (religieux). Entre les deux catégories sociales, l'identité sacerdotale et les besoins sociaux sont les mêmes, toutefois il y a une grande divergence quant au lieu juridique d'incardination, quant au style de vie et quant aux droits particuliers qui les régissent. Ces particularités sociologiques et juridiques jouent un rôle important au moment de légiférer sur la problématique de la vie matérielle et financière d'une catégorie ou d'une autre et elles rendent aussi difficile une réflexion qui veut aboutir à des conclusions pertinentes. Cependant, l'homogénéité juridique et sociologique que présente le clergé diocésain nous a permis de porter notre choix sur lui, d'autant plus que nous-mêmes aussi nous faisons partie de ce groupe.

Dans le contexte actuel de l'Église d'Afrique « qui se trouve dans une étape transitoire entre l'Église de mission et l'Église en mission, testant ses ailes et cherchant son chemin vers la pleine maturité »[13], réfléchir sur une problématique qui constitue un défi pastoral ne manque d'intérêt. A travers cette réflexion, nous voulons ouvrir des perspectives qui pourront permettre aux

---

12 MWANAMA GALUMBULULA, F., "*L'identité du prêtre diocésain dans les Statuts des Grands Séminaires de la République Démocratique du Congo* », in : CENCO/ COMMISSION EPISCOPALE POUR LES SEMINAIRES ET LE CLERGE, *L'identité du prêtre diocésain* ». Actes de la Session des Recteurs et des animateurs spirituels des Grands Séminaires de la RDC (Du 05 au 14 novembre 2007), Kinshasa-Gombe : Ed. Secrétariat Général de la CENCO, 2008, 103.

13 CARD. THIANDOUM, Y., art. cit., 32.

Églises d'Afrique en général et celle de la RDC en particulier d'« avancer sur le chemin d'une conversion pastorale et missionnaire qui ne peut laisser les choses telles qu'elles sont »[14] et d'« abandonner le confortable critère pastoral du « on a toujours fait ainsi » et à être audacieux et créatifs dans le devoir de repenser les objectifs, les structures, le style de vie et les méthodes évangéliques de [nos] communautés chrétiennes »[15]. Il est plus qu'urgent de réfléchir sur le problème de la vie matérielle et financière du clergé car il affecte la vie des communautés, l'efficacité de la mission évangélisatrice et l'avenir même de l'Église en Afrique[16]. Non seulement cette réflexion est pertinente dans le sens que nous venons de souligner plus haut, mais aussi elle est impertinente car « elle opère un dévoiement de quelque chose qui est connu, mais que l'on cherche en réalité à masquer. Elle met le doigt sur la face déplaisante des situations que les protagonistes veulent occulter, car ils ne souhaitent pas se voir remis en cause quant à leur propre implication dans le problème ou la question »[17]. En d'autres termes, elle se veut aussi comme une interpellation aux Églises d'Afrique et à ses dirigeants, en soulignant que « l'absence de toute gestion adéquate et transparente des biens temporels et des ressources humaines dans l'Église est souvent source de conflits, d'abus et des méfiances qui ternissent l'image de celles-ci et affectent la crédibilité dans leur mission d'annoncer l'Évangile d'amour, de justice et de la vérité [...]. Car, Si tout dans l'Église était ordonné et transparent, l'action pastorale rencontrerait moins de difficultés, gagnerait en crédibilité et on éviterait que les ressources utiles se dispersent et se soustraient à l'activité et à la charité de l'Église »[18].

Notre réflexion sur le droit à la rémunération juste et à la protection sociale du clergé diocésain veut d'abord répondre aux inquiétudes et aux interrogations

14 FRANCOIS, PP., Exhort. Ap. *Evangelii gaudium*, in: AAS 105/12 (6 décembre 2013), n. 25.

15 Ibid., n. 33.

16 BOKWANGA MOLAKU, S., « *Présentation du thème* », in : CENCO/COMMISSION EPISC. POUR LES SEMINAIRES ET LE CLERGE, L'identité du prêtre diocésain..., 28 : « Dans le soin des âmes, les prêtres diocésains ont le premier rôle, puisqu'incardinés ou attachés à une Eglise particulière. Ils se consacrent entièrement à son service pour paître une portion du troupeau du Seigneur, aussi forment-ils un seul presbyterium et une seule famille dont l'évêque est le père ».

17 VIGNON, J., loc. cit.

18 KABEYA KIPANA, CR., *Administration extraordinaire des biens ecclésiastiques. Approche canonique de la législation en vigueur.* Mémoire de Licence en Droit canonique (non publiée), UPSA, 2010, 8–9.

des prêtres diocésains sur les fondements juridiques de leurs droits sociaux[19]et sur leur mise en pratique dans l'Église locale de la RDC. Il faut pour cela refonder l'Eglise en Afrique pour qu'elle soit capable d'inventer une nouvelle pastorale capable de rompre avec la mentalité des « perpétuels assistés », capable de lutter pour la transformation des rapports sociaux et ecclésiaux aliénants et injustes[20]et faire du prêtre diocésain un promoteur du développement intégral, attentif aux conditions de vie de son milieu et dévoué pastoralement au service du peuple de Dieu dans les conditions historiques et sociales concrètes de l'Église particulière[21]. Cette réflexion veut ensuite plaider pour la reformulation du can. 281, §§ 1–2 du CIC de 1983 afin que les droits sociaux des prêtres soient clairement affirmés. Elle veut enfin interpeller les Églises particulières africaines en général et celle de la RDC en particulier afin qu'elles fassent preuve d'une grande capacité d'organisation, d'un sens aigu de responsabilité et d'une gestion efficace, saine, transparente et surtout conforme aux normes canoniques sur les biens temporels afin de relever le défi de l'auto-prise en charge matérielle et financière, gage de la maturité et de la survie de l'Église en Afrique.

---

19 PRESAS BARROSA, C., *La sustentación del clero en España. Precedentes históricos y situación actual*, Santiago de Compostela: U. S-C /Facultad de Derecho, 1979, 5–6: "La controversia en torno a la sustentación del clero no es nueva. A lo largo de la historia y en la actualidad la cuestión de a quién corresponde financiar el servicio eclesiástico y, más concretamente, a quiénes lo sirven y atienden ha sido objeto de viva polémica que en síntesis podemos centrar en las dos siguientes preguntas: 1ª) ¿Tiene el clérigo derecho a una justa remuneración por su servicio eclesiástico? ; 2ª) ¿Tiene el Estado obligación de colaborar económicamente a la sustentación del clero, en base a la función social que desempeña?
La primera cuestión se encuentra sistemáticamente en la configuración jurídica del "status" personal del clérigo o, desde otra vertiente, en lo que podríamos denominar: contenido de la relación de servicio en el contexto de la organización eclesiástica. En cualquier caso, se trata de un tema de ámbito exclusivamente eclesiástico en el que se pueden invocar argumentos diversos, ya sea teológicos, de disciplina eclesiástica o, simplemente, de justicia social [...] Al margen de las discusiones doctrinales que, en torno al tema, se han expuesto públicamente, el Concilio Vaticano II reconoce el derecho de los clérigos a una justa remuneración (cfr. CD, 16 y PO, 20). Se ratifica así una larga tradición eclesiástica que la doctrina fundamenta en la expresión paulina: "¿No sabéis que los que ejercen las funciones sagradas viven del santuario y los que sirven al altar del altar participan?". Según la doctrina oficial de la Iglesia, por tanto, el clérigo tiene derecho a ser sustentado económicamente por la Iglesia en base a su dedicación a las tareas eclesiasticas".

20 ELA, J. M., o. c, 38.

21 MWANAMA GALUMBULULA, F., art. cit, 103.

Pour atteindre nos objectifs, nous avons fait appel à plusieurs méthodes : d'abord, la méthode historique qui nous a permis de découvrir les fondements historiques des droits sociaux des prêtres et comment l'Église a résolu, au cours de son histoire, le problème de la subsistance matérielle de ces derniers ; ensuite, l'approche herméneutique grâce à laquelle nous avons pu interpréter les normes canoniques relatives au nouveau régime économique sur la vie matérielle du clergé afin de découvrir la volonté du législateur et offrir des repères techniques pour leur meilleure application dans nos Églises particulières ; la méthode analytique quant à elle, nous a permis de dégager les aspects doctrinaux et canoniques des droits sociaux, objet de notre étude et des institutions canoniques qui garantissent l'applicabilité. Enfin, l'approche comparative qui nous a conduits à confronter la praxis de l'Église particulière de la RDC avec certaines solutions du droit positif, surtout en ce qui concerne la protection sociale du clergé diocésain et à proposer certaines pistes de solutions pour une protection sociale efficiente.

Sur ce, l'ossature de notre étude comprend deux parties principales dont chacune est subdivisée en trois chapitres.

La première partie porte sur les fondements bibliques, historiques, doctrinaux et canoniques du droit à la rémunération juste et à la protection sociale du clergé diocésain et sur les institutions qui ont garanti ou garantissent ces droits sociaux. Dans le premier chapitre, nous avons tenté de dégager les fondements biblico- historiques de ces droits et les institutions canoniques qui les ont garantis au cours de l'histoire ; dans le deuxième chapitre, nous avons analysé la législation canonique antérieure au CIC de 1983 sur la problématique de la subsistance matérielle du clergé en prenant en considération les enseignements du Concile de Trente et le *Codex Iuris canonici* de 1917. Dans le troisième chapitre, nous avons analysé le décret *Presbyterorum Ordinis* nn. 20–21 et les canons 281, §§ 1–2 et 1274, §§ 1–5 du CIC de 1983 pour dégager les fondements doctrinaux et canoniques du droit à la rémunération et à la protection sociale du clergé diocésain et aussi les instruments techniques pour leur accomplissement.

La deuxième partie tente d'analyser à partir des orientations et directives pastorales de la Conférence épiscopale nationale du Congo (CENCO) et de la praxis ecclésiale de l'Église locale de la RDC l'application des principes définis dans l'enseignement conciliaire et dans la législation canonique en vigueur sur le droit à la rémunération juste et à la protection sociale du clergé diocésain. Dans le premier chapitre, nous avons situé la problématique dans la perspective historique de l'implantation de l'Église locale et avons dégagé les causes lointaines de la situation matérielle et financière difficile actuelle de l'Église particulière de la RDC et du clergé diocésain ; dans le deuxième chapitre, nous avons dressé un état de lieu de la situation matérielle et financière du clergé diocésain congolais en s'appuyant sur les données des différentes provinces ecclésiastiques et des témoignages récents des certains membres du clergé diocésain ; dans le troisième chapitre, à la lumière de l'enseignement conciliaire et de la législation canonique actuelle, nous avons fait une analyse critique des orientations et des directives pastorales de la CENCO sur la problématique de la vie matérielle de l'Église en RDC en général et du clergé diocésain en particulier. Les limites des orientations et directives pastorales de la CENCO et de la praxis ecclésiale nous ont permis de tirer certaines conclusions et formuler des recommandations pouvant aider à la résolution efficace du problème.

PREMIERE PARTIE : FONDEMENTS BIBLICO-HISTORIQUES ET INSTITUTIONS CANONIQUES DU DROIT A LA SUBSISTANCE MATÉRIELLE DU CLERGÉ DIOCÉSAIN.

CHAPITRE I : DROIT A LA SUBSISTANCE MATÉRIELLE DU CLERGÉ DANS LA TRADITION BIBLIQUE ET DANS LA PÉRIODE DU IIe AU XIVe SIECLE.

0. Introduction

Dans une étude canonique, on peut bien se demander le pourquoi d'une référence à la tradition biblique pour justifier le droit à la subsistance matérielle du clergé ? Deux raisons justifient cette référence : la première raison c'est le fait que « la source première et plus ancienne, à la fois par sa date et par son importance, du droit de l'Église chrétienne est constituée par les Évangiles et par les documents qui ont été reçus comme constitutifs du Nouveau Testament (Épitres, Actes des Apôtres) [et aussi] de l'Ancien Testament dont les textes, sans contenir des prescriptions juridiques, renferment des règles de vie pour les communautés croyantes »[22] ; la deuxième raison est le fait que le droit canonique comme science « est en relation continue et très étroite avec la théologie : la science du droit ecclésiale est à la fois une science théologique et juridique »[23]. Pour mieux comprendre certaines institutions canoniques, il est donc important de ne pas ignorer leur fondement biblique d'autant plus que la Parole révélée est la source du discours théologique et aussi du Droit canonique et de certaines de ses institutions. Toutefois, la bible reste d'abord un livre sacré dont la finalité est spirituelle et non juridique[24] malgré qu'elle renferme des « corps législatifs », des « catalogues des normes, des prescriptions juridiques » qui réglementent certains aspects de l'alliance entre Dieu et son peuple[25]. Les prescriptions juridiques, comme le Décalogue (Ex.20, 1–17), le Code de l'alliance (Ex. 21–24) et

22 GAUDEMET, J., *Les sources du droit de l'Église en Occident. Du IIe au VIIe siècle*, coll. Initiations au christianisme ancien, Paris : Cerf/C.N.R.S., 1985, 15–16.

23 GHIRLANDA., G., *Introducción al derecho eclesial*, Pamplona: Ed. Verbo Divino, 1995, 8. (Titulo original: Introduzione al Diritto Ecclesiale, Ed. Piemme, 1993).

24 GAUDEMET, J., ibid., 16: « Cependant, par leur nature, par les problèmes qu'ils posent à l'exégète et à l'historien, ces « textes sacrés » ne relèvent pas de la compétence du juriste ».

25 ALONSO SCHÖKEL L., *La Biblia de Nuestro Pueblo. Biblia del peregrino*. América Latina, Bilbao: Ed. Mensajero, 2008, 229–231 ; 334–335.

tant d'autres qui réglementent les relations du peuple avec Dieu visent à ce que le spirituel soit atteint dans l'harmonie. C'est pour cette raison que la fonction sacerdotale et sa rétribution, par exemple, étaient rigoureusement réglementées dans l'A.T. D'une manière ou d'une autre, les normes et les coutumes de la religion juive et les enseignements évangéliques sont donc des fondements de l'institution de la subsistance du clergé[26]. Dégager ces fondements bibliques est l'un des objectifs poursuivis par ce chapitre. Après quoi, nous nous attèlerons aux fondements historiques et juridiques du droit à la subsistance matérielle du clergé et aux institutions canoniques qui, au cours des siècles, ont rendu possible la mise en application de ce droit.

Toutefois, il sied de souligner qu'il est difficile d'étudier sur une longue période de plusieurs siècles une institution canonique comme la subsistance matérielle du clergé liée aux fluctuations historico-temporelles sans courir le risque d'omettre certains aspects importants ou de tomber dans les superficialités et des affirmations hasardeuses. Mais, n'étant pas dans une étude proprement historique de cette institution canonique et pour éviter ce risque et mieux comprendre la problématique du droit à la subsistance matérielle du clergé au service du Christ et de l'Église[27], nous allons plus nous intéresser à son évolution normative. C'est pourquoi nous avons divisé, sur base de cette évolution normative et des certains faits historiques, cette longue période en quatre étapes : la première est celle de la naissance de l'Église chrétienne marquée par

---

26 PIÑERO CARRIÓN, J. Mª, *La sustentación del clero. Síntesis histórica y estudio jurídico.* Tesis doctoral en la facultad de Derecho canónico de la Universidad Pontificia de Salamanca, Sevilla, 1963, 5: "En efecto: toda la génesis histórica del instituto de la congrua sustentación del clero arranca – como en tantas otras cosas de la vida de la Iglesia – de unas leyes, normas y costumbres que fueron fundamentales en el pueblo judío, y de unos principios ideológicos clarísimos, predicados por Jesús en su Evangelio".

27 J. PAUL II, PP., Exhortation apostolique « *Pastores dabo vobis* » (25 mars 1992), 16: AAS 84 (1992), 681: » le prêtre ministre est serviteur du Christ présent dans l'Église mystère, communion et mission. Du fait qu'il participe à l'« onction » et à la « mission » du Christ, il peut prolonger dans l'Église sa prière, sa parole, son sacrifice, son action salvifique. Il est donc serviteur de l'Église mystère parce qu'il accomplit les signes ecclésiaux et sacramentels de la présence du Christ ressuscité. Il est serviteur de l'Église communion parce que - en unité avec l'évêque et en lien étroit avec le presbyterium - il construit l'unité de la communauté ecclésiale dans l'harmonie des diverses vocations, des charismes et des services. Il est, enfin, serviteur de l'Église mission parce qu'il fait de la communauté une communauté annonciatrice et témoin de l'Évangile ».

les persécutions et ses conséquences dans la vie économique de l'Église et de ses ministres (IIe au IVe siècle), la deuxième est celle de la collaboration de l'Église chrétienne avec le pouvoir temporel et ses conséquences économiques dans la vie de l'Église (IVe au XIIe siècle), la troisième est celle de la lutte de liberté de l'Église face aux pouvoirs temporels (Xe-XIVe siècle) et la quatrième est celle de la naissance du droit canonique et de la consolidation juridique des institutions canoniques pour la subsistance du clergé et la protection sociale (XIIe au XIVe siècle).

1. Droit à la subsistance matérielle des ministres sacrés dans la tradition biblique.

1.1. Dans l'Ancien Testament.

Plusieurs normes de la religion juive reconnaissent aux ministres sacrés le droit à une subsistance matérielle pour leur consécration au service du temple. Ce droit se justifie par le fait qu'ils étaient considérés, pour leur consécration totale au service du temple, comme les pauvres de Yahvé, sans héritage. Par conséquent, ils avaient droit de se nourrir d'une part des offrandes, des sacrifices, des tributs et des dîmes qui étaient destinés à Dieu : Lév. 6, 1–7 ; Nombr 18, 20–21 ; Dt 12, 12 et 14, 17–29. 38[28]. Ces textes de l'A.T. qui font référence à la fonction sacerdotale et à la manière de la rétribuer sont déjà des sources lointaines du droit à la subsistance du clergé catholique[29]. Toutefois, il faut souligner que le sacerdoce chrétien, par son origine[30], diffère du sacerdoce lévitique. Mais entre les deux, il existe un ensemble d'analogies structurelles, fonctionnelles et rituelles[31] qui nous permettent de comprendre la fonction du prêtre dans

28 Nb18, 19 : « Je te donne tous les tributs sacrés des Israélites, à toi et à tes fils et à tes filles, comme un droit perpétuel » ; Nb. 3, 12–13 : Les lévites comme serviteurs exclusifs du Seigneur.

29 ARIMON GIRBAU, G., *El problema de la seguridad social del clero. Análisis de su teoría y de su praxis*, Barcelona: Herder, 1976, 29.

30 FERNANDEZ RODRIGUEZ, F., *Sacramento del Orden. Estudio teológico. Vida y santidad del sacerdote ordenado*, Salamanca-Madrid: San Esteban-Edibesa, 2007, 24: la Lettre aux Hébreux (Héb. 2, 17) déclare l'imperfection du sacerdoce lévitique et affirme que Jésus-Christ est le médiateur parfait entre Dieu et les hommes. Le sacerdoce catholique trouve son origine dans le sacerdoce du Christ.

31 Ibid., 22. 23–24:"La consideración del sacerdocio israelítico, una de las cuestiones más difíciles e importantes en la historia del pueblo de Israel, es necesaria para ambientar el sacerdocio de Cristo y el sacerdocio sacramental cristiano…Para la comprensión

l'Église d'aujourd'hui et le problème relatif à sa subsistance matérielle et à sa protection sociale.

Dans la religion juive, le soutien matériel et l'assistance sociale des prêtres et des lévites sont deux réalités inséparables. Étant dépourvus d'héritage, les ministres sacrés ont droit de bénéficier de l'assistance du peuple pour leurs besoins car ils sont au service de Dieu et de la communauté[32]. Ce droit engendre une obligation pour le peuple de Dieu de subvenir aux besoins des ministres sacrés. Cette obligation d'ordre divin se comprend par le fait que la religion d'Israël est fondée sur l'Alliance entre un peuple et son Dieu. Un des éléments fondamentaux de cette alliance est le culte sacrificiel rendu à Dieu en reconnaissance de sa toute-puissance[33]. Dans cette alliance, le prêtre jouait un rôle très important et son ministère était considéré comme une fonction essentielle, une institution stable et bien organisée dont la rétribution était régie par une législation bien précise[34]. Il n'était donc pas un travail marginal, mais une occupation de disponibilité génératrice des devoirs et droits subjectifs reconnus et garantis par toute la communauté[35] comme devoir de

---

histórica del sacerdocio cristiano, especialmente del presbiterado, es útil conocer algunas instituciones judaicas....No se puede negar la existencia de un conjunto de analogías en los niveles estructural y ritual entre el mundo judío y el cristianismo naciente, pues "en el AT se oculta el Nuevo y en el Nuevo se manifiesta el Antiguo"; pero no es fácil hacer estudios comparativos por falta de rituales homogéneos; a pesar de las similitudes, como la imposición de manos por la que se concedía un cargo y se le investía de autoridad, el contenido del sacerdocio cristiano es esencialmente diverso del sacerdocio levítico, debido al acontecimiento Cristo".

32 Ex 28, 1: "De entre los Israelitas escoge a tu hermano Aarón et a sus hijos Nadab, Abihú, Eleazar e Itamar para que sean mis sacerdotes".

33 PIÑERO CARRION, J. Mª, o. c, 6.

34 ARIMON GIRBAU, G., o. c., 36: "La existencia del sacerdocio comporta una legislación, respecto al mismo, que determina los medios de sustentación del sacerdote en cuanto tal...Los medios de sustentación, en gran parte al menos, se detraen del dinero ofrecido a Dios, pues el sacerdote no tiene parte en la heredad de bienes temporales: Dios es su parte".

35 Lev. 6, 9–13. 19. 22; 7, 6–10. 31. 32–36 : Droits sacerdotaux; PIÑERO CARRIÓN, J. Mª, o. c, 8: "Si el pertenecer a la clase sacerdotal o levítica llevaba consigo un trabajo en exclusiva, incluía también unas ventajas materiales, que hicieron atrayente el cumplimiento de esa obligación. En la distribución de tierras, al llegar al país de promisión, no les cupo parte alguna; pero esta carencia, además de su sentido espiritual, por el que el Señor era su heredad y su suerte, tenía unos resultados materiales, concretamente en el derecho a los sacrificios y victimas del Dios de Israel"; cfr. G., ARIMON GIRBAU, o. c.,22–23: "[...] el sacerdote ha de vivir de su ministerio, total

piété[36]. C'est donc cette consécration totale au service du Dieu et de son peuple et le manque d'héritage des biens temporels qui donnaient au prêtre le droit de se nourrir des offrandes, des sacrifices, des tributs et des dîmes offerts à Dieu et d'être pris en charge par la communauté des croyants. Toutefois, ce droit ne répondait pas aux exigences d'un contrat de travail, mais à celles d'un ordre divin auquel chaque membre de la communauté était appelé moralement et spirituellement à obéir pour ne pas enfreindre la loi divine. La reconnaissance de ce droit et l'obligation de la communauté qui en découlaient s'observent non seulement dans la religion juive, mais aussi dans plusieurs religions du monde où ils sont fondés sur la justice distributive et sociale et sur la piété divine[37].

---

o parcialmente; pero este supuesto deriva de otro anterior que consiste en establecer una correlación irreversible entre trabajo y sustentación del hombre que lo ejerce, total o parcialmente, según la medida del trabajo. La tesis tiene un respaldo metafísico, bíblico. Histórico a la vez, y adquiere una vigencia privativa y universal al correr de los tiempos, y se hace praxis común".

36 Lev. 1, 3.10: «El resto de la ofrenda será para Aarón y sus descendientes. Es la porción sagrada de las ofrendas al Señor ».

37 PIÑERO CARRION, J. Mª, o. c., 9 : Pour soutenir cette affirmation, PIÑERO nous renvoie à une étude menée par M.J. LAGRANGE sur les religions sémitiques. Dans cette étude, Lagrange nous renseigne sur l'existence du célèbre Tarif de Marseille, découvert en 1845 et conservé au musée de la même ville. C'est une Pierre provenant des côtes africaines, plus précisément d'un temple phénicien de Carthage et qui peut être datée entre le IV et II e siècle A.J.C. Il s'agit d'un tarif des droits sacerdotaux en relation avec le service du culte. Il précise les droits qui revenaient aux prêtres lors de différents sacrifices offerts aux dieux. Dans le même ordre d'idées, le même principe s'observait aussi chez les égyptiens qui avaient l'habitude de diviser leurs terres en trois parties dont la première était considérée comme possession de l'ordre sacerdotal pour lui permettre de pourvoir aux sacrifices et aux besoins des prêtres (cfr. Hérodote, I, II, n. 37 et Diodoro Siculo I.I, sec. 2. Cités par M. LIBERETORE, "La Iglesia y el Estado, 236). Cette propriété sacerdotale était inviolable par révérence religieuse aux propriétaires (cfr. Gn. 47, 20–22). Dans le monde oriental, précisément en Egypte, en Syrie et en Asie Mineur, les temples étaient riches et les prêtres qui administraient le patrimoine du temple étaient considérés comme de nobles et des princes, et l'office sacerdotal était leur principale activité de la vie. (cfr. W. REES, "El mundo pagano en los tiempos de N.T.", 61 et 66).Par contre chez les grecs, la majorité des prêtres n'étaient pas de professionnels car ils exerçaient d'autres activités profanes en dehors du service du culte. L'exercice sacerdotal était une occupation secondaire (cfr. W. REES, o. c, 66 et KOHTS, "De redditibus templorum graecorum") et ils vivaient plus des fruits de leurs activités profanes.

Mais, dans l'accomplissement de l'obligation de subvenir aux besoins du prêtre, il y eut une période de relâchement qui avait généré l'indigence et avait poussé certains prêtres à abandonner quelque fois le service du temple et à signer des contrats de travail assortis d'une rémunération pour le service cultuel afin d'assurer par eux-mêmes leur subsistance[38]. C'était donc une période durant laquelle le sacerdoce a souffert une crise spirituelle qui avait aussi affecté ses moyens de subsistance. Face à cette crise, les réformateurs ont tenté de redonner la pureté religieuse à la mission sacerdotale et d'assurer la sécurité de sa subsistance[39]. Et malgré la crise, personne ne remettait en cause le droit du prêtre à la subsistance et l'obligation de la communauté de l'assurer[40].

La communauté s'acquittait de son obligation par les offrandes qu'elle offrait au temple. Les offrandes étaient donc la source principale pour garantir une subsistance matérielle digne aux ministres sacrés. Parmi ces offrandes, on distinguait : a). Les *sacrifices* qui étaient des offrandes-animales sous plusieurs formes : l'holocauste (entièrement offert à Dieu : Lév. 6, 1–6.16), le sacrifice pacifique, le sacrifice expiatoire, le sacrifice pour les péchés et les délits, le sacrifice de premiers-nés et les sacrifices rituels dont une partie était réservée à Dieu et l'autre aux ministres pour leur subsistance (Lév. 6, 7–9.11. 19. 22 ; 7,

---

38 Jg. 17, 5–13 : Mica, l'idole et le lévite : les versets de ce chapitre racontent le contrat de travail sacerdotal que Mica a signé avec le lévite errant. Dans ce contrat, Mica s'engage à rémunérer le prêtre pour ses services de culte et lui assurer d'autres besoins de subsistance comme le manger et l'habillement. Il faut reconnaitre que cette pratique était accentuée par l'absence d'une autorité religieuse en cette période de juges et beaucoup de prêtres faisaient ce qu'ils voulaient (cfr. Jg 18, 4–6. 14–31) car comme le montre ces versets, le Lévite renoncera au premier contrat signé avec Mica et se fera embauché comme prêtre de la tribu de Dan.

39 ARIMON GIRBAU, G., o. c., 35–36: «El sacerdocio sufre crisis espirituales que afectan los medios de su subsistencia; frente a la crisis, los reformadores tratan de establecer, a un tiempo, la pureza religiosa de la misión sacerdotal y la seguridad de su sustentación, pues los Levitas abandonan el Templo para trabajar".

40 Lev. 6, 1–7, 38 : Droits et devoirs sacerdotaux. A part le sacrifice de l'holocauste dans lequel les prêtres n'avaient pas une part, dans tous les restes, les offrandes, les sacrifices d'expiation, les sacrifices de communion, les sacrifices pénitentiels, ils avaient une part qui leur était réservée : « le reste de l'offrande le mangera Aaron et ses fils…C'est la part que je leur donne de mon offrande » (6, 9.10) ; « la victime du sacrifice d'expiation, le prêtre qui l'offre la mangera » (6, 18.19) ; Lev.7, 6–8 : « Tout prêtre peut manger la chair de la victime du sacrifice d'expiation et pénitentiel. Cela revient au prêtre qui offre le sacrifice d'expiation. Le prêtre qui offre le sacrifice d'holocauste a droit à la peau de la victime ».

6-8. 14-16. 31-33.35)[41] ; b). Les *oblations* qui étaient des offrandes des produits agricoles (céréales, farine, huile, sel, etc.) ou parfois une offrande-animal dont une partie, le « mémorial », revenait à Dieu et l'autre partie était réservée aux prêtres (cfr. Lév. 6, 7-18) ; c). Le *tribut* qui était une contribution ou un impôt personnel, payé en guise de reconnaissance à Dieu comme propriétaire de la vie et des personnes et destiné à soutenir les besoins du tabernacle[42]. Il n'était donc pas une source directe de revenus pour la subsistance des ministres du culte mais, une source indirecte car il était destiné aux besoins du tabernacle (Nmbr 18, 8-19)[43] ; d). Les *prémices* qui étaient une offrande prélevée sur les premiers produits du sol considérés comme les meilleures récoltes (Gn 4, 3-4 ; Ex 22, 28 ; 23, 19 ; Dt 26)[44] et payée à Dieu en signe de reconnaissance de sa domination et surtout en signe de remerciement pour sa libération de l'esclavage d'Egypte (Dt 26, 3-10)[45]. C'était l'offrande ordinaire au bénéfice des

41 Dans la tradition juive, l'holocauste est un sacrifice par le feu d'un animal après immolation, offert à Dieu pour lui être agréable. Le prêtre qui l'offrait n'avait droit aucune portion, le tout était destiné à Dieu. (cfr. Lév 1, 1-17 ; SAYDON, P., Comentarios al Levítico, in Verbum Dei, t.1, Barcelona, 1956, 565 ; SUTCLIFFE, E. F., La religion en Israël, in Verbum Dei, Barcelona, 1956, 345) ; Une oblation : une offrande généralement faite des produits agricoles et offerte à Dieu et dont le prêtre recevait une partie ; le sacrifice : immolation d'une victime animale offerte à Dieu. Il y avait plusieurs types de sacrifices et ce n'est pas à tous les sacrifices que le prêtre avait droit à recevoir une partie. Certains sacrifices étaient uniquement réservés à Dieu (cfr. PIÑERO CARRION, J.Mª, o. c, 10-11).

42 PIÑERO CARRIÓN, J.Mª, o. c., 11 ; cfr. Ex. 30, 11-16 ; Neh. 10, 32-33.

43 Ibid.: "aunque su fin era, en general, sostener las necesidades del tabernáculo, no tenemos razón para excluirlos del beneficio, en cuanto que todo el A.T. nos da una imagen de administración muy comunitaria".

44 LONEMA DZ'DJO, F., *Devoir et droit des fidèles chrétiens de subvenir aux nécessités de l'Eglise dans la perspective de l'exhortation apostolique « Ecclesia in Africa »*, Roma : PUL, 2005, 125; cfr. Ex 23, 19 ; Nb 18, 12 ; Dt 18, 4.

45 Ibíd., 126 ; ALONSO SCHÖKEL, L., o. c., 379 : commentaire du Dt 26, 1-11 : sur la présentation des prémices il écrit : « los primeros frutos de una cosecha son un signo que hace caer en cuenta del bienestar económico, del goce y disfrute de un territorio. Además de eso, Israel tiene que mantener vivo el recuerdo de su procedencia, de su pasado de opresión y esclavitud en Egipto, donde el único que se "acordó" de ellos y que "escuchó" sus clamores fue el Señor. Y no se acordó y escuchó simplemente, sino que obró por ellos portentos maravillosos para arrancarlos del poder del faraón y llevarlos a vivir la libertad en una tierra fértil… Sólo en libertad es posible ofrecer al Señor tanto los frutos de la tierra como los frutos de una consciencia renovada, capaz de emprender cada día nuevas tareas de solidaridad y de justicia. En este mismo sentido de presentar a Dios las primicias, sin olvidar al prójimo, encontramos la ley de compartir al menos cada tres años una parte de las cosechas con el levita, el

prêtres[46] qui, au début, ne revêtait pas un caractère obligatoire, ni ne se réalisait avec un rituel précis. C'est plus tard qu'elle deviendra obligatoire avec des modalités précises (Nombr 15, 20 ; Éz 44, 30 ; Lév 23, 17. 20 ; Dt 18, 4 ; 2 R 4, 42 ; Tb 1, 6) ; e). La *dîme* (du latin *decuna, decima*, et du grec *dekáte, dékaton*) signifie, d'une manière générale, la dixième partie de la moisson ou du revenu qui est rassemblée pour des motifs religieux précis ou pour un financement public[47]. La loi de la dîme pour soutenir l'économie religieuse ou publique n'était pas exclusive au peuple hébraïque ou à sa religion[48], elle était « une coutume courante chez beaucoup des peuples primitifs, [...] une pratique usuelle dans l'antiquité pour déterminer les tributs volontaires ou imposées par l'autorité [aussi bien religieuse que civile] »[49]. Au départ, elle était une offrande volontaire[50], avant de

---

emigrante, el huérfano y la viuda (12). La abundancia y la prosperidad no pueden hacernos olvidar a los desposeídos de la sociedad, pues son ellos el sujeto más caro al corazón de Dios; compartir con ellos es el signo más claro de bendición".

46 PIÑERO CARRION, J.Mª, ibid., 12; Lév. 2, 1–3.10. 12: «Cuando alguien haga una ofrenda al Señor, su ofrenda de harina de la mejor calidad, sobre la que se echará aceite y pondrá incienso. La llevará a los sacerdotes aaronitas, y uno de estos, tomando un puñado de harina, con aceite y todo el incienso, lo dejará quemarse sobre el altar, en obsequio. Es una ofrenda de aroma que aplaca al Señor. El resto de la ofrenda será para Aarón y sus descendientes. Es la porción sagrada de la ofrenda al Señor" (Lév. 7, 14; Nb 5, 9–10; 18, 8.19).

47 LONEMA DZ'DJO, F., o. c., 127 : L'auteur cite C. Du CANGE, Glossarium mediae et infimae latiniatatis III, Paris 1937–1938, 23–24: «Decima: praestatio pecuniaria ex agris, idemquod agrium. 3. Decima: tributi seu vectigalis species ex mercibus aqua adiectis ad rationem decimae percepta... Decima in Veteri Testamento quae fuerint, omnes norunt; sed quando in nova lege sacerdotibus dari coeperint, non omnino constat ».

48 On peut lire à ce propos, P. VIARD, *Histoire de la dîme ecclésiastique*, principalement en France, jusqu'au décret de Gratien, 1ère partie, chap. 1, p. 9ss. ; P. GAGNOL, *La dîme ecclésiastique en France au XVIIIe siècle*, chap. 1, p. 13 ss.

49 PIÑERO CARRION, J.Mª, o. c, 13 ; cf. 1 Sam. 8, 15 : ce texte de 1 Sam parle des droits du Roi quand le Seigneur institue le régime monarchique après la décadence du régime socioreligieux des Juges. Parmi les droits reconnus au Roi, il y a celui du prélèvement de la dîme sur les récoltes afin de subvenir aux besoins de fonctionnaires et ministres ;1 Mac 10, 31–35 : ce texte fait allusion à l'exemption d'impôts et dîme que le roi accorde à tout le peuple juif.

50 Gen. 28, 16–22; Dt 14, 22–29; 26, 1–15; PIÑERO CARRION, J. Mª, ibid., 13: "En la Biblia encontramos una clara evolución en la legislación sobre el diezmo: al principio no es sino una ofrenda voluntaria de los bienes recibidos, con sentido de primicias y sin carácter alguno de tributo. En Deuteronomio esta práctica se acentúa, no como tributo todavía, sino como ofrenda a Dios para comerlo en su presencia como reconocimiento de los beneficios recibidos [...]".

se convertir par la suite en une taxe religieuse obligatoire (cfr. Lév. 27, 30–33 ; Nombr 18, 22–32) payée à Dieu en reconnaissance de ses bienfaits et pour subvenir aux besoins de ministres du temple qui étaient sans héritage (Nombr 18, 20–21)[51]. T. Natali[52] et R. L. Kealy[53] distinguent, dans l'A. T., trois types de dîmes : la *dîme religieuse ou cultuelle* pour promouvoir le culte d'adoration à Dieu, la *dîme sacerdotale ou lévitique* pour subvenir aux besoins des ministres sacrés et la *dîme pour les pauvres* pour venir en aide aux pauvres et nécessiteux. Cette division tripartite correspond aux trois finalités pour lesquelles les fidèles offraient leurs offrandes à Dieu[54].

Ce survol de la tradition vétérotestamentaire nous amène à affirmer que le sacerdoce dans l'A.T. était une institution nécessaire, stable, organisée et régie par une législation qui en déterminait l'exercice, les droits et les obligations pour ceux

---

51 PIÑERO CARRION, J. Mª, loc. c.: Il nous renvoie aussi à l'étude de R. A. F. MACKENZIE, *Comentario al Deuteronomio*, in Verbum Dei, Barcelona, 1956, in Deut. 14, 22–29. Et à la Biblia comentada de Salamanca, in Deut. 14, 22–29, 959.

52 NATALI, T., *A Historical Essay on tithes*: A Collection of sources and Texts, San Antonio, 1973, 11–20, cité par F. LONEMA DZ'DJO, o. c, 127.

53 KEALY, R. L., *Diocesan Financial Support: Its history and canonical status*. Dissertatio ad doctoratum in Facultate Iuris Canonici, Pontificiae Universitatis Gregorianae, Romae 1986, 6–12, cité par F. LONEMA DZ'DJO, loc. c.

54 LONEMA DZ'DJO, F., ibid., 127–128: a).La « dîme religieuse ou cultuelle » est un tribut d'adoration payé à Dieu en reconnaissance de sa souveraineté comme auteur de la création et origine de toutes les bénédictions matérielles (Gn. 14, 17–20). Elle a un caractère obligatoire et vise à promouvoir le culte d'adoration à Dieu en soutenant les dépenses pour les sacrifices de l'autel, pour les voyages et fêtes au temple. Dieu en était le bénéficiaire direct et non les ministres du temple (Tob.1, 6–7) ; b). La « dîme sacerdotale ou lévitique » avait pour premier bénéficiaire les prêtres ou les ministres du culte. Elle est donc un moyen pour la prise en charge des Lévites, la tribu sacerdotale qui s'adonnait exclusivement à la vie des prières et au service de Dieu à l'autel. En leurs payant la dîme, le peuple les prenait en charge afin de les mettre à l'abri des soucis mondains ; c). La « dîme pour les pauvres » était destinée aux œuvres de la charité (Dt 26, 12–13).Les prêtres et les Lévites n'étaient pas la seule catégorie sociale qui préoccupait le peuple de Dieu. Les pauvres ou les nécessiteux, comme les orphelins, les veuves, les immigrants ou étrangers, étaient aussi au centre des préoccupations du peuple. De la même façon qu'on présentait à Dieu son dû, le peuple ne pouvait oublier le prochain, d'où l'existence de la loi de la dîme pour les pauvres. En pratiquant cette charité, le peuple était conscient que l'abondance et la prospérité ne pouvaient leur faire oublier les démunis de la société, car ce sont eux les sujets qui tiennent plus à cœur au Seigneur ; partager avec eux c'est le signe le plus évident de la bénédiction.

qui l'exerçaient et aussi pour la communauté des croyants bénéficiaire du service des ministres sacrés. Toutes les prescriptions sur la subsistance des ministres sacrés visaient à promouvoir l'exercice du culte fondamental pour l'Alliance et la tradition d'entraide fraternelle, de solidarité agissante dans la communauté des croyants afin d'éradiquer la pauvreté entre les membres[55]. Cependant, la prise en charge matérielle des ministres de Dieu par le peuple n'a pas toujours été parfaite à toutes les époques comme l'ont dénoncé certains prophètes. Le relâchement et l'irresponsabilité de la communauté dans l'accomplissement de ses obligations ont parfois jeté les ministres de Dieu dans une précarité économique[56].

1.2. Dans le Nouveau Testament.

Dans plusieurs textes du N.T., Jésus souligne l'importance des biens temporels pour l'épanouissement complet de l'homme et l'accomplissement de la mission de l'annonce du royaume (Mt 14, 13–21 : multiplication des pains ; 21, 2–3 : entrée triomphal à Jérusalem sur un âne ; 26, 26–27 : institution de l'Eucharistie : Mc 14, 22–26 ; Lc 22, 14–20) et affirme sans ambages que « l'ouvrier a droit à un salaire » (Lc 10,7).

---

55 CONGAR, Y., *Les biens temporels de l' Église d'après sa tradition théologique et canonique,* in : Église et pauvreté, Paris 1965, 234 : « L'Ancien Testament comportait un grand nombre de lois et de dispositions en faveur des petits et des pauvres : l'idéal était qu'il n'y eût pas de pauvres en Israël. Chacun devait avoir de quoi vivre. Le souci que les catégories défavorisées, classiquement ramenées à la veuve, à l'orphelin et à l'étranger, aient cependant le nécessaire, incombait à la communauté tout entière », cité par F., LONEMA DZ'DJO, o. c, 131 ; DOLE, G., *La protection sociale du clergé. Histoire et institutions ecclésiales*, Paris : Librairie Générale de droit et de Jurisprudence, 1980, 9–10 : « Dans les premiers temps, les clercs invalides pouvaient compter sur leur communauté. La Bible, la littérature patristique, le droit canonique nous renseignent sur la sollicitude de l'Eglise envers ses ministres ».

56 Ml 3, 6–10: "yo, el Señor, no he cambiado y ustedes, hijos de Jacob, no han acabado. Desde los tiempos de sus antepasados se apartan de mis preceptos y no los observan ¿Puede un hombre defraudar a Dios como ustedes intentan defraudarme? Ustedes dicen: ¿En qué te defraudamos? –En los diezmos y tributos: han incurrido en maldición, porque toda la nación me defrauda. Traigan íntegros los diezmos al tesoro del templo para que haya sustento en mi templo"; cfr. PIÑERO CARRIÓN, J. Mª, o. c., 14: "Pero también otros textos nos trasladan a épocas de descuido del cumplimiento y abandono del cuidado de los ministros, en que se encontraban éstos en situación precaria, y daban lugar a insistentes exhortaciones de los mentores espirituales. Tiempo hubo en que los levitas no podían ganarse el sustento sirviendo al templo y muchos de ellos debieron confundirse con el común del pueblo".

Tout en affirmant l'importance des biens temporels et le principe fondamental d'un droit au salaire pour tout ouvrier, à la lumière du texte sur les tentations au désert (Lc 4, 1–13), il met en exergue l'esprit de totale liberté et de détachement face aux biens de ce monde qui doit animer les missionnaires de l'Évangile pour ne pas se détourner de la mission principale qui est d'ordre spirituel. Dans le « Discours sur la montagne » ou « les Béatitudes »[57] qui est un discours programme sur le Règne de Dieu, il y revient aussi en affirmant : « Heureux les pauvres en esprit car le royaume de cieux est à eux » (Mt 3, 4 ; Mc 1, 6)[58]. Pour lui, le premier souci du missionnaire de l'Évangile est d'abord la recherche du Royaume de Dieu et non la jouissance des biens terrestres[59]. Fort de cette

57 Mt 5, 1–12 ; Lc 6, 20–23 : Les Béatitudes comme Nouveau programme du Règne de Dieu sont un ensemble d'énoncés de valeur et non un code des lois comme le Décalogue du Sinaï ; elles sont, en premier lieu, une invitation à vivre la pauvreté, l'affliction, le détachement, la faim et la soif de la justice comme « béatitudes », c'est-à-dire quelque chose qui apporte la joie. De cette manière, la pauvreté matérielle se transformera en « pauvreté du cœur », en ouverture confiante à la volonté et á la providence de Dieu. Et le détachement se transformerait en possession de l'héritage la plus précieuse : le Royaume des Cieux.

58 Mc 1, 17–18. 20 ; Lc 18, 15–30 : à propos de cette exigence de détachement, Simon Decloux, s. j, dans son œuvre « El Espíritu Santo vendra sobre ti. Ejercicios de ocho días con San Lucas », écrit : «Así pues, el hombre tiene que renovar su relación con los bienes y su relación con los demás, a fin de vivir en verdad su relación con Jesús. Tiene que entrar en una actitud de desposesión; y cuando hablamos de bienes [...], se trata de toda clase de bienes, de todo lo que puede ser para nosotros una especie de riqueza a la que estamos apegados, una riqueza que creemos tener sólidamente entre las manos [...] El Señor nos invita a dejarnos liberar, tanto interior como exteriormente, porque lo que se tiene que liberar, ante todo, es el corazón, desprendiéndose de esa especie de marca que quiere imprimir en el universo, en las cosas y en los seres que se han convertido en objeto de su posesión", 130–131.

59 Mt 6, 19–21 ; Lc 12, 33–34 : « Ne vous faites pas de trésors sur terre, là où les mîtes et la rouille les dévorent, où les voleurs percent les murs pour voler. Mais faites-vous des trésors dans le ciel, là où les mites et la rouille ne dévorent pas, où les voleurs ne percent pas les murs pour voler. Car là où est ton trésor, là aussi sera ton cœur » ; cfr. Mt 6, 25–34 : Les disciples de Jésus sont appelés à s'engager sans condition au service d'un seul Maître et s'en remettre totalement à celui qui sait ce dont ils ont besoin : le souci du Royaume et sa justice doit l'emporter sur tout l'accessoire ; Mt 8, 18–22 : Exigences pour suivre Jésus : 1. Le risque d'une vie complètement libre de tout attachement ou sécurité, pauvre, itinérante, signe de contradiction et choquant la mentalité culturelle ; 2. La disponibilité pour la mission sans calculer les risques et en acceptant les conditions de vie que la mission exige ; 3. L'immédiateté de répondre

conviction, il avertit ses disciples du danger de l'idolâtrie de l'argent et de l'avarice : « Aucun homme ne peut servir deux maitres : ou bien il détestera l'un et aimera l'autre, ou bien il s'attachera à l'un et méprisera l'autre. Vous ne pouvez pas servir à la fois Dieu et l'argent »[60]. Par cet avertissement, il ne condamne pas l'usage des biens temporels, en soi utiles pour l'accomplissement de la mission et l'épanouissement de l'homme, mais veut surtout inviter à une attitude de liberté dans l'usage de ces biens pour que la recherche du royaume des cieux soit la priorité.

Considérant les biens matériels comme moyens pour l'épanouissement de l'homme et l'accomplissement de la mission, Jésus reconnait le droit des missionnaires de l'Évangile de s'en servir pour leur subsistance et pour l'accomplissement de leur mission, voilà pourquoi il affirme sans ambages dans Lc 10, 7 :« l'ouvrier a droit à son salaire ». Cette reconnaissance est à la fois une recommandation aux destinataires de l'Évangile de garantir ce droit par leur solidarité, leur hospitalité et leur partage (Mc 15, 40–41 et Lc 8, 1–3). Dans le Discours sur l'envoi en mission (Lc 9, 3–5), il revient sur ce droit légitime des envoyés, sur l'obligation des destinataires de prendre en charge matériellement les missionnaires de l'Évangile, sur l'objectif premier de la mission et sur le principe de gratuité qui doit guider tout travail apostolique et qui doit exclure tout esprit mercantiliste, toute simonie en privilégiant d'abord la recherche du Royaume de Dieu[61].

Toutefois, en affirmant que l'ouvrier a droit à son salaire (Lc 10, 7), Jésus ne voulait pas dire que l'engagement au service de l'annonce de l'Évangile est un contrat de travail qui donne droit à une rémunération. Cet engagement est une vocation, fruit d'une disponibilité libre et d'une consécration totale à la cause du Royaume sans attendre d'abord une récompense des hommes (principe de gratuité de la mission). Le droit qui en découle est une reconnaissance de justice distributive et sociale, d'équité et une valorisation de la disponibilité et du

---

à l'appel car le chemin et les exigences du Règne de Dieu n'ont pas droit d'espérer, ou on les prend ou on ne les prend pas ; Lc 9, 57–60.

60 Mt 6, 24 ; Lc 16, 13.

61 RATZINGER, J., BENEDICTO XVI, *Jesús de Nazaret. Primera parte. Desde el bautismo a la Transfiguración*, Madrid: La Esfera de los libros, 2007, 52. 57: "Aquí aparece el núcleo de toda tentación: apartar a Dios que, ante todo lo que parece más urgente en nuestra vida, pasa a ser algo secundario, o incluso superfluo y molesto [...] Reconocer como verdaderas sólo las realidades [...] materiales, y dejar a Dios de lado como algo ilusorio [...]"; "El pan es importante, la libertad es más importante, pero lo más importante de todo es la fidelidad constante y la adoración jamás traicionada".

travail des missionnaires de l'Évangile par la communauté bénéficiaire de ce service. Vu sous cet angle, le contenu de ce droit doit d'abord viser la satisfaction des besoins nécessaires de la vie humaine (le manger, le boire, le logement (hospitalité), l'habillement et les soins de santé) et ensuite toutes les formes d'assistance sociale dont les missionnaires peuvent avoir besoin dans l'exercice de leur mission. Ce droit n'est pas donc une source d'enrichissement personnel. Ainsi donc, le terme « salaire » employé dans l'Évangile de Luc ne doit pas se réduire à une quantité d'argent seulement, mais il doit être compris dans un sens plus large qui renvoie à tout soutien matériel et à toute assistance sociale qui peuvent être accordés aux missionnaires dans l'exercice de leur fonction. Le Card. Pietro Palazzini l'explicite en affirmant qu'« en ce qui concerne les peuples sémitiques et orientaux, la notion de salaire comprend aussi la rétribution des services qui ne peut être calculé au prix d'argent »[62].

Quant à la nature de l'obligation de la communauté qui en découle, il est clair qu'elle n'est pas juridique mais bien morale et religieuse et se fonde sur la communion de foi, sur les exigences de piété et sur la justice sociale ou distributive. Le non-accomplissement n'est pas assorti de sanctions pénales bien qu'il implique un manquement grave à l'amour de Dieu et du prochain et aux exigences de justice sociale. Les chrétiens devaient s'en acquitter d'abord en conscience par des actes spontanés de générosité, d'hospitalité et des aumônes, même s'ils pouvaient le faire aussi à travers des canaux déterminés par des normes précises.

Les premières communautés chrétiennes ont été marquées par ses enseignements de Jésus, tel qu'en témoigne le Livre des Actes des Apôtres. Les textes des Act. 1, 12–14 et 2, 42–47 décrivent la vie de la première communauté chrétienne de Jérusalem où l'organisation et la gestion des ressources matérielles faisaient partie des éléments indispensables à l'existence et à la mission de l'Église. Cette organisation et cette gestion étaient soutenues par un seul idéal : la communion spirituelle (Act. 4, 32) et la justice pour tous. Ces idéaux se manifestaient par la mise en commun des biens tant spirituels que matériels[63] et par le souci qu'aucun membre de la communauté ne pouvait manquer de quelque chose

---

62 Card. PIETRO PALAZZINI, "*La aequa remuneratio del clero*", in: FUNGHINI, R. (dir.), "*Il sostentamento del clero nella legislazione canonica e concordataria italiana*". *Studi Guirdici XXIII*: Libreria Vaticana, 1993, 7.

63 CEZ, *Prise en charge matérielle de l'Église par ses propres fidèles. Directives et Orientations pastorales des Évêques du Zaïre*, Kinshasa : Éd. du Secrétariat Général, 1995, 13 ; ALONSO SCHOKEL, L., commentaire des Act. 2, 42–47 in : o. c, 2076–2077 ; LONEMA DZ'DJO, F., o. c, 134.

pour sa subsistance. Sur ce, chaque membre était conscient qu'il devait participer à la vie de la communauté et faire que la justice distributive et sociale soit une réalité pour tous. Ainsi les ministres sacrés pouvaient jouir de leurs droits sociaux comme la rétribution et la protection sociale et être épargnés des soucis d'ordre matériel pour se consacrer totalement à l'annonce de l'Évangile[64]. Cette solidarité et ce partage ne se limitaient pas seulement aux membres de la communauté mais ils s'étendaient aussi aux autres communautés chrétiennes qui étaient dans les besoins. C'est ce qui justifiait la pratique de la collecte des fonds pour les autres communautés chrétiennes en difficulté économique[65].

Dans les Épitres apostoliques, c'est surtout Saint Paul qui a beaucoup insisté sur le droit à la subsistance du ministre de l'Évangile dans 1Cor. 9 et 16, dans 2 Cor. 8 et 9, dans 2 Thes. 3, 6–7 et 1 Tim. 5, 3–7. Face à cette problématique, il a affiché deux attitudes : le renoncement libre à un droit légitime pour tout apôtre et la défense de ce droit pour tout apôtre qui se met loyalement au service de la communauté[66].

C'est au nom de la liberté chrétienne que Paul a préféré renoncer à son droit légitime d'être pris en charge matériellement par la communauté[67]. Ce choix libre était motivé d'abord par le respect aux consciences faibles et moins formées afin que l'exercice de son ministère apostolique ne scandalise pas leur foi vacillante. Ensuite, il était motivé par le souci de l'efficacité du ministère apostolique[68] car des faux-apôtres abusaient déjà de ce droit. Voilà pourquoi, il

---

64 PIÑERO CARRION, J.Mª, o. c., 22–23: "Este derecho se corresponde con la obligación de los fieles a participar con los apóstoles sus bienes; Ya que ellos les suministran los espirituales, nada extraño es que hayan de ayudarles con los materiales, para que de estas limosnas vivan los ministros del Evangelio".

65 Act. 11, 29–30; 1 Cor 16, 1–3; 2 Cor 8, 1–24; 2 Cor 9, 1–15.

66 2 Thes. 3, 7–9; cfr. DE BURGOS NÚÑEZ, M., *Pablo, predicador del Evangelio*, Salamanca: San Esteban-EDIBESA, 2004, 106: «Pero a Pablo le ha dado tiempo a trabajar para su sustento cuando estaba entre los cristianos anunciando el evangelio, para no serles gravoso (1Thes 2, 9), y a recibir una ayuda de los Filipenses (Phil. 4, 16) ».

67 NUÑEZ REGODÓN, J., *"Sustento del Apóstol y responsabilidad comunitaria. A propósito de 1 Cor 9"*, in: Corintios XIII, núm. 129 (Enero-Marzo 2009), 124–125; J. M., PIÑERO CARRIÓN, o. c., 26.

68 INOSTROZA, J.C., *Moisés e Israel en el desierto. El midrás paulino de 1 Cor 10, 1–13*, Salamanca: UPSA, 2000, 162–163. 164. 165: "Lo nuevo del c. 9 es que la atención la centra sobre su ministerio apostólico. De su ministerio le interesa justificar su renuncia a los derechos que confiere su apostolado. Pablo no sólo recuerda su conducta de renuncia ejemplar […], sino que también la justifica. En esa justificación, Pablo deja entrever que la renuncia a los derechos apostólicos es una materia, en principio, indiferente para su salvación personal […] Lo que está en juego es la eficacia de su

affirmait : « tout es légitime ; mais tout ne convient pas. Tout est permis. Mais ce n'est pas tout qui construit. Que personne ne cherche d'abord son intérêt, sinon celui du prochain »[69]. Pour montrer qu'il ne visait pas un intérêt égoïste comme les « faux – apôtres », mais au contraire secourir les pauvres et les emmener au Christ, il va privilégier dans l'accomplissement de sa mission apostolique la stratégie de l'auto-prise en charge[70]. Donc le renoncement à un droit légitime ne fait pas de Paul un « moins-apôtre » et ne signifie pas non plus une négation de ce droit légitime[71]. Il est au contraire respectueux du principe de la gratuité qui doit caractériser l'annonce de l'Évangile et est imprégné de la conviction que l'accomplissement de la mission apostolique est au-dessus des intérêts personnels, souvent égoïstes. Il reste pour cela une référence pour tout missionnaire de l'Évangile face aux revendications des certains droits légitimes et face à la manière d'accomplir avec efficacité la mission apostolique[72].

Par cette attitude, Paul ne niait pas le droit légitime de tout missionnaire d'être prise en charge par la communauté, mais au contraire il l'a défendu avec acharnement[73] et a exhorté la communauté de s'en acquitter comme exigence

---

ministerio apostólico. Incluso cuando Pablo alude a su recompensa y a su gloria parece estar pensando primeramente en ese aspecto de su apostolado. La recompensa de Pablo es ofrecer el Evangelio libre de carga, no haciendo uso de tales derechos (9, 18 b). El apóstol se gloria de renunciar a sus derechos, lo que para otros es un signo de debilidad. Para Pablo, en cambio, esa debilidad glorifica a Dios, cuyo poder se muestra transparentemente en ella. Eso facilita, en opinión de Pablo, el éxito de su ministerio, cuya meta es la salvación de quienes escuchan su anuncio (9, 19–22)".

69 1Cor 10, 23–24.

70 1 Cor. 9, 18 : « Alors, pourquoi recevrai-je une récompense ? Parce que j'annonce l'Évangile sans rechercher aucun avantage matériel, ni faire valoir mes droits de prédicateur de l'Évangile ».

71 PIÑERO CARRION, J. Mª, o. c, 27:"Los fieles y sencillos corintios desean disipar este mal ambiente, haciendo que pablo aceptase sus limosnas, para salir al paso al argumento: pero la inteligencia de Pablo ve mejor la defensa de la verdad: su renuncia no implica la desaparición de su derecho".

72 GIL ARBIOL, C., *"La "riqueza de la pobreza" (2 Cor 8): la solidaridad como condición y fruto del Evangelio*, in: Corintios XIII. Revista de teología y pastoral de la caridad. San Pablo, testigo de la caridad, Enero-Marzo (2009/129), 115: "La aspiración a la "autosuficiencia" (o "autarquía") es bastante importante en la estrategia misionera de Pablo".

73 PIÑERO CARRION, J.Mª, o. c., 27; J. NÚÑEZ REGODÓN, art. c., 130–131: "En 1 Cor 9, 4–6 Pablo habla de cuáles son los derechos del apóstol [...]: -el derecho a "comer y beber"... el derecho a ir acompañado de una mujer; el derecho a no trabajar y, en consecuencia, a ser sustentado por la comunidad.- Sin embargo, es probable

de piété et de justice sociale. Car pour lui, le travail apostolique est un travail humain à l'instar de celui du soldat, de celui du cultivateur et de celui de l'éleveur. Et suivant l'adage du Dt 25, 4 :« on ne musèle pas un âne qui laboure », l'ouvrier de l'Évangile doit se nourrir aussi de son travail et en semant les biens spirituels, il est en droit de récolter les biens matériels (1 Cor.9, 11) car cela répond à l'ordre du Seigneur qui recommande que ceux qui annoncent l'Évangile qu'ils vivent de l'Évangile (Lc 10, 7 ; Mt 10, 10). Non seulement Paul a défendu, face à ses détracteurs, le droit légitime de tout missionnaire d'être pris en charge par la communauté, mais aussi il a exhorté, en signe de communion ecclésiale, les chrétiens de Corinthe à faire preuve de solidarité agissante vis-à-vis des consacrés de l'Église-mère de Jérusalem par la pratique de la collecte (1 Cor. 16, 1–24, 2 Cor. 8, 1–23, 2 Cor 9, 1–15.et Rm 15, 25–31)[74].

2. Droit à la subsistance matérielle du clergé entre le IIe et le IVe siècle (Paix constantinienne).

2.1. Contexte socio-historique et conséquences dans la vie de l'Église naissante.

Le contexte socio-historique des trois premiers siècles de l'Église naissante est marqué par la domination de l'Empire romain païen et par des périodes de persécutions sanglantes contre l'Église[75]. Cette situation n'a pas manqué des

que los dos primeros derechos hayan de ser entendidos en relación directa con el tercero, sobre el derecho al sustento. En ese caso, el derecho a "comer y beber" parece confundirse con el de sustento".

74 GIL ARBIOL, C., art. cit., 107:"Esta tarea de "acordarse de los pobres" Pablo la concretó en una colecta que fue realizada en todas sus comunidades formadas por mayoría de creyentes de origen pagano. Su misión con los paganos en las ciudades de Asía Menor, Macedonia, Acaya, Galacia [...] tuvo, entre otros, un denominador común: la colecta para los pobres de Jerusalén. Con ella [...] además de aliviar la dura situación de las comunidades necesitadas de Judea, creaba, sobre todo, un vínculo de comunión con aquellos. La solidaridad que se expresaba en la colecta era, para Pablo, un fruto coherente con el Evangelio: era el mismo Evangelio"; DIAZ RODELAS, J. M., "*Pablo, impulsor de la fraternidad*", in: Corintios XIII... (2009 /129), 12–23: Pour l'auteur le fondement de la fraternité chrétienne est dans la communion ecclésiale. Les expressions de cette fraternité doivent être à la fois intercommunautaires et interecclésiales.

75 Les persécutions chrétiennes sous les règnes des empereurs romains recouvrent une diversité d'évènements, de comportements et d'actes disparates qui ont en commun différents types d'exactions opérées à l'encontre des communautés chrétiennes et dont les raisons fondamentales d'après les historiens seraient : 1. La nature même du

conséquences sur le plan religieux et sur le plan économique pour l'Église. Sur le plan religieux, celle-ci a souffert de la privation de la liberté religieuse et la non-reconnaissance légale (religion illicite)[76] et sur le plan économique, comme institution illicite, elle était privée du droit patrimonial. Dans ce contexte difficile, sa force et son rayonnement étaient dans ses valeurs spirituelles[77] : la communion spirituelle (la vie de prière, la fraternité, la solidarité et le partage) et la

christianisme dont la radicalité des exigences interdisait aux chrétiens la participation aux manifestations de la religion païenne de l'empire ; 2. L'influence négative juive qui envenimait l'atmosphère en accusant faussement les chrétiens de déformer la loi mosaïque, d'être à la base de l'incendie de la ville de Rome (en 64 sous Néron), d'être des « ennemis du genre humain » ; 3. La raison d'Etat selon laquelle le christianisme empêche la restauration de l'unité de l'empire fondée sur la vieille religion officielle dont le culte à l'empereur est l'expression publique et par conséquent, il est la cause des marasmes économiques, de la crise sociale qui menacent la paix et l'intégrité de l'empire. On peut lire à cet effet : ORLANDIS, J., *Historia de la Iglesia I. La Iglesia antigua y médiéval*, Madrid: Ed. Palabra, 1975, 29. 31; LLORCA, B., GARCÍA VILLOSLADA, R.et MONTALBAN., F. J., *Historia de la Iglesia católica. T. 1, Edad antigua. La Iglesia en el mundo greco-romano*, 3ª Ed., Madrid: BAC, 1960, 168–169; GAUDEMET, J., L' *Église dans l'Empire romain (IVe – Ve siècle)*, Paris: Sirey, 1958 (avec mise à jour 1989), 37–39; cfr. CARD. HERGENRÖTHER, *Historia de la Iglesia, T. I*, traducida por Don Francisco Diaz Carmona, Madrid: Biblioteca de la "Ciencia cristiana", 1883, 245 : On peut inventorier plus au moins dix persécutions contre le christianisme : sous Néron (54–68), sous Domitien (81–96), sous Trajan (98–117), sous Marc- Aurel (161–180), sous Septime Sévère (193–211), sous Maximin le Thrace (235–238), sous Dèce (249–251) : la persécution vise essentiellement le personnel politique et courtisan de son prédécesseur, sous Valérien (253–260) : la persécution vise surtout les couches supérieures et le clergé, sous Aurélien (270–275) et sous Dioclétien (284–305), la dernière et la plus grave; ORLANDIS, J., ibid., 27 : cette période est qualifiée de l « 'ère des martyrs ».

76 CARD. HERGENRÖTHER, ibid, 211: "El poder del paganismo hacia se cada día más amenazador para los cristianos. El imperio romano, que no reconocía ningún derecho general ni libertad ninguna de conciencia, sólo veía en la Religión una institución política; prohibía admitir cultos extranjeros sin su permiso, y hacer prosélitos. Consideraba a la Iglesia como asociación ilícita, y el negarse a adorar los dioses del Estado como obstinación sacrílega, como crimen de alta traición [...] los emperadores, en su receloso despotismo, se proponían solamente fines políticos; la codicia les incitaba a usar de violencia con los sospechosos, y la crueldad y el fanatismo a oprimir a los despreciadores de sus fantásticas divinidades"; ORLANDIS, J., o. c., 39: [En tiempo de Decio y Valeriano], "se prohibía bajo pena de muerte cualquier acto de culto cristiano, y se exigía de todos los obispos, presbíteros y diáconos un sacrificio a los dioses [...] y se extendía la acción represiva a los laicos cristianos pertenecientes al estamento superior de la sociedad".

77 DAUVILLIER, J., *Les temps apostoliques. 1er siècle*, Paris : SIREY, 1970, 603.

communion des biens matériels (Act. 2, 44–45 ; 4, 33–35)[78]. C'est cette communion d'âmes et de biens qui semblait procurer à ses membres une sécurité existentielle et a permis au message de l'Évangile de se répandre dans les cœurs des gens. Grâce à cela, les chrétiens de trois premiers siècles ont réussi à faire de l'Église, un lieu de solidarité et de partage afin de résoudre les problèmes économiques auxquels ils faisaient face : assurer le culte, entretenir les ministres de Dieu et venir en aide aux pauvres et aux nécessiteux[79]. Ce qui caractérisait le système d'acquisition et de gestion des biens temporels par l'Église, c'est la charité fraternelle.

2.2. Charité fraternelle comme gage de la subsistance matérielle et de la protection sociale du clergé.

Sans structures économiques solides, sans institutions ecclésiales de grande envergure, l'Église naissante, grâce à la charité fraternelle et à la mise en commun de biens, avait réussi à atteindre dans la modestie les objectifs de sa mission,

---

78 Ibid., 604 : « Saint Luc a voulu mettre en relief la générosité de ces premiers chrétiens et leur amour fraternel. Il existait aux premiers temps une union intime entre les croyants, qui les disposaient à regarder leurs biens propres comme appartenant à tous. La communauté des biens avait pour fondement l'amour qu'ils se portaient les uns aux autres, cette organisation avait une allure très communautaire, mais on ne peut la qualifier de communiste ».

79 SAINT JUSTIN, *Première Apologie,* 14, 2 : "Dès que nous avons cru au Verbe, nous avons renoncé au culte des démons pour nous attacher, par le Fils, au Dieu non-engendré… Autrefois, nous recherchions par-dessus tout l'argent, les biens les plus divers; aujourd'hui nous mettons en commun ce que nous avons et nous les partageons avec les pauvres » ; TERTULLIEN, *Apologie,* 39, 6–11 : « Chacun, en effet, fournit tous les mois une somme modique, lorsqu'il veut, s'il veut et s'il le peut. Nul n'y contraint ; rien n'est plus libre que cette contribution…Mais c'est un dépôt de piété, qu'on ne dissipe pas en banquets ni en débauche. L'argent rassemblé n'est employé que pour nourrir les pauvres, à les enterrer, à subvenir aux besoins des orphelins démunis de tout, de serviteurs devenus vieux, des naufragés… Il se trouve néanmoins des gens qui nous font reproche de cette charité… et décrient ce nom (de frère) que nous nous donnons. Or nous sommes unis par l'esprit et par l'âme, nous n'hésitons pas à mettre en commun nos biens » : cités par CEZ, *Directives et orientations pastorales des Evêques du Zaïre. Prise en charge matérielle de l'Église par ses propres fidèles*, Kinshasa-Gombe, Éd. Du Secrétariat Général de l'Episcopat, 1995, 15–17; AZNAR GIL, F.R., *La administración de los bienes temporales de la Iglesia*, Salamanca: UPSA, 1993, 75: "La iglesia, que en sus primeros momentos vivía de las aportaciones de sus fieles (Act. 4, 34–35; 1Cor. 16, 13; Gal. 2, 10), a partir del siglo II, comenzó a reunir los bienes ofrecidos para el cumplimiento de sus diversas finalidades eclesiales, fundamentalmente para las necesidades del culto, clero y de los pobres".

parmi lesquels celui d'assurer aux serviteurs de Dieu une subsistance et une protection sociale. Cependant, le soutien de la communauté chrétienne n'empêchait pas les serviteurs de Dieu de subvenir à leurs propres besoins par le travail personnel comme en témoignait Saint Paul. Et la communauté chrétienne, malgré un contexte difficile, ne remettait en cause le droit du clergé à une subsistance digne. Au contraire, elle s'en acquittait comme une exigence de piété, de justice et de charité[80]. C'est donc sur le principe de la charité fraternelle et de la justice distributive et sociale que reposait la garantie du droit à une subsistance pour le clergé au service de la communauté. Cependant, les ministres dans l'exercice de leur droit devaient faire preuve d'un esprit de pauvreté et de détachement face aux biens matériels et ne devraient pas perdre de vue le principe de la gratuité caractéristique du ministère apostolique comme le soulignaient les enseignements évangéliques.

L'élan de solidarité et de générosité envers les ministres sacrés qui s'est manifesté dans la période de persécutions est confirmé dans certains documents les plus anciens comme la *Didachè*[81], la *Didascalie*[82], les *Canones*

80 DAUVILLIER, J., o. c., 609. 614 :« ceux qui s'acquittait bien de leur tâche, et surtout ceux qui s'adonnent à la prédication et à l'enseignement ont droit à un surcroit d'estime et aussi d'émoluments. Que saint Paul ne songe pas seulement à un surcroit d'honneur, mais de rétribution, c'est ce que laisse entendre le contexte, où l'Apôtre cite le Deutéronome et la Parole du Christ qui justifient ces honoraires ».

81 Cfr. NATALI, T., *A Historical Essay on Tithes: A collection of sources and Texts*, San Antonio, 1973, 34: « Now the Didachè is the most ancient collection of Christian moral precepts for the individual and community. The disciplinary ordinances concerning the duties of charity include the payment of contribution that resembles the tithes, though it is extended to money and clothing. But the ancient legal institution is not expressly revoke, either as measure for contributions or as a form of collecting them », cité par LONEMA DZ'DJO, F., o. c., 137; DIDACHE, XIII, 1–7, cité in: LA DIDASCALIE DES DOUZE APOTRES, 15–16, cité par LONEMA DZ'DJO, F., loc. c.: « Tout vrai prophète, voulant s'établir chez vous, mérite sa nourriture ; pareillement, le docteur véritable gagne lui aussi, comme l'ouvrier, sa nourriture. Tu prendras donc toute prémice du pressoir et de l'aire, des bœufs et des brebis tu les donneras aux prophètes, car ils sont vos grands-prêtres ; et si vous n'avez pas de prophète, vous donnerez aux pauvres. Sur ton argent, sur tes vêtements, sur toute sorte de richesse prélève les prémices, selon ton appréciation, et donne-les selon le commandement ».

82 PIÑERO CARRIÓN, J.Mª, o. c., 36: "En seguida nos sale al paso la continuidad intencional que se establece por todos entre los sacerdotes y levitas del A.T. y los clérigos de la Iglesia: La Didascalia hace una hermosura comparación: después de recordar cómo aquellos vivían de las oblaciones de los fieles, dice: "Et vos igiturhodie, episcopi, populo vestroestis sacerdotes et levitae, ministrantes tabernáculo Dei, sanctaecatholicaeeclesiae, et adstantessemper coram Domino Deo nostro"» (Didascalia, 2, 25, 7).

Apostolorum[83]. Tous ces documents insistent sur le droit légitime des ministres sacrés de jouir d'une subsistance convenable dans l'exercice de leur ministère et sur l'obligation morale des fidèles de subvenir aux besoins de l'Église. Dans le même ordre d'idées, les Pères de l'Église et les écrivains chrétiens de l'époque comme Irénée de Lion (120–202)[84], Tertullien (150–220)[85], Origène d'Alexandrie (185–253)[86], Saint Cyprien (200–248)[87] réaffirmaient le droit des clercs de bénéficier d'une subsistance convenable dans l'exercice de leur fonction ministérielle et exhortaient les fidèles chrétiens d'abandonner la tiédeur et d'imiter la ferveur des premiers chrétiens en s'acquittant par leurs offrandes volontaires de leur obligation de subvenir aux besoins de l'Église.

Bien que ce droit soit bien confirmé par tous ces documents et par les Pères de l'Église que nous venons d'évoquer ci-haut, cependant il faut noter qu'à cette époque, il n'existait pas encore une législation canonique précise et universelle sur la subsistance matérielle et la protection sociale du clergé. Les règles disciplinaires et les différentes exhortations avaient généralement une portée locale et les ministres sacrés subsistaient apparemment au gré des circonstances. Certains vivaient de leur patrimoine, d'autres étaient à la charge de parents ou d'amis et les moins favorisés devaient exercer une profession laïque alors que la consécration totale au ministère sacré et l'organisation du clergé exigeaient des règles bien précises et une participation substantielle des fidèles. Mais malgré l'absence d'une législation précise et universelle, tout le monde s'accordait que *l'honesta sustentatio* à laquelle les prêtres avaient droit, ne devait pas être comprise nécessairement en termes d'une quantité d'argent (salaire au sens moderne) qu'on remettrait aux prêtres, mais elle englobait toutes les ressources

83 CANONES APOSTOLORUM, 8, 47, 4. 41; 12, 1, 22: "Lex enim Dei constituit, ut, qui altari assistunt, ex altari vivant" (cité par PIÑERO CARRION, J.Mª, ibid.).

84 Cfr. ADVERSUS HAERESES, IV, 18, 1, in: PG 7, col. 1106.

85 Cfr. APOLOGETICUM, 39, in: PL 1, col. 532–533: "Si quod arcae genus est, non de ordinaria summa, quasi redemptae religionis congregator: modicum unusquisque stipem menstrua die, vel quum velit, et si modo velit, et si modo possit, appoint: nam nemo compellitur, sed sponte confer. Haec quasi « deposita pietatis sunt »", cité par LONEMA DZ'Djo, F., o. c., 141.

86 Cfr. HOMÉLIE XI, § 2, in: PG, XII, col. 640–641, 644–645, cité par LONEMA DZ'DJO, F., ibid.

87 Cfr. DE UNITATE ECCLESAE, XXVI, in: PL 4, col. 518: "Domos tunc et fundos venumdabant, et thesaurus sibi in caeli reponentes, distribuendo in usus indigentium pretia Apostolis offerebant. At nunc de patrimonionec decimas damus; et cum vendere iubeat Dominus, emimus potius et augemus»: cité par LONEMA DZ'DJO, F., ibid.

et toute assistance que la communauté pouvait leur fournir pour vivre dignement : logement, nourriture, vêtement, etc.[88]. Voilà ce qui explique d'ailleurs l'usage très fréquent du concept *honesta sustentatio* ou *remuneratio* en lieu et place de « salaire ». Cette acceptation n'implique pas en soi une convention ou un contrat de travail car le ministère sacré vise une fin surnaturelle et désintéressée même s'il confère aux prêtres un droit aux ressources économiques et à une protection sociale en cas de maladie et vieillesse[89]. Et là où le terme salaire est employé, il faut bien le situer dans la mentalité sémitique où il ne renvoie pas seulement à la rémunération de services appréciables à prix d'argent, mais aussi à celle des services non appréciables à prix d'argent, les services destinés à honorer et à remercier celui qui les a rendus, comme le ministère sacerdotal[90].

Quant à l'assistance sociale aux couches défavorisées comme les malades, les veuves, les orphelins, les invalides et les vieillards, l'Église des trois premiers siècles en faisait une priorité[91]. Le sort de ces derniers était alors objet d'une

88 LA DIDASCALIE DES DOUZE APOTRES, XXV, 1–3 : « Contentez-vous, pour la nourriture et l'habillement, de ce qui suffit et de ce qui est nécessaire ; ne vous servez pas des oblations en dehors de ce qui convient, comme si c'étaient des biens étrangers, mais avec mesure. Vous ne vous délecterez pas et ne vous réjouirez pas des biens qui entrent à l'Eglise, car la nourriture et l'habit suffisent au travailleur », cité par LONEMA DZ'DJO, F., ibid., 138 ; cfr. CANONES APOSTOLORUM, 8, 47, 41 : «quae opus sunt, si tamen indiguerit, ad necesarios suos usos et fratrum…»; SAN DIONISIO DE CORINTO a aussi insisté sur les nécessaires : «Epistola ad Romanos», « apud Eusebium », «Historia Eclesiástica», I, 4, cap. 23, P.G., 20, 387 et SAINT CYPRIEN de Carthage commentant la prière de « Notre Père » affirme que le disciple de Jésus a renoncé à tout et doit se contenter de la nourriture et de l'habillement : « cibum nobis tantum petamus et victum », cités par PIÑERO CARRION, J. M., o. c, 52.

89 PIÑERO CARRION, J.Mª, ibíd., 50.

90 DAUVILLIER, J., o. c, 610.

91 GRACIA Y GARCIA, A., *Iglesia, sociedad y derecho, t. 2*, Salamanca: UPSA, 1987, 336–337: "Los obispos no se ocuparon solamente de incumbencias de derecho público, como las que hemos considerado hasta ahora, sino que también descendieron a diversos problemas y necesidades de las gentes de la sociedad en que vivían. La labor de los concilios bajo este aspecto sirvió para encarnar en la vida social de cada época y en los más variados niveles la más preciosa virtud cristiana que es la caridad. La antigüedad había sido ajena a la idea de organizar la beneficencia y resolver la pobreza a escala social. La Biblia sólo habla de esto a escala individual. De ahí que resulta muy apreciable la originalidad de los obispos medievales, que procedieron sin tener modelos previos en qué inspirarse. Hay, en efecto, concilios en los que se legisla sobre el cuidado de los pobres, no precisamente encomendándoles exclusivamente a las limosnas de los particulares, sino institucionalizando esta beneficencia con cargo a la iglesia local en cuanto comunidad. Este cuidado de los pobres no se limita a la

mesure d'assistance fondée sur le principe de la charité fraternelle et matérialisée dans l'institution de la « diaconie »[92]. La masse des biens qui venait des contributions des fidèles chrétiens était destinée non seulement à résoudre le problème de subsistance du clergé actif[93], mais aussi à assister les pauvres et les nécessiteux, parmi lesquels on comptait aussi des prêtres malades, invalides et vieux. Mais pour éviter que la charité ne favorise la paresse et le parasitisme dans la communauté chrétienne, celle-ci enseignait à tous la valeur du travail comme source de dignité et de l'autonomie (2 Thes 3, 6–15). L'assistance visait d'abord ceux qui la méritaient, les pauvres et les nécessiteux. Cette assistance était d'abord un devoir qui incombait à la famille[94] : « Le meilleur système, quand il peut être pratiqué, est l'assistance par la famille. Chacun doit d'abord avoir soins des siens »[95]. L'assistance communautaire avait un rôle subsidiaire[96] et ne se limitait pas seulement aux aides matérielles, mais aussi elle allait jusqu'à offrir du travail à ceux qui étaient aptes et à fournir parfois une assistance morale. Parmi les situations qui

---

comida y vestido, sino que se concreta en varias formas institucionalizadas. Una de las más importante son los hospitales (*xenodochia, hospitia, hospitalia*), que ya aparecen en la legislación justinianea [...] Paralela a la anterior es la institución de los *receptacula* para obreros sin trabajo, viudas, madres solteras, establecimientos generalmente instalados en torno a monasterios de monjas. Otros concilios nos hablan del cuidado material y espiritual de los leprosos. En el mismo sentido se atiende también a encarcelados, tanto si lo son como resultado de un proceso judicial, como también y sobre todo si son prisioneros. Otras instituciones de la caridad cristiana, organizada a escala institucional en los concilios, son el derecho de asilo, la insistencia de la Iglesia en humanizar los castigos y aliviar la suerte de los esclavos".

92 Act. 6, 1–6; ORLANDIS, J., o. c, 2–3: "Los discípulos que constituían la primitiva iglesia de Jerusalén eran de una doble procedencia -[población hebrea y población helenista]-. Un incidente derivado de esta diversidad de origen turbó la buena armonía entre los fieles [...] A raíz de este incidente apareció un nuevo grado de la Jerarquía eclesiástica, los diáconos[...] encargados de la administración de los bienes temporales de las iglesias, aunque desde el principio ejercerán también un ministerio de carácter espiritual".

93 DAUVILLIER, J., o. c, 605 : « Cette masse des biens, affectée à la communauté de Jérusalem et administrée par les Apôtres, résolvait le problème de l'entretien du clergé et de l'assistance aux déshérités, notamment aux veuves et aux orphelins ».

94 Ibid., 617–618 : « Saint Paul pose d'abord ce principe que dans chaque communauté la famille doit entretenir les siens. Le système d'assistance qu'instaure l'Eglise repose d'abord sur cet organisme naturel qui est la famille. Le fondement de cette assistance entre parents est le devoir de pitié envers sa propre famille ».

95 Ibid., 620.

96 Ibid., 618.

nécessitaient l'assistance de la communauté, il y a le manque de nourriture, l'habillement, le logement (hospitalité)[97], les soins aux malades, aux vieillards et aux prisonniers, les détresses survenant de diverses mesures de persécutions : confiscations des biens, emprisonnement, pillage, etc.

Nous pouvons dire que dans la communauté chrétienne des trois premiers siècles, l'assistance sociale reposait sur le principe de la charité fraternelle, sur la reconnaissance de la dignité humaine, en particulier du respect et de l'élévation du déshérité et surtout sur la grande qualité de l'amour profond qui poussait les chrétiens à se sacrifier pour les autres et à promouvoir les œuvres de charité[98]. Ces principes forgeaient la conviction qu' :« être veuve ou orphelin sans ressources, être pauvre sans avoir la possibilité de travailler, donne droit à être assisté par la communauté »[99]. Mais le devoir de la communauté d'assister les nécessiteux est un devoir subsidiaire car l'obligation incombait d'abord à la famille. Pour cela, L'Église encourageait d'abord les initiatives des chrétiens de pratiquer par eux-mêmes la charité, de secourir les nécessiteux avant que cela ne devienne ensuite une exigence communautaire. Car, un chrétien qui ne s'acquittait pas de son devoir moral de secourir l'indigent était considéré comme meurtrier de son frère.

Comme on peut bien le constater, les trois premiers siècles de l'Église ont jeté, au nom de l'idéal de charité, les bases d'une politique de l'assistance sociale qui va se développer à l'époque médiévale avec la création des œuvres de charité par les confessions religieuses[100] et plus tard avec les institutions modernes d'assurance, de prévoyance et de sécurité sociale.

---

97 Ibid., 622 : « Toutes les communautés avaient en effet conscience de ne pas être isolées et de faire partie d'un corps plus vaste répandu à travers le monde. Cet accueil fraternel s'imposait encore davantage, quand les chrétiens à qui on donnait l'hospitalité avaient dû quitter leur pays pour fuir la persécution, ou encore quand ils étaient bannis, ou qu'on les conduisait prisonniers auprès d'un magistrat de haut rang ».

98 LLORCA, B. et alii, o. c, 166.

99 DAUVILLIER, J., o. c, 618.

100 KABEYA MAKWETA, N., « *Comment surmonter les aspects politiques de la marginalisation de l'Afrique ?* », in : « *Comment surmonter la marginalisation en Afrique ? Actes des Journées philosophiques de Canisius* », RDC-Kinshasa : Médias Paul, Avril 2009, 89 : « L'époque médiévale donna lieu à l'ébauche d'une politique d'assistance grâce à l'implication des confessions religieuses. C'est alors que vit le jour la pratique des œuvres caritatives. Car après la dislocation de l'empire romain —dont les empereurs s'étaient reconnus débiteurs vis-à-vis des pauvres—, c'est l'Eglise qui va se charger d'organiser l'assistance au nom de l'idéal de charité. On assiste ainsi à un vaste et dynamique mouvement de solidarité envers les démunis ».

2.3. Du patrimoine ecclésiastique.

Avant la paix constantinienne, sans doute l'Église disposait, grâce à la générosité des chrétiens (Act. 4, 34–35), d'une situation économique très modeste[101] à cause du climat d'hostilité qui lui privait toute capacité juridique patrimoniale[102]. Ce modeste patrimoine provenait de sources ci-après : 1). Les oblations

---

101 DAUVILLIER, J., o. c, 629 :"On ne peut douter que l'Eglise des temps apostoliques, grâce à la générosité de l'ensemble des chrétiens, n'ait disposés de ressources, qui variaient avec les communautés, mais qui ont dû être importantes. Ces ressources ont permis de soutenir l'expansion missionnaire et de déclencher un mouvement de charité jusqu'alors inconnu du monde païen » ; PIÑERO CARRION, J.Mª, o. c, 39: "En los dos primeros siglos no había más bienes que las oblaciones de los fieles, que se van consumiendo de acuerdo con las necesidades, con el mínimo de reserva, que el compás de esas mismas necesidades o abundancias iba imponiendo: bienes muebles, del servicio del culto y de la caridad. Y aún estos bienes están a nombre de los particulares, que los ponen a la disposición de la Iglesia: cementerios, capillas [...] Creemos que al afirmar esto, no hay que entender solamente que se hiciese así porque jurídicamente no fuese posible otra cosa, sino que la evolución sencilla y normal de las cosas fue ésa, sin mayor preocupación jurídica, que nacerá después".

102 La question de la capacité juridique patrimoniale de l'Eglise avant la paix constantinienne est restée très discutée parmi les chercheurs : ROBLEDA, O., dans son étude, «*Capacidad jurídica patrimonial de las comunidades eclesiásticas ante el Estado de los siglos I-III*», in: Lex Ecclesiae. Estudios en Honor del Prof. Dr. Marcelino Cabreros de Anta, Salamanca: UPSA, 1972, 83–116, met en exergue deux thèses opposées: l'une qui affirme l'existence d'un patrimoine ecclésiastique reconnu avant la paix constantinienne (cfr. BANDINI, Appunti sulle corporazioni romane, Milano, 1937, n.43 Ss; De MOMMSEN, *Die katacombenRoms*,en Neueres Reich I, 1871, 120 Ss; ALLARD, *Histoire des persécutions pendant la première moitié du troisième siècle,* Paris 1886, 10 s.; *Le christianisme et l'Empire romain*, Paris 1898, 88; J. B. De ROSSI, Le varie successive condizioni di legalità dei cimeteri, il vario grado di libertà dell'arte cristiana e la legalità della medesima religione nel primo secolo, verificate dalle recenti scoperte nel cimetero di Domitilla, en Bullettino di archeol. Crist. III, 1965, 90 ss; MONTI, *"Collegia tenuiorum" e la condizione giuridica della proprietà ecclesiastica nei primi tre secoli del cristianismo,* en Studi in on. Riccobono III, Palermo, 1936, 70 Ss) et l'autre qui soutient la non-existence d'un patrimoine ecclésiastique du fait du manque de reconnaissance légale du christianisme (cfr. ROBERTI, *L'asociazioni funerarie cristiane e la proprietà ecclesiastica nei primi tre secoli,* en Studi dedicati alla mem Di Zanzucchi. Publicazioni Univ. Catt. Sacro Cuore. Ser. Sc. Giuridiche, vol. 14 (Milano, sin fecha) 110), MARUCCHI, dans ses œuvres : *Eléments d'archéologie chrétienne. Notions générales* (Paris-Rome, 1909), 123. *Manuale d'archeologia cristiana, 4è ed.* (Roma 1933), 94 ss; NEUBECKER,

volontaires des fidèles (source principale) ; 2).Les offrandes de collectes pour de circonstances spéciales[103] ; 3). Les offrandes sacramentelles ou des offrandes à l'occasion de services pastoraux[104] (précurseurs du « droit d'étole » et de « pieds de l'autel »)[105] ; 4).Les prémices et la dîme, considérées comme des impôts ecclésiastiques[106], avec caractère obligatoire (obligation morale et non juridique).

Vereine ohne Rechtsfähigkeit (Leipzig 1908), 83 Ss; RIVET, *Le régime des biens de l' Église avant Justinien, spécialement sous les Empereurs chrétiens (*Lyon 1891), 5. et DAUVILLIER, J., o.c, 629). Mais pour O. Robleda, les communautés chrétiennes même si juridiquement ne disposait pas de droit patrimonial, elles disposaient d'un patrimoine de fait, point de vue partagé par beaucoup d'historiens.

103 SAINT CYPRIEN, Ep.62. Cfr. B., KURTSCHEID-F. 1. C. p.93, cité par PIÑERO CARRION, J.Mª, o. c, 43.

104 SCHOUPPE, J.P., *Droit canonique des biens*, Montréal : Wilson & Lafleur, 2008, 108–112.

105 Cfr. E., LESNE, *Histoire de la propriété ecclésiastique en France, t. 1*, Paris 1910, 13 ss., cité par PIÑERO CARRION, J. Mª, ibid., 44.

106 DIDACHE, XIII, 1–7, in : *La Didascalie des Douze Apôtres* (Traduit du syriaque pour la première fois par NAU, F.), Paris 1912, 15–16, citée par F., LONEMA DZ'DJO, o. c., 137–138 : « Tout vrai prophète, voulant s'établir chez vous, mérite sa nourriture ; pareillement, le docteur véritable gagne lui aussi, comme l'ouvrier, sa nourriture. Tu prendras donc toutes prémices du pressoir et de l'aire, des bœufs et des brebis tu les donneras aux prophètes, car ils sont vos grands-prêtres ; et si vous n'avez pas de prophètes, vous donnerez aux pauvres » ; cfr. LA DIDASCALIE DES DOUZE APOTRES, XXVI, 1, 81 :« Tout ce qui a été auparavant, écoute-le aussi maintenant, réserve les offrandes, les dîmes et les prémices pour le Christ, véritable grand prêtre [...] », citée par LONEMA DZ'DJO., F., ibid., 139 ; cfr. SAINT IRENEE DE LION, Adversus Haereses, IV, 18, 1, in : PG 7, col. 1106–1108 : cité par LONEMA DZ'DJO, F., loc. c. ; cfr. http://www.archive.org/stream/histoiredeladîmeviar/histoiredeladîmeviar djvu.txt, 19:10/04/2012 : Il parle de l'obligation des prémices et de l'abolition de la dîme qui aurait été remplacée par le conseil évangélique de donner tous ses biens aux pauvres : « *Dominus [...] praecepit pro eo quod est decimare omnia quae sunt pauperibus dividere* (IV, 13, 3, in : PG 7, col. 1023) » ; TERTULLIEN, Apologeticum, X/IX, in : PL, I, souligne le caractère volontaire des contributions des fidèles : Cfr.http://www.archive.org/stream/histoiredeladîmeviar/histoiredeladîmeviar_djvu.text,.19:10/04/2012 ; ORIGENE D'ALEXANDRIE, HOMELIE XI, § 2. (Migne), PG, XII, col. 640–641, 644–645: Cfr. http://www.archive.org/stream/histoiredeladîmeviar/histoiredeladîmeviar djvu.text, 20: 10/04/2012 : il souligne le caractère obligatoire des prémices pour subvenir à la subsistance du clergé, mais laisse à la libéralité des fidèles la dîme ; SAINT CYPRIEN DE CARTHAGE, DE UNITATE ECCLESAE, chap. XXVI, in : PL : http://www.archive.org/stream/histoirede la dîmeviar/histoire de la dîme viar djvu.text, 20: 10/04/2012 ; EPISTOLA,

Outre ces sources qui permettaient à l'Église d'atteindre ses objectifs, pour ce qui est de la subsistance du clergé, il y a lieu de mentionner le travail des prêtres (source subsidiaire de la subsistance, là où le fonds commun ne pouvait la garantir suffisamment)[107]. Il s'agit des métiers compatibles avec le ministère sacerdotal, comme l'agriculture, l'élevage, l'artisanat et parfois le petit commerce[108].

LXVI. (Migne, P.L., col. 410, 411. - Hartell, C.S.E.L, III, 466). Cyprien reproche à ses fidèles la tiédeur et les exhorte à la ferveur des premiers chrétiens pour aider avec les offrandes à subvenir à la subsistance des prêtres afin de leur épargner les soucis du monde.

107 GAUDEMET, J.,*L' Église et la Cité…*, 85 :« L'abandon d'une fortune personnelle, là où elle existe, n'a pas été exigé. Le clerc vit parfois de ses propres biens […] Il peut d'ailleurs par son travail subvenir à ses besoins. Les *Statuta ecclesiae antiqua* (c. 29 et 45) lui en font un devoir. Les exemples ne manquent pas de clercs, voire d'évêques, qui se livrent aux travaux des champs. Loin de les critiquer leurs biographes louent ces signes de courage et de modestie ». Sur l'interdiction de certains travaux, Gaudemet cite dans la note 1 certains canons qui y reviennent : Canons des Apôtres, c. 6 ; Concile de Carthage de 345/348, c. 6 ; Bréviaire d'Hippone, c. 15 ; *Canones in causa Apiarii*, c. 16 ; Concile de Chalcédoine, c. 3 ; Collection dite « second concile d'Arles », c.14.

108 SAN MARTÍN, J., o. c., 5–6; E. LESNE, o. c., 38–40; CALLAEY, F., o. c., 201; GARCIA VILLADA, Z., o. c., 203–204; DE LA FUENTE, V., o. c., 70; BALLESTEROS Y BERETTA, A., o. c., 780 : cités par PIÑERO CARRION, J.Mª, o. c., 46 : "Pero la concreta sustentación de cada clérigo tuvo también otra fuente en el trabajo propio y en el comercio. Sea en forma supletorio, mientras no había una organización que proporcionase sustento suficiente a todos del fondo de oblaciones, como han dicho algunos; sea más bien por sencilla evolución de las cosas, evolución que partiendo de la postura de los primeros apóstoles y sobre todo de San Pablo, hace que el clero conserve su propio trabajo, y solamente más tarde venga la prohibición de trabajo por el peligro de abandono de las crecientes obligaciones, como han defendido otros autores; es lo cierto que las ofrendas de los fieles no fueron suficientes, al menos en alguna época y en algún lugar, y el clero tuvo necesidad de aceptar lo que acaso al principio no tuvo más sentido que el que San Pablo quiso darle de ejemplaridad. Entre las diversas clases de trabajos se encontraba también la actividad comercial"; cfr. DAUVILLIER., J., o. c, 610 : "Lorsqu'il était de passage dans une communauté, Saint Paul se faisait un point d'honneur de gagner lui-même sa subsistance, en travaillant manuellement et il le rappelle aux Thessaloniciens, dont certains, sous prétexte d'attendre la Parousie, étaient enclins à la paresse » ; cfr. 1 Th 3, 7–9 ; 1 Th 2, 9 ; 2 Co. 11, 8–9.

2.4. Devoir et obligation de l'Évêque d'alimenter le clergé.

La première communauté chrétienne de Jérusalem a évolué sous la direction des douze Apôtres[109]. Comme premiers responsables de la communauté, ceux-ci administraient la masse des biens venant des offrandes volontaires des fidèles avec l'aide directe des diacres pour le « service de table » destiné à secourir les nécessiteux[110], le service du culte et la subsistance du clergé. Avec l'émergence des nombreuses communautés chrétiennes hors de Jérusalem, une hiérarchie locale propre à chaque communauté a été mise en place. Cette hiérarchie primitive était formée au départ par un collège des *presbytres* appelés *Anciens* (dans la tradition juive) ou *Episcopes* (dans la tradition hellénistique)[111] dont les fonctions principales étaient liturgiques et de gouvernement. Mais avec la disparition des Apôtres, le gouvernement des communautés est passé du modèle collégial au régime individuel incarné par l'Évêque comme une autorité monarchique afin de promouvoir l'unité. A partir du deuxième siècle le régime épiscopat monarchique s'est généralisé dans toutes les communautés locales[112].

L'Évêque comme responsable de la communauté locale était assisté dans l'exercice de ses fonctions liturgiques et pastorales par les presbytres et les diacres qui constituaient avec lui le *presbyterium* et la hiérarchie de l'Église. Dans cette triade, l'Évêque était le chef et l'administrateur-né du patrimoine

---

109 GAUDEMET, J., o. c, 18 : « l'épiscopat y apparait encore peu développé. La primauté revient aux apôtres, aux prophètes et aux docteurs ».

110 KABEYA MAKWETA, N., art. cit., 606 : « Les diacres déchargeront les Apôtres en assumant la direction de ce service d'assistance, et ils supprimeront tout abus et tout esprit de partialité. Le soin de ce service de bienfaisance demeurera l'une des attributions des diacres dans l'Eglise antique » ; cfr. Act. 6, 1–7.

111 ORLANDIS, J., o. c., 45–46.

112 Ibíd., 124: "El obispo había sido, durante los primeros siglos, el jefe de la iglesia local, esto es, el pastor de una comunidad cuyos miembros residían en su gran mayoría en el ámbito de una ciudad. Las iglesias cristianas fueron durante largo tiempo comunidades casi exclusivamente urbanas, y dentro de la urbs se desarrollaba toda la acción de gobierno episcopal, y a que los campos, de ordinario, no habían sido todavía iluminados por el Evangelio. Cuando, a partir del siglo IV, se produjo en el mundo romano la cristianización de la sociedad, aquellos campos se abrieron a la Iglesia y el quehacer pastoral de los obispos rebasó las periferias urbanas, para extenderse a los espacios rurales y a sus pobladores campesinos. Entonces se abrió camino la noción de diócesis, como distrito territorial sobre el que se extendía la autoridad de un determinado obispo."; ibíd., 48.

ecclésiastique. En tant qu'économe de Dieu[113], il avait l'obligation d'administrer les biens de la communauté comme un « vrai père de famille » dans le respect des finalités qui pouvaient se résumer dans la trilogie : culte divin – subsistance des clercs – assistance aux pauvres[114]. Pour atteindre facilement ces finalités et limiter les abus d'une gestion centralisée, il était appelé à faire preuve d'une probité morale et d'une transparence[115], et devait s'appuyer sur les organes consultatifs ou simplement confier l'administration directe aux diacres comme aux premières heures de l'Église[116].

C'est donc comme administrateur des biens de l'Église et responsable de la communauté chrétienne qu'il avait le devoir et l'obligation de garantir aux clercs une subsistance (alimentation, logement, habillement, etc.) et une assistance sociale digne afin de leurs épargner les soucis du monde[117]. Si plusieurs

---

113 PIÑERO CARRIÓN., J. Mª, o. c., 48: "las fuentes en efecto nos colocan continuamente al obispo en el lugar predominante, recibiendo y administrando el patrimonio formado por las ofrendas".

114 BIDAGOR, R., loc. c. ; Aznar Gil, F. R., o. c, 75.

115 La DIDASCALIE DES DOUZE APOTRES, XXV, 1–3, 74–75 : « contentez-vous, pour la nourriture et l'habillement, de ce qui suffit et de ce qui est nécessaire ; ne vous servez pas des oblations en dehors de ce qui convient, comme si c'étaient des biens étrangers, mais avec mesure. Vous ne vous délecterez pas et ne vous réjouirez pas des biens qui entrent à l'Eglise, car la nourriture et l'habit suffisent au travailleur. Gouvernez donc bien tout ce qui est donné et ce qui entre à l'Eglise, comme de bons économes de Dieu selon l'ordre, pour les orphelins et les veuves, pour ceux qui sont dans le besoin et pour les étrangers ; sachant que Dieu, qui vous a donné cette charge d'économe, en demandera compte à vos mains. Partagez donc et donnez à tous ceux qui ont besoin, et vous, mangez et vivez de ce qu'on apporte à l'Eglise ; ne consommez pas tout à vous seuls, mais associez-vous ceux qui ont besoin, et vous serez sans reproche devant Dieu, car Dieu réprimande les évêques qui se servent avec avarice et seuls de ce qui entre à l'Eglise et ne s'associent pas les pauvres », cité par LONEMA DZ'DJO, F., o. c, 138–139.

116 PIÑERO CARRIÓN, J. Mª, ibid., 48–49: "Si esta monarquía centralista se prestaba a abusos, parece estaría templada por la existencia del Presbiterio de consulta, en determinados usos por parte del obispo [...] Otra limitación a ese poder es la impuesta por la abundancia de ocupaciones que hace dejar la administración en manos de los diáconos, ya existentes en los Hechos de los Apóstoles, puestos con el tiempo como normal medio de recibir y administrar las ofrendas. Empezaron por encargarse de la caridad, lo que fácilmente les llevó a la administración de todos los fondos, resultando auténticos ecónomos de la Iglesia".

117 LA DIDASCALIE DES DOUZE APOTRES, 2, 25, 8 ; 26, 3; CANONES APOSTOLORUM, 8, 47, 4, cité par PIÑERO CARRIÓN, J.Mª, o. c, 49.

documents de cette époque reviennent sur ce devoir et obligation de l'évêque, il n'y a pas cependant une disposition légale qui fixait de manière catégorique le contenu de la subsistance. Ce contenu se résumait essentiellement à la satisfaction des besoins nécessaires dont toute personne humaine a besoin pour vivre dignement et accomplir efficacement ses obligations vis-à-vis des tiers et de la communauté. Dans ce sens, le principe défini par le Christ dans l'Évangile (Lc 10, 7) et sur lequel repose le droit à la subsistance ne peut se réduire à une notion pécuniaire du salaire rétribuant le travail presté[118]. Car le ministère sacré vise une fin surnaturelle et désintéressée et le « fonds commun » est un fond de charité pour répondre aux nécessités de base et non pour payer les services rendus, qui devaient être gratuits (Mt 10, 8).

De manière générale, il est difficile de parler durant cette période d'une institution établie pour garantir la subsistance du clergé, le tout reposait sur le principe de la charité fraternelle et parfois comme l'affirme G. Dole, « les ministres sacrés subsistaient apparemment au gré des circonstances, certains vivaient de leur patrimoine, d'autres à la charge de parents ou d'amis. Les moins favorisés devaient exercer une profession laïque, bien que leur statut canonique ait évolué vers une consécration plus entière au ministère sacré et réclamait une participation substantielle des fidèles à l'entretien d'un clergé qui s'organisait. Ainsi, les ministres « attitrés » au siège d'une communauté (*titulus*) pouvaient y recevoir le logement et probablement la nourriture. Mais les malades, les vieillards et autres inactifs qui ne pouvaient prétendre à l'hospitalité, semblaient exposés à l'indigence. Leur sort faisait l'objet d'une mesure d'assistance »[119].

118 PIÑERO CARRIÓN, J. Mª, o. c., 50. 51–53: "De todos estos textos, enmarcados en el ambiente primitivo, salta claramente a la vista que la sustentación del clero era entonces un cubrir la necesidad, alimentar, y que por ningún lado aparece la imagen de salario o retribución directa y estricta por el trabajo"; cfr. Didachè 11, 6; La Didascalie 2, 25,4–5; 2, 25, 1–2; 2, 25, 8; 2, 25, 13; *Canones Apostolorum* 8, 47, 41; SAN DIONISIO DE CORINTO, *Epistola ad Romanos, apud Eusebium*, Historia Eclesiástica, I, 4, cap. 23. PG, 20, 387; SAN CIPRIANO, *De oratione dominica*, 19, PL, 4, 550.

119 DOLE, G., *La protection sociale du clergé : Histoire et Institutions ecclésiastiques*, Paris : Librairie Générale de Droit et de Jurisprudence, 1980, 13.

3. Droit à la subsistance matérielle et à la protection sociale du clergé de la paix constantinienne (IVe) au XIIe siècle.

3.1. Traits caractéristiques de cette période.

Après trois siècles de tensions entre le pouvoir spirituel et le pouvoir temporel, l'avènement au pouvoir de l'empereur Constantin au IVe siècle a marqué un tournant décisif qui avait favorisé des relations de coopération étroite entre les deux pouvoirs. Le christianisme avait changé de statut juridique : longtemps persécuté et considéré comme une religion illicite, il est devenu la religion d'État (Constitution *Cunctos Populos* promulguée à Thessalonique le 28 février 380 [C. Th. 16, 1, 2 = C. J. 1, 1, 1])[120]. Ce nouveau statut avait permis à l'Église,

---

120 ALZOG, J., *Historia universal de la Iglesia, t. II,* traducida al francés por Isidoro Goschler y Carlos Félix Audley y al Castellano por D. Francisco Puig y Esteve, Barcelona: Librería religiosa, 1852, 7. 17: "Transportado de gratitud el vencedor de Maxencio, promulgó en Milán en 313 un edicto universal de tolerancia en favor del cristianismo. Al firmar Constantino con Licinio el edicto de tolerancia, no dudaba que decretaba con semejante acto la completa victoria y absoluta dominio del cristianismo perseguido hasta entonces el cristianismo del modo más sangriento, bastaba le la tolerancia de un emperador equitativo, que prohibiese cualquiera perturbación en el culto divino, para penetrar muy pronto en todas las relaciones de la vida, subir al trono, y llegar a ser su más robusto fundamento.". "Una vez hecho Teodosio dueño único del imperio, prohibió bajo las más graves penas toda clase de culto idólatra (392), y después de haber aniquilado la última esperanza del paganismo con la derrota de Eugenio y Argobatso (394), entró en Roma, y allí pronunció delante del senado una vigorosa arenga, en la cual exhortó a los paganos a renunciar a la idolatra y abrazar la única religión que les podía procurar la remisión de los pecados (cfr. BEUGNOT, Histoire de la destruction du paganisme en Occident, Vol. II, Paris 1835)"; LORTZ, J., *Historia de la Iglesia en la perspectiva de la historia del pensamiento, t.1: Antigüedad y Edad media*, Madrid: Ed. Cristiandad,.2003, 159 .165: "El hecho fundamental para la Iglesia en esta segunda época es el cambio radical de sus relaciones con el estado: La Iglesia fue oficialmente reconocida en paridad con el paganismo [...] Es finalmente Constantino quien asienta las nuevas y decisivas bases del Imperio romano [...] Tras el amenazante interludio de Juliano [...] siguió adelante, y acelerado, el proceso de cristianización de toda la vida pública"; FRANZEN, A., *Historia de la Iglesia*, Santander: Sal Terrae, 2009, 68–69:"La actitud de Constantino hacia el cristianismo provocó un cambio radical en los acontecimientos "; GAUDEMET, J., *L' Église dans l'empire romain...*, 21–32. VIII : L' Église et la société romaine ne sont plus deux forces qui s'affrontent, sinon deux forces liées par une solidarité de destin et appelées à la coopération...L' Église constituait dans l' État un corps officiellement reconnu [...] une doctrine de coopération active se substituait chez les Pères à la doctrine de soumission conditionnelle"

longtemps traumatisée, à rayonner dans le monde[121] et à se constituer un patrimoine très important grâce aux privilèges et à l'appui matériel et financier des empereurs[122]. La gestion de ce patrimoine était confiée à l'Évêque qui devait le destiner aux finalités religieuses : l'entretien du clergé, le culte divin (célébrations des sacrements, construction et réparation des temples) et le service des pauvres[123]. Dans ce contexte, toute l'organisation de l'Église était calquée sur le mode de l'Empire et les membres du clergé ont adopté des habitudes de la société civile et ont développé progressivement un style de vie très coûteux.

Au Ve siècle, les invasions barbares ont provoqué la chute de l'Empire romain d'Occident. L'effondrement du pouvoir temporel a permis à l'Église d'assumer le rôle de suppléance dans le domaine politique, social, économique voire militaire. Ce rôle privilégié lui a donné l'opportunité de consolider son patrimoine, de fonder des œuvres sociales et de jeter les bases de ce que sera la politique de protection sociale moderne. Mais l'influence et les biens de l'Église ont fini par susciter la convoitise des princes et des rois. Dès le VIe siècle, ces derniers

(cfr. GAUDEMET, J., *Les sources du droit de l' Église en Occident*...,40) ; FRANZEN, A., ibid, 121 : « L' Église constituait dans l' État un corps officiellement reconnu [...] une doctrine de coopération active se substituait chez les Pères à la doctrine de soumission conditionnelle ».

121 FRANZEN, A., loc. c..: «El imperio universal y el papado universal eran dos poderes que se condicionaban mutuamente; ambos sostenían la unidad de Occidente y, cuando aquél cayó, la decadencia fue inevitable"; cf. J., LORTZ, o. c., 166: "Los más importantes puestos del Estado, de los cuales dependía absolutamente la organización de la vida pública, están ocupados por los cristianos [...] La vida religiosa interna de los cristianos se expande hacia fuera vigorosamente: las iglesias se multiplican, los templos paganos son desatendidos, el culto cristiano se vuelve más rico (sirviendo de modelo las fastuosas ceremonias de la corte imperial".

122 Ibíd., 69–70. 72: "Constantino también se mostró muy interesado en los asuntos internos de la Iglesia [...] A partir del 312, favoreció abiertamente al cristianismo. Concedió a los clérigos cristianos la misma exención de las cargas públicas personales de que gozaban también los servidores del culto pagano (312/313), ordenó la abolición de la crucifixión (315), autorizó que la Iglesia aceptara legados (321) y, en el mismo año, estableció por ley que el domingo fuera considerado día festivo [...] La Iglesia, iluminada por el sol imperial, podía cumplir su misión con mucha mayor facilidad. El cristianismo, que poco antes estaba amenazado en su misma existencia por la más terrible y última persecución del Estado, y representaba numéricamente una pequeña minoría, se encontró de pronto, gracias a la nueva alianza con el imperio, en condiciones de poder proclamar públicamente su fe, de celebrar su culto y hacer valer sus principios de vida".

123 CEZ, *La prise en charge matérielle de l' Église*..., 20–21.

ont commencé à céder certaines propriétés de l'Église à des tiers ; ainsi, cette politique de désappropriation a conduit à la création des « patronages », c'est-à-dire des oratoires privés fondés par des seigneurs féodaux pour l'usage de leur famille et aussi des paroisses urbaines et rurales qui ont contribué à la rupture de l'unité patrimoniale diocésaine[124]. Cette rupture avait totalement changé le mode de subvenir aux besoins du clergé diocésain : on passe du régime de la *mensa communis* épiscopale au régime du *titre d'ordination* dont le bénéfice ecclésiastique sera le système économique qui va s'imposer jusqu'au seuil du Concile Vatican II.

Tous ces bouleversements ont conduit également à l'effondrement des mœurs du clergé. La mainmise du pouvoir temporel sur la gestion des biens ecclésiastiques a préparé l'avènement de la féodalité qui a réduit les membres du clergé au rang de serviteurs des princes. Dans ce contexte, la course aux biens matériels a pris le dessus sur la dimension spirituelle de la vie sacerdotale. La vocation et la préparation au ministère sacerdotal n'avaient que très peu de place. Ce qui a conduit à la dégénérescence morale et spirituelle du clergé, caractérisé par l'ignorance, la mondanité et la simonie[125].

---

124 GAUDEMT, J., *Église et Cité. Histoire du droit canonique*, Paris : Cerf/Montchréstien, 1994, 148–149 : « [Avec] la perte des illusions unitaires entretenues par les carolingiens [...] l'émiettement féodal l'emporte. Il caractérise les Xe et XI e siècles. La terre, source essentielle de la richesse est aussi source du pouvoir sur les hommes qui habitent et travaillent sur le domaine. Pouvoir où se combinent maîtrise domestique et juridiction publique [...] Appuyé sur la terre, le pouvoir s'insère dans un tissu de relations personnelles. On est loin des traditions de l'Empire romain et de sa notion de *res publica*, qu'auraient voulu restaurer les Carolingiens. Nouvelles structures du pouvoir, nouvelles conceptions de relations sociales, nouvelles formes de la richesse. L'Eglise ne pouvait les ignorer. Vivant dans la société, elle n'a pu y échapper. Les monastères deviennent de grands propriétaires fonciers. Une partie de l'épiscopat s'insère dans la hiérarchie féodale » ; cfr. GONZALEZ ARMENDIA, J. R., *Sistemas históricos de dotación del Estado español a la Iglesia española (Siglos XIX-XX)*, Salamanca: Publicaciones UPSA, 1990, 14: « La Iglesia se adapta al sistema de economía feudal perfectamente ; aún más, se puede decir que los diversos órganos de la estructura eclesial responden, en gran medida, a los diversos niveles de poder económico del sistema. Así se crea y estructura el sistema beneficial y que además elabora doctrinal y jurídicamente, y la fuerza que le confiere hace que la sociedad tarde en romper con el sistema. Las fuentes de ingresos principalmente son dos: un fuerte patrimonio y unos ingresos bien organizados por diezmos y primicias".

125 CEZ, *Prise en charge matérielle de l'Église...*, 26.

Pour tenter de redresser la situation préoccupante de l'Église et du clergé née de relations ambigües avec le pouvoir temporel, plusieurs tentatives de reformes seront entreprises en son sein : la réforme merovingienne et carolingienne (VIIIe -IXe siècle)[126], celle de Cluny (XIe siècle)[127] et plus tard la réforme protestante (XVIe siècle), la réforme de Latran I (1123), II (1139), III (1179) et IV (1215–1216) et celle de Trente. Toutes ces réformes ont visé soit à libérer le pouvoir spirituel de l'emprise du pouvoir temporel, soit à conquérir l'autonomie de gestion des biens ecclésiastiques, soit à renouveler les mœurs du clergé, soit à renforcer la discipline au sein de l'Église. Voilà pourquoi sur le plan canonique, cette période avait connu aussi l'émergence d'un Droit ecclésiastique propre avec d'abord la constitution d'un *Corpus Iuris Canonici* [canons *conciliaires, décrétales pontificales, capitulaires des souverains laïcs* (surtout Charlemagne), des *collections canoniques*[128] (dont la référence classique sera le Décret de Gratien ou *Concordia discordantium Canonum*[129])] dans lequel était réglementée la problématique de la subsistance matérielle du clergé diocésain.

126 GAUDEMET, J, *Église et Cité….*, loc. cit. : L'œuvre de la réforme se résume en ceci : « La communauté de foi gagnerait au rétablissement de la cohésion politique. La *renovatioimperii*, tentée par Charlemagne, le « nouveau Constantin », devait, dans des frontières imposées par l'Histoire, non pas « restaurer » le vieil empire romain, mais fonder un empire chrétien, gouverné en commun par le pape et l'empereur » ; A ce propos on peut lire avec l'intérêt : IMBERT, J., *Les temps carolingiens (741–891). L' Église : Les Institutions*, dans « Histoire du Droit et des Institutions de l' Église en Occident (direct. G. Le Bras et J. Gaudemet), t.V, vol. I, Paris : Cujas, 1994.

127 Ibid., 285–286 :« La grande abbaye bourguignonne avait dès ses débuts voulu restaurer la discipline monastique et, pour cela, avait proposé de nouvelles formes d'organisation religieuse […] Le souci de réforme avait été monastique, et largement clunisien avant d'être pontifical. A partir du milieu du XIe siècle il est commun aux religieux et à la papauté ».

128 GAUDEMET, J., *Les sources du droit de l' Église en Occident. Du IIe au VIIe siècle…*, 31. 73–91. 129–161 ; cfr. IMBERT, J., ibid., 23– 4 : ici Imbert nous montre que le droit canonique et les institutions de l'Église nous sont révélés à la fois par des documents proprement canoniques, par les capitulaires émanant des souverains laïcs, par les correspondances publiques et privées, par divers traités et écrits de circonstances et par de sources narratives..

129 Le *Décret de Gratien* (*Concordia discordantiumcanonum*) est une œuvre majeure du droit canonique rédigée entre 1140 et 1150 et qui rassemble plus de 3800 textes : canons dits apostoliques, textes patristiques, décrétales pontificales, décrets conciliaires, lois romaines et franques (capitulaires).

3.2. Constitution du patrimoine ecclésiastique.

La paix constantinienne (Edit de Milan, 313)[130] a permis à l'Église d'acquérir non seulement la liberté religieuse mais aussi le droit patrimonial qui lui a permis de se doter d'un patrimoine important[131] grâce aux oblations des fidèles (prémices, dîmes et droits d'étoles[132]), aux libéralités impériales et privées (actes de générosité des empereurs, des fidèles et mêmes de clercs : dons, legs ou *fideicommis*, etc.)[133], aux privilèges fiscaux (exemptions fiscales et exemptions des

---

130 ORLANDIS, J., o. c, 93–94 : "Bajo este nombre no ha de entenderse un edicto concreto dado en Milán, que al parecer no existió, sino la regulación de la política religiosa del Imperio convenida en Milán en febrero del año 313, como resultado de las reuniones celebradas en aquella ciudad por los emperadores Constantino y Licinio. El principio que se acordó fue el de la plena libertad religiosa, en vez de la simple tolerancia otorgada al Cristianismo por Galerio"; cfr. GAUDEMET, J., ibid., 40.

131 GAUDEMET, J., o. c, 40 : parmi les faveurs matérielles et juridiques, l'auteur cite : le versement de sommes importantes, l'abandon du palais du Latran à l'évêque de Rome, les immunités des clercs, la reconnaissance de la juridiction ecclésiastique entre chrétien, etc. ; PIÑERO CARRION, J. Mª, o. c., 39–40:"Efectivamente, a fines del siglo segundo la consistencia pública de la Iglesia es grande ; la situación de sencillez tenía que dar paso a una mayor organización, que ofreciera serias garantías sociales. Va a nacer la propiedad eclesiástica [...] La Iglesia adquiere cementerios, oratorios y lugares vecinos, propiedades en una palabra"; cfr. LEBRETON, J. et ZEILLER., J., "*De la fin du 2ème siècle à la paix constantinienne*", Paris, 1946, 424 et *L' Église primitive*, Paris 1946,418; AZNAR GIL, F. R., o. c., 75; BIDAGOR, R., art. cit., 28–29; FAIVRE, A., "*Ordonner la fraternité. Pouvoir d'innover et retour à l'ordre dans l'Église ancienne* », Paris : Cerf, 1992, 137 : « Au départ, les biens ecclésiastiques interviennent surtout en faisant rejaillir sur l'évêque, leur gestionnaire par excellence [...] ».

132 PIÑERO CARRION, J.Mª, ibíd., 370: "Derechos de estola son los que percibe el sacerdote -párroco o no- por el ejercicio del culto, en determinados actos sacramentales o rituales". Le droit d'étole désigne les revenus qui, au Moyen-âge, étaient attribués particulièrement au bas clergé (curés, vicaires..) et que l'on considérait comme des dons volontaires pour ne pas violer le principe de la gratuité dans les fonctions ecclésiastiques. La pratique a été introduite dans l'Eglise comme mesure de substitution suite à la perte d'engouement des fidèles dans le payement de la dîme.

133 GAUDEMET, J., *L'Église dans l'Empire romain (IVe –Ve siècles),* Paris : Sirey, 1958, 293 : « Constantin, dès le début de son règne, avait donné l'exemple de la générosité. Dès l'hiver 312–313. Des sommes importants furent attribuées au clergé africain [...] Dans la même période la *Domus* Fausta (Le Latran) est donnée à Miltiade. C'est là que se tiendra le Concile de Rome de 313. Au cours du IV e siècle, le Latran

munera sordida et extraordinaria) et aussi au droit successoral. Mais, la gestion de ce patrimoine a posé beaucoup de problèmes au clergé. Pour freiner les abus, la législation impériale veillait à ce que la gestion soit conforme aux normes et que les intentions des donateurs soient respectées. Selon cette législation, les biens ecclésiastiques étaient destinés et affectés à des usages religieux regroupés en quatre catégories : l'entretien du clergé, celui de l'Évêque, le culte divin (célébrations, construction et réparation des temples), et enfin, le service des pauvres. Malgré cette division en quatre finalités, avant la chute de l'Empire romain d'Occident, le patrimoine diocésain avait gardé une unité administrative.

A partir du Ve siècle, la féodalité a favorisé l'éclatement de l'unité patrimoniale diocésaine avec la création des « patronages » et l'expansion des centres pastoraux en ville comme à la campagne. Chaque paroisse ou patronage était pratiquement autonome sur le plan patrimonial et assurait la subsistance matérielle des clercs indépendamment de l'Évêque. Il faut noter qu'avec la constitution d'un patrimoine important, l'Église avait perdu ses traits caractéristiques, la pauvreté et la discrétion. Et les clercs ont commencé à mener un style de vie trop mondain. Ce dérive, Saint Jérôme (+420) le stigmatisait en ces termes : « depuis que l'Église a des empereurs chrétiens, elle a certainement grandi en puissance, mais elle a régressé en force morale » (VIe *de Malchus*,

deviendra le centre de l'administration pontificale [...] Avec les empereurs dévots du début du Ve siècle, les temples païens, les lieux de réunions sont confisqués et attribués à l'Eglise. Il en va de même pour ceux des hérétiques. Parfois des amendes judiciaires sont abandonnées à l'Eglise pour les pauvres ». Et les pères de l'Eglise ont invité les chrétiens à compter l'Eglise comme l'un des héritiers et à lui attribuer une part d'enfant. Il s'agit par exemple de Saint Augustin dans Sermo 355, 4 (PL. 39, 1572 = C. 17, qu. 4, c. 43), Saint Jérôme dans l'œuvre de VIOLARDO, Il pensiero giuridico di S. Girolamo, 213, n. 3 et PIZZORNO, l'affiliamento della Chiesa (Sassari, 1904) et Saint Basile dans l'œuvre de BRUCK, Kirchenvüter u. Seelteil, ZSSt., Rom. Abt., 1955, 191–210 ; CEZ, Prise en charge matérielle de l'Eglise..., 19–20 : « Mais avec l'avènement de l'Empereur Constantin, le Christianisme devient religion d'Etat. Traumatisés par trois siècles d'une existence jalonnée de fréquentes persécutions, les chrétiens se jettent dans les bras de l'empereur Constantin qui leur assure non seulement la liberté de culte et la sécurité, mais aussi le soutien matériel et financier ... Ainsi s'instaure une situation à tout le moins ambigüe dans laquelle l'Eglise, au prix de sa sujétion et de son inféodation à l'Etat, reçoit de celui-ci de nombreux avantages juridiques, matériels et financiers... L'Eglise, hier pauvre, discrète et souvent persécutée, bénéficie désormais de largesses de l'Etat ».

22, 55b)[134]. Et d'autres voix se sont levées pour exiger aux Évêques et aux gestionnaires des biens de l'Église un esprit de détachement, un sens ecclésial, un sens élevé du bien commun et une gestion transparente qui respecte les finalités propres de l'Église. Bref, les biens de l'Église ne devaient pas être utilisés à des fins incompatibles à la mission de celle-ci. Les administrateurs ne devaient pas chercher à s'enrichir ou rechercher leur profit personnel car comme le soulignait bien Saint Augustin, évêque d'Hippone (+430) : « Ces biens ne sont pas nos biens mais ceux des pauvres que nous gérons »[135].

3.3. Constitution du clergé et problèmes de sa subsistance matérielle.

3.3.1. Constitution du clergé.

Le clergé chrétien comme structure ferme et commune à toutes les Églises apparaît sans doute au IIe siècle[136]. Il trouve son origine dans le terme grec *klêros* qui signifie « lot désigné par le sort », « mis à part, élu ». Si au début, cette notion s'appliquait à tous les chrétiens considérés comme des « choisis », des « parfaits » par opposition aux païens, par la suite elle a fini par être réservée d'abord aux « martyrs » et ensuite aux ministres du culte : Évêques, presbytres et diacres[137]. Mais les contours exacts de cette notion vont commencer à se définir entre le IVe et le Ve siècle en se distinguant nettement de la notion de « laïc » (*laikos*, « du peuple » en grec ou l*aicus,* en latin)[138]. *klêro*s, selon Saint Jérôme, désigne

---

134 Cfr. CEZ, *Orientations et directives pastorales de l'Épiscopat du Zaïre. Prise en charge de l'Église*..., 24.

135 SAINT AUGUSTIN, cité par LOEW, J. et MESLIN, M., *Histoire de l'Église par elle-même*, Paris : Fayard, 1978, 102 : cfr. CEZ, *Prise en charge de l'Église*..., 23.

136 La « Tradition apostolique d'Hippolyte de Rome » dont la date probable de composition se situe entre 197 et 218, peut-être entre 215 2t 218, d'après Dom Botte et A. G. MARTIMORT, parle de l'organisation des communautés chrétiennes ayant à leur tête un clergé composé d'un évêque et d'un presbyterium avec des prêtres et des diacres : cfr. GAUDEMET, J., Les sources du droit de l'Eglise..., 20.

137 GAUDEMET, J., *L'Église dans l'Empire romain (IV – V siècle)*..., 98.

138 GARCIA Y GARCIA, A., *Historia del Derecho Canónico*, Coll. Instituto de Historia de la Teología Española I, Salamanca, 1967, 125: "Las dos características más marcadas del laicado en este periodo consisten en que su diferenciación del clero no aparece tan radical como en épocas más recientes y una mayor intervención activa en la vida de la Iglesia. Hemos visto ya cómo las funciones de las órdenes menores fueron, en un principio, desempeñadas por simples seglares, que no pertenecían al clero propiamente dicho. Los ascetas y vírgenes tampoco eran monjas o religiosos en el sentido actual, sino en la mayoría de los casos eran seglares".

les *electi*, les « élus de Dieu », vivant loin de l'agitation des affaires temporelles, voués à l'office divin, à la contemplation et à la prière et chargés de guider leurs frères dans la voie de la vertu par le détachement des choses de ce monde[139].

A partir du VIe siècle, le clergé se répartit en deux catégories fondamentales : le clergé majeur (Évêques, Prêtres et Diacres) ayant pour fonctions principales la liturgie et la pastorale[140] et le clergé mineur (sous-diacres, acolytes, exorcistes, lecteurs, portiers, etc.) qui sont les auxiliaires dans les services liturgiques et pastoraux. Entre les deux catégories, les enseignements des Pères de l'Église et la législation canonique ont beaucoup souligné la grandeur et l'importance du clergé majeur en affirmant le caractère sacramentel de différents ordres qui le constituent et l'irrévocabilité de l'engagement[141]. Pour cette raison, la réglementation du clergé majeur était très stricte sur plusieurs points : prohibition des ordinations absolues, l'exigence de l'attachement à l'Église, interdiction de transferts, etc.

3.3.2. Problème de la subsistance matérielle du clergé.

3.3.2.1. Statut juridique du clergé.

Si le clergé était une catégorie sociale différente des laïcs, quel était alors son statut juridique, c'est-à-dire ses obligations ou devoirs et droits dans la société et l'Église[142] ? Sur le plan externe, il y avait moins d'obligations qui différenciaient

---

139 GAUDEMET, J., ibid. : L'auteur cite un texte du Décret de Gratien : C. 12, qu. 1, c. 7. Ce texte met l'accent sur l'élection et la perfection de cet état, du rôle à jouer vis-à-vis du reste du peuple et des vertus qui doivent caractériser cet état. Parmi ces vertus, il y a d'abord la vie commune et le détachement vis-à-vis des biens matériels, l'esprit de pauvreté.

140 Ibid., 101 ; Quant aux diacres, ils étaient ordonnés non ad sacerdotium, sed ad ministerium comme auxiliaires de l'évêque et de prêtres dans les affaires temporels et parfois liturgiques ; GARCIA Y GARCIA, A., o. c, 73–83. 111–117 : dans l'organisation des Églises apostoliques, l'auteur parle de la présence de prêtres (presbíteros), des diacres et des évêques (obispos) surtout dans l' Église de Jérusalem, dans l' Église d'Antioche et dans les Église pauliennes.

141 GAUDEMET, J., o.c, 112 : « les principes posés par la législation dès la fin du IVe siècle trouvèrent un précieux appui dans la théologie sacramentaire de Saint Augustin. Le premier, en Occident, il affirme énergiquement le caractère sacramentel de l'ordre, précisant ainsi la frontière qui sépare le clergé de l'ensemble de la communauté chrétienne. Le premier aussi, il affirme le « caractère » indélébile que confère le sacrement, baptême pour l'incorporation à la communauté chrétienne, ordre pour l'accès à la hiérarchie ».

142 Ibid., 152–153 : Saint Ambroise dans « De officiis ministrorum.Libri Tres » (PL. 16, 25–184), écrit vers 389–390, fixe les devoirs des clercs ; Saint Jérôme, à travers

les clercs des laïcs, excepté quelques traits distinctifs comme la tonsure (tête rasée pour signifier une vie pure et sans forme), plus tard l'habit (signe d'appartenance au sacré), etc. Sur le plan de la vie intérieure, les clercs étaient soumis à l'observance de certaines vertus comme l'exigence de pauvreté, du détachement, de la simplicité de vie en évitant tout esprit de luxe, tout faste, tout attrait aux plaisirs, à la débauche et à l'ivrognerie[143], à l'obligation du célibat, de la continence et de l'accomplissement des actes religieux (l'assistance quotidienne à la messe, la prière de l'office matinal et du soir, les vigiles). Sur le plan pastoral, ils étaient soumis à l'obligation de résidence et d'attachement à l'Église afin de garantir la discipline, la prise en charge économique, l'efficacité du service pastoral et le contrôle de la Hiérarchie. Outre les obligations et devoirs, les clercs étaient sujets des droits, comme par exemple le droit à une subsistance digne et à une assistance sociale.

---

ses Lettres, a élaboré un traité de la vie cléricale : cfr. Lettre à Népotien (Ep. 52) et Saint Augustin dans ses Lettres a prodigué beaucoup de conseils sur la vie cléricale insistant sur les obligations et devoirs de clercs. Sur le plan juridique, le Concile de Carthage de 397 (c.11–19), les Décrétales des Papes et les *Statutaecclesiaeantigua* constituent autant de petits codes de la vie cléricale. Le droit séculier aussi a édicté des textes législatifs sur la vie cléricale.

143 Ibid., 154–155 : Saint Jérôme, In *Propheta Michalam*, I, 2, v. 9–10 (PL. 25, 1172 = D. 35, c.4) ; Ep. 69, *ad Occanum*, 8 = D. 35, c.5, à propos de qualités de l'évêque ; « Le tableau des vertus cléricales dressé par Saint Jérôme dans la Lettre à Népotien est célèbre : détachement des richesses, études des Ecritures et de la doctrine chrétienne, et plus encore mise en pratique des conseils qu'elle inspire ; soumission à l'évêque ; simplicité de mise qui rejette le faste aussi bien qu'une négligence ostentatoire ; vie simple qui évite la familiarité des grands, les plaisirs de la table ; la charité dans les actes, dans les paroles, assistance aux malades, prudence dans les relations sociales » : Ep. 52, ad *Nepotianum*, §§ 5 et s ; Ep. 52, n. 11 = D. 35, c. 6 ; Le « concile de Laodicée », c. 24 (BRUNS, I, 76 = D. 44, c. 2) et les conciles africains (Bréviaire d'Hippone, c. 26 et concile de Carthage de 397, c. 27 (BRUNS, I, 138 et 127 = D. 44, c. 4) interdisent aux clercs la fréquentation des auberges, si ce n'est par nécessité au cours d'un voyage. Les conciles gaulois du milieu du Vè siècle (Concile de Tours de 460, c. 2 et de Vannes de 465, c. 13 (*corporale supplicium*) : BRUNS, II, 140 et 144) se montrent particulièrement sévères pour l'ivrognerie en la sanctionnant avec la peine d'excommunication temporaire et des peines corporelles ; Saint Ambroise de Milan, *De fuga saeculi*, II, 7 (PL. 14, 572 = C. 12, qu. 1, c. 6) exhorte les clercs à fuir les soucis domestiques et même à renoncer aux liens les plus chers. ; Saint Léon met en garde les clercs contre le goût de lucre et l'esprit de domination ; Les *Canons des Apôtres*, c. 80 (81) (Bruns, I. 12) interdisaient aux clercs majeurs d'assumer les fonctions civiles car nul ne peut servir deux maîtres.

3.3.2.2. Condition sociale et fortune du clergé.

L'ordre clérical était ouvert en principe à toutes les catégories sociales : riches, pauvres, hommes libres et esclaves[144]. Mais le plus grand nombre des clercs se recrutait dans la foule obscure des petites gens : petits agriculteurs, petits commerçants, bourgeois des villes, esclaves affranchis, etc. L'accès aux ordres ne privait pas aux clercs le droit de posséder des biens encore moins d'abandonner les occupations antérieures quand elles n'étaient pas incompatibles à la charge et à la dignité sacerdotale. Et malgré l'appel au détachement et à la pauvreté, par l'exercice de leur ministère et par l'accomplissement de certains métiers compatibles avec le sacerdoce, ils pouvaient se constituer une fortune leur permettant de subvenir à leurs besoins. Cette fortune pouvait provenir du « stipendium » (aide matérielle que l'Évêque, administrateur des biens de la communauté, donnait au clerc pour sa subsistance), des « offrandes » (liées à l'exercice des fonctions religieuses), des « libéralités » (dons, fruits de la générosité impériale ou des fidèles)[145], du « travail » civil, sans danger moral et compatible avec le

---

144 Ibid., 137–138 : concernant l'admission des esclaves aux ordres, il y a lieu de préciser que la législation canonique et séculière les excluaient aux ordres d'abord par manque de liberté car l'état de l'esclave s'accommodait mal d'une étroite dépendance qui l'obligeait au service d'un maitre et était une source permanente de conflits avec la hiérarchie et ensuite parce que la servitude impliquait une idée de déchéance ou d'infériorité, incompatible avec la dignité cléricale. Les colons aussi pour leur dépendance aux maîtres étaient écartés aux ordres, mais c'est surtout pour des raisons fiscales car ils devaient continuer à exploiter le sol dont la productivité est garante de l'impôt. Cependant, pour les esclaves comme pour les colons, ces prescriptions canoniques et séculières furent mal respectées car les évêques ont continué à les ordonner.

145 Ibid, 163. 164–165 : *Saint Ambroise*, *De officiis*, III, 9, 59 (PL. 16, 162 = C. 14, qu. 5, c. 10) : « déconseille aux clercs de se mêler des affaires d'argent, où il est souvent difficile de respecter la justice. Il les exhorte de se contenter de leur lopin de terre ou de leur stipendium ». *Saint Jérôme*, lui insiste sur le détachement des richesses car le clerc est par définition « clergos », « la part du Seigneur » ou qu' « il a pour part le Seigneur » et que par conséquent il ne doit rien avoir en dehors du Seigneur : « Servant l'autel, je suis entretenu par l'offrande faite à l'autel. Ayant nourriture et vêtement, je m'en contenterai et, nu, je suivrai la croix nue ». *Saint Augustin*, *Tract. In Johann. Ev.* 46, n. 5 ad c. 10 (PL. 35, 1762 et 1803 = C. 12, qu. 1, c. 17 et 12) : condamne les clercs « mercenaires » qui cherchent dans l'Eglise non pas Dieu, mais des avantages personnels, des profits, des honneurs. ; Le *Concile de Carthage de 397* déclarait criminels ceux qui, entrés dans les ordres pauvres, se trouvent, devenus prêtres ou évêques, propriétaires fonciers : (concile de Carthage de 397, c. 49), reproduit dans le *Codex eccliae africa*, c. 32 (Bruns, I, 134 et 165 = C. 12, qu. 3, c. 1). Dans le souci

ministère sacerdotal comme l'agriculture, l'artisanat, le petit commerce, etc. Toutefois, il leur était interdit de pratiquer des opérations commerciales importantes, le maniement des capitaux ou l'usure à cause de leur danger moral[146]. La reconnaissance du statut patrimonial juridique et la concession de certains privilèges comme les immunités fiscales ont largement contribué à l'amélioration de la fortune du clergé.

---

de soustraire son clergé des soucis matériels et lui assurer le nécessaire pour une vie de renoncement, Saint Augustin avait instauré dans son diocèse la vie commune des prêtres. Cette pratique sera imitée par beaucoup d'évêques en Occident.

146 Ibid., 169 - 170 : Face à l'activité commerciale, l'Église a gardé une attitude quelque fois ambiguë : tantôt la tolérance, tantôt la prohibition ou l'interdiction. Le Concile d'Elvire tolérait le commerce des clercs sous certaines limites raisonnables ; Les Conciles africains de Carthage de 348, c.6 et de 397, c.15, disposition prise au Bréviaire d'Hippone, c.15 et que l'on retrouve au Concile de 419, dans le *Codex eccl. Africa.*, c. 16 (Bruns, I, 125, 137 ; 162 = C. 21, qu. 3, c.3, interdisent aux clercs d'assumer la gérance de domaines ou d'exercer des commerces malhonnêtes ; le Concile de Chalcédoine de 451 interdit le commerce des clercs (cf. C.3 (Bruns, I, 26 = D. 86, c.26 et C.21, qu. 3, c.1)) ; en Gaule, le Concile d'Arles II interdit le commerce aux clercs et édicte la déposition et l'excommunication aux contrevenants. De leur côté les *Pères de l'Église* sont très réticents au commerce des clercs : *Saint Jérôme* exhorte à « fuir comme la peste le clerc marchand qui, de pauvre et inconnu, devient riche et illustre » (cfr. Ep.52, § 5 = D. 88, c.9, cfr. d'autres fragments de cette lettre relatifs à la pauvreté, C. 12, qu. 1, c. 5 et C. 12, qu.2, c. 71) ; *Saint Augustin* exhorte les clercs à se détourner du commerce car souvent il conduit au mensonge et à l'usure (cfr. *Enarr. In Psalm*, 70, S. I, 18–19 (*Corpus Christ*, 39, 955, cfr. D. 88, c. 12) ; *Sulpice Sévère* considère le clerc marchand comme celui qui offre la sainteté de son état comme un article de commerce (cfr. Chron., I, 23 (GSEL. I, 26), cfr. Propos du commerce des esclaves par des clercs, Dial. III, 15 (GSEL. I, 213) ; *Maxime de Turin* s'indigne du clerc qui non content de son *stipendium*, fait des affaires, trafique de son influence, saisit avec joie les dons des veuves. C'est, dit-il, un marchand, plus qu'un clerc (Homélie, 114 (PL. 57, 517 et s.) ; *Du côté impérial*, on considère aussi les clercs qui se livrent au commerce comme marchands et par conséquent ils sont privés du privilège de for (cfr. Nov. 35, § 4) et enfin le *Pape Gélase*, dans sa lettre aux évêques de Lucanie, interdit à des clercs italiens toute espèce de commerce lucratif sous peine de déposition, car pour lui, il y a incompatibilité entre le commerce et la cléricature… "Aussi, tolérante ou même favorable à l'égard de l'agriculture et de l'artisanat, la législation se montre réticente ou nettement hostile lorsqu'il s'agit de la gérance de gros intérêts, du commerce, de l'usure. Elle justifie ces réserves en rappelant l'adage « *nemo militans Deo implicat se negotiis saecularibus* » (II Tim. II, 4) et en donnant au terme *de negotia saecularia* le sens étroit d'opérations commerciales » : cfr. *Constitutions des Apôtres* 6 (7) (Bruns, I, 2 = D. 88, c. 3).

3.3.2.3. Statut patrimonial du clergé.

Dans le droit romain, le clerc a connu deux statuts patrimoniaux : le premier est celui d'être un *alienus iuris* et le second, celui d'un *suis iuris*. Le statut d'*alienus iuris* était commun à tout membre de famille. Il signifiait que, dans le régime patrimonial patriarcal, aucun membre de famille n'avait un droit patrimonial propre, excepté le *pater familias* (père, grand-père ou arrière-père). Quant au clerc, fils de famille, évêque ou prêtre soit-il, n'échappait pas à cette règle commune. Il dépendait de l'autorité du *pater familias* et pouvait, comme tout enfant, seulement bénéficier, par la volonté du *pater familias*, d'un *peculium* pour ses besoins[147]. Pour bien comprendre ce statut, il faut avoir à l'esprit que dans le droit romain, fondamentalement holiste (globaliste)[148], l'enfant n'existait pas comme sujet de droit, il était la propriété de son père, garant de l'ordre familial.

Le statut de *suis iuris* qui permettait de jouir d'un droit patrimonial propre n'était obtenu que par voie d'émancipation. Notons cependant que « ni le mariage, ni la gestion des plus hautes charges de l'État n'emportaient de plein

---

147 Youf, D., "*Seuils juridiques d'âges : du droit romain aux droits de l'enfant*", *Sociétés et Jeunesses en difficultés*, [en ligne], n° 11/Printemps 2011, mis en ligne le 01 mars 2012, consulté le 5 novembre 2015. URL : http: //Sejed. Revues.org/ 7231: « Le *pater familias* est le souverain de la société familiale (*domus*) qui comprend, non seulement époux et enfants, mais aussi les esclaves affranchis et les clients… Jusqu'à la naissance de l'État moderne aux XVIe et XVIIe siècles, l'autorité principale est celle du père de famille. Il n'est pas possible de vivre, voire de survivre sans la soumission au pouvoir du *pater familias* » (*cfr.* Paul Veyne : *Histoire de la vie privée, t. 1, L'empire romain*, Paris : Seuil, 1985, 81). Et pour le fils de famille, "Il n'existe pas d'âge de majorité civile en droit romain. L'enfant, et plus tard, ses propres enfants, restent sous l'autorité du *pater* jusqu'à la mort de celui-ci : « Par conséquent l'enfant qui naît de vous et de votre femme est sous votre puissance. De même l'enfant qui naît de votre fils et de sa femme, c'est-à-dire votre petit-fils ou petite-fille est sous votre puissance, ainsi que le petit-fils ou la petite fille de votre fils et les autres descendants par les mâles ». Le fils de famille, bien que de condition libre, n'est pas libre. Seul le père est *sui iuris*. Lui seul est capable juridiquement, tout comme il est responsable de ses actes ainsi que de ceux qu'il a sous sa puissance » (cfr. Institutes, I, IX, 3).

148 cfr. https://fr. Wikipédia; org/wiki/holisme [consulté le 21 juillet 2017] : L'holisme (cfr. néologisme du sud-africain Jan Christian Smith, dans son ouvrage « holism and évolution ») : est la pensée qui tend à expliquer un phénomène comme étant un ensemble indivisible, la simple source des parties ne suffit pas à la définir. De ce fait, la pensée holiste se trouve en opposition à la pensée réductionniste qui tend à expliquer un phénomène en le divisant en partie. Il faut considérer les phénomènes dans leur totalité et non dans leurs parties.

droit l'émancipation »[149] ; elle s'obtenait par voie légale. Ce statut est le fruit de la réforme du droit patrimonial romain qui est intervenue sans doute après la chute de l'Empire romain d'Occident avec les invasions barbares. Sous l'influence du Droit germanique, les fils qui exerçaient le service militaire commençaient à acquérir le statut de *suis iuris,* c'est-à-dire une capacité patrimoniale propre. Cette réforme est à l'origine du droit de *propriété castrense* reconnue aux fils de famille dans l'exercice de leur fonction militaire. Le même droit sera étendu aux fonctionnaires civils comme les *palatini* (ceux qui appartenaient au palais impérial), les avocats, les juges, les assesseurs, les préfets de prétoire et aussi aux clercs dont la dépendance vis-à-vis du *pater familias* contrastait avec leur dignité et leur statut social. Cette capacité patrimoniale acquise faisait aussi que le clerc jouissait de la faculté d'aliéner à quelque titre que ce soit ses biens. Mais compte tenu de l'origine de sa fortune, la législation canonique et les Constitutions impériales lui interdisaient souvent de disposer de ses biens au profit de non catholiques, même s'il s'agit de proches parents[150] et l'exhortaient à considérer l'Église comme premier bénéficiaire de ses biens.

Outre la capacité patrimoniale acquise, les clercs, à cause de leur statut social spécial, ont bénéficié aussi de beaucoup de privilèges comme les immunités fiscales[151], les dispenses de charges civiques comme les charges

149 GAUDEMET, J., *L' Église dans l'Empire romain*..., 174.

150 Ibid., 175 : C'est surtout du côté africain que cette mesure sera très sévère : Cfr. Brév. D'Hippone, c.14, concile de Carthage de 397, c.13 et Codex eccl. Afr., c. 81 Bruns, I, 137, 125, 175).

151 Ibid., 170 : Les prêtres étaient exemptés de l'impôt spécial sur le commerce perçu tous les cinq ans et dénommé « chrysargyre » ou *lustralis collatio,* de las *collationes novas*, c'est-à-dire des taxes extraordinaires, comme l'obligation d'héberger les troupes de passage et la suite de l'empereur, de l'impôt foncier ou *capitatio plebeia* ou *capitatio humana*, c'est-à-dire l'impôt qui atteint les biens mobiliers et la personne de ceux qui n'avaient pas de propriété foncière, du *census* (impôt sur le patrimoine et les biens), etc. ; cfr. A propos de ces impôts, l'article d'EMILIE LEVASSEUR, *les impôts dans l'Empire romain*, dans www. Encyclopédie de l'Agore, 2012-04-01, nous renseigne un peu mieux. Dans le droit fiscal romain, Levasseur distingue deux catégories d'impôts : Les *tributa* (contributions directes qui portaient sur les biens fonciers et le cheptel et payées en nature (*annone*). Ceux qui n'avaient pas de propriétés foncières payaient la *capitatio humana* ou *plebeia* : impôt sur les biens mobiliers et sur les personnes) et les *Vectigalia* (contributions indirectes payées par les personnes qui s'occupent des négoces ou des transports, à l'exception des naviculaires. Font partie de cette catégorie, l'impôt sur les successions, legs, sur l'affranchissement et la vente des esclaves, sur les aqueducs et égouts, l'impôt douanier aux frontières, les péages sur les ponts et routes, etc.).

curiales[152], les *munera personalia* ou *munera sordida*[153] incompatibles à leur état clérical et le *privilège de juridiction* afin qu'ils jouissent de pleine liberté dans l'exercice du ministère et qu'ils affectent leurs biens à des fins pieuses ou charitables. Tout cela a fortement contribué d'une part à l'amélioration de leur situation économique, et d'autre part, au changement de leur comportement vis-à-vis des biens temporels.

3.3.2.4. *Régimes administratifs du patrimoine ecclésiastique et systèmes de rétribution du clergé.*

A partir du IVe siècle jusqu'à la promulgation du CIC de 1917, l'administration du patrimoine ecclésiastique a connu pratiquement deux types de régime : le *régime unitaire diocésain ou épiscopal* et le *régime décentralisé paroissial.* Dans le régime unitaire diocésain, le système de rétribution du clergé était basé sur la *mensa communis* où le clerc recevait un *peculium* et dans le régime paroissial, la subsistance du clergé reposait sur l'institution du *titre d'ordination.*

3.3.2.4.1. Régime centralisé épiscopal ou régime de la mensa communis.

Le régime centralisé épiscopal ou régime de *la mensa communis* est celui qui a prédominé sous l'Empire romain avant l'éclatement de l'unité patrimoniale diocésaine. Le diocèse comme circonscription ecclésiale[154] était le centre de

---

152 Ibid, 144–148 : Les *décurions* étaient chargés des intérêts de la ville. C'est à eux qu'incombait la responsabilité de collecter les impôts à la charge de leurs concitoyens.

153 Les *munera sordida* désignent les charges personnelles absorbantes et pénibles, les corvées dont l'objet était varié : moudre la farine, cuire le pain, entretenir les routes, fournir chevaux et voitures pour les transports des officiels, etc.

154 PIÑERO CARRIÓN, J. Mª, o. c., 58–59: "Con la paz de Constantino la Iglesia influirá cada día más en el imperio: pero a su vez en su organización y régimen recibe de él elementos de gran influencia. Uno de ellos es precisamente la forma concreta de la diócesis […] La Iglesia se adapta al régimen administrativo del imperio. La diócesis nace así como Municipio romano, como ciudad romana: nace en ella, y como ella tendrá su territorio, cuyo centro será la ciudad, y más aún la iglesia episcopal de la ciudad: como las "Civitates" con su "territorium" y sus "urbs". El territorio coincide con el de la circunscripción imperial."; LORTZ, J., o. c., 167: "Poco menos que imposible de valorar su amplitud es el hecho de que la Iglesia, con y por Constantino, comienza a conformarse y adaptarse al modelo del imperio. En lo positivo y en lo negativo"; PRISCO, J. San J., o. c., 31: "Con la expansión del cristianismo a las zonas rurales, a partir del siglo IV, se comienzan a crear centros misionales donde se atendía a los catecúmenos, centros que terminaron por convertirse en parroquias,

tous les intérêts spirituels, économiques et pastoraux et symbolisait l'unité et la centralisation. L'évêque, administrateur unique du patrimoine ecclésiastique, était le point focal vers qui tout convergeait[155]. A partir de la *mensa communis*, il avait l'obligation d'alimenter le clergé et d'octroyer, selon son pouvoir discrétionnaire, un *peculium* à chaque membre du clergé pour sa subsistance[156]. L'institution du *peculium clerici* trouvait ses racines dans le droit romain. Il correspondait à la *pusilla pecunia, patrimonium pusillum* ou *res peculiaris*, c'est-à-dire une portion des biens que le *Pater familias* ou un maitre remettait à son fils ou son esclave pour sa subsistance, mais qu'il pouvait lui retirer pour n'importe quel motif. Avec la réforme du régime patrimonial romain, cette institution du *peculium* avait acquis une autonomie vis-à-vis de l'autorité paternelle. On en distinguait deux formes : Le *peculium militaire ou castrense* que le fils constituait à partir des bénéfices du service militaire et le *peculium bourgeois ou paganicum* qu'il se constituait par d'autres voies (comme les biens donnés par le père (*profectice*) ou ceux venant de la mère (*adventice*)) que celles du service de robe ou d'épée. Dans le droit romain, ce *peculium* était aussi accordé aux officiers du palais impérial (*palaticum*), aux magistrats et avocats (*peculium forense*), aux professeurs de sciences et aux médecins (*peculium Litterarum*) et aux prêtres (*peculium clerici).* Les prêtres en bénéficiaient parce que le ministère sacerdotal était considéré comme une charge officielle bénéficiant à la société.

Dans la législation canonique, le *peculium clerici* désignait l'ensemble des biens que l'Église mettait à la disposition du clerc pour sa subsistance[157]. En

---

circunscripciones menores dependientes de la circunscripción mayor o diócesis, nombre que tomará de la organización imperial romana".

155 GAUDEMET, J., *L'Église dans l'Empire romain…*, 306. 307 : L'auteur nous revoit ici au Concile d'Antioche (332–341) qui reconnaissait le pouvoir de l'évêque dans la gestion des biens ecclésiastiques. Ce rôle lui est reconnu aussi par de nombreuses constitutions impériales. Certaines constituent de véritables règlements du statut des biens ecclésiastiques : Marcien, CJ. 1, 3, 28, 1 et 2; et surtout Léon, CJ. 1, 2, 14 (470) = c. 10, qu. 2, c. 2 et 3.

156 PIÑERO CARRION, J. Mª, o. c., 60: Una total dependencia del clero en lo económico, en lo jurisdiccional y en lo espiritual, para con el obispo, y una ligazón de toda la iglesia con la cabeza de la demarcación, nos dan una idea rígida y unitaria de la diócesis".

157 Ibíd., 122: "Si exponemos así estos conceptos, no es solo por l influencia que ellos pudieran haber tenido en los clérigos del Imperio, en cuanto regularon la propiedad y uso de sus bienes, sino porque la Iglesia, o mejor, la ciencia jurídica eclesiástica habrá de jugar con los nombres, aplicándolos a una construcción propia para los bienes del clero. Así nació lo que se conoce en la historia de la doctrina jurídica con el nombre de "peculio del clero".

rapport avec sa source de provenance, il pouvait être soit « patrimonial », c'est-à-dire constitué des biens que le clerc pouvait disposer par d'autres revenus que ceux de l'Église, par exemple par héritage, dons, soit « ecclésiastique » quand il provenait des revenus ecclésiastiques. Le peculium ecclésiastique comprenait le « bénéficial » (à partir des revenus du bénéfice), le *quasi-patrimonial*[158] (ce que le prêtre recevait *intuitu personae* dans l'exercice de son ministère : intentions de messe et ce qui ne provenait pas directement du bénéfice) et le *parsimonial* (qui provenait des économies ou épargnes que le clerc pouvait faire de sa *portion congrue* ou de ce qu'il recevait de l'Église)[159].

Dans le régime centralisé du patrimoine ecclésiastique, l'Évêque jouissait au départ d'une liberté absolue[160] qui a parfois conduit aux abus de gestion, oubliant le caractère sacré de ces biens[161]. Et pour mettre fin à ses abus, le principe de liberté était limité par des mécanismes de contrôle (conseil presbytéral[162],

---

158 GAUDEMET, *L'Église dans l'Empire romain…*, 379–380 : Sur le plan doctrinal, la question fondamentale sur le *pécule quasi-patrimonial* a tourné autour de l'utilisation libre ou non de ces biens. Deux courants doctrinaux se sont affrontés à ce propos : l'un qui défendait la liberté absolue dans l'usage de ce pécule par le prêtre et l'autre, défendu par l'aile dure qui n'accordait aucune liberté dans l'usage de ce pécule et le considérait comme faisant partie du pécule bénéficial et soumis aux normes qui régissent ce dernier.

159 PIÑERO CARRION, J. Mª, o. c., 366. 367: "Superfluo será todo lo que exceda de una cantidad, a la que se llama congrua […] Esa cantidad se considera necesaria: lo que excede de ella se considera superfluo. Pero, ¿si uno ahorra y vive con menos, habrá de someter el fruto de este ahorro también a las mismas limitaciones de uso? He aquí nacido el concepto de peculio parsimonial". Il peut être défini comme "*Ex redditibus mere ecclesiasticis ad congruam sustentationem sibi competentibus, parcius ac honeste possent, vivendo sibi subtrahunt, et congregant*". Concernant l'usage ce *pécule parsimonial*, la doctrine est presque unanime en affirmant que les biens parsimoniaux sont propriétés du prêtre qui peut en user librement.

160 GAUDEMET, J., *L'Église dans l'Empire romain…*, 99 : Le Concile de Gangrense de 324, c. 7 et c. 8, confirme ce monopole épiscopal en ces termes : « Si quis vult fructus ecclesiae oblatos accipere, vel dare extra ecclesiam, praeter episcopi sententiam, vel ejuscui eorum tradita est, et non cum ejus sententiae avelitagere, sitanatema"; "Si qui dat, vel accepit fructus oblatos praeter episcopum, vel eum qui est constitutus ad beneficentiae dispenationem, et qui dat, et qui accepit, sitanathama».

161 Ibid., 308 : Cfr. Concile d'Antioche, c.24 et 25 (Bruns, I, 86 et 87 = C. 10, qu. 1, c. 5 et C. 12, qu. 1, c. 23); Gélase, fr. 22 (THIEL, 496) : le pape Gélase dans ce texte fait allusion aux abus de gestion de certains évêques.

162 ALZOG, J., o. c., «La avaricia había penetrado en el corazón de ciertos prelados, culpables a veces hasta de infidelidad en la administración y reparto de los bienes eclesiásticos; y de aquí nacieron varios decretos sinodales en los siglos VII y VIII,

interventions pontificales et de synodes provinciaux[163]), parfois par des sanctions canoniques (la privation de l'administration des biens), par l'exigence de l'institution obligatoire d'un Économe[164] et par le respect des finalités des biens ecclésiastiques et de l'intention des donateurs des biens. Malgré toutes ces mesures de contrôle, le régime centralisé épiscopal avait étalé ses limites et avait ouvert la voie vers un autre régime de gestion du patrimoine ecclésiastique : le régime décentralisé paroissial qui avait vu le jour avec l'émergence d'autres centres pastoraux différents de l'Église cathédrale. Mais les premiers

---

recordando los reglamentos, según los cuales los individuos del clero inferior debían estar exactamente informados del estado en que se encontraban las posesiones y rentas de la Iglesia"; PIÑERO CARRION, J. Mª, loc. c., «Pero pronto iban a producir su fruto las limitaciones a esa autonomía plena episcopal[...]Una primera limitación interna nace en seguida con la exigencia del consejo de presbíteros"; J. GAUDEMET, ibid., 306 : « Le concile d'Antioche (332–341) tout en reconnaissant que l'évêque a le pouvoir sur les biens ecclésiastiques, prévoit cependant la participation du clergé à l'administration du patrimoine » (cf. Concile d'Antioche (332–341), C. 25 (Bruns, I, 87) ; C. *des Apôtres*, c. 40 (ibid., 6), Gélase, Ep. 17, I (THIEL, 381 = C. 16, qu. 3, c. 2)).

163 GAUDEMET, J., ibid., 309. 306–307 : « En Italie, au moins, à l'époque de Gélase, un contrôle pontifical strict s'instaure sur la gestion temporelle des évêques. Le Pape juge les prélats qui dilapident les biens, revendique auprès des tiers les biens aliénés abusivement, nomme des administrateurs pour gérer le patrimoine qu'un évêque dilapide. Il assure personnellement ou par l'intermédiaire de *defensores* l'administration du patrimoine d'églises privées provisoirement de leur pasteur ». « C'est peut-être l'occasion d'un certain contrôle. En cas d'abus commis par l'évêque dans la gestion des biens un synode provincial sera appelé à le juger. Réglementation minutieuse, mais dont on ne saurait affirmer qu'elle ait été scrupuleusement observée ».

164 ALZOG, J., ibíd., 214–15: "[...] Los Obispos, para no sentir tanto la fatiga que llevaba consigo la administración de esos bienes, se asociaron ecónomos [...] Y es muy de notar que a medida que se fueron civilizando los Estados, fueron seglares los que administraron los bienes de las iglesias, los de los conventos y los de los obispos"; PIÑERO CARRION, J. Mª, o. c., 100: «Otra limitación encontramos, todavía dentro de la misma sede de la diócesis, en el cargo de ecónomo [...] que lleva directamente la gestión de los bienes eclesiásticos, aunque bajo la dirección del mismo obispo"; GAUDEMET, J., *L'Église dans l'Empire romain...*, 307– 308 : "Le concile de Gangres signale déjà des économes et celui de Chalcédoine les rend obligatoires. Mais certains prélats occidentaux les utilisent également. Saint Augustin confie l'administration des biens à des clercs qui lui doivent des comptes annuels. Les *Statuta ecclesiae* rendent ce régime obligatoire afin que l'évêque puisse se consacrer pleinement aux lectures pieuses, à la prière, à la prédication. » : (cf. *Statuta ecclesiae*, C. 26 (Bruns, I, 32 = D. 89, c. 4 et C. 16, qu. 7, c. 21); Possidius, Vit. Aug., 24 (PL., 32, 53); Les *Statuta ecclesiae antiqua*, C. 20 (Bruns, I, 143); C, 17).

indices vers cette évolution se sont manifestés avec l'adoption de la division quadripartite ou tripartite des revenus ecclésiastique[165] au sein même de l'administration diocésaine centralisée avant même l'éclatement de l'unité patrimoniale diocésaine.

3.3.2.4.2. Régime décentralisé paroissial.

Le régime décentralisé paroissial du patrimoine ecclésiastique qui a rompu l'unité patrimoniale diocésaine est la conséquence de la naissance des nouvelles structures pastorales comme les églises urbaines, rurales, les patronages et les monastères[166]. Face au centralisme épiscopal, ces nouvelles structures pastorales

---

165 GAUDEMET, J., o. c., 102–103 : Le concile de Rome de 324 dans son canon 4 fait déjà allusion à cette division quadripartite en ces termes : «Ut de redditibus ecclesiae quatuor partes fiant » (cfr. MANSI, 2, 624–625 = C. 12 q. 2 c. 31; V. gr. G. STOCCHIERO, «Il Beneficio ecclesiastico», 16). Mais c'est au Ve siècle que le Pape Simplice (a. 475) va l'adopter comme mesure disciplinaire locale pour l'Italie avant que le Pape Gélase (a. 494) ne l'impose comme norme générale pour toute l'Église ; AZNAR GIL, F. R., o. c, 75–76 : l'auteur évoque aussi la division quadripartite à partir du Ve siècle à Rome et la division tripartite dans la Péninsule ibérique ; GAUDEMET, J., ibid., 310 : "Cette discipline semble être restée propre à l'Italie. On verra que la Gaule dès 511, l'Espagne au VI et VII siècle adopteront d'autres répartitions des revenus » ; cfr. BIDAGOR, R., art. cit, 30 ; DE REINA, V., *El sistema beneficial*, Pamplona : Universidad de Navarra, 1965, 74. 76: la division quadripartite était née d'abord comme mesure disciplinaire locale pour freiner les abus de la mauvaise gestion épiscopale avant de s'imposer comme norme universelle. Cette division a contribué à l'éclatement de l'unité patrimoniale et a consolidé la structure juridique des fins du patrimoine ecclésiastique. PIÑERO CARRION, J.Mª, o. c, 103 :" Y el Papa –siempre según estos autores– se reviste de toda su autoridad: contempla los inconvenientes de esa administración única, cree que es mejor dividir esos bienes en cuatro partes, que corresponden a cuatro necesidades; espera que de esa forma la administración gane en interés, lo que pierde en centralismo. Y con una sencilla carta a tres obispos, inaugura en la historia del patrimonio eclesiástico una era totalmente nueva, diametralmente opuesta a la anterior, y cambia por completo las líneas esenciales de los principios [...] Se trata por tanto de evitar que, en el común destino de los objetivos del patrimonio, queden sin atender algunos de ellos. La división busca la eficacia del fin: no subroga derechos de nadie. El patrimonio sigue teniendo su misma finalidad, su mismo ambiente. Es una mera regla de administración la que se ha dado, y precisamente para evitar que la avaricia de algunos pudiera dejar sin eficacia la atención de otros".

166 ORLANDIS, J., o. c., 124–125 et 106–107: "El obispo había sido, durante los primeros siglos, el jefe de la iglesia local, esto es, el pastor de una comunidad cuyos miembros residían en su gran mayoría en el ámbito de una ciudad. Las iglesias cristianas fueron durante largo tiempo comunidades casi exclusivamente urbanas, y dentro de la urbs

réclamaient plus d'autonomie et d'indépendance sur le plan patrimonial et l'Évêque cessait d'être l'administrateur unique du patrimoine ecclésiastique et son pouvoir se limitait à quelques aspects de la vie ecclésiale. L'éclatement de l'unité patrimoniale diocésaine avait donné naissance à un nouveau régime de l'administration du patrimoine ecclésiastique : le « régime paroissial »[167].

Sous ce nouveau régime, les liens du *presbyterium* primitif s'étaient relâchés et les clercs ne dépendaient pratiquement plus de la *mensa communis* épiscopale pour leur subsistance[168]. Désormais, c'est à chaque *titre d'ordination*, c'est-à-dire à chaque Église ou oratoire que revenait l'obligation de subvenir aux besoins des clercs. L'appartenance à une communauté, à une église, à un titre était donc la condition exigée pour accepter un candidat à l'ordination sacerdotale[169]. Cette

---

se desarrollaba toda la acción de gobierno episcopal, ya que los campos, de ordinario, no habían sido todavía iluminados por el Evangelio. Cuando, a partir del siglo IV, se produjo en el mundo romano la cristianización de la sociedad, aquellos campos se abrieron a la Iglesia y el quehacer pastoral de los obispos rebasó las periferias urbanas, para extenderse a los espacios rurales y a sus poblados campesinos [...] Para ello fue preciso crear un clero rural que las atendiese pastoralmente, y edificar por doquier iglesias y oratorios donde se pudiera administrar los sacramentos y celebrar los actos de culto divino"; PIÑERO CARRION, J. Mª, o. c., 165–166 : Les églises de fondation "privée", les églises "propres"et les monastères jouissaient d'une indépendance économique et patrimoniale vis-à-vis du "ius espiscopal". Le droit patrimonial et l'indépendance se justifient, soit par le droit de propriété du domaine , soit par celui du sol (cfr. DE REINA, V., o. c, 163–164).

167 PIÑERO CARRION, J. Mª, ibid., 101: "La distancia de la iglesia rural habría de influir por necesidad en irle dando cada día una mayor independencia de administración"; J. San J., PRISCO, o. c, 31–32: "Con la expansión del cristianismo a las zonas rurales, a partir del siglo IV, se comienzan a crear centros misionales donde se atendía a los catecúmenos, centros que terminaron por convertirse en parroquias, circunscripciones menores dependientes de la circunscripción mayor o diócesis, nombre que tomará de la organización imperial romana. A partir del siglo V se multiplican los centros de culto, tanto en el campo como en la ciudad, con el fin de facilitar a los fieles el acceso a la liturgia y a los sacramentos [...] Los párrocos eran los responsables de cuidar los bienes de la parroquia y de atender a los fieles en la administración de los sacramentos".

168 DOLE, G., o. c, 14.

169 PIÑERO CARRIÓN, J. Mª, o. c., 116: "Claro está, que existiendo la incardinación, o sea, la relación estrecha entre un clérigo y una iglesia, y creciendo la independencia de estas iglesias, había de nacer, como consecuencia inmediata, la sustentación en el propio título. Si el clérigo era alimentado por el obispo, el desmembramiento de las iglesias nunca seria grande. Cuando las parroquias van teniendo su patrimonio, ellas mismas se encargan de alimentar a su clero, que ya era "suyo", que ya estaba incardinado en ellas"; IMBERT, J., *Les temps carolingiens (741–891). L'Église : Les Institutions, t. V, vol.*

exigence garantissait la discipline et la subsistance économique du clerc[170]. Pour cette raison, le droit canonique prohibait les « ordinations absolues », c'est-à-dire sans lien avec une communauté locale précise ou une église. Il prohibait aussi les déplacements injustifiés, c'est-à-dire, *sin necesitas ou utilitas ecclesiae* afin d'éviter la prolifération des clercs *vagi* ou *acéphales* (sans chef) et d'assurer une subsistance honnête aux clercs dans chaque église ou titre[171].

Le titre d'ordination qui désignait au départ le lieu d'incardination[172] s'est confondu par la suite avec la subsistance du clergé[173]. Le titre par excellence

---

I, Paris : Cujas, 1994, 99 : "Le desservant d'une église bénéficie d'un *stipendium*, des ressources du patrimoine affecté à cette église, dont il n'est pas l'usufruit. A plusieurs reprises, les conciles prévoient que, dans les églises qui ont été détruites, leur « propre stipendium » soit restauré et, s'il ne suffit pas, on fera appel à l'aide du peuple ».

170 IMBERT, J., ibid. : « Seule l'ordination peut faire un diacre, un prêtre…, mais elle ne doit en aucun cas être une ordination « absolue » : *quod nullus debeat ordinari presbiterum ;* on ne peut ordonner plus de prêtres qu'il n'en faut dans les *singula ecclesiarum loca* ; les clercs doivent être ordonnés en fonction des ressources de l'église » : Imbert s'appuie sur le Concile de Rome de 853 pour confirmer la prohibition des *ordinations absolues* et la prise en compte de ressources économiques de l'église comme condition pour ordonner les clercs.

171 DE REINA, V., *El sistema beneficial*, Pamplona: Universidad de Navarra, 1965., 227.

172 RINCON PEREZ, T., "*El orden de los clérigos o ministros sagrados. Formación, Incardinación et estatuto jurídico personal*", Pamplona: EUNSA, 2009, 200: "Al principio no son usuales ni tal vez conocidos esos términos. Según se ha puesto de relieve, el término incardinar y sus derivados comenzaron a ser usados de modo consistente en el lenguaje de la Curia romana en la segunda mitad del siglo XIX, de donde pasaron al lenguaje del Código de 1917 (cc. 111–117). Fue más frecuente el uso de los términos adscripción o adscribir, y en los primeros tiempos los términos *intitulare, intitulatio*, porque la adscripción o incorporación se hacía a un título"; HERRANZ, J., "*El nuevo concepto de incardinación*", in Palabra, nn. 12–13 (1966), 26: "La disciplina sobre la adscripción de los clérigos a una determinada Iglesia particular, a *un titulus*, como se decía, tenía un contenido primordialmente pastoral: la destinación del ordenado al ejercicio del ministerio sacerdotal en esa Iglesia, con el fin de subvenir a las crecientes necesidades pastorales creadas por la elevado número de conversiones al cristianismo": cité par TOMÁS RINCÓN PÉREZ, ibid., 201; DE REINA, V., o. c., 227–228: "En consecuencia, la relación entre título de orden y fuente de sustentación, fue más bien un efecto de la incarnación, que no la razón misma. Será existiendo ya la ley de incardinación cuando, al romperse la unidad patrimonial por completo, cargará sobre cada iglesia la obligación de sustentar a sus clérigos. Pero la ley de incardinación la vemos nacida antes, y lógicamente anterior a esa obligación e independiente de ella".

173 DE REINA, V., ibid.., 228: "Ahora bien, en este orden de cosas había de influir poderosamente el asentamiento de la institución beneficial. Solamente entonces, "el título

pour la subsistance du clergé était le « bénéfice ecclésiastique »[174], c'est-à-dire un office ecclésiastique avec sa masse de biens (églises, domaines) dont les revenus servaient à la subsistance du clergé[175]. Quand il s'agissait d'une église paroissiale ou d'une église *per manu pontificis*, l'Évêque, seigneur féodal, cédait celle-ci au prêtre desservant sous forme de *prestimonium* ou *bénéfice* pour que ce dernier assure sa subsistance avec une partie (portion) des revenus de l'Église et du domaine[176]. Pour une église « propre » ou de fondation « privée » (patronages), le seigneur féodal était propriétaire des revenus. Il désignait lui-même le clerc desservant qui n'avait droit qu'à une *congrua portio* pour sa subsistance et qui s'engageait à ne reconnaitre que son autorité et à lui prester *servitium* ou le paiement d'une *dádiva* ou *censum* (impôt). Outre le titre de bénéfice ecclésiastique, le droit canonique acceptait aussi d'autres titres d'ordination comme celui du *patrimoine*[177], celui de la *pension ecclésiastique* et plus tard *celui du service au*

---

y la incardinación, olvidando su carácter dogmático y espiritual de los orígenes, y librándose incluso de lo mucho que tenia de disciplinar, adquiere un sentido exclusivamente patrimonial y económico, de seguridad de vida".

174 Le bénéfice : cette institution trouve ses origines dans la législation romaine, mais se développe et se consolide avec le système économique féodal. Il désigne le système de rémunération de l'office public ou d'un vassal par lequel l'Etat ou un seigneur remettait au détenteur de l'office public ou à un vassal une source stable des revenus lui permettant de subvenir à ses besoins et à ceux de sa suite. La dote était constituée généralement des terres cultivables et d'autres biens susceptibles de générer des revenus. Dans le cas de la subsistance du clergé, le seigneur confiait au prêtre desservant une église et ses revenus (oblations, dîmes, prémices, etc.) et les revenus de terres attachées à cette église.

175 AZNAR GIL, F. R, o. c., 76: "A lo largo de la Edad media, por influencia de los pueblos germánicos, el patrimonio eclesiástico fue disgregándose progresivamente, (las parroquias rurales, las parroquias de la ciudad, las iglesias propias) y aumentado sus propiedades. Entre los siglos VIII y XII se consolida de manera definitiva el instituto del beneficio eclesiástico: definitivamente, el patrimonio eclesiástico rompe su unidad administrativa en torno al obispo y se divide entre entidades que, a su vez, asumen personalidad jurídica autónoma".

176 DE REINA, V., o. c., 179: "Las iglesias se entregan a los clérigos en la misma relación jurídica de *prestimonium*, que antes quedó expuesta, como *stipedium* del clérigo y en *beneficium* de éste. El clérigo recibe la iglesia con todas sus *adjacentiae et prestatione* y él, por su parte, debe cuidar de los bienes, de los edificios y plantaciones". "Durante todo este periodo hemos visto cómo los obispos disponían a su antojo de las iglesias sobre las que el "ius episcopale" se conservaba incólume. Con mayor motivo las podrían entregar en una relación benéfica a los clérigos que habrían de servirlas".

177 Le titre du patrimoine : la législation et la doctrine canonique désignent par ce titre, une propriété personnelle que peut disposer le prêtre pour sa sécurité vitale. Cette

diocèse ou à la mission. Dans le cas où l'Évêque ordonnait un prêtre sans bénéfice ou sans titre de patrimoine, c'est-à-dire sans moyen de subsistance autonome, il lui revenait alors l'obligation d'assurer sa subsistance avec le fonds commun diocésain, en lui concédant une *portion congrue*[178], c'est-à-dire suffisante, honnête, commode, décente, convenable pour la subsistance[179], tenant compte surtout de moyens dont disposait l'Église[180]. La législation canonique

---

propriété doit être reçue par donation et devrait être suffisante pour garantir la subsistance. Sa valeur varie selon les personnes et les lieux, mais elle doit être évaluée par l'évêque avant de procéder à toute ordination; DE REINA, V., o. c., 229- 230 : «Desde el punto de vista del título, no hay nada que se oponga a la ordenación de un clérigo no beneficiado, con tal que posea patrimonio suficiente [...] En cualquier otro caso, el sustento estable puede proceder de una fuente patrimonial no eclesiástica. Con todo, si ha sido aceptado por el obispo tal patrimonio privado y se ha fundado sobre él le título correspondiente, esos bienes quedan ya sujetos a las condiciones de los bienes eclesiásticos, dejan de ser estrictamente privados mientras estén sujetos a la finalidad de la sustentación"; PIÑERO CARRION, J. Mª, o. c, 235: "En cuanto al título de patrimonio, se insiste en su carácter supletorio, no sólo porque exigen necesidad o utilidad de la diócesis, sino además porque sólo se acepta si el ordenado no tiene beneficio, ya que si lo tiene deberá ordenarse a título de beneficio, y no de patrimonio, por existir esa necesidad".

178 PIÑERO CARRION, J. Mª, o. c., 237. 238. 331–333: "Beneficiados había muchos: patrimonistas también. Pero no eran menos [...] los sacerdotes que no tenían ni beneficio, ni patrimonio. Pensamos en las continuas alusiones a los vicarios, a los coadjutores, etc. [...] Para todos, la iglesia quiere asegurar la congrua [...] A su vez, el clero auxiliar de las parroquias debía percibir, o del párroco o del diezmero, su porción, que también se asignaba a veces como fija, a veces como parte alícuota de los ingresos. Estas cantidades fijas recibieron el nombre de *congrua*, nombre que –con carácter más adjetivo– procedía del derecho antiguo [...] De esta forma, fue poco a poco constituyéndose un concepto práctico –*la congrua*– que venía a equivaler a lo que un sacerdote necesitaba para sus gastos normales en aquel tiempo [...]" "[...] La doctrina se hace eco de este concepto, e incluso llega a canonizarlo como figura típica, originariamente, del mundo de iglesias propias, y de los vicarios actuales" [...] "Al regularse la disciplina sobre el título de ordenación, y sobre todo lo referente a la obligación del obispo de alimentar al ordenado sin él, la noción de la *congrua* se desarrolla ampliamente, tomando un campo de mucha mayor aplicación".

179 Ibid, 334: "Desde luego congrua quiere decir algo más que necesario, algo más que sin penuria, algo más que para comer: equivale mejor a suficiente, honesta, cómoda, decente, competente, conveniente sustentación".

180 Sur les critères de la fixation de la *portion congrue*, les points de vue des auteurs sont variés : les uns ont soutenu le critère d'âge considérant que les plus âgés ont plus besoin d'aide que les plus jeunes, d'autres ont mis l'accent sur les qualités personnelles comme la dignité de la personne, le niveau d'études, la noblesse, etc. et d'autres

et la doctrine canonique ont beaucoup insisté sur le caractère suffisant de cette portion à assigner au prêtre pour lui éviter la galère.

3.4. Problème de la protection sociale du clergé.

La situation des couches sociales défavorisées a toujours préoccupé l'Église à chaque tournant de son histoire et plus particulièrement au Moyen-âge chrétien où les discours des pasteurs ont beaucoup mis l'accent sur l'obligation de charité envers les pauvres. Cette obligation n'incombait non seulement à l'Église mais aussi aux souverains pour qui la défense des pauvres et des faibles était un devoir régalien. C'est dans ce sens que le Concile de Paris de 829 dans son canon 31 rappelait une règle ancienne selon laquelle le quart des dîmes et des dons devrait être réservé « à l'usage des églises et des pauvres du Christ » et, dans le canon 56, il soulignait que le « ministère propre » du souverain est d'être en tout premier lieu le défenseur des églises, des clercs, des veuves, des orphelins, de tous les pauvres et de tous les indigents »[181].

En ce qui concerne la protection sociale, nous pouvons dire que le Moyen-Age chrétien avait jeté les bases d'une politique d'assistance sociale grâce au rôle déterminant de l'Église. Les premiers indices de cette protection sociale se sont manifestés dans l'émergence, au nom de l'idéal de la charité fraternelle, des œuvres caritatives au bénéfice des couches sociales les plus démunies[182].

---

enfin ont préféré insister seulement sur l'état clérical comme critère de fixation de la portion congrue à assigner au prêtre. Malgré cette divergence, l'évêque devrait d'abord tenir en compte la situation générale de l'économie ou du patrimoine diocésain.

181 IMBERT, J., o. c, 70: *Concilium Parisiense*, de 829, c, 31: Werminghoff, p. 633; c. 56: «Ipse enim debet primo defensoresse ecclesiarum et servorum Dei, viduarum, orfanorum ceterorum que pauperum necnon et omnium indigentium» (Werminghoff, p. 651); cfr. *Concilium Franco furtense* de 794, c. 48, Werminghoff, 171.

182 KABEYA MAKWETA, N., art. c., 89 : « L'époque médiévale donna lieu à l'ébauche d'une politique d'assistance grâce à l'implication des confessions religieuses. C'est alors que vit le jour la pratique des œuvres caritatives. Car après la dislocation de l'empire romain –dont les empereurs s'étaient reconnus débiteurs vis-à-vis des pauvres–, c'est l'Église qui va se charger d'organiser l'assistance au nom de l'idéal de charité. On assiste ainsi à un vaste et dynamique mouvement de solidarité envers les démunis » ; L'auteur nous renvoie aussi à une étude intéressante sur le sujet : « Systèmes d'Assistance », in Encyclopaedia Universalis, vol. 2, (Analogie-Autonomie), faite par E. ALFANDARI : Pour ce dernier, ce sont les nécessités pratiques qui, à différents époques, ont donné lieu à l'idée de l'assistance. Là où la société primitive rejetait les vieillards, la collectivité a assez vite pris conscience qu'elle avait

Cette préoccupation pour les plus déshérités justifiait le droit d'asile dont bénéficiait l'Église envers les opprimés[183]. Et la *potestas episcoporum* était conçue comme un devoir et un droit de protéger la veuve et l'orphelin dépourvus des protecteurs naturels[184], de défendre les mineurs contre les tiers ou même contre leurs parents[185], de condamner les rapts dont étaient victimes les vierges *sanctimoniales*[186] et de construire des maisons hospitalières pour les plus démunis[187].

Quant aux clercs, bien que leur situation patrimoniale ait connu une amélioration sensible et que le titre d'ordination, comme structure économique de leur subsistance, ait été concédé de manière viagère, il faut aussi signaler que le morcellement du patrimoine ecclésiastique avait engendré une insécurité économique pour certains, ce qui avait contraint le législateur à prendre des mesures palliatives de protection sociale face aux contingences de la vie. L'une des mesures phares était la *conservation des fruits du bénéfice ecclésiastique.* Cette mesure est une disposition primitive qu'on retrouvait déjà dans une Décrétale de Grégoire IX et dont la finalité consistait à ne pas démoraliser le clergé et ne pas effrayer les aspirants à la cléricature[188]. Cependant, la

---

des obligations vis-à-vis de ces personnes qui, en leur temps, lui avaient rendu des services. C'est alors que naquit une forme d'assistance à base de récompense.

183 IMBERT, J., o. c, 70 : cfr.*Capitulatio de partibus Saxoniae*, c. 2 : « si quelqu'un se réfugie dans une église, que personne n'ose l'en arracher de force, mais qu'il y soit en paix jusqu'au jugement ».

184 Ibid, 72 : cfr. Concile de Mayence de 847, c. 7 fait de *la potestas episcoporum* un devoir et un droit pour protéger la veuve et l'orphelin : « Face aux pouvoirs laïcs défaillants, les évêques deviennent les défenseurs attitrés des opprimés et s'efforcent de consacrer une partie des revenus de leurs domaines à aider les veuves les plus défavorisées » ; *Concilium Vernense*, de 755, c. 17 et 23.

185 Ibid, 72–73 : "Le synode de Francfort de 794 interdit de "trainer" au serment les enfants (*parvuli*), pour éviter qu'ils ne s'engagent inconsidérément ; trois des conciles réformateurs de 813 prévoient des mesures de restitution au profit des enfants dépouillés de leur héritage par les donations inconsidérées de leurs parents ».

186 Ibid. : cfr. Capitulaires de Louis le Pieux, Conciles de Paris et de Worms de 829, d'Aix-La-Chapelle de 836, de Meaux-Paris de 846, de Pavie de 845–850.

187 Ibid., 79. 80. 82 : Cfr. *Concilium Romanum* de 743, c. 10 : Werminghoff, 16 ; *Concilium Neuchingense* de 772, c. 1 : Werminghoff, 99 ; Concile de Châlon de 813, Werminghoff, 279 : « se référant à l'Evangile (ce que Dieu a uni, que l'homme ne le sépare pas), les Pères du concile considèrent que les unions des *servi* ne doivent pas être rompues, même si les conjoints appartiennent à deux maitres différents ; ils restent unis dans un même mariage, tout en continuant à servir leurs propres maîtres » (Cette règle sera repris dans le Décret de Gratien, C. 29, qu. 2, c. 8).

188 III, 6, C. 1 : Cité par DOLE, G., *La protection sociale du clergé…*, 14.

conservation du bénéfice n'exemptait pas les gens de leur devoir de secourir ou d'assister le prêtre indigent ou malade au nom du principe de la charité chrétienne. C'est pourquoi, on exigeait aux évêques et aux prêtres de secourir leurs confrères dans les besoins. Celui qui ne le faisait pas, était considéré comme meurtrier de son frère, et s'il persistait dans cette méchanceté il était déposé. Cette obligation de charité envers les indigents incombait donc à toute l'Église, à la société et aux clercs eux-mêmes.

Outre l'exigence de charité, pour combattre l'indigence chez les prêtres, surtout les vieillards, les malades et les invalides, on avait tenté aussi, durant cette période, *l'expérience d'une vie communautaire* pour permettre aux prêtres de vivre sous le régime de la *mensa communis*. Mais l'individualisme radical qui a pris racine chez les prêtres durant le temps médiéval n'a pas favorisé l'essor du régime communautaire, mais au contraire, il a accentué l'égoïsme et aggravait l'insécurité économique des individus.

La deuxième mesure pour garantir la sécurité vitale à un clerc privé de revenus par la perte de sa charge ecclésiastique pour raison de maladie, invalidité, vieillesse, exil politique ou peine canonique, consistait à lui allouer une *pension* ou un « subside »[189]. La pratique de cette pension était déjà courante au Ve siècle, mais elle n'était pas encore réglementée par le droit car elle était laissée à la discrétion de l'Évêque à titre humanitaire. Dans ces conditions, la pension impliquait encore l'idée d'assistance, mais elle s'est rapprochée du régime moderne lorsqu'elle a commencé à être prélevée sur le bénéfice ecclésiastique selon les règles impératives. Le procédé était apparu au XIe siècle, mais son application demeurait encore rare, en raison de la vieille interdiction de diviser le patrimoine et en raison de la crainte des abus dans la gestion du bénéfice ecclésiastique.

Toutefois, cette mesure d'allouer une *pension bénéficiale* bien qu'elle soit satisfaisante par son principe, était aussi dans l'application peu réalisable et parfois aussi source de conflits entre le titulaire et le bénéficier démissionnaire. Le bénéfice moins doté faisait deux mécontents et suscitait des conflits entre les clercs. Malgré ces difficultés, la doctrine canonique n'a pas manqué de défendre l'institution de la pension bénéficiale et d'en formuler les règles pratiques pour un droit à la pension, reconnu au Concile de Trente et recueilli dans le CIC de 1917 (cc. 1429, §§ 1–3 ; 1486). Il faut attendre le XVIIIe siècle pour voir cette institution de pension bénéficiale subir les conséquences du recul du système bénéficial à cause surtout de mutations économiques et politiques, de l'exiguïté

189 Ibid., 15.

des dotations ou leur nationalisation, des incertitudes du régime canonique, de litiges qui en résultaient (can. 1734) et surtout de la carence de l'autorité pour protéger les intérêts des pensionnaires[190].

4. Lutte de la liberté de l'Église du Xe au XVe siècle.

Du IVe jusqu'au Xe siècle, l'emprise du pouvoir temporel sur l'Église a marqué l'évolution de celle-ci tout au long du haut Moyen-âge. Elle a atteint son paroxysme sous le régime féodal où les rois et les seigneurs féodaux distribuaient des terres aux églises et aux abbayes et exigeaient en échange le droit de nommer les évêques, les abbés et les curés qui devenaient ainsi leurs vassaux. Cela a donné lieu à un trafic éhonté des titres ecclésiastiques, à une recherche effrénée du profit matériel et à une dégénérescence morale et spirituelle du clergé. Face à cette dégradation de la vie des clercs, à partir du XIe siècle, les efforts de redressement de la vie des clercs ont commencé à se manifester suivant trois directions : 1. La réforme de la vie monastique[191] ; 2. La fondation des ordres mendiants[192] ; 3. Le renouvellement du clergé[193]. Nous nous réservons d'aborder ici ces trois courants réformistes de la vie de l'Église pour ne pas trop

190 Ibid., 16.

191 CEZ, *Prise en charge matérielle de l'Église...*, 27–28 : « Les monastères sous l'influence prépondérante de l'esprit de Cluny, sont placés par des princes bien intentionnés, sous le patronat exclusif du Saint Siège, afin que leurs biens, soustraits au pouvoir des princes, soient gérés au profit de l'Église et de sa mission, selon les principes évangéliques ». « Dans cette réforme, les princes laïcs riches et pieux, jouèrent un rôle capital. Parmi ces princes, Guillaume « Le Pieux » mérite une mention spéciale...Cette réforme remettra à l'honneur la participation des laïcs à l'acquisition et à la bonne gestion des biens ecclésiastiques. Elle rappelle que les congrégations religieuses doivent non seulement bénéficier d'une réelle autonomie dans la gestion de leurs biens et en faire profiter l'ensemble de l'Église au niveau de ses institutions hiérarchiques mais plus particulièrement les pauvres, objet de la charité et de l'aumône de tous les fidèles ».

192 Ibid, 29 : « Devant le manque de la crédibilité et l'inefficacité pastorale du clergé séculier de l'époque livré à l'ignorance et à la simonie, apparaissent en réaction dès le XIIe siècle des ordres religieux mendiants notamment des franciscains et des dominicains qui vivent et exaltent la pauvreté évangélique... Ils insistent non seulement sur la vie commune mais également sur la primauté de l'exemple et du témoignage dans la prédication ».

193 Ibid, 29–30 : « Le renouvellement du clergé fut inauguré par la lutte que mena le pape Grégoire VII pour la liberté de l'Église vis-à-vis de l'empereur. Il entreprit de ramener le clergé à une vie chrétienne et sacerdotale exemplaire ».

nous éloigner de notre sujet. Mais toutefois, chacune de ces trois orientations a apporté quelque chose dans la vie des clercs en montrant surtout que le matériel, bien qu'utile dans l'accomplissement de l'homme et de la mission, ne devait pas supplanter la dimension spirituelle et morale de leur vie.

Il faut attendre la Révolution française, au XVIIIe siècle, avec la proclamation de la laïcité de l'État qui consacre la séparation entre l'Église et l'État, pour voir l'Église se libérer du carcan des ambitions temporelles. Et aussi le Concile de Trente et la Code de droit canonique de 1917, pour voir la réforme du clergé et de la discipline ecclésiastique se renforçait de manière évidente et rigoureuse.

5. Droit à la subsistance matérielle du clergé et à la protection sociale durant la période classique (XIIe au XIVe siècle).

Avec l'inféodation de l'Église à l'État et les problèmes que cette situation ambigüe a engendrés dans la vie de l'Église et du clergé, la nécessité d'un droit canonique universel s'imposait pour mettre de l'ordre dans la vie ecclésiale et du clergé[194]. La période classique allant du XIIe au XIVe siècle sera marquée par les efforts d'élaboration d'un droit canonique universel avec l'apparition des premières collections canoniques[195]. L'objectif dans ce point est de voir comment le droit à la subsistance matérielle et à la protection sociale du clergé a été réglementé dans la législation canonique ? et comment l'institution canonique

194 GAUDEMET, J., *Les sources du droit canonique, VIIIe-XXe siècle. Repères canoniques et sources occidentales,* Paris : Cerf, 1993, 59 : « L'autorité de l'Église, la nécessaire mise en ordre du statut de ses clercs et de son organisation interne, le contrôle qu'elle exerce sur la vie sociale sollicitent de toute part l'intervention du droit. Les organes existent pour répondre à cette exigence. Ils relèvent des deux instances qui, à travers les siècles, assurent la vie terrestre de l'Église, la hiérarchie et la collégialité. Papauté et épiscopat, conciles et synodes furent, pendant « l'âge classique », d'actifs législateurs ». Ainsi donc le Droit canonique va se créer à partir de trois sources principales : la législation pontificale, la législation conciliaire et la législation synodale ».

195 Idem, *Église et Cité...,* 102 : « Entre les années 1140 et les débuts du XIV e siècle, l'Église s'est dotée de quatre compilations différentes aussi bien par leur origine que par leur contenu ou leur autorité : le Décret de Gratien (vers 1140), les Décrétales de Grégoire IX (1234), le Sexte (1298), les Clémentines (1314–1317). La technique des copistes et l'acquiescement des maitres les réuniront sous le nom de *Corpus iuris canonici,* expression inspirée de l'exemple de la compilation justinienne, que les romanistes qualifiaient de *Corpus iuris civilis.* Jusqu'au code de droit canonique de 1917, cet ensemble servira de Code à l'Église latine ».

pour la subsistance matérielle du clergé – le bénéfice ecclésiastique – qui s'est consolidée durant la période de la Réforme grégorienne (XIe siècle)[196] a-t-elle été accueillie et élaborée juridiquement dans les Collections canoniques de la période classique[197] ?

196 Idem, *Église et Cité…*, 285 : « On désigne sous le nom de « Réforme grégorienne » un vaste mouvement de réforme, qui commence vers le milieu du XIe siècle et ne s'achève que vers les années 1120 [Les pontifes qui de Léon IX (1049–1054) à Honorius II (1124–1130) se succèdent sur le siège de saint Pierre répondent, le plus souvent, à cette exigence de réforme]. Le pontificat de Grégoire VII (1073–1085) n'en marque donc ni le début, ni l'étape ultime. Mais l'énergie avec laquelle Grégoire VII mena la réforme, l'éclat de ses interventions, la qualité de l'homme et de ceux dont il sut s'entourer justifient l'expression, chronologiquement peu exacte, de « Réforme grégorienne » […] Harold J. Berman voyait dans cette « révolution pontificale » un moment essentiel de l'histoire de l'Occident ; en affirmant très haut le pouvoir pontifical, Grégoire VII aurait fondé la notion moderne de l'Etat. L'emprise laïque, qui allait des paroisses de campagne au siège de saint Pierre, le trafic des offices ecclésiastiques (la simonie), l'immoralité d'une partie du clergé (le nicolaïsme) n'étaient que les trois aspects les plus évidents d'une même crise qui atteignait à la fois les structures ecclésiales et la vie religieuse […] De bonne heure certains évêques […] avaient cherché sans grand succès à y porter remède. De tentatives impériales dans le même sens avaient laissé percer leur césaropapisme. Plus important avait été l'effort de certains religieux et en toute première ligne, celui de Cluny ». La réforme grégorienne a réussi surtout à affirmer l'indépendance du clergé (Querelles des investitures) et la supériorité du Spirituel par rapport au Temporel, à exiger une formation du clergé qui inspire respect, à consolider sa vie morale en imposant le célibat des prêtres et le mariage chrétien pour les laïcs, à affirmer le rôle du Pape en mettant en place une structure centralisée autour de lui (création du collège des cardinaux en 1059 par Nicolas II et de la curie pontificale) et à garantir le travail des moines (cf. Réforme grégorienne [art. modifié le 9 novembre 2015], consulté le 12 novembre 2015, dans : http: // fr. wikipedia.org); De REINA, V., o. c., 190 : A partir de la réforme grégorienne, le bénéfice ecclésiastique dans son évolution a suivi une voie plus ecclésiastique et bien définie dans laquelle il est considéré comme la base principale de la subsistance du clergé.

197 Idem, *Les sources du droit canonique. VIIIe –XXe siècle…*, 80 : La période classique est la période où apparaît le travail de grandes collections canoniques qui constitueront matière d'enseignement universitaire et de réflexion du droit canonique. Elle est donc caractérisée par le souci de rassembler l'essentiel d'une législation millénaire éparse et aussi par celui d'élaboration des traités du droit canonique pour l'enseigner.

5.1. Bénéfice ecclésiastique comme structure économique de base.

Le bénéfice ecclésiastique comme institution pour la subsistance du clergé trouve ses origines lointaines d'abord dans le *droit romain* où nous rencontrons les institutions comme le *beneficium*[198], le *precarium*[199] et le *stipendium*[200]

---

198 DE REINA, V., o. c., 106–107 : Selon De Reina, le *beneficium*, pouvait signifier à la fois un acte philanthropique au sens grec du mot et aussi un acte normatif ou administratif de l'autorité publique à travers lequel cette dernière accorde une faveur, un privilège à quelqu'un. Dans le sens d'un acte administratif, on pouvait parler, par exemple, du *beneficium inventarii* (une faculté concédée à un héritier pour s'acquitter des dettes héritées dans les strictes limites de l'héritage) ou du *beneficium separationi* (faculté accordée aux créanciers du défunt débiteur pour qu'ils soient payés avec les revenus de l'héritage avant que ce dernier ne se dissolve dans le patrimoine de l'héritier). Bien qu'il y ait un peu de ressemblance, le « bénéfice ecclésiastique » dans l'entendement du droit ecclésiastique diffère du « beneficium » romain pour être un « ius » et non un privilège ou une libéralité. C'est un « ius » aux revenus pour la subsistance que le prêtre acquière de l'autorité ecclésiastique et non d'une autorité civile.

199 Ibid, 107–108 : Le « precarium » désigne un contrat juridique par lequel une personne concède à une autre de forme gratuite une chose ou un droit tout en se réservant la faculté de révoquer cette concession quand il le voudra. Son origine remonte dans le clientélisme où le *Pater-familias* concédait, tout en gardant ses droits de propriété, une partie de ses terres aux clients pour qu'ils les cultivent et obtiennent des ressources économiques. La possession avait un caractère précaire car le concessionnaire pouvait récupérer sa concession pour n'importe quel motif. La possession en *precarium* est la forme que revêtaient les concessions *d'ager publicus* (terre publique) faites par le patron à ses clients. Mais le bénéfice ecclésiastique malgré un peu de ressemblance n'est pas une concession *d'ager publicus,* mais bien une concession des biens ecclésiastiques faite aux clercs pour leur subsistance. C'est une concession viagère et non précaire, car le prêtre en jouit pour toute sa vie.

200 Ibid, 108–110 : Le « stipendium » : vient du vocabulaire militaire et désigne d'abord les contributions imposées aux ennemis vaincus pour couvrir les dépenses de la guerre et payer les salaires (*stipendium*) de soldats romains. Ensuite, il désignera les taxes de terres payées aux provinciaux romains. Enfin, il désignera aussi les concessions des terres cédées aux vétérans comme bénéfices économiques en récompenses de loyaux services rendus. Ces *stipendia* étaient donc leur *peculium*, leur salaire, leur propriété spéciale acquise pour les services militaires. Ces terres, les vétérans romains les recevaient sous la forme juridique du *precarium* car les terres appartenaient à l'empereur, mais à l'unique différence qu'ils les recevaient sans contre-prestations et ce privilège ne pouvait être révoqué. Le bénéfice ecclésiastique est aussi une sorte de concession des terres, des biens ecclésiastiques aux clercs comme *stipendium* pour garantir leur subsistance.

destinées à assurer la subsistance des fonctionnaires publics. Imitant la société civile, les Évêques, comme administrateurs du patrimoine ecclésiastique, concédaient aussi aux prêtres, durant l'époque pré-féodale, des terres *in stipendio* ou *causa stipendii* sous la forme juridique de *precarium* pour *sustentandae vitae causa*[201]. Dans le Droit germanique qui a régi la société féodale après le déclin de l'Empire romain d'Occident, nous trouvons aussi deux institutions pour la subsistance du clergé qui présentent à la fois des similitudes et des divergences : le *bénéfice séculier* et le *bénéfice ecclésiastique*.

Les similitudes entre les deux résident d'abord en partie dans l'objet de la cession qui est formé des terres, cédées généralement *in precarium* (de manière révocable) tout en établissant une relation personnelle de subordination entre le concessionnaire (*concedente*) et le bénéficiaire (*concesionario*). Elles résident ensuite relativement dans la finalité poursuivie qui est la *sustentandae vitae du bénéficiaire*. Les divergences entre les deux institutions sont nombreuses : d'abord dans la *personne du concessionnaire* qui est pour le bénéfice séculier un seigneur féodal laïc et pour le bénéfice ecclésiastique, un seigneur féodal ecclésiastique (autorité ecclésiastique) ; ensuite dans le *sujet bénéficiaire* : pour le bénéfice séculier, il pouvait être un fonctionnaire laïc ou un clerc, mais pour le bénéfice ecclésiastique, il était exclusivement un clerc ; enfin dans le *mode de cession* et dans la *constitution de la dot*. Quant au mode de cession, le premier est souvent concédé *in precario*, c'est-à-dire de manière révocable et le second de *forme viagère*, c'est-à-dire pour garantir la subsistance du clerc durant toute la vie. Dans la constitution de la dot, le bénéfice séculier était constitué uniquement des terres tandis que le bénéfice ecclésiastique comprenait outre les terres, l'église ou la chapelle (office ecclésiastique) avec tous ses revenus (prémices, dîmes, offrandes cultuelles, etc.). Le bénéfice ecclésiastique s'est différencié aussi du bénéfice séculier par sa finalité. Il n'avait pas seulement pour finalité la subsistance du clergé mais il poursuivait aussi toutes les finalités des biens ecclésiastiques comme le développement du culte divin et les œuvres de charité ou l'assistance aux pauvres. Considérant donc tous ces éléments, le bénéfice ecclésiastique à la différence du bénéfice séculier était donc un bien ecclésiastique sous le « ius épiscopal »[202].

Malgré l'influence du droit romain, l'explication traditionnelle situe l'origine du bénéfice ecclésiastique à l'époque féodale où les autorités ecclésiastiques concédaient des terres et des églises aux prêtres avec l'objectif d'assurer leur subsistance, d'accomplir les autres finalités du ministère avec les revenus

201 Ibid.
202 Ibid., 146.

de cette dot. Le bénéfice ecclésiastique sera reconnu comme la structure économique de base pour la subsistance du clergé et sera accueilli comme tel dans les collections canoniques de la période classique où il a trouvé une élaboration juridique qui s'est consolidée dans le temps.

5.2. Subsistance matérielle et protection sociale du clergé dans le Décret de Gratien (1140)[203].

Le *Decretum Gratiani* ou *Concordia discordantum canonum* « Concorde des canons discordants » est une œuvre majeure du Droit canonique, rédigé entre 1140 et 1150, qui rassemble plus de 3800 textes : canons dits apostoliques, textes patristiques, décrétales pontificales, décrets conciliaires, les pénitentiels, les livres liturgiques, les statuts épiscopaux, les lois romaines et franques. C'est « une compilation privée qui a connu rapidement un succès mérité [...], et malgré le succès et l'autorité officielle dont bénéficieront bientôt les collections de décrétales, le Décret restera le premier recueil du *Corpus Iuris Canonici* qui, jusqu'en 1917, servira de Code à l'Église latine »[204]. Dans sa composition, il comprend trois parties : les *Distinctiones* (101), Les *Causae* (36) et la *De consecratione*[205].

Face à l'incertitude du droit, à la contrariété des opinions, à la discordance du droit sur plusieurs questions, le Décret ne visait pas à recueillir seulement les textes de lois existant mais surtout à leur donner l'harmonie, la « concorde des canons discordant » en les regroupant selon leurs opinions pro ou contre. Après avoir noté les discordances, il proposait une solution, une conciliation, un choix pour ou contre, ou une « troisième voie »[206].

---

203 GAUDEMET, *Les sources du droit canonique. VIII-XX e siècles*...108–109 : « D'un Gratien, auteur du Décret, on ne sait presque rien ; rien de sûr [...] Pas plus que la personnalité de son auteur, la date du Décret n'est connue. On la situe aux environs de 1140, mais on verra plus loin que la « date » du Décret ne peut être ramenée à une année précise ».

204 Ibid., 119.

205 Ibid., 111 : Le *Decretum Gratiani* ou *Concordia discordantum canonum* comprend trois parties : les *Distinctiones*(101). Dans cette première partie, on trouve un exposé sur les clercs traitant des offices, des droits et devoirs et des conditions d'accès. Ensuite les *Causae* (36) qui abordent les grands thèmes du droit canonique sous formes des questions en canons ou chapitres. Le thème sur le temporel et les revenus des clercs est traité dans les C. 7–15 (droit administratif et patrimonial) et les droits et devoirs des clercs dans les C.21–26. Enfin la troisième partie *De Consecratione* traite de la consécration des églises et de la célébration des sacrements.

206 Ibid., 118.

La problématique de la subsistance du clergé est abordée dans les C. 7–15 (droit administratif et patrimonial) et les C. 21–26 (droits et devoirs des clercs) où le thème du bénéfice ecclésiastique n'est pas traité de manière systématique. Dans ces canons, le Décret réaffirmait la législation antérieure qui reconnaissait le bénéfice ecclésiastique comme l'un des mécanismes de distribution des revenus ecclésiastiques aux clercs pour leur subsistance. Le bénéfice ecclésiastique bien qu'il soit considéré comme mécanisme principal n'était pas l'unique car la subsistance du clergé pouvait aussi être assurée *secundum discretionem ecclesiarum*[207], c'est-à-dire sous une autre forme selon la discrétion de l'autorité ecclésiastique. Les biens de l'Église devraient d'abord être communs à tous comme le confirmait le même Décret : « *aliis possessiones hujus ecclesiae ad dispensandum committuntur, ex quibus, licet res ecclesiae omnibus debeant esse communes, primum tamen sibi, et suae ecclesiae deservientibus, necessaria subministret, reliqua, quae supersunt, fidelium usibus ministraturus ; ita et praebendae ecclesiarum, eadem charitate manente, pie et religiose possunt distribui, nec tunc rebus ecclesiae, ut propiis, sed ut communibus utilitatibus deservituris : ut ex his, quae sibi assignatasunt, primum sibi nesessaria percipiat…* »[208].

Pour Gratien, la distribution de prébendes ou bénéfices ecclésiastiques est une pratique licite d'administration individuelle des biens ecclésiastiques. Elle devrait se faire *in precario* pour protéger les biens de l'Église et non porter préjudice au patrimoine ecclésiastique. Gratien admet le bénéfice comme une vraie réalité juridique, en tant qu'une forme concrète d'administration des biens ecclésiastiques. Cette pratique que défend Gratien ne s'appuyait pas sur des normes bien définies sinon sur la coutume qui obéissait à l'administration décentralisée. Même si Gratien soutenait le caractère précaire de la cession du bénéfice ecclésiastique, de manière générale et selon le droit en vigueur pendant des siècles, le bénéfice ecclésiastique était concédé de manière viagère et non *in precario*[209].

Dans la C. 22 q. 1, le Décret parle du bénéfice ecclésiastique en termes de *prébendes* ou *dispensatio pecuniarum* dont l'origine lointaine se trouve dans les cessions stipendiaires pré-féodales[210] et seraient la conséquence de la rupture

---

207 PINERO CARRION, J.Mª, o. c., 320.

208 C. 12 q. 1 d. a. c. 28 : cité par PIÑERO CARRION, J. Mª, loc. c.

209 Cfr. C. 12 q. 2 c. 72 : cité par PIÑERO CARRION, J. Mª, loc. c : note 2.

210 De REINA, V., o. c., 192: "Igualmente, cabe consignar que para el Decreto el origen remoto de tales prebendas se encuentra en aquellas cesiones estipendiarías de los concilios prefeudales. De hecho, son llamadas beneficios las cesiones estipendiarias del c. 59 del Concilio de Agde, así como los estipendios que los clérigos reciban "largitate episcopi" al modo del VII Concilio de Toledo".

de l'unité patrimoniale. Cependant, à ces *prébendes*, pense Gratien, il faut appliquer les critères qui guident le patrimoine ecclésiastique. C'est pourquoi il faut distinguer *ecclesia* et *beneficium* malgré leur relation étroite et reconnaitre que c'est l'Évêque qui a l'autorité exclusive de concéder les offices et les bénéfices qui garantissent la subsistance des clercs. Cette confirmation du pouvoir épiscopal exclut toute immixtion du pouvoir séculier dans la matière. L'Évêque a aussi le devoir de veiller à ce que, dans la constitution, les limites ne soient pas outrepassées (par exemple la multiplication des bénéfices là où les biens ne le permettent pas : X, 3. 7. 1 : cas des collèges où la multiplication des prébendes ne pouvait se justifier car n'ayant pas la « cura animarum »), les finalités des biens ecclésiastiques soient respectées (cf. X, 3. 7. 3) et le bénéfice serve effectivement à sa fin spécifique en évitant la prolifération des pensions bénéficiales[211].

Quant à la situation des clercs malades, invalides ou âgés, leur sécurité vitale devait être garantie soit par la conservation des revenus du bénéfice, soit par l'allocation d'une pension bénéficiaire. Cependant appliquée à une paroisse la pratique de la pension bénéficiaire « ne satisfaisait guère l'esprit décrétalien qui faisait prévaloir le bien des âmes sur tout intérêt et réservait la jouissance des revenus aux besoins personnels du curé »[212].

Bref, le Décret de Gratien reconnaissait aux clercs un droit à une subsistance digne et à une protection sociale dans la droite ligne du principe défini par le Christ dans les Évangiles et appliqué dans la tradition ecclésiale. Ce droit était garanti par le *titre d'ordination* à travers des institutions canoniques définies par l'autorité ecclésiastique dans son pouvoir discrétionnaire. Parmi ces institutions, le bénéfice ecclésiastique était la structure économique de base. Mais dans son pouvoir discrétionnaire l'Ordinaire de lieu pouvait garantir la subsistance matérielle du clerc par d'autres voies.

---

211 Ibid. : La prolifération des pensions bénéficiales avait pour conséquence la diminution du bénéfice « *ut ecclesiastica beneficia sine deminutione conferantur* » (X, 3. 12. 1) et l'insuffisance des ressources pour celui qui avait la *cura animarum*. Le bénéfice devait d'abord répondre à sa finalité spécifique : la sustentation du ministre sacré ayant la *cura animarum*. Le concile de Trente a abordé profondément la question de pensions bénéficiales afin d'en corriger les abus : art. 12.

212 DOLE, G, La protection sociale du clergé…, 14.

5.3. Subsistance matérielle du clergé dans les Collections des Décrétales d'Alexandre III (1159–1181) à Grégoire IX (1234).

Après la compilation « Concordia discordantum canonum », « l'intense activité des papes surtout depuis Alexandre III (1159–1181), de grandes assemblées conciliaires (Latran III, 1179 et IV, 1215) suscitent la composition de collections de décrétales et de canons conciliaires, œuvres non officielles, souvent anonymes »[213]. Parmi ces collections nous pouvons citer : a) *Premières collections de décrétales* : La *Collectio Parisiensis IIa* (1177–1179) attribuée à Bernard de Pavie, la *Collectio Victorina Ia,* la *Collectio Ambrosiana*, etc. et b). Les cinq *compilationes antiquae :* le *Breviarium Extravagantium* ou *Compilatio antiqua prima* (Compilatio Ia) de Bernard Balbus de Pavie (1192), la *Compilatio III* de Pierre de Bénévent (1209–1210), la *Compilatio II* de Jean de Galles (1210–1212), la *Compilatio IV* de Jean le Teutonique (1216–1217), *Compilatio V* (1226) composée par Tancrède sur ordre du pape Honoré III (elle est la première à avoir valeur officielle), etc.). Les Décrétales de Grégoire IX (1234) dont le titre officiel était *Compilatio* ou *Compilatio nova* ou *Liber Decretalium* ou *Liber Extravagantium*[214].

Les limites de notre étude ne nous permettent pas de faire une étude approfondie de chacune de ces collections. Mais pour éclairer notre thème, nous allons faire un survol de deux collections très importantes : le *Breviarium Extravagantium* ou *Compilatio antiqua prima* de Bernard Balbus de Pavie (1192) pour être la plus ancienne et le *Liber Extravagantium* de Grégoire IX pour être la première collection authentique, universelle, unique et exclusive promulguée officiellement par un Pontife romain et qui a apporté un grand essor au Droit canonique en centralisant la doctrine canonique. Dans ces deux

213 GAUDEMET, J., *Les sources du droit canonique. VIIIe-XXe siècle*..., 121.

214 Ibid. : « L'intense activité des papes surtout depuis Alexandre III (1159–1181), de grandes assemblées conciliaires (Latran III, 1179 et IV, 1215) suscitent la composition de collections de décrétales et de canons conciliaires, œuvres non officielles, souvent anonymes ». Ces Décrétales ont été regroupées en plusieurs collections dont les cinq plus anciennes sont : la *Compilatio antiqua prima*, la *Compilatio III*, la *Compilatio II*, la *Compilatio IV*, la *Compilatio V* et le *liber extravagantium.* Les cinq premières, bien qu'ayant été reçues dans l'École canonique et dans la praxis judiciaire, n'étaient pas authentiques et exclusives. Le *liber extravagantium* de Grégoire IX (1234) est la première collection authentique, universelle, unique et exclusive promulguée officiellement par un Pontife romain. Ainsi Le Décret de Gratien et *le Liber Extravagantium* étaient considérés comme les manuels classiques dans les universités pour l'enseignement du Droit canonique.

Collections, nous allons voir la façon dont la subsistance matérielle et la protection sociale du clergé étaient réglementées.

5.3.1. Le Breviarium Extravagantium de Bernard Balbus de Pavie.

Le « Breviarium Extravagantium » de Bernard de Pavie[215] réaffirmait la législation antérieure sur la subsistance du clergé. Celle-ci reposait sur le titre d'ordination, plus précisément sur le bénéfice ecclésiastique ou prébende. La « prébende » est une institution canonique pour assurer la subsistance des clercs (*utpote quibus eorum vita sustentatur)*[216]. Elle est comprise comme un *ius spirituale perpetuo consequens divictum et vestitum ecclesia vel domo religiosa*[217]. Cette institution trouve son essence dans le droit que le clergé a d'être sustenté par l'Église en conformité avec le principe défini par le Christ (Lc 10, 7). Il s'agit encore de prébendes distribuées pour la vie commune par l'Évêque en tant qu'administrateur du patrimoine ecclésiastique.

Ce droit était perpétuel d'après Bernard de Pavie, c'est-à-dire que le clerc en jouissait pour toute sa vie. Cela signifie qu'en cas des aléas de la vie comme la maladie, l'invalidité ou la vieillesse, le prêtre conservait le droit aux revenus du bénéfice. Ce caractère perpétuel sera maintenu aussi dans les définitions classiques du concept de bénéfice ecclésiastique.

---

215 LAURIN, *Introductio in Corpus Iuris Canonici* (Fribourg, 1888), 97 sqq: HURTER, *Nomenclator*, IV, 191, 192 ; AEMILIUS FERIBERG *en Quinque Compilationes Antiquae* (Leipzig, 1882), VI ss. (Source : Meehan, Andrew. « Bernard of Pavia. » The Catholic Encyclopedia, vol.2, New York: Robert Appleton Company, 1907, in: http://www.newadvent.org/cathen/02504a.htm): Bernard Balbus de Pavie : Eminent canoniste, en 1190 fut promu évêque de Faenza et deviendra évêque de Pavie en 1198. Il meurt le 18 septembre 1213. Vers les années 1190, il a compilé une œuvre intitulée « Breviarum extravagantium » pour compléter et mettre à jour le « Decretum » de Gratien. Bernard cite les autorités de manière abrégée d'où le titre de son œuvre, « Breviarum ». Dans son œuvre on trouve les Décrets postérieurs et quelques fragments du droit civil romain et allemand. Le « Breviarum » avait vite rencontré un écho favorable à l'Université de Bologne et vers 1235, il sera désigné comme « Compilatio Prima », c'est-à-dire la première collection de Droit canonique après le « Decretum Gratianum ». L'œuvre se divise en cinq livres, subdivisés en 152 titres, en 912 chapitres ; cfr. GAUDEMET, J., o. c, 124–125.

216 "Summa Decretalium", 3, 5. Intr.: cité par PIÑERO CARRION, J. Mª, o. c, 321: note 4.

217 Ibid., 3. 5. 1: cité par PIÑERO CARRION, J. Mª, loc. c.: note 5.

5.3.2. Décrétales de Grégoire IX : Liber Extravagantium.

La *Collectio Liber Extravagantium*[218] ou Décrétales de Grégoire IX comme deuxième grande collection classique dans l'enseignement du Droit canonique après le Décret de Gratien, insistait sur la finalité de la propriété ecclésiastique. Elle reconnaissait le droit du clerc de bénéficier d'une subsistance matérielle et d'une protection sociale à travers l'institution du titre d'ordination. Et l'institution principale était le bénéfice ecclésiastique. Celui-ci, en tant que propriété ecclésiastique devait, malgré les nouvelles situations auxquelles il devait faire face, rester conforme à sa finalité principale : la subsistance des clercs.

Partant du titre « De praebendia et dignitatibus » (X 3. 5), l'œuvre démontrait clairement que les *praebendia* et les *dignitatibus* (honoraires) constituaient le bénéfice ecclésiastique. Dans X 3. 5. 28, l'expression *beneficium curatum* c'est-à-dire le *salut des âmes* était la raison fondamentale qui justifiait la cession des églises en bénéfice aux ministres sacrés. Le bénéfice ecclésiastique était non seulement une remise d'églises (office ecclésiastique) avec leurs biens pour l'attention pastorale (*cura animarum*), l'accomplissement du culte divin, mais surtout un moyen stable pour la subsistance des clercs. Ainsi le bénéfice ecclésiastique désignait l'institution canonique pour la subsistance du clergé. A travers cette institution s'établissait un lien étroit entre le patrimoine ecclésiastique et le clerc exerçant le ministère. C'est ce lien étroit qui donnait au ministre le droit de subvenir à ses besoins à partir des revenus du bénéfice dans l'exercice de son ministère et même en cas de maladie ou d'incapacité (cfr. X, 3. 6. 1). Consacrant la solution primitive, une Décrétale de Grégoire IX décidait que « le clerc malade conservait la jouissance entière des fruits de son bénéfice » (III, 6, c. 1)[219]. Cette norme confirmait d'une manière ou d'une autre l'existence des pensions bénéficiaires pour les prêtres malades ou âgés. En élargissant ainsi

---

218 Le *Liber Extravangatium - Bulle rex Pacificus (1234)* est une œuvre « commandée » par le pape Grégoire IX, et rédigée par le moine dominicain Raymond de Peñafort. Cette œuvre « extra » (extérieure) au Décret de Gratien a été rédigée dans le but de compléter ce dernier et de codifier (partiellement) sa législation, en rassemblant dans cinq livres plus d'un siècle de décrétales, de canons et de références diverses. L'œuvre est promulguée par la bulle (ou décrétale) *Rex Pacificus*, en 1234. C'est au *Liber Extra* que le droit canonique doit son essor, car il a permis la centralisation doctrinale, un corps de législation unitaire qui s'est substitué aux diverses décrétales régionales. Le texte souligne dans un premier temps la profonde nécessité, ainsi que la volonté de Grégoire IX d'établir un nouveau droit ; cfr. GAUDEMT, J., Les sources du droit canonique. VIIIe -XXe siècle..., 127.

219 DOLE, G., loc. cit.

le bénéfice aux cas des prêtres malades ou retirés du ministère pour raison d'âge (vieillesse), la finalité du bénéfice ecclésiastique changeait de sens : il n'est plus seulement la base économique pour celui qui a la charge de *cura animarum*, mais aussi le *titulus beneficii* exigé avant l'ordination pour la sécurité vitale de tout prêtre exerçant le ministère.

Le *liber Extravagantium* parlant du pécule des prêtres insistait sur la distinction nette entre biens personnels et biens de l'Église[220]. Le prêtre pouvait jouir des biens de l'Église, mais il n'avait pas la faculté d'en disposer surtout à sa mort[221]. A la mort, il devait d'abord privilégier l'Église comme héritière de ses biens (cfr. X, 3. 26. 1–7)[222]. L'unique concession qui lui était accordée est la faculté de faire de petits dons (X, 3. 26, 12) et aussi la gratification avec des biens meubles de l'Église aux membres de famille ayant été à son service (X, 3. 26. 8).

Après le *liber Extravagantium* de Grégoire IX, l'activité législative des papes, - surtout Innocent IV avec trois Collections (Ia, IIa et IIIa), le canoniste Sinibaldus Fiescus, Alexandre IV, Urbain IV, Clément IV (1254–1268), Grégoire X (collection officielle : les Novissimae), Nicola III (1280), Boniface III (avec le Liber Sextus, 1298), Clément V (avec les Clémentines(1317)) – et des deux Conciles de Lyon (1245 et 1274) ont suscité la composition de nouvelles collections pour compléter les Décrétales de Grégoire IX. Dans toutes ces collections et dans celles qui ont suivi entre 1280 et dans les compilations privées du XIVe siècle, la problématique de la subsistance matérielle du clergé était parmi les questions cruciales. Toutes ces collections n'ont apporté aucune innovation par rapport à la législation antérieure, seulement elles réaffirmaient l'institution du bénéfice ecclésiastique comme structure économique de base pour la subsistance du clergé et réglementaient des questions pratiques liées au cumul

220 X, 3, 5. 3 : cité par Ibid., 200.

221 X, 3. 25. 5 : cité par Ibíd., 200–201: «No hay razón alguna que permita destinar a usos propios lo que se ha dado para común utilidad [...] asimismo, se establece que el prelado ha de poner a nombre de la iglesia lo que adquiera con los bienes eclesiásticos ; igualmente. Se entiende que lo adquirido con los emolumentos de la Iglesia a ésta pertenece, aunque se haya comprado bajo otro nombre; y, finalmente, se aclara el criterio respecto a las mejoras introducidas en los bienes beneficiales: podrá gozarlas de por vida el que las hiciere, incluso si abandona el beneficio, pero no podrá disponer de ellas a su muerte".

222 Les successions "ab intestato" : Le *Liber Extravagantium* vient sur la position doctrinale antérieure qui privilégie l'Eglise comme héritière : cf. R. BIDAGOR, la sucesión intestada de los clérigos en favor de la Iglesia, según las decretales de Gregorio IX y sus precedentes, Roma, 1935.

des bénéfices (*Excrabilis* = *odieux*) et à la perception de leurs revenus (*Suscepti regiminis*)[223].

5.4. Subsistance matérielle et protection sociale du clergé dans la doctrine décrétalienne.

Les collections décrétales du XII et XIIIe siècle ont connu un grand travail de commentaires faits par les canonistes appelés « commentateurs décrétaliens »[224]. Dans leurs commentaires, ils ont confirmé la doctrine antérieure sur le droit à la subsistance et à l'assistance sociale des clercs. Ce droit était garanti par l'institution canonique du titre d'ordination. Et le titre d'ordination par excellence était celui du *bénéfice ecclésiastique*. Mais dans l'impossibilité de sa constitution, d'autres titres comme celui du *patrimoine* ou de la *pension* pouvaient assurer la subsistance du clergé. Le titre du bénéfice avait un caractère viager car le clerc malade, invalide ou âgé pouvait conserver ses droits sur les revenus, sous forme de pension bénéficiale.

5.5. Problème de la subsistance matérielle et de la protection sociale du clergé dans la législation et la doctrine postclassique (1350–1520).

L'époque postclassique n'a apporté pratiquement aucune innovation sur des grandes questions canoniques, spécialement sur le problème de la subsistance et de la protection sociale du clergé[225]. L'essentiel de cette période était la

223 GAUDEMET, J., Les sources du droit canonique…, 128–129.

224 Parmi eux nous pouvons citer : BERNARDO DE MONTEMAYOR qui soutient que l'institution du « titre d'ordination » ou celle d' « Ordre » renvoie à la même réalité de l'institution du « bénéfice ecclésiastique » ; GODEFROID DE TRANO parle lui de la prébende communautaire comme institution de la subsistance du clergé ; GUIDO DE BAYSO soutient que sans même le bénéfice ecclésiastique, la subsistance du clergé peut être assurée par l'institution de la « pension » et HOSTIENSE soutient que celui qui a un patrimoine n'a pas droit à un bénéfice et l'évêque a l'obligation d'alimenter ceux qui n'ont pas de bénéfice. ; cfr. GAUDEMET, J., ibid, 132 - 144 : les grands canonistes du milieu du XIIIe siècle : Geoffroy de Trani, Vincent d'Espagne, Sinibaldo Fieschi, Bernard de Parme, Bernard de Compostelle l'Ancien, Bernard de Compostelle le Jeune, Henri de Suse, cardinal d'Ostie, Hostiense, Martin de Trappau et les grands nom de la fin du XIIIe siècle : Abbas Antiquus (Bernard de Montmajour) (1299), Guillaume Durand l'Ancien (1237–1296), Guillaume Durand le Jeune et Jesselin de Cassagne.

225 Ibid., 145 : « Aux années fastes, qui connurent les grandes assemblées conciliaires, gouvernées par les papes, l'abondante législation de pontifes juristes, qui,

réaffirmation de la législation antérieure[226] : le titre d'ordination reste le mécanisme pour garantir aux clercs une subsistance matérielle et une protection sociale digne. Le bénéfice ecclésiastique est fixé comme titre d'ordination par excellence.

Pour l'essentiel, la législation, émanant des constitutions pontificales, des conciles généraux et particuliers et des statuts synodaux, a plus réglementé des questions d'actualité comme par exemple apaiser des tensions ou donner des solutions aux conflits liés au régime bénéficial[227]. Car à cette époque médiévale, « la vie matérielle de l'Église était assurée par sa richesse foncière et la question bénéficiale était devenue une obsession. L'attribution des bénéfices et leur transmission donnaient lieu à des transactions, sources de profit. Une papauté besogneuse et, en tout cas, toujours à court d'argent, trouvait là sa principale occasion de subvenir à ses besoins. D'où la place exceptionnelle tenue dans la législation et la doctrine la question bénéficiale »[228]. Toute la législation en la matière visait à freiner les abus dans l'attribution et la transmission des bénéfices et à mettre fin aux conflits qu'ils généraient[229].

Au niveau doctrinal, « le droit canonique du XVe siècle imite beaucoup et invente fort peu » (P. Ourliac, HDIEO, t. XIII, 67). Peu d'innovations, en effet. Le droit est, pour l'essentiel fixé. Abondante, la doctrine poursuit sur la trace des grands maîtres de l'âge précédent. Elle engrange leur apport. C'est l'âge

d'Alexandre III à Innocent IV, illustrèrent le Siège de Pierre, les immenses richesses du *Corpus Iuris canonici* et les grands traités des maîtres universitaires, succède un temps où la science se fait compilation et la législation morne répétition »

226 GAUDEMET, J., *Les sources du droit canonique. VIIIe-XXe siècles*..., 147 : " "Le droit canonique du XVe siècle imite beaucoup et invente fort peu », écrivait P. Ourliac (HDIEO, t. XIII, 67). Peu d'innovations, en effet. Le droit est, pour l'essentiel, fixé. Abondante, la doctrine poursuit sur la trace des grands maîtres de l'âge précédent. Elle engrange leur apport. C'est l'âge des compilateurs ».

227 Ibid., 146.

228 Ibid., 154- 155 : "Les Registres de Jean XXII ont conservé environ 68.000 bulles émises pendant son pontificat (1316–1334). 50.000 concernent des questions bénéficiales [...] C'est dire l'importance primordiale de la question bénéficiale à cette époque [...] Du pontificat de Clément IV (1265) à celui de Benoît XII (mort en 1342), dix bulles importantes ont été promulguées sur la provision des bénéfices. Elles ont été, pour l'ensemble, recueillies dans les compilations du Corpus iuris canonici ».

229 Ibid., 154-155 : "Des bénéfices sont attribués aux clercs pour leur fournir le nécessaire, parfois le superflu. Leur attribution, leur transmission donnent lieu à des transactions, sources de conflit. Une papauté besogneuse et, en tout cas, toujours à court d'argent, trouve là sa principale occasion de subvenir à ses besoins ».

des compilateurs »[230]. Cependant, si la réflexion juridique était peu originale, les grands canonistes de cette époque se sont plus focalisés sur les controverses politico-religieuses que soulevait la naissance d'un monde nouveau. Parmi ces controverses, il y a lieu de signaler celle sur la légitimité de la justice de l'Église ou les débats sur les limites de la compétence de l'Église sur des questions de justice là où la religion ne semblait pas en jeu[231] ; entre 1378 et 1450, celle sur le Grand Schisme et la crise conciliaire durant laquelle les théologiens et canonistes, hommes d'Église et universitaires opposaient au schisme et défendaient la toute-puissance romaine ou la primauté de l'assemblée conciliaire (conciliarisme) comme voie de solutions aux problèmes de l'Église[232].

Après la période postclassique, la problématique de la subsistance matérielle et la protection sociale du clergé avait trouvé un grand écho au concile de Trente et une réglementation rigoureuse dans le CIC de 1917.

6. Conclusion partielle.

Ce chapitre nous a permis de dégager les fondements bibliques et historiques de l'institution canonique de la subsistance matérielle du clergé diocésain. Dans la religion juive, nous avons trouvé comme antécédent juridique une législation rigoureuse sur le culte et sur la prise en charge des ministres sacrés par la communauté des croyants. Celle-ci se justifiait par le fait que le sacerdoce n'était pas un travail marginal, mais bien une occupation de disponibilité et de consécration totale au bénéfice de la communauté. Cette consécration totale engendrait d'une part des droits et d'autre part des obligations réciproques entre le ministre sacré et la communauté. Dans le Nouveau Testament, les enseignements du Christ affirme sans ambages le droit des ministres sacrés de jouir des fruits de leur travail apostolique (« l'ouvrier a droit à un salaire », Lc 10, 7). Mais l'exigence de ce droit ne devait pas faire un obstacle à l'annonce de

230 Ibid., 147.
231 Ibid., 156–157.
232 Ibid., 160–161 ; 164–165 : Concile de Constance, décret *Haec Sancta* du 6 avril 1415 affirmait que « le Concile général, représentant l'Église militante, tient son pouvoir directement du Christ, et que tous, y compris le pape, doivent lui obéir en tout ce qui concerne la foi, l'extirpation du schisme et la réforme générale de l'Église dans sa tête et ses membres » (CARDINAL ZABARELLA) ; 167–168 : NICOLAS DE TUDESCHIS, dans le *Panormitain* affirmait que « le fondement de la *jurisdictio* est dans l'Église universelle ; mais, parce qu'il est impossible de réunir l'Église universelle, qui consiste dans l'universalité des fidèles, [...] l'Église universelle exerce sa *jurisdictio* par le concile, qui la représente (q. 499/31, voir Q. 472/30) »..

l'Évangile du royaume. C'est pourquoi, les missionnaires de l'Évangile devaient être imprégnés d'un esprit du détachement et de la pauvreté face aux biens temporels pour rechercher d'abord le Royaume de Dieu et amener les autres au salut. L'intériorisation de cet enseignement a conduit Saint Paul a renoncé librement à son droit légitime et à privilégier l'auto-prise en charge pour l'efficacité de son ministère apostolique.

Pendant la période des persécutions, l'Église naissante, dans la discrétion, la simplicité et sans institution forte, a réussi à consolider les liens d'unité, de fraternité et de solidarité parmi les membres. C'est pourquoi la force de la charité a fait briller la communauté chrétienne dans le monde païen et était le gage pour assurer une subsistance matérielle et une protection sociale aux ministres de l'Évangile.

A partir du IVe siècle, grâce à l'édit de Licinius et à l'édit de Milan, un climat de collaboration entre l'Église et le pouvoir temporel s'est instauré. Ce qui a permis à l'Église d'obtenir un statut juridique comme Église d'État et de se constituer un patrimoine important qui a contribué largement à l'amélioration des conditions de vie austères des ministres de Dieu. Fidèle aux enseignements du Christ et des Apôtres, l'Église a affirmé de manière indiscutable le droit du clergé à une subsistance digne et a encouragé les fidèles à le garantir par leurs offrandes. L'Évêque, responsable de la communauté chrétienne, était l'administrateur des biens ecclésiastiques et devait de manière responsable, honnête et transparente alimenter son clergé et atteindre les autres finalités du patrimoine. Sous le régime unitaire diocésain, c'est l'institution du *peculium clerici* dont la source principale était le patrimoine commun diocésain qui garantissait la subsistance du clergé et sous le régime paroissial qui a consacré l'effondrement de l'unité patrimoniale diocésaine, la subsistance du clergé était garantie par l'institution du *titre d'ordination* (cfr. Concile de Chalcédoine). Le bénéfice ecclésiastique sera le titre d'ordination canonique ordinaire et la pension et le patrimoine seront des titres subsidiaires.

Cette réglementation sera confirmée dans toutes les Collections canoniques de l'époque classique et aussi dans la législation et la doctrine canonique de l'époque postclassique.

CHAPITRE II : DROIT A LA SUBISTANCE MATERIELLE ET A LA PROTECTION SOCIALE DU CLERGÉ A L'ÉPOQUE MODERNE : AU CONCILE DE TRENTE (1542–1463) ET DANS LE CIC DE 1917.

0. Introduction

L'époque moderne était marquée dans l'Église par les conséquences des différents schismes de l'époque antérieure et de la réforme protestante. Face à cela, le droit canonique sur plusieurs questions s'est orienté vers le renforcement du centralisme romain, une organisation plus poussée des organes de la curie, vers la prééminence de la législation pontificale, sans pour autant méconnaitre l'importance de la législation conciliaire et les législations locales. C'est dans ce sens que le Concile de Trente[233] sera un moment important dans la moitié du 16e siècle car il a donné de grandes orientations sur plusieurs questions canoniques comme par exemple celle concernant la subsistance matérielle du clergé.

Dans ce chapitre, nous allons voir comment cette question a été réglementée au concile de Trente et dans le *Codex Iuris canonici* de 1917.

1. Problème de la subsistance matérielle et de la protection sociale du clergé au Concile de Trente (1542–1563).

L'inféodation de l'Église au pouvoir temporel a généré de sérieux problèmes qui ont affecté la vie de l'Église et du clergé. Plusieurs tentatives de réforme ont été amorcées au cours de l'histoire mais les résultats étaient toujours mitigés[234]. Le

---

233 PIÑERO CARRION, J. Mª., o. c, 333. 343.349 : la première période va de la 1ère session jusqu'à la 7ème (1546–1547), la deuxième va de la 8ème jusqu'à la 21ème session (1547–1562) et la troisième va de la 22ème à la 25ème session (16 juillet 1562–3 décembre 1563).

234 Ibid, 195–196:«El corazón del siglo XV nos ofrece, en una mezcla incesante, intentos de reforma, en las altas esferas de la Iglesia, verdaderas campañas reformistas, capitaneadas por figures ilustres, pero al mismo tiempo, una desazón de no alcanzar

Concile de Trente[235] est venu apporter les réformes tant attendues dans la vie du clergé, dans la discipline ecclésiastique et dans la vie de l'Église en général. C'est un Concile qui a touché à la fois des questions de foi, du temporel et de la discipline[236]. Celle du temporel était très discutée lors des assemblées conciliaires à cause de l'ampleur du « désordre patrimonial et bénéficial »[237] qui prédominait

---

nunca las ideales metas, que se tienen a la vista". Parmi ces illustres papes on peut citer: Eugène IV (1431–1447), Nicolas V (1447–1455), Calixte III (1455–1458), Pie II (1458–1464), Paul II (1464–1471) et Alexandre VI (1492–1503). Aux efforts de ceux-ci, il faut ajouter les tentatives du concile de Latran V (1512–1517) qui, malgré ses décrets, n'a pas apporté le souffle nouveau espéré par tous. Ainsi le confirme J., BERNHARD, CH., LEFEBVRE et F. RAPP dans « L'époque de la réforme et du Concile de Trente », Coll. Histoire du droit et des Institutions de l'Église en Occident, t. XIV, Paris : Cujas, 1989, 331 : Le Concile de Latran V, surtout dans la 9è session, a bien tenté une réforme en déterminant l'âge pour la nomination aux charges ecclésiastiques (30 ans pour les évêques et les abbés, avec dispense possible jusque 27 ans pour les premiers et 22 ans pour les seconds), en supprimant la commande en raison de ses effets néfastes pour les abbayes, les églises paroissiales, les hospices, les léproseries et les hôpitaux, et prohibant le cumul des bénéfices, sauf pour une cause grave et urgente. En réalité la réforme du concile de Latran V a été plus apparente que réelle. Il fallait donc attendre le concile de Trente pour voir une avancée réformatrice en la matière.

235 L'idée de réformer l'Église déjà présente dans l'esprit des tous depuis le début du XVe siècle a trouvé sa matérialisation avec le pape Paul III (1534–1549) qui, par la bulle « Initio nostri », convoqua en date du 22 mai 1542 le Concile de Trente et inaugura la première session en date du 13 décembre 1545.

236 PIÑERO CARRION, J. Mª, o. c, 198:"La reforma era amplísima en sus objetivos. Por arriba y por abajo había que ir revisando pieza por pieza el montaje de la organización eclesiástica, examinando su eficacia, su cumplimiento, y la necesidad de aplicar un remedio u otro».

237 Ibíd.: 198. 201: «Trento se encuentra, ante todo, con un desorden patrimonial y beneficial, extendido por todas partes. Fruto de siglos de evolución medieval, el beneficio ha adquirido su estrechez de significado. De esto, a considerarlo casi exclusivamente como una fuente esencial de bienes, va un paso, sobre todo, en épocas de laxismo. El beneficio es una riqueza»; «Se encontró con un concepto viciado de beneficio, con una realidad patrimonial desquiciada y rota». A la page 207 du même ouvrage, PIÑERO affirme que pour le concile de Trente, l' « église propre » était une des causes de la misère du bas-clergé et ce phénomène produisait d'autres maux, comme l'absentéisme et le multiplication des offices et des bénéfices, les abus des propriétaires d'églises, la distinction entre une fabrique riche et un curé pauvre, la mauvaise répartition des revenus et charges, l'abondance d'impôts, l'augmentation du nombre des « congruistes » . Toutes ces situations ont créé un authentique prolétariat ecclésiastique.

et affectait l'image de l'Église et celle du clergé en ce moment. Face à cela, le Concile, dans ses canons *De reformatione*, avait fait de la réforme du clergé son cheval de bataille[238], en mettant la priorité d'abord sur la formationdu clergé avec l'institution des Séminaires ecclésiastiques comme cadre idéal pour une formation solide[239]. Il fallait ensuite renforcer la discipline du clergé avec certaines mesures contraignantes comme l'obligation de résidence. Enfin, il fallait réglementer la question bénéficiale pour freiner les désordres moraux, la cupidité et l'individualisme qui entamaient la crédibilité des hommes d'Église et leur faisaient perdre le zèle pastoral[240].

---

238 Ibid, 200:«El concilio acertó [...] atacar en serio a la raíz de los males. El pueblo cristiano necesitaba también reformarse: pero el pueblo es casi siempre, el reflejo de sus pastores. Si se encontraba la manera de reformar al clero, se había encontrado el modo de reformar la Iglesia. Trento, en sus cánones, "de reformatione", es, ante todo, una reforma clerical».

239 CARDINAL HERGENRÖTHER, *Historia de la Iglesia, t. V*, Col. Biblioteca Teológica del Siglo XIX. (trad. Por Francisco García Ayuso), Madrid: Biblioteca de "La ciencia cristiana", 1888, 361. 389: "[durante la sesión quinta del día 17 de junio de 1546], por decreto reformista se ordenó la creación de cátedras de teología en las catedrales, colegiatas y conventos donde no existiesen anteriormente, aunque fuese necesario destinar a su sostenimiento otros beneficios, y la de un profesor por lo menos de Gramática en las Iglesias pobres, encargado de dar la enseñanza preparatoria a los aspirantes al sacerdocio". "En el decreto reformista del 15 de julio de 1563, sesión XXIII [...] se dictó la notabilísima disposición relativa a la creación de seminarios eclesiásticos, que fue como el compendio de las más importantes reformas"; PRISCO, J. SAN J., *La dimensión humana de la formación sacerdotal. Aproximación histórica, aspectos canónicos y estrategias formativas*, Salamanca: Publ. UPSA, 2002, 27: "El Concilio de Trento tomará este decreto del cardinal Pole como base del canon 18 de la Session XXIII, añadiendo algunas innovaciones tales como la obligatoriedad de instituir [seminario] en todas las diócesis – desde ahora se le llamará *Seminarium* –, su carácter exclusivo de preparación para los futuros sacerdotes y la provisión económica par su sustento. Los Padres conciliares proclamaron, solemne y unánimemente el 15 de julio de 1563 la voluntad de la Iglesia de que en todas las diócesis se erigieran centros de formación para acoger a aquellos adolescentes que dieran muestras de sentir la llamada a servir a la Iglesia desde el ministerio eclesiástico".

240 Ibid., 364. 329 : "En el decreto reformista promulgado en esta sesión [sexta de 13 de enero de 1547] se recomienda a los obispos y curas de almas, bajo severas penas, el deber de residencia". « Ce système avait fonctionné tant bien que mal en dépit de bavures inévitables jusqu'à la fin du XVe siècle. Mais avec l'apparition d'une économie où le rôle de l'argent finissait par l'emporter sur celui de la propriété terrienne, la question ne pouvait que se poser au moins de réglementer les bénéfices alors existants pour éviter nombre d'abus alors constatés ».

Malgré de nombreux griefs, l'institution du bénéfice ecclésiastique était reconnue comme la structure économique fondamentale pour la subsistance matérielle et la protection sociale du clergé. Mais comme elle s'est dégradée au cours des siècles en contribuant à la dégénérescence morale et spirituelle du clergé, il était urgent de remettre de la discipline pour qu'il retrouve la dignité de sa nature, la rigueur de ses caractères et son efficacité pratique comme support matériel d'une fonction sacrée. D'où l'insistance lors des débats conciliaires sur l'unité, l'indissolubilité et la convenance du bénéfice en récusant le pluralisme ou cumul des bénéfices et les échanges volontaires qui en ont fait un véritable marché, un moyen de rétribuer les services rendus et de gagner des faveurs. En perdant ses caractères originaux, le bénéfice ecclésiastique est devenu un obstacle majeur à l'exercice de l'office[241].

Pour atteindre les objectifs de la Réforme, le Concile réaffirmait le *rôle prééminent de l'Évêque diocésain* qui, avec l'éclatement de l'unité patrimoniale, avait perdu ses pouvoirs sur le clergé et sur `plusieurs structures pastorales. Face à l'individualisme qui gangrenait le clergé et face à beaucoup d'abus dans le domaine temporel[242], l'Évêque était celui qui devait veiller sur le spirituel, sur la gestion adéquate du temporel et sur la discipline du clergé[243]. Il devait être l'administrateur central des biens ecclésiastiques à qui devraient rendre compte de leur gestion. C'est lui aussi qui instituait et conférait les bénéfices. Mais pour que l'administration des biens ecclésiastiques réponde aux critères évangéliques, l'Évêque, dans sa gestion, devait faire preuve de modestie, de sobriété, de transparence et d'objectivité, surtout dans la distribution des bénéfices[244]. Bref, il devait être le moteur qui impulse toute la réforme de l'Église par son

241 Ibid., 330.

242 PIÑERO CARRION, J. Mª, o. c., 199: "La solución de estos males va a tener un eje, en el que Trento insistirá cumplidamente: el obispo. Efecto también de toda la génesis [...] es el individualismo del clero. No se siembran causas en vano: la descentralización progresiva es una marcha [...] Cuando se rompe la diócesis, como unidad patrimonial, se emprende una carrera, que termina en el individualismo y en un aparcelamiento exagerado".

243 Ibid., 208: "Trento sitúa al obispo en el centro de la diócesis, no ya sólo en un orden espiritual, sino también en lo económico. El obispo es el centro de la práctica de la reforma; todo clérigo le está sometido; de él depende la constitución de un patronato, y a él se hace la presentación de los candidatos por los patronos; él es el administrador central de los bienes de la Iglesia, principalmente de los destinados a la caridad con los fieles; a él se han de rendir las cuentas de la administración llevada por los subalternos, etc.".

244 Ibid., 208–209.

témoignage de vie conforme à l'Évangile, par l'usage modéré et équilibré des biens temporels et par la promotion d'une gestion saine et transparente de ces derniers.

Concernant la subsistance et la protection sociale du clergé, le Concile réaffirmait la législation définie depuis le Concile de Chalcédoine (451) qui faisait du titre d'ordination le mécanisme de garantie de ces droits. Dans le can. 16 de la XXIIIe Session, le Concile exigeait que le prêtre soit lié et inscrit dans une église déterminée et y exerce son ministère et que celle-ci soit son titre qui lui assure la subsistance. Le deuxième article du projet de réforme de la XXIe Session reprenait l'interdiction des ordinations sans titre (*ordinations absolues*) car cela mettait en danger la vie du clerc[245].

Le Concile distinguait plusieurs titres d'ordination : le *bénéfice ecclésiastique* comme titre ordinaire et le *patrimoine* et la *pension ecclésiastique* comme titres extraordinaires. En l'absence du titre ordinaire, l'admission des titres extraordinaires ou subsidiaires devaient cependant être conditionnée par la nécessité et l'utilité ecclésiale et non obéir à l'arbitraire de l'Évêque ou au désir du candidat aux ordres sacrés[246]. Selon la doctrine tridentine, le titre d'ordination

245 DE PAOLIS, V., o. c, 132, notes 65 et 66:«El concilio de Calcedonia establecía en el c. 6: "Nadie debe ser ordenado sacerdote o diácono, ni constituido en función eclesiástica alguna sin ser asignado a una iglesia de la ciudad o de las colonias, o a la capilla de un mártir, o a un monasterio. El santo sínodo ordena que una ordenación sin título sea nula y que el ordenado no puede ejercer en lugar alguno para vergüenza de quien lo ha ordenado" (COD 90)"»; El Concilio Lateranense III establecía: "Si un obispo hubiera ordenado a un diacono o sacerdote sin un título cierto, del que reciba el sustento necesario, tendrá que proveer a sus necesidades, hasta que pueda asignarle, en alguna iglesia, una compensación digna de la milicia clerical, a menos que el ordenado pueda proveerse con sus propios bienes o con la herencia paterna" (c. 5: COD 214); El Concilio de Trento renovó las prohibiciones del concilio de Calcedonia: "Puesto que ninguno debe ser ordenado, si a juicio de su obispo no es útil o necesario para su iglesia, el santo sínodo, conforme al canon sexto del concilio de Calcedonia, establece que en el futuro ninguno sea ordenado, si no es asignado a aquella iglesia o lugar piadoso para cuya necesidad o utilidad ha sido elegido; allí ejercerá sus deberes, sin andar vagando de una sede a otra. Si abandona ese lugar sin el permiso del obispo, le será prohibido el ejercicio del sagrado ministerio» (sess. XXIII, c. 16: COD 749–750).

246 BERNHARD, J et alii., o. c, 351 : « Le droit ecclésiastique a bien toujours posé en principe que celui qui ordonne un clerc est tenu de pourvoir à sa subsistance. Le développement du système bénéficial a ainsi fini par exiger préalablement à toute ordination la possession d'un bénéfice ou d'un patrimoine auxquels se trouve assimilée depuis le XIIe siècle une pension. En fait, il n'est pas tellement rare au XVIe

ordinaire ou extraordinaire, à partir du moment où il était destiné à la subsistance du prêtre, devait être lié « in sacris », c'est-à-dire à l'office et ne pas faire objet d'aliénation et de résignation si le titulaire n'avait pas un autre moyen de subsistance[247]. Et sa concession devait revêtir un caractère viager, c'est-à-dire qu'il devait être donné à vie. Dans la législation conciliaire, le bénéfice ecclésiastique gardait toujours son sens traditionnel (époque classique XIIe siècle) de « ius percipiendi »[248], c'est-à-dire un droit du prêtre à percevoir pour sa subsistance certains revenus ou fruits de certains biens stables liés à un office[249]. Le

---

siècle qu'en dépit des dispositions existantes, et toujours pour les mêmes motifs, quelqu'un soit ordonné sans avoir des moyens d'existence suffisants. Ainsi finit par se constituer un prolétariat ecclésiastique avec toutes les conséquences que cette situation peut entraîner pour l'Église. Aussi le concile décide-t-il qu'aucun séculier ne pourra être promu aux saints ordres s'il n'est titulaire d'un bénéfice suffisant pour le faire vivre, avec interdiction de l'aliéner ou de l'en priver ».

247 Ibid : La résignation est la cession d'un bénéfice en faveur d'un tiers. Elle fut d'abord interdite, puis permise avec le consentement du supérieur.

248 DE REINA, V., o. c., 225. 227–228: "En efecto, si el beneficio, desde su fijación hasta el Código, viene caracterizado por lo general como un "ius percipiendi", es porque aquel derecho originario a ser alimentados del patrimonio eclesiástico, concretado más tarde en la facultad que poseen los clérigos de utilizar las fuentes patrimoniales de los distintos títulos en que ejercen su ministerio, se ha convertido con el correr del tiempo en un estricto "ius" del que no gozan todos por igual"[...] "La relación entre título de orden y fuente de sustentación, fue más bien un efecto de la incardinación, que no la razón misma. Será existiendo ya la ley de incardinación cuando, al romperse la unidad patrimonial por completo, cargará sobre cada iglesia la obligación de sustentar a sus clérigos. Pero la ley de incardinación la vemos nacida antes, y lógicamente anterior a esa obligación e independiente de ella [...] Solamente entonces, "el título y la incardinación, olvidando su carácter dogmático y espiritual de los orígenes, y librándose incluso de lo mucho que tenia de disciplinar, adquiere un sentido exclusivamente patrimonial y económico, de seguridad de vida. Es el momento de máxima coincidencia entre beneficio y sustentación, ilustrada abundantemente por la doctrina decretalista"; PIÑERO CARRION, J. Mª, o. c., 323–326 : La définition du bénéfice comme « ius percipiendi» marquera la doctrine tridentine et post-tridentine. Par exemple, Alfonso Ojeda de Mendoza parle du bénéfice comme « *res ecclésiastica, quae sacerdoti, vel clerico ob sacrum ministerium utenda in perpetuum conceditur mediante canonica institutione*» et André Delvaulx parle aussi du bénéfice comme « *Ius perpetuum percipiendorum fructuum quorum cumque ex bonis ecclesiasticis seu Deo dicatis, propter aliquod officium spirituale, auctoritate Ecclesiae constitutum*».

249 PIÑERO CARRION, J. Mª, ibid., 202–203. 209: «El concepto de beneficio ya está perfilado, en su sentido estrecho: beneficio es ya el derecho a determinados frutos,

bénéfice se confondait alors à la subsistance du clerc. Cette conception était à la base de beaucoup d'abus, de l'individualisme clérical et de la cupidité qui ont conduit au renversement de l'échelle des valeurs entre le spirituel et le temporel.

Malgré l'acceptation de cette notion appauvrie et étroite, la législation conciliaire a eu le mérite de remettre de l'ordre dans un édifice en ruine en cherchant à redonner au bénéfice ecclésiastique son sens originaire d'être le support matériel de l'élément spirituel, l'office sacré. En tant que support matériel, il ne pouvait être séparé de l'office et des obligations liées à celui-ci, ni être réduit seulement à un instrument subjectif au bénéfice du titulaire. Si sur le plan conceptuel, le Concile de Trente n'a apporté aucun élément nouveau à la notion du bénéfice ecclésiastique, sur le plan pratique, cependant, il s'est attaqué aux abus qui ont conduit à la dégradation du système bénéficial en établissant le principe de non accumulation des bénéfices[250], le respect de l'obligation de résidence et de l'office sacré (cfr. 6ème et 7ème sessions qui insistent sur l'obligation de résidence : Décret de Gratien : Dist. 61, c. 5 ; Décrétales de Grégoire IX (3, 4) et Sexte (3, 3))[251], l'exigence de la possession d'un titre de subsistance avant l'ordination sacrée, les conditions nécessaires pour la collation de bénéfices comme par exemple, pour les bénéfices majeurs, une naissance légitime, un âge mûr,

---

que proceden de unos bienes estables, destinados oficialmente para ese fin concreto». "Ese derecho de sustentación se concreta en los frutos réditos de unas tierras, o, cuando las tierras no existen, en los diezmos anejos a una parroquia, o, cuando los diezmos no existen, en los derechos de estola, anejos a un oficio".

250 Ibid, 231–232, notes 369 et 370 : Il cite le Concile de Trente, ses. VII, de reform. c. 2 *Nemo*: "Tenentes plures catedrales ecclesias iubentur omnes, excepta una, dimittere certo modo, et tempore" (note 369); c. 4 *Quicumque*: "plurium beneficiorum retentor contra canones, iis priventur". BERNHARD, J. et alii, o. c, 373 : l'abus de cumul des bénéfices trouve son fondement dans la cupidité et le désir effréné des clercs de s'enrichir personnellement. Pour freiner cet abus, le 2ème canon *Nemo* et le 4ème *Quicumque* de décrets de la 7ème session et le 17ème canon de la « 4ème session du 11 novembre 1563 interdisent tout cumul de bénéfices et la violation de la norme conduisait à des sanctions canoniques (privation, nullité de la collation, suspension de la faculté de conférer les bénéfices).Toutefois, des raisons de fait, en particulier d'ordre économique, telles que l'insuffisance des revenus pourraient intervenir pour dispenser de la règle sur le cumul, mais la dispense ne devait pas entrainer une double résidence personnelle et devait respecter les normes sur l'union des bénéfices. BERNHARD, J. et alii, loc. c.

251 Ibid., 336 : La violation de cette norme pouvait conduire, selon la nature du bénéfice (majeur ou mineur) et du cas, à la privation du quart des fruits, à l'interdiction d'entrer à l'église, au remplacement de l'office, à la contrainte de résidence personnelle, à la nomination d'un vicaire idoine pour les bénéfices à charge d'âmes.

une incontestable moralité et une connaissance des saintes Ecritures[252] et pour les bénéfices mineurs à charge d'âmes, la dignité morale, les aptitudes et l'obligation de résidence et d'exercer par soi-même la charge pastorale.

2. Crise du système bénéficial au XVIIIe siècle et solutions palliatives à la protection sociale du clergé diocésain.

Après la réforme tridentine, le système bénéficial a résisté contre vents et marées à plusieurs attaques avant de connaître une crise profonde à partir du XVIIIe siècle[253]. Les conséquences de cette crise ont affecté profondément l'institution des pensions ecclésiastiques qui y était attachée pour assurer aux clercs malades, invalides et âgés une « protection sociale ». Face à cette situation, beaucoup d'Évêques d'Europe et d'Amérique étaient dans l'obligation de prendre de mesures palliatives pour garantir à leur clergé séculier une subsistance et protection sociale dignes. Ces mesures ont varié suivant les pays et les contextes socio-politiques.

2.1. Le canada et la caisse ecclésiastique de secours (1799).

Face à la crise des pensions ecclésiastiques due au recul du système bénéficial, l'Église du Canada fut la première à instituer en 1799 la « Caisse diocésaine de Québec » (ou Caisse ecclésiastique Saint-Michel) pour secourir les prêtres qui, après leur retraite de Saint Ministère, se retrouvaient dans la vieillesse ou les infirmités, dépourvus des moyens pour une honnête subsistance[254]. Donc le premier objectif de cette société, née par l'initiative du clergé canadien lui-même, était de venir en aide aux prêtres qui, par infirmité ou vieillesse, étaient incapables d'exercer leur ministère. Outre ce premier objectif, la société d'entraide accordait aussi des aides financières à des œuvres caritatives.

Pour devenir membre de cette société d'entraide, les prêtres devaient verser le cinquième de leur revenu ecclésiastique à l'association. Vu le succès qu'avait

---

252 Ibid., 339.

253 DOLE, G., o. c, 16 : Les causes de cette crise, pense Dole, sont dues d'abord aux mutations économiques et politiques, ensuite par l'exiguïté des dotations ou leur nationalisation, et enfin aux incertitudes du régime canonique, des litiges qui en résultent et aux carences de l'autorité pour protéger les intérêts du pensionnaire.

254 Ibid., 21 ; On peut lire avec intérêt à ce sujet l'œuvre ci-après : « Société Ecclésiastique du diocèse de Montréal, Règles de la Société ou Caisse ecclésiastique du diocèse de Montréal établie sous l'invocation de Saint Jacques le Majeur », 1883, Repint. London : Forgotten Books, 2013. Print.

connu la première initiative dans le diocèse de Québec, d'autres diocèses avaient créé leurs propres société d'entraide. En 1876, la Société Saint Michel de Québec avait cessé d'exister, mais le modèle a eu le mérite d'être suivi ailleurs. C'est ainsi après l'exemple du Canada, beaucoup d'Évêques en Europe et en Amérique, vers le milieu du XIXe siècle, ont tenté de réglementer l'assistance du clergé en préconisant un système de pensions ou de retraites.

2.2. Les mesures palliatives en Europe.

En 1849, la *Conférence épiscopale de la province ecclésiastique de Milan* avait opté pour la création des « hospices interdiocésains » pour les prêtres impotents. Ces établissements devraient être financés avec des contributions volontaires des prêtres, éventuellement des subsides diocésains et des offrandes des fidèles. Cette idée sera suivie aussi par le *Concile provincial de Prague* de 1860 (Rép. Tchèque) car la solution d'hébergement collectif lui semblait plus économique que celle des allocations pécuniaires. Vers les mêmes années, le *Concile de Cologne* de 1863 s'est penché sur le sort des prêtres émérites, mais sans préciser l'aide à leur apporter[255].

Du côté de la Confédération germanique, la *Conférence épiscopale d'Autriche* avait établie en 1849 un système de retraite pour les prêtres infirmes et âgés, avec un barème des allocations qui devait tenir compte des états de service et les charges de subsistance des intéressés (soit 300 florins au moins pour ceux qui assumaient entièrement leur entretien et 200 florins pour les autres)[256].

En France, la garantie de l'assistance sociale aux prêtres a connu plusieurs variantes : elle a reposé d'abord sur le système gallican des pensions ecclésiastiques[257], ensuite sur les traitements et retraites étatiques suite à l'abolition

255 Ibid., 21–22.

256 Ibid.

257 Ibid. 24 : Le système gallican est celui qui est régi par l'ancienne discipline des pensions canoniques. Il a le malheur de ne pas répondre efficacement aux besoins, mêmes modestes, du bas-clergé. Cette inefficacité réclamait une réforme de l'institution car le droit de réserve accordé au clerc âgé et infirme et titulaire d'un bénéfice était abandonné à la discrétion de l'évêque qui tenait compte des besoins du requérant et des ressources du concédant. Dans ce sens, la pension canonique apparaissait, en fait, comme une grâce et une libéralité motivée par l'équité canonique. Les modalités aggravaient alors le caractère discrétionnaire des concessions et l'incertitude des postulants, dépourvus d'un véritable droit à retraite ; cfr. Http: // www. Larousse. fr/encyclopédie/divers/gallicanisme [consulté: 26 janvier 2016]: Le « gallicanisme » est un ensemble de doctrines répandues en France, entre le XVe et XIXe siècle. S'opposant à l'ultramontanisme (le pouvoir d' « au-delà des Alpes », il affirme sur

progressive des revenus bénéficiaux (décret des 4–11 aout 1789) : ce régime civil de 1790 avait cependant l'inconvénient d'exiger aux prêtres un serment constitutionnel avant d'en bénéficier et de faire d'eux des « salariés de l'État »[258] ; sous la Révolution, avec la disparition de la retraite civile du clergé due à l'abolition du Budget de cultes (décret du 18 septembre 1794), la politique concordataire, à partir de1801, réorganise le régime de retraites ecclésiastiques sans beaucoup de succès[259]. Entre 1804–1814, la législation impériale met en place de mesures pour combler les lacunes du régime concordataire des pensions et permet aux Évêques (Décret de 1805), aux Vicaires Généraux (décret du 26 février 1810) et au clergé paroissial (décret du 17 novembre 1811) de jouir d'une pension pour retraite digne[260].

Par la suite, les différents régimes qui ont suivi, de la Restauration à la Deuxième République, ont été propices à la politique sociale et à la liberté d'association et ont institué un régime légal d'assistance aux prêtres âgés ou invalides (cfr. Ordonnance du 5 juin 1816). Ils ont aussi favorisé le développement des caisses diocésaines de secours, le rétablissement des hospices ecclésiastiques supprimés sous la Révolution, des institutions de prévoyance et des associations volontaires afin que les prêtres ne vivent plus dans l'expectative, mais comme tous les autres corps professionnels qu'ils s'impliquent dans la création des caisses et des associations de prévoyance. C'est ce qui explique la création en 1853 (décret du 28 juin, art. 1er) par le Prince Louis-Napoléon la Caisse générale de retraite ecclésiastique qui, sur l'avis de l'Évêque diocésain, accordait, sous forme de libéralité et non de créance, des pensions aux prêtres âgés ou infirmes entrés dans les ordres depuis plus de 30 ans. Ce régime légal complétait utilement les systèmes diocésains car il revenait d'abord aux Évêques de

---

les plans théologiques et juridiques la liberté de l'Église française et la supériorité du pouvoir royal face aux prétentions du pape visant à la théocratie pontificale. On distingue trois types de gallicanisme, qui se sont souvent mêlés, parfois opposés : le *gallicanisme ecclésiastique* affirmant la supériorité des Conciles sur le Pape ; le *gallicanisme royal* posant, contre le pape, le roi comme le chef temporel de l'Église française ; le *gallicanisme parlementaire* enfin, variante du gallicanisme royal. Au XIXe siècle, le gallicanisme marque un net recul devant l'ultramontanisme ; le débat se clôt finalement après la proclamation du dogme de l'infaillibilité pontificale lors du Premier Concile du Vatican (1870). Le contrôle pontifical du clergé français est définitivement assuré avec la loi de la séparation de l'Église et de l'État en 1905.

258 Ibid., 27.

259 Ibid., 29.

260 Ibid., 24.

subvenir aux besoins de leur clergé et non pas à l'autorité civile[261]. Mais, lors de la IIe République, la loi de séparation de l'Église et de l'État du 9 décembre 1905, en supprimant le budget des cultes, avait mis fin au régime des allocations publiques des prêtres et à la politique sociale envers les prêtres élaborées par les gouvernements qui se sont succédé entre la fin du 18e et le début du 20e siècle[262].

2.3. Les mesures palliatives en Amérique.

Face aux carences du système bénéficial auxquelles faisait face le clergé de l'Union américaine du nord, le Premier Concile de Baltimore (1825) et le Deuxième (1840) se penchèrent sur le sort du clergé séculier et décidèrent de garantir sa subsistance avec des contributions venant du clergé et des fidèles. Mais c'est lors du Troisième Concile Plénier de Baltimore de 1884 qu'a été prise la mesure contraignante qui obligeait chaque Évêque d'instituer un « Fonds diocésain » alimenté avec une taxe levée sur les paroisses pour secourir les prêtres retirés et indigents[263].

Dans la même perspective, le Concile Plénier d'Amérique latine, réuni à Rome en 1899 recommandait sans caractère impératif aux Évêques latino-américains d'instituer grâce aux aumônes des fidèles des « Fonds diocésains » pour assister les prêtres nécessiteux[264].

2.4. Les mesures palliatives en Afrique et en Asie.

Au XVIIIe siècle, pendant que les Églises d'Europe et d'Amérique sont secouées par la crise du bénéfice ecclésiastique, en Afrique et en Asie, l'heure est à la découverte, à l'occupation coloniale et missionnaire par les européens. Il n'y a pas encore un clergé séculier autochtone bien constitué sur ces continents car l'œuvre de l'implantation missionnaire est entièrement entre les mains du clergé européen appartenant aux congrégations religieuses. Et les conditions économiques de ces terres jusqu'alors *incognita* ne pouvaient permettre de constituer des bénéfices ecclésiastiques, et les clercs missionnaires ne pouvaient disposer de patrimoine ou de pensions. Pour pourvoir à la subsistance matérielle et à la protection sociale des missionnaires, la solution passait par la *mensa communis ou* par le *titre du service à la mission*. Partant de cela, il est difficile de parler d'une crise et d'une recherche de solutions palliatives d'une institution que les Églises d'Afrique et d'Asie n'ont pas vu naitre sur leurs sols.

261 Ibid., 34–40.
262 Ibid., 41–42.
263 Ibid., 22–23.
264 Ibid.

Toutes ces mesures palliatives qu'elles soient étatiques ou ecclésiastiques dans les différents pays d'Europe et d'Amérique démontraient bien la prise de conscience de l'Église sur le sort des prêtres et surtout la volonté de leur assurer une protection sociale digne devant les aléas de la vie à une période où la doctrine sociale exigeait l'amélioration des conditions de couches sociales déshéritées (cfr. *Rerum novarum* (1891) de Léon XIII).

3. Droit à la subsistance matérielle et à la protection sociale du clergé diocésain dans le *Codex Iuris Canonici* de 1917.

Le *Codex Iuris Canonici* de 1917[265] a recueilli pratiquement toute la législation antérieure en ce qui concerne la subsistance matérielle du clergé diocésain. Celle-ci repose sur l'institution du *titre d'ordination*, et le titre par excellence était le bénéfice ecclésiastique. Le CIC 1917 avait réglementé l'institution du bénéfice ecclésiastique pour mettre fin aux abus qui sont nés au cours de siècles

265 Jusqu'en 1917, l'Église catholique était régie par un ensemble épars des normes juridiques sans codification, tant spirituelles que temporelles, connu comme *Corpus IurisCanonici*. Mais c'est au Concile Vatican I que se manifestera la nécessité de réaliser une compilation qui regrouperait, ordonnerait les différentes normes et éliminerait celles qui n'étaient plus en vigueur. Après l'échec de tentatives emmenées par les papes Pie IX et Léon XIII, l'impulsion sera donnée par Pie X qui créa en 1904 une Commission pour la rédaction du Code de Droit Canonique et le 27 mai 1917, le Pape Benoit XV promulga ce Code qui entrera en vigueur le 19 mai 1918 et sera connu comme Code Pie-bénédictin : cfr. GIORGIO FELICIANI, « *Codex Iuris Canonici (1917)* », in : DGDC, t. II, 168–170 : Ce désir ardente de plusieurs siècles s'est matérialisée sous le pontificat de Pie X avec la publication du M.P. *Arduumsane munus* du 19 mars 1904 dans lequel il a souligné l'importance de la discipline dans l'Église et la nécessité d'éviter la dispersion des lois. Pour cela, il leva l'option pour la codification des normes ecclésiastiques sur le modèle des codes civils [...] Le Codex Iuris Canonici fut promulgué par Benoît XV avec la Const. *Providentissima Malter Ecclesia*, du 27 mai 1917 et publié le 28 juin de la même année dans les *Acta Apostolicae Sedis* et entra en vigueur le 19 mai 1918 [...] La valeur juridique du Code reposait sur le fait d'être une collection unique, authentique, approuvée et promulguée par le Pontife comme suprême législateur. Cependant son universalité n'était pas absolue parce qu'il affectait seulement l'Église latine. Malgré les propositions énoncées dans le M.P. *Arduumsane munus*, le Code ne réunissait pas toute la législation canonique parce que d'un côté il n'incluait pas les normes liturgiques et, de l'autre, parce qu'il n'a pas abrogé ni modifié les accords du Saint-Siège avec les États (Conventions et Concordats), et a laissé aussi intactes les droits acquis et les privilèges conférés par le Saint-Siège, encore en usage et qui n'ont pas été expressément réprimés ni supprimés.

dans l'administration de cette structure et qui ont contribué à la dégénérescence morale et spirituelle du clergé séculier.

3.1. Le titre d'ordination.

Le titre d'ordination[266]désignait au début l'inscription faite aux portes de maisons où se réunissaient les premiers chrétiens pour le culte afin d'en déterminer le propriétaire. A partir de IVe siècle, il a commencé à désigner le lieu de service pastoral pour le prêtre ou le diacre : les oratoires, les tombes des martyres, les églises, etc[267]. Le titre d'ordination comme lieu pastoral était exigé comme condition préalable à toute ordination aux ordres majeurs. Les « ordinations absolues », c'est-à-dire non attachées à un lieu pastoral, à un titre ou sans destination pastorale précise était prohibées car elles favorisaient le phénomène des prêtres vagabonds ou acéphales[268]. Le Concile de Chalcédoine (451) dans son can. 6 l'affirmait clairement : *Nullum absolute ordinari debere presbyterum aut*

---

266 Cfr. ABOI RUBIO, D., «*Título*», in: DGDC VII (2012), 594–595 ; cfr. KASLYN, R. J., «*Título de ordenación*», in: DGDC VII (2012), 601 ; NAZ, R., D.C, t. VII, col. 1277: Dans le langage courant des premiers siècles de l'Église, le mot *titulus* désignait les lieux de culte, les églises et les clercs chargés de les desservir étaient désignés par le terme « titulati » ou « intitulati ». Par extension, le mot de *titulus* a servi à désigner la charge du titulaire ; puis le droit de percevoir les revenus attachés à l'exercice de cette charge ; puis les mêmes revenus considérés comme destinés à assurer la subsistance du clerc chargé de desservir l'église. Mais aussi le titre d'une église est comme son nom. Quand l'église est paroissiale, le nom donné à l'église est également porté par la paroisse.

267 KASLYN, R. J., loc. c.

268 Ibid., 602 : Le lien entre ordination et une communauté concrète, une église, un lieu sacré, un titre était une exigence sur laquelle ont insisté les Conciles de Nicée (a. 325), cc. 15 et 16 et de Chalcédoine (a.451) en interdisant les « ordinations absolues », sans référence à une église, à un titre (cf. can. 6). Mais avec le temps et surtout avec le développement de la théologie sacramentelle et de différentes formes de vie consacrée, la nécessité d' « ordination relative » sera dépassée au profit de la notion d' « ordination absolue », c'est-à-dire qu'une personne pouvait être ordonnée sans lien avec une communauté concrète et le clerc n'était plus lié à une résidence fixe dans un diocèse précis. Ces changements théologiques ont conduit à une autre manière de comprendre le titre. Alors qu'avant le titre avait été considéré en lien avec un lieu et indirectement comme un moyen de subsistance, maintenant le titre s'identifie surtout à un moyen de subsistance. Le concile de Latran III (a. 1179) l'a exigé comme condition pour toute ordination aux ordres majeurs. Et le titre ordinaire exigé est le bénéfice et en situation extraordinaire le patrimoine personnel ou la pension. Cette norme sera reprise aussi par le concile de Trente.

diaconum, nec quemlibet in gradu ecclesiastico [...] Qui vero absolute ordinantur, decrevit sancta synodus, irritam esse huiuscem ordimanus impositioneme, et nusquam posse ministrare ad ordinantisiniuriam[269].

L'exigence d'« adscriptio » ou d'« intitulatio » ou « incardinatio »[270]du clerc à une église déterminée, à un titre visait d'abord une finalité pastorale[271], c'est-à-dire que l'ordination aux ordres sacrés devait répondre d'abord à un besoin pastoral dans une communauté ecclésiale précise ; elle visait ensuite une finalité disciplinaire, c'est-à-dire que l'incardination à un titre favorisait la stabilité dans l'exercice du ministère et freinait le phénomène des prêtres vagabonds ou acéphales, et enfin elle visait une finalité économique, c'est-à-dire que l'incardination dans un titre précis garantissait au clerc la subsistance et lui épargnait de se livrer à la mendicité[272]. Mais à partir du Concile de Latran III (1179), c'est

---

269 DE PAOLIS, V., o. c, 132: cfr. note 65: COD (ConciliorumOecumenicrumDecreta), éd. Bilingüe, Bolonia, 1991, 90)".

270 RINCON PEREZ, T., o. c, 200: "Al principio no son usuales ni tal vez conocidos esos términos. Según se ha puesto de relieve, el término incardinar y sus derivados comenzaron a ser usados de modo consistente en el lenguaje de la Curia romana en la segunda mitad del siglo XIX, de donde pasaron al lenguaje del Código de 1917 (cc. 111–117). Fue más frecuente el uso de los términos adscripción o adscribir, y en los primeros tiempos los términos *intitulare, intitulatio*, porque la adscripción o incorporación se hacía a un título".

271 HERRANZ, J., "*El nuevo concepto de incardinación*", in: "Palabra", nn. 12–13 (1966), 26: "La disciplina sobre la adscripción de los clérigos a una determinada Iglesia particular, a *un titulus*, como se decía, tenía un contenido primordialmente pastoral: la destinación del ordenado al ejercicio del ministerio sacerdotal en esa Iglesia, con el fin de subvenir a las crecientes necesidades pastorales creadas por la elevado número de conversiones al cristianismo": cité par RINCÓN PÉREZ, T., ibid., 201 ; cf. NAZ, R., DC, t. VII, col. 1278–1279 : "L'Église a toujours considéré que la collation des ordres devait être ordonnée au bien commun, et non au bien particulier de celui qui le reçoit. C'est pourquoi le Concile de Nicée (325) et plus encore le Concile de Chalcédoine (451) exigent que les ordres ne soient conférés qu'en vue du service d'un établissement ecclésiastique : *ecclesia, martyrium, monasterium*. Gratien rapporte le canon 6 du concile de Chalcédoine : *Neminem absolute ordinari presbyterum vel diaconum vel quemlibet in ecclesiastica ordinatione constitutum nisi manifeste in ecclesia civitatis, sive possessionis, aut in martyrio, aut in monasterio, qui ordinatur, mereatur ordinatione publicatae vocabulum* (dist. LXX, c. 1).

272 DE PAOLIS, V., o. c, 132 : cfr. Note 66 : l'auteur évoque la prohibition au Concile de Latran III (a.1179) des ordinations sans titre (c. 5 : COD 214)". La même prohibition sera réitérée au Concile de Trente (sess. XXIII, c. 16 : COD 749–750) » ; NAZ, R., DC, t. VII, col. 1279 : "Le rattachement à une église avait entre autres ces conséquences

cette dernière finalité économique ou patrimoniale qui sera plus mise en valeur jusqu'à identifier le titre d'ordination seulement comme mécanisme de subsistance matérielle du clergé[273]. Ainsi, le titre d'ordination se comprenait comme l'ensemble des biens ou d'émoluments par lesquels l'Église assurait légitimement une honnête subsistance aux clercs. La législation tridentine (can. 2, session XXI, De Reform.), post-tridentine et le CIC de 1917 ont également mis l'accent sur cet aspect. Ainsi compris, le titre d'ordination sera exigé comme condition de licéité pour la collation d'un ordre majeur (can. 974, § 1, 7°)[274]. Par

---

favorables d'assurer à la fois la stabilité du clerc et son affectation aux besognes sacrées. C'est pourquoi l'Église l'exige dès le Concile de Chalcédoine (451) ». Cette exigence visait à freiner le phénomène des clercs vagabonds ou acéphales né des ordinations absolues (conférées sans titre, sans destination précise). Sur cette exigence insisteront la réforme carolingienne (cf. Conciles de Mayence de 813, can. 12 et de Paris de 829, can. 30) et la réforme grégorienne (Conciles de Melfi de 1089, can. 9 et de Plaisance de 1095, can. 15) ; IMBERT, J., « *Les temps carolingiens (741–891). L'Eglise : Les Institutions* », dans Histoire du Droit et des Institutions de l'Église en Occident (direct. G. Le Bras et J. Gaudemet) », Éd. Cujas, Paris, 1994, 99 : « Seule l'ordination peut faire un diacre, un prêtre[...], mais elle ne doit en aucun cas être une ordination « absolue » : *quod nullus debeat ordinari presbiterum ;* on ne peut ordonner plus de prêtres qu'il n'en faut dans les *singula ecclesiarum loca* ; les clercs doivent être ordonnés en fonction des ressources de l'église » : Imbert s'appuie sur le Concile de Rome de 853 pour confirmer la prohibition des ordinations absolues et la prise en compte de ressources économiques de l'église comme condition pour ordonner les clercs ; MIGUELEZ DOMINGUEZ, L., *Comentario de los cánones 973–982*: De *los requisitos del sujeto de la sagrada ordenación*, in: ALONSO, A. et alii, *Comentarios al Código de Derecho Canónico. Con el texto legal latino y castellano, t. II. Cánones 682–1321*, Madrid: BAC, 1962, 406:"Constituyen el título de ordinación aquellos bienes o emolumentos por los cuales se asegura legítimamente al ordenando lo necesario para su honesta sustentación".

273 KASLYN, R. J., loc. c.: "Estos cambios teológicos llevaban necesariamente a un modo distinto de entender el título. Mientras que antes el título había sido considerado sobre todo en referencia a un lugar y sólo indirectamente a un medio de subsistencia, ahora el título llega a ser identificado sobre todo como un medio de subsistencia".

274 DE PAOLIS, V., o. c, 132–133 : De Paolis nous renvoie à la Session XXI, c. 2 : COD 728–729 où le Concile stipule ce qui suit : « Puesto que no es conveniente que aquellos que han entrado al servicio de Dios deban, con deshonor del orden recibido, mendigar o ejercer una tarea innoble para tener de qué vivir, y puesto que es sabido que muchísimos, en muchísimos lugares, son admitidos a las sagradas órdenes casi sin selección alguna y fingen con engañosos artificios tener un beneficio eclesiástico o medios suficientes, el santo sínodo establece que en un futuro ningún clérigo secular, aunque sea idóneo por las costumbres, ciencia y edad, sea promovido a las órdenes

conséquent, il devait jouir d'une existence réelle et disposer des ressources suffisantes (can. 979, § 2) et non être fictif, trompeur ou purement formel[275]. Et tout Évêque qui ne se conformait pas à cette exigence, était exposé à des sanctions canoniques dont la levée était réservée au Siège Apostolique (can. 2373, 3)[276].

Le CIC de 1917 traite des titres d'ordinations dans le livre III : *De rebus. Pars Prima. De Sacramentalis. Titulo VI. De ordine. Cap.II. Art. I. De requisitis in subiecto sacrae ordinationis, cc. 979–982.* Il en distingue trois types : le *titre d'ordination ordinaire* qui est le « bénéfice ecclésiastique » (can. 979, § 1), les *titres d'ordination extraordinaires* ou *subsidiaires* qui sont ceux du « patrimoine » et de la « pension » (can. 979, §1) et le *titre d'ordination supplétoire* qui est celui du

---

sagradas, si primero no ha sido jurídicamente probado que se encuentra en pacífica posesión de un beneficio eclesiástico suficiente para una honesta sustentación; KASLYN, R. J., loc. c.: "El motivo de dichas normas era la necesidad de evitar el escandalo: «aquellos adscritos (*adscriptisunt*) al servicio de Dios no podían manchar la reputación de su orden mendigando o ejerciendo algún oficio despreciable (*sordidum aliquem questum exercere*)" (Concilio de Trento, sesión 21, cc. 2 y 3, en TANNER II, 728–729)"; NAZ, R., DC, t. VII, col. 1278: Il définit le titre d'ordination ou titre clerical comme la garantie exigée par le droit (can. 974, § 1, 7), qui assure au clerc majeur les moyens d'une subsistance convenable pour toute la durée de sa vie. L'existence du titre est une des conditions exigées pour que l'évêque puisse procéder licitement à la collation d'un ordre majeur, au moins en droit moderne. En fait, le titre d'ordination doit être constitué lors de la collation du sous-diaconat, par laquelle le clerc est engagé de façon définitive. Le même titre, s'il subsiste, sert pour les ordres suivants. S'il a disparu, un autre titre doit lui être substitué. Le titre d'ordination est encore appelé titre canonique parce que le droit canonique précise les seuls titres qui peuvent être admis.

275 MIGUELEZ DOMINGUEZ, L., art. c., 406: "Las palabras del canon [ser verdaderamente seguro y verdaderamente suficiente] que hemos subrayado dicen bien a las claras que con la constitución del título no se trata de una cosa ritual o de cubrir un puro expediente para poder ordenarse. Si el título no puede cubrir la finalidad que se le asigna de asegurar para toda la vida, dentro de lo previsible, la congrua sustentación del ordenando, será un título aparente et fraudulento".

276 Ibid. :"La subsistance du clerc doit être garantie parce que l'exercice des fonctions spirituels absorbe le temps du clerc, et ne lui laisse pas le moyen de pourvoir par son travail à sa subsistance ; parce que d'autre part l'indigence pourrait être pour lui une occasion de mépris, dont se ressentirait son ministère. C'est pourquoi le Concile de Trente ne veut pas qu'il soit exposé à recourir à la mendicité ou à la recherche de profits grossiers : *cum non deceateos qui divino ministerio adscriptisunt, cum ordinis de decorem endicare aut sordidum aliquemquaes tu mexercere…* (Sess. XXI, De reform. c. 2).

« service du diocèse » ou du « service de la mission » (can. 981, § 1). Dans certains pays où il était impossible de constituer ces trois titres, la coutume admettait aussi le « titre de la table » (*titulus mensae)* constitué soit par un prince, soit par une corporation afin de pourvoir aux besoins du clerc, spécialement dans le cas où ce dernier était dans l'incapacité d'exercer les fonctions ecclésiastiques. C'était souvent un titre d'une valeur faible ne concernant que des cas exceptionnels et qui d'ailleurs n'a jamais été admis comme titre canonique par le droit commun[277].

3.2. Les titres d'ordination extraordinaires ou subsidiaires.

Le can. 979, § 1 du CIC de 1917 stipule que « le titre d'ordination pour les clercs séculiers est le titre de bénéfice ecclésiastique mais, à défaut de celui-ci, c'est celui du patrimoine ou de pension ». Cela veut dire que le titre du patrimoine ou de pension étaient de titres subsidiaires admis quand les deux conditions majeures ci-après étaient accomplies : premièrement qu'il devait être établi que le titre ordinaire de bénéfice faisait défaut et deuxièmement démontrer que le besoin et la nécessité pastoraux du diocèse exigeaient l'admission de ces titres[278]. L'Évêque ne pouvait donc pas admettre ces titres de manière arbitraire en se basant seulement sur le goût et les qualités personnelles de l'ordinand[279].

---

277 NAZ, R., o. c., col. 1282 : Le *titulus mensae* n'était pas admis dans le droit commun. Il est une pratique des pays germaniques, en vertu de concordats ou de dispositions prises par les conciles locaux (S. Congr. Du Concile, 28 juin1704, *Fontes*, n° 3023).

278 PIÑERO CARRION, J. Mª, o. c., 235: "En cuanto al título de patrimonio, se insiste en su carácter supletorio, no sólo porque exigen necesidad o utilidad de la diócesis, sino además porque sólo se acepta si el ordenado no tiene beneficio, ya que si lo tiene deberá ordenarse a título de beneficio, y no de patrimonio, por existir esa necesidad"; NAZ, R., DC, t. VII, col. 1280–1281 : "Mais la règle restait que le titre ordinaire était le titre de bénéfice, le patrimoine ne pouvait être utilisé que par voie extraordinaire ou supplétoire [...] Au départ, l'admission du patrimoine pour l'ordination était une dispense mais quand la pratique va se généraliser, le patrimoine deviendra un titre canonique à partir surtout du XIIIe siècle. L'admission du titre patrimonial s'explique par le fait que le nombre des bénéfices ecclésiastiques n'augmentait pas en parallèle avec les besoins de l'Église. Il fallait trouver d'autres moyens de subsistance permettant d'ordonner des clercs dans le nombre désirable. Ce moyen fut l'emploi des ressources patrimoniales du candidat aux ordres. Mais l'emploi de ce moyen était subordonné aux exigences des besoins de l'Église ».

279 Ibid., 202: "Se nos da toda una legislación completa sobre el título: se denuncia el engaño de ficción de beneficio o patrimonio, se establece que el título de beneficio es el normal, mejor, el único propiamente tal. Pero inmediatamente se cede, en los

Outre les deux conditions ci-haut mentionnées, peu importe la nature du titre, comme il devait assurer la subsistance du clerc pour toute sa vie, l'Ordinaire était tenu de s'assurer qu'il s'agissait bien d'un titre sûr, c'est-à-dire jouissant d'une existence réelle et disposant des ressources suffisantes : *Hic titulus debet esse severe securus pro tota ordinati vita et vere sufficiens ad congruam eiusdem sustentationem* (can. 979, § 2). Parmi ces titres, on distinguait :

3.2.1. Le titre canonique du patrimoine.

Ce titre était constitué des biens propres du prêtre qui pouvaient provenir soit de l'héritage, soit des dons, soit des revenus d'un travail profane et non de sources économiques ecclésiastiques[280]. Sa valeur variait selon les personnes et les lieux, mais l'Évêque avait l'obligation d'en évaluer la suffisance et d'en assurer la stabilité sous la forme qui convenait : soit sous la forme d'une hypothèque spéciale gardée dans la Caisse diocésaine, soit sous une autre forme de sorte que le titulaire ne dispose pas du capital librement sans le consentement de l'Ordinaire. Pour garantir la subsistance de son titulaire, la législation prohibait qu'il soit

---

casos de necesidad o utilidad de las iglesias, a que se ordenen sin beneficio, los que posean patrimonio o pensión suficientes"; NAZ, R., loc. c. : "Mais se référant à la vieille règle du concile de Chalcédoine, le Concile de Trente proclama qu'aucun clerc ne devait être promu aux ordres majeurs s'il ne possédait un bénéfice ecclésiastique, à moins que la nécessité ou la commodité du diocèse, non l'arbitraire de l'évêque ou le goût de l'ordinand, n'obligent à recourir au titre du patrimoine ou de la pension (sess. XXIII, de Reform., c. 16 ; XXI, de Reform., c. 2). *Nullus debeat ordinari qui, judicio episcopi, non situtilisa ut necessarius suis ecclesiiis*»; KASLYN, R. J., loc. c.: « En situaciones extraordinarias, dadas las necesidades de la diócesis, un obispo podía permitir a un clérigo ser ordenado en el caso de que existieran garantías suficientes para asegurar que esa persona tenía un patrimonio o pensión adecuados para mantenerse de forma vitalicia. Finalmente, el ordenando debía ser juzgado idóneo (*idoneus*) para el servicio en una diócesis».

280 PIÑERO CARRION, J. Mª, o. c., 347: "La doctrina ha entendido por peculio patrimonial del clérigo, el que proviene o de herencia familiar, o de donaciones amistosas, o del producto del trabajo profano. En un sentido negativo nos lo definen muy en general, como el que no proviene de la Iglesia"; MIGUÉLEZ DOMINGUEZ, L., *De los requisitos del sujeto de la Sagrada ordenación. Comentarios de cánones 973–982*, in : o. c, 406 : Le titre du patrimoine devrait être constitué de biens propres du prêtre qui peuvent être des biens immeubles, de titres de dette, des cens irrachetables et de numéraire ; cfr. MIGUELEZ DOMINGUEZ, L., *De las cosas: Comentarios de cc. 726–1153*, in: MIGUELEZ DOMINGUES, L., ALONSO, S. Y CABRERO, M., Código de Derecho Canónico (1917) y legislación complementaria, Madrid : BAC, 372.

objet d'aliénation ou d'hypothèque. Mais dans le cas où l'Ordinaire admettait cette possibilité, il devait s'assurer de son remplacement par un autre titre, soit du bénéfice, soit simplement substituer les éléments primitifs par d'autres[281]. Toutefois, le titre de patrimoine présentait le grand inconvénient de ne pas lier le clerc à une église, à un ministère et de jouir parfois d'une liberté qui le soustrayait au contrôle de l'Évêque.

3.2.2. Le titre canonique de pension ecclésiastique (can. 979, § 1)[282].

La pension ecclésiastique, à la différence de celui du patrimoine, était constituée à partir des revenus du bénéfice ecclésiastique ou à partir d'autres biens ecclésiastiques ou profanes. Elle correspondait à ce que l'Église a appelé la « portion congrue »[283]. Pour sa stabilité, sa certitude ou sa régularité, la pension pouvait

---

281 MIGUÉLEZ DOMINGUEZ, L., *De los requisitos del sujeto de la Sagrada ordenación. Comentarios de los cc. 973–982*, loc. c: Le patrimoine devrait être stable, bien protéger et le propriétaire ne devrait disposer de son capital sans le consentement de l'évêque ; PIÑERO CARRION, J. Mª, o. c., 235–236: "Igual que el beneficio, tampoco el patrimonio puede enajenarse [...] El patrimonio no puede enajenarse, si no se tiene beneficio, u otro modo de vivir cómodamente".

282 NAZ, R., DC, t. VII, loc. c :Quant à la pension comme titre canonique, elle apparaît au XVe siècle. Elle peut être ecclésiastique ou laïque, c'est-à-dire constituée sur les biens d'Église ou sur des biens séculiers et peut être constituée à perpétuité (forme de bénéfice au sens large) ou à titre temporaire sur les revenus des biens d'Église ou des biens séculiers ».

283 MIGUELEZ DOMINGUEZ, L., art. c., 407; PIÑERO CARRION, J. Mª, ibíd., 237. 238: "Beneficiados había muchos: patrimonistas también. Pero no eran menos [...] los sacerdotes que no tenían ni beneficio, ni patrimonio. Pensamos en las continuas alusiones a los vicarios, a los coadjutores, etc. [...] Para todos, la iglesia quiere asegurar la congrua [...] A su vez, el clero auxiliar de las parroquias debía percibir, o del párroco o del diezmero, su porción, que también se asignaba a veces como fija, a veces como parte alícuota de los ingresos. Estas cantidades fijas recibieron el nombre de congrua, nombre que –con carácter más adjetivo– procedía del derecho antiguo [...] De esta forma, fue poco a poco constituyéndose un concepto práctico – la congrua– que venía a equivaler a lo que un sacerdote necesitaba para sus gastos normales en aquel tiempo". Pour Piñero Carrion, la notion de "portion congrue" trouve son origine dans les églises propres appartenant aux seigneurs et surtout aux religieux (monastères). Les seigneurs et les religieux confiaient la charge d'âmes d'une église à un vicaire qui, pour sa sustentation, recevait du patron de l'église, propriétaire de tous les biens et revenus, une portion de ces biens et revenus. De là est née la notion de "congrue" pour dire que la quantité a assigné au vicaire devrait être suffisante et digne pour la subsistance du prêtre. La législation canonique se limitera

reposer par exemple sur des valeurs de bourse déposée à la curie épiscopale, sur l'engagement pris solidairement par plusieurs personnes notoirement solvables de verser au clerc une pension viagère ou sur des subsides versés par une institution étatique. Quand elle provenait de l'Église, les critères de fixation devraient tenir compte de moyens dont disposait celle-ci[284]. Le prêtre ordonné à titre de pension ecclésiastique ne pouvait pas en être privée, à moins qu'il ne soit pourvu par un autre moyen à sa subsistance (can. 2299, § 3). La privation de la pension pouvait, cependant, intervenir en cas d'excommunication *latae sententae* (can. 2266), de déposition (can. 2303, § 1) ou de dégradation (can. 2305, § 1). En cas de privation pour les motifs ci-haut indiqués, l'Ordinaire n'était tenu à pourvoir à la subsistance du clerc que par principe de charité, et dans la mesure où cela ne provoquait aucun scandale et que le bénéficiaire présentait des signes d'amendement par rapport à ce qui lui était reproché (can. 2304)[285].

A partir du XIXe siècle et suite aux conséquences de l'usurpation de biens ecclésiastiques par l'État dans beaucoup de pays occidentaux, les salaires ou dotations étatiques que recevaient les ecclésiastiques commençaient à être considérés comme titre de pension. De là a surgi la question doctrinale de savoir si ces pensions étatiques entraient dans la catégorie de bénéfice ecclésiastique ou non. Cette question a divisé les auteurs comme le souligne Piñero Carrion[286]. Le débat doctrinal ne nous intéresse pas beaucoup ici, simplement

---

à exiger le caractère suffisant de cette portion sans pour autant en déterminer la quantité. La doctrine canonique a fait écho de cette notion et l'a canonisée comme figure type des églises propres et de la rémunération des vicaires. Mais quand le droit canonique règlemente le titre d'ordination, surtout en référence à l'obligation qui incombe à l'évêque d'alimenter le prêtre ordonné sans titre, la notion de la portion congrue va se développer et embrasser un champ d'application plus ample (cfr. o. c. 331–333).

284 Ibid. : Sur les critères de la fixation de la portion congrue, les points de vue des auteurs sont variés : les uns ont soutenu le critère d'âge considérant que les plus âgés ont plus besoin d'aide que les plus jeunes, d'autres ont mis l'accent sur les qualités personnelles comme la dignité de la personne, le niveau d'études, la noblesse, etc. et d'autres enfin ont préféré insister seulement sur l'état clérical comme critère de fixation de la portion congrue à assigner au prêtre. Malgré cette divergence, l'évêque devrait d'abord tenir en compte de la situation générale de l'économie ou du patrimoine diocésain.

285 NAZ, R., DC, t. VII, col. 1285–1286.

286 PIÑERO CARRION, J. Mª, o. c, 310–311 : Pour lui-même, les pensions étatiques entrent bien dans la catégorie de bénéfice ecclésiastique car elles sont de dotations et compensations conformément aux décisions du Saint-Siège en relation avec le pacte concordataire et ensuite elles répondent à toutes les conditions du bénéfice : autorité

il nous permet de découvrir qu'à partir du XIXe siècle les circonstances historiques ont donné lieu à une autre voie pour garantir la subsistance aux clercs séculiers : les pensions étatiques.

Comme le titre du patrimoine, celui de pension présentait aussi le même inconvénient : celui de ne pas attacher le clerc à une église et aux fonctions sacrées et de le soustraire le plus souvent à l'autorité de l'Évêque. Pour cette raison, déjà au Concile de Trente, beaucoup de pères ont souhaité la suppression de ces titres extraordinaires, mais l'insuffisance des bénéfices dans certaines églises a rendu la réalisation de ce souhait impossible.

3.3. Les titres d'ordination supplétoires.

La norme du can. 981, §§ 1–2 du CIC de 1917 dit ceci : §1 « Si on ne peut disposer d'aucun des titres dont il s'agit dans le can. 979, §1, on peut les suppléer par celui du service du diocèse, et, dans les territoires sous juridiction de la Sacrée Congrégation de la Propagande de la Foi, par le titre de mission, mais avec la condition que le candidat à l'ordination soit obligé par serment à rester perpétuellement au service du diocèse ou de la mission, sous l'autorité de l'Ordinaire de lieu pour tout le temps de son pouvoir » ; §2 « L'Ordinaire qui aura ordonné un prêtre à titre du service du diocèse ou de la mission, doit lui donner un bénéfice, un office ou un subside qui soit suffisant pour son honnête subsistance ». La norme distingue deux titres supplétoires : celui du « service du diocèse » et celui du « service de la mission ». Les deux titres sont nés dans de circonstances différentes, mais ils présentent certaines similitudes.

3.3.1. Le titre du service du diocèse (can. 981, § 1).

Ce titre trouve vraisemblablement son origine aux environs du XVIIIe siècle suite à l'impossibilité dans certains diocèses de constituer des bénéfices,

---

ecclésiastique, office spirituel, personne ecclésiastique qui les donne et personne ecclésiastique qui les reçoit, droit aux revenus, droit perpétuel. A l'opposé V. De Reina soutient que les pensions étatiques ne sont pas à admettre dans la catégorie de bénéfice ecclésiastique, tel qu'il apparaît dans le Code. Mais si bénéfice signifie subsistance, alors toutes les formes de garantir la subsistance du clergé sont bénéfice. Dans ce sens, il n'y a pas de différence entre ce qui est qualifié techniquement de bénéfice et un office doté d'un salaire étatique. Pour De Reina, Piñero Carrion a une conception plus ample de la notion du bénéfice en incluant les salaires et les honoraires, mais en réalité ces salaires et honoraires ne sont pas à considérer comme bénéfice sinon, de formes différentes de doter les offices (cfr. V. De REINA, o. c, 318).

de patrimoines ou de pensions à cause des conséquences des révolutions et des désordres politiques dans beaucoup de pays d'Europe (cas typique de la France)[287]. Comme titre canonique, il donne au clerc le droit de recevoir de l'Évêque et du diocèse, en échange de ses services, les moyens de subsistance qui, pour l'essentiel, devaient provenir des contributions de fidèles et des revenus du patrimoine diocésain.

Dans ce titre, le clerc est obligé de s'engager de manière perpétuelle au service du diocèse par serment. En réalité ce serment n'impose pas une nouvelle obligation, différente de celle qu'a chaque clerc de servir son diocèse ; elle vient uniquement renforcer cette première obligation[288].

3.3.2. Le titre du service de la mission[289].

Ce titre a été admis pour les territoires sous la juridiction de la Congrégation de la Propagande de la Foi dans lesquels la constitution des autres titres

---

287 NAZ, R., ibid., col. 1282 :"Ce titre a peut-être pour origine historique le privilège, accordé par le pape Eugène IV à l'église de Florence, de conférer le sous-diaconat à ceux de ses clercs qui avaient exercé près d'elle pendant dix ans des fonctions rétribuées (Riganti, Commentarium ad regulas Cancell. Apost., n. 15, p. 402) »; KASLYN, R. J., art. cit, 602 : Il situe l'origine de ce titre aux environs des XVIII et XIX siècles à cause de l'impossibilité dans laquelle se sont retrouvées plusieurs évêques d'accomplir l'exigence du titre sous forme de bénéfice, patrimoine ou pension suite aux méfaits des Révolutions et des désordres politiques dans plusieurs pays européens, spécialement en France.

288 MIGUELEZ DOMINGUEZ, L., *Comentario del can. 981*: in: L. MIGUELEZ et alii, Código de derecho…., 373–374.

289 KASLYN, R. J., loc. c.: "Durante los siglos XVI y XVII, las autoridades de la Iglesia se vieron obligados a afrontar el problema del título respecto a los territorios de misión: los beneficios no habían sido establecidos todavía ni había suficiente número de clérigos dotados de patrimonio deseosos de servir allí. *Titulus missionis*, por tanto, fue el título por el que fueron ordenados los sacerdotes al servicio en áreas de misión: eran mantenidos por aportaciones voluntarios de los fieles (MCBRIDE 141). Para asegurarse un clero adecuado para dichas áreas, los ordenados juraban servir perpetuamente la misión para la cual eran ordenados"; NAZ, R., art. c., col. 1280–1281: « Au XVIe siècle, le régime des missions imposa une adaptation du droit. Il fallait assurer la subsistance des missionnaires, et elle ne pouvait pas l'être par la voie des bénéfices ecclésiastiques qui n'existaient pas encore dans les pays où les missionnaires étaient appelés à vivre. Elle ne pouvait pas l'être de façon normale et régulière par le titre patrimonial. Le Siège Apostolique admit alors un titre nouveau, le titre de la mission ».

canoniques était difficile. Mais, face à l'impérieux besoin d'annoncer l'Évangile dans ces terres de mission, l'Église s'est vue obliger d'instituer ce titre pour assurer la subsistance des missionnaires et maintenir la présence sacerdotale dans ces milieux. Comme le titre du « service du diocèse », celui-ci repose aussi essentiellement sur les contributions des fidèles (produits du dénier de culte, offrandes, dîmes, etc.) et sur les revenus du patrimoine de la mission. C'est à partir de ces revenus que le prêtre devait recevoir les moyens de sa subsistance.

Ces deux titres sont comme un *quasi-contrat* qui engendre des obligations réciproques entre l'Ordinaire et le prêtre : d'abord le candidat ordonné aux ordres pour ces titres, devait s'engager par serment à rester perpétuellement au service du diocèse ou de la mission et sous l'autorité de l'Ordinaire de lieu (can. 981, § 1) et ensuite, l'Ordinaire qui aurait ordonné un prêtre à titre du « service du diocèse » ou « de la mission » était obligé de lui assurer la subsistance à partir des contributions volontaires des fidèles ou des revenus du patrimoine diocésain ou de la mission (can. 981, § 2)[290]. Soulignons ici que le ministère sacerdotal ne trouve pas son fondement dans un contrat de travail. L'idée de quasi-contrat qui apparaît dans ces deux titres vise, à notre avis, à renforcer les obligations réciproques des parties à cause des difficultés qui pouvaient facilement conduire à l'abandon. Malgré cela, l'Ordinaire restait entièrement libre de confier au clerc l'office ecclésiastique qu'il voulait et en cas de refus de la mission canonique, il pouvait librement aussi renoncer à garantir la subsistance au clerc récalcitrant. De son côté, le prêtre, malgré la prestation du serment, pouvait aussi se désengager d'un diocèse pour un autre ou embrasser l'état de vie consacrée. Ce serment n'est pas en soi une obligation nouvelle, différente de celle qu'a tout prêtre de se mettre au service du diocèse ; il vient simplement renforcer cette obligation comprise comme une vertu de religion[291]. Quant à l'obligation de l'Ordinaire d'assurer la subsistance du clerc au service du diocèse ou de la

290 RINCON PEREZ, T., o. c, 209; NAZ, R., DC, t. VII, col. 1286 : "Il n'est pas niable que ce titre ait une origine contractuelle. L'évêque et le clerc prennent au moment de l'ordination des engagements réciproques. Le clerc s'engage à fournir ses services au diocèse, et il confirme sa promesse par un serment qui le lie à l'égard de tout évêque en fonction dans le même diocèse. En échange de ces services, l'évêque contracte l'obligation de pourvoir à la subsistance du clerc avec les moyens du diocèse, c'est-à-dire en lui assurant un bénéfice, un office rémunéré ou un subside (can. 981, § 1).Ce serment ne prive cependant pas le clerc du droit d'entrer éventuellement en religion, ni de substituer par la suite au titre du service du diocèse un autre titre tel que celui du patrimoine ou de la pension ».

291 MIGUELEZ DOMINGUEZ, L., art. cit., 407.

mission (can. 981, § 2), elle trouve son fondement dans le fait que l'Évêque est l'administrateur central des biens ecclésiastiques[292]. C'est une obligation qui incombe en réalité aux fidèles chrétiens, bénéficiers du service sacerdotal et pourvoyeurs des biens ecclésiastiques. En fait, le titre du « service du diocèse » ou « de la mission » n'est autre chose qu'une forme juridique créée pour exprimer l'unique réalité permanente du centralisme épiscopal[293] qui avait prévalu avant la naissance des églises paroissiales et des églises « propres » (patronages).

3.4. L'ordination sans titre canonique.

Le can. 980, § 2 stipule que : « ceux qui, sans indult apostolique, sciemment ordonnent ou autorisent que soit ordonné aux ordres sacrés un de ses sujets sans titre canonique, doivent eux-mêmes et leurs successeurs lui donner le nécessaire pour sa subsistance, s'il se trouve dans le besoin, jusqu'à ce que son honnête subsistance soit pourvue sous une autre forme ». Cette norme envisage la possibilité de l'ordination d'un prêtre sans titre canonique. Dans ce cas, l'Ordinaire qui l'aurait fait ou autorisé était dans l'obligation de pourvoir à la subsistance matérielle du prêtre jusqu'à ce qu'un moyen lui soit trouvé pour sa *congruam sustentationem.* Cette obligation incombe aussi à tous les successeurs à la charge épiscopale : Vicaire général avec mandat spécial qui aurait donné des lettres dimissoriales, Vicaire Capitulaire dans le même cas que l'Évêque et aux autres successeurs dans le gouvernement du diocèse. C'est une *obligation réelle* qui émane de la charge ou de l'office épiscopal qui fait de l'Ordinaire,

---

292 PIÑERO CARRION, J. Mª, o. c., 312–313: "La obligación del obispo de alimentar a su clero, no es un capricho nacido en la historia sin mayor razón. Se deriva de la misma personalidad episcopal, defendida por siempre en la Iglesia. El principio fundamental es, por tanto, aquí, el carácter de administrador central de los bienes de la iglesia, que el obispo ostenta […] Por eso hay que situar en su lugar proprio, al verdadero fundamento de esta obligación: el obispo es el administrador de la Iglesia, en aquella circunscripción que es su diócesis […] La obligación de sustentar al clero es de los fieles: los fieles han ido entregando, de modos y maneras diversísimas, sus obligaciones a la Iglesia, a los administradores de la Iglesia: toda obligación que recaiga sobre los fieles, va vertiéndose sucesivamente en esa central administrativa, que es la diócesis […] Por eso, cuando nacen en la historia las administraciones descentralizadas, la obligación de alimentar, va pasando a las parroquias, a las fundaciones, a los colegios. Pero […] cuando vuelven a desaparecer esos descentralizamos, o en general o incluso en algún caso particular, la obligación retornará en su camino y de nuevo gravará al obispo, administrador central y permanente".

293 Ibid., loc. c.

administrateur du patrimoine diocésain, ayant l'obligation d'alimenter le clerc[294]. Elle est *particulière* parce qu'elle est différente de « l'obligation générale de charité » de secourir l'indigent et aussi différente de l'obligation de « l'équité canonique » en relation avec les prêtres indigents[295]. Elle émane du droit du clerc de recevoir son « salaire » et ne peut pas être comprise comme un acte de charité ou une libéralité. Le non-respect de cette obligation exposait à des sanctions canoniques réservées au Siège Apostolique (can. 2373, n. 3).

La pratique des ordinations sans titre a posé un problème doctrinal : celui de la légitimité ou non de cette pratique dans certains pays où c'est devenu monnaie courante. Le point de vue le plus radical voyait en cela une pratique illégitime car elle mettait en danger la vie des clercs. Pour les modérés, bien que la pratique soit en principe irrationnelle, elle pouvait se comprendre pour des raisons pratiques surtout dans les régions où la constitution de titres canoniques était vraiment difficile. Toutefois, malgré l'absence du titre canonique, l'Évêque et les fidèles chrétiens ne devaient pas se dérober de leur obligation d'assurer la subsistance aux clercs au service de l'Église. Ne pas le faire porterait atteinte à la dignité même de la personne et mettrait en péril toute la mission de l'évangélisation.

Dans le §3 du même can. 980, il est clairement déclaré sans valeur tout pacte entre un Évêque et un clerc ordonné sans titre canonique qui stipule que ce dernier n'exigerait pas que l'Évêque lui garantisse la subsistance. Bien que la possibilité d'ordonner sans titre soit réglementée dans le Code, pour le législateur la règle normale et stricte c'est d'ordonner le candidat aux ordres sacrés avec un titre canonique qui lui rassure une honnête subsistance et lui évite de tomber dans l'indigence. Cela repose sur le principe même de la justice distributive et sociale.

3.5. Changement et perte de titre canonique.

Les différents titres d'ordination évoqués ci-haut pouvaient être changés les uns les autres avec l'accord de l'Évêque, pourvu que le nouveau titre garantisse la subsistance du prêtre. Mais le « titre de service du diocèse ou de la mission » ne pouvait être automatiquement changé par celui de bénéfice au cas où l'intéressé a déjà obtenu un titre qui soit suffisant[296].

---

294 PIÑERO CARRION, J. Mª, o. c, 316: "La obligación de alimentar al clérigo es una consecuencia del oficio general del obispo".

295 MIGUELEZ DOMINGUEZ, L., art. cit., 373: comentario del can. 980.

296 MIGUELEZ DOMINGUEZ, L., art. cit., 407.

La perte du titre envisagée au can. 980, § 1 était possible pour plusieurs raisons : 1. l'*excommunication* par sentence condamnatoire ou déclaratoire (can. 2266) ; 2. La *déposition* (can. 2303, § 1) ou *dégradation à l'état laïc* (can. 2305, § 1). En cas de perte du titre, l'Ordinaire cherchera à assurer la subsistance de l'intéressé par d'autres moyens et surtout le soutenir pour raison de charité. Cependant, l'unique titre qui ne se perdait pas est celui de « service du diocèse ou de la mission ». Sauf en cas d'excardination et incardination dans un autre diocèse où tous les droits et obligations vis-à-vis du premier étaient subrogés (remplacés par d'autres)[297].

3.6. Le titre d'ordination ordinaire : le Bénéfice ecclésiastique.

Dans le CIC de 1917, le bénéfice ecclésiastique comme titre canonique ordinaire[298] occupe une place de premier plan et le nombre des canons 85 canons (cc. 1409–1495) - qui lui sont réservés dans le livre III, *De rebus*, *Pars* V témoigne de l'importance de la thématique auprès du législateur et de son incidence dans la vie de l'Église. De manière succincte, nous allons tenter d'analyser quelques aspects de cette institution canonique pour la subsistance du clergé pour mieux en saisir la réglementation.

3.6.1. La notion du bénéfice ecclésiastique.

Le CIC de 1917 nous donne deux notions du bénéfice ecclésiastique, une plus classique ou stricte décrite au can. 1409 en ces termes : « le bénéfice ecclésiastique

---

297 Ibid. ; KASLYN, R. J., art. cit., 603.

298 NAZ, R., DC, t. VII, col. 1283–1284 : "Le titre canonique des séculiers est ordinaire ou extraordinaire. Le titre ordinaire est celui de bénéfice. Les titres extraordinaires sont le patrimoine ou la pension. Les titres supplétoires, c'est-à-dire admis à défaut des précédents, sont le service du diocèse ou de la mission (can. 981). Les titres canoniques des religieux sont : pour les réguliers, la pauvreté ou la profession solennelle. Pour les religieux à vœux simples perpétuels, le titre canonique est celui de la table commune (mensa communis) ou de la congrégation, ou tel autre semblable selon les constitutions de la congrégation en cause (can. 982) ; V., De PAOLIS, o. c, 135 : «El sistema beneficial ha sido durante muchos siglos la base para la solución del problema de la sustentación del clero. A pesar de las dificultades suscitadas contra él, a pesar de sus límites y de los asaltos que contra él fueron promovidos por los Estados, con sus leyes destructivas, cuando el legislador canónico tuvo que codificar por primera vez, al inicio de este siglo, el ordenamiento canónico, no encontró nada mejor que el viejo y antiguo sistema beneficial, al cual dedica toda la parte quinta del libro tercero (cc. 1409–1494)".

est une entité juridique constituée ou érigée de manière perpétuelle par l'autorité ecclésiastique compétente, qui comprend un office sacré et un droit à percevoir les revenus attachés à la dot del office », et l'autre plus ample décrite au can. 1410 et qui s'adapte aux circonstances de la vie ecclésiale et intègre des solutions modernes de sécurité pour la subsistance du clergé[299] : « Constituent la dot du bénéfice soit les biens appartenant à la même entité juridique, soit les prestations sûres et obligatoires d'une famille ou d'une personne morale, soit les offrandes sûres et volontaires des fidèles, qui appartiennent au recteur du bénéfice ; aussi ce qu'on appelle droits d'étole, dans les limites fixés par le tarif diocésain ou par la coutume légitime, ou bien les distributions chorales, excepté la troisième partie si tous les revenus du bénéfice viennent des distributions chorales ».

Traditionnellement, le bénéfice ecclésiastique pouvait être décrit comme « un ensemble de biens (originairement immeubles) dont les revenus sont destinés à la subsistance du titulaire d'un office ecclésiastique »[300]. Cette notion faisait prévaloir le *ius percipiendi* du titulaire au détriment de l'élément principal, l'office ecclésiastique et, était à la base des abus auxquels la législation canonique voulait mettre un terme. Face à cette conception subjective du bénéfice, le can. 1.409 du CIC de 1917 a apporté une innovation en définissant le bénéfice ecclésiastique comme *ens iuridicum*, une personne morale ou juridique. En décrivant le bénéfice comme *ens iuridicum*, le Code tente de dépasser la dimension subjective (droit subjectif) qui le caractérisait pendant des siècles pour affirmer la dimension objective de personne juridique[301] qui la différencie de

---

299 De PAOLIS, V., loc. c. ; SCHOUPPE, J. P., o. c, 147 : « Mais, comme la doctrine l'a souligné, le CIC 17 se caractérise aussi par le fait d'avoir adopté une acceptation large du bénéfice. Tout en conservant la notion stricte et traditionnelle reprise au c. 1409 -plus tout à fait adaptée à l'époque–, le législateur en introduisait une autre plus souple permettant d'intégrer dans le système bénéficial des solutions modernes de sécurité pour la subsistance du clergé. De la sorte, le législateur respectait la tradition -à tout le moins dans la mesure où le bénéfice demeurait le système de référence- mais, dans le temps, il innovait en adoptant quelque peu le système aux circonstances de la vie ecclésiale de l'époque ».

300 SCHOUPPE, J. P., ibid. 145.

301 MIGUELEZ DOMINGUEZ, L., et alii, *Código de Derecho Canónico…*, 44–45 : commentaire du can. 99 : En droit romain et dans l'ancien droit canonique, la personne morale ou juridique était considérée comme une fiction ou une création du droit. Elle jouit d'une capacité juridique qui fait d'elle sujet de droits et obligations de la même manière qu'une personne naturelle ou physique. Mais la personne juridique ou morale est une entité juridique formellement constituée par l'autorité publique

son titulaire. Comme *institutum,* il est sujet des droits et devoirs, une personne morale non collégiale (parce que constituée de choses et non de personnes), née par la prescription du droit ou par la volonté du Supérieur ecclésiastique. Et en raison de l'autorité constituante, il est une personne morale publique parce qu'il tire son existence de l'autorité légitime et poursuit les finalités du patrimoine

---

ou existant par la volonté du droit et indépendante de personnes physiques et disposant d'une capacité pour acquérir et exercer ses droits. Ainsi les éléments de la personne morale sont : les personnes physiques ou les choses qui forment une unité morale considérée comme sujet de droit, la finalité (religieuse ou caritative), les moyens et l'approbation de l'autorité compétente. La personne morale peut être, par sa constitution, collégiale ou non collégiale, selon qu'elle comprend immédiatement des personnes ou des choses ; en raison de l'autorité constituante, elle peut être publique, si elle a obtenue l'approbation de l'autorité légitime, privée ou collective, appelée indûment personne morale, si, comprenant les autres éléments de la personne morale, elle manque l'approbation constituante. La personne morale publique, peut-être de droit naturel, de droit positif divin et de droit ecclésiastique. Selon le can. 100, l'Église Catholique et le Saint-Siège sont de droit positif divin et les autres personnes morales ou juridiques existent dans l'Église uniquement par prescription du droit ou par la volonté du Supérieur ecclésiastique. Par conséquent, il n'existe pas de véritables personnes morales ecclésiastiques qui le soient seulement par la force du droit naturel. En droit civil cela est possible qu'une personne morale existe seulement par la force du droit naturel. Dans le nouveau code de 1983, comme l'écrit M. CORTES DIEGUEZ, le can. 113 affirme l'existence dans l'Église, face aux personnes physiques, des personnes juridiques, sujets des droits et obligations conformes à leur propre nature. Le nouveau code distingue cependant les personnes juridiques de personnes morales qui sont de droit divin, nées de la volonté du Christ et avant le droit canonique et ne dépendent d'aucune législation, ecclésiastique ou civile. Cette différence n'a pas existé dans l'ancien code et même si elle existe maintenant, elle n'a pas vraiment d'effets pratiques, sinon seulement pour souligner que la personnalité morale ne tire son existence ni du droit canonique ni du droit civil. La personne juridique nait du droit et reste un instrument entre les mains du législateur pour donner vie à de nouveaux sujets de droits et obligations. Pour cela, la personne juridique désigne une réalité associative (unité) ou une entité créée et reconnue par le Droit avec l'intervention de l'autorité ecclésiastique compétente, différente et autonome de ses membres, garantie pour le développement de ses finalités. Les personnes juridiques peuvent être ou de *corporations* ou associations (formées par un ensemble de personnes physiques) ou de *fondations* (formées par un ensemble de choses ou de biens spirituels ou temporels). (can. 115, § 2).(Voire, M. CORTÉS DIÉGUEZ, *La persona en la Iglesia y su actividad jurídica*, in: M. CORTES DIEGUEZ y J.SAN J. PRISCO (Coord.), *Derecho Canónico I: El Derecho del Pueblo de Dios,* coll. Sapientia Fidei. Serie de Manuales de Teología, Madrid: BAC, 2006, 350–359).

ecclésiastique. En tant que tel, il est de droit ecclésiastique parce que né par la volonté du Supérieur ecclésiastique légitime. Mais comme personne juridique, le bénéfice ecclésiastique est une entité impersonnelle qui, pour manifester sa volonté et initier des actes juridiques, a besoin d'un représentant, c'est-à-dire d'une personne physique qui agit en son nom conformément aux normes du Droit. Ce représentant peut être le titulaire du bénéfice ou à défaut de l'Ordinaire (can. 1653, §§ 2 et 5). Le représentant a aussi la mission de veiller (can. 1478) sur la conservation et l'administration des biens appartenant au bénéfice (can.1499, § 2).

En décrivant le bénéfice comme *ens iuridicum*, le législateur voulait d'une part mettre en relief sa différence et son autonomie vis-à-vis de son titulaire et d'autre part garantir le développement des finalités du patrimoine ecclésiastique à travers cette institution. De cette façon, il a mis fin au subjectivisme qui a caractérisé le système bénéficial durant des siècles et qui a conduit à la négligence des autres finalités de biens ecclésiastiques. Cependant, cette notion d'*ens iuridicum* du can. 1409 appliquée au bénéfice ecclésiastique n'a pas rencontré une unanimité au niveau de la doctrine[302]. Certains canonistes ont accordé peu d'importance à cette dimension personnaliste et l'ont jugé purement théorique[303] et d'autres ont vu en cela une nouveauté qui a apporté au bénéfice une indépendance vis-à-vis des éléments en relation avec lui et a permis de dépasser les incertitudes du passé[304].

---

302 DE REINA, V., o. c., 209: "Para comenzar, y aunque ello resulta extraño, es lo cierto que la doctrina no ha señalado unánimemente la importancia que puede tener la personalidad del beneficio. Desde luego, es evidente para todos que se trata de una innovación del Código, pero difieren los criterios a la hora de valorar el tema".

303 Ibid., 210–213 : De Reina classe dans la catégorie de ceux qui accordent peu d'importance à la personnalité juridique du bénéfice les auteurs ci-après : M. Gillet dans son étude intitulée : La personnalité juridique en droit ecclésiastique, Malines, 1927, p. 243. Pour lui, l'innovation du canon 1.409 est purement théorique ; J. M. Piñero Carrion, dans son œuvre « *La sustentación…* », 438. 441 pour qui le Code n'a rien changé à la conception historique du bénéfice. Au contraire le Code a une conception ample dans laquelle il n'y a pas interaction entre bénéfice et subsistance comme finalité du patrimoine ; F. X. Wernz et P. Vidal, *Ius canonicum*, II, Romae, 1943, n. 141, 196–198 qui s'attèlent seulement à l'exégèse des mots du can. 1409 et ignorent l'importance de la personne juridique du bénéfice.

304 Ibid. : Parmi les auteurs qui évaluent positivement la notion de la personne juridique, De Reina épingle deux groupes qui se distinguent par leur approche méthodologique : Le premier aborde la question à partir de l'étude du bénéfice, et est constitué de : M. Pistocchi dans «De re beneficiali iuxta canones», Tuarini, 1928, 7, E. Ruffini Avondo, Il can. 1. 409 del CIC. Contributo alla doctrina delle persone giuridiche, en

Quant à la source d'inspiration de cette notion dans le Codex, Pietro Gasparri[305] dit que ce canon manque de sources directes[306], mais s'inspire de certains antécédents historiques comme la « personnalité juridique fictive » dont jouissaient les prébendes chanoines, et qui, selon l'intuition de Sinibaldo De Fieschi (canoniste de la moitié du XIIIe siècle), permettait en cas de litige entre chanoines d'un même collège de plaider *nomine praebendae*[307] ; il s'inspirait aussi de la notion de personnalité juridique appliquée au bénéfice ecclésiastique dans les œuvres de N. NUYTZ[308] et F. SANTI[309]. Mais, c'est plus dans la doctrine allemande et dans la doctrine civiliste française que le Codex trouve sa source d'inspiration de la notion de la personnalité juridique. Car, l'un des principes inspirateurs du CIC de 1917 voulait qu'il soit élaboré sur le modèle des Codes civils modernes[310]. Le mérite de cette notion d'inspiration civiliste c'est de mettre fin à une vision trop individualiste ou subjectiviste du bénéfice avec

---

"Il diritto ecclesiastico", XLI (1930), 537. 545–546, G. Stocchiero, Il beneficio ecclesiastico, I, Sede plena. Vicenza, 1943–1946, 40, G. Forchielli pour qui le bénéfice est une institution distincte de l'office mais liées entre les deux : «Il diritto patrimoniale della Chiesa. Padova, 1935. Il controlli amministrativi nel diritto canonico, en «Il diritto ecclesiastico», XLI (1935), 3–16. Precisazioni sul concetto di «persona» nel diritto canonico, en "Acta Congresus Internationalis Iuris Canonici", Romae, 1953, 127–129. Le second groupe aborde la question de la personnalité juridique à partir du thème de la personnalité juridique de l'office et il est constitué de: M. Petroncelli, La personalità unica o molteplice nelle'ambito della parrochia, en « questioni attuali di Diritto canonico », Roma, 1955, 101–103 ; G. Michiels, *De persoanlitate morali ex ipso praescripto in Codice Iuris canonici*, en «Questioni attuali di Diritto Canonico», Roma, 1955, 65 : pour ce dernier, l'office sacré, seulement lui, est sujet du droit dans le bénéfice «ens iuridicum» dont parle le can. 1.409.

305 CARDINAL PIETRO GASPARRI fut le secrétaire de la Commission cardinalice et président du « collège des consulteurs (*conventus consultorum*) » chargés de l'élaboration du *Codex Iuris Canonici*. Il est l'auteur de "Storia della codificazione del dirittto canonico per la Chiesa latina", en *Acta Congressus iuridici internationalis VII saeculo a Decretalibus Gregorii IX et XIV a Codice Iustiniano promulgatis*, Roma 1937, 1–10.

306 De REINA, V., o. c., 214.

307 RUFFINI, E., *La classificazione delle persone giuridiche in Siniblado dei Fieschi ed. In F. C. Savigny, "Scritt Giuridici Minori"*, II, Milano, 1936, 4–90.

308 NUYTZ, N., *Ius ecclesiasticicumuniversum*, Torino, 1850, 161: cité par De REINA,V., o. c.., 216.

309 F. SANTI, *Praelectione iuris canoniciiuxta Decretalium Gregorii IX, 1886, liber III, tit. V, n. 4*, 76: cité par DE REINA, V., ibid., 217.

310 GIORGIO FELCIANI, "*Codex Iuris Canonici (1917)*", in DGDC, t. II, 168.

le *ius percipiendi* et promouvoir une vision personnaliste et objective qui revalorise l'élément spirituel (office spirituel) et les autres finalités du bien ecclésiastique.

En distinguant le bénéfice ecclésiastique (*institutum*) d'un de ses éléments, le « ius percipiendi », le Code a permis de voir dans le bénéfice ecclésiastique comme un bien ecclésiastique qui doit être administré conformément aux normes du Droit canonique sur les biens temporels et son titulaire même s'il bénéficiait d'un droit de subvenir à ses besoins à partir des revenus du bénéfice, n'était qu'un administrateur et non un propriétaire (c. 1497, §1).

3.6.2. Les éléments constitutifs du bénéfice ecclésiastique.

De la description du bénéfice ecclésiastique que nous donne le can. 1409 il se dégage des éléments constitutifs à la fois internes et externes de cette institution qui valent la peine d'être analyser pour mieux la comprendre.

Les *éléments externes* constituant le bénéfice ecclésiastique sont : 1).*l'autorité ecclésiastique compétente* – Souverain Pontife ou Ordinaire – qui par le *décret formel d'érection* donne l'existence au bénéfice ecclésiastique (can. 1418)[311]. Cela se justifie par le fait que le bénéfice comprend un *office sacré* qui suppose une participation au pouvoir de l'Église et que seuls ceux qui la gouvernent peuvent l'accorder. Cependant, l' « acte formel de fondation » qui diffère de l'« acte formel d'érection » peut bien émaner de toute personne qui offre les biens pour constituer la dot (can. 1417) ; 2) *l'existence d'un patrimoine autonome et perpétuel,* c'est-à-dire d'un ensemble des biens qui jouissent d'une longévité et dont l'existence et la durée ne doivent pas dépendre du titulaire ou d'une autre personne. La longévité découle de la nature même de personne morale ou juridique qui est perpétuelle (can. 102, § 1). Il s'agit là d'une *perpétuité objective* et *essentielle*[312] liée non au sujet titulaire mais à l'objet même du bénéfice, le patrimoine. Cependant, la *perpétuité subjective* dont jouit le titulaire du bénéfice n'est pas

311 NAZ, R., DC, t. II, col. 678 : En droit canonique, la personne morale au sens strict n'existe qu'en vertu d'un acte de l'autorité qui seule peut la constituer (can. 99) : « In Ecclesia, praeter personas physicas, sunt etiam personas morales, publica auctoritate constitutae, quae distinguuntur in personas morales collegiales et non collegiales, ut ecclesiae, Seminaria, beneficia, etc.».

312 ALONSO MORÁN, S.: « *De los beneficios y otros institutos eclesiásticos no colegiados* » dans ALONSO MORAN, S. et CABREROS DE ANTA, M., *Comentarios al Código de Derecho canónico, t. III*, Madrid: BAC, 1964, 100: Il distingue la perpétuité objective, celle liée à l'objet et qui est essentielle à la perpétuité subjective, lié au titulaire du bénéfice et qui est seulement souhaitable par l'Eglise. C'est-à-dire que le

essentielle mais souhaitée par l'Église (cf. cc. 454 et 1438). Pour garantir cette perpétuité objective, l'autorité compétente doit, avant l'érection, remplir certaines conditions : a). S'assurer que la dot est suffisante et stable[313] pour offrir perpétuellement au titulaire de ressources suffisantes pour sa subsistance (c. 1415 § 1) ; b).Exiger de convertir une dot en numéraire (*numerata pecunia)* en biens-fonds (*fundi*) ou en titres de rente (*nominibus*) ; c). Enquêter sur les droits des tiers (can. 1416) afin que l'érection du bénéfice ne nuise à personne : *nemini praejudicium inferatur* ; d). Tenir compte des conditions justes[314] posées par le fondateur car les bénéfices sont souvent les fruits des initiatives pieuses des fondateurs. Ces conditions, une fois acceptées, ne peuvent être supprimées ou modifiées par cette même autorité (can. 1417, § 2), sinon par le Souverain Pontife (can. 1517).

---

bénéfice comme personne juridique existe perpétuellement, il ne cesse pas avec son titulaire, mais il continue dans le temps et peut être concédé à un autre titulaire ; On peut aussi lire à ce propos MIGUELEZ DOMINGUEZ, L. et alii, *Código de Derecho canónico (1917) y legislación complementaria. Duodécima edición (Julio de 1980)*, Reimpresión, Madrid: BAC, 2009, 551; NAZ, DC, t. II, col. 673:» le bénéfice doit être constitué in *perpetuum*. Cette perpétuité qui résultait déjà, avant le Code, de la volonté du législateur est depuis une conséquence de la nature même de la personne morale, comme le décrète le can. 102, § 1 [...] Ici comme il s'agit de l'office il y a lieu de distinguer la perpétuité objective de la perpétuité subjective. C'est le bénéfice lui-même qui, objectivement, est perpétuel ; quant à son titulaire il peut être amovible (can. 1411, 4°). Sur ce dernier point, le Code a mis définitivement fin à de longues et ardentes controverses. On remarquera que le Code parle de perpétuité quand il traite du bénéfice tandis qu'à propos de l'office, il s'était contenté de l'expression *stabiliter.* La nuance est voulue, elle indique que la constitution du bénéfice a plus de fermeté, de solidité que celle de l'office, bien qu'il y ait des offices inamovibles (cfr. can. 192) ».

313 NAZ, R., loc. c : parmi les conditions d'érection, il cite : la dotation suffisante (can. 1415), l'enquête sur les droits de tiers (can. 1416), les conditions que peut poser le fondateur (can. 1417) et l'acte ou instrument de l'érection (can. 1418).

314 Ibid., col. 678–679 : Par conditions justes, le droit canonique fait allusion aux conditions qui peuvent être différentes du droit commun (par ex. l'âge et les qualités canoniques), mais pas contraires à la morale, ni à l'exercice harmonieux du ministère ecclésiastique, ni au caractère même du bénéfice (par ex. exiger que le titulaire soit un laïc ou la collation soit pour un temps déterminé.

Les *éléments internes* du bénéfice ecclésiastique[315] sont : 1). *L'office sacré*[316], c'est-à-dire une fonction spirituelle stablement établie par le droit et qui est l'élément capital dans l'existence du bénéfice ecclésiastique. Ce dernier est un support matériel qui existe pour l'office et non le contraire ; 2). Le *droit de percevoir les revenus* (*ius percipiendi*) qui est un élément temporel secondaire bien que nécessaire au bénéfice. Il est nécessaire car on ne peut pas conférer un office sans attribution de biens qui le rémunèrent. Il est secondaire car il peut ou ne pas être exercé sans que ne disparaisse le bénéfice. Mais ce droit comme il est annexé à l'office sacré, il ne peut faire l'objet de simonie (can. 2302), ni être vendu ou loué, bien que l'aliénation ou la location des biens d' Église soit autorisée sous certaines conditions par les can. 1530, 1541 et 1479[317]. On peut aussi confier un office ecclésiastique sans ce droit ou sans bénéfice selon la norme canonique (cfr. c. 147 et suivants)[318]. Dans ce cas, l'autorité cherchera une autre forme de subvenir aux besoins du prêtre chargé d'un office sans bénéfice.

315 SCHOUPPE, J. P., o. c, 147 : « Le c. 1409 met en relief deux éléments nécessaires à la constitution d'un bénéfice : d'une part, un office sacré, c'est-à-dire une fonction stablement établie par le droit, et, d'autre part, le droit aux rentes (ou prébende), qui constitue la dot correspondant à l'office ».

316 L'office ecclésiastique désigne au sens large toute fonction qui est exercée légitimement en vue d'une fin spirituelle : *quodlibet munus quod in spirituatem finem legitime exercetur (c. 145, § 1).* Dans ce sens, tout ce qui concourt au service de l'Eglise, même d'ordre purement temporel, sera censé d'être un office. Mais au sens strict, l'office est une fonction constituée de manière stable par ordination divine ou ecclésiastique, qui doit être conférée conforme aux normes du droit canonique et comporte une participation au pouvoir ecclésiastique ou de juridiction. Dans ce sens, l'office comprend donc quatre éléments : l'*institution*, la *stabilité*, la *collation canonique* et la *participation au pouvoir d'ordre ou de juridiction*. Le bénéfice est compris comme un office au sens strict et est défini comme personne juridique (can. 1409). Pour cela, la fonction conférée au bénéfice doit être d'abord d'ordre spirituel et non seulement temporel car le spirituel est son élément principal, la cause et le fondement du droit aux revenus. Par conséquent, le bénéfice comme office spirituel doit être conféré par l'autorité ecclésiastique compétente et aux seuls clercs qui peuvent participer au pouvoir d'ordre ou de juridiction, selon le can. 118 : *Soli clerici possunt potestatem sive ordinis sive iurisdictionis ecclesiasticae et beneficia ac pensiones eclesiasticas obtinere.*

317 NAZ, R., o. c, col. 674.

318 ALONSO MORÁN, S. et CABREROS DE ANTA, M., loc. c. ; NAZ, R., ibid., col. 673.

3.6.3. La constitution de la dot bénéficiale.

La dot bénéficiale comme source des revenus du bénéfice est le patrimoine ou l'ensemble des biens-fonds générateurs des revenus. Ce mot trouve son origine dans le droit romain où il renvoie à la collation du mariage. La relation qui lie le titulaire au bénéfice est un mariage spirituel dans lequel le titulaire administre le patrimoine bénéficial comme un mari administre la dot de sa femme, n'en ayant que le droit d'usufruit[319].

Si originairement la dot bénéficiale était constituée uniquement des biens ecclésiastiques appartenant à la propre entité ecclésiale, le Code de 1917 nous donne une notion de la dot bénéficiale plus ample dont les sources ont varié (can. 1410)[320] surtout avec la disparition des fondations dans certaines régions suite aux politiques gouvernementales de spoliation des biens ecclésiastiques et d'autres raisons aussi[321]. Cet élargissement s'explique par la volonté de l'Église de faciliter la présence sacerdotale partout et de ne pas abandonner les soins des âmes à cause de manque de moyens de subsistance des clercs. Cela signifie

319 NAZ, R., o. c, col. 678.

320 Parmi les sources que donne le can. 1410, on peut citer : les biens propres au bénéfice (immeubles, meubles, droits incorporels, droits héréditaires, usufruits, domaines ruraux ou urbaines, etc.), les biens subsidiaires (prestations ou pensions *certae et debitae* payées par des tiers, les traitements versés par des personnes morales ecclésiastiques ou civiles, les offrandes sures et volontaires des fidèles, les droits d'étole et les distributions chorales ou quotidiennes ; BERNHARD, J., LEFEBVRE, CH. et RAPP, F., *L'époque de la Réforme et du concile de trente*, Coll. Histoire du Droit et des Institutions de l'Église en Occident (dir. G. LE BRAS et J. GAUDEMET), t. XIV, Cujas, Paris, 1989, 352 : « Les distributions quotidiennes ou chorales consistent en des émoluments prévus dans les chapitres de chanoines, outre les fruits de la prébende, afin d'assurer chaque jour, pour ceux qui sont astreints à l'office choral, une présence effective. Il s'agit donc d'une rétribution supplémentaire, puisqu'elle s'ajoute au revenu du bénéfice (cf. Concile de Trente, sess. XXI, c.3 et sess. XXII, c.3, *De reformatione* et *CIC* 17, c. 395, § 1) ».

321 NAZ, R., ibid., col. 674 ; S. ALONSO MORAN et M., CABREROS DE ANTA, o. c., 100: "Antiguamente la dote beneficial casi siempre consistía en bienes eclesiásticos pertenecientes a la propia entidad; más al desaparecer en muchos lugares las fundaciones, ya por la expoliación de los bienes eclesiásticos efectuada por los gobiernos, ya por otros motivos, se impuso la necesidad de ampliar el concepto de la dote por otros cuatro modos subsidiarios señalados en el canon"; DE PAOLIS, V., o. c, 135:"En muchos países ya se ha provisto de otros modos a la seguridad para la sustentación del clero: el legislador los legitima y los codifica, haciéndolos entrar, sin embargo, bajo la calificación de beneficio, si bien en un sentido impropio. Se habla de ello en el can. 1410".

que le droit admet comme bénéfices des offices qui, auparavant n'avaient pas ce caractère.

L'intégration de ces nouvelles ressources, pense V. DE PAOLIS, montre déjà que le système bénéficial proprement parlé était déjà dépassé dans le Code de 1917. Car le législateur nous donne là une double notion du bénéfice : celle stricte du can. 1409 qui survit encore dans certains territoires et celle plus ample et peut-être impropre qui intègre d'autres modes pour assurer la subsistance du clergé (can. 1410)[322].

3.6.4. *Catégories des bénéfices ecclésiastiques.*

Selon la norme du can. 1411, les bénéfices peuvent être classés sur base de plusieurs critères : Selon l'autorité qui le concède, on parle des *bénéfices consistoriaux* (Evêchés et Prélatures *nullius*) quand c'est le Souverain Pontife et des *bénéfices non consistoriaux* quand il s'agit d'une autre autorité que le souverain Pontife ; selon le sujet titulaire, on parle des *bénéfices séculiers* quand les sujets titulaires sont des clercs séculiers et des bénéfices *réguliers* quand les titulaires sont des clercs réguliers ; selon l'obligation ou non de résidence, on parle des *bénéfices doubles* ou *résidentiels* quand ils comportent une obligation de résidence et des *bénéfices simples ou non résidentiels* quand ils ne comportent pas une obligation de résidence ; selon le caractère temporaire ou perpétuel, on parle des *bénéfices manuels, temporaires ou amovibles*[323]*quand ils ne sont pas cédés à perpétuité* et des bénéfices perpétuels ou inamovibles quand ils ont un caractère perpétuel et selon qu'il comporte une charge d'âmes ou non, on parle ses *bénéfices curata et des bénéfices non curata)*[324].

3.6.5. *Collation des bénéfices ecclésiastiques.*

La collation légitime du bénéfice ecclésiastique est de la compétence de l'autorité ecclésiastique : le Souverain-Pontife ou les Prélats inférieurs (cc. 1431–1435). Le droit du Souverain-Pontife découle de la primauté de juridiction sur l'Église universelle (can. 218) et peut s'exercer sous quatre formes : par *prévention*, par *concours*, par *restitution* et par *réservation*[325]. Quant aux prélats inférieurs, il

322 DE PAOLIS, V., loc. c..

323 Les *bénéfices manuels* ou *amovibles* sont ceux qui sont entre les mains de supérieurs et qui peuvent les révoquer. Normalement cette distinction n'a pas sa raison d'être car le bénéfice est par nature perpétuel et inamovible.

324 NAZ, o. c, col. 677.

325 La *voie préventive* consiste en ce fait que le Pape dispose d'un bénéfice non réservé avant qu'il ne soit vacant et le concède en droit expectatif à quelqu'un ; Par le

s'agit notamment des Cardinaux (can. 1432, § 1) dans le cadre de leur titre ou diaconie et les Ordinaires de lieu dans leur propres territoire. Quant au Vicaire Général, bien qu'il soit Ordinaire (can. 198), il ne peut conférer des bénéfices que par mandat spécial de l'Évêque diocésain (cfr. Can. 1432, § 2). On applique ici le principe général du can. 152 sur la provision des offices.

La collation d'un bénéfice pour qu'elle soit légitime devait répondre à certaines conditions comme la « vacance de droit » du bénéfice[326](cfr. can. 150, § 2 sur la provision des offices), « l'acceptation expresse » du clerc pourvu (can. 1436), c'est-à-dire clairement exprimée, et non seulement tacite ou interprétative, « l'interdiction de se conférer un bénéfice à soi-même » (can. 1443), la collation viagère (can. 1438) (cette condition ne s'applique pas aux bénéfices religieux car les religieux restent à la disposition de leurs supérieurs), « le titre doit être *securus* », c'est-à-dire certain et définitif, hors de tout conteste, « l'inhabilité du clerc d'accepter et de garder deux bénéfices » (cfr. Principe de can. 156 sur l'incompatibilité des offices[327]), « la transmission intégrale du bénéfice »

---

concours, le pape pourvoyait un bénéfice vacant en devançant un Prélat inférieur (Ordinaire), lequel était aussi compétent à le conférer parce qu'étant pas réservé et n'ayant pas dépassé le délai légal ; *par restitution* (can. 1432, § 3) : c'est quand un prélat inférieur n'a pas conféré le bénéfice dans le délai légal, alors en ce moment le droit revient au Souverain-Pontife ; Par *réservation* : quand le Souverain-pontife retire la compétence de la provision de certains bénéfices aux prélats inférieurs (cas des bénéfices consistoriaux, des dignités des églises cathédrales et collégiales et les autres bénéfices indiqués dans le can. 1435, nn. 1–4) ; il s'agit en fait des bénéfices réservés à la compétence du Souverain-Pontife ou du Siège-Apostolique (Cfr. Alonso Moran, S., comentarios de los cánones 1409–1488, dans ALONSO MORAN, S. et CABREROS DE ANTA, M, o. c., 110).

326 La *vacance de droit,* selon le can 183, se produit par la renonciation, la privation, la révocation (*amotio*), la translation, l'écoulement du délai (quand l'office n'a été concédé qu'à temps, ce qui ne peut avoir lieu pour un bénéfice), par la mort du titulaire.

327 MIGUELEZ DOMINGUEZ, L. et alii, *Código de Derecho Canónico…,* 70: commentaire du can. 156:"Son incompatibles los oficios que no pueden física o moralmente ser desempeñados al mismo tiempo por una persona, p.ej., dos canonicatos, dos parroquias, el oficio de Vicario General y el de canónigo penitenciario; los de Superior y confesor ordinario de una misma comunidad. Se consideran también como incompatibles dos beneficios, de los cuales uno es suficiente para la sustentación del clérigo (can. 1439, § 2). Más para que exista la incompatibilidad es necesario que los dos oficios incompatibles se den en título o encomienda perpetua (can. 1439, § 1), no en administración temporal (can. 472).

(cc. 1440 et 1441)[328], c'est-à-dire sans diminution des revenus ni sans augmentation des charges qui affecteraient négativement les revenus et enfin le « respect de la nature de chaque bénéfice », c'est-à-dire le séculier au séculier et le régulier au régulier pas le contraire (can. 1442).

La provision canonique d'un bénéfice comprend trois actes importants : 1. La *désignation de la personne* ; 2. La *collation du titre* ; 3. La *prise de possession.* Après qu'un candidat soit désigné pour recevoir un bénéfice, l'autorité lui confère normalement le bénéfice. Cette concession c'est ça la collation du titre, élément plus essentiel de la provision car elle donne droit au bénéfice (*ius in re*) et à la prise de possession canonique qui permet d'entrer dans l'exercice de ses droits et obligations. Cet acte permet d'éviter les confusions et les doutes sur le titulaire. Il requiert pour sa légitimité l'intervention de l'autorité ecclésiastique compétente selon le can. 1443, § 1 : *Nemo possesionem beneficii sibi collati aut propia auctoritate capiat.* Le contrevenant à la norme du can. 1443, § 1 sur la prise de possession en courait les peines établies au can. 2394 : Etre déclaré inhabile pour le bénéfice (*Sit ipso iure ad eadem inhabilis*), suspendu ou privé du bénéfice, de l'office ou de la dignité et de son administration. Quant à la prise de possession, elle exigeait certaines formalités comme la *profession de foi* (can. 1406) dont l'omission en cas de contumace était sanctionnée par la privation (can 2403) et autres formalités prescrites par le droit particulier ou admises par la coutume légitime (can. 1444, § 1) comme l'entrée dans l'église, occupation du siège du titre, montée à l'ambon ou s'asseoir au confessionnal, etc. (mêmes formalités que l'office)[329].

3.6.6. *Droits et obligations du titulaire du bénéfice ecclésiastique.*

Après la prise de possession légitime du bénéfice (can. 1443–1447), selon le can. 1472, le bénéficiaire jouissait de tous les droits temporels et spirituels liés au bénéfice. Les *droits temporels* sont les revenus ou les rentes du bénéfice (c. 1410) et tous les autres biens qui peuvent s'ajouter au bénéfice par un autre titre afin d'assurer sa subsistance. Les *droits spirituels* sont ceux liés à l'office c'est-à-dire

---

328 Ibid., 562: comentario del can. 1440; ALONSO MORÁN, S. et CABREROS DE ANTA, M., loc. c.: "La disminución, a que alude el canon 1440, puede verificarse de dos maneras: a) de que se le impongan al beneficiado más cargas de las que van anejas al beneficio, sin aumentarle los emolumentos; v. gr., la obligación de poner clases en el Seminario sin percibir honorarios por ellas; b) de que se le reduzcan las rentas que tenía derecho a percibir, sin aminorar proporcionalmente las cargas".

329 ALONSO MORÁN, S. et CABREROS DE ANTA, M., ibid., 113.

le pouvoir de juridiction, d'administration et d'Ordre. A cela s'ajoute toutes les autres facultés qu'on peut acquérir par privilège ou coutume[330].Les détails de ces droits correspondent à la catégorie et aux conditions particulières de chaque bénéfice, selon les normes qui le régissent.

Outre le droit de percevoir les revenus pour la subsistance, le titulaire du bénéfice avait aussi l'obligation de pratiquer la charité sur les pauvres et de soutenir les causes pieuses avec les revenus superflus après qu'il ait usé ce qui est nécessaire pour son honnête subsistance (*decoroso sustento*) (can. 1473)[331]. Cette obligation se justifie par le fait que le titulaire du bénéfice est administrateur des biens ecclésiastiques et les revenus du bénéfice devaient servir à garantir toutes les finalités du patrimoine ecclésiastique[332]. Il était aussi tenu à l'obligation d'accomplir fidèlement les charges particulières liées au bénéfice (can. 1475) et d'administrer les biens de la dot conformément aux normes du droit (can. 1476). Quant à l'Ordinaire de lieu, il avait l'obligation de veiller à ce que les biens du bénéfice se conservent et s'administrent de manière convenable (c. 1478).

4. Évaluation de la législation canonique de 1917 sur le droit à la subsistance matérielle et à la protection sociale du clergé diocésain.

Après analyse de la législation canonique de 1917, nous pouvons affirmer que la question du droit à une *honesta sustentatio* du clergé séculier était, dans la fidélité à la tradition ecclésiale, au centre des préoccupations du législateur. Cet intérêt se traduit par le nombre de canons qu'il réserve à l'institution du titre d'ordination comme mécanisme de garantie de ce droit. Comme dans la législation antérieure, le *Codex* de 1917 fonde la subsistance matérielle du clergé diocésain sur l'institution du titre d'ordination. Afin d'assurer au clerc une subsistance digne, celui-ci devait être suffisant et revêtir un caractère viager. C'est ainsi le prêtre âgé ou malade ne perdait pas ses ressources de subsistance. La

330 MIGUELEZ DOMINGUEZ, L. et alii, o. c., 573: *comentario del can. 1472*; ALONSO MORÁN, S. et CABREROS DE ANTA, M., ibid., 129:"Los derechos temporales se refieren a los frutos o rentas del beneficio y demás bienes que por cualquier otro título se le añadan. Los espirituales dicen relación en primer lugar al oficio beneficial (de ahí que el beneficiado pueda ejercer libremente la potestad de jurisdicción, de administración y de orden que al oficio corresponda), y en segundo lugar abarcan asimismo las otras facultades que por privilegio o costumbre le pueden competer".

331 MIGUELEZ DOMINGUEZ, L. et Alii, loc. c.

332 DE REINA, V., o.c., 365–366.

norme du can. 420, § 1 sur le chanoine que l'âge ou un autre obstacle « physique empêche d'assister au chœur » est très révélateur. Celui-ci ne perdait pas les ressources de subsistance. Ce principe- *mutatis mutandis* -pouvait s'appliquer aux autres catégories des clercs. Dans le même sens va aussi la norme du can. 475 concernant le curé âgé ou atteint d'invalidité permanente (can. 2147, § 2, 1). Notons toutefois que la cause qui devait motiver la retraite ou démission de l'office c'était une invalidité permanente (can. 2147, § 2, 1) car pour le législateur la vieillesse n'était pas un motif donnant la faculté de se retirer pour ménager ses forces[333].

Mais si dans le *Codex* de 1917 la *honesta sustentatio* reste un droit bien défini et réglementé à travers l'institution du titre canonique, tel n'est pas le cas du droit à la protection sociale du clergé séculier. Dans le CIC de 1917 nous ne rencontrons vraiment pas un régime de protection sociale bien défini. Seulement de manière implicite, le *Codex* accueille sans les canoniser les organismes qui, jusqu'alors, permettaient aux prêtres de faire face aux aléas de la vie : la pension bénéficiale, le subside diocésain, les revenus laïcs, les fonds de secours, etc. Leur application n'est pas assortie d'un impératif. Elles sont simplement laissées comme dans les législations antérieures à la discrétion des Évêques qui devaient tenir compte de la condition socio-économique du clergé et de *necessitas ecclesiae*[334].

Le manque d'un régime de la protection sociale du clergé séculier dans le *Codex* de 1917 sera comblé par la doctrine de l'Exhortation apostolique « Menti nostrae » (1950), de la Constitution « Cleri sanctitati » (1957), le décret conciliaire « Presbyterorum Ordinis » (1965) et par le *Codex Iuris Canonici* de 1983.

Si pendant des siècles l'Église s'est appuyée sur l'institution du titre d'ordination pour pourvoir à la subsistance matérielle du clergé, il faut toutefois signaler que le bénéfice comme titre ordinaire avait engendré plus des problèmes qu'il en a résolus. Il a engendré des inégalités économiques et des conflits entre les prêtres et s'est converti en un obstacle pour l'action pastorale. Pour cela, il a été objet de beaucoup de critiques dans l'Église avant le Concile Vatican II. Sur le plan théorique, on le qualifiait « d'un gâchis du point de vue juridique suite à la combinaison de divers éléments qu'il renfermait, difficiles à harmoniser du point de vue de la théorie du droit, particulièrement pour ce qui concerne la nature de la personne juridique et de la fonction »[335]. Sur le plan pratique,

333 Ibid, 49–51.

334 DOLE, G., o. c, 47.

335 . DE PAOLIS, V., "*Il sistema beneficiale ed il suo superamento. Dal Concilio Vaticano II al nostri giorni*", in: "*Il sostentamento del clero nella legislazione canonico e*

on l'accusait d'être la base des inégalités économiques entres les clercs (existence des offices bénéficiaux et non bénéficiaux)[336], de mettre en mal la solidarité sacerdotale et la justice[337], de favoriser l'enrichissement individuel[338], la mauvaise gestion des biens ecclésiastiques[339]. Sur le plan spirituel, il a contribué largement à la destruction de la vie communautaire en renforçant l'individualisme et l'égoïsme et à la négligence de l'activité pastorale car les clercs se sont convertis plus en administrateurs du temporel que du spirituel. Ainsi, l'office spirituel qui était la raison fondamentale justifiant le bénéfice est devenu secondaire et subordonné aux biens temporels.[340]. Face à tous ces limites, les propositions dans les lieux ecclésiastiques allaient dans le sens, soit d' un retour à la pratique de l'Église primitive du système de la masse commune des biens pour atteindre toutes les finalités des biens temporels, soit du remplacement du système bénéficial par une fondation non autonome dont les revenus serviraient à rémunérer ceux qui exercent une fonction dans l'Église, ou soit dans le sens de la réforme totale pour qu'il redevienne un support matériel de l'office spirituel[341]. Mais le Concile Vatican II optera en définitive pour sa réforme totale et son abandon progressif et pour la mise en place d'un nouveau régime plus solidaire et plus juste[342].

---

concordataria italiana", Città del Vaticano, 1993, 26: cité par M., LUWANA PERO dans: "*La constitution de divers fonds diocésains pour la prise en charge des églises particulièrs par elles-mêmes. Can. 1274, §§ 1-3. Expérience de la République Démocratique du Congo*", Romae : PUL, 2001, 55–56.

336 PRISCO, J. SAN J.: "*Los ministros sagrados o clérigos*", in: M. CORTES DIEGUEZ Y PRISCO, J. SAN J. (Coord.), *Derecho Canónico I: El Derecho del Pueblo de Dios*, Madrid: BAC, 2006, 216.

337 DE PAOLIS, V., *Los bienes temporales de la Iglesia…*, 27: cité par M. LUWANA PERO, o. c, 56.

338 GONZALEZ ARMEDIA, J. R., *Sistemas históricos de dotación del Estado español a la Iglesia española (Siglo XIX-XX)*, Universidad Pontificia Salamanca, 1990, 14.

339 DE PAOLIS, V., *Les bienes temporales de la Iglesia…*,136–137; J. San J., PRISCO, loc. c,"Era un sistema precario por las desigualdades que provocaba, a lo que se añadía la capacidad administrativa del clérigo, que no siempre era buena, con lo que se atomizaban o perdían los bienes".

340 GONZALEZ ARMEDIA, J. R., loc. c.

341 DE PAOLIS, V., *Los bienes temporales de la Iglesia…*, loc. c.

342 SCHOUPPE, J. P., o. c, 147–148 : « L'optique conciliaire a pris nettement ses distances par rapport au système bénéficial. Les pères conciliaires optèrent pour l'abandon de cette institution pluriséculaire et pour son remplacement par un système de solidarité économique […] les temps sont mûrs pour l'instauration d'un nouveau

5. Conclusion partielle.

Après trois siècles d'indépendance vis-à-vis des pouvoirs civils, l'Église au IVe siècle a marqué un tournant décisif en se jetant dans les bras des empereurs chrétiens qui lui ont assuré non seulement la liberté de culte et la sécurité, mais aussi ils lui ont accordé beaucoup de privilèges qui lui ont permis de se constituer un patrimoine important. Dans ce contexte, le problème de la subsistance et de la protection sociale du clergé s'est amélioré sensiblement et a connu dans sa gestion deux régimes juridiques différents : premièrement, le *régime de la mensa communis* épiscopale auquel était rattachée l'institution du *stipendium* ou *peculium clerici* pour *l'honesta sustentatio.* Deuxièmement, le *régime paroissial*, né de l'éclatement de l'unité patrimoniale diocésaine, et auquel était rattachée l'institution du *titre d'ordination* pour la subsistance du clergé. Cette institution née à partir du Ve siècle va s'imposer durant des siècles et sera canonisée dans le CIC de 1917.

Au cours des siècles, l'institution canonique du titre d'ordination s'est détournée de ses objectifs premiers et a généré beaucoup d'abus dans la vie de l'Église et du clergé diocésain. Ce qui a justifié qu'elle soit d'abord au centre des débats au Concile de Trente avec le souci de rétablir la discipline dans ce domaine et ensuite qu'elle connaisse une réglementation rigoureuse dans le CIC de 1917 comme nous l'avons démontré. Malheureusement, ces efforts de réforme et de réglementation n'ont pas permis à l'institution du titre d'ordination de retrouver son image d'antan. Elle est arrivée dégradée au seuil du Concile Vatican II et s'est convertie en obstacle sur le plan pastoral. Face à cela, le Concile Vatican II a opté pour son abandon et a défini les principes d'un nouveau régime plus solidaire et plus juste. Ces principes conciliaires ont été traduits en langage canonique dans le CIC de 1983.

---

système qui soit à même de tirer les conséquences structurelles d'un office sacré dorénavant conçu avant tout comme un service pastoral, ainsi que de la solidarité ecclésiale mise en évidence par la nouvelle ecclésiologie de communion ». « En ce qui concerne la méthode de la réforme ou de l'abolition –on observe une certaine imprécision terminologique à cet égard dans les différents *schemata*–, le Concile a fait le choix d'un abandon complet du système bénéficial, sans toutefois imposer sa complète suppression dans le délai déterminé ».

CHAPITRE III. DROIT A LA REMUNERATION JUSTE ET A LA PROTECTION SOCIALE DU CLERGÉ DIOCESAIN AU CONCILE VATICAN II ET DANS LE CIC DE 1983.

0. Introduction.

Dans les deux chapitres précédents nous avons dégagé les fondements biblico-historiques de l'institution de la subsistance matérielle du clergé diocésain et aussi analysé sa réglementation depuis la naissance de l'Église jusqu'à la codification de 1917. Ce parcours nous a conduits à constater que le régime économique du titre d'ordination, instauré au Ve siècle et codifié au début du XXe siècle[343], est devenu obsolète et a exigé une réforme profonde au Concile Vatican II[344].

---

343 DE PAOLIS, V., *Los bienes temporales de la Iglesia…*, 135:"El sistema beneficial ha sido durante muchos siglos la base para la solución del problema de la sustentación del clero. A pesar de las dificultades suscitadas contra él, a pesar de sus límites y de los asaltos que contra él fueron promovidos por los estados, con sus leyes destructivas, cuando el legislador canónico tuvo que codificar por primera vez, al inicio de este siglo, el ordenamiento canónico, no encontró nada mejor que el viejo y antiguo sistema beneficial, al cual dedica toda la parte quinta del libro tercero (cc. 1409–1494). El titulus beneficii ocupa todavía el primer puesto para la ordenación; los demás títulos son presentados solo como subsidiarios o supletorios (cfr. cc. 979–981)".

344 Ibid., 130: "Pero el sistema beneficial, que nunca fue considerado ideal para la solución de los problemas de tipo económico en la Iglesia, presentaba graves signos del agotamiento de su función. La ocasión para la plena manifestación de los mismos fue particularmente el concilio Vaticano II"; cf. PIERLUIGI CONSORTI, *Sustentación del clero*, in: DGDC VII (2012), 522:"Las distorsiones del sistema original lo hicieron cada vez menos funcional para su finalidad primaria. Sin embargo, una crisis insuperable se produjo con los cambios económicos y sociales relacionados con la industrialización y la abolición del feudalismo, de los fideicomisos y del mayorazgo. Los grandes patrimonios de fundos y inmuebles quedaron sujetos a fuertes imposiciones tributarias y perdieron mucha importancia: La Iglesia se empobreció de golpe, también por los golpes de la legislación revolucionaria (C. M. CIPOLLA,

Dans les lignes qui suivent, nous allons tenter d'analyser d'abord les enseignements du Concile Vatican II pour dégager les principes du nouveau régime économique pour la subsistance du clergé diocésain et ensuite analyser la législation canonique qui en découle dans le CIC de 1983 afin d'offrir aux Églises particulières d'Afrique des outils techniques pour une meilleure application des enseignements du Concile et de la législation canonique en vigueur sur cette matière.

1. Dans l'enseignement du Concile Vatican II.

1.1. Au seuil du Concile Vatican II.

1.1.1. Orientations de l'Exhort. Ap. Menti Nostrae de Pie XII (1950).

Au seuil du Concile Vatican II, la publication de l'Exhort. Ap. *Menti nostrae* (1950)[345] par le PP. Pie XII a marqué un tournant dans l'approche de la situation matérielle du clergé diocésain.

L'Exhort. Ap. fait une description pertinente de la situation matérielle du clergé et offre des orientations qui marquent une rupture avec une longue période de plusieurs siècles. Cette sollicitude aux questions sociales des prêtres trouve ses racines dans la tradition pluriséculaire de l'Église[346] et dans la vision

---

Storia económica dell' Europa preindustriale, Bologna 1974, 69). El sistema beneficial se volvió en poco tiempo completamente inadecuado y, de hecho, quedó superado".

345 Le thème principal de l'Exhort. Ap. *Menti nostrae* est celui de la sainteté du ministère sacerdotal. Dans le contexte d'après-guerre, considérant les horreurs de celle-ci, le pape exhorte les pasteurs et les prêtres à une véritable sainteté afin de rendre plus efficaces les efforts de la restauration chrétienne. La sainteté de la vie sacerdotale « consiste dans l'ardeur de la charité ». Toute l'activité sacerdotale, par sa nature même, doit y tendre. Dans la troisième partie, le Pape aborde la situation matérielle angoissante des prêtres et donne des orientations pouvant aider à remédier à la situation.

346 CONSEIL PONTIFICAL « JUSTICE ET PAIX », "*Compendium de la doctrine sociale de l' Église*", Città del Vaticano : Libreria Editrice Vaticana, 2004, 49–50 : En lisant ces pages, nous voyons que la sollicitude de PP. Pie XII aux questions sociales en général trouve ses racines dans la tradition pluriséculaire de l'Église où celle-ci s'est toujours préoccupée de l'homme dans la société. Depuis l'Écriture Sainte, en particulier dans l'Évangile et dans les Écrits apostoliques, dans les enseignements des Pères de l'Église et de grands docteurs du M-A jusqu'aux siècles plus récents avec l'enseignement du Magistère, nous trouvons la même préoccupation sur les questions sociales. LEON XIII, par exemple, dans son Encycl. *Rerum novarum* (1892) aborde le thème central de l'instauration d'un ordre social juste, examine la

aux questions sociales du monde moderne présentes dans la *Déclaration de Philadelphie* (1944)[347] et dans la *Charte des Nations Unies* (1945)[348]. Sur cette base, Pie XII examine les conditions sociales des prêtres et aboutit à ce constat

condition des travailleurs salariés et rejette le socialisme comme remède et propose le principe de collaboration opposé à la lutte des classes comme moyen fondamental pour le changement social. Dans la même ligne, Pie XI, dans l'Encycl. *Quadragessimo anno* (1931), face aux régimes totalitaires d'après-guerre et à l'expansion du pouvoir des groupes financiers, défend certains principes comme le respect de la liberté d'association, la solidarité, la coopération ou la collaboration pour surmonter les antinomies sociales, la proportionnalité des salaires aux besoins du travailleur et de sa famille, l'application du principe de subsidiarité dans les rapports entre l'Etat et les secteurs privés, le rejet du libéralisme sauvage compris comme concurrence illimitée des forces économiques, la confirmation de la valeur de la propriété privée, l'application urgente de la loi morale régulatrice des rapports humains afin d'arriver à un nouvel ordre social basé sur la justice et la charité.

347 La « Déclaration de Philadelphie » fut adoptée le 10 mai 1944 (à Philadelphie aux Etats Unis) à l'unanimité, par les représentants (délégués des gouvernements, des employeurs et des salariés) et s'adresse à tous les humains et insiste sur la dignité. Elle consacre la reconnaissance à l'échelle internationale de l'importance des questions économiques et sociales, et du fait qu'elles sont indissociables des autres aspects des questions internationales. Elle redéfinit les buts et objectifs de l'Organisation Internationale du Travail (OIT) en énonçant notamment les principes suivants : 1. Le travail n'est pas une marchandise ; 2. La liberté d'expression et d'association est une condition indispensable d'un progrès continue ; 3. La pauvreté, où qu'elle existe constitue un danger pour la prospérité de tous ; 4. Tous les êtres humains, quels que soient leur race, leur croyance ou leur sexe, ont droit de poursuivre leur progrès matériel et leur développement spirituel dans la liberté et la dignité, dans la sécurité économique et avec des chances égales.

348 La « Charte des Nations Unies » est une Convention internationale qui codifie les grands principes des relations internationales depuis l'égalité souveraine des États jusqu'à l'interdiction d'employer la force dans ces relations. Sur les questions sociales, elle stipule dans ses articles 22 et 23 que « toute personne, en tant que membre de la société, a droit à la sécurité sociale ; elle est fondée à obtenir la satisfaction des droits économiques, sociaux et culturels indispensables à sa dignité et au libre développement de sa personnalité, grâce à l'effort national et à la coopération internationale, compte tenu de l'organisation et de ressources de chaque pays » et « toute personne a droit au travail, au libre choix de son travail, à des conditions équitables et satisfaisantes de travail et à la protection contre le chômage ». Cette Convention fut signée à San Francisco le 26 juin 1945, à la fin de la Conférence des Nations Unies pour l'Organisation Internationale, et est entrée en vigueur le 24 octobre 1945.

douloureux : « de nombreux prêtres sont victimes des désordres économiques ou politiques de la guerre et de ses suites, ils vivent dans la misère. Leur détresse devient plus criante en raison des graves inégalités qui affectent le niveau de vie du clergé diocésain. La misérable situation matérielle d'un grand nombre de prêtres est un état de choses qui cause une angoisse profonde et qui invite à mettre les moyens en œuvre pour soulager les malheurs, les peines et l'extrême indigence de beaucoup de ces prêtres »[349]. Face à cette situation qui scandalise l'opinion publique et soulève parfois l'indignation, Pie XII est convaincu qu'il est impossible de demander aux prêtres qui n'ont pas le nécessaire pour vivre d'accomplir avec zèle les devoirs de leur ministère. Pour cela, il invite l'Église à trouver de remèdes énergétiques que réclame la protection économique du clergé diocésain[350]. Ceux-ci doivent se focaliser sur : a). L'élimination de manière équitable des inégalités les plus graves dans la situation économique des prêtres, en leur assurant le nécessaire pour la vie de chaque jour et la prévoyance sociale face aux contingences de la vie (maladies, incapacités, vieillesse, etc.) ; b). La solidarité fraternelle entre les prêtres, la vie communautaire, le détachement volontaire, etc. ; c). L'obligation faite aux fidèles de secourir le clergé pauvre car sans leur participation, il est impossible de remédier parfaitement aux difficultés de la situation matérielle angoissante des prêtres ; d). Enfin, l'obligation faite aux pouvoirs publics, selon les conditions de divers pays, de pourvoir aux besoins du clergé car la société civile tire d'incalculables bienfaits spirituels et moraux du ministère sacerdotal[351]. Bref, pour lui, la recherche de solutions aux problèmes matériels des prêtres doit impliquer trois protagonistes : le tandem Evêque- Prêtres, les Fidèles laïcs et les Pouvoirs publics. Ces orientations ont joué une grande influence dans le traitement de la question de la vie matérielle du clergé diocésain au Concile Vatican II[352].

1.1.2. Idées des milieux pastoraux et universitaires dans la phase ante-préparatoire du Concile.

Dans la phase ante-préparatoire du Concile, les milieux ecclésiastiques de tous bords ont sévèrement critiqué le système bénéficial comme structure économique fondamentale pour la subsistance du clergé. Tout en reconnaissant le droit du prêtre à une subsistance digne et à une protection sociale, beaucoup

349 PIE XII, PP., Exhort. Ap. *Menti nostrae*, in: AAS 42 (1950), 697.

350 DOLE, G., *La protection sociale du clergé…*, 57.

351 PIE XII, PP., Exhort. Ap. *Menti nostrae*, in: AAS 42 (1950), 657–702.

352 DOLE, G., ibid., 63.

de milieux consultés, surtout universitaires et pastoraux[353], ont unanimement affirmé que le régime du titre d'ordination pour la subsistance du clergé était devenu obsolète, générateur de beaucoup d'inégalités dans la vie économique du clergé diocésain[354] et il renfermait plein d'incohérences sur le plan juridique[355] et a contribué grandement à l'effondrement de la vie spirituelle du clergé diocésain[356] (perte de l'esprit de pauvreté, recrudescence de l'avarice et de la cupidité, perte du zèle apostolique [négligence du ministère au profit de l'administration du temporel])[357] et à l'effondrement de la vie communautaire.

353 DE PAOLIS, V., *Los bienes temporales de la Iglesia…*, 130: "Desde su fase antepreparatoria, se presentaron críticas muy fuertes tanto por parte de los pastores de la Iglesia, como de los ateneos pontificios". "El beneficio fue definido como una chapuza desde el punto de vista jurídico, por la combinación de los diversos elementos que incluía, difícilmente armonizables desde el punto e vista de la teoría del derecho y del oficio".

354 ACTA ET DOCUMENTA CONCILIO OECUMENCICO VATICANO II APPARANDO. SERIES I (Antepraeparatoria). Appendix vol. II: Analyticus conspectus conciliorum et votorum quae ab episcopis et praelatis data sunt. Pars II (Typis Polyglottis Vaticanis, MCMLXI), 535: nn. 1, 2, 3: "Partem quintam libri tertii Codicis, de beneficiis, circumstantiis hodiernis accommodare oportet". «Disciplina administrationis beneficiorum emendetur ut certis normis, aetati nostrae accommodatis provideatur ad honestam cleri saecularis sustentationem». «Ius beneficiale accommodetur hodiernis modis administrationis».; ACTA ET DOCUMENTA CONCILIO OECUMENICO VATICANO II APPARANDO. SERIES I (ANTEPRAEPARATORIA). VOL. IV. Studia et vota universitatum et facultatum ecclesiasticarum et Catholicarum. Pars II. Universitates et Facultates extra urbem (Sub secreto). Typis Polyglottis Vaticanis MCMLXI, 718: «Beneficii ecclesiasticii incongruentiae practicae»; SCHOUPPE, J. P., o. c., 148: cfr. note 426: l'auteur reprend une étude réalisée sur ce thème par V. De Paolis et résume les objections contre le système bénéficial; DE PAOLIS, ibid, 130–131; ACTA ET DOCUMENTA CONCILIO…Vol. IV, loc. cit.: *Defectus aequalitatis in retributione officialium ad eorum honestam sustentationem. Quidam officiales vere esuriunt, quidam vero superabundant.*

355 ACTA ET DOCUMENTA CONCILIO OECUMENICO VATICANO II APPARANDO. SERIES I (ANTEPRAEPARATORIA). Vol. IV. studia et vota universitatum et facultatum ecclesiasticarum et catholicarum. Pars II. Universitates et Facultates extra urbem (sub secreto). typis polyglottis vaticanis MCMLXI, 717: Beneficii ecclesiastici incongruentiae iuridicae.

356 Ibid, 718: "sistema beneficiale obest spiritui paupertatis et zelo apostólico, quia beneficiatus, vel candidatus, magis a sponsae dote trahi et occupari contingit quam ab ipsa sponsa eiusque amore et servitio".

357 Ibid: "Administratio bonorum beneficii et redituum perceptio odia parant animarum pastoribus, damna patiuntur tempore vacacionis, lites fovent inter beneficiarios

Il est aussi devenu la base de beaucoup de discordes dans la communauté chrétienne et de la destruction du patrimoine ecclésiastique à cause de lacunes de gestion dont faisaient montre beaucoup des clercs[358].

Pour toutes ces raisons, il fallait soit le réformer totalement, soit le supprimer pour trouver un autre régime économique plus honnête, plus adéquate, plus équitable, plus solidaire, adapté à l'administration moderne et qui ferait de l'office sacré un service pastoral et non un moyen d'enrichissement personnel[359]. Il était donc urgent de trouver un autre système qui favoriserait une *maiore aequitate in distributione bonorum ecclesiasticorum inter sacerdotes*[360] et qui

---

successivos eorumve heredes, maxime si dos beneficii constituatur praediis quae fructus producunt syclo pluriennali".

358 DE PAOLIS, V., *Los bienes temporales de la Iglesia*...,131.

359 ACTA ET DOCUMENTA....Appendix vol. II..., 536: nn. 4, 7, 8, 9, 13:"Videtur Ecclesae multum profuturum iri, ita disciplinam de beneficcis, fundationibus et bonis temporalibus in genere reformare...". "Ius beneficiorum condicionibus rerum, quae in diversis territoriis diversae sunt, magis adaptetur, et, prout utile vel necesse erit, iure officiorum amplificando compensetur"; "Ius beneficiorum reformetur, ut inaequalitas in remuneratione clericorum animarum cura occupatorum tollatur ipsaque beneficia melius administrentur, quod per communem ditiorum beneficiorum administrationem apte fieri posse videtur"; "Ius beneficiale sensim partimque adaptetur iuri officialium"; "Reformetur sistema beneficiale"; cfr. ACTA ET DOCUMENTA...SERIES I. Vol. IV, PARS I, 717: "Imprimis enim definitio ponit in constitutione personae moralis elementa quae natura sua inepta sunt ad constituendam personam moralem, qualis sunt officium et ius percipiendi reditus"; cfr. J. P., SCHOUPPE, o. c, 148, note 426 : "Le bénéfice ecclésiastique serait un ensemble d'éléments difficilement conciliables : comment un office, un droit et une rente pourraient-ils former une personne juridique de manière harmonieuse ?". Bref, du point de vue des milieux universitaires, le système bénéficial présentait théoriquement des *incongruentiae iuridicae.* Pour beaucoup de canonistes, le concept juridique de bénéfice ecclésiastique du can. 1409 du CIC/1917 est un « bricolage juridique » (« chapuza ») car il est constitué d'un mélange hétéroclite d'éléments difficiles à harmoniser dans la théorie du droit : l'office ecclésiastique et le droit de percevoir les revenus et la rente qui ne peuvent former une personne juridique de manière harmonieuse. Considérant cela, l'office ecclésiastique et le droit à percevoir les revenus ne devaient pas être pris dans le sens ample de la personne juridique, mais en lieu en place de ces deux éléments, il fallait plus exalter la personnalité juridique des institutions comme le diocèse, la paroisse, le vicariat, ou des collèges, voire des Chapitres ; cfr. 535, nn. 1, 2, 3; 536, nn. 4, 5, 7; 537, nn. 8, 9, 13; 538, n. 20; 538 : n. 20 : "Beneficia supprimantur".

360 Ibid, 562: n. 8: "Aequior sit distributio bonorum inter clericos"; "Melior distributio et adaequatio proventuum inter omnes sacerdotes desiderantur, ut stridentia

garantirait aux prêtres une sécurité sociale en s'adaptant aux circonstances et exigences du temps présent. La solution passait soit à un retour à l'ancien régime de *stipendium*, basé sur le *fonds commun diocésain*[361], qui couvrirait tous les offices ecclésiastiques[362] et mettrait fin aux inégalités économiques, soit à une réforme totale de l'ancien système des titres d'ordination. Dans ce cas, seul un titre pouvait être maintenu : celui du *service du diocèse ou de la mission*[363].

Parlant de la protection sociale, tous étaient unanimes pour reconnaitre que les prêtres ne disposaient pas de revenus suffisants pour faire face par eux-mêmes à des situations difficiles comme la maladie, la retraite et la vieillesse[364] et que le

---

discrimina tollantur"; "Definienda est saltem approximative norma honestae sustentationis, ultra quam sacerdotes nihil percipere possint"; Retributio oeconomica pro variis ministeriis non aequa apparet, praesertim qui labori pastorali incumbunt maiori aequitate retribuantur".

361 Ibid, 563: n. 7; 564, n. 7: "Ad discrimina in re oeconomica tollenda in clero única habeatur pro ómnibus in doecisis Capsa communis, ut qui altari deserviiunt eodem pariter modo eademque dignitate de altari vivant, ut nemo in egestate ineveniatur".

362 ACTA ET DOCUMENTA…, SERIES I. VOL. IV. PARS I., 719: "Systema retributionis quod beneficiali subrogaandum videtur est sane sistema stipendium, sequentibus additis animadversionnibus: Stipendium est extendendum ad officia quae hactenus beneficialia non sunt, ut officia vicarirum paroecialium."

363 Ibid, 104; cfr. F. R., AZNAR GIL, *La "conveniente remuneración" de los clérigos en el Código de Derecho Canónico(C.281, § 1)*, in: "Ciencia tomista" (113),1986/1, 535–536: «No hay en el futuro otro título canónico de ordenación para los sacerdotes que el de servicio a la diócesis, por lo que ningún clérigo puede exigir ya "ex iustitia" nada más que su congrua sustentación, no la de su familia"; "los clérigos sólo se ordenen al servicio de la diócesis"; "el título de patrimonio o de pensión o de beneficio "in sacris ordinibus" debe ser abrogado; solo se conserve en la ordenación el título "ad servitium dioceseos"; que se abrogue la ordenación a título de patrimonio"; "que el Obispo pueda ordenar a sacerdotes seculares, conscientes y consentientes, a título de pobreza o de la Divina Providencia"; J. P., SCHOUPPE, o. c., 147–148 : "L'optique conciliaire a pris nettement ses distances par rapport au système bénéficial. Les pères conciliaires optèrent pour l'abandon de cette institution pluriséculaire et pour son remplacement par un système de solidarité économique. Ce changement radical fait suite à de nombreuses objections qui avaient été formulées tant au niveau théorique que pratique. Les temps sont mûres pour l'instauration d'un nouveau système qui soit à même de tirer les conséquences structurelles d'un office sacré dorénavant conçu avant tout comme un service pastoral, ainsi que de la solidarité ecclésiale mise en évidence par la nouvelle ecclésiologie de communion ».

364 ACTA ET DOCUMENTA CONCILIO OECUMENICO VATICANO II APPARANDO. SERIES I (Antepraeparatoria). Vol. IV. Studia et vota universitatum et Facultatum ecclesiasticarum et catholicarum. Pars I. Universitates et Facultates in

Code lui-même ne prévoyait vraiment aucun régime de protection sociale du clergé diocésain. Il abandonnait tout à la discrétion des Ordinaires diocésains[365]. Il fallait donc combler ce vide juridique et mettre en place un régime canonique de protection sociale du clergé diocésain[366]. Ce nouveau régime de prévoyance sociale devrait être instauré au niveau de l'Église universelle et au niveau des églises particulières, et dans les mesures du possible en accord avec les structures du pouvoir civil « quantum fieri potest »[367]. L'idée de l'adoption d'une législation ecclésiastique de « adsicuratione » (sécurité sociale)[368] du clergé diocésain est une nouveauté car le CIC de 1917 est resté muet sur cette question.

1.2. Dans la phase préparatoire du Concile.

Le document de référence de la phase préparatoire du Concile sur le thème de la rémunération et de la sécurité sociale du clergé diocésain est les *Schemata constitutionum et Decretorum. Ex quibus argumenta in Concilio disceptanda*

Urbe 2 (Sub secreto), Typis Polyglottis vaticanis MCMLXI, 212–213:1. Plures sunt sacerdotes qui degunt in paroeciis quarum beneficium pauperrimum est. Saepe sacerdotes qui est in cura animarum exiguos suos proventus erogare debet ad urgentiores necessitates aliquorum fidelium sublevandas. Ex hoc evenit ut in casu infirmitatis vel alicuius infortunii sacerdos ne necessarium quidem habeat, ut sibi ipsi provideat. Ex his rerum adiunctis duae proveniunt consequentiae: a)Maxima paupertas et deficientia rerum necessarium in qua versantur plures sacerdotes cum ad senectutem proveniunt, Ipsi sunt revera digni omni commiseratione; b).ut saltem ea quae magis necessaria sunt obtenere possint, munus parochi dimittere nolunt, quamquam omnino inhabiles sint ad illud totaliter adimplendum. Quidam ex illis sacerdotem coadiutorem acceptant vel etiam petunt, cui postea plenam agendi libertatem conferunt. Alli e contra coadiutorem nolunt et soli manera malunt, uti per plures annos fuerunt; vel, si coadiuntorem acceptant, illius operam obstruunt.

365 DOLE, G., *La protection sociale du clergé…*, 47: « Par son silence en la matière, le Code de 1917 abandonnait la protection sociale des clercs à la discrétion des Ordinaires diocésains ».

366 ACTA ET DOCUMENTA…Vol. IV…, 213: Huiusmodi rerum adiunctis remedium apponi posse videtur legislatione generali, qua: a).Constituatur pro sacerdotibus saecularibus "securitas socialis" quae dicitur, contra infirmitates et infortunia, ita ut illis digne et convenienter provideri possit; b).Constituatur pensio pro senecte, qua gaudeant sacerdotes saeculares qui propter aetatem vel infirmitatem munus ipsis commissum iam perficere nequeant.

367 ACTA ET DOCUMENTA…SERIES I (ANTEPRAEPARATORIA). APPENDIX VOL. II… PARS II, 563- 564.

368 Ibid, 214: Votum: Desiderantur legislatio ecclesiastic generalis de "adsicuratione" cleri saecularis contra infirmitates diuturnas et infortunia atque pro senectute.

seligentur. Series Quarta (MCMLXII) : Schema Decreti. De Clericis. Dans ce document, le thème est traité au chapitre troisième sous le titre : *De officiis et beneficiis ecclesiasticis minoribus saecularibus deque bonorum ecclesiasticorum administratione*[369].

Partant des critiques et suggestions de la phase ante-préparatoire, ce document reconnait le manque des normes exactes dans le Droit canonique en vigueur sur la question de rémunération équitable et de la sécurité sociale du clergé diocésain[370] et suggère que le Concile comble ce déficit en définissant un nouveau régime économique[371]. Cela implique l'abandon du système bénéficial et la création dans chaque diocèse d'une autre institution canonique plus équitable et plus juste comme le *fundum commune* ou *capsa communis* des biens. Celui-ci devait être alimenté par les revenus des bénéfices ecclésiastiques, les revenus du patrimoine diocésain, les taxes diocésaines et les oblations ou offrandes des fidèles pour pourvoir à la subsistance matérielle du clergé diocésain[372]. Il faut aussi la mise en place d'un système de prévoyance sociale, au niveau ecclésial ou en collaboration avec les pouvoirs publics, pour faire face aux contingences de la vie comme la maladie, l'invalidité et la vieillesse[373].

---

369 SACROSANCTUM OECUMENICUM CONCILIUM VATICANUM SECUNDUM. Schemata constitutionum et Decretorum. Ex quibus argumenta in Concilio disceptanda seligentur. Series quarta (Sub secreto), Typis Polyglottis Vaticanis (MCMLXII), 27- 42.

370 Ibid, 37:" In iure communi nunc vigente normae accuratae desunt de aequa remuneratione omnibus clericis tribuenda, qui officio aliquo ecclesiastico non beneficial funguntur, nec satis provisum est ut beneficiarii pro pauperibus aut piis causis fructus beneficiales revera impendant, qui ad eorum honestam sustentationem non sint necessarii. Opertet igitur ut eiusmodi defectis aptum et opportunum remedium afferatur".

371 Ibid: "Insuper vero, sedula cura adhibeatur oportet ut quamprimum in toto orbe catholico ómnibus clericis congrua praestetur adsistentia sanitaria, iisque pensio tribuatur quo tempore, senectutis vel invaliditatis causa, officio ecclesiastico iam fungi nequeant."; F. R., AZNAR GIL, art. cit, 538: "En el mismo esquema, después de establecer normas sobre la revisión del sistema beneficial, la previsión social de los clérigos y la correcta administración de los bienes eclesiásticos, se establece que se debía proveer a la honesta sustentación de todos los eclesiásticos titulares de oficios: bien por una congrua remuneración mientras desarrollan su función, bien por una pensión cuando a causa de la vejez, de la inhabilidad o de la enfermedad deban cesar en su oficio".

372 AZNAR GIL, F. R., ibid, 538–539.

373 Ibid..: "Como instrumento apto para lograr esta finalidad en los clérigos que desempeñaban un oficio eclesiástico no beneficial se preveía la constitución de una masa o acervo común de los bienes de la diócesis".

1.3. Droit à la rémunération juste et à la protection sociale du clergé diocésain au Concile Vatican II.

Au Concile Vatican II, le problème de la vie matérielle du clergé diocésain a été traité dans les décrets PO et CD. Et après le Concile, d'autres documents ont aussi approfondi la problématique. Nous allons ici tenter d'analyser ces documents conciliaires et postconciliaires pour dégager les principes et les aspects doctrinaux du nouveau régime économique pour le clergé diocésain.

1.3.1. Dans les documents conciliaires.

L'enseignement conciliaire réaffirme la longue tradition de l'Église sur le droit à une subsistance juste et digne des ministres sacrés, tel que le Christ l'a exprimé dans son Évangile : « L'ouvrier a droit à son salaire » (Lc. 10, 7). L'accomplissement de ce droit subjectif incombe à la communauté ecclésiale[374]. Ce droit n'émane pas cependant d'un contrat de travail car le ministère sacerdotal est un service spirituel régi non par le droit civil du travail mais par la législation ecclésiastique. Il est la conséquence de la reconnaissance de la valeur de ce ministère et de la justice distributive.

1.3.1.1. Rémunération juste du clergé comme finalité des biens temporels.

L'Église a toujours revendiqué le droit de posséder les biens temporels comme moyens nécessaires pour l'accomplissement de sa mission, pour atteindre ses propres objectifs[375]. Le Concile Vatican II est revenu largement sur cette

---

374 JEAN XXIII, Encyclique *Pacem in terris*: AAS 55 (1963), 264 : « Dans la vie en société, tout droit conféré à une personne par la nature crée chez les autres un devoir, celui de reconnaitre et de respecter ce droit » ; cfr. CONSEIL PONTIFICAL « Justice et paix », o. c, 81.

375 AZNAR GIL, F. R., *La administración de los bienes temporales…*, 66–74: "El punto de partido para fundamentar el derecho de la Iglesia a poseer bienes temporales es que "al ser la Iglesia el visible *regnuum Dei in terris*, dirigida, con sus órganos, a la realización de los fines, próximos y remotos, que le son propios, se deduce que ella debe estar provista de los medios temporales necesarios para el cumplimiento de sus funciones". Esta es la idea fundamental, revestida bajo diversos aspectos, aducida en todo tiempo para la justificación de su posesión de bienes temporales y fundamentado en el derecho divino, en derecho natural y en la praxis histórica". En derecho natural, este derecho se fundamenta en la legitimidad de la propiedad privada reconocida a toda asociación humana; en derecho divino, el derecho de la Iglesia a poseer bienes temporales viene de la voluntad de su Fundador, Nuestro Señor Jesús, quien instituyó la Iglesia como una sociedad perfecta, es decir: suficiente e independiente

doctrine traditionnelle en insistant que les biens temporels sont pour l'Église des moyens pour atteindre ses finalités ou sa mission (GS 76, § 6)[376]. L'Église doit les utiliser dans un esprit de pauvreté (PC 13, § 6) et doit éviter de les accumuler de manière indue[377]. Les finalités religieuses pour lesquelles l'Église réclame ces biens sont regroupées en trois catégories : 1).Assurer un entretien digne au clergé ; 2). Développer le culte divin ; 3). Réaliser les œuvres d'apostolat ou de charité, surtout envers les pauvres (PO, 17 § 3)[378]. La possession de biens temporels par l'Église n'est légitime que dans la mesure où ils sont nécessaires et adéquats à la poursuite de ces trois finalités[379].

---

en su orden, y en cuanto tal le concedió los medios necesarios para conseguir su finalidad.

376 CONCILE VATICAN II, AA, 8 §3 : les œuvres de charité sont l'une des finalités qui justifient la possession des biens temporels ; GS 42 §2 : La mission propre de l'Église est d'ordre religieux et non politique, économique et social, mais de cette mission religieuse dérivent des taches, les lumières et les énergies dont l'Église a besoin pour servir la société en créant des œuvres pour le service de tous, surtout de nécessiteux ; GS76, § 6 : Certainement, les réalités temporelles et les réalités surnaturelles sont étroitement liées entre elles, et la même Église se sert des moyens temporels quand sa propre mission l'exige ; AG 19§ 4 : les moyens temporels servent aussi à l'annonce de l'Évangile et au soutien des églises de régions pauvres pour accomplir leur mission ; IM 3, § 1-2 : utiliser les moyens temporels comme par exemple les moyens de communication sociale pour accomplir sa mission fait partie de la mission de l'Église. C'est donc un droit naturel pour l'Église d'utiliser et de posséder les moyens de communication sociale quand c'est nécessaire et utile pour l'éducation chrétienne et le salut des âmes ; PC 13, § 6 : la possession des biens temporels dans l'Église doit se faire et se vivre dans un esprit de pauvreté pour cela les institutions de l'Église doivent éviter tout esprit de luxe, la recherche de bénéfices immodérés et toute accumulation des biens ; PO 17, §§1–3 : Les prêtres doivent avoir face au monde et aux biens temporels une attitude droite parce que la mission de l'Église s'accomplit dans le monde et les biens temporels sont nécessaires pour le bien personnel de l'homme ; l'usage de ces biens doit être conforme aux fins de l'Église.

377 ACTA SYNODALIA SACROSANCTI CONCILII OECUMENICI VATICANI II. VOL. III, PARS IV: Schema Decreti de Clericis…, 837–838, n. 27.

378 CONCILE VATICAN II, PO, 17 § 3: "Bona ecclesiastica proprie dicta, secundum rei naturam, ad norman legum ecclesiasticarum, sacerdotes […] moderentur, atque eadem destinent semper eos in fines ad quos proseqendos Ecclesiae licet bona temporalia possidere, videlicet ad cultum divinum ordinandum, ad honestam cleri sustentationem procurandam, necnon ad opera sacri apostolatus vel caritatis, praesertim erga egenos, exercenda".

379 CONCILE VATICAN II, GS 76 : cité par SCHOUPPE, J. P., o. c, 16; CIC 17: cc. 1495, § 1 et 1496: «Ecclesia catholica et Apostolica Sedes nativum ius habent libere et

L'*honestam cleri sustentationem* figure donc parmi les finalités premières pour lesquelles l'Église revendique le droit de posséder les biens temporels malgré que sa mission soit essentiellement spirituelle. Cette expression *honestam cleri sustentationem* englobe les besoins nécessaires de la vie du prêtre : l'alimentation, le logement, l'habillement, les soins de santé, les moyens de formation spirituelle et culturelle, etc.

Pendant plusieurs siècles, cette subsistance des clercs était garantie par l'institution canonique du titre d'ordination qui pouvait être : soit de *patrimoine,* soit de *pension,* soit de *bénéfice ecclésiastique* ou encore du *titre au service du diocèse* ou *de la mission.* Mais ces institutions sont devenues obsolètes et ont contraint le Concile à y renoncer pour définir un autre régime économique plus juste et plus équitable pour le clergé diocésain. Ce régime « trouve ses assises dans le lien d'incardination [...] [ou mieux] dans la simple condition de ministre sacré et aussi surtout [dans l'exercice du ministère] conformément à la maxime de l'Évangile (Lc 10, 7) : [L'ouvrier a droit à son salaire] »[380]. Cependant, il doit être guidé par un double principe qui caractérise tout le ministère sacerdotal : le principe de la gratuité-pauvreté qui écarte toute tendance qui vise à réduire la rémunération du clergé à une rétribution du service rendu. Afin de ne pas tomber dans ce piège, le Décret PO, 17 insiste sur l'attitude qui doit caractériser les prêtres face aux biens temporels en général.

Les biens temporels sont un don de Dieu pour la subsistance humaine[381] et le prêtre doit les apprécier comme tel. La personne humaine ne doit pas s'en passer car ils répondent à ses besoins primaires, ils constituent la condition de base de son existence et sont absolument indispensables pour se maintenir comme être vivant, pour communiquer, pour s'associer et pour pouvoir réaliser les plus hautes finalités auxquelles elle est appelée[382]. Cependant, dans la

---

independenter a civili potestate acquirendi, retinendi et administrandi bona temporalia ad fines sibi propios prosequendos» et «Ecclesiae ius quoque est, independens a civili potestate, exigendi a fidelibus quae ad cultum divinum, ad honestam clericorum aliormque ministrorum sustantationem et ad reliquos fines sibi proprios sint necessaria»; AZNAR GIL, F. R., o. c, 75: «Los fines a los que servían los bienes de la Iglesia, en general, se aplicaban a los pobres, al culto divino y a la sustentación de los clérigos [...]».

380 CAPARROS, E. et AUBE, H. (Dir.), *Code de Droit Canonique. Bilingue et annoté...*, 264 : commentaire du can. 281.

381 JEAN PAUL II, Encyclique *Centisimus annus*, 31 : AAS 83 (1991) 831 : cité par CONSEIL PONTIFICAL « Justice et Paix », o. c., 90.

382 Cfr. PIE XII, *Radio-message pour le 50ème anniversaire de l'encyclique « Rerum novarum »* : AAS 33 (1941) 199–200 : cité par CONSEIL PONTIFICAL « Justice et Paix », loc. cit.

jouissance de ces biens, la personne humaine doit rester libre de toute préoccupation désordonnée et être docile à la volonté de Dieu. De cette liberté et de cette docilité découle la « discrétion spirituelle » avec laquelle la personne trouve l'attitude correcte face au monde et aux biens terrestres afin que ces derniers soient utilisés selon la volonté de Dieu et qu'ils ne deviennent pas un obstacle à la réalisation pleine de l'homme et à l'accomplissement de la mission du Christ[383].

Voilà pourquoi le Décret PO, 17 invite le prêtre à cultiver face aux biens matériels un esprit de détachement, de pauvreté volontaire à l'exemple du Christ afin d'être plus disponible à son service et à celui de la communauté. Cette attitude lui permettra d'utiliser les biens temporels comme moyens pour atteindre les fins pour lesquelles licitement l'enseignement du Christ et la discipline de l'Église les destinent[384] et de ne pas tomber dans le piège de la vanité et de l'enrichissement matériel qui contredit l'essence même du sacerdoce du Christ : le service des autres. Cependant, l'attitude de pauvreté ou de détachement qui doit caractériser le prêtre ne nie en rien l'affirmation d'un droit fondamental à l'ouvrier de l'Évangile de recevoir sa rémunération.

1.3.1.2. La rémunération juste est-elle un droit selon le décret PO, n.20 ?

La tendance générale quand on touche ce sujet c'est de dire que la rémunération juste dont parle le Concile pour le prêtre n'est pas un droit. Si ce n'est pas un droit, il serait alors une libéralité ou un acte de bienfaisance de la communauté ecclésiale ou de l'autorité ecclésiale, dans ce cas de l'Ordinaire de lieu. Cette manière de voir les choses peut sans doute se justifier par la formulation du texte conciliaire comme nous allons le voir ici-bas, mais cette interprétation ne semble pas, à notre avis, cadrer avec tout l'enseignement et la praxis de l'Église

---

383 AZNAR GIL, F. R., art. cit., 550: El decreto sobre el ministerio y vida de los presbíteros, promulgado el 7 de diciembre de 1965, recoge las ideas fundamentales debatidas durante su elaboración […]: se recuerda a los presbíteros cómo deben usar de los bienes temporales para aquellos fines que, de acuerdo con la doctrina de Cristo Señor y la ordenación de la Iglesia, es lícito destinarlos (PO 17) y, tras esta llamada general, pasa a distinguir y regular más cuidadosamente el uso de los bienes temporales por parte de los clérigos".

384 CONSEIL PONTIFICAL "JUSTICE ET PAIX", o. c, 95 ; cfr. JEAN PAUL II, Discours à la Troisième Conférence Générale de l'Épiscopat latino-américain, Puebla (28 janvier 1979), I/8 : AAS 71 (1979) 194–195 : Le pape a affirmé l'option préférentielle pour les pauvres dans la destination universelle des biens.

qui, des siècles durant, se fondent dans la volonté du Christ : « L'ouvrier a droit à son salaire » (Lc 10, 7).

En effet, pour mettre fin aux *inaequalitas in remuneratione clericorum* et pour assurer une *aequior distributio bonorum inter clericos*[385], le Concile énonce dans le Décret PO, 20 le principe d'une *aequam remunerationem* pour les prêtres qui se consacrent au service de Dieu[386]. Le texte conciliaire utilise l'expression *digni sunt Presbyteri qui aequam recipiant remunerationem* pour énoncer ce principe. L'expression *digni sunt* traduit-elle vraiment un droit subjectif au sens strict ? Donne-t-elle vraiment à l'individu une sphère de pouvoir ou faculté pour en récuser le non-respect et de le défendre ? Ou traduit simplement une libéralité laissée au pouvoir discrétionnaire de l'autorité ecclésiastique ? En comparant l'expression « ius percipiendi » utilisée dans la législation canonique antérieure en référence avec la subsistance des clercs, il semble à priori que les expressions conciliaires *digni sunt Presbyteri qui aequam recipiant remunerationem* utilisée dans PO, 20 ou *providendum est, merentur, assignetur, definienda, procurare, consulatur, aequam recipiant mercedem* n'affirment pas avec force un droit. Mais pourquoi cette affirmation mitigée alors que le Concile voulait mettre fin aux inégalités économiques ?

La réponse à cette interrogation selon le prof. F. AZNAR se trouve dans le fait que les pères conciliaires ont voulu *éviter tout juridisme* qui a caractérisé le Code antérieur en cette matière[387] et auquel le Concile voulait tourner le dos pour donner une autre image de l'Église, la vraie. Il fallait éviter une terminologie plus juridique qui implique l'existence d'une obligation canonique de l'Église particulière envers les membres de son clergé et qui conduirait à croire que le ministère sacerdotal est un contrat de travail. En lieu et place du juridisme

---

385 .ACTA ET DOCUMENTA CONCILIO OECUMENICO VATICANO II APPARANDO. SERIES I.(ANTEPRAEPARATORIA). Appendix Voluminis II. Pars II, 537. 562: "Ius beneficiorum reformetur, ut inaequalitas in remuneratione clericorum animarum cura occupatorum tollatur…"

386 CONCILE VATICAN II, PO, 20: "Servitio Dei dediti in implendo officio sibi commisso, digni sunt Presbyteri qui aequam recipiant remunerationem, quia dignus est operarius merece sua (Lc 10, 7), atque Dominus ordinavit iis, qui Evangelium annuntiant, de Evangelio vivere (1 Cor 9, 14)".

387 AZNAR GIL, F. R., art. cit, 543: "Quizá la explicación radique en que, dado el tenor del documento y el contexto del Concilio, se prefirieron usar términos menos jurídicos, más acordes con el tono del documento. Amén, lógicamente, del mismo carácter del ministerio ejercido por el sacerdote. Parece, en suma, que se quiere evitar el tono y carácter meramente contractual en esta materia".

antérieur, le Concile dont la nature est pastorale a opté pour *un langage modéré* pour dire que la juste rémunération pour les clercs n'est pas la conséquence d'un contrat de travail, mais une reconnaissance de la dignité de l'état sacerdotal, de l'indispensable liberté et de la totale disponibilité qui caractérise l'accomplissement du ministère sacerdotal. Cette disponibilité et la complète consécration au ministère sacerdotal font que le clerc ne dispose d'autres voies pour subvenir à ses besoins et que cela retombe sur la communauté chrétienne[388]. Malgré ce langage modéré, pour les pères conciliaires, la rémunération juste et la protection sociale sont des droits fondamentaux qui transcendent le cadre du travail et s'appliquent sur l'individu même hors de l'exercice du ministère, dans toutes les circonstances où la dignité sacerdotale est en jeux. Telle est la ligne traditionnelle de l'Église dans ses enseignements et sa praxis, tel est aussi l'esprit qui a guidé l'élaboration du texte conciliaiire et dont le fondement se trouve dans le principe défini par le Christ lui-même : « L'ouvrier a droit à son salaire » (Lc 10, 7).

Ce droit se trouve renforcer par la *Déclaration Universelle de Droits de l'homme* (1948) des Nations Unies que le Magistère de l'Église évalue positivement car elle identifie et proclame des droits qui répondent aux exigences irréductibles de la dignité humaine et dont « la source ultime ne se situe non dans une simple volonté des êtres humains, ni dans la réalité de l'État, ni dans les pouvoirs publics, mais dans l'homme lui-même et dans le Dieu Créateur »[389]. Et le droit à une rémunération juste et à une protection sociale pour tout homme comme pour le prêtre font partie de la longue liste des droits reconnus et proclamés par les Nations Unies et que l'Église défend toujours dans son enseignement[390].

Ce droit trouve sa racine dans la dignité qui appartient à chaque être humain, laquelle dignité a été donnée par Dieu et assumée et rachetée par Jésus-Christ à

388 Ibid, 555.

389 CONSEIL PONTIFICAL « JUSTICE ET PAIX », o. c, 79.

390 Mt 10, 10 ; 1 Cor 9, 7 ; 1 Tim 5, 18 ; Dans les chapitres précédents nous sommes revenus plusieurs fois sur les fondements historiques de ce droit ; J. San J., PRISCO, *Los ministros sagrados o clérigos*, dans "*Derecho Canónico I: El derecho del Pueblo de Dios.*, Coord. M. M. Cortés Diéguez y J. San J. Prisco, BAC, Madrid 2006, 215: "El derecho a una justa remuneración y a la seguridad social, con la necesaria ayuda de los fieles (cc. 281; 1261 § 2; PO 17; 20–21). Es un derecho privado fundamental que ha de ser protegido y va unido al instituto jurídico de la incardinación y de la disponibilidad ministerial. Es un derecho independiente de los bienes familiares, porque "todo trabajador merece su salario".

travers son incarnation, sa mort et sa résurrection[391]. Il est pour cela est « universel, inviolable et inaliénable »[392]. L'Église, en tant que défenseur de la dignité humaine et de tout ce qui concourt à l'élévation de cette dignité, a le devoir de le définir clairement dans son enseignement et dans sa législation. L'argument selon lequel le soutien économique accordé au prêtre ne résulte pas d'un contrat de travail n'est pas une raison pour ne pas le définir en termes de droit. Toute ambiguïté du langage sur la reconnaissance de ce droit s'écarterait de la tradition ecclésiale et ouvrirait la voie à sa violation. C'est ce qui s'observe généralement dans beaucoup d'Églises particulières surtout de pays dits de mission. Pour mettre fin à cette violation, nous croyons que l'Église doit reformuler le can. 281, §§ 1–2 qui trouve sa source directe dans le décret conciliaire PO, 20 afin que les droits sociaux sur la rémunération juste et la sécurité sociale soient clairement affirmés.

En tant que droits, la rémunération juste et la sécurité sociale engendrent un devoir d'abord pour le sujet titulaire car leur revendication suppose d'abord l'accomplissement parfaite de ses devoirs, c'est-à-dire le ministère sacerdotal, et ensuite pour l'Église comme communauté des croyants bénéficiaires des fruits du ministère sacerdotal. « Dans la société, tout droit conféré à une personne par la nature crée chez les autres un devoir, celui de reconnaitre et de respecter ce droit »[393]. Donc la « aequam remunerationem » et la « protection sociale » dont parlent les textes conciliaires, malgré leur formulation en des termes peu tranchants, ne sont pas des libéralités laissées à la discrétion des Ordinaires diocésains mais bien des droits naturels qui engendrent un devoir, une obligation ecclésiale. Pour cela, l'Église est appelée à « combler l'écart entre la lettre et l'esprit » du droit à la « rémunération juste » et à la « protection sociale »

---

391 CONSEIL PONTIFICAL « JUSTICE ET PAIX », ibid., 78–79.

392 Cfr. JEAN XXIII, Encyclique *Pacem in terris*: AAS 55 (1963) 259 : cité par CONSEIL PONTIFICAL « JUSTICE ET PAIX », ibid : « *Universel*, parce qu'il est présent dans tous les êtres humains, sans aucune exception de temps, de lieu et de sujets [...]*Inviolable*, parce qu'inhérent à la personne humaine et à sa dignité et parce qu'il serait vain de proclamer des droits, si l'on ne mettait en même temps tout en œuvre pour assurer le devoir de les respecter, par tous, partout, et pour tous[...] *Inaliénable*, dans la mesure où personne ne peut légitimement priver de ce droit l'un de ses semblables, quel qu'il soit, car cela signifierait faire violence à sa nature » (cfr. JEAN PAUL II, Message pour la journée mondiale de la paix 1999, 3 : AAS 91 (1999) 379 ; PAUL VI, Message à la Conférence internationale des droits de l'homme (15 avril 1968) : AAS 60 (1968) 285).

393 JEAN XXIII, Encyclique *Pacem in terris*...264 : cité par CONSEIL PONTIFICAL « Justice et Paix », ibid.

auquel souvent on accorde un respect purement formel dans certaines Églises particulières. Car ne pas combler cet écart, ne pas respecter ces droits contredit fondamentalement « l'exigence de l'Église de respecter en son propre sein la justice et les droits de l'homme »[394].

1.3.1.3. Contenu du droit à la rémunération juste dans le décret PO, n. 20.

Quand le Décret conciliaire PO, 20 parle de *aequam remunerationem*, quel contenu réel donne-t-il à cette expression ? Avant de répondre à cette question, il faut faire remarquer d'abord que l'expression *aequam remunerationem* n'est pas l'unique utilisée dans les documents conciliaires. Tant d'autres expressions comme *honesta sustentatio, debita congrua, sufficiens, melior distributio et adaequatio, de maiore aequitate, aequam remunerationem* sont employées en référence à la situation économique du clergé. Toutes ces expressions visent d'abord à améliorer une situation de précarité et d'inégalité économique dans laquelle se retrouvent les membres du clergé diocésain. Dans son Encyclique *laborem exercens*, Jean-Paul II disait que la rémunération est l'instrument le plus important pour réaliser la justice dans les rapports de travail[395]. Elle est dite *juste (aequa ou congrua)* quand elle est donnée en temps voulu et en juste proportion par rapport au travail accompli et quand elle assure à l'homme des ressources qui lui permettent de mener une vie digne sur le plan matériel, social, culturel et spirituel[396]. Mais « la répartition équitable du revenu doit être poursuivie sur la base de critères non seulement de *justice commutative*, mais aussi de *justice sociale,* c'est-à-dire en considérant au-delà de la valeur objective des prestations de travail, la dignité humaine des sujets qui l'accomplissent »[397]. C'est pourquoi pour le prêtre une *juste rémunération* n'est pas seulement celle qui est en proportion avec le ministère accompli, mais surtout celle qui lui permet de mener une vie honnête et digne, conforme à son statut et à la dignité sacerdotale. C'est celle qui lui permet de s'alimenter convenablement, de s'habiller décemment, de se loger dignement, de disposer des moyens nécessaires pour l'accomplissement de son ministère, pour sa formation spirituelle, culturelle et permanente, de rétribuer équitablement ceux qui sont à son service,

394 JEAN PAUL II, *Discours aux membres du Tribunal de la Rote Romaine (17 février 1979)*, 4 : L'Osservatore Romano, éd. Française, 27 février 1979, 1 : cité par CONSEIL PONTIFICAL « JUSTICE ET PAIX », ibid., 83.

395 JEAN PAUL II, Encyclique *Laborem exercens*, 19 : AAS 73 (1981) 625–629.

396 CONSEIL PONTIFICAL "JUSTICE ET PAIX", ibid., 163.

397 Ibid., 163–164.

d'accomplir ses obligations familiales et citoyennes, ses obligations sacerdotales, d'avoir ses vacances, de venir en aide aux nécessiteux, etc.[398]. Voilà donc le contenu réel de l'expression « aequam remunerationem » et de temps d'autres qui visent l'amélioration de conditions de vie et de travail du prêtre diocésain.

Le Décret PO, 20, 1 ne donne pas un contenu exhaustif et exact de ce droit ; il se limite à définir avec l'expression « aequam remunerationem » le principe général dont le contenu exact doit être déterminé par le droit particulier. Dans cette détermination, le droit particulier doit cependant tenir en compte de la nature de l'office, des circonstances de lieu et de temps et de la situation économique de l'Église particulière. Mais de manière générale, la détermination de ce contenu doit se fonder sur les critères fondamentaux d'égalité, de justice distributive et sociale, d'équité pour tous les prêtres se trouvant dans les mêmes circonstances, d'adéquation aux conditions sacerdotales et de suffisance pour pourvoir aux besoins nécessaires des prêtres et de ceux qui leur sont liés[399].

1.3.1.4. Fondement philosophico-théologique et nature juridique de la responsabilité ecclésiale de subvenir aux besoins de l'Église.

Nous avons dit plus haut qu'il existe une complémentarité entre droit et devoir. Un droit engendre toujours un devoir dans le sujet titulaire et dans la vie en société. Le devoir du sujet titulaire consiste dans l'accomplissement parfait du travail d'où émane la revendication du droit et celui de la société ou communauté consiste dans la reconnaissance et le respect du droit de la personne à son service. Face au droit à une rémunération juste du prêtre, le texte conciliaire PO 20 affirme clairement l'obligation ou le devoir des fidèles chrétiens de pourvoir à cette rémunération dans le cas où il n'existerait pas une autre voie pour le faire[400].

---

398 AZNAR GIL, F. R., art-cit, 541.

399 CONCILE VATICAN II, PO, 20, 1: "Remuneratio autem ab unoquoque percipienda, ratione quidem habita tum ipsius muneris naturae tum locorum temporumque condicionum, fundamentaliter eadem sit pro ómnibus in iisem adiunctis versantibus, eorum condicioni sit congrua et eis praeterea tribuat facultatem non solum debite providendi remunerationi eorum qui servitio Presbyterorum se dedicant, sed etiam indigentibus per seipsos aliqua ratione subveniendi, quod ministerium erga pauperes, iam a primis suis exordiis, magno semper in honore Ecclesia habuit. Haec remuneratio insuper talis sit, quae Presbyteris permittat qoutannis debitum et sufficiens habere feriarum tempus, quod quidem, ut Presbyteri habere valeant, Episcopi curare debent".

400 Ibid: Quapropter, quatenus aequae Presbyterorum remuneractioni non aliunde provisum fuerit, ipsi fideles, quippe in quorum bonum Presbyteri operam impendant,

En affirmant ce devoir de l'Église ou de la communauté, le Concile réaffirme une longue tradition ecclésiale dont le fondement se trouve dans les principes de communion, de fraternité, de participation à la même mission et de justice[401]. Dans le contexte des Églises d'Afrique, ce fondement se traduit par l'idée–force de « l'Église famille de Dieu » prônée dans l'Exhortation apostolique *Ecclesia in Africa* pour justifier le devoir et droit des fidèles chrétiens de subvenir aux besoins de l'Église. C'est dans ce sens que Lonema Dz'djo écrit : « le soutien économique à l'Église, qui est un devoir et un droit fondamental des fidèles, s'inscrit comme un aspect de la participation active de chaque baptisé dans la condition de la vie de l'Église Famille de Dieu à travers une coresponsabilité »[402] et « dans le contexte africain, la collaboration et le partage des ressources se comprennent comme le prolongement de la vie qui doit être renforcée dans la communauté pour le bien-être de tous les membres [...]. Il s'agit au fond d'un don de soi-même parce que l'individu comprend qu'il appartient à la famille dont la subsistance dépend des membres et que la vie heureuse de l'individu dépend du bien-être de la famille. C'est dans cette symbiose de l'appartenance mutuelle que l'individu s'identifie comme personne dans le sens de sujet de devoirs et de droits »[403].

Mais les formes extraecclésiales de financement de l'Église ou de la rémunération des prêtres peuvent parfois conduire à exempter les fidèles chrétiens de leur devoir de subvenir directement aux besoins de l'Église. Nous ne parlerons pas d'une exemption totale car le soutien des fidèles à l'Église ne se réduit pas seulement aux contributions matérielles, mais il se manifeste aussi par le don de leurs talents, de leur savoir-faire, de leurs réflexions et de leur temps pour la croissance de l'Église. Parmi les formes extraecclésiales qui peuvent conduire à l'exemption du devoir des fidèles chrétiens, J.P. Schouppe cite : La rémunération des ministres de culte par l'État[404] (ou par le régime public des

---

vera obligatione tenentur curandi ut eisdem necessaria ad vitam honeste et digne ducendam subsidia procurari valeant.

401 Cfr. LONEMA DZ'DJO, F., o. c, 269–323.

402 Ibid., 282.

403 Ibid., 283.

404 SCHOUPPE, J. P., o. c, 140 : « Cette rémunération est soumise à la reconnaissance de certains clercs en tant que « ministres du culte », en fonction de critères établis par le droit civil ecclésiastique. Ce système est en vigueur notamment dans un certain nombre de territoires qui ont hérité d'un régime mis en place sous le concordat de Napoléon (Belgique, Alsace-Moselle et Luxembourg). Jadis justifié comme une compensation par rapport à la confiscation massive par l'État des biens ecclésiastique, ce système de rétribution des clercs est, de plus en plus, fondé sur « utilité sociale »

fabriques d'églises[405]), l'impôt ecclésiastique avec perception étatique (Système du « Kirchensteuer »)[406] type de l'Allemagne et de la Suisse ou *l'impôt dédicacé* ou « assignation fiscale » en vigueur en Espagne[407]. Toutes ces formes contribuent d'une manière ou d'une autre à assurer au clergé une rémunération digne et convenable.

Quant à la signification philosophique de ce devoir des fidèles de subvenir aux besoins de l'Église, nous tenons à souligner que tout devoir est un impératif qui impose à la personne d'accomplir ce qui est prescrit en vertu d'une obligation soit d'ordre religieux, soit d'ordre éthique ou d'ordre social. Il est donc un ordre qui instaure une relation de commandement et d'obéissance. Ainsi compris, le devoir peut se distinguer alors des simples tendances et désirs pour jouer le rôle de norme d'action. Mais bien que le devoir soit une obligation et

---

qui est reconnue à l'Église en général et, en particulier, aux fonctions exercées par les ministres de culte catholique ».

405 Ibid., 141 : La « fabrica ecclesiae » : Si dans le nouveau Code de droit canonique cette institution (réglementé dans le CIC 1917 aux cc. 1183–1184) n'existe que comme source de l'actuel conseil pour les affaires économiques (cfr. Can. 537), il en va différemment en ce qui concerne le droit civil ecclésiastique : les fabriques continuent d'exister dans le droit de plusieurs pays comme institution publique de caractère spécial et autonome, dotée de personnalité juridique civile et dont la fonction est d'assurer l'entretien, la conservation et les célébrations d'un lieu de culte, outre l'administration des biens destinés au culte. L'entité publique en charge du financement des fabriques est généralement la commune. Cette institution est encore vivante en Belgique, dans les diocèses d'Alsace et Moselle, ainsi au Québec.

406 Ibid., 142 : L'impôt ecclésiastique avec perception étatique (système du « Kirchensteuer » est normalement un impôt religieux réglé par la loi canonique (en ce qui concerne l'Église catholique), mais dont la perception est assurée par l'administration centrale en vertu d'un accord entre l'Église et l'État.

407 Ibid., 144 : L'impôt dédicacé ou "assignation fiscale" n'est pas en réalité un impôt à charge des contribuables, mais plutôt une « contribution indirecte volontaire » en faveur de l'Église, moyennant un choix à exprimer en vue d'une affectation. L'État s'engage à destiner un pourcentage de l'impôt sur les revenus des personnes physiques à des buts sociaux ou humanitaires ou encore religieux, en fonction des déclarations de chaque contribuable. Contrairement à l'impôt ecclésiastique, ce système n'augmente donc pas la pression fiscale sur le contribuable ; cfr. MARTIN SANCHEZ, I., *Marco normativo general. Interpretación del acuerdo sobre asuntos económicos*, in: OTADUY, J. y ZALBIDEA, D. (ed.), *El sostenimiento económico de la Iglesia católica en España. Nuevo modelo. Actas del VII Simposio Internacional del Instituto Martín de Azpilcueta (Pamplona, 24 al 26 de octubre de 2007)*, Pamplona: EUNSA, 2008, 22.

une norme d'action, il ne signifie pas pour les chrétiens une contrainte, une absence de liberté car elle sollicite toujours la volonté de l'homme tout en le laissant libre d'agir. C'est dans ce sens que Saint Thomas d'Aquin disait que le siège du devoir est la conscience de l'homme qui, en tant qu'elle est susceptible de se tromper, doit s'appuyer sur la raison naturelle, celle-ci renvoyant à la Raison de Dieu, à la volonté de Dieu[408]. Le devoir envers Dieu doit être la garantie envers les autres devoirs et retenir l'homme dans leurs devoirs en leur insufflant la crainte de Dieu. Le devoir vise à ce que chaque homme contribue autant qu'il le peut au bonheur d'autrui. C'est donc l'idée du bien ou du bonheur qui doit guider l'accomplissement du devoir[409]. Et dans le cas précis des chrétiens, c'est le bien de l'Église, le bonheur des autres membres avec qu'ils forment une communauté de vie et de foi qui doivent les motiver à accomplir leur devoir dans le soutien économique à l'Église et aux prêtres. Ce devoir moral devient alors un devoir juridique parce qu'il tend à promouvoir le bien des individus et de la communauté ecclésiale. Ne pas s'en acquitter porterait préjudice à l'Église

408 ANDRÉS, R. (Dir.), *Santo Tomás de Aquino, vida, pensamiento y obra*, Col. Grandes pensadores, Madrid: BAC, 2007, 121: "Los únicos actos del hombre que caen propiamente dentro del campo de la moral son los actos libres, aquellos actos que proceden del hombre precisamente como hombre, como un ser racional y libre. Esos actos humanos (*actioneshumanae*, a diferencia de *actioneshominis)* proceden de la voluntad, y el objeto de la voluntad es el bien (*bonum)*".

409 LOMENA DZ'DJO, F., *o. c*, 78 : « Le mot devoir, qui se dit en latin '*obligatio*', signifie, dans la vie ordinaire, ce qu'on est dans l'obligation de faire, ce qu'il convient de faire. Il sert aussi à formuler et à décrire la relation qui existe entre les actions et les fins que celles-ci poursuivent. Le devoir est donc une obligation morale qui s'impose à la conscience et que l'homme doit accomplir. Cette obligation se distingue de la nécessité au sens que l'homme a la possibilité de s'en dérober. Ainsi, c'est une obligation qui sollicite la volonté de l'homme tout en le laissant libre d'agir. Toutefois, la liberté de l'action de l'homme implique aussi le respect de la liberté d'autrui. C'est ici qu'intervient la nécessité de parler du devoir juridique. Le concept du devoir juridique peut s'entendre comme l'obligation qu'un homme a par rapport au droit d'un autre. Ce ne sont pas tous les devoirs moraux envers une autre personne qui sont des devoirs juridiques, mais seulement ceux qui commandent le respect de l'activité propre de cette personne ou encore de la communauté de personnes avec qui on est en relation ». A ce propos, Lomena cite les auteurs ci-après : Saint Thomas d'Aquin, *Somme théologique Ia-IIae*, q. 90, a. 4 ; Canto- Sperber M. (Ed.), « *Devoir* », in : *Dictionnaire d´éthique et de philosophie morale*, Paris 2001, 429 ; Dovere, in: Bergamas C. (a cura di), *Grande dizionario antologico del pensiero di Antonio Rosmini I,* Roma 2001, 812.

comme Famille, à la vie des prêtres comme membres qui consacrent leurs vies et leurs temps au service de la communauté ecclésiale.

Sur le plan théologique, ce devoir des chrétiens de subvenir aux besoins du prêtre trouve d'abord son fondement dans la « loi évangélique de l'échange »[410] : « L'ouvrier a droit à son salaire » ; et ensuite dans la nouvelle vision ecclésiologique impulsée par le Concile Vatican II : celle de l'Église Peuple de Dieu, de l'Église Famille-de Dieu (LG, 4, 9) dont les liens entre les membres se caractérisent par la communion et la solidarité[411]. Ce devoir, qui n'est pas nécessairement une obligation imposée de l'extérieur et avec des motivations extrinsèques, se fonde dans l'idée de fidélité, de communion à l'Église peuple de Dieu et à l'idée de participation à la mission de l'Église à laquelle tous les baptisés sont appelés à contribuer, chacun selon sa condition[412]. Car la communion spirituelle doit, comme dans la première communauté chrétienne[413], conduire à la communion des biens, à la solidarité. Vivre en communion suppose une interaction, une complémentarité, une coresponsabilité pour que cette communion grandisse[414].

---

410 Le TOURNEAU, D., o. c, 239.

411 L'Église Peuple de Dieu est l'image qu'utilise le Concile Vatican II dans sa nouvelle vision de l'Église. Cette image qui n'épuise pas la réalité mystique de l'Église met au premier plan les aspects d'égalité radicale et de dignité entre tous les membres, de communion et de solidarité en lieu et place des différences en raison de fonctions, ministères ou charismes ; CLAUDIO GARCÍA EXTERMEÑO, *Eclesiología. Comunión de vida y misión al mundo*, Salamanca-Madrid: San Esteban-Edibesa, 2005, 89:"Desde los años veinte de este siglo, en los intentos de renovación de la eclesiología primaba el concepto de cuerpo místico de Cristo para expresar la realidad de la Iglesia. Este se avivó con la publicación de la encíclica "Mystici Corporis Christi" de Pio XII (1943). No es extraño, pues, que el primer esquema sobre la Iglesia presentado en el Vaticano II, girara en torno a esa imagen, destacando la organización social y jerárquica, la consideración de la Iglesia como sociedad perfecta, tal como generalmente acaecía en los tratados sobre la Iglesia de entonces. Fue rechazado este esquema, tildado de juridismo y unilateralismo. Esto motivó que la categoría de Pueblo de Dios viniese a ocupar un lugar privilegiado en la constitución dogmática sobre la Iglesia sin que, por eso, quedasen olvidadas otras imágenes de la misma, en especial la del Cuerpo Místico al que se dedica por entero le n. 7 de la constitución".

412 CONGAR, Y, *L'Église comme Peuple de Dieu*, in : *Concilium* 1 (1965), 17 : cité par F. LONEMA DZ'DJO, o. c, 62–63.

413 Act. 2, 42–45.

414 GARCÍA EXTREMEÑO, Cl., o. c., 98 et 203: "La Iglesia [...] es un pueblo de iguales. En él se dan diversos carismas y ministerios con sus funciones propias al servicio de la comunión. Todos en el pueblo de Dios son corresponsables y coprotagonistas en la edificación de la Iglesia"; "El sínodo de los obispos de 1985 dice: "la eclesiología

Cette communion (*koinonia)* se traduit dans le partage d'une même foi, dans la célébration cultuelle et sacramentelle et aussi dans le partage des biens matériels et services, dans la justice et dans la solidarité avec les nécessiteux, dans la fraternité, sans laquelle on ne saurait parler d'une communion avec le Christ[415].

Dans cette logique, les devoirs et les droits doivent se comprendre comme des facultés qui définissent des rapports de réciprocité des uns et des autres et fortifient les liens de communion, de solidarité entre les membres dans une Église où tous sont égaux en dignité comme enfants de Dieu. En d'autres termes, le devoir du fidèle à contribuer économiquement à la vie de l'Église est corrélatif au droit du prêtre de recevoir une rémunération juste et ce droit engendre également le devoir de ce dernier de procurer les biens spirituels aux fidèles en s'acquittant fidèlement de son ministère. Voilà pourquoi D. Le Tourneau écrit : « Quant à la mention des devoirs envers les autres, elle est redondante, car au droit d'un fidèle correspond un devoir de la personne envers qu'il possède ce droit. Le devoir envers autrui se ramène donc au droit d'autrui. Quoi qu'il en soit, le fidèle doit commencer par remplir ses propres obligations envers les autres pour pouvoir exercer légitimement ses droits envers autrui et la communauté et les revendiquer : il y a là une priorité logique et ontologique du devoir par rapport au droit »[416]. Dans l'Encycl. *Pacem in terris* le Pape Jean XXIII affirmait : « Ceux qui, dans la revendication de leurs droits, oublient leurs devoirs ou ne les remplissent qu'imparfaitement, risquent de démolir d'une main ce qu'ils construisent de l'autre »[417].

Quant à la nature de l'obligation des fidèles dont parle le décret PO, 20, considérant que l'Église a toujours encouragé les chrétiens à agir d'abord en conscience, nous osons croire que cette obligation est de type moral et non juridique. Obligation morale parce que c'est librement, en toute conscience et

---

de comunión es una idea central y fundamental en los documentos del Concilio". "Esta eclesiología de comunión, dice Ratzinger, se ha convertido en el verdadero y propio corazón de la doctrina sobre la Iglesia del Vaticano II, el elemento nuevo y al mismo tiempo totalmente vinculado a los origines, que este concilio ha querido danos".

415 Ibid, 214:"La comunión no era un sentimiento intimista ajeno a las relaciones históricas. Se traducía en la comunicación de bienes y servicios, en justicia y solidaridad con los más pobres, en creación de la fraternidad, sin lo cual no puede haber comunión de Cristo Jesús".

416 Le TOURNEAU, D., *Droits et devoirs fondamentaux des fidèles et des laïcs dans l'Eglise*, Coll. Gratianus, Montréal, Wilson & Lafleur, 2011, 247.

417 JEAN XXIII, Encyclique *Pacem in terris…*, 264.

responsabilité, sans aucune forme de contrainte légale, que le fidèle doit s'en acquitter. C'est d'ailleurs ce que confirme D. Le Tourneau quand il écrit : « certains des droits et devoirs du titre I du livre II sur tous les fidèles n'établissent pas une véritable relation juridique ou sont dépourvus de responsabilité juridique. C'est le cas, par exemple, du devoir de tendre à la sainteté [...] et du devoir de subvenir aux besoins de l'Église [...]. L'on ne peut donc pas parler à leur propos de droits et devoirs de nature juridique »[418]. Il faut toutefois reconnaitre que « la contrainte est nécessaire pour qu'un vrai devoir juridique existe. En son absence, nous pouvons dire que nous sommes plutôt en présence d'un devoir de nature principalement morale. Il fait appel à la conscience des croyants. Cette condition de croyant fait que, pour eux, ce n'est pas uniquement un devoir, mais aussi un honneur »[419].

Le caractère juridique n'apparait pas dans le texte conciliaire d'autant plus que le concile lui-même a voulu imprimé d'abord un caractère pastoral à ses travaux pour tourner le dos au juridisme qui avait caractérisé l'ecclésiologie antérieure. Le principe conciliaire qui affirme ce devoir va dans la ligne droite de l'attitude de l'Église qui, tout au long de son histoire, s'est toujours adressée à la conscience et au sens de responsabilité de chaque membre, quand elle sollicite la contribution économique des fidèles pour atteindre ses fins propres[420].

---

418 LE TOURNEAU, D., o. c, 374.

419 Ibid, 242 ; cfr. AZNAR GIL. F. R., o. c., 114 :« Dans la mesure où l' Église disposerait des moyens matériels nécessaires pour accomplir ses finalités par une voie distincte que celle de demander aux fidèles, une telle obligation ne serait exigée sous peine de pêché mortel. Seulement on admettrait cette obligation avec cette caractéristique dans de circonstances très concrètes. En conséquence, il s'agirait d'une obligation, non sous peine de péché mortel mais certainement une obligation grave qu'ont les fidèles de subvenir au soutien matériel de l' Église [...] Et au moment de solliciter l'aide économique aux fidèles, l' Église n'admet pas qu'on refuse les sacrements à ceux qui ne s'acquittent de leur soutien économique correspondant. Elle souhaite au contraire que les fidèles, par leur piété et librement, apportent spontanément leurs oblations dans la mesure de leurs possibilités ».

420 AZNAR GIL, F. R., ibid., 115: F. Aznar nous rapporte la pratique du Saint Siège sur cette question surtout en relation avec le paiement de la dîme : En 1816, la Sacrée Congrégation de la Propaganda Fide répondait ainsi à une consultation : 1. « Quis optimus dicendus modus providendi sustentationi ministrorum hisce in novis regionibus? R.: Providendum esse ex reditibus ecclesiarum, et voluntariis fidelium oblationibus. 2. Qualis obligatio incumbit laicis debitum hoc solvendi? R.: Teneri fidelis in conscientia ad sufficientem sustentationem ministrorum Ecclesiae (cf. G.Vromant, De bonis, 37–39) »."Respuesta que la citada Congregación tuvo que reiterar ese mismo año: "Ideoque... ad quaestionem: "Licente spirituale ministerium

1.3.1. 5. Devoir de l'Évêque d'éduquer les chrétiens à leur responsabilité de subvenir aux besoins de l'Église (PO, 20,1).

Outre l'obligation des fidèles chrétiens, le Concile a insisté aussi sur l'obligation de l'évêque en tant que responsable de la communauté chrétienne (PO 20, 1)[421] d'éduquer, par ses enseignements, les chrétiens à la culture de soutien, de partage, de participation et de coresponsabilité à la mission de l' Église. Cette éducation de la conscience est importante car elle permet à l'homme de remplir correctement ses devoirs, tant envers lui-même qu'envers les différents groupes dont il fait partie ; elle stimule chez tous la volonté d'assumer leur rôle dans les entreprises communes[422]. Ensuite, par son pouvoir de gouvernement, l' Évêque

---

denegare iis, aut personis ad illum spectantibus familiam, v. g. infantibus sacramentum Baptismi, si huic debito se submittere recusent?", responsum est a SC de Propaganda Fide: "indignam viro ecclesiastico, et animadversione dignam quaestionem de sacris et ipso Baptismate denegandis, iis qui oblationum debito se submittere recusant" » (cf. G., Vromant, loc.cit.)."En el año 1907, le Card. Merry del Val transmitió a los obispos de Francia la voluntad del Papa Pio X sobre la recolección del dinero para el culto y clero en los siguientes términos: se debía evitar absolutamente todo lo que pudiera tener la sola apariencia de vejación o fiscalización; se debía descartar toda tasación fija y obligatoria, tanto personal como obligatoria; y en cuanto a las sanciones era preciso excluir toda sanción pecuniaria y la supresión de servicios religiosos en parroquias o en rehusar a los individuos el Santo Ministerio. Los obispos diocesanos debían contentarse con apelar a la fe y a la caridad de sus diocesanos" (cfr. Note 16: Cardinal Merry del Val, "Litterae ad Episcopos Galliae circa taxam pro culto", AAS (1908) 39).

421 CONCILE VATICAN II, PO 20, 1: "Episcopi autem de hac eorum obligatione fideles monere tenentur et curare debent, sive singuli pro sua quisque dioecesi, sive aptius plures simul pro communi territorio, ut normae instituantur, quibus debite consulatur honestae sustentationi eorum qui in Populi Dei servitium aliquo munere fuguntur vel functi sunt".

422 Cfr. *Gravissimum Educationis*, 1 : cité par LONEMA DZ'DJO, F., o. c., 284 : « L'importance de la formation tient du fait que « pour que chaque homme remplisse plus exactement les devoirs, dictés par la conscience, tant envers lui-même qu'envers les différents groupes dont il fait partie, il faut veiller soigneusement à une éducation qui vise à développer la culture de l'homme intérieur [...] Mais l'homme a beaucoup de peine à parvenir à ce sens de la responsabilité si ses conditions de vie ne lui permettent pas de prendre conscience de sa dignité et de répondre à sa vocation en se dépassant pour Dieu et pour les autres[...] Au contraire, la liberté se fortifie, lorsque l'homme accepte les inévitables contraintes de la vie sociale, assume les exigences multiformes de la vie en commun et s'astreint au service de la communauté humaine. C'est pourquoi, il faut stimuler chez tous la volonté d'assumer leur rôle dans les entreprises communes ».

doit établir des normes, déterminer les mécanismes et coordonner l'accomplissement de l'obligation des fidèles de subvenir aux besoins de l' Église et de participer à sa mission.

La force de cette éducation des fidèles doit se manifester surtout par le témoignage de vie authentique aux valeurs chrétiennes de la part de l' Évêque. Il doit lui-même être le modèle du partage, de la solidarité, de la simplicité, de la transparence, de la justice et de la bonne gestion des biens temporels. Sans ce témoignage de vie, les beaux discours ne porteront pas des fruits.

Quant à la forme d'exercer cette double responsabilité dans l'éducation des fidèles, l' Évêque peut le faire soit individuellement comme pasteur propre de l'Église particulière, soit collégialement avec les autres Évêques de la région, de la province ou du pays car les problèmes pastoraux, surtout économiques, exigent par leur complexité une meilleure coordination et collaboration sur le plan législatif et pastoral. Pour cela, les Conférences Épiscopales nationales, territoriales ou régionales comme organes collégiaux, bien que dépourvus de compétence juridique générale, sauf sur de matières expressément déterminées par le droit universel, peuvent être, par leurs orientations et directives, très utiles dans le travail de conscientisation des fidèles chrétiens dans le soutien économique de l'Église[423].

Ce devoir de l'évêque trouve son fondement dans les triples fonctions du ministère épiscopal : *munere sanctificandi*, *munere docendi* et *munere patris ac pastoris (regendi)*[424]. Les trois fonctions bien qu'elles se distinguent l'une de l'autre peuvent se réduire dans la fonction de gouvernement (*munere regendi*) car l'évêque c'est en tant que Pasteur qui gouverne qu'il sanctifie et qu'il enseigne[425]. Il est dans l'Église, vicaire et envoyé du Christ pour gouverner l'Église particulière qui lui a été confiée. Cette Église particulière est une communauté de salut

---

423 J.PAUL II, *MP Apostolos suos*. Sur la nature théologique et juridique des Conférences épiscopales, in : AAS 90 (21 mai 1998), 641–658. Cfr. J. T., MARTIN DE AGAR, Introducción al derecho canónico, Madrid: Tecnos, 2001, 83.

424 CONCILE VATICAN II, LG 21, b.; 25; 26.; C. D., 12; 15 et 16.

425 GUTIERREZ MARTIN, L, *El régimen de la diócesis*, Salamanca: Publ. UPSA, 2004, 14: "En primer lugar, aunque se especifican las tres funciones, creemos que ellas se reducen a la de régimen o gobierno. De hecho, en las palabras esenciales de la forma en la ordenación del Obispo según el Pontifical romano, los obispos ordenantes dicen: Infunde ahora sobre este tu elegido la fuerza que de ti procede: el espíritu de gobierno que diste a tu amado Hijo Jesucristo y Él, a su vez, comunicó a los santos Apóstoles, quienes establecieron la Iglesia como santuario tuyo en cada lugar, para gloria y alabanza incesante de tu nombre".

qui a besoin d'une autorité qui la gouverne, qui la consolide et qui l'exhorte à participer activement à la mission de l' Église en accomplissant ses devoirs et obligations[426] car la construction de l'Église comme Corps du Christ est l'œuvre de tous et non d'une seule personne[427].

1.3.1.6. Organe technique pour pourvoir à la rémunération du clergé (PO, 21a).

Le concile ne se limite pas seulement à définir les principes et les fondements doctrinaux d'un nouveau régime économique pour le clergé diocésain, il propose aussi dans le Décret PO 21a les organes techniques à travers lesquels ce régime peut être réalisé[428]. Pour la rémunération du clergé, il propose donc la mise en place d'un *Institut diocésain* dont la mission est de réunir et d'administrer les offrandes des fidèles afin d'atteindre cet objectif[429]. En employant la forme verbale « congruit » (il est convenable ou il convient), le Concile ne donne pas un caractère obligatoire dans la création de cet organe diocésain. Tenant compte du principe de subsidiarité qui doit primer en matière économique, la nécessité de la création de cet Institut diocésain pour la rémunération du clergé doit être évaluée par l'Église particulière elle-même. C'est donc à elle de chercher d'abord la voie idéale ou l'organe adéquat par lequel elle peut assurer à ses prêtres une rémunération digne.

---

426 Ibid, 19.

427 Ibid, 23 : L'évêque de Segovia, Mgr L. GUTIERREZ MARTIN, partant du Directoire *Apostolorum Successores*, nn. 55–62 relève quelques principes généraux pour le gouvernement pastoral. Parmi ces principes, il cite : la communion, la coresponsabilité, le bien commun, la subsidiarité et la coordination.

428 CONCILE VATICAN II, PO 21 a: «Summopere itaque congruit ut, in regionibus saltem in quibus cleri sustentatio penitus aut magna ex parte a fidelium oblationibus pendet, bona in hunc finem oblata colligat institutio quaedam diocesana, quam administrat Episcopus, adiuvantibus sacerdotibus delegatis et, ubi utilitas id suadet, etiam laicis in re oeconomica peritis».

429 AZNAR GIL, F.R., "*El fondo diocesano para la sustentación del clero (c. 1274, § 1)*", in: REDC 48 (1991), 635: "La finalidad de esta institución diocesana, como es obvio, es conseguir una conveniente remuneración económica para los clérigos dedicados al ministerio eclesiástico en la diócesis. Más exactamente se trata de establecer el instrumento adecuado a través del cual se pueda cumplir lo establecido en la legislación general de la Iglesia sobre la remuneración de los clérigos, principalmente en PO, 20 y en can. 281; se trata, como ya hemos dicho antes, de hacer efectivo un derecho que tienen los clérigos y que es recogido por la legislación vigente de la Iglesia, al tiempo que urge la creación de los medios apropiados para que sea eficazmente cumplido".

Dans les régions où la subsistance du clergé dépend totalement ou partiellement des oblations des fidèles ou du système du « dénier du culte » comme là où règne le régime de séparation entre l'Église et l'État , la mise en place d'un tel organe peut revêtir un caractère obligatoire au cas où il n'y a pas une autre voie de solution[430]. Par contre dans les régions où la rémunération du clergé est assurée par des systèmes extraecclésiaux[431], la constitution d'un tel organe serait de trop ou superflue[432].

L'administration de cet organe diocésain est de la responsabilité directe de l'évêque diocésain avec la collaboration des prêtres délégués. Mais en cas d'utilité pour le diocèse, on peut y adjoindre aussi des laïcs experts en matière économique. Cette collaboration des prêtres délégués et des experts laïcs, à notre avis est très importante et devrait être exigée pour garantir une bonne administration de cette institution. Car l'administration solitaire de beaucoup d'évêques en matière des biens temporels est souvent chaotique et source de beaucoup de critiques, parfois fondées.

430 SCHOUPPE, J.P., o. c, 139 : "Dans les cas où aucun financement extraecclésial n'est possible, nous nous retrouvons dans l'hypothèse du système dit du dénier du culte. On le rencontre notamment en France, là où il existe un régime de séparation entre l' Église et l' État, c'est-à-dire dans la plupart des diocèses de l'Hexagone. Ce système d'autofinancement a été rebaptisé denier de l' Église. On observe une certaine variété de solutions ; en synthèse, celles-ci oscillent entre deux pôles : soit un système centralisé à l''échelon diocésain, soit un régime décentralisé au plan paroissial. Au besoin, des associations diocésaines sont mises sur pied pour compléter les offrandes des fidèles et assurer une certaine péréquation entre les paroisses ou les zones ».

431 Cfr. Ibid., 139–145.

432 AZNAR GIL, F.R., art. cit., 641. 644 : Parlant de l'application de la norme du can. 1274, § 1 qui trouve sa source dans PO 20, AZNAR dit que dans les diocèses espagnols le Fonds diocésain pour la rémunération du clergé a été institué à 38 %. Ce pourcentage ne signifie nullement une négligence de la majorité de diocèses espagnols dans leur objectif d'assurer une rémunération honnête à leurs prêtres. Le motif principal de la non- mise en application de cet organe dans beaucoup de diocèses est dû à l'existence d'autres organes comme *el Fondo Común diocesano* et *la Caja de compensación del clero* qui poursuivent le même objectif de garantir aux clercs une rémunération digne. Ainsi la création de l'Institut diocésain pour la rémunération est apparue pour beaucoup comme une institution de trop. «Pero, con todos los respetos debidos, creo que la instauración en nuestro país de un especifico «fondo para la sustentación de los clérigos diocesanos» es una medida irracional, absurda y superflua. Ya he indicado que ni el Concilio vaticano II ni el CIC exigen categóricamente su constitución sino que, establecidos unos principios fundamentales y básicos, deja esta decisión a las concretas iglesias locales».

Le texte Conciliaire ne conseille pas seulement la mise en place de *l'Institut diocésain pour la subsistance du clergé*, mais il propose aussi l'institution d'un *Fonds commun de biens temporels* qui permettrait à l'évêque de satisfaire aux autres besoins de l' Église particulière. Dans sa forme organisationnelle, ce *fonds commun* peut être diocésain, interdiocésain ou régional et ses sources d'alimentation peuvent être ecclésiales ou extraecclésiales. Mais la priorité sera accordée d'abord aux sources ecclésiales : les offrandes des fidèles et les autres sources de revenus qui doivent être déterminées par le droit particulier.

1.3.1.7. Droit à la protection sociale du clergé diocésain selon CD, 16 et 31, §4 et PO, 21b.

Alors que le Code de 1917 brillait par son silence sur un régime de protection sociale du clergé, « le Second Concile du Vatican donnera corps au projet formé, un siècle plus tôt, lors du Premier (v. n° 41) » et reprendra, en les précisant sur certains points, les orientations que Pie XII avait données dans l'Exhortation Apostolique « Menti Nostrae » de 1950. Dans les Décrets C.D, 16 et 31 et P.O, 21 b, le Concile édicte deux décisions : l'une réglant la démission des curés et l'autre, de portée générale, préconise une protection sociale en faveur des prêtres[433].

Dans le Décret C.D, 16, le Concile recommande aux Évêques de se préoccuper de la condition spirituelle, intellectuelle et matérielle des prêtres[434]. La condition matérielle du prêtre englobe non seulement le problème de sa rémunération mais aussi celui de sa protection sociale. Pour cela, « le rôle de l'épiscopat ne se bornerait pas à garantir aux prêtres un minimum vital ; il viserait aussi à organiser pour eux une protection sociale comparable à celle des laïcs, couvrant principalement les malades, les invalides et les vieillards »[435]. Les deux problèmes doivent faire objet de la sollicitude de l'évêque dans le souci d'améliorer les conditions de vie du prêtre.

Le décret C.D 31, § 4 aborde la question de la retraite du curé. Il est recommandé à celui-ci de renoncer à sa fonction pour deux raisons : soit pour *invalidité physique ou mentale* (comme dans le CIC de 1917), soit pour *le poids de l'âge*. Ce renoncement peut se faire par initiative personnelle de l'intéressé ou

---

433 DOLE, G., *La protection sociale du clergé...*, 62–63.

434 CONCILE VATICAN II, C.D., 16: "Solliciti sint eorum conditionum spiritualium, intellectualium et materialium ut hi sancte pieque vivere atque ministerium suum fideliter ac fructuose adimplere valeant".

435 DOLE, G., ibid., 57.

par demande expresse de l'Ordinaire. La nouveauté par rapport au Code de 1917 c'est la prise en considération de la vieillesse ou de l'ancienneté de service comme fondement du droit au repos, à la retraite[436]. Le *Motu proprio Ecclesiae Sanctae* fixera à *75 ans* l'âge de la retraite, mais laissera à l'Ordinaire la faculté de différer ce terme (art. 20, § 3). Il faut noter que, sur ce problème de la retraite, le Concile n'a fait que consacrer un principe sans pour autant formuler une exigence absolue car en réalité, l'application de ce principe est laissée à la discrétion de l'Ordinaire qui doit tenir compte de besoins pastoraux.

L'exigence absolue formulée dans le décret C.D, 31 et dans le M.P. E.S, 20, est l'obligation faite à l' évêque d'assurer au démissionnaire des ressources convenables et un logement convenable : *Episcopus renuntiantibus congruam sustentationem provideat*[437].

C'est dans le Décret PO 21, § 2 que le Concile, prenant en considération les mutations économiques et sociales intervenues dans la société et surtout l'absence d'un régime de protection dans le CIC de 1917, définit le principe d'un régime de protection sociale en faveur des prêtres afin de mettre fin à l'insécurité sociale dans laquelle ils vivaient[438]. C'est aux Conférences Episcopales d'organiser cette protection sociale du clergé diocésain partout où ce dernier ne jouit pas d'une protection sociale de la part des pouvoirs publics. L'organisme de protection sociale qui sera mis en place doit offrir aux membres du clergé diocésain les garanties satisfaisantes d'assurance médicale et les prestations suffisantes face à ces contingences de la vie (vieillesse, invalidité, etc.). Cet organisme peut fonctionner au niveau, soit diocésain, soit interdiocésain, soit national sous forme de coopérations, de fédérations ou d'associations. Son financement doit reposer d'abord sur la solidarité de prêtres eux-mêmes et ensuite sur d'autres modalités définies par les Conférences Épiscopales.

---

436 Ibid, 63.

437 CONCILE VATICAN II, C. D., 31, §4; PAUL VI, PP.,PAUL VI, Lettre apostolique en *Motu Proprio Ecclesia Sanctae*, I, n. 4: in: AAS 58 (1966), 20; Cfr. DOLE, G., o.c., 62–63.

438 CONCILE VATICAN II, PO, 21: "In nationibus praeterea ubi praevidentia sociales in favorem cleri nondum apte ordinata est, curent Conferentiae Espiscopales ut, attentis semper legibus ecclesiasticis et civilibus, habeantur sive instituta dioecesana, etiam inter se foederata, sive instituta pro variis dioecesibus simul constituta, sive associatio pro toto territorio condita, quibus, sub vigilancia Hierarchiae, satis provideatur tum congruenti praecaventiae et adsistentiae sanitariae, quam vocant, tum debitae sustentationi Presbyterorum qui infirmitate, invaliditate aut senectute laborant».

Pour sa stabilité et son efficacité, l'organisme de protection sociale doit respecter la discipline canonique et se conformer à la législation civile[439].

1.3.2. Droit à la rémunération juste et à la protection sociale du clergé diocésain dans les documents postconciliaires.

Plusieurs documents du magistère ont abordé directement ou indirectement la problématique des droits sociaux du clergé diocésain. Dans les lignes qui suivent, nous allons tenter de dégager les grandes orientations de ces documents dans l'application des enseignements conciliaires.

1.3.2.1. Motu proprio Ecclesia Sanctae de Paul VI (1966)[440].

Les normes établies dans ce document reviennent sur le devoir des Synodes patriarcaux et des Conférences épiscopales dans l'application des principes conciliaires sur le droit à une rémunération juste et à une protection sociale du clergé (C.D. n.16 et P.O, nn. 20–21)[441]. Dans la première partie, n. 4, la question est abordée d'abord dans la situation particulière des Prélatures. On recommande aux Prélats de pourvoir, à travers, soit des conventions signées avec les Ordinaires de lieu, soit avec les biens propres de la Prélature, soit avec d'autres aides idoines, à la subsistance convenable des clercs incardinés au service de la Prélature et de prendre soins des clercs qui, pour de raisons de maladies, d'âges ou pour d'autres causes, ont abandonnés l'office ecclésiastique qui leur a été confié[442]. Dans l'entendement de cette norme, la rémunération et la prévoyance

---

439 DOLE, G., loc. c.

440 Le *M.P. Ecclesiae Sanctae* a été publié dans le but est de combler le vide législatif (*vacatio legis*) créé par la révision et la correction du Code de droit canonique de 1917 et aussi de donner des normes à caractère *ad experimentum* pour l'application des certains Décrets conciliaires en attendant la promulgation du nouveau Code de droit canonique.

441 AZNAR GIL, F. R., art. cit., 551–552: "El *m.pr. Ecclesiae Sanctae*, publicado para la aplicación y ejecución de algunos decretos conciliares, poco más añadió a PO 20: recordó la necesidad de que las Conferencias Episcopales establecieran normas con las que se deberían proveer al debido mantenimiento de todos los clérigos que desempeñan, o han desempeñado, su cargo al servicio del Pueblo de Dios, y que la remuneración que ha de darse a todos los clérigos que se encuentren en las mismas circunstancias ha de ser fundamentalmente la misma, teniendo en cuenta, desde luego, la naturaleza del cargo y las condiciones de tiempo y lugar, debe ser suficiente para que los clérigos puedan llevar una vida decorosa y puedan también ayudar a los pobres".

442 PP.,PAUL VI, Lettre apostolique en *Motu Proprio Ecclesia Sanctae*, I, n. 4, 757–787.

sociale du prêtre au service d'une Prélature est d'abord à la charge de la Prélature. Le texte fait une recommandation au Prélat de garantir une subsistance et une protection sociale aux clercs incardinés à la Prélature, mais sans déterminer de manière claire les mécanismes par lesquels ces objectifs doivent être atteints.

Au n. 5, on souligne la compétence des Synodes patriarcaux et des Conférences Épiscopales d'établir des dispositions opportunes qui règlementent l'usage des biens ecclésiastiques destinés à pourvoir aux besoins des diocèses et à venir en aide aux autres Églises plus pauvres ou qui, pour des circonstances spéciales, sont dans les besoins. Parmi les besoins des diocèses figurent en bonne position la rémunération et la prévoyance sociale des clercs comme une des finalités des biens ecclésiastiques.

La norme du *M.P. E.S*, I, n. 8 aborde enfin explicitement la question de la rémunération équitable et de la prévoyance sociale des clercs. Pour l'essentiel, cette norme reprend l'enseignement du Concile Vatican II. Elle détermine le devoir des Synodes patriarcaux et des Conférences Épiscopales de réglementer cette matière en précisant les critères de fixation de la rémunération et les organismes à travers lesquels ces objectifs doivent être atteints. La réglementation doit avoir, soit une portée diocésaine, soit interdiocésaine et soit nationale. Quant à la fixation de la rémunération, elle doit être basée sur le critère d'égalité pour tous ceux qui se retrouvent dans les mêmes circonstances (nature de l'office, lieu et temps) et sur le critère de suffisance pour permettre aux clercs de vivre dignement et de pratiquer la charité[443]. Les mécanismes pour garantir ces droits sont ceux définis dans le décret P.O. Il s'agit de *l'institut pour la rémunération du clergé* dont la création et l'administration relèveraient de la compétence de l'Évêque diocésain[444]

443 Ibid, n.8 a: "Curent Synodi Patriarchales et Episcoporum Conferentiae ut, sive pro singulis dioecesibus sive pro pluribus earum in communi sive pro toto territorio, normae statuantur, quibus apte consulatur debitae sustentationi omnium clericorum qui in Populi Dei servitium munere funguntur vel functi sunt. Remuneratio clericis tribuenda praecipue eadem requiritur pro omnibus in iisdem adiunctis versantibus, ratione quidem habita tum ipsius muneris naturae, tum temporum locorumque condicionum, atque sufficiens esse debet ut clerici vitam ducere valeant honestam, utque etiam valeant pauperibus adiutorio esse".

444 Ibid, n. 8 c: "Advigilent eaedem Conferentiae ut, in regionibus saltem in quibus cleri sustentatio penitus aut magna ex parte a fidelium oblationibus pendet, in singulis dioecesibus speciale institutum quod bona in hunc finem oblata colligat, habeatur, cuius administrator sit ipse Episcopus dioecesanus, cui vero auxilium praebeant sacerdotes delegati et, ubi utilitas id suadeat, etiam laici in re oeconomica periti".

et de *l'organisme de la prévoyance sociale* à compétence des Conférences Épiscopales[445].

La norme du *M.P. E.S,* I, 20, § 3 fixe à 75 ans la limite d'âge à l'exercice du ministère sacerdotal alors que le décret C. D. n'en précisait pas. Malgré la fixation de ce terme, l'Ordinaire a la faculté d'accepter ou de différer la retraite en prenant en compte les circonstances de la personne et du lieu.

Comme on peut bien le remarquer, ces normes d'application de *l'Ecclesiae Sanctae* concernant le problème du droit à la rémunération et à la protection sociale du clergé diocésain ne font que rappeler aux instances ecclésiastiques locales et aux synodes patriarcaux et Conférences Épiscopales les principes déjà définis dans les décrets C.D et PO. La différence par rapport aux textes conciliaires réside d'abord dans la fixation de la limite d'âge à l'exercice du ministère et ensuite dans le rôle prédominant des Synodes patriarcaux et des Conférences Épiscopales dans l'application de ces principes alors que les décrets conciliaires, sur base du principe subsidiaire, mettent l'accent sur le devoir de l' Évêque diocésain et sur le caractère diocésain des institutions. A notre avis, en insistant trop sur la compétence des structures collégiales, les orientations du *m.p. Ecclesiae Sanctae* peuvent paralyser les initiatives au niveau local où l'évêque diocésain, au nom du principe de subsidiarité, doit fournir beaucoup d'efforts, par son action et par ses enseignements, pour amener les fidèles chrétiens à s'impliquer dans la prise en charge de l'Église. La pleine implication de la base a l'avantage de proposer de solutions qui tiennent compte de la variété des offices, des conditions de vie des prêtres et de circonstances de lieux[446].

1.3.2.2. Motu proprio Sacrum diaconatus ordinem de Paul VI (1967).

Au n. IV, art. 18–21, le *m.p. Sacrum diaconatus ordinem* traite de l'incardination et de l'entretien matériel des diacres permanents. Les orientations qu'il donne sur la rémunération et la protection sociale des diacres permanents sont pratiquement les mêmes que celles des décrets conciliaires sur les prêtres. L'art. 19 établit : « les règles en vigueur à propos du juste entretien matériel

---

445 Ibid, n.8 d: "Curent tandem eaedem Episcoporum Conferentiae, ut, attentis semper legibus ecclesiasticis et civilibus, in singulis nationibus habeantur sive instituta dioecesana, etiam inter se foederata, sive instituta pro variis dioecesibus simul constituta, sive consociatio pro tota natione condita, quibus, sub vigilantia sacrae Hierarchiae, satis provideatur tum congruenti cautioni et adsistentiae sanitariae, quam votant, tum debitae sustentationi clericorum qui infirmitate, invaliditate aut senectute laborent".

446 PERISSET, J.C., *Les biens temporels de l' Église*, Paris : Tardy, 1996, 136.

des prêtres et la garantie, en leur faveur, des assurances sociales doivent être étendues aux diacres permanents, en tenant compte également de la famille de ceux qui vivent dans les liens du mariage et en harmonie avec ce qui est dit à l'article 21 de cette lettre »[447]. L'art. 18 fait découler le droit à la rémunération et à la protection sociale pour le diacre permanent du principe de l'incardination dans un diocèse[448]. Mais la norme de l'art. 21 ajoute un élément nouveau en stipulant qu'autant que possible, les diacres exerçant une profession civile doivent pourvoir à leurs besoins et à ceux de leur famille par les bénéfices de leur travail[449]. Cela suppose donc qu'ils sont employés à temps partiel dans les ministères ecclésiaux et que le diocèse n'aurait qu'à suppléer à leur entretien. Cette norme n'aurait pas sa raison d'être si le diacre permanent était à temps plein au service de l' Église. L'art. 20 souligne le devoir de la Conférence Épiscopale d'édicter des normes, en tenant compte de circonstances de temps et de lieu, sur l'entretien matériel du diacre permanent et de sa famille[450].

1.3.2.3. Documenta synodi episcoporum : I. De sacerdotio ministeriali de 1971.

Ce document intitulé *De sacerdotio ministeriali* est le fruit de la deuxième Assemblée du Synode des Évêques célébrée du 30 septembre au 6 novembre 1971 et centré sur les thèmes du « sacerdoce ministériel » et de la « justice dans le monde »[451]. Dans ce document, les Pères synodaux, à la suite du profond mouvement du renouveau issu du concile Vatican II, après avoir situé le prêtre dans la mission du Christ et de l' Église et dans la communion de l' Église, abordent la vie matérielle du prêtre sous le titre « ratio oeconomica ». Pour eux, les problèmes économiques de l' Église ne peuvent adéquatement trouver solution que s'ils sont bien posés dans le contexte de la communion et de la

---

447 PAULUS PP. VI, *Letterae Apostolicae m. p. "Sacrum diaconatus Ordinem".Generales normae de diaconatu in Ecclesia Latina restituendo feruntur,* 18 Iuliii 1967, IV, n°s 19–21, in: AAS, 59 (1967), 701; Cfr. M., LUWANA PERO, o. c., 62.

448 Ibid.: «Quilibet diaconus, qui in aliqua religione non sit professus, alicui dioecesi sit rite ascriptus oportet».

449 Ibid.: «Diaconi, qui civilem professionem exercent, ex perceptis inde fructibus sibi suaeque familiae necessitatibus, quantum possunt, consulere debent».

450 Ibid: Episcopalis Conferentiae erit de honesta sustentatione diaconi eiusque familiae, si matrimonio est iunctus, certas edere normas, pro diversis locorum temporumque adiunctis.

451 DOCUMENTA SYNODI EPISCOPORUM: I. *De sacerdotio ministeriali*, in: AAS 68 (1971), 897–923 ; La Documentation Catholique 1600 (2 janvier 1972), 2–11.

mission du Peuple de Dieu. De cette communion et de cette mission découle le devoir des chrétiens de subvenir aux besoins de l'Église[452]. Ces questions économiques de l' Église doivent être traitées en prêtant l'attention non seulement à la solidarité au sein de l'Église particulière, du diocèse ou de l'institut religieux, mais aussi aux conditions des autres Églises pauvres, surtout à celles des Églises situées dans les territoires de mission et dans d'autres régions déshéritées[453]. C'est-à-dire qu'il faut promouvoir la solidarité entre les membres de la même communauté ecclésiale et aussi la solidarité de la communauté locale envers les autres Églises-sœurs dont les besoins économiques nécessitent l'aide des autres.

Quant au droit à la rémunération et la protection sociale des prêtres, le synode s'y est penché avec grand intérêt[454] et a insisté à ce que ce problème soit posé dans un esprit de pauvreté évangélique et tenter de trouver les solutions

---

452 Ibid, 921:" Quaestiones oeconomicae Ecclesiae congruenter solvi nequeunt, nisi bene perspiciantur ratione habita communionis et missionis Populi Dei"; La Documentation Catholique..., 11 : « Les problèmes économiques de l' Église ne peuvent être résolus de manière convenable si on ne les situe pas bien dans le contexte de la communion et de la mission du Peuple de Dieu. Il appartient à tous les chrétiens de subvenir aux besoins de l' Église ».

453 Traducción castellana del texto del Sínodo de los Obispos de 1971, in Boletín oficial del Arzobispado de Oviedo, año CVI. Enero 1972, n. 1, 39: "Los problemas económicos de la Iglesia no pueden ser adecuadamente solucionados, si no están bien planteados en el contexto de la comunión y de la misión del Pueblo de Dios. Es un deber de todos los fieles prestar ayuda a las necesidades de la Iglesia. Al tratar estos problemas hay que tener presente no sólo la solidaridad dentro d la Iglesia local o de la diócesis o del instituto religioso, sino también la condición de las diócesis de la misma región o nación, más aún de todo el mundo, y singularmente de las Iglesias de los territorios llamados de misión y de otras regiones pobres"; On peut lire la traduction française de ce texte : Les documents du synode episcopal, dans La Documentation catholique N° 1600 (2 janvier 1972), 11.

454 AZNAR GIL, F. R., art. c., 552 : Il signale que dans le document préparatoire élaboré par le Secrétariat Général du Synode et envoyé aux Conférences Épiscopales pour l'étude et envoi de suggestions, le thème de la rémunération et de la sécurité sociale du clergé y figurait déjà. Dans les différentes suggestions, beaucoup ont insisté d'abord sur l'esprit de pauvreté évangélique qui devait inspirer le style de vie des prêtres et les solutions à ce problème devaient être trouvées à la lumière de cet esprit. Considérant ensuite les diversités existantes dans plusieurs régions sur cette question et surtout la persistance du système bénéficial, les suggestions sont allées dans le sens de l'équité et de la justice distributive et sociale dans la rétribution des prêtres tout en tenant compte de circonstances locales. Enfin, l'autre problème qui fut évoqué est celui des conditions difficiles dans lesquelles vivaient les prêtres âgés, malades. La solution à ce problème passe par la voie de la prévision sociale.

équitables qui mettent fin aux inégalités économiques criantes entre les prêtres, en tenant compte du niveau de vie moyen de chaque milieu. La recherche de solutions à ce problème est un devoir de justice de toute de la communauté chrétienne. Pour cela, la conscience des fidèles chrétiens doit être formée pour qu'ils s'acquittent de leur obligation de subvenir aux besoins de l' Église. Comme on peut le constater, le synode est fidèle aux principes énoncés par le Concile Vatican II sur la vie matérielle des prêtres[455].

1.3.2.4. Directoire pour le ministère pastoral des Évêques, Ecclesiae imago de 1973.

Publié par la Congrégation pour les Évêques, ce directoire donne des orientations pour l'application des récommandations du Concile Vatican II et des instructions du Siège Apostolique sur la question économique du clergé. Au n. 117, le document rappelle l'obligation des évêques et de toute la communauté ecclésiale de pourvoir à une équitable rémunération et à une protection sociale pour le clergé[456].

1.3.2.5. Exhort. Ap. post-synodale Pastores davo vobis de Jean Paul II (25 mars 1992)[457].

Ce document a traité de la « formation sacerdotale face aux défis de la fin du second millénaire ». Le problème de la rémunération et de la protection sociale des prêtres n'est pas directement abordé, mais l'Exhortation rappelle certaines vertus du ministère sacerdotal indispensables dans l'exercice des droits sociaux comme la disponibilité intérieure ou l'obéissance[458] et la pauvreté

455 Ibid, 553: "El sínodo, por consiguiente, se sitúa en la misma línea doctrinal que el Concilio Vaticano II, si bien insiste especialmente en dos puntos: la remuneración de los clérigos es un deber de justicia, y ésta ha de ser sin excesivas diferencias entre los presbíteros, dentro de un espíritu evangélico de pobreza y de realismo social".

456 S. CONGR. POUR LES ÉVÊQUES DIRECTOIRE POUR LE MINISTERE PASTORAL DESÉVÊQUES , *Ecclesiae imago*, TypisPolyglotisVaticanis, 1973, n° 117 ; Cfr. AZNAR GIL, F. R., art.cit,552 ; LUWANA PERO, M., o. c, 62 : "Le n° 117 du Directoire parle de l'obligation des Évêques de pourvoir à l'équitable rémunération des prêtres, en application de ce qui est établi au Concile Vatican II et des instructions données par le Siège Apostolique en matière de réajustement économique du clergé ; on rappelle ensuite le devoir que tous ont de subvenir à une telle nécessité ».

457 PP. JEAN PAUL II, EXHORTATION APOSTOLIQUE POST-SYNODALE, *Pastores dabo vobis*, in: AAS 84 (25 mars1992), 657–804.

458 Ibid, n.28 : Cette obéissance doit se vivre dans ses multiples dimensions : apostolique, en ce sens, qu'elle reconnaît, aime et sert l' Église dans sa structure hiérarchique,

évangélique[459]. La pauvreté évangélique est décrite comme la « soumission de tous les biens au Bien suprême de Dieu et de son Royaume ». En réalité, seul celui qui contemple et vit le mystère de Dieu comme Bien unique et suprême, comme vraie et définitive richesse, peut comprendre et vivre la pauvreté. Cette vertu n'est certainement pas un mépris ou un refus des biens matériels, mais elle est un usage libre de ces biens, et en même temps un joyeux renoncement à ceux-ci dans une grande disponibilité intérieure, pour Dieu et pour ses desseins[460]. Imprégnés de cette valeur, les prêtres ne peuvent pas confondre leur droit à une rémunération et à une protection sociale avec une quelconque prétention de subordonner le service de l' Évangile et de l' Église aux avantages et aux intérêts qui peuvent en dériver[461]. Le tout doit être exigé et vécu dans un esprit de pauvreté. Pour cela, les prêtres doivent faire preuve d'abnégation et de simplicité dans l'usage des biens temporels, de transparence dans la gestion des biens de la communauté, cultiver le sens du partage des biens entre confrères et favoriser un certain usage commun de ces biens (cf. Ac. 2, 42–45). Bref, ils doivent être capables de donner un témoignage de pauvreté par une vie simple et austère[462] et revendiquer leur droit avec le même esprit.

1.3.2.6. Directoire pour le ministère et la vie des prêtres du 31 janvier 1994.

Dans la suite de l'Exhort. Apost. Post-synodale *Pastores dabo vobis*, ce Directoire de la Congrégation pour le clergé définit les principes et donne les orientations pour la vie et le ministère des prêtres face au défi de la nouvelle évangélisation. Au n. 67, il revient sur la vertu de la pauvreté qui doit caractériser les prêtres dans l'exercice de leur ministère, à l'exemple du Christ (2 Cor. 8, 9) et les invite à utiliser les biens matériels, nécessaires au développement personnel et à l'accomplissement de la mission, avec un sens de responsabilité, avec modération, rectitude d'intention et un esprit de service. Car la préoccupation excessive du

---

« communautaire », il ne s'agit pas de l'obéissance d'un individu isolé en rapport avec l'autorité, mais au contraire cette obéissance est profondément intégrée dans l'unité du presbyterium qui, comme tel, est appelé à vivre en collaboration cordiale avec l' Évêque et, par lui, avec le successeur de Pierre ; « pastorale », c'est-à-dire que le prêtre vit dans un climat de constante disponibilité pour se laisser saisir, ou pour se laisser « manger » par les nécessités et les exigences du troupeau qui doivent être raisonnables.

459 Ibid., n.30.

460 Ibid.

461 Ibid.

462 Ibid.

confort et du bien-être est un obstacle à la disponibilité au service des hommes et du Royaume de Dieu.

1.3.2.7. Lettre Ap. Novo Millenio Ineunte de Jean Paul II (6 janvier 2001).

Cette Lettre tire les conclusions de l'Année jubilaire et fait apparaître la nécessité d'une Église qui, après une année d'intense expérience spirituelle, se sent appelée à « avancer au large » – *duc in altum*! Selon l'ordre donné par Jésus à Pierre (cf. Lc 5, 4) – en affrontant les défis de l'avenir[463]. Au n. 43, le document rappelle la spiritualité qui doit guider la résolution des problèmes ecclésiaux : *la spiritualité de communion*. Faire de l' Église la maison et l'école de la communion doit devenir le principe éducatif partout où sont formés l'homme et le chrétien, les ministres de l'autel, les personnes consacrées, les agents pastoraux et partout où se construisent les familles et les communautés. L'éducation à la spiritualité de communion permettra à chacun d'acquérir la capacité d'être attentif, dans l'unité profonde du corps mystique, à son frère dans la foi et à partager avec lui ses joies et ses souffrances, deviner ses désirs et répondre à ses besoins, pour lui offrir une amitié vraie et profonde[464]. Pour résoudre avec efficacité la question des droits sociaux du clergé, cette spiritualité de communion doit imprégner toute l' Église particulière car, sans elle, il est difficile de relever le défi de l'auto-prise en charge nécessaire pour bâtir une Église particulière adulte.

1.3.2.8. Exhort. Ap. post-synodale Pastores gregis de Jean Paul II (16 octobre 2003)[465].

Fruit de la Xème Assemblée du Synode des Évêques, cette Exhortation a porté sur le thème de la figure de l' Évêque, serviteur de l' Évangile du Christ pour l'espérance du monde[466]. Dans l'accomplissement de cette mission, l'Évêque doit reconnaitre que la figure de Jésus Bon Pasteur est l'image privilégiée à laquelle

463 Présentation de la Lettre apostolique "*Novo millennioineunte*", in: La documentation Catholique 2240 (21 janvier 2001), 67.

464 J. PAUL II, PP, LETTRE APOSTOLIQUE, *Novo millennioineunte*, in : AAS 93 (2001), 287 ; Cfr. LA DOCUMENTATION CATHOLIQUE 2240 (21 janvier 2001), 67–89.

465 JEAN PAUL II, PP., Exhort. Ap. post-synodale *Pastores gregis* (2004), in : AAS 96 (3 déc. 2004), 825–927.

466 Ibid., n. 3 : Devant les difficultés de la vie et les problèmes du monde, l' Évêque doit annoncer au monde l'espérance à partir de l' Évangile de Jésus-Christ, « non seulement l'espérance qui concerne les réalités présentes, mais avant tout et surtout l'espérance eschatologique, celle qui aspire au trésor de la gloire de Dieu (cfr. Ep. 1, 18), il doit être prophète, témoin et serviteur de l'espérance ».

il doit sans cesse se référer[467]. Le ministère épiscopal a son fondement dans le mystère trinitaire qui se manifeste dans le mode d'être et d'agir du Christ. Cette dimension trinitaire doit façonner aussi l'être et l'agir de l'Évêque[468]. C'est pourquoi, la mission de l' Évêque ne doit pas se limiter à une tâche de pure organisation, mais par son style de vie, il doit manifester qu'il « demeure avec le Christ »[469]. C'est-à-dire que l'organisation du diocèse doit s'accompagner d'une recherche de sainteté subjective, d'une attitude marquée par la force d'âme, par le courage apostolique, par un abandon confiant à l'action intérieure de l'Esprit et par un style de vie qui imite la *Kénosis* du Christ Serviteur, pauvre et humble. « Un Évêque ne peut s'estimer vraiment ministre de la communion et de l'espérance pour le peuple saint de Dieu que lorsqu'il chemine en présence du Seigneur. Il n'est pas possible, en effet, d'être au service des hommes sans être serviteur de Dieu si l'on n'est pas d'abord « homme de Dieu »[470]. Pour être «homme de Dieu », l' Évêque doit s'appuyer dans la présence maternelle de la Vierge Marie[471], s'en remettre à la Parole de Dieu, se laisser garder et nourrir par elle[472], se nourrir de l'Eucharistie car le mystère pascal est au centre de la vie et de la mission du Bon Pasteur[473], être un homme de prière[474] ; il doit suivre la voie des conseils évangéliques et des béatitudes, c'est-à-dire suivre le Christ sur le chemin de la perfection de la charité, de l'obéissance au Père jusqu'à la mort, sur le chemin de l'amour chaste et virginal, sur le chemin de la pauvreté qui est liberté absolue par rapport aux biens terrestres[475].

---

467 Ibid., n. 1 : « la figure idéale de l'évêque, sur qui l'Église continue de compter, est celle du Pasteur qui, configuré au Christ dans la sainteté de la vie, se dépense généreusement pour l'Église qui lui est confiée, en portant en même temps dans son cœur la sollicitude pour toutes les Églises disséminées sur toute la terre (cf. *2 Co* 11, 28) » (cfr. Jean-Paul II, *Homélie de la Messe de clôture de la X*[e] *Assemblée générale ordinaire du Synode des Évêques* (27 octobre 2001), n. 3 : *AAS* 94 (2002), 114 ; *La Documentation catholique* 98 (2001), 992–993).

468 Ibid., n. 7.

469 Ibid., n. 11.

470 Ibid., n. 13.

471 Ibid., n. 14.

472 Ibid., n. 15.

473 Ibid., n. 16.

474 Ibid., n. 17 : « L'Évêque ne réussira donc à être un maître de prière pour les fidèles que s'il peut compter sur son expérience personnelle de dialogue avec Dieu ».

475 Ibid, n. 20 : « C'est pourquoi l'Évêque, qui veut être authentique témoin et ministre de l'Évangile de l'espérance, doit être *vir pauper*. Cela est requis pour le témoignage qu'il est tenu de rendre au Christ pauvre ; cela est aussi requis pour la sollicitude de l'Église envers les pauvres, à l'égard desquels il faut faire un choix préférentiel. La

C'est dans la mesure où il est imprégné de ces conseils évangéliques et des béatitudes qu'un Évêque sera alors attentif à la situation matérielle et spirituelle de ses prêtres, ses collaborateurs privilégiés. Cette sollicitude amènera à promouvoir une spiritualité de communion dans laquelle tous les problèmes ecclésiaux doivent trouver leurs solutions. C'est pourquoi, l' Évêque doit être dans son Église particulière et dans son *presbyterium* le promoteur et l'animateur de cette spiritualité et de la mission. Vis-à-vis de ses collaborateurs immédiats, cette spiritualité implique amour fraternel, attitude d'écoute, accueil, proximité et attention, correction fraternelle et réconfort pour susciter la collaboration et participation à la mission de l'Église.

1.3.2.9. Directoire pour le ministère pastoral des Évêques Apostolorum successores du 22 février 2004[476].

Aux nn. 75 et 76, ce document rappelle les liens juridiques entre l'Évêque et ses prêtres qui doivent être inspirés et nourris de charité et d'une vision de foi comme conséquence naturelle de la communion spirituelle avec Dieu. Aux n. 7, 59 et 62 il insiste sur la spiritualité de communion et de mission qui doit guider l'Église et aux n. 80 et 81, il exhorte l'Évêque à manifester une sollicitude aux besoins humains de ses prêtres à qui il ne peut manquer le nécessaire pour mener une vie convenable et digne. Il s'agit en effet de leur pourvoir

---

décision de l'Évêque de vivre son ministère dans la pauvreté contribue de manière décisive à faire de l'Église la « maison des pauvres ». De plus, une telle décision met l'Évêque dans une situation de liberté intérieure en ce qui concerne l'exercice du ministère, lui permettant de communiquer efficacement les fruits du salut. L'autorité épiscopale doit être exercée avec une générosité inlassable et avec une gratuité sans faille. Cela requiert de la part de l'Évêque une totale confiance dans la providence du Père céleste, une généreuse communion des biens, un train de vie sobre, un souci de conversion personnelle permanente. C'est la seule manière pour lui d'être capable de participer aux angoisses et aux souffrances du peuple de Dieu, qu'il doit non seulement guider et nourrir, mais dont il doit être solidaire, partageant ses problèmes et contribuant à entretenir son espérance. Il accomplira ce service avec efficacité si sa vie est simple, sobre et en même temps active et généreuse, et s'il met ceux qui sont reconnus comme les derniers dans notre société non pas en marge mais au centre de la communauté chrétienne. Sans presque s'en rendre compte, il favorisera l'»« imagination de la charité », qui mettra en lumière, plus que l'efficacité des secours apportés, la capacité de vivre le partage fraternel ».

476 SACRE CONGREGATION POUR LES EVEQUES, Directoire pour le ministère pastoral des évêques, *Apostolorum successores (22/02/ 2004),* Cité du Vatican : Librairie éditrice vaticane 2004.

une rétribution proportionnée à leur condition et leur garantir une protection sociale digne à travers des institutions soit diocésaines, soit interdiocésaines, soit nationales ou internationales. Aux n.191 et 216, il revient sur le devoir de l'Évêque d'éduquer les fidèles afin qu'ils prennent conscience de leur obligation de subvenir aux besoins de l' Église en général et à l'entretien économique du clergé en particulier. Cette éducation doit aussi viser les prêtres afin qu'ils cultivent le sens de gratuité et évitent toute tendance à rechercher le profit matériel dans l'exercice de leur ministère sacerdotal.

Dans le soutien aux besoins de l' Église, là où la Conférence Épiscopale n'en a pas décidé autrement, l'Évêque peut utilement constituer une *association ou une fondation canonique* spéciale dirigée par des fidèles laïcs pour recueillir les offrandes des fidèles[477], tout en évitant attentivement que les aspects financiers prévalent sur les aspects pastoraux, puisque, aux yeux de tous, l'Évêque doit manifester l'esprit de foi et de détachement des biens matériels qui caractérise l'Église.

1.3.2.10. Exhort. Ap. post-synodale Ecclesia in Africa de Jean Paul II (14 septembre 1995).

Cette Exhortation, « fruits de méditation et de prière, de discussions et des échanges [des pasteurs africains] »[478] lors de l'Assemblée spéciale pour l'Afrique du Synode des Évêques célébrée à Rome en 1994 a débattu de l'évangélisation du continent à l'approche du troisième millénaire de la foi chrétienne. Ce document pastoral vise à affermir la foi (cfr. Lc 22, 32) et l'espérance des chrétiens africains face aux nombreux défis auxquels le Continent et l' Église en Afrique font face[479]. Face à ces nombreux défis, l'Exhortation souligne fortement l'urgence de l'évangélisation du continent qui ne peut être dissociée de la promotion humaine.

Parlant de la vie matérielle des Églises d'Afrique, le n. 104 souligne la nécessité de l'autosuffisance matérielle et financière de ces Églises. A cause de la pauvreté et de la misère de la population, ces Églises connaissent d'énormes difficultés économiques et financières qui conduisent souvent au découragement et à l'abandon de la foi. Ces difficultés doivent devenir des principaux

---

477 Ibid.

478 JEAN PAUL II, Exhortation apostolique post-synodale "*Ecclesia in Africa*", in : AAS 88 (2 janvier 1996), 5, n. 1 ; cfr. CHEZA, M. (Éd.), *Le Synode africain. Histoires et textes*, Paris : Karthala, 1996, 271.

479 Ibid, n. 7, 275.

défis à relever dans l'évangélisation du troisième millénaire du continent africain et le synode doit être pour cela un « synode d'espérance »[480] afin d'affirmer avec force qu'en dépit du panorama en majeur partie négatif que présente le continent, il est possible de surmonter ces difficultés[481]. Dans ses orientations, l'Exhort. Ap. *Ecclesiae in Africa* rappelle que le Synode vise d'abord à promouvoir la communion entre les Évêques et le Pontife romain[482] et « ne se réduit à une consultation sur des sujets pratiques. Sa vraie raison d'être tient au fait que l'Église ne peut avancer qu'en renforçant la communion entre les membres, à commencer par ses pasteurs »[483]. C'est à travers cet objectif primordial qu'il faut saisir toutes les questions pratiques, d'ordre économique, sociales, etc. Et la réponse à donner à ces questions trouve sa force dans la capacité de renforcer cette communion entre tous les membres de l'Église.

Face à tous les défis de l'évangélisation, l'Exhortation interpelle aussi les pasteurs sur la « pertinence et la crédibilité du message de l'Église en Afrique qui doit impliquer nécessairement la crédibilité même des porteurs de ce message ». Dans un monde assoiffé d'authenticité, de vérité et de transparence, « le témoignage de vie des pasteurs doit devenir une condition essentielle de l'efficacité profonde de la prédication…. [C'est pourquoi, dans le domaine plus sensible de l'économie et des finances], le message social de l'Église sera plus crédible par le témoignage des œuvres plus encore que par sa cohérence et sa logique internes »[484]. Ce témoignage de vie doit se traduire par un détachement vis-à-vis des biens matériels et aussi par une gestion efficace et transparente des biens temporels.

Aujourd'hui, « l'Afrique est saturée de problèmes : dans presque toutes les nations, il y a une misère épouvantable, une mauvaise administration de rares ressources disponibles, une instabilité politique et une désorientation sociale […] Dans un monde contrôlé par les nations riches et puissantes, l'Afrique est pratiquement devenue un appendice sans importance, souvent oublié et négligé par tous […]. Elle est comparée à l'homme qui descendait de Jérusalem à Jéricho ;

480 Ibid., n. 12, 279 : "Ce fut en effet le Synode de la Résurrection et de l'espérance […] En ce moment même où tant de haines fratricides provoqués par des intérêts politiques déchirent nos peuples, au moment où le poids de la dette internationale ou de la dévaluation les écrase, nous, évêques d'Afrique, […] nous voulons dire un mot d'espérance et de réconfort à ton adresse, Famille de Dieu qui es en Afrique ».

481 Ibid., 14, 280.

482 Ibid., 15, 280.

483 Ibid., n. 17, 281.

484 Ibid., nn. 21–22, 283–284.

il tomba entre les mains de brigands qui le dépouillèrent, le rouèrent de coups et s'en allèrent, le laissant à demi mort (cfr. Lc 10, 30–37). Elle est un continent où d'innombrables êtres humains – hommes et femmes, enfants et jeunes- sont tendus, en quelque sorte, sur le bord de la route, malades, blessées, impotents, marginalisés et abandonnés. Ils ont un extrême besoin de bons Samaritains qui leur viennent en aide »[485]. Cette situation dramatique du continent nécessite des réponses adéquates et ne peut être ignorée ; elle doit constituer un défi pour l'évangélisation[486]. La réponse efficace à ce drame doit d'abord venir des africains eux-mêmes car leur continent est « doté d'une vaste gamme de valeurs culturelles et de qualités inestimables [...] qui peuvent permettre une évolution positive de la situation dramatique »[487] et aussi permettre, comme le soutient Mbelu, de « renaitre en récusant les paradigmes négatifs et d'indignité qui ont inculqué aux Africains le complexe d'infériorité et le déni d'eux-mêmes »[488]. La

485 Ibid., nn. 21–22. 41, 283–284. 296.

486 Ibid., n. 51, 302 : "En Afrique, la nécessité d'appliquer l' Évangile à la vie concrète est fortement ressentie. Comment quelqu'un pourrait-il annoncer le Christ sur cet immense continent s'il oublie qu'il est une des régions les plus pauvres du monde ? Comment quelqu'un pourrait-il manquer de prendre en considération l'histoire chargée de souffrances d'une terre où de nombreuses nations sont encore aux prises avec la faim, la guerre, les tensions raciales et tribales, l'instabilité politique et la violation des droits de l'homme ? ».

487 Ibid., n. 42, 297.

488 MBELU BABANYA KABUDI, *Préface*, in : FWELEY DIANGITUKA, *L'Afrique doit renaitre,* France : Ed. Monde Nouveau/Afrique Nouvelle, 2016, 9. Face à ces paradigmes négatifs et d'indignités, J.M. ELA dans son ouvrage « *Dire Dieu et Libérer l'Afrique* » traduit en Espagnol par SERAFIN FERNANDEZ sous le titre « *Fe y liberación en Africa* », Madrid: Ed. Mundo Negro, 1990, 54, écrit : «Durante mucho tiempo, la «teología de salvación de alma» ha sido el motor de los institutos misioneros que trabajan en Africa [...] Desde los tiempos de la trata, los negros de Africa no son considerados antes que nada como hombres desfigurados por la dominación y la explotación [...] Los negros han sido vistos como rehenes de satanás. Para la mentalidad de la época, "el demonio huido viene a refugiarse aquí, entre los negros" [...] Con esta visión, no parece necesario responder a las aspiraciones fundamentales de los pueblos transformados en ganado humano en los caminos del mundo. "La salvación de las almas": ésta es la prioridad de la misión que se abre en los tiempos modernos, en un contexto en que los africanos son los desheredados de la Tierra"[...] La misión descuida deliberadamente los aspectos concretos de la liberación de todo lo que atenta contra la dignidad del africano como hombre [...] Este error fundamental se prolongará, durante la situación colonial, en la praxis asistencial, que no hace la menor mella en los mecanismos estructurales de dominio e injusticia que funcionan en los países africanos donde ha sido "implantada" la Iglesia".

première ressource après la grâce de Dieu dont dispose l' Église d'Afrique pour relever les défis auxquels le continent est confronté est le Peuple de Dieu. C'est à ce peuple, en tant que « Famille de Dieu », dans la solidarité, dans l'accueil, dans le dialogue, dans la confiance, qu'incombe la responsabilité de vaincre la pauvreté, la marginalisation et l'exploitation[489]. Il faut que les africains excluent l'ethnocentrisme, le particularisme excessif et prônent la réconciliation et une vraie communion entre les différentes ethnies, favorisent la solidarité et le partage pour redonner sourire aux pauvres[490]. Sur le plan purement politique c'est ce que Fweley Diangitukwa appelle la « fédération des forces africaines » nécessaire pour le développement, la libération et la renaissance de l'Afrique[491]. Cette fédération des forces c'est ce que prône la nouvelle ecclésiologie africaine qui a proposé le modèle de « L'Église Famille de Dieu » dont le fondement est la spiritualité de communion.

La situation de pauvreté dans laquelle croupit aujourd'hui le continent africain a de répercutions dans la vie de l' Église, en général et, dans celle des prêtres, en particulier. Face à cette pauvreté et à la misère, les Églises d'Afrique doivent promouvoir la communion afin de relever le défi de l'auto-prise en charge qui est une nécessité vitale[492]. Les Églises-sœurs du monde doivent aider

---

489 J.PAUL II, Exhortation Ap. post-synodale *Ecclesia in Africa*, n.63, 311 ; cfr. BENOIT XVI, PP., Exhortation apostolique post-synodale *Africae munus*, n.n. 7–8 : "L'Exhortation Ap. post-synodale *Ecclesia in Africa* invite les familles chrétiennes africaines à devenir des « églises domestiques » pour aider leurs communautés respectives à reconnaître qu'elles appartiennent à un seul et même Corps. Cette image est importante non seulement pour l'Église en Afrique, mais aussi pour l'Église universelle, à l'heure où la famille est menacée par ceux qui veulent une vie sans Dieu. Priver de Dieu le continent africain, ce serait le faire mourir peu à peu en lui enlevant son âme [...] Dans la tradition vivante de l'Église, en réponse à la sollicitation de l'Exhortation *Ecclesia in Africa*, voir l'Église comme une famille et une fraternité, c'est restaurer un aspect de son patrimoine. Dans cette réalité où Jésus-Christ, « l'aîné d'une multitude de frères » (*Rm* 8, 29), a réconcilié tous les hommes avec le Dieu Père (cf. *Ep* 2, 14–18) et a donné le Saint-Esprit (cf. *Jn* 20, 22), l'Église devient à son tour porteuse de cette Bonne Nouvelle de la filiation divine de toute personne humaine. Elle est appelée à la transmettre à toute l'humanité, en proclamant le salut réalisé pour nous par le Christ, en célébrant la communion avec Dieu et en vivant la fraternité dans la solidarité.

490 Ibid., n. 63.

491 FWELEY DIANGITUKWA, o. c., 17.

492 Exhortation ap. post-synodale *Ecclesia in Africa*, n. 104 : "Les pères synodaux ont souligné squ'il est nécessaire que toute communauté soit en mesure de pourvoir par elle-même, autant que possible, à ses propres besoins (Ad gentes, n.15).

plus généreusement les Églises d'Afrique dans leurs efforts d'autofinancement progressif[493]. Cependant, « l'Église ne peut arriver à l'autosuffisance matérielle et financière que dans la mesure où le peuple qui lui est confié ne subit pas une misère extrême »[494]. D'où le défi de l'autosuffisance matérielle et financière appelle un autre défi à relever d'abord, celui de la pauvreté, de la misère et des injustices.

L'efficacité de ce combat dépend aussi de la crédibilité des défenseurs de cette cause. Ce qui implique un témoignage de vie cohérent avec les idées défendues et une gestion efficace et transparente du patrimoine commun. Car, aujourd'hui en Afrique, au niveau de la société civile comme celui de l' Église, beaucoup de problèmes économiques sont la conséquence d'une manière de gouverner souvent entachée de corruption[495] [...] du non-respect de la voie du droit (violation des libertés et des droits fondamentaux)[496] [...] de la mauvaise gestion du patrimoine commun (détournement ou vol des ressources à leur profit)[497], de la prévalence du népotisme, de « l'ethnicisme » dans les structures de gestion en lieu et place des critères de compétence.

C'est dans la mesure où tous ces défis sont pris en compte au niveau de l'évangélisation que les problèmes matériels du clergé diocésain peuvent aussi trouver de solutions efficaces.

1.3.2.11. Exhort. Ap. post-synodale Africae munus de Benoît XVI[498].

Dans le contexte du continent africain caractérisé par quelques points positifs, mais surtout par de nombreux défis de nature sociale, politique, ethnique, économique et écologique et aussi par des pandémies, L'Exhortation *Africae Munus* invite les africains au courage de la foi et à l'espérance[499] et l'Église en

---

L'évangélisation requiert donc, outre les moyens humains, des moyens matériels et financiers substantiels, dont bien souvent les diocèses sont loin de disposer dans des proportions suffisantes. Il est donc urgent que les Églises particulières d'Afrique se fixent pour objectif d'arriver au plus tôt à pourvoir elles-mêmes à leurs besoins et à assurer leur autofinancement ».

493 Ibid., n. 104.

494 Ibid.

495 Ibid., n. 110.

496 Ibid., n. 112.

497 Ibid., n.113.

498 BENOIT XVI, PP., Exhortation apostolique post-synodale *Africae munus*, in: AAS... (19 novembre 2011); cfr. http: // w2. Vatican. Va / Content / Benedict xvi / fr.

499 BENOIT XVI, PP., *L'Afrique est le continent de l'espérance. Discours au Palais présidentiel de Cotonou (Bénin)*, in : D.C. 2480 (18 décembre 2011), 1089–1090 : « Souvent,

Afrique à être au service de la réconciliation, la justice et de la paix[500]. C'est-à-dire que « l' Église a la mission de conduire l'Afrique à approfondir sa vocation chrétienne en vivant au nom de Jésus, la réconciliation entre les peuples et les communautés, pour la paix et la justice dans la vérité »[501]. Les défis de la société africaine sont ceux aussi de l' Église. C'est pourquoi, à la lumière des orientations de cette Exhortation apostolique, nous pouvons aussi comprendre le problème de la vie matérielle du clergé qui est souvent aussi source de tensions, des conflits et des injustices dans les Églises locales. Dans ce domaine-là aussi, l' Église en Afrique est invitée à raviver la foi et l'espérance, à reconstruire des communautés sacerdotales déchirées, à travers les voies de la vérité et de la justice, l'amour et la paix afin que le démon de la division, des conflits et des injustices n'obscurcit la mission de l' Église d'être « sel et lumière du monde ».

Pour que l' Église en Afrique soit au service de la réconciliation, de la justice et de la paix, dans ses structures internes comme dans la société, son action doit d'abord viser à : a). Porter l'Évangile au cœur des sociétés africaines afin que les chrétiens africains deviennent des authentiques serviteurs de la Parole de Dieu, c'est-à-dire des hommes et les femmes qui écoutent Jésus-Christ,

---

dans mes interventions antérieures, j'ai uni au mot Afrique celui d'espérance. Je l'ai fait à Luanda voici deux ans et déjà dans un contexte synodal (1). Le mot espérance figure d'ailleurs plusieurs fois dans l'Exhortation apostolique post-synodale *Africae munus* que je vais signer tout à l'heure. Lorsque je dis que l'Afrique est le continent de l'espérance, je ne fais pas de la rhétorique facile, mais j'exprime tout simplement une conviction personnelle, qui est également celle de l' Église. Trop souvent, notre esprit s'arrête à des préjugées ou à des images qui donnent de la réalité africaine une vision négative, issue d'une analyse chagrine. Il est toujours tentant de ne souligner que ce qui ne va pas ; mieux encore, il est facile de prendre le ton sentencieux du moralisateur ou de l'expert, qui impose ses conclusions et propose, en fin de compte, peu de solutions adaptées. Il est tout aussi tentant d'analyser les réalités africaines à la manière d'un ethnologue curieux ou comme celui qui ne voit en elles qu'un énorme réservoir énergétique, minéral, agricole et humain facilement exploitable pour les intérêts souvent peu nobles. Ce sont là des visions réductrices et irrespectueuses, qui aboutissent à une chosification peu convenable de l'Afrique et de ses habitants [...] Parler de l'espérance, c'est parler de l'avenir, et donc de Dieu... ! L'avenir s'enracine dans le passé et le présent ».

500 Idem, *L' Église en Afrique appelée à promouvoir la paix et la justice. Allocution à la Basilique de l'Immaculée Conception de Ouidah (Bénin)*, in : D.C. 2480 (18 décembre 2011), 1096–1097.

501 Mgr NIKOLA ETEROVIC, *Discours de la présentation de l'Exhortation ap. post-synodale Africae munus*, n. 2, in : D.C. 2480 (18 décembre 2011), p. 1108.

qui se réconcilient avec Dieu et le prochain[502], afin de bâtir des communautés réconciliées et des pays réconciliés où règnent la justice, l'amour et la paix[503] ; b) Faire qu'aux cœurs des réalités africaines, le Christ devienne la source de la réconciliation, de la justice et de la paix[504]. Pour cela, l' Église comme Corps du Christ et Sacrement du Salut, doit être témoin de l'amour de la vérité qui trace le chemin que toute justice humaine doit emprunter pour aboutir à la restauration des liens de fraternité dans la famille humaine, communauté de paix[505]. Par son témoignage, elle amènera les chrétiens à devenir justes et construire un ordre social juste par leur conduite responsable[506]. c). Insuffler dans les cœurs des hommes la force de la réconciliation, c'est-à-dire que l' Église doit inviter l'homme à la purification intérieure, condition essentielle pour la construction de la justice et de la paix. Car, seule une authentique réconciliation crée une paix durable dans la société[507] ; d). Former la conscience des chrétiens à l'amour dans la vérité qui est source de justice et de paix pour qu'ils contribuent à la construction d'un ordre social juste dont la sphère politique a la plus grande responsabilité[508].

Une fois définis les axes de cette mission de l' Église, l'Exhortation détermine les champs d'action, c'est-à-dire les chantiers pour la réconciliation, la justice et la paix qui doivent aider l'Afrique à se libérer des forces qui la paralysent. L'Église en Afrique doit d'abord fixer son *attention sur la personne humaine* pour que cette dernière soit capable de vivre l'Évangile au niveau individuel, familial et social[509], ensuite promouvoir, *à* travers de la spiritualité de communion, *le « vivre ensemble »*[510] en faisant de la Famille le sanctuaire de la vie, la cellule vitale de la société et de l' Église et aussi le lieu propice à l'éducation, à la culture du pardon, de la paix et de la réconciliation et le lieu où tous évangélisent et sont évangélisés[511]. Elle doit aussi, partant de la vision africaine de la vie, défendre et protéger la vie humaine[512], la création et l'écosystème en s'opposant à tout système

502 Exhortation apostolique post-synodale *Africae munus*, n. 15.
503 Ibid., n. 16.
504 Ibid., n. 17.
505 Ibid., n. 18.
506 Ibid., nn. 22–23.
507 Ibid., nn. 19–21
508 Ibid., n. 28.
509 Ibid., n. 32
510 Ibid., n. 42.
511 Mgr NIKOLA ETEROVIC, *Discours de la présentation de l'Exhortation ap. post-synodale Africae munus*, n. 2.
512 BENOIT XVI, PP., Exhortation apostolique post-synodale *Africae munus*, nn. 70–74.

économique qui met en péril la survie de l'humanité, et à tout ordre injuste qui empêche les peuples africains de consolider leurs économies et de se développer selon leurs caractéristiques culturelles et d'être eux-mêmes les principaux artisans de leur progrès économique et social[513]. Elle doit exiger la bonne gouvernance des États afin de mettre un terme à toutes les diverses formes de pauvreté qui poussent les gens à rechercher ailleurs des oasis de paix et de prospérité, une meilleure formation et une plus grande liberté[514]. Il s'agit en fait de promouvoir une culture soucieuse de la primauté du droit qui permet que la dignité de la personne humaine soit respectée[515], un ordre social juste qui contribue à l'élévation de la valeur de la vie humaine et qui offre des conditions pour l'épanouissement de la vie humaine[516]. Au niveau mondial, elle doit défendre une *mondialisation de la solidarité* qui inclut le principe de la gratuité et la logique du don comme expression de la fraternité et promouvoir le dialogue et la communion comme valeurs pour garantir la paix et la justice entre groupes sociaux et entre États. Cette tâche incombe à tous les membres du Peuple de Dieu car chacun a reçu un don de l'Esprit saint qui doit être mis au service du bien commun[517]. Face aux défis de l'Église et de la société, tous les fils et filles du continent africain sont appelés à mobiliser leurs énergies spirituelles et les ressources matérielles afin que le Christ agisse par l'Esprit Saint en chacun de ses membres[518].

Mais de manière particulière, l' Évêque comme pasteur du troupeau, doit se distinguer par une sainteté de vie qui lui donne l'autorité morale et la crédibilité dans la direction d'une Église particulière. Cette sainteté personnelle doit rejaillir au bénéfice de tout le Corps du Christ confié à sa sollicitude pastorale[519] et doit se vivre dans une vraie communion, une vraie unité et une vraie collaboration avec le *presbyterium* afin de servir d'antidote aux germes de divisions qui menacent le vivre ensemble, la paix et la justice[520]. Bref, l' Évêque doit être exemplaire par sa vie et son comportement et se soucier de la bonne administration du diocèse afin que ce dernier devienne un modèle quant au comportement des personnes, un modèle de la transparence et de la bonne gestion des biens temporels afin de promouvoir l'unité, la justice et la paix[521].

---

513 Ibid., nn. 79–80.
514 Ibid., n. 84.
515 Ibid., n. 81.
516 Ibid., n. 69.
517 Ibid., n. 97.
518 Ibid., nn. 97–98.
519 Ibid., n., 100.
520 Ibid., n. 101.
521 Ibid., n. 104.

Les prêtres de leur côté sont appelés à vivre dans la vérité et la joie leurs engagements sacerdotaux (le célibat dans la chasteté et le détachement des biens matériels), à témoigner d'une vie pacifique, par-delà les frontières tribales et raciales afin d'être pour leur peuple les premiers artisans de la réconciliation, de la justice et de la paix[522] et à vivre dans l'humilité, la simplicité, sans hypocrisie mais avec amour filial leur obéissance à l' Évêque diocésain[523]. Comme disciples du Christ, ils doivent aussi faire des choix, en optant surtout pour les exigences évangéliques qui les invitent à ne pas servir deux maitres à la fois (cf. *Mt*6, 24). Face à l'argent, ce trésor temporel qui peut occuper le cœur de l'homme (cf. *Lc* 12, 34) et aux innombrables autres biens que l'homme possède comme la vie, la famille, l'éducation, les relations personnelles, etc. bien que précieux et admirables, ils doivent s'abandonner à la Providence divine et faire le choix absolu ((Mt 7, 13–14) de rechercher d'abord Dieu et son Royaume (cf. *Mt* 13, 45–46). Cet acte de foi leur permettra de voir sous un autre regard ce qui leur semble important, comme par exemple leur droit à une rémunération et à une protection sociale et de vivre les relations avec eux-mêmes, avec les familles et les amis à la lumière de l'appel de Dieu et de son exigence au service de l'Église. Voilà pourquoi le Christ leur dit : « Cherchez d'abord le Royaume et sa justice, et tout vous sera donné par surcroît » (*Mt* 6, 33)[524].

2. Droit à la rémunération juste et à la protection sociale du clergé diocésain dans le Code de droit canonique de 1983.

Dans la législation antérieure, nous avons découvert que « le droit à une honnête subsistance était intimement lié au titre canonique d'ordination [...] et avait le sens d'une sorte de contrepartie de service, selon la justice commutative »[525]. « Le clerc ordonné au titre du bénéfice, par exemple, avait l'obligation d'accomplir les charges du bénéfice, et en contrepartie il avait le droit de percevoir les revenus du bénéfice »[526] pour sa subsistance. Ce régime de titre d'ordination est devenu un grand obstacle sur le plan pastoral, ce qui a poussé le Concile

522 Ibid., n. 111.

523 Ibid., n. 108–11o.

524 Ibid., n. 112.

525 CAPARROS, E. et AUBE, H. (DIR.), *Code de droit canonique. Bilingue et annoté*, 3º éd., Coll. Gratianus, Montréal : Wilson & Lafleur, 2009, 264 : Commentaire du c. 284.

526 RINCON PEREZ, T., o. c, 333.

Vatican II à lever l'option de son abandon[527] et à définir les principes d'un nouveau régime économique plus juste, plus solidaire[528]et surtout plus adapté à la nouvelle ecclésiologie de l' Église-Communion où tous les membres sont appelés à participer à la croissance de l' Église, à l'accomplissement de sa mission et à subvenir aux besoins matériels du clergé[529]. Les principes doctrinaux définis

527 FIORITA, N., *Remunerazione e previdenzia dei ministri du culto,* Dott. A. Giuffrè Editore, Milano: 2003, 65–66: "Il sistema beneficiale entra in crisis molto prima della sua effectiva soppressione. Già nel Codice di diritto canonico del 1917, nel momento stesso in cui riceve un solenne riconoscimento, venendo ad esso dedicati più di ottanta canoni, questo istituto lascia intravedere le crepe che ne determineranno il superamento. La sua straordinaria longevità, la sua capacità di sopravvivenza alle mutate condizioni economiche della società, si spiegano principalmente con il timore della Chiesa Cattolica di procedere ad una riforma radicale che potesse in qualche modo rimettere in discussione tutto il proprio assetto patrimoniale"; CONSORTI, P., "*Sustentación del clero*", in: DGDC VII (2012), 522:"Las distorciones del sistema original hicieron cada vez menos funcional para su finalidad primaria. Sin embrago, una crisis insuperable se produjo con los cambios económicos y sociales relacionados con la industrialización y la abolición del feudalismo, de los fideicomisos y del mayorazgo. Los grandes patrimonios de fundos e inmuebles quedaron sujetos a fuertes imposiciones tributarias y perdieron mucha importancia: la Iglesia se empobreció de golpe, también por los golpes de la legislación revolucionaria (C. M. CIPOLLA, *Storia econômica dell'Europa preindustriale*, Bologna 1974, 69). El sistema beneficial se volvió en poco tiempo completamente inadecuado y, de hecho, quedó superado. Fue, por fin, el Concilio Vaticano II el que afrontó estos cambios. La regulación patrimonial de la Iglesia quedó a su vez trastocada por los amplios cambios de planteamiento que el Concilio introdujo. Inmediatamente se vio que el sistema beneficial aparecía como un resto del pasado que debía ser revisado, buscando "técnicas nuevas y eficientes [...]"; RINCON PEREZ, T., loc. cit.: "El abandono del sistema beneficial (c. 1272) que propició el Concilio (PO, 20), junto con la abolición de la exigencia del título de ordenación, hacen que el derecho a una congrua remuneración, incluida la asistencia social para los casos de enfermedad, invalidez o vejez, aunque se fundamenta radicalmente en la misma condición de ministro sagrado, es decir, de persona ordenada para un servicio pleno a la Iglesia del cual tiene derecho a vivir según la maxima evangélica (Lc 10, 7) "el obrero es digno de su salario", inmediatamente, sin embargo, este derecho nace del vínculo de la incarnación".

528 Ibid: "Il superamento del sistema beneficiale è imposto alla Chiesa Cattolica da una sere di fattori che emergono con chiarezza nle dibattito conciliare e che sono unanimente condivisi dalla dottrina del tempo".

529 CONCILE VATICAN II, PO, 20; CONSORTI, P., art. cit, 522–523: "El deber de satisfacer las necesidades económicas de la Iglesia vuelve a recaer sobre todos los

dans le décret PO 20 et 21 seront traduits en langage canonique ou juridique dans le Code de Droit Canonique de 1983[530].

Nous voulons justement analyser cette nouvelle législation afin d'en dégager les aspects canoniques qui peuvent permettre à résoudre efficacement les difficultés matérielles auxquelles sont confrontés les prêtres diocésains en RDC. Pour atteindre cet objectif, nous allons analyser le can.281, §§ 1–2 qui met en forme le droit naturel du clerc à recevoir une rémunération convenable et le droit à une assistance sociale suffisante pour le cas de maladie, d'invalidité ou de vieillesse et aussi le can. 1274, §§ 1–5 qui suggère les instruments techniques pouvant aider à réaliser les droits définis dans le can. 281.

---

fieles que están obligados a "procurar que a los presbíteros no les falten los medios para llevar una vida honesta y digna" (PO 20). Además, para evitar que le ministerio eclesiástico pueda tomarse como una ocasión para enriquecerse uno mismo o las familias (DE PAOLIS 14), los bienes eclesiásticos deben emplearse exclusivamente para la "organización del culto divino, la digna manutención del clero y el sostenimiento de las obras de apostolado y de caridad, especialmente para los pobres (PO 17 b. c). Como se ve, la sustentación del clero aparece como un deber de los fieles, antes que como un derecho del sacerdote y corresponde a una finalidad típica del patrimonio eclesiástico".

530 La législation canonique actuelle sur la problématique de la rémunération et la protection sociale du clergé ne peut se comprendre qu'à la lumière des enseignements du Concile Vatican II. Car comme l'écrivait le pape Jean Paul II, « le nouveau code [...] requérait forcément le travail préalable du Concile [...] Et nous devons reconnaitre que ce Code est né d'une même et unique intention, celle de restaurer la vie chrétienne. C'est d'ailleurs bien de cette intention que toute l'œuvre du Concile a tiré ses lois et son orientation [...] Cet instrument qu'est le Code correspond pleinement à la nature de l' Église, spécialement comme la décrit le magistère du Concile Vatican II en général, et en particulier dans son enseignement ecclésiologique. En un certain sens, on pourrait même voir dans ce Code un grand effort pour traduire en langage canonique cette doctrine même de l'ecclésiologie conciliaire. Si, cependant, il n'est pas possible de traduire parfaitement en langage canonique l'image conciliaire de l' Église, le Code doit néanmoins être toujours référé à cette image comme à son exemplaire primordial, dont, par sa nature même, il doit exprimer les traits autant qu'il est possible » (J.PAUL II, PP, Constitution apostolique *Sacrae disciplinae leges*, in: AAS 75 (25 Ianuari 1983), XI); cfr. CAPARROS, E. et AUBE, H., o. c., 5. 9).

2.1. Précision terminologique des notions « rémunération » et « protection sociale ».

2.1.1. Notion de rémunération et de salaire.

Nous allons tenter de comprendre le concept de « rémunération » en rapport avec celui de « salaire », avec comme objectif montrer s'il existe entre les deux concepts une différence d'ordre sémantique. Pour parler de la rétribution des personnes engagées au service de l'Église, laïcs ou clercs, le Code de Droit Canonique et la doctrine canonique emploient souvent de termes très ambigus comme « dotation » (subvention), « rémunération », « rétribution », « honoraire », « iustam et honestam mercedem » (salaire), « emolumentum », « sustentatio », etc. Pour les clercs, les termes les plus employés sont souvent « sustentatio » et « remuneratio » et difficilement celui de « merces » (salaire).

Pourquoi le Droit canonique préfère-t-il les termes de « sustentatio » ou « remuneratio » et non celui de « salarium » ou « merces » souvent employés dans la législation civile du travail ?

Juridiquement, le terme *salaire* se définit comme « la rémunération ou les rémunérations que gagne effectivement un travailleur, en argent ou sous une autre forme, pour le travail qu'il accomplit au bénéfice d'un autre (employeur) »[531]. Par exemple dans l'art. 26. 1 du « Estatuto de los Trabajadores (ET) » espagnols (cfr. Real Decreto Legislativo (RDLg), le salaire est légalement défini comme « la totalité des perceptions économiques des travailleurs, en argent ou en espèce, pour les prestations professionnelles des services au bénéfice d'un autre, qui rétribuent d'une forme ou d'une autre le travail effectif ou les temps de repos comptables comme celui du travail »[532]. Le salaire est donc l'objet de la prestation de base que l'employeur doit à l'employé (travailleur) en raison du contrat de travail signé entre les deux parties[533]. Il reste un *élément*

531 ENCICLOPEDIA UNIVERSAL ILUSTRADA. EUROPEO-AMERICANA, t. IX (APÉNDICE), Madrid: ESPASA-CALPE, 1991, 738:"Salario".

532 Cfr. MONTOYA MELGAR, A., Derecho del trabajo. Trigésima sexta edición, Madrid: Tecnos, 2015, 374.

533 Http: //www. Droit-finances. Commentcamarche.net/faq/2656-contrat-de-travail-définition-jurique:23 janvier 2015 : « Le contrat de travail désigne une convention par laquelle une personne, le salarié, s'engage à travailler pour le compte et sous la direction d'une autre, l'employeur, contre rémunération. Pour qu'un contrat de travail soit reconnu tel sur le plan juridique, il faut, selon la jurisprudence, la réunion de trois critères : une rémunération (qui peut être versée aussi bien en argent qu'en nature), une prestation de travail et un lien de subordination juridique entre

nécessaire dans tout contrat de travail car celui-ci est essentiellement un contrat onéreux. En tant qu'élément essentiel du contrat de travail, le salaire a pour fonction principale de rémunérer (du latin, *remuneror* = récompenser, accorder une faveur) le travail. Il est donc économiquement le prix du travail (SMITH, RICARDO), dont le niveau se fixe selon les lois de l'offre et de la demande (COBDEN) et juridiquement, il est la prestation corrélative au travail. Outre cette fonction de rétribution du travail, il faut ajouter une autre fonction politico-sociale, celle d'assurer l'entretien ou la subsistance du travailleur. C'est pourquoi beaucoup de textes légaux au niveau national et international reconnaissent aux travailleurs le droit « à une rémunération équitable et satisfaisante lui assurant ainsi qu'à sa famille une existence conforme à la dignité humaine »[534]. Considérant ces deux fonctions, nous pouvons affirmer avec A. Montoya Melgar que « la fonction juridique du salaire est celle de rétribuer ou récompenser le service ou le travail réalisé par le travailleur au bénéfice d'un autre. A cette fonction strictement juridique s'ajoute une autre de caractère économico-social, celle de la subsistance du travailleur »[535].

Comme rétribution (récompense) du travail, le volume du salaire est fixé en tenant compte de la *qualité* et du *volume de travail, en prohibant les*

---

les contractants (employeur et l'employé ou le salarié).Le contenu du contrat de travail est soumis au respect des règles du droit du travail (prévues par la loi, une convention collective…), notamment en ce qui concerne le salaire minimal et la durée de la période d'essai » ; MONTOYA MELGAR, A., ibid., 267–268. 270: «El contrato, instrumento de equilibrio entre intereses contrapuestas. Es la figura jurídica de primordial importancia en el sistema del Derecho, no es otra cosa sino el revestimiento jurídico que adoptan ciertas relaciones sociales de cambio que, por su especial relieve, son noticiadas y ordenadas por el legislador […] En efecto, las partes del contrato se hallan en una situación mixta de concordia y contraposición, de intereses divergentes y de ánimo de conciliación de esos interés […] Es un producto de dos o más declaraciones concordantes; otras veces han ascendido a primer plano los aspectos de discordia u oposición de intereses, y se ha dicho que el contrato es el negocio bilateral "con intereses contrapuestas"" "El contrato es un pacto en el que dos sujetos (empresario y trabajador) se obligan a cambiar trabajo por salario durante la vida de la relación jurídica que con tal pacto crean". "Puede conceptuarse el contrato de trabajo como el negocio jurídico bilateral que tiene por finalidad la creación de una relación jurídico-laboral constituida por el cambio continuado entre una prestación de trabajo dependiente y por cuenta ajena y una prestación salarial".

534 Ibid., 375 ; cfr. DÉCLARATION UNIVERSELLE DES DROITS DE L'HOMME, art. 23, 3.

535 Ibid.

discriminations et les *traitements de faveur* basés sur les circonstances personnelles comme le sexe, l'origine racial, l'état civil, la condition sociale, la religion ou les convictions, les idées politiques, etc. Cependant, l'établissement des échelons de salaires sur base de l'ancienneté dans l'entreprise sont des inégalités raisonnables en tant qu'ils rétribuent le niveau d'expérience et d'expertise. Ces échelons peuvent aussi être le résultat des droits acquis lors de conventions. Mais quand les échelons dans les salaires manquent de base objective et raisonnable, ils constituent alors une infraction au principe juridique d'égalité présent dans beaucoup de Constitutions nationales et dans les Traités internationaux[536]. La différence de salaires entre les travailleurs d'un même groupe ou niveau professionnel qui en principe ont droit à un salaire identique, peut résulter aussi de la considération du poste de travail qu'occupe un travailleur. Cette évaluation du poste de travail n'est pas personnelle, elle est objective et impersonnelle. C'est le poste de travail qui est pris en compte avec ses caractéristiques.

Dans la fixation, les salaires peuvent être déterminés soit, *en fonction du temps*, c'est-à-dire de la durée du service indépendamment du résultat ou du volume du travail, sans exclure l'obligation de rendement du travailleur, soit aussi, *en fonction de l'œuvre à réaliser* ou *des résultats* sans prendre en compte le temps que prend l'ouvrage, ou soit de manière mixte en tenant compte de l'élément temps et du travail à réaliser[537].

Quant à la *structure du salaire*, beaucoup de régimes salariaux l'organisent autour de deux concepts : le *salaire de base* et les *compléments de salaires* (cfr. Conv. de l'OIT num. 100 et Directive de la Communauté Européenne de 2006/54)[538].

a). Le *salaire de base* ou *salaire fixe* ou *salaire garanti* se définit légalement comme la rétribution du travailleur fixée sur base du temps ou du travail et qui doit se conformer au salaire minimum interprofessionnel garanti (SMIG) ou au taux supérieur établi par les conventions collectives ou les contrats individuels.
b). Par *compléments de salaires*, on entend les diverses perceptions qui s'ajoutent au salaire de base en considération de certaines circonstances comme celles liées à la personne (par ex. l'ancienneté dans le travail, la possession de titres académiques, la connaissance des langues, etc.), au travail (par ex. la grande productivité, les conditions spéciales du poste de travail, caractère pénible, dangereux, toxique ou nocturne, etc.) et à la situation ou

536 Ibid., 376.
537 Ibid., 376–377.
538 Ibid., 380.

aux résultats de l'entreprise (par ex. la participation aux bénéfices, les gratifications en fonction des ventes, la facturation, etc.)[539].

Normalement, la fixation de la structure salariale relève de la convention collective, à défaut de cette dernière, des contrats individuels de travail. Ils déterminent les critères pour calculer les différentes parties du salaire et décident du caractère stable ou non des compléments de salaires. Mais compte tenue de la fonction politico-sociale du salaire (subvenir aux besoins du travailleur), l'État fixe les rétributions minimas légales sous lesquelles toute négociation collective ou individuelle est considérée nulle. Généralement, la fixation par l'État des salaires minimas se fait après une consultation préalable des organisations syndicales de travailleurs et des Employeurs[540]. Dans cette fixation l'État doit tenir compte : a) de l'indice des prix de consommation ; b) de la production moyenne nationale atteinte ; c) de la croissance de la participation du travail dans la rente nationale ; d) de la conjoncture économique générale.

Considérant les éléments de la définition, les fonctions, les modes de fixation, la structure du salaire dans le droit civil du travail, pouvons-nous affirmer que le soutien économique dû aux prêtres dans l'exercice de leur ministère par l'Église est un salaire ? Répondre à l'affirmatif serait contredire toute une tradition pluriséculaire de l'Église qui a toujours considéré que « la relation ministère sacerdotal-argent [matériel] a des caractéristiques spéciales. Il existe une inadéquation presque intrinsèque entre les deux. Le ministère sacerdotal ne se paie pas, cela pour la nature propre de ce travail comme aussi pour les motivations qu'a le prêtre à le réaliser. Mais en même temps, c'est une évidence que le prêtre a toute une série des besoins à couvrir [qui nécessitent des moyens économiques] : son entretien personnel et celui de ses dépendants, besoins de formation, de vacances, de sécurité sociale et des obligations civiques, etc. »[541].

---

539 Ibid. ; cfr. DE OTADUY, J., art. cit, 126–127.

540 Ibid. 381.

541 AZNAR GIL, F. R., "*La "Conveniente remuneración" de los clérigos en el Código de Derecho Canónico (c. 281, § 1)*", in: Ciencia Tomista, t. 113, Enero-Abril 1986/1, 529; Cfr. Idem, "*La retribución económica de los sacerdotes en el Ordenamiento canónico español*", in: REDC 43 (1986), 435: "La relación que liga al sacerdote con la diócesis y con la Iglesia misma no está, no puede estar, basada en una relación contractual o disciplinaria, aunque ésta última exista. La relación sacerdote-Iglesia, desde el punto de vista jurídico, está basada en una "afectio" vocacional y espiritual. De ahí que muchos criterios, considerados como válidos y normales en las relaciones de trabajo y salario en la sociedad, no sean (completamente) aplicables al sacerdote: El sacerdote no es un profesional al servicio de la Iglesia, no es un trabajador por cuenta

Ces besoins justifient le soutien économique, mais celui-ci n'est pas un salaire au sens technique ou juridique du terme car « le service ecclésial des prêtres est un ministère et non une profession. La mise en forme juridique de la relation prêtre- ministère sacerdotal ne peut être envisagée, sans la dénaturer radicalement, en appliquant les principes du contrat synallagmatique (bilatéral). [Car] 'La corrélation entre prestation et contreprestation –écrit Bertone- doit céder le pas au fait que l'office ecclésiastique trouve son fondement dans une vocation ecclésiale et par conséquent, il ne peut pas être situé sous la protection d'un contrat de travail régi par les normes de la société civile »[542]. Le ministère sacerdotal est une grâce sacramentelle reçue de Dieu afin d'être devant Lui et les hommes, ministres du Christ[543]. C'est-à-dire qu'il trouve son fondement dans le sacrement reçu de manière définitive comme un don du Seigneur en vue d'une consécration totale à son service et à celui de son Église et non dans un accord entre parties en échange du travail pour un salaire durant le temps de la relation juridique qui nait du contrat. Par conséquent, « le lien de subordination– essentiel au contrat– semble peu compatible avec le lien hiérarchique de l'incardination, avec la nature spirituelle du ministère ecclésial et le caractère essentiellement désintéressé d'un tel service »[544]. Le sacerdoce est un service à une communauté de foi, fondé sur l'amour, la gratuité et le don de soi, et non une profession basée sur un principe contractuel onéreux. Le prêtre qui répond à l'appel du Seigneur ne poursuit pas un intérêt matériel mais bien plus un intérêt spirituel : son salut et le salut des autres. Le droit de recevoir une rémunération juste et convenable qui découle de l'exercice de ce ministère est, de la part de l'autorité compétente, une stricte obligation de justice distributive et non de justice commutative[545]. Autrement dit, l'exercice du ministère sacerdotal vise

---

ajena. El sacerdote es un trabajador al servicio de sus propias creencias y vocación". "La retribución a los sacerdotes, así como también el modo y manera en que esta retribución se realiza, han de dejar siempre bien clara la gratuidad del ministerio sacerdotal. No se trata de "pagar" unos servicios, sino de atender a unas necesidades. El factor económico no puede ser ni aparecer como el motivo del trabajo pastoral. El ejercicio del ministerio no puede constituir una fuente de aumento de la hacienda familiar propia".

542 DE OTARDUY, J., *Comentario del can. 281…*, loc. c.

543 CONCILE VATICAN II, Décret *Presbyterorum Ordinis*, n.2: AAS 58 (1966), 992.993.

544 DOLE, G., *La protection sociale du clergé en droit canonique et sa mise en œuvre étatique*, in : Revue de droit canonique 41/1 (1991), 76.

545 La **justice** est un principe philosophique, juridique et moral fondamental en vertu duquel les actions humaines doivent être sanctionnées ou récompensées en fonction de leur mérite au regard du droit, de la morale, de la vertu ou autres sources

d'abord un intérêt spirituel pour le prêtre et pour la communauté de foi. Il est régi essentiellement par le principe de gratuité. Mais, comme tous les hommes vivant dans le monde, les prêtres qui consacrent tout leur temps au service de la communauté ont aussi besoin de biens matériels pour leur subsistance et pour l'accomplissement efficace de leur mission spirituelle[546]. Et comme ils ne disposent pas d'autres moyens pour subvenir à leurs propres besoins, leur consécration totale au service de l'Église se convertit à un droit de recevoir de celle-ci les besoins nécessaires pour vivre dignement. Cette compensation économique est une exigence de justice distributive, une reconnaissance de la valeur du ministère, de la dignité de la personne, une récompense de la disponibilité et des sacrifices consentis et non une contreprestation du travail accompli qui souvent dépasse en temps et en énergie, la récompense que le prêtre en reçoit. Dans cette perspective, le terme « rémunération » du ministère sacerdotal prend le sens d'une « compensation » ou « récompense » d'un service inappréciable au prix

---

normatives de comportements. Quoique la justice soit un principe à portée universelle, le juste apparaît pouvoir varier en fonction de facteurs culturels. La justice est un idéal souvent jugé fondamental pour la vie sociale et la civilisation. **La *justice distributive*** règle la répartition des biens entre les membres de la société pour le bien commun. Elle considère les mérites des individus, et distribue les biens selon une part proportionnelle à ceux-ci. L'échelle des mérites n'est pas universelle et varie en fonction du régime politique et des valeurs qu'il proclame. Contrairement à la **justice commutative** qui ordonne l'égalité des parts échangées, elle commande l'égalité des proportions à raison des mérites. La **justice commutative** (ou *corrective*) vise simplement la réalisation de la rectitude dans les transactions privées. Elle fait abstraction des mérites personnels pour déterminer selon une stricte égalité arithmétique ce qui est dû à chacun. Elle a pour but de rétablir l'égalité lorsque celle-ci est rompue au moment d'un échange, lorsqu'un cocontractant a exécuté son obligation et l'autre pas encore, ou d'un dommage. Rendre une justice commutative est le rôle propre du juge dans les procès où il intervient comme tiers entre les parties en conflit (*Éthique à Nicomaque*, V, 7): cfr. https:// fr. wikipedia.org / wiki / Justice: consulté le 30 mai 2017.

546 DE PAOLIS, V., o. c., 199: «Los ministros sagrados, en virtud de una misión que han recibido de Dios y que los supera, son portadores de dones para los hombres. Por este deber evangélico no pueden pretender nada; pero, al estar en el tiempo, tienen necesidad de lo necesario para vivir. Además, en cuantos portadores de esta misión, que es pura gracia, no deben oscurecer el esplendor de la gratuidad de Dios y de la fuerza del Espíritu, con la potencia de los medios humanos y con la llamativa luz de las riquezas. Su vida deberá por tanto ser pobre, como testimonio de la libertad de los hijos de Dios, con un desprendimiento interior de los bienes temporales y con un desprendimiento efectivo de los mismos que evidencie la potencia del Espíritu».

d'argent, d'une « prestation extra-salariale »[547] pour récompenser au nom du principe de la justice distributive et sociale ceux qui se consacrent entièrement au service de tous.

Voilà pourquoi la législation canonique, pour parler du soutien économique dû aux prêtres, n'emploie pas les termes propres au droit civil comme *salaire* pour sa connotation trop contractuelle[548], ou *honoraires* pour être une rétribution d'une profession libérale (cfr. aux cc. 1580, 1649, §1, 2° et 1488, § 1)[549], ou *émoluments* (cc. cc. 506, § 2 et 1488, § 1) pour être un traitement casuel ou occasionnel alors que le ministère sacerdotal a un caractère viager. En lieu et place de ces termes propres au droit civil, la législation canonique a opté pour l'usage des termes comme *remuneratio congrua* (cfr. cc.. 191, §2, 230, § 1, 231, § 2, 263, 281, §§ 1 et 3, 418, § 2, 2°, 531) et *honesta sustentatio* (cc.195, 222, § 1, 230, § 1, 263, 264, § 2, 269, 1, 281, §§ 1 et 3, 282, § 2, 295, § 2, 402, § 2, 707, § 2 ; 538, § 3, 1254, § 2, 1274, § 1 et 1350, §§ 1–2)[550].

Ce choix n'est pas une méconnaissance d'un droit naturel reconnu en grande partie par tous les régimes juridiques, mais il vise à montrer que le soutien économique que l'Église assure aux prêtres n'est pas une contrepartie du travail ministériel[551]. Le ministère sacerdotal est un service spirituel régi par des

547 MONTOYA MELGAR, A., o. c., 388.

548 OTADUY, J., *Salario*, in: DGDC VII (diciembre 2012), 128: "Es significativo que las normas canónicas tiendan a excluir el uso de términos propios del derecho secular, como en este caso, salario, para emplear otros como dotación, dotación base o dotación congrua".

549 AZNAR GIL, F.R, *La "conveniente remuneración" de los clérigos en el Código de Derecho…"*, 557: El término *honorarius*, cuyo significado latino es el de la paga o premio que se da a los jurisconsultos, médicos y otros profesionales de artes liberales para remunerar su trabajo o servicio "mercedem enim dicere, minus honorificum videtur", siempre se emplea en el CIC para referirse a la retribución percibida por un trabajo no meramente manual: peritos (c. 1580), interpretes (c. 1649, § 1, 2°), procuradores y abogados (c. 1649, § 1, 2°)"; REAL ACADEMIA ESPAÑOLA, o. c, 836: Honorario: "gaje o sueldo de honor; Estipendio que se da a uno por su trabajo en algún arte o profesión liberal".

550 CAPARROS, E., et AUBE, H. (Dir.), o. c., 2176–77 : Table analytique : "subsistance"; cfr. PROFESORES DE DERECHO CANÓNICO DE LA UPSA, Código de derecho canónico. Edición bilingue comentada, Madrid: BAC, 2008, 1367: Índice de materias: "sustentación, sustento"; cfr. AZNAR GIL, F. R., art. cit, 358–359; cfr. GIORGIO MARCUZZI, P., art. cit, 34::"Il termine sustentatio compare piu volte nel Codice attuale, come d'altronde nel Codice del 1917".

551 DE OTADUY, J., *Comentario del can. 281,* in: MARZOA, A., MIRAS, J. y OCAÑA, R. (COORD. Y DIR.*), Comentario Exegético al Código de Derecho Canónico, Vol. II/ 1,* Pamplona: EUNSA,…., 352: "Tanto el lenguaje conciliar como el propio del CIC

normes particulières, une grâce sacramentelle dont la finalité pour ceux qui s'y consacrent ne pas de gagner d'abord les biens matériels sinon les biens spirituels. Les biens matériels sont cependant nécessaires pour vivre dignement et accomplir efficacement le ministère. C'est pourquoi l'autorité compétente, pour raison de justice distributive et sociale, se sent dans l'obligation de pourvoir à la subsistance digne de ses ministres[552]. On écarte par-là, toute idée de revendication d'un droit conséquence d'un contrat bilatéral et l'idée d'enrichissement contraire à l'image du Christ-Pauvre, modèle des prêtres.

Partant de la fonction économico-sociale de ce soutien, les normes canoniques vont insister pour que cette rémunération soit *honesta et aequa*[553], c'est-à-dire qu'elle corresponde aux sacrifices consentis dans l'exercice du ministère, qu'elle soit proportionnelle à leur état et au ministère qu'ils exercent et qu'elle mette fin aux inégalités criantes pour tous ceux qui se trouvent dans les mêmes conditions et qu'elle soit *decora, congrua* et *digna* c'est-à-dire qu'elle soit suffisante ou convenable pour leur permettre de vivre dignement, de s'acquitter de leurs obligations cléricales et sociales et de pratiquer la charité. Elle ne doit pas

---

omiten la referencia al termino ius y prefieren otros, en apariencia menos comprometidos, como por ejemplo: aequam recipiant remunerationem; remuneratio ab unoque percipienda; o remunerationem merentur [...] No pretende desconocer un derecho que [...] tiene un contenido natural. Se quiere destacar que, aun cuando ordinariamente el trabajo ministerial es un presupuesto de la retribución, ésta no constituye la correspondiente contrapartida. Al derecho a ser dignamente sustentado que invoca el clérigo incardinado sigue una estricta obligación de justicia por parte de la autoridad competente; pero su efectivo ejercicio, en lugar de regirse por los principios de la justicia conmutativa, lo hace por los correspondientes a la justicia distributiva".

552 AZNAR GIL, F.R., ibíd., 558:"El término *sustentatio*, finalmente, es el que más veces se emplea en el CIC. Procede de *sustento* –que propiamente significa sostener, conservar, sustentar– y entre sus significados está el equivalente a alimento o nutrición. En español su significado más corriente es el proporcionar a alguien lo que necesita para vivir, particularmente la comida"; cfr. REAL ACADEMIA ESPAÑOLA, o. c., 1495: "Sustentar: proveer a uno del alimento necesario; Sustento: mantenimiento, alimento. Lo que sirve para dar vigor y permanencia a una cosa. Sostén o apoyo".

553 SCHOUPPE, J. P., o. c, 150: En parlant de sustentatio aequa le législateur ne veut pas parler de subsistance identique alors que les conditions socio-économiques diffèrent d'un milieu à un autre. Le « caractère égalitaire » sur lequel revient la législation canonique n'est pas un « égalitarisme aveugle » mais un principe qui vise à éviter autant que possible les différences injustifiées. Il ne s'agit pas d'une règle rigide mais plutôt d'une garantie d'égalité pour ceux qui se trouvent dans les mêmes conditions, par exemple, à l'intérieur d'une même circonscription ecclésiastique, compte tenu de la nature de leur office et des circonstances spatio-temporelles.

être fixée de manière arbitraire, mais au contraire, elle doit être conforme au principe de la justice distributive[554]. Elle doit couvrir tous les besoins moralement nécessaires à la personne (besoins naturels [*necesitas naturae*] sans lesquels la personne humaine ne peut survivre comme par exemple le logement, l'alimentation, l'habillement, la santé, l'accomplissement des obligations familiales, citoyennes et sociales) et aussi les besoins personnels ([*necesitas personae*] qui permettent à l'homme, tenant compte de circonstances socio-économiques du milieu et du statut social, de vivre décemment : les vacances, les loisirs, la formation, les moyens de déplacement, les outils de travail, etc.)[555].

En conclusion, comme le souligne le Prof. F. Aznar, dans la législation canonique, nous nous trouvons devant deux concepts fondamentaux pour parler du soutien économique des prêtres : *remuneratio congrua* et *honesta sustentatio*[556]. Ces deux concepts mettent d'abord plus l'accent sur le fait que le ministère sacerdotal n'est pas un travail contractuel dont le salaire dans son acceptation moderne serait l'élément capital[557] et ensuite sur la fonction économico-sociale de ce soutien qui est pour l'Église une exigence de justice distributive et sociale. Mais si la tendance actuelle penche vers la conception salariale propre au droit civil du travail, l'Église reste fidèle à tradition biblique qui ne réduit pas la rémunération et la subsistance qu'elle accorde aux clercs à une somme d'argent mais bien un soutien plus englobant qui

---

554 GIORGIO MARCUZZI, P., ibid: "L'uso di aggettivi accanta al termine sustentatio, non solo indica una diversa puntualizzazione, ma può stabilire una certa graduatoria nel contenuto stesso del termine. La qualifica generale che riguarde il sostentamento dei ministri sacri è che sia onesto, vale a dire, "guisto, decoroso, convenienete, accetabile…conforme alle circonstanze, ale esigenze, alla posizione sociale".

555 FALTIN, D., *De obligacione impendendi fructus beneficii superfluos pro pauperibus aut piis causis (Romae* 1963), 126: cité par F. R., AZNAR GIL, ibid, 560:"Por necesidad de la naturaleza se entiende aquel bien temporal sin el que la misma naturaleza del hombre no puede sustentarse, según el lugar y tiempo en que se encuentra (necessarium simpliciter). Necesidad de la persona es aquel bien temporal sin el cual el hombre ciertamente vive pero no de forma decente, sobre todo teniendo en cuenta su condición y estado (necessarium secundum quid)".

556 AZNAR GIL, F.R., ibid.: "Básicamente nos encontramos, por consiguiente, ante una doble terminología canónica para la referencia a esta materia: honesta sustentación y remuneración congrua".

557 OTADUY, J., "*Salario*"…, loc. cit.: "Aquello que se pretende subrayar ahora es que ni la retribución de los clérigos ni el sostenimiento de los religiosos responden a criterios ni a normas de naturaleza salarial, según el derecho laboral del Estado".

comprend les dimensions humaines et matérielles dont la personne a besoin pour vivre heureux et de façon digne[558].

2.1.2. *Notion de protection sociale.*

Pour parler de la protection sociale du clergé, la législation canonique et la doctrine canonique emploient souvent plusieurs termes qui peuvent prêter à confusion au moment d'interpréter les normes canoniques et de les appliquer. C'est le cas *d'assistance sociale* au can. 281, § 2 ou de *prévoyance sociale* dans le Décret *PO*, 21 b ou de *sécurité sociale* dans la doctrine canonique. Quelle nuance renferme chaque expression ? Et entre elles pouvons-nous établir un lien ?

Pour comprendre la notion de la protection sociale, il y a lieu de rappeler que l'Église, depuis ses origines, s'est toujours préoccupée de procurer aux clercs une honnête subsistance, y compris en cas d'invalidité ou de maladie ainsi que pendant leurs vieux jours. « Le statut canonique [du clerc] comporte, certes, une protection contre les aléas de l'existence : l'ordinand doit posséder un titre viager lui assurant une subsistance convenable. La *congrua remuneratio*, attachée à cette créance, implique la garantie d'un revenu et présente, à cet égard, un élément commun avec le concept de protection sociale »[559]. Mais est-il que pendant plusieurs siècles, cette protection sociale du clergé était organisée autour de *l'idée de l'assistance*, héritée de l'antiquité et vivifiée par la charité chrétienne. C'est ce que confirme G. DOLE quand il écrit : « Le principe de l'assistance s'enracine dans le concept néo-testamentaire de *koinonia* et dans la pratique ecclésiale »[560]. Cette institution de l'« assistance sociale » qui plonge ses racines dans l'antiquité chrétienne s'est développée à partir de la fin du XVIIIe siècle et a donnée naissance grâce à l'influence des institutions séculières, surtout entre les deux guerres mondiales, à l'institution de la *prévoyance sociale* à laquelle se rattachent les *Fonds diocésains de secours* et les *Mutuelles sacerdotales*[561]. Les

---

558 Cfr. PALAZZINI, P., "*La aequa remuneratio del clero*", in: FUNGHINI, R.(Dir.), *Il sostentamento del clero nella legislazione canonica e concordataria italiana,* Libreria Editrice Vaticana: Vaticano, 1993, 7: "Per salario Luca adopera il termine greco che può apparire ostico ad un occidentale, persuaso che non vi è paragone tra l'annuncio del Vangelo e una retribuzione di ordine temporale. Ma, presso i popoli semitici ed orientali, la nozione di salario comprende anche la retribuzione dei service che non si possono calcolare a prezzo di denaro".

559 DOLE, G., o. c., 19.

560 Ibid., 69.

561 Ibid., 21 : « Les premières caisses ecclésiastiques de secours s'organisent vers la fin du XVIIIe siècle, mais il faut attendre le milieu du siècle suivant pour assister à leur développement. Le mouvement se dessine en Amérique aussi bien qu'en Europe ».

éléments communs à toutes ces institutions ne sont pas à rechercher d'abord dans leur *mode d'organisation* sinon dans *leur finalité à secourir économiquement les prêtres* face aux aléas de l'existence et dans le *principe de la charité chrétienne* qui garantit leur existence[562].

La *sécurité sociale* est une institution de la politique de la protection sociale qui s'est imposée à partir de 1945, juste après la fin de la Seconde guerre mondiale. L'apparition des risques sociaux plus graves comme les maladies, l'âge, la perte de l'activité rémunérée, l'invalidité et tant d'autres ont justifié le souci de prévoir et la mise en place de mécanismes capables de garantir à l'individu une protection sociale suffisante à laquelle la charité, les prévisions mutualistes facultatives, les secours volontaires (assistance publique ou privé) et les efforts individuels (épargne) ne suffisaient pas. Face à la complexité des aléas de l'existence, il fallait bien une *solidarité plus grande*, une *socialisation des mécanismes de protection sociale.* D'où la naissance du système moderne de la sécurité sociale.

Ce nouveau système de protection sociale commence d'abord avec le système « d'assurance sociale » ou « prévoyance sociale » obligatoire qui a vu le jour en Allemagne sous Bismarck qui a institué l'assurance maladie en 1883, l'assurance pour les accidents de travail (1884) et l'assurance vieillesse-invalidité (1889). La particularité du nouveau système réside d'abord dans le *pouvoir organisateur* qui est *l'État.* Désormais c'est l'État qui organise les assurances sociales en faveur des travailleurs afin de leur permettre de faire face aux difficultés économiques qui naissent des aléas de l'existence. Ensuite, c'est un *système de protection sociale obligatoire* pour tous les travailleurs. Il est donc un régime de protection obligatoire des travailleurs couvrant plusieurs risques de la vie (maladie, accidents de travail, vieillesse et invalidité) et dont le financement est basé sur la *contribution des bénéficiaires* (cotisation des employeurs et employé) et sur *l'apport des subsides de l'État.* C'est un régime dans lequel les cotisations sont intimement liées aux salaires. Enfin, ce nouveau système fonctionne sur un mode de gestion diversifiée suivant les différentes branches d'assurances sociales[563].

Le régime de la « prévoyance sociale » ou « assurances sociales » s'est converti en système de « sécurité sociale », premièrement en 1935 quand on promulgue la « Social Security Act » de Roosevelt[564], ensuite en 1938 avec le Plan

---

562 Ibid., 22 : Leur financement dépend en grande partie des contributions volontaires des prêtres, des offrandes des fidèles et des subsides diocésains.

563 MONTOYA MELGAR, A., o. c., 616.

564 Https: // fr. Wikipedia.org. / Wiki/ Social Security Act [consulté le 3 mars 2016]: Le Social Security Act (« Loi sur la Sécurité Sociale » est une loi américaine approuvée par le Congrès des États-Unis en 1935 et qui a marqué la mise en place de la

Néozélandais qui a étendu les domaines de protection sociale et qui a instauré le système d'impôt pour le financement de la Sécurité sociale et enfin plus tard en 1942 avec le Plan de Sir William Beveridge présenté, dans un rapport intitulé « Social Insurance and Allied Services », devant le Parlement britannique. L'idée fondamentale du Plan beveridgien était la couverture des besoins sociaux à travers la redistribution de la rente (le financement repose en grande partie sur toute la communauté, à travers l'impôt), en étendant les risques à couvrir (non une catégorie mais toutes les situations de nécessité) et les catégories de personnes (sécurité sociale générale ou universel, et non seulement réservée aux travailleurs) et en simplifiant et unifiant la gestion du système (gestion unitaire du système)[565].

Cette brève évolution historique du système de la protection sociale nous conduit à définir ce système comme « un ensemble des mécanismes de prévoyance collective qui permettent aux individus ou aux ménages de faire face financièrement aux conséquences des risques sociaux, c'est-à-dire aux situations pouvant provoquer une baisse des ressources ou une hausse des dépenses (vieillesse, maladie, invalidité, chômage, charges de famille). La protection sociale a donc à la fois des objectifs matériels (permettre aux individus de survivre quand ils sont malades, ou âgés, ou chargés de familles nombreuses, par exemple) et des objectifs sociaux (réduire l'inégalité devant les risques de la vie et assurer aux individus un minimum des revenus leur permettant d'être intégrés à la société. La plupart des dépenses de la protection sociale sont financées par les prélèvements obligatoires (cotisations sociales, patronales et salariales) et éventuellement aussi par des subventions de l'État »[566]. Suivant l'évolution historique de la protection sociale, les mécanismes qui la constituent sont *l'assistance sociale*, la *prévoyance sociale ou assurance sociale* et la *sécurité sociale*. Ayant déjà évoqué l'assistance sociale et la prévoyance sociale, voyons maintenant ce qu'est la sécurité sociale.

---

première forme d'État-providence aux États-Unis. Au début des années 1930, dans un contexte de pauvreté croissante chez les personnes âgées, des premières mesures d'assistance sociale furent mises en place sous la forme d'une « Assurance sociale ». Mais la loi en elle-même ne fut signée que le 14 aout 1935 par Franklin D. Roosevelt dans le cadre de son New Deal. Cette Sécurité sociale visait à atténuer les effets de la pauvreté chez les seniors, les chômeurs, les femmes veuves et les enfants privés de leur père.

565 MONTOYA MELGAR, A., loc. cit.

566 Https: // fr. Wikipedia.org./wiki/protection sociale [consulté le 11 mars 2016].

Juridiquement la *Sécurité sociale* se définit comme « un système technico-juridique destiné à protéger certains groupes des personnes face à certains risques ou contingences qui naissent de situations de nécessité dues soit au manque des moyens économiques ou aux dépenses exagérées »[567]. Mais bien qu'elle soit pour les juristes un système technico-juridique, elle n'en est pas moins un système de sécurité économique qui vise, en accord avec les orientations et les décisions du pouvoir public, la couverture de certaines aléas de l'existence. Avec l'implication du pouvoir public, la sécurité sociale est en définitive « un ensemble systématique de mesures (législatives et exécutives) à travers lesquelles l'État garantit aux personnes suscrites au système, à leurs membres de famille ou assimilés à leur charge, « la protection adéquate face aux contingences et dans les situations prévues par la loi »[568].

Au terme de cette approche, nous pouvons dire que dans le langage ecclésiastique la tendance est d'utiliser de manière souvent confuse les concepts d' « assistance sociale », de « prévoyance sociale » ou « assurance sociale » et de « sécurité sociale ». Tous ces concepts, bien qu'ayant entre eux certaines différenes, désignent des mécanismes historiques de protection sociale, c'est-à-dire des mécanismes qui visent à protéger l'individu face à certains risques ou contingences qui naissent de situations de nécessité dues au manque des moyens économiques ou aux dépenses exagérés. Même s'ils poursuivent tous la même finalité, ils diffèrent cependant les uns aux autres par *leur principe fondateur*, par *leur nature*, par le *régime de gestion* et par le *pouvoir organisateur*[569].

Dans le monde actuel, « l'assistance primitive, [basée sur le principe de la charité], a cédé progressivement le pas aux techniques nouvelles de prévoyance, [de l'assurance et de sécurité sociale] ; l'état de besoins a fait face à la notion de risques puis à celle de charge sociale ; l'indemnisation puis les prestations ont remplacé le subside. Les sentiments primaires de compassion et de bienfaisance se sont métamorphosés en un devoir plus pressant de justice, enraciné dans une charité qui le féconde. Pour le clerc, l'espoir d'un secours devient, dès lors, une créance fondée sur le droit à des garanties institutionnelles »[570]. Dans le système de sécurité sociale, la gestion et le financement ne reposent plus sur le principe

567 MONTOYA MELGAR, A., o. c.., 613.

568 Ibid., 614.

569 ARIMON, G., *El problema de la seguridad social del clero. Análisis de su teoría y de su praxis…*, 74 : « La nuance terminologique entre les deux est importante car l'une penche plus vers une aide accordée par charité et l'autre va dans le sens d'une prévision établie par une collectivité bien définie avec caractère obligatoire ».

570 DOLE, G., o. c., 110.

de la charité et sur la seule contribution des assurés, mais sur la solidarité de toute la société à travers un régime des prélèvements obligatoires. Par sa finalité et ses affinités, « le système de prévoyance sociale ou de sécurité sociale apparaît comme un élément adventice (surajouté) du système canonique d'assistance sociale »[571]. Comme système moderne, « la sécurité sociale se caractérise par la garantie basée sur la redistribution des revenus. Cette conception nouvelle vise à remédier aux incertitudes économiques qu'engendrent les risques de l'existence. Tout individu vivant de ses gains professionnels s'expose à perdre ses moyens de subsistance lorsque la maladie, les infirmités ou l'âge l'empêchent temporairement d'exercer un emploi, ou lui font perdre le sien. Ces éventualités réclament un appoint ou un certain substitut de ressources [auxquelles toute la société est appelée à participer par un régime d'impôts] »[572].

Si dans les documents ecclésiastiques, nous faisons face à un usage confus de termes sur la protection sociale du clergé et que cette confusion risque d'altérer l'interprétation des normes canoniques, G. Dole pense que cette confusion se justifie « sans doute, par une habitude de langage plus que par un mode de pensée »[573] car, déjà dans l'Exhort. Ap. *Menti Nostrae* qui a influencé toute la doctrine du Concile Vatican II sur la protection sociale du clergé, le Pape Pie XII préconisait déjà les techniques d'assistance et de prévoyance comme techniques complémentaires de protection sociale. Mais pour éviter les confusions, il faut « distinguer les types de garantie qui caractérisent les organismes de protection sociale. [Car] le malade ou l'invalide, manquant de ressources, sollicite d'abord l'aide charitable avant de compter sur des prestations juridiquement exigibles [qui peuvent venir, soit du système mutualiste (avec la répartition du préjudice entre les associés), soit du système des assurances sociales (prévoyance ou de sécurité sociale) où les indemnisations des éventualités majeures de l'existence reposent sur la solidarité collective] »[574].

Partant des textes conciliaires et de la norme du can. 281, nous arrivons au même constat que G. Dole que « l'organisation canonique de la protection sociale comporte deux institutions, consacrées par le nouveau Code : l'assistance sociale et la prévoyance sociale »[575] dont l'assistance médicale et le régime des pensions constituent les deux piliers fondamentaux. « Le législateur ecclésiastique distingue donc l'aide fondée sur le besoin et l'assurance contre les

571 Ibid., 19.
572 Ibid., 9.
573 Ibid.,61.
574 Ibid., 3.
575 Ibid., 68–69.

risques de l'existence, notamment en cas de maladie, d'invalidité et de vieillesse »[576]. Mais il reste muet sur le recours possible à la sécurité sociale de l' État pour les clercs. Il admet cette possibilité uniquement pour les laïcs affectés de manière permanente ou temporairement à un service spécial de l' Église (can. 231, § 2). Dans l'esprit du législateur, « l' Église entend certes veiller sur la protection sociale de ses ministres mais sans esprit de monopole ni de concurrence »[577]. Vu les difficultés qu'éprouvent aujourd'hui certains diocèses surtout en pays de « mission » d'assurer une protection sociale de manière efficace, nous osons croire que l'ouverture vers la sécurité sociale étatique est l'une des voies de solution tout en gardant de manière complémentaire tous les mécanismes ecclésiastiques de protection sociale déjà existants.

2.2. Droit à la rémunération juste et à la protection sociale du clergé diocésain dans le can, 281, §§ 1–2.

L'actuel Code de droit canonique traite des « ministres sacrés ou clercs » au titre III du livre II (cc. 233- 297) sous quatre angles : celui de leur formation, celui de leur incardination (inscription), celui de leur condition (obligations et droits) et celui de leur exclusion (perte de l'état clérical)[578]. De ces quatre aspects, notre attention sera portée sur la condition des ministres sacrés, plus précisément sur leur droit à une rémunération convenable et à une protection sociale suffisante (c. 281, §§ 1–2). Le statut des ministres sacrés, avec leurs obligations et leurs droits en étroite connexion, est envisagé dans sa dimension sociale puis dans sa dimension individuelle[579].

La *dimension sociale du statut des clercs* souligne leur appartenance comme membres de plein droit à la hiérarchie ecclésiale et en tant que tels, ils sont tenus à l'obligation de l'obéissance au Pontife suprême et chacun à son Ordinaire propre. Cette obligation première et fondamentale s'explique par le souci d'assurer la cohésion vitale de la hiérarchie dont les clercs sont les composantes naturelles (c. 273). Membres de la hiérarchie, « seuls les clercs peuvent recevoir des offices dont l'exercice requiert le pouvoir d'ordre ou le pouvoir de gouvernement ecclésiastique » (c. 274, § 1). Membres de la hiérarchie, les clercs sont enfin obligés plus que tout autre fidèle de contribuer à la raison d'être de celle-ci : fomenter l'unité au sein de l' Église du Christ, en premier lieu dans

576 Ibid., 67.
577 Ibid., 81.
578 SERIAUX, A., *Droit canonique*, Paris : PUF, 1996, 140.
579 Ibid., 157.

leurs rapports mutuels (c. 275, § 1) et en second lieu dans leurs rapports avec les laïcs (c. 275, § 2)[580].

A partir des cc. 276 – 284, le Code traite de la *dimension individuelle du statut des clercs* en soulignant les exigences individuelles et les droits de l'appartenance à l'état clérical. Il s'agit des obligations et droits liés aux aspects spirituels et aux aspects matériels. Les aspects spirituels touchent en premier lieu à la recherche de la sainteté dont les domaines sont précisés au can. 276 et en second lieu à l'obligation du célibat (can. 277). Après ces aspects, viennent certains droits reconnus à tous les fidèles : le droit à l'association (can. 278, § 1) et le droit à la formation (can. 279, §§ 1–3)[581]. Quant aux aspects matériels, le Code revient sur l'exhortation à la vie commune (can. 280) car elle facilite largement une vie matérielle pleinement sacerdotale et humaine et doit être le fondement de la prévoyance sociale que préconise le *décret Presbyterorum Ordinis* ; sur le droit à la rémunération convenable et à la protection sociale (can. 281, §§ 1–3) ; sur la nécessité de l'esprit de pauvreté qui doit guider l'usage des biens matériels (can. 282, § 1) ; sur le devoir de résidence (can. 283, § 1), sur le droit aux vacances (can. 283, § 2) et enfin sur le devoir de porter un habit ecclésiastique (can. 284). De tous ces aspects matériels qui touchent la dimension individuelle du statut de clercs, ce qui nous intéresse c'est leur droit à une rémunération et à une protection sociale tel que mis en forme au can. 281, §§ 1–2[582]. Dans le traitement de cet aspect, nous ferons régulièrement référence aux autres aspects évoqués plus haut pour souligner leur corrélation.

Le contenu essentiel de ces deux paragraphes est l'affirmation du principe d'un droit naturel à une rétribution économique et à une protection sociale du clerc qui consacre et qui a consacré tout son temps à l'exercice du ministère sacerdotal sans possibilité d'exercer une autre activité rémunératrice. En affirmant ce principe, le Code assume les principes doctrinaux du Concile Vatican II et confirme par la même occasion des principes reconnus pacifiquement

---

580 Ibid., 157–158.

581 Ibid., 158–160.

582 Ibid., 160– 162; IOANNIS PAULI PP. II, CIC 1983 : can. 281, §§ 1-2, in : AAS 75 (25 janv. 1983), 48 : "§1. Puisqu'ils se consacrent au ministère ecclésiastique, les clercs méritent une rémunération qui convienne à leur condition, qui tienne compte autant de la nature de leur fonction que des circonstances de lieux et de temps, et qui soit telle qu'ils puissent subvenir à leur propres besoins et assurer une rétribution équitable à ceux dont les services leur sont nécessaires. §2. De même, il faut veiller à ce qu'ils bénéficient de l'assistance sociale grâce à laquelle il est correctement pourvu à leurs besoins en cas de maladie, d'invalidité ou de vieillesse ».

tout au long de l'histoire de l' Église[583], enseignés dans la doctrine sociale de l'Église[584] et proclamés pour tout être humain dans la *Déclaration universelle des droits de l'homme*[585].

2.2.1. Sources du can. 281, §§ 1–3.

Par rapport à la législation canonique du Code de 1917, le canon 281 est nouveau et constitue la réponse à l'option levée par le Concile Vatican II d'abandonner le système bénéficial pour le remplacer par un système d'office ecclésiastique dont découle le régime de rémunération qui repose sur la solidarité ecclésiale mise en évidence par la nouvelle ecclésiologie de communion[586]. Selon la

---

583 DE OTADUY, J., *comentario del can. 281*, dans MARZOA, A., MIRAS, J. y RODRIGUEZ-OCAÑA, R., o. c, 351.

584 Plusieurs Papes dans leurs enseignements ont défendus ces droits : Léon XII, *Encyclique Rerum novarum*: Acta Leonis XIII, 11 (1892); Pie XI, Encyclique *Quadragesimo anno*: AAS 23 (1931); Pie XII, Encyclique *Sertum laetitiae*: AAS 31 (1939); Exhortation Apostolique *Menti Nostrae*: AAS Vol. XXXXII (2 octobre 1950) (Ser. II, v. XVII)- N. 13 et Jean XXIII, Encyclique *Pacem in terris*: AAS 55 (1963).

585 Http: www. Ohchr.org /EN/ UDHR/ Documents/ UDHR., [consulté le 1 mars 2016] : NATIONS UNIES, *Déclaration universelle des droits de l'homme (10 décembre 1948)* : Dans le Préambule, il est affirmé que « la reconnaissance de la dignité inhérente à tous les membres de la famille humaine, et de leurs droits égaux et inaliénables constitue le fondement de la liberté, de la justice et de la paix dans le monde ». Parmi ces droits figurent le droit à une rémunération équitable et satisfaisante et le droit à la sécurité sociale suffisante. Art. 22 : « Toute personne, en tant que membre de la société, a droit à la sécurité sociale ; elle est fondée à obtenir la satisfaction des droits économiques, sociaux et culturels indispensables à sa dignité et au libre développement de sa personnalité, grâce à l'effort national et à la coopération internationale, compte tenu de l'organisation et des ressources de chaque pays » ; art. 23, 3 : « Quiconque travaille a droit à une rémunération équitable et satisfaisante lui assurant ainsi qu'à sa famille une existence conforme à la dignité humaine et complétée, s'il y a lieu, par tous les autres moyens de protection sociale » ; art. 25, 1 :« Toute personne a droit à un niveau de vie suffisant pour assurer sa santé, son bien-être et ceux de sa famille, notamment pour l'alimentation, l'habillement, le logement, les soins médicaux ainsi que pour les services sociaux nécessaires ; elle a droit à la sécurité en cas de chômage, de maladie, d'invalidité, de veuvage, de vieillesse ou dans les autres cas de perte de ses moyens de subsistance par suite des circonstances indépendantes de sa volonté ».

586 SCHOUPPE, J.P., o. c, 147 : "L'optique conciliaire a pris nettement ses distances par rapport au système bénéficial. Les Pères conciliaires optèrent pour l'abandon de cette institution pluriséculaire et pour son remplacement par un système de

Commission Pontificale pour l'interprétation authentique du Codex Iuris Canonici, les sources de ce canon sont à trouver, non dans le code de 1917 ou dans les documents antérieurs au Concile Vatican II, mais plus tôt dans les documents conciliaires et postconciliaires. Il s'agit précisément du décret conciliaire *Christus Dominus*, n. 16, du décret *Presbyterorum Ordinis*, n. n. 17, 20 et 21, de la Lettre Apostolique *Motu proprio Ecclesiae Sanctae* I, 4, 8, de l'Exhortation post-synodale *Ultimis temporibus* 921 et du *Directorium de pastorali ministerio Episcoporum* du 22 février 1973 de la Sacrée Congrégation pour les Evêques, n. 117 et du *Motu proprio.Sacrum diaconatus Ordinem* du PP. Paul VI du 18 juin 1967, nn. 19–21.[587]. Malgré que la Commission Pontificale pour l'Interprétation authentique du *Codex Iuris Canonici* parle des documents conciliaires et postconciliaires comme sources principales du can. 281, nous pensons à notre avis que l'Exhortation Apostolique *Menti Nostrae* de PIE XII publiée en 1950 n'en est pas moins une des sources principales de ce canon.

Ayant déjà analysé tous ces documents dans le chapitre précédent, nous nous abstenons d'en faire une analyse détaillée ici pour ne pas tomber dans de répétitions qui rendraient lourd notre étude.

2.2.2. Analyse du contenu du can. 281, §§ 1–2.

Le can. 281 est constitué de trois paragraphes : le premier traite de la rémunération convenable des prêtres qui se consacrent au ministère ecclésiastique ; le second parle de leur assistance sociale en cas de maladie, invalidité ou vieillesse et le troisième traite des mêmes droits sociaux pour les diacres mariés. Nous excluons de notre étude ce troisième paragraphe parce que le ministère de diacres permanents mariés, à l'heure actuelle, est une option qui intéresse moins les Églises d'Afrique. Par contre, le choix de deux paragraphes relatifs aux prêtres se justifie par le fait que dans nos Églises particulières d'Afrique, l'option pour le sacerdoce est celle qui est d'actualité en considérant le nombre

---

solidarité économique. Ce changement radical fait suite à de nombreuses objections qui avaient été formulées tant au niveau théorique que pratique. Les temps sont mûrs pour l'instauration d'un nouveau système qui soit à même de tirer les conséquences structurelles d'un office sacré dorénavant conçu avant tout comme un service pastoral, ainsi que de la solidarité ecclésiale mise en évidence par la nouvelle ecclésiologie de communion ».

587 PONTIFICIA COMMISSIO CODICI IURIS CANONICI AUTHENTICE INTERPRETANDO, *Codex Iuris Canonici, Auctoritate IOANNIS PAULI PP promulgatus, Fontium annotatione et indice analytico.alphabetico auctus*, Libreria Editrice vaticana 1989, p.......

croissant des ordinations sacerdotales. Malheureusement l'évolution de leurs conditions matérielles ne suit pas le même rythme de croissance.

Dans la doctrine, certains commentaires voient dans les termes du can. 281, §1 qui stipulent que « *clerici, cum ministerio ecclesiastico se dedicant, remunerationem merentur quae sua condicioni congruat…* » et dans ceux du § 2 où il est dit : « *item providendum est ut gaudeant illa sociali assistentia…* » l'affirmation des droits sociaux et naturels des clercs qui sont à la fois le reflet de la reconnaissance de la dignité de la personne et aussi de l'équilibre entre la justice distributive et la consécration totale au ministère sacerdotal (cfr. Comm. 14 (1982) 172)[588]. Par contre, d'autres commentaires ne partagent pas ce point de vue. Ainsi par exemple, G. DOLE pense que « sous une apparence normative, les dispositions du can. 281 relatives [à la rémunération et] à la prévoyance sociale du clergé ne contiennent pas à proprement parler une règle de droit, génératrice d'une obligation. Si le rédacteur avait voulu formuler une loi impérative, source de droit et d'obligations, il aurait pu adopter des expressions employées dans d'autres textes »[589].

---

588 PRISCO, J. SAN J., Comentario del can. 281, §§ 1-2, in: PROFESORES DE DERECHO CANÓNICO DE LA UPSA, Código de Derecho Canónico. Edición bilingüe comentada, Madrid: BAC, 2008, 186; cfr. CAPPAROS, E. et AUBE, H. (DIR.), Code de Droit Canonique. Bilingue et annoté, 3e éd., Montréal: Wilson& La Fleur, 2009, 264 : Commentaire du can. 281 : « La norme met en forme le droit naturel du clerc, qui exerce ou qui a exercé un ministère, à recevoir une rémunération convenable et une assistance sociale suffisante pour les cas de maladie, d'invalidité ou de vieillesse ».

589 DOLE, G., *La protection sociale du clergé en Droit Canonique* … art. cit, 78 : « Le Codex a manifestement évité une terminologie impliquant l'existence d'une obligation de l' Église locale envers les membres de son clergé ; le canon 281 substitue ainsi la formule *providendum est* à celle de *ius habent* adoptée par le canon 231 à propos des laïcs [Comparez CIC /1917, can. 441 : *ius habent ad congruam retributionem*]. Eux seuls peuvent prétendre, en vertu d'un droit, à une rémunération convenable et à la couverture sociale qui s'y rattache, alors que les clercs « méritent » seulement ces garanties : *merentur* dit le canon 281 à reprises. De même les verbes *curet* [can. 384 : il veillera] et *consulat* [can. 1746 : l' évêque s'occupera de lui assurer une pension] semblent bien faibles pour imposer à l'évêque une obligation d'assistance ou de pension en faveur du prêtre, notamment du curé mis à la retraite. Le Code recommande aux Évêques avec une certaine insistance de pourvoir à la pension du clerc retiré, mais il le fait presque toujours en des termes atténués par des clauses dérogatoires, telles que *prout casus ferat* et *adjuncta permittant* (can. 1746) ou *nisi aliter provisum sit* ou encore *quatenus opus est* (can. 1274) ».

Dans l'analyse du contenu du can. 281, nous voulons d'abord nous demander si les dispositions de canon relatifs à la rémunération et à la protection sociale affirment réellement des droits sociaux pour les membres du clergé ; ensuite nous tenterons de dégager le contenu réel de ces droits, leur fondement et enfin déterminer les sujets de ces droits et ceux à qui incombent l'obligation de les garantir.

2.2.3. Rémunération juste et prévoyance sociale, sont-elles de droits au sens strict pour le clergé diocésain ?

Si nous considérons les textes conciliaires qui constituent la source première de la norme du can. 281 et le texte même de ce canon, nous constatons que le terme « ius » n'est pas utilisé pour parler de ces droits. En lieu et place de ce terme, les textes conciliaires et le Code de droit canonique utilisent les termes comme « dignus », « providendum est ut gaudeant illa sociali assistentia », « assignetur », « definienda », « procurare », « consulatur », « aequam recipiant mercedem », « remunerationem merentur », etc. Ces expressions témoignent d'une nette démarcation entre la vision du Concile Vatican II sur cette matière et celle du Code de 1917 qui parlait du bénéfice ecclésiastique comme un « ius percipiendi ». Nous sommes en face des expressions moins obligeantes pour l' Église quand il s'agit du cas de la rémunération des prêtres alors que dans le même registre, parlant des laïcs « qui sont affectés de manière permanente ou temporaire à un service spécial de l' Église » (can. 231, §§1–2), le Code de droit canonique de 1983 utilise explicitement l'expression « ius habent ad honestam remunerationem ». Seuls les laïcs ont droit à une rémunération convenable et à la couverture sociale qui s'y rattache alors que les prêtres « méritent » seulement ces garantis. Pourquoi cette différence de formulation alors que tous sont des personnes humaines, au service d'une même institution et parfois avec les mêmes besoins ?

Pour le Prof. Aznar Gil, l'explication se trouve dans la teneur du document et le contexte du Concile qui se voulait pastoral. Dans cette perspective, on a préféré utiliser des termes moins juridiques, des termes plus en harmonie avec le ton du document et logiquement en harmonie avec le caractère du ministère exercé par le prêtre. Bref, il fallait éviter le ton et le caractère purement contractuel dans cette matière[590]. Dans le même sens G. Dole justifie l'exclusion du terme « ius »

590 AZNAR GIL, F. R., art. Cit., 543. 563 : "Se evita un uso excesivo de términos jurídicos que, ciertamente, podrían desnaturalizar la relación clérigo-ministerio eclesial reduciéndola a una relación trabajador-empresa y considerando sus relaciones como meras relaciones de trabajo entre el "dador" del empleo y sus "dependientes"".

par le fait que « la condition sociale du clerc présente un profil juridique assez différent des ministres laïcs. [Par conséquent], le Codex a manifestement évité une terminologie impliquant l'existence d'une obligation canonique de l' Église locale envers les membres de son clergé, c'est pourquoi le can. 281 substitue ainsi les formules *merentur* et *providendum est* à celle de *ius habent* adoptée par le can. 231 à propos des laïcs. Eux seuls peuvent prétendre, en vertu d'un droit, à une rémunération convenable et à la couverture sociale qui s'y rattache, alors que les clercs « méritent » seulement ces garanties [...]. De même les verbes *curet* (veillera) et *consulat (*délibérera) semblent bien faibles pour imposer à l'évêque une obligation d'assurer une rémunération convenable et une assistance ou pension en faveur du prêtre [...]. Le Code recommande aux évêques avec une certaine insistance de pourvoir [à la rémunération du clergé] et à la pension du clerc retiré, mais il le fait presque toujours en des termes atténués par des clauses dérogatoires, telles que *prout casus ferat et adjuncta permittant* (selon le cas et si les moyens le permettent : can. 1746) ou *nisi aliter provisum sit* (à moins qu'il n'y soit pourvu autrement : can. 1274, § 1) ou encore *curet Episcoporum conferentia* (can. 1274, § 2) ou *quatenus opus sit* (autant que nécessaire : can. can. 1274, § 3), relatives à l'institution de la protection sociale) »[591].

Ces termes moins tranchants ont conduit certains auteurs comme T. Marchi de penser qu'il est difficile de parler d'un vrai droit à la rémunération et à la protection sociale pour le clergé à partir du can. 281. Car la norme ne détermine même pas celui à qui incombe l'obligation de l'accomplissement de ce droit. Il ne s'agit pas vraiment d'un droit strict mais, d'un intérêt légitime, lié à la justice distributive[592]. G. Dole arrive aussi presque à la même conclusion en affirmant : « la protection sociale [et la remuneratio congrua] demeureraient pour le clerc une virtualité sans garantie de normes, génératrices d'un droit subjectif »[593] ou « sous une apparence normative, les dispositions relatives [à la rémunération] et à la prévoyance sociale du clergé ne contiennent pas à proprement parler une règle de droit, génératrice d'une obligation. Si le rédacteur avait voulu formuler une loi impérative, source de droit et d'obligations, il aurait pu adopter des expressions employées dans d'autres textes ; rappelons par exemple la *primaria obligatione* qui incombe au diocèse de pourvoir à la subsistance de l'évêque émérite (can. 402, § 2) »[594] ; le Code aurait pu sanctionner le

591 DOLE, G., loc. cit.

592 MARCHI, T., «*La remunerazione del chierici nel nuovo Codice*, in: «ME» 100 (1984), 191: cité par AZNAR GIL, ibid., 561–562.

593 DOLE, G., art. cit., 76–77.

594 Ibid., 78.

manquement aux prescriptions relatives [à la remuneratio congrua] et à la protection sociale, comme il l'a fait en matière de résidence dans le cas de l'évêque ou du curé (cc. 1396 ; 395et 533) »[595]. Ce dernier ajoute, cependant, que « même si la législation canonique n'a pas formulé en termes impératifs le droit du clerc à une rémunération juste et à une protection sociale, le Codex ne reconnait pas moins implicitement l'obligation de l' Église de pourvoir à l'honnête subsistance du clergé, en demandant aux fidèles la contribution nécessaire à cette fin »[596]. Pour Dole, la reconnaissance de ces droits est implicite dans le Codex.

Les commentaires émanant des Écoles canoniques de Salamanca, de Navarra et Montréal sont unanimes pour reconnaitre que la norme du canon 281 met bien en forme des droits naturels et sociaux pour les prêtres et que la garantie de ces droits incombe à la communauté chrétienne[597]. L'affirmation de ce droit est attestée par toute la tradition de l'Église, par la législation canonique antérieure et surtout par l'emplacement de ce can. 281 dans le chapitre sur les obligations et les droits des clercs (cfr. Livre II, titre III, chapitre III du CIC 83).

Mais à notre avis, même si la condition sociale du clerc soit « sui generis »[598] selon l'expression de G. Dole, c'est-à-dire que « la relation clerc- Église est une relation particulière qui dépasse une relation purement contractuelle », cela ne devait pas amener le rédacteur du nouveau Code de droit canonique à ne pas affirmer clairement le droit à une rémunération convenable et à une protection sociale suffisante pour les clercs car tout au long de son histoire l' Église n'a cessé de se préoccuper de leur condition matérielle et dans le Codex antérieur, l'affirmation de ce droit était sans ambiguïté. Au fond, il n'y a pas négation d'un droit naturel pour les prêtres, mais il y a bien, à notre avis, une mauvaise formulation de la norme en des termes moins tranchants. La meilleure formulation serait celle du can. 231 sur les laïcs et celle du can. 390 de CCEO sur les clercs

---

595 Ibid.

596 Ibid, 79.

597 Cfr. PRISCO, J. SAN J., *Comentario del can. 281, §§ 1-2*, in: PROFESORES DE DERECHO CANÓNICO DE LA UPSA, *Código de Derecho Canónico. Edición bilingüe comentada*, Madrid: BAC, 2008, 186; cfr. CAPPAROS, E. et AUBE, H. (DIR.), *Code de Droit Canonique. Bilingue et annoté*, 3e éd., Montréal : Wilson& La Fleur, 2009, 264 : Commentaire du can. 281 : « La norme met en forme le droit naturel du clerc, qui exerce ou qui a exercé un ministère, à recevoir une rémunération convenable et une assistance sociale suffisante pour les cas de maladie, d'invalidité ou de vieillesse; DE OTADUY, J., Comentario del can. 281, in: Comentario Exegético al Código de Derecho canonico, Vol. II/1, 351–352.

598 G. DOLE, art. cit, 79.

orientaux dans lesquels ce droit est clairement affirmé avec l'expression « ius habent ». D'après le prof. Aznar Gil, la législation canonique actuelle de l' Église latine, déjà dans le processus de sa codification, a suivi aussi la même ligne de l'affirmation d'un droit bien que dans la formulation finale il soit exprimé de manière implicite ou en des termes moins forts[599]. Ce droit trouve son fondement dans les Écritures Saintes, dans le principe de la justice distributive et dans la *Déclaration universelle des droits de l'homme* de 1948[600] et dans plusieurs *Textes Constitutionnels* de beaucoup de pays où les droits de la personne humaine sont respectés[601]. Son obligation incombe au Supérieur ecclésiastique (can. 384) et à la Communauté ecclésiale qui, par ses contributions, doit subvenir aux besoins du clergé (cc. 222 ; 1254, § 2 ; 1260). En tant que droits, ils sont protégés par l'action judiciaire conformément à la norme du can. 1491 qui stipule : « Tout droit est, à moins d'une autre disposition expresse, protégé non seulement par une action, mais aussi par une exception »[602].

Si une Église locale ne reconnait pas ce droit à ses ministres, celle-ci va à l'encontre de toute la tradition ecclésiale et de la doctrine sociale de l'Église qui défendent la valeur des droits de l'homme en affirmant que « le mouvement vers l'identification et la proclamation des droits de l'homme est un des efforts

599 AZNAR GIL, F. R., art. cit., 563.

600 DECLARATION UNIVERSELLE DES DROITS DE L'HOMME DE 1948 :– art. 23 :1. « Toute personne a droit au travail, au libre choix de son travail, à des conditions équitables et satisfaisantes de travail et à la protection contre le chômage ; 2. Tous ont droit sans aucune discrimination à un salaire égal pour un travail égal ; 3. Quiconque travaille a droit à une rémunération équitable et satisfaisante lui assurant ainsi qu'à sa famille une existence conforme à sa dignité humaine et complétée, s'il y a lieu, par tous autres moyens de protection sociale » –art. 22 : « Toute personne, en tant que membre de la société, a droit à la sécurité sociale ; elle est fondée à obtenir la satisfaction des droits économiques, sociaux et culturels indispensables à sa dignité et au libre développement de sa personnalité, grâce à l'effort national et à la coopération internationale, compte tenu de l'organisation et de ressources de chaque pays ».

601 PROJET DE CONSTITUTION DE LA REPUBLIQUE DEMOCRATIQUE DU CONGO, Kinshasa : LINELIT, 2005 : art. 36 : « Le travail est un droit et un devoir sacrés pour chaque Congolais. L' État garantit le droit au travail, la protection contre le chômage et une rémunération équitable et satisfaisante assurant au travailleur ainsi qu'à sa famille une existence conforme à la dignité humaine, complétée par tous les autres moyens de protection sociale notamment la pension de retraite et la rente viagère ».

602 AZNAR GIL, F. R., ibid., 563.

les plus importants pour répondre efficacement aux exigences irréductibles de la dignité humaine. L'Église saisit en ces droits une occasion extraordinaire qu'offre notre époque afin que, par leur affirmation, la dignité humaine soit plus efficacement reconnue et promue universellement comme caractéristique imprimée par Dieu Créateur sur sa créature »[603]. Donc le droit à une rémunération convenable et à une protection sociale pour les prêtres entre dans cet arsenal des droits de l'homme dont la racine est à rechercher dans la dignité qui appartient à chaque être humain. Ne pas le reconnaitre pour le prêtre c'est fouler aux pieds sa dignité en tant qu'être humain. L'Église a le devoir de reconnaitre et de le respecter car c'est un droit conféré à toute personne par la nature. Outre la reconnaissance de la dignité humaine, ce droit obéit aussi au principe de la justice qui exigence « la répartition équitable du revenu sur base non seulement de justice commutative, mais aussi de justice sociale, c'est-à-dire en considérant, au-delà de la valeur objective des prestations de travail, la dignité humaine des sujets qui l'accomplissent »[604].

Aujourd'hui dans beaucoup d'Églises locales, surtout en Afrique subsaharienne, cette mauvaise formulation d'un droit fondamental pour les prêtres conduit à l'irresponsabilité de certaines autorités ecclésiastiques. Pour éviter ce glissement vers la négligence dans l'accomplissement de ce droit, le législateur pourra peut-être dans l'avenir le reformuler en des termes impératifs et prévoir un régime de sanctions bien clair pour sa protection. Car pensons-nous, l'affirmation explicite de ce droit naturel et fondamental n'affecte en rien la nature du ministère sacerdotal au contraire elle contribue au respect de la dignité du prêtre en tant qu'être humain et au témoignage de la justice sociale que l'Église défend dans sa doctrine sociale. Pour cela, les principes de la doctrine sociale doivent d'abord être vécus dans l' Église afin que cet enseignement gagne en crédibilité hors de celle-ci. . Voilà pourquoi, D. Le Tourneau parlant de la nature et de la finalité de l'Église affirme : « L'Église est une société et les droits et devoirs doivent être vécus dans son sein en respectant les droits et devoirs des

---

603 CONSEIL PONTIFICAL "JUSTICE ET PAIX", *Compendium de la doctrine sociale de l' Église*, Vatican : Libreria Editrice Vaticana, 2004, 78.

604 Ibid., 163–164; cfr. OTADUY, J., Seguridad social del clero, in: DGDC VII, 231: "No pretende desconocerse un derecho que, como se ha dicho, tiene contenido natural, sino destacar que, aun cuando ordinariamente el trabajo ministerial es un presupuesto del sostenimiento, la remuneración no es contrapartida del servicio. Al derecho a ser dignamente sustentado que invoca el clérigo incardinado sigue una estricta obligación de justicia por parte de la autoridad competente; pero su efectivo ejercicio no se rige tanto por la justicia conmutativa cuanto por la justicia distributiva".

autres ; elle est une communion des fidèles, qui est une communion de charité et d'équité ; elle est une institution organisée dans laquelle les droits et les devoirs des fidèles sont limités par les droits et devoirs de l'autorité pour gouverner le Peuple de Dieu selon la volonté de son fondateur ; elle est une communauté dont la finalité est le bien commun de la *salus animarum* et par conséquent, les droits et devoirs devront être en harmonie avec cette finalité suprême qui imprègne tout le droit de l'Église »[605]. Dans le même ordre, M. Birba parlant de la mission sociale de l'Église en Afrique écrit : « Communauté sacramentelle, l'Église doit signifier dans sa propre structure interne le salut dont elle annonce la réalisation. Son organisation doit être fonction de son rôle. Signe de libération de l'homme et de l'histoire, elle doit être elle-même, dans son existence concrète, un lieu de libération, [un lieu de justice et de promotion de la dignité humaine]. Un signe doit être clair et compréhensible. Concevoir l'Église comme sacrement du salut du monde, c'est renforcer son obligation de rendre transparent, dans ses structures visibles, le message dont elle est porteuse. Parce qu'elle n'est pas une fin en soi, ce qui importe c'est sa capacité de signifier la réalité profonde en fonction de laquelle elle existe, en dehors de laquelle elle n'est rien, qui la fait vivre sous le signe du provisoire et vers l'accomplissement de laquelle elle s'oriente : le royaume de Dieu qui déjà commence dans l'histoire [...]. En Afrique, le monde où la communauté chrétienne doit vivre et célébrer son espérance eschatologique est celui du développement social, de la lutte [contre les injustices], contre la pauvreté et [contre tout ce qui rabaisse la dignité de l'homme] ; sa tâche se définit face à ces luttes »[606]. Au sein même de l'Église, les prêtres diocésains sont victimes des injustices sociales au regard de leurs conditions de vie actuellement dans beaucoup de diocèses surtout en RDC.

Malgré ces injustices, les prêtres doivent cependant comprendre qu'ils n'ont pas seulement des droits, ils ont aussi des devoirs car tout droit entraine un devoir correspondant pour d'autres fidèles ou pour la communauté ecclésiale tout entière[607]. Dans ce sens, le Code de droit canonique actuel a délibérément

---

605 LE TOURNEAU, D., o. c., 58.

606 BIRBA, M., « *La mission sociale de l' Église. Orientations pour le second synode africain* », in : NDI-OKALLA, J. (dir.), *Le deuxième synode africain face aux défis socio-économiques et éthiques du continent,* Paris : Éd. Karthala, 2009, 109.

607 LE TOURNEAU, D., o. c., 63 : « D'autre part, il n'existe pas de parallélisme absolu entre les devoirs et les droits. C'est-à-dire que chaque devoir ne comporte pas nécessairement à la clé un droit et vice-versa, bien entendu. En réalité, nous trouvons...deux catégorie de devoirs : des devoirs purement moraux et donc non juridiques, et des devoirs proprement juridiques qui, s'il s'agit des vrais devoirs, sont également moraux ».

placé les obligations avant les droits, en vertu du principe *iura sunt propter officia* (« les droits sont fonction des offices »). Cet ordre traduit une conception du droit selon laquelle le chrétien, pour le cas précis, le clerc, est une personne qui s'engage à participer de façon active à la mission de l'Église et qui reçoit les attributions nécessaires à cet effet. En d'autres termes, dans la société ecclésiale, le service l'emporte sur le pouvoir, et partant le devoir du clerc d'exercer le ministère sur son droit à la rémunération et à la protection sociale. La situation du clerc comme fidèle du Christ est celle de la personne qui remplit ses propres devoirs et exerce ses droits pour édifier l'Église dans laquelle il vit et de laquelle il vit[608]. Car, comme le disait le pape Jean XXIII, « ceux qui, dans la revendication de leurs droits, oublient leurs devoirs ou ne les accomplissent qu'imparfaitement, risquent de démolir d'une main ce qu'ils construisent de l'autre »[609]. Une Église-sacrement qui manifeste au monde le Royaume de Dieu se construit dans l'accomplissement et le respect mutuel des devoirs et des droits.

2.2.4. *Contenu du droit à la rémunération juste et à la protection sociale du clergé diocésain.*

Parlant du contenu du droit à une *remuneratio congrua*, le prof. AZNAR GIL dit qu'il n'est pas facile de concrétiser le contenu de cette expression *remuneratio congrua* à cause de la variété de circonstances qui influencent le contenu de ce droit[610]. Mais, dans la détermination du contenu de ce droit, les dispositions du can. 281 donnent certains critères ou facteurs à prendre en compte comme : a).la *nature de la fonction*, c'est-à-dire la situation concrète de chaque prêtre par rapport à l'office car les besoins d'un curé de paroisse, d'un vicaire paroissial peuvent être assez différents de ceux d'un professeur d'université ou d'un aumônier de prison ou d'hôpital ; b). Les *circonstances de temps et de lieux*, c'est-à-dire la situation socio- économique du milieu où le prêtre exerce son ministère pour que le train de vie du prêtre ne soit pas un scandale et ses conditions de vie ne soient pas non plus objet d'indignation ; c). Les *circonstances particulières de la vie de chaque prêtre*, c'est-à-dire son état de santé, la juste

608 Ibid, 61–62.
609 JEAN XXIII, Encyclique *Pacem in Terris*, in: AAS 55 (1963), 264.
610 AZNAR GIL, F. R., art. cit, 559: "No es de fácil concreción el contenido o ámbito de la honesta sustentación y de la congrua remuneración. Muchos canonistas, de hecho, manifiestan que apenas si se puede establecer algo de cierto en esta materia a causa de la variedad de circunstancias que pueden existir en cada caso y que influyen directamente en su contenido".

rétribution du personnel à son service, les nécessités familiales, la possibilité de prendre de vacances, de pratiquer la charité et de s'acquitter d'autres obligations civiques[611].

Prenant en compte ces critères, l'expression *remuneratio congrua*, c'est-à-dire convenable, digne ou juste vise à souligner qu'elle doit permettre au prêtre de vivre dignement, d'avoir tout ce qui est moralement nécessaire à sa personne et à son ministère : un logement décent, une bonne alimentation, un habillement décent, un entretien spirituel, culturel et matériel, de soins de santé de qualité, le nécessaire pour s'acquitter des obligations ministérielles et sociales (familles et civiques), etc. Elle doit couvrir les besoins naturels, c'est-à-dire ceux sans lesquels la nature de l'homme ne peut vivre et les besoins personnels, c'est-à-dire ceux qui permettent à l'homme de vivre décemment, mais dont l'absence ne porte pas préjudice à la vie comme telle[612].

Le décret conciliaire PO 20 qui est la source principale du premier paragraphe du can. 281 sur le droit à une *remuneratio congrua*, emploie aussi l'expression *aequam remunerationem*. La prise en compte de ce qualificatif est aussi importante au moment de déterminer le contenu du droit. Car dans l'esprit du Concile, les prêtres qui exercent leur ministère dans les mêmes circonstances et conditions doivent recevoir une rémunération égale. Ce souci d'assurer une certaine égalité dans la rémunération, comme l'écrit J.P. SCHOUPPE, entend éviter les différences injustifiées qu'un égalitarisme aveugle. Il ne s'agit donc pas d'une règle rigide mais plutôt une garantie d'égalité pour tous ceux qui se trouvent dans les mêmes conditions, par exemple, à l'intérieur d'une même circonscription ecclésiastique, en considérant les facteurs mentionnés ci-haut[613].

Quant à l'assistance sociale ou prévoyance sociale, la norme du can. 281, §2 dit : « *ut gaudeant illa sociali assistentia [...] apte prospiciatur* » (qu'ils bénéficient de l'assistance sociale grâce à laquelle il est « correctement » pourvu à leurs besoins). L'adverbe *apte* (correctement) détermine la qualité du système de protection sociale à mettre en place. Il doit être organisé avec une efficacité suffisante. C'est-à-dire que les prestations doivent être suffisantes, correctes pour pourvoir à toutes les contingences de la vie : maladie, invalidité et vieillesse. Cette protection doit couvrir tous les domaines qui exigent une couverture sociale de la vie du prêtre. Elle doit lui garantir des soins de santé de qualité (cela implique l'hospitalisation, les soins médicaux, l'achat des produits

611 SCHOUPPE, J. P., o. c, 150.
612 AZNAR GIL, F. R, art. cit.,560.
613 SCHOUPPE, J. P., ibid.

pharmaceutiques, les opérations chirurgicales, les traitements spécialisés, les consultations médicales, etc.), des ressources économiques suffisantes pour vivre dignement jusqu'à la fin de sa vie.

2.2.5. Fondement du droit à la rémunération juste et à la protection sociale du clergé diocésain.

Si la norme du can. 281, §§ 1–2 formule implicitement un droit à une rémunération convenable et une protection sociale suffisante pour le clergé, on peut se poser la question de savoir ce qui justifie la réclamation d'un tel droit devant l' Évêque ou devant la communauté chrétienne ? A cette question, la norme du can. 281 est très explicite : *ce droit se justifie par la consécration au ministère sacerdotale*. Cependant, dans l'interprétation de cette norme, les opinions doctrinales divergent : Une première tendance dont les représentants peuvent se recruter de l' École de Navarra et Montréal soutient, suivant la ligne argumentaire du CIC de 1917, que ce droit pour le clerc se fonde *dans l'ordination sacerdotale* et dans le *lien d'incardination*[614] et la seconde tendance proche de l' École

614 L' École de Navarra et de Montréal par exemple défendent cette position. On peut le voir dans ce qu' affirme J. DE OTARDUY: « El fundamento del derecho radica en la misma condición de ministro sagrado, aunque nace inmediatamente del vínculo de la incarnación" (cfr. Comentario del can. 281, in: Comentario Exegético al Código de Derecho Canónico…., 352.) ou dans le commentaire du même can. 281, in: CAPARROS, E. et AUBE, H. (DIR.), Code de droit canonique. Bilingue annoté…, 264: "Les titres d'ordination ayant été abolis dans le présent Code, le droit à la rémunération convenable s'inscrit dans un cadre plus large et trouve son assise dans le lien d'incardination, bien qu'il faille chercher sa racine ultime dans la simple condition de ministre sacré conformément à la maxime de l' Évangile (Lc 10, 7) ». De même T. RINCON-PEREZ, s'appuyant sur un catalogue de devoirs et droits du prêtre présenté par J. Herranz dans une étude intitulée « incardinación y *transmigratio* de los clérigos seculares », lie le droit à l'honesta sustentatio au lien juridique de l'incardination et affirme : « El abandono del sistema beneficial (can. 1272) que propició el Concilio (PO, 20), junto con la abolición de la exigencia del título de ordinación, hacen que el derecho a una congrua remuneración, incluida la asistencia social para los casos de enfermedad, invalidez o vejez, aunque se fundamenta radicalmente en la misma condición de ministro sagrado, es decir, de persona ordenada para un servicio pleno a la Iglesia del cual tiene derecho a vivir según la maxima evangélica (Lc 10,7) «el obrero es digno de su salario », inmediatamente, sin embargo, este derecho nace del vínculo de la incarnación»(cfr. RINCON PEREZ, T., *El orden de los clérigos o ministros sagrados….*, 233–234 et 333–334).

de Salamanca trouve cependant le fondement de ce droit dans la *consécration réelle au ministère ecclésial*[615].

De notre part, nous pensons que la position de l' École de Salamanca est conforme à la formulation même de la norme selon l'esprit du Concile Vatican II. Et nous sommes d'avis avec le professeur AZNAR qui soutient que « dans le CIC actuel on peut distinguer un double droit et un double titre qui donne lieu à un droit : a) L'ordination sacerdotal et l'incardination, les deux destinés au service d'une Église particulière (cc. 1025, §§ 2–3 ; 266, § 1), donne le droit à *une honnête subsistance.* Ce droit est basé sur le caractère sacerdotal du prêtre et dont la responsabilité immédiate de son accomplissement incombe à l'Ordinaire de lieu d'ordination (c. 269, 1°) ; b). La consécration effective du prêtre à un ministère ecclésial donne lieu au droit à une *remuneratio congrua* et [à une protection sociale suffisante] dont parle le can. 281, §§ 1–2). Cependant, poursuit F. AZNAR, « il n'y a pas moyen de séparer les trois aspects (Ordination, incardination et consécration à un ministère ecclésial) qui normalement

---

615 Cette position est celle défendue par les canonistes de l' École de Salamanca comme on peut le voir dans le commentaire du can. 281 où il est dit : « Junto con el c. 283, § 2 se enuncian los derechos sociales de los clérigos. Además del reconocimiento de la dignidad de la persona, son reflejo del equilibrio entre la justicia y la dedicación total al ministerio (cfr. Comm.14 (1982) 172)" (cfr. PRISCO, J. SAN J., Comentario del can. 281, in: PROFESORES DE LA UPSA, Código de derecho canónico. Edición bilingüe comentada…., 186). Dans cette même perspective, le professeur AZNAR GIL écrit : « Creo que el actual CIC, siguiendo la doctrina conciliar, ha afirmado más nítidamente que el anterior cómo razón última, el fundamento de la remuneración clerical es la efectiva dedicación al ministerio eclesial: mientras que en el CIC de 1917 la incardinación del clérigo (cc. 111, § 2*; 117, 3°*) o la ordenación sacerdotal, a través del correspondiente título de ordenación, parecían originar el derecho del clérigo a la honesta sustentación (siempre, lógicamente, que el clérigo realizara el servicio encomendado, cc. 979*) (cfr. AZNAR GIL, F. R., La "conveniente remuneración" de los clérigos ….art. cit., 567); Idem, "La retribución económica de los sacerdotes…, art. cit., 436: "El ejercicio de una actividad eclesial encomendada por el obispo diocesano […] este segundo criterio viene resaltado como fundamental para fijar la remuneración o retribución concreta del derecho a la honesta sustentación del sacerdote ya que la razón fundamental de su percepción es, precisamente, la dedicación del sacerdote a la comunidad eclesial. Diríamos que del conjunto de la legislación diocesana española parece emerger que el derecho a la honesta remuneración de los sacerdotes radica más en la realización, o disponibilidad para ello, de una actividad eclesial que en el hecho de ser clérigo. Afirmación que puede parecer extraña ya que la recepción del orden clerical lleva consigo la dedicación a la comunidad eclesial a través de la incardinación en la misma".

font partie de l'être sacerdotal. Sans ces aspects il est difficile de comprendre la raison de l'ordination. Mais strictement parlant, ni l'ordination sacerdotale ni même l'incardination ne peuvent être des titres suffisants pour exiger canoniquement la rémunération convenable. Ces titres donnent seulement droit à une honnête subsistance. Seule la consécration effective au service de la communauté ecclésiale engendre l'obligation de celle-ci à subvenir économiquement aux besoins du prêtre »[616] et de lui garantir une protection sociale face aux contingences de la vie.

2.2.6. Sujet du droit à la rémunération juste et à la protection sociale.

Le droit à une rémunération convenable et à une protection sociale pour le ministère accompli, selon la norme du can. 281, §§ 1–2, concerne *les clercs.* Il s'agit dans ce canon des clercs qui se consacrent au ministère ecclésiastique. La norme ne fait pas une distinction ; *il s'agit de tout clerc, séculier ou religieux, incardiné ou non incardiné, qui a reçu un ministère ecclésiastique* de la part de l'évêque et conformément aux normes canoniques de collation d'offices ecclésiastiques, et *qui l'exerce effectivement.* Selon la norme du can. 207, les clercs sont des fidèles chrétiens qui ont reçu le sacrement de l'Ordre par lequel ils sont consacrés et destinés sacramentellement à l'exercice des fonctions sacrées de sanctifier, d'enseigner et de gouverner le peuple chrétien, représentant à Christ et agissant quelque fois en sa propre personne. Partant de cette notion, les mots « clerc » et « ministre sacré » sont de mots synonymes qui désignent indistinctement les fidèles chrétiens ordonnés à la différence de ceux qui n'ont pas reçu le sacrement de l'Ordre et qui sont appelés laïcs[617].

---

616 AZNAR GIL, F. R., ibid., 568.

617 RINCON PEREZ, T., *"clérigo"*, dans : DCGC II (dic. 2012), 119 ; du même auteur on peut lire « El orden de los clérigos o ministros sagrados…», o. c, 41: «De acuerdo con los principios doctrinales sintéticamente expuestos, y a modo de conclusión, cabe dar una noción básica de clérigos o ministros sagrados, términos éstos que en la actualidad son equivalentes desde un punto de vista canónico. No son equivalentes, por el contrario, los términos sacerdote y ministro sagrado pues este último encierra un concepto más amplio que el de sacerdote. Cierto es que todo sacerdote es ministro sagrado (presbíteros, obispos), pero no todo ministro sagrado es sacerdote (diáconos)"; AZNAR GIL, F. R., *"La retribución económica de los sacerdotes…* art. cit., 436: "Prácticamente todas las diócesis españolas exigen las mismas cualidades para definir quién es la persona física titular de este derecho: La primera cualidad exigida mayoritariamente es la de ser sacerdote […] La segunda cualidad exigida es el ejercicio de una actividad eclesial encomendada por el obispo diocesano, normalmente a través de la misión canónica".

Le sacrement de l'Ordre comprend trois ordres d'institution divine : l'ordre diaconal, l'ordre presbytéral et l'ordre épiscopal. Ce sont ceux qui adhèrent à ces trois ordres qui sont clercs et ministres sacrés. Les *composants ontologiques* de la condition des ministres sacrés ou des clercs sont la *consécration* et la *mission*. Par la consécration sacramentelle, les ministres sacrés ou clercs sont configurés de manière particulière à Christ, Tête et Pasteur de l' Église (prêtre) et aussi Serviteur (diacre) et reçoivent un pouvoir sacré, une mission pour exercer les ministères sacrés participant ainsi à la mission universelle du Christ. Les deux aspects vont ensemble, on est consacré au Christ en vue d'accomplir sa mission[618]. C'est donc l'accomplissement de cette mission pour laquelle ils ont été consacrés au Christ que les ministres sacrés ou les clercs ont droit à une rémunération convenable et à une assistance sociale de la part de l' Église. Ce droit concerne de manière concrète les prêtres, les diacres et les évêques.

Par contre les laïcs exerçant les ministères ecclésiastiques stables de lecteur et d'acolyte (can. 230, § 1), temporels (can. 230, § 2) ou extraordinaires (can. 230, § 3) ne sont pas, selon la norme de ce canon sujet du droit de rémunération et protection sociale reconnu aux ministres sacrés. Mais selon les dispositions du can. 231, §§ 1–2, seuls les laïcs qui s'adonnent en exclusivité, de façon permanente ou pour un temps déterminé, à des missions ecclésiales ou à des œuvres apostoliques, ont droit à une honnête rémunération (cfr. Décret conciliaire, AA, 22).

Quant aux diacres, il faut distinguer deux catégories de diaconat : le diaconat no permanent qui conduit au sacerdoce et le diaconat permanent qui ne conduit pas au sacerdoce, dans lequel on retrouve parfois des mariés. La première catégorie est régie par les mêmes normes que les prêtres en ce qui concerne leurs droits sociaux. Ils sont dont sujets du droit à la rémunération convenable et à la protection sociale tel que défini dans le can. 281, §§ 1–2. Les diacres permanents mariés sont, par contre, régi par la norme du can. 281, § 3 et ne sont pas concernés par la norme du can. 281, §§ 1–2. Cependant, ils jouissent selon cette norme du can. 281, § 3 du droit à une rémunération à deux conditions : 1. Lorsqu'ils exercent à temps plein le ministère ecclésiastique ; 2. Ils n'en jouissent pas pleinement lorsqu' ils reçoivent une rémunération d'une profession civile qu'ils exercent ou qu'ils ont exercée[619].

Après avoir déterminé le sujet du droit à la rémunération et à la protection sociale conformément à la norme du can. 281, §§ 1–2, voyons maintenant à qui revient l'obligation de garantir ce droit aux clercs.

---

618 Ibid.

619 AZNAR GIL, F. R., art. cit, 566.

2.2.7. *De la responsabilité dans l'accomplissement du droit à la rémunération juste et à la protection sociale du clergé diocésain.*

A partir des dispositions du can. 281, §§ 1–2, il est difficile de dire à qui incombe la responsabilité de l'accomplissement de ce droit car la norme ne le détermine pas. Partant de ce silence, certains sont arrivés jusqu'à nier que la *remuneratio congrua* et l'assistance sociale n'étaient pas des droits au sens strict du terme. Mais dans un corps législatif comme le Codex, les normes doivent être interprétées dans leur relation les unes aux autres. Ainsi par rapport à la responsabilité sur le droit à la rémunération et à la protection sociale pour les prêtres, le can. 281 doit être interprété en relation avec le can. 222, §1 du CIC83 qui stipule clairement que « les fidèles sont tenus par l'obligation de subvenir aux besoins de l' Église afin qu'elle dispose de ce qui est nécessaire au culte divin, aux œuvres d'apostolat et de charité et à l'honnête subsistance de ses ministres »[620]. La disposition du canon 222, §1 indique donc un devoir propre aux fidèles de subvenir aux besoins de l'Église afin que celle-ci atteigne ses finalités, parmi lesquelles l'honnête subsistance du clergé. Partant de cette norme, J. San J. Prisco affirme que « le droit à une rémunération convenable et à la sécurité sociale comme droits sociaux qui reconnaissent la dignité de la personne des clercs et qui sont un reflet de l'équilibre entre la justice et la pleine consécration au ministère ecclésiastique, doivent être exigés d'abord auprès de la communauté chrétienne, en tant que celle-ci est bénéficiaire du ministère des clercs et ensuite auprès l'Évêque, comme représentant légitime de cette communauté chrétienne (cf. cc. 369 et 393) »[621]. Par contre, dans le can. 384, la responsabilité de l'Évêque est plus formulée en termes d'exhortation qu'en termes d'une obligation contraignante : « L'Évêque diocésain [...] veillera (*curet*) à ce qu'il soit pourvu à leur honnête subsistance et à leur protection sociale, selon le droit ». Malgré l'usage d'un terme moins contraignant, « la responsabilité, immédiate ou médiate, de garantir l'accomplissement de cette obligation incombe à l'Évêque diocésain ou à ceux qui, de manière intérimaire, ont été nommés pour gouverner l'Église particulière ou une communauté équiparée à l'Église particulière selon la norme du can. 368 »[622].

---

620 CIC de 1983, can 222, § 1.

621 PRISCO, J. SAN J., *Comentario del can. 281*, in: PROFESORES DE DERECHO CACONICO DE LA UPSA, loc. Cit.

622 AZNAR GIL, F. R., "*La retribución económica de los sacerdotes...*, art. cit., 437.

L'Église diocésaine a donc l'obligation, selon la norme du can. 222, §1 dont la source est dans le décret PO, 20[623], de garantir aux prêtres qui se consacrent au service de la communauté chrétienne diocésaine de jouir d'une rémunération honnête et d'une protection sociale suffisante[624]. Cette responsabilité de la communauté chrétienne ou du diocèse trouve son fondement dans le devoir fondamental des fidèles de subvenir aux besoins de l' Église. D. Le Tourneau pense que cela est une obligation de justice car c'est la communauté chrétienne qui bénéfice du fruit du ministère sacerdotal[625]. Et dans les cc. 1260 et 1261 du CIC 83, le législateur insiste sur cette obligation définie au can. 222, § 1 en mettant l'accent sur le *ius exigendi* de l' Église qui oblige les fidèles à lui fournir les moyens nécessaires pour la réalisation de ses fins propres (c. 1260) et la liberté des fidèles de disposer de leurs biens temporels en faveur de l'Église (c. 1261). Mais dans l'application du *ius exigendi*[626] qui peut se concrétiser par l'imposition des impôts ou taxes ecclésiastiques, l'Église ne se prévaut pas d'un pouvoir de contrainte ni d'un recours aux sanctions pénales au contraire, elle s'en remet à la conscience, à la liberté des fidèles d'accomplir leur devoir pour manifester leur sens de coresponsabilité et de participation à la mission de l'Église[627].

---

623 CONCILE VATICAN II, PO, 20: "Los presbíteros, dedicados al servicio de Dios en la realización de la tarea a ellos confiada, merecen recibir una justa remuneración [...] Por eso, en la medida en que no se haya asegurado de otra forma una justa remuneración de los presbíteros, los propios fieles, ya que los presbíteros se preocupan de su bien, tienen verdadera obligación de preocuparse de que se les proporcionen los medios necesarios para llevar una vida digna y respetable [...]".

624 Ibid., 438.

625 LE TOURNEAU, D., o. c, 240; AZNAR GIL, F. R., *La administración de los bienes...*, 113: «La razón fundamental de esta obligación radica...en la comunión y solidaridad de todos los fieles y en que la Iglesia goza de la potestad para prescribir las suficientes exacciones a sus fieles para cumplir sus propios fines".

626 CIC de 1983, can. 1260: "Ecclesiae nativum ius est exigendi a christifidelibus, quae ad fines sibi proprios sint necessaria".

627 CAPARROS, E. et AUBE, H. (DIR.), o. c, 1095: Commentaire du can. 1260; AZNAR GIL, F. R., o. c., 114–115: «La Iglesia espera que los fieles, según su piedad y libertad, concedan oblaciones espontáneas en medida de sus posibilidades y se permitía cuasi-estimular por algunos medios la libertad de los fieles para subvenir a las necesidades económicas eclesiales... tampoco, igualmente, se pueden imponer penas desproporcionadas o excesivamente duras y gravosas, tales como la privación de los sacramentos, censura, etc., únicamente por este motivo. La praxis de la Sede Apostólica ha sido constante en este tema y en esta dirección"; Sur cette problématique du devoir des fidèles chrétiens on peut largement tirer profit de l'ouvrage de F. LONEMA DZ'DJO, « *Devoir et droit des fidèles chrétiens de subvenir aux*

Le devoir des fidèles de contribuer aux besoins de l'Église trouve son fondement dans les *principes ecclésiologiques de communion* et de *solidarité* (can. 209) qui font d'eux des membres à part entière de la communauté appelés à participer activement à la « croissance et à la sanctification continuelle de l'Église » (can. 210)[628]. Parlant de cette dimension communautaire qui est fondamentale à l'Église, CL. Garcia Extermeño écrit : « C'est Dieu qui appelle et réunit les hommes pour former une communauté de vie et de mission [...] La dimension communautaire est essentielle dans l' Église parce qu'en elle on peut vivre et partager la foi, l'espérance et la charité [...] de là, tous les membres, chacun dans sa vocation particulière et son charisme, est appelé à jouer un rôle actif dans la vie, dans le culte et la mission de l' Église »[629]. En contribuant à la vie économique de l' Église, les fidèles contribuent à la réalisation de la mission du Christ reçue au baptême. Si le devoir des fidèles de subvenir à l'honnête subsistance du clergé trouve son fondement dans les principes de communion et de solidarité et dans l'*ius exigendi* de l' Église, nous pouvons alors nous demander quelle est *la nature juridique de ce devoir ?*

La doctrine canonique considère que *la nature du devoir des fidèles* de subvenir à l'honnête subsistance du clergé est purement *morale et non juridique*[630].

---

nécessités de l' Église dans la perspective de l'Exhortation Apostolique Ecclesia in Africa», Roma : Pontificia Universita Lateranense, 2005, pp. 1–364. Dans cet ouvrage, l'auteur après avoir dégagé le fondement ecclésial de ce devoir (Chap. II), le situe dans la tradition ecclésiale (chap. III), l'analyse dans sa dimension juridique ou canonique (Chap.IV) et termine par vérifier son application dans la perspective de l'Exhortation Apostolique Ecclesia in Africa (Chap.V.).

628 AZNAR GIL, F. R., ibid., 13:"La actual legislación canonica, tomando pie de lo dicho en el concilio Vaticano II sobre el particular, insiste de una forma especial en esa obligación en los cc. 1260 y 1261 que, en realidad, son un desarrollo de lo establecido en el c. 222, § 1. La razón fundamental de esta obligación radica, como hemos dicho, en la comunión y solidaridad de todos los fieles y en que la Iglesia goza de la potestad para prescribir las suficientes exacciones a sus fieles para cumplir sus propios fines".

629 GARCIA EXTREMEÑO, CL., o. c, 94–95.

630 D. LE TOURNEAU, o. c, 242; F. R. AZNAR GIL, ibid.,114: "Si se trata concretamente de una obligación de naturaleza moral o jurídico, si esta contribución de los fieles a la Iglesia obliga a estos bajo pecado grave, o simplemente de una obligación grave... La opinión más extendida, a raíz de la obligación del pago de los diezmos, era que se trataba de una obligación grave que tomada en su sentido general, colectivo, es grave porque se fundamenta en el derecho natural y en las determinaciones impuestas por los obispos en sus respectivas diócesis; pero esta obligación tomada en cada caso particular no es una obligación grave. Y en el caso de que la Iglesia tuviera los medios temporales necesarios para cumplir sus finalidades, por una vía distinta a la de solicitarlos de sus fieles, tal obligación no obligaría bajo pecado mortal: únicamente se

A ce propos, il est à noter que « certains des droits et devoirs du titre I du livre II sur tous les fidèles n'établissent pas une véritable relation juridique ou sont dépourvus de responsabilité juridique »[631] bien que la contrainte soit nécessaire pour qu'un vrai droit juridique existe. Dans la norme du can. 222, § 1 et dans celle du can. 1260, l'emploi des termes *obligatione tenentur* et *ius exigendi* n'est pas assorti des sanctions pour ceux des fidèles chrétiens qui manqueraient à leur devoir ou obligation. L' Église s'en remet à la conscience des fidèles et exclut les sanctions canoniques. Cependant, dans certaines circonstances, cette obligation peut revêtir un caractère juridico-canonique par la volonté et la détermination de l'autorité ecclésiastique.

2.3. Moyens pour accomplir le devoir de subvenir aux besoins de l'Église.

Le devoir de fidèles de contribuer généreusement aux besoins de l'Église et particulièrement à l'honnête subsistance des clercs comme souligné dans le décret P.O, 20 peut s'accomplir de plusieurs manières comme le stipule le can. 1259 : « L'Église peut acquérir des biens temporels par tout moyen juste qui est permis aux autres personnes selon le droit naturel ou positif ». Pour M. LÓPEZ ALARCÓN, « les moyens justes pour acquérir sont les moyens juridiques qui servent à établir le lien utile d'une chose à son sujet et qui jouissent de la protection du droit. Ils peuvent être de droit privé et de droit public ; parmi les premiers, sont les droits originaires d'occupations, d'accession et de prescription, tandis que les droits dérivés peuvent être *inter vivos* et *mortis causa*, les premiers se divisent en onéreux et gratuits. L' Église vit principalement de biens acquis à titre gratuit (offrandes des fidèles, collectes de messes, subventions d'entités publiques et privées, œuvres pies) »[632]. C'est donc par les offrandes volontaires (moyens ordinaires), et par les taxes et impôts (moyens extraordinaires) (cfr. c. c. 1260, 1263 ; 1264, 1°) que les fidèles doivent d'abord subvenir aux besoins de l'Église[633].

---

admite que existe la obligación con estas características cuando se dan circunstancias muy concretas. Se trataría, en consecuencia, de una obligación: no bajo pecado mortal, sino de una obligación ciertamente grave que tienen los fieles de contribuir al sostenimiento material de la Iglesia"

631 LE TOURNEAU, D., o. c., 374.

632 LÓPEZ ALARCÓN, M., *Les biens temporels de l'Église : commentaire du can. 1259,* in : E. CAPARROS et H. AUBE (dir.), *Code de Droit canonique…*, 1094–1095.

633 AZNAR GIL, F. R., o. c, 140–141: "Cada vez se está tomando una mayor conciencia eclesial de que el modo normal y ordinario por el que la Iglesia debe adquirir sus

Le concept générique *d'offrandes volontaires* « comprend tous les apports de type volontaire, qu'ils soient spontanés ou à la demande de l'autorité compétente. Il s'agit, en définitive, des contributions qui ne correspondent pas à l'accomplissement d'un devoir strictement juridique »[634]. L'unique obligation est l'obligation générale de tous les fidèles de contribuer aux besoins matériels de l' Église. Ces contributions volontaires peuvent être divisées en deux catégories : il y a d'une part les *offrandes spontanées* et d'autre part les *offrandes demandées*. Les offrandes spontanées (cc.1261, § 1 ; 1267) sont celles que les fidèles chrétiens offrent librement à l'Église, conformément à la norme du can. 1261, § 1, pour que cette dernière puisse atteindre ses finalités propres ou accomplir sa mission. Elles peuvent revêtir plusieurs formes[635] : a).les *pieuses volontés* et *cause pie*[636]dont le régime canonique est réglementé aux cc.1299–1310 ; b). Les

bienes temporales necesarios es, o al menos debería serlo, a través de las oblaciones de sus propios fieles, entendiendo por tales oblaciones en sentido estricto "la entrega de bienes que se ofrecen libremente a la Iglesia, ya por propia iniciativa, ya a través de la autoridad competente", sin pretensión de establecerse en una entidad permanente (v.g., institución, fundación, etc.) y sin que la relación jurídica establecida por la entrega entre oferente y aceptante conlleve determinados efectos jurídicos sucesivos".

634 SCHOUPPE, J.P., *Droit canonique des biens…*, 98; F.R. AZNAR GIL, ibid., 141: «Las oblaciones, en consecuencia, se diferencian de los tributos en que no existe una verdadera obligación jurídica de entregar los propios bienes en este determinado caso, permaneciendo por supuesto la obligación general de contribuir a las necesidades de la Iglesia".

635 AZNAR GIL, F. R., o. c, 142 : Dans un schéma, l'auteur divise les offrandes en trois catégories principales : les offrandes spontanées (cc. 1261, 1267), les *subventiones rogatas* ou collectes (c. 1261) qu'il divise suivant les sujets passifs en publiques (ordinaires (c. 1262) et spéciales 8c.1266) et privées (c. 1265), et les offrandes à l'occasion de services pastoraux (c. 1264, 2°).

636 SCHOUPPE, J. P., o. c, 98– 101 : « Le concept de *pieuse volonté* connaît deux acceptations. Il désigne soit l'acte juridique en vertu duquel on dispose d'un bien en faveur de l'Église, soit le bien destiné à titre gratuit à l'Église. En d'autres termes, selon la première acceptation, on entend par là les opérations juridiques par lesquelles les personnes ayant la capacité octroyée par le droit disposent librement de leurs propres biens en faveur de l' Église afin que cette dernière puisse atteindre ses fins propres (cf. c. 1254, § 2), que ce soit moyennant des actes entre vifs ou à cause de mort. Les pieuses volontés désignent aussi les biens propres destinés à l' Église que les institutions elles-mêmes dont ils sont devenus la propriété. Ces deux dimensions sont aussi considérées comme des causes pies ». Pour qu'une cause soit qualifiée de « pie », les canonistes ont précisé qu'elle doit remplir les caractéristiques ci-après : la piété, une intention surnaturelle du disposant et la destination objective au profit de

donations[637], les *testaments* et *legs*[638] ; c). Et les *offrandes à l'occasion de services pastoraux* (c. 1264, 2°).

Sur cette question des offrandes, il est important de souligner que dans la législation canonique actuelle, les offrandes données à l'occasion des services pastoraux (cf. 1264, 2°), à la différence de la législation antérieure relative au « droit d'étole » considéré comme une taxe ou impôt, ne sont pas considérées comme des taxes ou des impôts, mais comme « une aide comprise dans le sens d'une circulation de biens au sein de la communauté chrétienne. Dans le sens de la messe, celle-ci rend possible, d'une certaine façon, une participation personnelle plus active au sacrifice de l'autel »[639]. Elles ne sont pas la contre-prestation pour le service public rendu, encore moins une vente des biens spirituels, une simonie reprouvée au can. 1380 du CIC 83. Pour toutes ces raisons, le service pastoral correspondant à ces offrandes ne peut être refusé à celui qui ne s'en acquitte pas, que ce soit en tout ou en partie (cf. cc. 848 et 1181). Mais pour raison de justice et solidarité, les fidèles, dans la mesure du possible, doivent s'en acquitter surtout quand ces offrandes constituent les seules ressources disponibles pour que l' Église réalise ses finalités, entre autres celle d'assurer aux clercs une rémunération convenable et une sécurité sociale suffisante.

---

la cause pie (messe, autres actes de culte, une manifestation de charité chrétienne (formes d'apostolat, aides spirituelles et assistance matérielle) ; cfr. AZNAR GIL, F. R, ibid., 217–276.

637 Ibid, 101–104 : Les *donations* en tant que libéralité destinée à L' Église sont des actes bilatéraux entre vifs ou, plus précisément, comme des contrats unilatéraux de droit civil. En tant que libéralité, il requiert l'« animus donandi » (volonté du donateur) caractéristique des actes à titre gratuit et aussi l'acceptation du donataire. Une fois acceptée, la donation est caractérisée par le principe d'irrévocabilité du contrat.

638 Ibid, 104–108 : les *testaments et les legs* sont des actes juridiques "mortis causa", c'est-à-dire que la mort est considérée comme l'élément nécessaire pour l'efficacité de l'acte. Le principe fondamental du droit des successions est le suivant : la mort du « cuius » (on sous-entend : « is de cuius hereditate agitur » entraîne la transmission de ses droits patrimoniaux à d'autres sujets, sauf ceux qui sont directement liés à sa personne (par exemple, une pension alimentaire). Il existe, en effet, deux systèmes successoraux : la *voie testamentaire* (legs) et la *voie héréditaire* (légale).La seconde remplit une fonction subsidiaire par rapport à la première.

639 Ibid, 109.

2.4. Devoir de l'Évêque diocésain dans l'accomplissement des droits sociaux du clergé diocésain.

La Communauté chrétienne dont nous venons d'évoquer plus haut le devoir dans l'accomplissement du droit des clercs à la rémunération et à la protection sociale a pour responsable, pasteur et représentant, l'Évêque diocésain, à teneur des cc. 369, 376 et 393. Ce dernier, en tant que représentant et responsable direct de la communauté chrétienne est aussi l'administrateur direct des biens ecclésiastiques. Ces biens qui viennent des fidèles chrétiens ont pour objectif celui d'aider l'Église à atteindre ses finalités propres. Ainsi le devoir de l' Évêque trouve son fondement dans la fonction de *caput* de la communauté chrétienne et d'administrateur des biens de celle-ci[640]. L'exercice de la responsabilité de l'Évêque se situe à trois niveaux : Le niveau éducatif, le niveau législatif et le niveau exécutif (administration des biens ecclésiastiques).

Au niveau éducatif, l' Évêque en tant pasteur de l' Église locale, a le devoir d'éduquer les chrétiens à la culture de responsabilité et de solidarité (*munus docendi*). Il doit les exhorter à prendre leurs responsabilités dans l' Église Famille de Dieu. C'est dans ce sens que le can. 1261, § 2 stipule : « L'évêque diocésain est tenu d'avertir les fidèles de l'obligation dont il s'agit au can. 222, § 1, et d'en urger l'application de manière opportune ». Cette éducation de la conscience aidera les fidèles à comprendre que la contribution matérielle aux besoins de l'Église « est une manière de vivre la communion du canon 209. De participer, chacun selon ses possibilités, à 'la croissance et la sanctification continuelle de l'Église dont parle le canon 210 ». Et en tant que croyant, cela n'est pas seulement un devoir, mais aussi un honneur, car ainsi ils « redonnent à Dieu une partie des biens qu'ils ont reçus de lui »[641]. L'éducation dans la vie

640 Ibid, "*La retribución económica de loa sacerdotes*…, art. cit, 438: "Es, por consiguiente, en la Iglesia diocesana sobre la que recae la obligación de hacer efectivo este derecho de los clérigos. Ahora bien: la diócesis está encomendada al obispo (cc. 369; 376), a él compete en la diócesis toda la potestad ordinaria, propia e inmediata que se requiere para el ejercicio de su función pastoral (can. 381), a él le corresponde gobernar la iglesia particular con potestad legislativa, ejecutiva y judicial (can. 391, § 1) y, por la fuerza de la lógica, él representa a la diócesis en todos los negocios jurídicos de la misma (can. 393). Entre sus principales obligaciones está la de procurar que se provea a la honesta sustentación de los presbíteros (can. 384) a tenor del derecho: advirtiendo de ello a los fieles (can. 1261, § 2), legislando sobre el particular 8can. 1276, § 2), adoptando las normas legales ejecutivas para ello (can. 1276, § 1), etc. Sobre él recae, en consecuencia, la obligación de hacer efectivo este derecho de los presbíteros".

641 CONCILE VATICAN II, AA, 10: "Imprimis sua reddant opera missionera, auxilia materialia vel etiam personalia praestando. Officium et honor enim est

de l'homme est importante à cause de son influence toujours croissante sur le développement de la société en général et sur la vie de l' Église en particulier. Elle permet aussi à chacun de remplir plus exactement les devoirs, dictés par la conscience, tant envers lui-même qu'envers les différents groupes dont il fait partie. C'est pourquoi il faut stimuler chez tous la volonté d'assumer leur rôle dans les entreprises communes[642]. Cette tâche de former la conscience des fidèles pour qu'ils assument leur responsabilité et s'acquittent de leurs obligations ecclésiales incombe d'abord à l' Évêque comme pasteur de l' Église locale. Comme le souligne l'Exhortation Ap. Post-synodale, *Pastores gregis*, n.31, l'évêque doit accomplir sa tâche à travers son *munus docendi* et surtout à travers son *témoignage de vie*, c'est-à-dire par une cohérence de vie à ce qu'il exige aux chrétiens : « Le témoignage de la vie devient pour un Évêque comme un nouveau titre d'autorité, qui s'ajoute au titre objectif reçu par la consécration. Ainsi l'autorité juridique est appuyée par l'autorité morale. Toutes les deux sont nécessaires. De la première, en effet, découle l'exigence objective de l'adhésion des fidèles à l'enseignement authentique de l'Évêque ; la seconde les aide à placer leur confiance dans le message »[643].

Le deuxième niveau de responsabilité de l'Évêque se situe au plan normatif (*munus regendi*). Les évêques, de manière individuelle (can. 1263) ou collective (can. 1262) ont le devoir d´établir des normes concrètes qui permettent aux fidèles d'accomplir leur obligation de subvenir aux besoins de l' Église (cc. 222, § 1, 282, § 2, 1261, § 1). Au niveau provincial, l'Assemblée des Évêques fixera le montant des offrandes demandées aux fidèles pour l'administration des sacrements et des sacramentaux, à teneur du can. 1264, 2°. C'est-à-dire que la demande des offrandes et leur collecte doivent suivre les normes émanant de la Conférence des Évêques, qui pourra dicter des normes à caractère général pour recueillir les offrandes, y compris les contributions provenant d'entités civiles publiques et privées, tout en tenant compte du droit diocésain particulier[644]. Mais individuellement aussi l'Évêque diocésain a le pouvoir normatif qui lui donne droit de lever un impôt modéré et proportionné aux revenus pour les besoins spécifiques du diocèse sur les personnes juridiques publiques soumises

---

christianorum Deo restituere partem bonorum quae ab Eo accipiunt"; cf. D. LE TOURNEAU, o.c., 241.

642 Cfr. CONCILE VATICAN II, *GS*, 31; cfr. LONEMA DZ'DJO, F., o. c, 284.

643 J.PAUL II, PP., Exhortation Apost. post-synodale, *Pastores gregis*, n. 31.

644 CAPARROS, E. et AUBE, H. (DIR.), o. c, 1097 : Commentaire du can. 1262 ; cf. Commentaire du c. 1262.

à sa juridiction et aussi, en cas de grave nécessité, d'imposer une contribution extraordinaire et modérée aux personnes physiques et privées (can. 1263).

Le niveau administratif de la responsabilité de l'évêque diocésain ne découle pas directement de la norme du c. 1261, § 2, mais par contre de la norme du c. 1284, § 1 qui définit le modèle de conduite socialement admis dans la gestion des biens communs avec l'image du *pater familias* : « Tous les administrateurs sont tenus d'accomplir soigneusement leur fonction en bon père de famille ». Or l' Évêque diocésain est l'administrateur-né des biens ecclésiastiques du diocèse ; il est le représentant du diocèse et donc le Père de famille par excellence. Pour que les biens ecclésiastiques atteignent les objectifs pour lesquels les fidèles chrétiens les offrent, l'Évêque a la lourde responsabilité de veiller à sa gestion adéquate comme l'exige le c. 1276, § 1[645]. Il s'agit là du droit de vigilance et de réglementation qui est reconnu à l'Évêque diocésain sur l'administration des biens ecclésiastiques. Ce droit trouve son fondement dans le *munus regendi* qu'a l'Évêque sur son diocèse.

L'administration de l'Évêque est d'abord « médiate », c'est-à-dire qu'elle est un *pouvoir de protection*, de *vigilance* et de *réglementation* qui s'exerce sur *l'administration immédiate* des biens des personnes juridiques placées sous sa juridiction. Ce pouvoir s'exerce à travers divers actes de nature juridique : des décrets (c. 48), préceptes (c. 49), décrets d'approbations des statuts et règlements des personnes juridiques (c. 94, § 1), les autorisations requises pour les actes d'administration extraordinaire, etc. Mais aussi à travers des visites pastorales (c. 397), l'examen annuel des comptes (c. 319, § 1) et des instructions spéciales pour l'administration des biens.

Mais en tant qu'administrateur « immédiat » des biens ecclésiastiques du diocèse, à travers la figure de l'Économe diocésain, lui-même doit être le premier à donner l'exemple d'une gestion saine et transparente de biens ecclésiastiques. Ce souci de transparence et d'une gestion saine, les Évêques italiens l'exprimaient en ces termes : « Si tout dans l'Église était ordonné et transparent, l'action pastorale rencontrerait moins de difficultés, augmenterait sa crédibilité et on éviterait que les ressources utiles se dispersent et se soustraient

645 CIC 1983, c. 1276 : §1. "Il appartient à l'Ordinaire de veiller avec soin à l'administration de tous les biens appartenant aux personnes juridiques publiques qui lui sont soumises, restant saufs les titres légitimes qui lui attribueraient des droits plus étendus.-§ 2. Compte tenu des droits, des coutumes légitimes et des circonstances, les Ordinaires veilleront, par des instructions spéciales dans les limites du droit universel et particulier, à organiser l'ensemble de l'administration des biens ecclésiastiques ».

à l'activité et à la charité de l'Église »[646]. Dans le même sens, A. Makambu Mulopo et N. Kabeya Makweta en relevant les facteurs qui justifient la situation matérielle préoccupante et alarmante du clergé diocésain dans beaucoup d' Églises locales en Afrique mettent en exergue la mauvaise gestion ou la dilapidation des biens ecclésiastiques ainsi que de fonds de financement des projets et invitent les administrateurs à faire preuve d'une bonne gestion et à cultiver la peur éthique de l'argent d'autrui [et des biens communs] car c'est à ce prix que dépend la crédibilité de l'Église dans la gestion du temporel[647]. C'est donc en donnant un témoignage de vie cohérente avec l'Évangile et en s'acquittant de manière consciencieuse, dans un esprit de pauvreté de ses obligations d'administrateur des biens ecclésiastiques et en faisant preuve d'une gestion saine et transparente, d'un comportement responsable vis-à-vis du patrimoine commun que l'Évêque diocésain rendrait effectif le droit des clercs de percevoir une rémunération convenable et de bénéficier d'une protection sociale suffisante[648].

---

646 CONFERENZA EPISCOPALE ITALIANA, *Istruzione in materia administrativa, 1 aprile 1992*, n. 52 : cité par AZNAR GIL, F. R., *"Bienes temporales de la Iglesia y ordenamiento jurídico español: algunos problemas"*, dans : XXI Jornadas de la Asociación Española de Canonistas (Madrid 18–20 abril 2001), Salamanca 2002, 168.

647 MAKAMBU MULOPO, A. et KABEYA MAKWETA, N., « *Le clergé diocésain de Popokabaka. De la période missionnaire à l' Église locale* », in : N'TEBA MBENGI, A, MAKAMBU MULOPO, A. et KABEYA MAKWETA, N. (DIR.), « *Allez dans le monde entier... ». Centenaire de l'évangélisation catholique du Kwango-Diocèse de Popokabaka (1915–2015)*, Kinshasa : Éd. Loyola, 2015, 90.

648 Cfr. J : PAUL II, PP., Exhortation apostolique post-synodale, *Pastor gregis*, n. 20 : rappelle l'esprit et la pratique de la pauvreté dans la personne de l'évêque : « C'est pourquoi l'Évêque, qui veut être authentique témoin et ministre de l'Évangile de l'espérance, doit être *vir pauper.* Cela est requis pour le témoignage qu'il est tenu de rendre au Christ pauvre ; cela est aussi requis pour la sollicitude de l'Église envers les pauvres, à l'égard desquels il faut faire un choix préférentiel. La décision de l'Évêque de vivre son ministère dans la pauvreté contribue de manière décisive à faire de l'Église la « maison des pauvres [...] Il accomplira ce service avec efficacité si sa vie est simple, sobre et en même temps active et généreuse, et s'il met ceux qui sont reconnus comme les derniers dans notre société, non pas en marge mais au centre de la communauté chrétienne » ; n. 31 : rappelle que l'évêque doit prêcher par la parole et par l'exemple, c'est-à-dire que l'évêque dans son ministère comme annonciateur de l'Évangile et gardien de la foi a le devoir de la cohérence personnelle : son enseignement doit être prolongé par le témoignage et par l'exemple d'une authentique vie de foi. Si l'Évêque, qui enseigne avec une autorité s'exerçant au nom de Jésus Christ la Parole écoutée dans la communauté, ne vivait pas ce qu'il a enseigné, il donnerait à la communauté elle-même un message contradictoire.

2.5. Protection du droit à la rémunération juste et à la protection sociale du clergé diocésain.

Après avoir démontré que la rémunération juste et la protection sociale, malgré leur formulation mitigée dans le Code, sont pour le clergé séculier des droits réels conformément à la tradition multiséculaire de l'Église et que la responsabilité de leur effectivité incombe à la communauté chrétienne et à l'évêque diocésain, notre préoccupation maintenant est celle de savoir si ces droits jouissent bien d'une protection juridique dans le Code ? Répondre à cette question est très important car « la cohabitation ordonnée et pacifique dans n'importe quelle société exige que sa législation juridique établisse les voies légales adéquates pour défendre les possibles violations des droits subjectifs, résoudre les controverses, déclarer les faits juridiques et appliquer les peines correspondantes aux délits, afin de restaurer l'ordre juridique violé. Sans une défense juridique efficace, les droits subjectifs resteraient purement théoriques, et s'installerait dans la société l'injustice, l'arbitraire et le désordre »[649]. Les droits subjectifs du clergé diocésain qui font l'objet de notre étude n'échappent pas au risque de violation, de l'injustice et de l'arbitraire. Pour cette raison, ils doivent aussi être protégés juridiquement pour préserver l'harmonie au sein de l' Église.

La première norme du nouveau Code qui parle de la protection des droits dans l' Église, nous la trouvons au c. 221, § 1 qui stipule qu' :« il appartient aux fidèles de revendiquer légitimement les droits dont ils jouissent dans l' Église et de les défendre devant le for ecclésiastique compétent, selon le droit. »[650]. Ce canon trouve sa source dans le c. 1646 du CIC de 1917 qui établissait *l'ius accusandi* de certains fidèles pour être partie à un procès[651]. Cependant, cet ius accusandi ne portait exclusivement que sur la validité du mariage[652]. Dans le Code actuel, cet *ius accusandi* a une portée plus large car il concerne l'ensemble des droits reconnus aux fidèles dans l' Église.

---

649 LOPEZ ZUBILLAGA, J. L., *Comentarios de cc. 1400–1731*, in: PROFESORES DE DERECHO CANONICO DE UPSA, o. c, 801.

650 CIC de 1983, c. 221, § 1.

651 Le TOURNEAU, D., o. c, 222 : Note 932 : Ce n'est pas tous les fidèles qui jouissaient de ce *ius accusandi* comme le souligne la norme avec la clause *nisi a sacris canonibus prohibeatur.* Le conjoint excommunié par exemple n'en jouissait pas en vertu des cc. 1628 § 3, 1646 et 1654.

652 Ibid., 223 : « Alors que le CIC 1917 était en vigueur, les recours aux tribunaux ecclésiastiques portaient presque exclusivement sur la validité du mariage. La situation a changé, mais en n'allant pas aussi loin que certains experts l'avaient préconisé ».

La ligne de changement adopté par le nouveau Code est déjà clairement définie dans le *sixième principe* de révision du Code 1983 qui préconise une correcte définition et défense des droits de fidèles[653] afin d'éviter les abus dans l'exercice du pouvoir. Elle est aussi définie dans le *septième principe* qui insiste sur la réglementation de la procédure relative à la protection des droits subjectifs[654].

Dans cette perspective, la norme du c. 221§ 1 reconnait, de façon générale, un double droit : d'abord l'ius *accusandi* des fidèles devant le *for ecclésiastique*, quand l'un ou l'autre de leurs droits a été foulé au pied (le droit à agir en justice) et ensuite le droit de se défendre devant le *for* compétent *ad norman iuris*. C'est-à-dire « le droit à la protection judiciaire des droits, moyennant un procès présentant des garanties suffisantes »[655]. Au second paragraphe, la norme reconnait le *droit dont jouit le fidèle d'être jugé selon la justice et avec des garanties*. Les dispositions du droit doivent cependant être appliquées avec « équité ». C'est-à-dire « selon la justice du cas concret ; celle qui va au-delà du légalisme pour tenter de résoudre la controverse en suivant ce qui est plus sain et constructif, sur base du bien à faire et du mal à éviter »[656].

---

653 Ibid, 222.

654 GHIRLANDA, G., *Introducción al derecho eclesial*, Pamplona: Verbo Divino, 1995, 105–106: el *principio de la tutela de los derechos de las personas* es "uno de los principios de mayor importancia y que ha encontrado en el CIC 1983 una amplia, aunque no plena, aplicación desde el punto de vista sistemático. Efectivamente, el problema de los deberes y de los derechos de los miembros de cualquier sociedad jurídicamente organizada es fundamental, en cuanto que el derecho positivo, al ser el orden concreto de la justicia, es el lugar de la determinación de esos deberes y del reconocimiento y tutela de esos derechos".

655 CAPPAROS, E. et AUBRE, H. (DIR.), o. c, 202 : commentaire du c. 221 ; cfr. Le Tourneau, D., ibid, 230–231 : Les garanties suffisantes du procès supposent l'égalité des parties intervenant dans le procès, le droit à être jugé *servatis iuris praescriptis* (principe de légalité), le droit à la défense sous peine de nullité de la sentence(c. 1620, 7°), le droit aux preuves juridiquement licites, le droit à une sentence portant sur le fond de la cause, le droit aux moyens d'attaquer les décisions judiciaires, le droit à l'exécution effective d'une sentence définitive.

656 VILLASMIL, F., *Los principios fundamentales y las cuestiones previas en el C.P.C.*, Caracas, 1996 : cité par H. R.PEÑARANDA QUINTERO, Principio de equidad procesal, in: Nomadas. Revista crítica de Ciencias sociales y jurídicas 21 (2009), 1: Publicación Electrónica de la Complutense/ISSN 1578–6730. L'équité, poursuit Quintero, est "un criterio o una noción que sirve de guía o fundamento y en cuyo concepto se apoyan las facultades discrecionales del juez [...]. Es un principio de interpretación a aplicar al caso concreto que se está juzgando [...]. La justicia de equidad es una justicia de excepción, una alternativa que la ley concede al juez, para

Ce canon poursuit un double objectif : « d'une part, énoncer différents droits des fidèles en rapport avec l'administration de la justice dans l' Église, et, d'autre part, déterminer une série de garanties juridiques afin de protéger les autres droits subjectifs et d'éviter tout abus de pouvoir éventuel »[657]. Il est donc clair que c'est l'Église qui confère aux fidèles les droits et les devoirs et, c'est elle aussi qui doit disposer des moyens de protection et déterminer les modalités d'accomplissement des devoirs et de l'exercice des droits pour qu'ils se réalisent dans l'Église, comme personnes humaines et comme chrétiens[658]. Mais l'Église étant au service de la communion invisible et du salut universel, le fidèle, dans l'exercice et défense de ses droits, doit tenir compte du bien commun de l'Église, des droits des autres et des devoirs propres. Il jouit au moins d'une garantie juridique pour défendre ses droits en cas de violation éventuelle. Et l'autorité détentrice du pouvoir dans l' Église ne doit pas faire obstacle à la justice en cas de violation des droits.

Alors que le c. 221 § 1 pose le principe d'un double droit pour le sujet détenteurs des droits, le c. 1491, quant à lui, pose le *principe de la protection de tout droit* en stipulant : « Tout droit est, à moins d'une autre disposition expresse, protégé non seulement par une action, mais aussi par une exception ». Cette norme souligne que le droit d'un sujet en cas de violation peut être défendu, soit par une action ou soit par une exception[659], en recourant aux tribunaux de justice pour

---

apartarse del rigorismo que consagra el principio de legalidad, apartarse de la letra fría de la ley, en un determinado caso concreto".

657 Le TOURNEAU, D., ibid.

658 GHIRLANDA, G., ibid, 109.

659 LOPEZ ZUBILLAGA, J. L., *Comentario del c. 1491*, in : PROFESORES DE DERECHO CANONICO DE UPSA, o. c., 852 : Parlant de l'action et de l'exception, Zubillaga écrit : "El juicio es un instituto jurídico para la tutela de los derechos mediante la correspondiente petición al órgano jurisdiccional. Su objeto remoto o mediato son los derechos subjetivos, y su objetivo próximo o inmediato son las acciones y excepciones, medio o instrumento legal para proteger aquellos. La *acción procesal* es un derecho subjetivo de carácter público, es el derecho de pedir en juicio lo que es nuestro o nos es debido. La acción no se esgrime contra el demandado, sino frente al poder público para que actué y solucione el litigio surgido entre partes. La acción no sólo provoca la actividad jurisdiccional, sino que también la condiciona y limita, pues el juez no puede poner en marcha la maquina procesal sin que el actor solicite un intervención (*nemo iudex sin actore*), y tampoco puede ir más allá de lo que la parte pide concretamente mediante la acción (*neeat iudex ultra petitapartium*). La acción, pues, surge y se apoya en el derecho subjetivo a cuya protección se ordena, pero el derecho subjetivo controvertido y tutelado por la acción procesal se distingue de está, pues la acción es otro derecho subjetivo de carácter procesal,

sa protection juridique. *L'action processuelle* est un droit subjectif processuel d'agir en justice dont jouit le demandeur (*actor*) et consiste à demander devant le tribunal la protection d'un droit subjectif substantif, objet du litige ou controverse. Par contre l'*exception* est un moyen de défense dont dispose le défendeur (*pars conventa*) contre la prétention du demandeur (*actor*) qui vient perturber la jouissance pacifique d'un droit subjectif. Elle ne nie pas le droit en lui-même objet de la controverse, mais nie le droit à l'action, soit de manière perpétuelle et absolue (*exception péremptoire*), soit de manière relative (*exception dilatoire*).

En réalité, comme la plupart des conflits dans l' Église ne naissent pas entre particuliers, mais entre particuliers et détenteurs du pouvoir administratif, la voie admise pour la défense des droits est souvent le *recours administratif* ou la *justice administrative.*

En ce qui concerne alors le droit à la rémunération convenable du clerc et le droit à une sécurité sociale, leur violation peut émaner aussi du pouvoir administratif de l'évêque diocésain. Dans ce cas, la procédure de défense doit passer aussi par *le recours administratif ou la justice administrative.* Cela signifie que le clerc doit utiliser la procédure des recours administratifs telle que réglementée aux cc. 1732–1739. Cette procédure comprend *deux étapes importantes :* a). *l'étape des recours administratifs préliminaires* qui comprennent d'abord la *demande ou recours préalable* faite, dans les dix jours suivant la notification de l'acte administratif qui viole le droit, auprès de de son auteur. Ce dernier dispose normalement de trente jours pour modifier ou confirmer sa décision, son silence pendant le délai étant considéré comme un rejet implicite du recours, et ensuite *le recours hiérarchique.* N'ayant pas rencontré satisfaction avec le recours préalable, l'intéressé peut alors faire un recours devant l'autorité

para la defensa de los derechos subjetivos substantivos controvertidos (c. 221, § 1) [...] La *excepción* es un medio de defensa frente a la perturbación en el disfrute de los derechos que supone la acción. Excepción significa lo mismo que exclusión, y eso es lo que pretende: oponer algo que excluye o elimina la acción, o que al menos la difiera o aplace su eficacia temporalmente [...] Es el medio para defenderse de la petición que viene perturbar el disfrute pacífico de un derecho. La excepción no niega el derecho controvertido, sino el derecho a accionar, bien de manera perpetua y absoluta (*excepción perentoria*, como lo es la de cosa juzgada), bien de manera relativa al lugar o tribunal, al tiempo o al modo en que se pretende ejercer la acción (*excepción dilatoria*, como lo es la de incompetencia relativa). Las excepciones, como es natural, no son ejercitables si no hay antes una acción; ni intentan la condena del actor, como sucede normalmente con la petición del actor, sino solamente impedir la acción [...] Toda excepción procesal es siempre un medio de defensa del demandado frente a la agresión procesal que supone la presencia de una acción contra él".

hiérarchique de l'auteur de l'acte contesté (l'évêque si l'auteur de l'acte est un Vicaire Général ou Episcopal ou un délégué, la Congrégation romaine compétente, si l'auteur de l'acte contesté est l'évêque). Dans ce cas, les pouvoirs du Supérieur sont très larges puisqu'il peut confirmer, révoquer, amender ou remplacer l'acte attaqué[660].

Avant de passer à la seconde étape, le c. 1733 du CIC 1983 recommande *la voie de la conciliation (*biais de la transaction et du compromis par des arbitres), c'est-à-dire de la *recherche de solutions équitables* à l'occasion d'un conflit né d'un acte administratif. Il revient alors à la Conférence Épiscopale ou à chaque évêque de constituer un *Conseil de conciliation* qui, en toutes les phases des recours préliminaires, pourra tenter de résoudre amiablement le conflit[661]. Après l'échec des phases préliminaires et de la voie de la conciliation, on peut alors recourir à la deuxième étape : b). Celle du *recours contentieux administratif* qui se fait devant la *Signature Apostolique* (*Seconde Section*)[662]. Alors qu'avant

660 VALDRINI, P., VERNAY, J., DURAND, J.P. et ECHAPPE, O., *Droit canonique*, Dalloz, Paris, 1989, 511–513.

661 Ibid.

662 Cfr. CIC de 1983 : can. 1445, § 2 ; cfr. CAPARROS, E. et AUBE, H., (dir.), *Code de Droit canonique…*, 1279 : commentaire de du can. 1445 : « L'établissement du tribunal suprême de la *Signature apostolique* remonte au XIIIe siècle. Dans la Const. Ap. *Sapienti consilio* de 1908, saint Pie X restaura la Signature papale de grâce et de justice sous le nom de *Tribunal suprême de la Signature apostolique*. Le CIC/17 a séparé ce tribunal suprême des S. Congr. : Celles-ci sont des Collèges administratifs ; la Signature apostolique est un collège judiciaire. Avant REU [Const. Ap. *Regimini Ecclesiae Universae*, 17 Aout 1967 (AAS 59 [1967] 886–928)], la Signature apostolique jugeait avec un pouvoir ordinaire et elle était suprême, dans la mesure où, sans qu'elle soit un tribunal d'appel à proprement parler, on pouvait tout de même avoir recours à elle pour en appeler des sentences de la Rote romaine. Tout en lui maintenant son caractère de tribunal suprême, Paul VI en a beaucoup élargi les compétences ; il lui a ajouté également une nouvelle section qui doit s'occuper des recours contentieux-administratifs […] En matière administrative (PB 124), la Signature apostolique est compétente dans sa deuxième section, comme tribunal administratif, pour : a) les recours contre les actes administratifs particuliers portés par les dicastères de la Curie romaine ou approuvés par eux, pourvu que soit alléguée une violation de la loi ; la Signature décide aussi, s'il y a lieu, des dommages-intérêts (c. 1445, §2 ; PB 123, § 1-2) ; b) les conflits administratifs dont la solution est confiée par le Pontifie romain (c. 1445, § 2 ; PB 123, § 3) ; c) les controverses administratives que les Dicastères de la Curie romaine soumettent à son jugement (c. 1445, § 2 ; PB 123, § 3) ; d) les conflits de compétence entre les dicastères de la Curie romaine (c. 1445, § 2 ; PB 20 et 123, § 3).[…] » ; cfr. LÓPEZ ZUBILLAGA, J.L., *comentario del can. 1445*, in : PROFESORES DE DERECHO CANONICO DE LA UPSA, o. c., 828.

les pouvoirs de la Seconde Section de la Signature Apostolique ne se limitaient qu'à déclarer la nullité de la décision contestée, la promulgation de la Constitution Apostolique *Pastor Bonus* du 28 juin 1988 dans l'article 123 § 2 permet de réclamer, en plus de la déclaration d'illégitimité de l'acte administratif, la réparation des dommages causés par cet acte[663].

Au niveau doctrinal, beaucoup de canonistes sont d'avis comme le souligne D. Le Tourneau que la création de la *Sectio altera* a constitué un progrès par rapport à la situation antérieure sur la défense des droits et devoirs des fidèles, cependant la procédure suivie et le secret gardé sur ses décisions qui, par le fait même, ne peuvent servir de précédents pour la doctrine ni de jurisprudence pour les tribunaux inférieurs, laissent entendre que des progrès sont encore possibles. En outre, jusqu'à présent, les décisions prises par la Signature Apostolique n'encouragent pas la défense des droits des fidèles. Pour remédier à cette situation, la protection réelle des droits et des devoirs devrait passer par la *création de tribunaux administratifs inférieurs*, afin de rendre la justice plus proche des administrés et plus rapide[664].

Soulignons toutefois que les clercs doivent chercher à protéger et défendre leurs droits en se conformant aux normes légales établies. Cela exclut donc le recours à toute forme de réclamation ou de pression qui s'apparenterait au mouvement syndicaliste propre aux travailleurs civils et qui serait incompatible aux structures et à l'esprit de l' Église[665]. Mais, en regardant la réalité en face, nous sommes d'accord avec D. Le Tourneau qui fait ce constat : « le codificateur n'a pas réussi à instituer un système véritable et efficace de protection des droits fondamentaux du fidèle » et « qu'il n'existe pas de protection juridique sérieuse au sein de l' Église »[666]. Le Code ne se limite qu'à faire une mention générale du tribunal administratif aux cc. 149, § 2 et 1400, § 2 du CIC de 1983, mais sans en

663 VALDRINI, P., VERNAY, J., DURAND, J.P. et ECHAPPE, O, o. c., 511–513.

664 LE TOURNEAU, D., o. c, 224.

665 AZNAR GIL, F. R., *La "conveniente remuneración…* art. cit, 579: cf. Note 139: SC PRO CLERICIS, *Declaratio "Quidam Episcopi" (8 martii 1982),* n. IV; AAS 74 (1982) 642–45: "Pariter cum statu clericali componi nequeunt, ideoque ómnibus clericis prohibentur eae associationes quae diaconos vel presbíteros coadunare intendunt sub forma quadam syndicatus, eorum sacrum ministerium de facto reducendo ad professionem quandam vel artificium, profanis muneribus aequiparabile. Eae nempe associationes exercitium munerum sacerdotii ministerialis ad quandam veluti relationem operis praestati reducunt, et ideo clericos sacris Pastoribus facile opponere possunt, qui tamquam datores laboris tantum consideraruntur».

666 LE TOURNEAU, D., o.c, 225: cfr. Note 945.

imposer la création. Cette absence des tribunaux administratifs pour juger les actes de l' Évêque et de sa curie diocésaine à l'échelle régionale contribue sans doute à la violation des droits subjectifs fondamentaux et fait de ceux-ci « un monument d'art abstrait »[667]. Pour la meilleure protection des droits des fidèles en général et des clercs en particulier, surtout leur droit à une rémunération convenable et une protection sociale suffisante, nous partageons la proposition de D. Le Tourneau qui milite pour la création des tribunaux administratifs inférieurs dont la compétence serait laissée à l'appréciation des Conférences des Évêques. Mais celles-ci doivent, au préalable, se débarrasser de la crainte de voir dans ces organes un obstacle à l'exercice de leur pouvoir de gouvernement[668]. Car une revendication légitime d'un droit ne doit pas être perçue comme une contestation de l'autorité et cette dernière ne doit pas croire qu'elle a reçu une carte blanche pour violer les droits des autres et à abuser de son pouvoir. L'autorité dans l'Église étant d'abord conçue comme service, elle doit être exercée pour la défense et l'accomplissement des droits et des devoirs des fidèles. C'est ce que d'ailleurs lui recommande la norme du can. 384 qui stipule : « L'Évêque diocésain manifestera une sollicitude particulière à l'égard des prêtres qu'il écoutera comme ses aides et ses conseillers ; il défendra leurs droits et veillera à ce qu'ils accomplissent dûment les obligations propres à leur état et aient à leur disposition les moyens et les institutions dont ils ont besoin pour entretenir leur vie spirituelle et intellectuelle ; de même il veillera à ce qu'il soit pourvu à leur honnête subsistance et à leur protection sociale, selon le droit ».

Pour le cas de beaucoup de diocèses surtout en Afrique en général et en RDC en particulier, la violation des droits fondamentaux desclercs , plus particulièrement leur droit à une rémunération convenable et à une protection sociale suffisante, est souvent, non l'effet des actes administratifs que l'on peut facilement attaquer sur le plan juridique, mais plutôt la conséquence des « attitudes administratives irresponsables »[669] et de la mauvaise gestion des biens ecclésiastiques. Cela vient donc compliquer la défense des droits sur le plan purement juridique. En définitive, le c. 281, §§ 1–2 formule bien des véritables droits pour

667 Ibid., 227.

668 Ibid.

669 Nous parlons des "attitudes administratives irresponsables" car le plus souvent ses droits ne sont pas reconnus en pratique et leur accomplissement n'entre pas dans les prévisions budgétaires dans beaucoup de diocèses. Beaucoup de responsables de l'administration diocésaine font preuve d'une irresponsabilité criante dans ce domaine. La conséquence de cette attitude se voit dans les tensions que cela engendre dans les relations prêtres-évêques, chaque fois qu'il faut aborder cette question.

les clercs qui sont « théoriquement » protégés par une action judiciaire conformément aux normes des cc. 221, § 1 et 1491[670]. Mais, en pratique, les mécanismes de défense de ces droits subjectifs dans l'actuelle législation canonique présentent des carences[671] qui doivent être remédiées dans l'avenir. Voilà pourquoi D. Le Tourneau écrit : « en refusant les tribunaux administratifs, le Code a réduit à peu de chose la voie judiciaire, redonnant ainsi la priorité au pouvoir sur la protection des droits »[672]. Cela se vérifie bien dans la situation des clercs surtout en Afrique en général et en RDC en particulier, où face au pouvoir de l'administration diocésaine et en l'absence d'une justice proche, ils sont dans l'impuissance de défendre leurs droits fondamentaux. En d'autres termes, « ils se trouvent aussi dans une « incertitude objective quant aux moyens prévus par l'ordre canonique pour protéger ou agir dans une situation juridique déterminée ». Car, dans la réalité existentielle de l'Église, l'action, « comme moyen de retrouver un rapport droit entre autorité et liberté, entre ordre et personne, pour réaliser une justice véritable dans l'Église [...] est presque exclusivement exercée en matière matrimoniale »[673] et très peu en matière temporelle.

Pour une meilleure protection des droits dans l'Église, nous partageons le souhait de D. Le Tourneau qui veut que « l'ordre canonique soit doté d'institutions et d'instruments juridiques permettant une protection efficace des droits fondamentaux » et que parallèlement l'Église « préconise une éducation des fidèles, [et dans le cas précis des clercs] au correct exercice de leurs droits. Ce

670 AZNAR GIL, F. R., *La "conveniente remuneración" de los clérigos...*, art. cit, 563: "Se trata, en consecuencia, de un verdadero derecho [...] al cual corresponde una verdadera obligación del superior (c.384), tutelado por una acción judicial (c. 1491), y susceptible de ser protegido y vuelto eficaz mediante la invocación del poder jurisdiccional de los tribunales eclesiásticos competentes".

671 LE TOURNEAU, D., o. c, 226 : Évoquant la protection des droits, l'auteur souligne quatre carences importantes : « a) tout d'abord, les droits ne sont pas explicitement qualifiés de fondamentaux, tout en l'étant matériellement ; b) seul le renvoi aux procès ordinaires est prévu, non des procédures spécifiques de protection ; c) la création des tribunaux administratifs pour juger les actes de l'évêque et de sa curie diocésaine à l'échelle régionale n'a pas eu lieu, les évêques craignant qu'ils ne fassent obstacle à l'exercice de leur pouvoir de gouvernement ; d) en dépit des principes pour la révision du Code, celui-ci ne distingue pas clairement les fonctions législative, exécutive et judiciaire dans l' Église, pas plus qu'il n'établit de hiérarchie des sources normatives[...] Ce manque de rigueur technique est dû en bonne partie à l'abandon de la LEF ».

672 Ibid., 224.

673 Ibid., 375.

sont, en effet, les personnes qui font fonctionner ou échouer les institutions. Cet objectif suppose non seulement une information sur les droits et les devoirs des membres de l'Église, mais aussi une initiation au cadre spécifiquement ecclésial [...] accompagnée d'une éducation à la pratique des vertus humanitaires et théologales »[674].

Toute organisation juridique prévoit non seulement les instruments et les moyens pour protéger et défendre les droits subjectifs, mais aussi les circonstances légitimes qui peuvent conduire à la perte de certains droits subjectifs. Dans les lignes qui suivent, nous allons aborder exactement les causes qui peuvent justifier la perte des droits subjectifs comme la rémunération et la protection sociale chez les clercs.

2.6. Perte du droit à la rémunération et à la protection sociale.

La rémunération convenable et la protection sociale suffisante sont des droits subjectifs fondamentaux que le clerc peut perdre dans certaines circonstances établies par le droit. Dans les lignes qui suivent nous allons tenter de dégager les causes qui peuvent amener à la perte de ces droits. Mais avant d'y arriver, rappelons d'abord qu'en rapport avec la rétribution des clercs, le Code distingue clairement deux droits dont les fondements directs ou immédiats diffèrent l'un de l'autre : le *droit à l'honnête subsistance* et le *droit à une rémunération convenable*[675]. A ces deux droits se rattache *celui de la protection sociale suffisante* pour faire face aux contingences de la vie.

Le droit à la rémunération convenable et celui de la protection sociale dont parle le can. 281, §§ 1–2 trouvent leur fondement dans *l'exercice immédiat du ministère ecclésiastique*. Tandis que le droit à une honnête subsistance s'enracine dans *la condition sacerdotale et dans la loi de l'incardination* et par conséquent, *il appartient au patrimoine juridique du clerc* et une peine, aussi grave soit-elle, peut bien le modifie mais sans l'annuler, étant donné que celui qui est sanctionné garde sa condition juridique de clerc. Mais cela n'est pas le cas pour les droits dont parle le can. 281, §§ 1–2. Partant de fondement qui les justifie, la perte de l'office ecclésiastique peut avoir des effets sur ces droits[676].

---

674 Ibid., 375–376.

675 AZNAR GIL, F. R, art. cit., 575.

676 Ibid., 575–576: "Ya hemos indicado suficientemente cómo el estricto derecho a la congrua o conveniente remuneración del clérigo proviene directa e inmediatamente del ejercicio legítimo de un ministerio eclesiástico. Tendremos, por consiguiente, que examinar las causas que originan la pérdida del oficio eclesiástico (c. 184, § 1) para determinar en qué supuestos se pierde este derecho"; cfr. CAPARROS, E. et

Laissant de côté la mort du titulaire d'un office comme cause naturelle et évidente de la perte de l'office, le c. 184, § 1 détermine trois catégories de causes juridiques qui peuvent conduire à la perte des droits :

2.6.1. La renonciation volontaire à l'office (cc.187–189)[677].

La renonciation volontaire à l'office est un abandon volontaire de l'office par son titulaire légitime pour une cause juste (c.189, § 2) qui peut être par exemple la maladie, l'incapacité physique ou mentale, etc. Mais comme condition *ad validitatem*, la renonciation doit être un acte libre posé par une personne dotée de toutes ses capacités cognitives et délibératives (c'est-à-dire de l'exercice de l'intelligence et de la volonté : cfr. c. 124) et doit être soumise à l'autorité (c.189, § 1) qui, si elle exige une acceptation[678], après avoir examiné les causes, peut l'accepter ou la refuser pour le bien du service communautaire. Si elle est acceptée, elle produit alors des effets juridiques (c.189, § 3) comme la perte de l'office ecclésiastique, des obligations et de certains droits acquis. C'est dans ce sens

---

AUBE, H. (DIR..), o. c., 144–145: Dans le commentaire du c. 145,la notion de l'office ecclésiastique est décrite comme chacune des charges personnelles de droit divin (Pontife romain, évêque) et de droit humain (vicaire général, juge, président d'une conférence des évêques, etc.) qui composent l'organisation de l' Église, et dont les titulaires exercent de façon stable des fonctions auxquelles la loi ou la nature des choses donnent une finalité spirituelle.[…]. Outre les offices unipersonnels, il existe au niveau particulier ou central de l' Église des organes collectifs (Dicastères, Conférences épiscopales, collèges des consulteurs, etc.), composés de plusieurs personnes, chacune d'elles ne pouvant pas toujours être considérée titulaire d'un office ecclésiastique au sens strict. Ces organes collectifs forment leur volonté à travers des délibérations, et habituellement par décision collégiale, selon les prescriptions du c. 127.

677 CORTES DIEGUEZ, M., *Comentario del c. 187,* in: PROFESORES DE DERECHO CANONICO DE UPSA, o. c, 125: "El Código reconoce al titular de un oficio el derecho a presentar la renuncia del mismo, derecho que no puede limitar o prohibir el derecho particular. Este reconocimiento es consecuencia del respeto que ha de tenerse a la libertad de las personas, pero, dado que todo oficio tiene no sólo una dimensión personal sino también y especialmente una dimensión de servicio a la comunidad, no puede el titular por su sola voluntad abandonar el cargo, sino que es precisa la aceptación de la autoridad, salvo en casos excepcionales (cfr. C. 332 § 2:[renuncia del Papa] y 430 § 2: [renuncia del administrador diocesano]).

678 Il y a de cas de renonciations où l'acceptation n'est pas condition de validité de l'acte juridique : cfr. cc. 332, § 2 : la renonciation du Pape et 430, § 2 : la renonciation de l'administrateur diocésain.

que le clerc qui a perdu son office par l'acte volontaire de renonciation perd également son droit à la rémunération lié à l'exercice de cet office. Cependant, comme clerc, il ne perd pas son droit à une honnête subsistance et à la protection sociale qui doivent lui être assurés par l'autorité ecclésiastique compétente jusqu'à ce qu'un autre office lui soit collé s'il en est capable.

2.6.2. Perte de l'office par expiration du temps (can. 186).

Avec la perte de l'office par l'expiration du temps, deux hypothèses sont à prendre en compte : la perte de l'office par expiration du *temps fixé par le droit* et la perte de l'office par *la limite d'âge.* L'expiration du temps et la limite d'âge en soi sont dépourvues de l'efficacité juridique suffisante pour entrainer la perte de l'office[679]. Elles requièrent la notification de l'autorité compétente pour avoir des effets juridiques. Le silence de l'autorité compétente est interprété comme une prorogation tacite de l'exercice de l'office et des droits y attachés. Dans la première hypothèse de la notification de la perte de l'office par expiration du temps fixé, le clerc perd son droit à la rémunération lié à l'exercice de l'office, mais conserve comme clerc son droit à l'honnête subsistance et les prestations couvertes par la protection sociale[680]. Dans la deuxième hypothèse de la notification de la perte de l'office liée à la limite d'âge (cc. 354 ; 401, § 1, 538, § 3), le clerc perd le droit dont parle le c. 281, § 1 et acquière le droit à la protection sociale décrit au c. 281, § 2 dans toutes ses prestations possibles[681].

Mais si il bénéficie d'une protection sociale étatique qui peut s'avérer insuffisante dans les prestations, l'autorité ecclésiastique est obligée de suppléer par d'autres voies afin que le clerc jouisse d'une couverture sociale suffisante.

---

679 CORTES DIEGUEZ, M., *comentario del c. 186*, In: PROFESORES DE DERECHO CANONICO DE UPSA, o. c, 124: "El hecho de cumplirse el tiempo para el cual fue dado el oficio o el alcanzar la edad señalada por el derecho no causan *per se* su perdida, sino que son motivos que la autoridad competente tendrá en cuenta para disponer sobre el cargo. Si, pasado el tiempo, la autoridad no notifica la perdida (c. 186), el oficio se entiende prorrogado".

680 AZNAR GIL, F. R., art. cit., 576:"Por motivos de edad, de salud o por otras graves causas que, inimputables al clérigo, le hagan incapaz de ejercer cualquier ministerio eclesiástico. El ordenamiento canónico (cc. 402, § 2; 538, § 1) determina que se debe proveer a su conveniente y digna sustentación y vivienda. En estos casos, estrictamente hablando, pierden el derecho contemplado en el c. 281, § 1 y adquieren el descrito en el c. 281, § 2 que, en la práctica, se identifican".

681 Ibid.

2.6.3. Révocation ipso iure (can.194) ou par décret de l'autorité compétente (can. 195).

Les raisons qui peuvent conduire à la perte de l'office *ipso iure* ou par *décret de l'autorité* sont nombreuses.

2.6.3.1. Suppression de l'office à caractère provisoire[682].

Dans ce cas, les droits liés aussi à cet office cessent et l'autorité ayant décidé la suppression de l'office est tenue à assurer au clerc une subsistance honnête en attendant qu'un autre office lui soit accordé.

2.6.3.2. Transfert d'office (cc.190–199).

Le transfert d'office est un type de provision canonique qui contient, implicitement ou explicitement, la révocation de l'office et l'attribution d'un autre. La discipline canonique dans ce cas protège les droits subjectifs : « la personne transférée perçoit les revenus attachés au premier office jusqu'à ce qu'elle ait obtenu canoniquement possession du second » (can. 191, § 2)[683]. En d'autres termes, il ne perd pas son droit à la rémunération lié au premier office tant qu'il n'a pas encore pris possession canonique du nouvel office. La prise de possession du nouvel office entraîne la vacance et la perte des droits liés au premier.

Quant aux prestations de la protection sociale, le prêtre transféré les garde intacts.

---

682 CAPARROS, C. et AUBE, H. (DIR.), o. c., 144–145 : *Commentaire du c. 145, § 1 :* Bien que nous pouvons parler de la suppression de l'office, le canon souligne la stabilité objective de l'office (« stabiliter constitutum » dit le canon au lieu de « stabiliter collatum », comme le disait PO 20, ce qui lui donne une consistance propre indépendamment des changements de titulaire ou de la vacance de l'office). C'est pourquoi chaque office doit être érigé de façon abstraite (cfr. c. 148), pour être confié simultanément ou ultérieurement à un titulaire par l'un des modes de provision prévus (cfr. c. 147)[…] De toute façon, il existe aussi des offices ecclésiastiques à caractère provisoire, comme ceux qui sont constitués lorsqu'un concile ou un synode est convoqué, et des offices qui, comme le dit le § 2, sont constitués par l'acte même de la provision canonique (visiteur apostolique, vicaire paroissial), et cessent d'exister quand la personne cesse dans cet office, sans que l'on puisse donc parler d'office vacant.

683 CAPARROS, E. et AUBE, H. (DIR.), ibid, 175–176 : *commentaire des cc. 190–191.*

2.6.3.3. La révocation (can. 192).

La révocation est la perte de l'office ecclésiastique établie par décret de l'autorité compétente, ou par la loi (*ipso iure*) dans des cas précis (can. 194), qui n'implique pas la collation d'un nouvel office. Si la révocation n'est pas *ipso iure*, mais elle est l'effet d'un décret de l'autorité compétente, le système juridique canonique protège les éventuels droits acquis. Pour cela le c. 195 dit que « si on est révoqué de l'office qui assure la subsistance, non de plein droit mais par décret de l'autorité compétente, cette dernière veillera à pourvoir à cette subsistance pendant le temps voulu, à moins qu'il n'y soit pourvu autrement »[684]. Le c. 1746 va aussi dans le même sens en parlant de la révocation du curé : « une fois le curé révoqué, l' Évêque s'occupera de lui assigner un autre office, s'il en est capable, ou de lui assurer une pension, selon le cas et si les moyens le permettent »[685]. En d'autres termes, la révocation de l'office entraîne la perte du droit à la rémunération si aucun autre office n'est assigné au clerc révoqué, mais n'entraîne pas la perte du droit à la subsistance et à la protection sociale dont le fondement se trouve dans la condition sacerdotale et la loi de l'incardination.

2.6.3.4. La privation de l'office ecclésiastique (can. 196).

La privation de l'office « est la perte d'un office ecclésiastique imposée de façon judiciaire ou administrative au terme d'un procès ou d'une procédure criminelle. Elle est une peine pour un délit commis (cfr. c. 1336, § 1, 2°). Elle constitue donc un type particulier de révocation, soumis à la loi pénale pour son efficacité et ses limites »[686]. Le c. 1336, § 2 établit les types de peines à infliger à l'auteur du délit : la privation d'un pouvoir, d'un office, d'une charge, d'un droit, d'un privilège, d'une faculté, d'une faveur, d'un titre, d'une marque de distinction même purement honorifique. Par rapport aux droits subjectifs du can. 281, §§1–2, le clerc à qui on a privé l'office pour un délit perd son droit à une rémunération convenable lié à l'exercice de l'office ecclésiastique, mais garde son droit à une honnête subsistance à teneur du c. 1350, § 1 et son droit à la sécurité sociale. Car

---

684 CIC 1983, c. 195.

685 CIC 1983, c. 1746; AZNAR GIL, F. R., art. cit, 576: "Norma idéntica es la contenida en el c. 1746, relativa al párroco removido de su oficio".

686 CAPARROS, E. et AUBE, H. (DIR.), o. c, 179; CORTES DIEGUEZ, M., *comentario del c. 196*, in: PROFESORES DE DERECHO CANONICO DE UPSA, o. c., 130: "La privación del oficio es un tipo de remoción caracterizada porque constituye una sanción por la comisión de un delito impuesta al fin de un proceso penal. La pena está establecida en el c. 1336 § 1, 2° y el procedimiento ha de seguir las normas de los cc. 1341–1353".

« le droit à l'honnête subsistance appartient au patrimoine juridique du clerc. D'autre part, une peine, aussi grave soit-elle, modifie le patrimoine juridique, sans l'annuler, étant donné que celui qui est sanctionné garde sa condition juridique de clerc »[687].

2.6.3.5. La perte de l'état clérical (can. 290)[688].

Sur le plan théologique, il faut d'abord souligner le caractère indélébile du sacrement de l'ordre validement reçu, c'est-à-dire que la condition sacerdotale ne se perd pas quand elle a été validement reçue. Cependant, le prêtre peut perdre exceptionnellement la condition juridique cléricale, c'est-à-dire, les devoirs ou obligations et les droits qui reviennent au clerc comme ministre sacré[689].

Dans la législation de 1917 (cc. 211–214), le clerc qui perdait l'état clérical[690] perdait à la fois l'office ecclésiastique, son droit subjectif à l'honnête subsistance liée au titre canonique de bénéfice ecclésiastique et aussi les autres droits et privilèges cléricaux et obligations de son état (cc. 213, § 1* ; 2303, §1*). Mais la norme du c. 2303, § 2* stipulait que l'Ordinaire peut venir, *pour raison de charité*, en aide économiquement au prêtre qui a perdu l'état clérical si ce dernier se trouve dans une *situation d'indigence*. Dans ce cas l' Évêque est lié par une obligation de charité et non de droit. Cette obligation peut cependant s'arrêter si

687 Ibid, 1188 : *commentaire du c. 1350*; cfr. DE PAOLIS, V., *De sanctionibus in Ecclesia. Adnotaiones in Codicem. Liber VI (Romae 1986)*, 91 : cité par AZNAR GIL, F. R., art. cit, 577 : note 135.

688 CIC 1983, c. 290 : "L'ordination sacrée, une fois validement reçue, n'est jamais annulée. Un clerc perd cependant l'état clérical : 1° par sentence judiciaire ou décret administratif qui déclare l'invalidité de l'ordination sacrée ; 2° par la peine de renvoi légitimement infligée ; 3° par rescrit du Siège Apostolique ; mais ce rescrit n'est concédé par le Siège Apostolique aux diacres que pour des raisons graves et aux prêtres pour des raisons très graves » ; RINCON PEREZ, T., o. c, 365 : L'auteur apporte une précision terminologie sur l'emploi de termes « réduction à l'état laïc » utilisé dans le Code ancien et « perte de l'état clérical » propre au nouveau Code. Le terme « réduction à l'état laïc » reflète un certain mépris de l'état laïc qui correspondrait à la conception ecclésiologique de l'époque, mais qui ne cadre pas aujourd'hui avec le principe d'égalité fondamentale de tous les fidèles proclamé par le concile Vatican II. Partant de ce changement fondamental, le clerc n'est pas réduit à l'état laïc comme on avait l'habitude de le dire, il perd son état, il n'est pas dégradé, mais il est expulsé de l'état clérical.

689 RINCON PEREZ, T., ibid.

690 Ibid, 366.

l'intéressé ne fournit aucun effort de conversion ou s'il persiste dans le scandale (c. 2304§§1–2*)[691].

Dans la nouvelle législation canonique, à teneur du c. 290, la perte de l'état clérical ou de la condition juridique de clerc peut intervenir de trois façons : soit par la sentence judiciaire ou décret administratif qui déclare l'invalidité de l'ordination sacrée, soit par la peine de renvoi ou expulsion légitimement infligée (c'est-à-dire suite à certains délits commis au préalable, tels ceux qui sont déterminés aux cc. 1364 ; 1367 ; 1370 ; 1387 ; 1394 et 1395), ou soit par le rescrit du Siège Apostolique que se concède aux diacres pour des raisons graves et aux prêtres pour des raisons très graves. Dans la première hypothèse, l'effet automatique est que le prétendu ordonné perd tous les droits et obligations liés l'état clérical car, en fait pour être nulle l'ordination, les devoirs et obligations de cet état n'ont pas sa raison d'être[692]. C'est-à-dire qu'il perd automatiquement les droits subjectifs comme celui à la rémunération convenable, à la protection sociale et à l'honnête subsistance. Dans la deuxième et la troisième hypothèse, comme dans la législation antérieure, les effets juridiques de la perte de l'état clérical sont pratiquement les mêmes à teneur de la norme du c. 292 qui stipule : « le clerc, qui perd l'état clérical selon les dispositions du droit, perd en même temps les droits propres à l'état clérical, et il n'est plus astreint à aucune des obligations de l'état clérical, restant sauves les dispositions du can. 291 [...]». Et parmi ces droits, il y a le droit à la rémunération convenable, à la protection sociale et le droit à une honnête subsistance comme le stipule le c. 1350, § 1 : « Pour les peines à infliger à un clerc, il faut toujours veiller à ce que celui-ci ne manque pas des ressources nécessaires à une honnête subsistance, à moins qu'il ne s'agisse du renvoi de l'état clérical »[693]. A teneur de cette norme, l'imposition de peines canoniques qui n'aboutissent pas à la perte de l'état clérical n'annule pas les droits subjectifs d'ordre matériel bien qu'elle peut les modifier. Ses droits se perdent seulement en cas de la perte de l'état clérical, c'est ce qu'insinue la clause *nisi agatur de dimissione e statu clericali* (à moins qu'il ne s'agisse du renvoi de l'état clérical)[694]. Ainsi par exemple pour tous les délits prévus aux

---

691 CIC 1917 : c. 2304, §§1– 2.

692 RINCON PEREZ, T., o. c., 375: «El primero de los supuestos referidos, esto es, la declaración de nulidad de la ordinación, acarrea como efecto automático que el presunto ordenado no tenga ya ninguno de los derechos, ni esté sujeto a ninguna de las obligaciones del clérigo, incluido el celibato. La simple declaración de nulidad hace que los derechos y deberes decaigan por si mismos, sin que se requiera dispensa alguna».

693 CIC 1983: can. 1350, § 1.

694 CAPARROS et AUBE, H. (Dir..), o. c, 1188 : commentaire du can. 1350 : « Le droit à l'honnête subsistance appartient au patrimoine juridique du clerc (cf. c. 281). D'autre

cc. 1364 ; 1367 ; 1370, § 1 ; 1387 ; 1394, § 1 et 1395, si les peines aboutissent au renvoi de l'état clérical, le clerc perd aussi son droit à une honnête subsistance et à la protection sociale.

Cependant, le deuxième paragraphe du c. 1350 évoque le cas « d'indigence » dans lequel peut se retrouver un clerc renvoyé de l'état clérical. Dans ce cas, l'Ordinaire, pour exigence de « charité » et non de « justice » ou de « droit », est dans l'obligation de lui venir en aide dans la mesure du possible[695]. Cette obligation de charité trouve son fondement dans le caractère indélébile du sacrement de l'Ordre et dans la loi de l'amour au prochain qui guide toute l'action de l'Église.

2.7. Organismes spéciaux pour la rémunération et la protection sociale du clergé diocésain (can.1274, §§ 1–5).

Après avoir défini le principe d'un nouveau régime économique pour les clercs dans le can. 281, §§ 1–2, le Codex indique dans le can. 1274, §§ 1–5 des instruments techniques ou organismes spéciaux pouvant faciliter la réalisation des objectifs définis dans le can. 281, §§ 1–2. Le can. 1274, §§ 1–5 est une nouveauté car il n'a pas d'antécédent dans le CIC de 1917. Son objet est la conséquence de la norme du can. 1272 qui consacre l'abandon du système bénéficial dont l'option a été levée au Concile Vatican II (cfr. PO, 20 et M.P. E.S., I, 8).[696]. En

part, une peine, aussi grave soit-elle, modifie le patrimoine juridique, sans l'annuler, étant donné que celui qui est sanctionné garde sa condition juridique de clerc ; il s'ensuit que le législateur, considérant l'importance vitale de ce droit, décide qu'aucune peine ne peut l'annuler ou le suspendre, si ce n'est le renvoi de l'état clérical. Cette exception existe parce qu'elle comporte la perte de la condition juridique de clerc ; mais la charité bienveillante de l'Ordinaire l'amènera dans ce cas à pourvoir aux besoins du clerc. Dans ce contexte, il est possible de s'inspirer d'un décret de conformité (cf. PB 158) du 29-04-2000.émanant du CPTL indiquant que le diocèse peut tenir compte d'autres ressources éventuelles que le clerc recevraient régulièrement, comme, par exemple, les retraites prévues par les systèmes d'assurance, en fixant la rémunération appropriée à la condition du clerc (cf. Comm. 32 [2000] 162–167) ».

695 AZNAR GIL, F. R., art. cit, 577: « En este supuesto, en el de la expulsión del estado clerical, el c. 1350, § 2 determina que ya no existe una obligación *ex iustitia* de mantener la honesta sustentación al clérigo expulsado de su estado por el Ordinario sino únicamente permanece la *lexcaritatis* (c. 1350, § 2) de ayudar a la persona. La razón tradicionalmente argumentada para esta norma es que la "dimissio enim efficit quod clericus non ampliussittalis, sub aspecto iuridico. Non amplius habet ergo ex parte Ecclesiae ius ad honestam sustentationem"»: cfr. Note 136.

696 AZNAR GIL, F. R., o. c, 293, "La actual legislación canónica sigue en este tema las orientaciones dadas por el Concilio Vaticano II. El espíritu de este Concilio

abandonnant l'ancien système économique, il fallait donc un nouveau régime économique plus juste et plus solidaire pour l' Église et dont les instruments techniques sont déterminés dans le can. 1274, §§ 1–5. Dans le Codex, ce canon se trouve dans le livre V qui traite des Biens temporels de l' Église (cc.1254–1310), plus précisément dans le Titre II qui parle de l'administration des biens temporels (cc. 1273–1289). Son objet porte sur la création des trois organismes spéciaux : le *premier pour la subsistance du clergé* (§ 1), le *second pour la prévoyance et l'assistance sociale du clergé* (§ 2) et le *troisième un Fonds commun diocésain pour rétribuer les autres serviteurs de l' Église et subvenir aux divers besoins du diocèse* (§3). Dans le §4, il parle de *formes d'organisation de ces organismes* et dans le §5, il parle de la *reconnaissance civile de ces organismes* (§5)[697].

---

fue muy crítico, por diversos motivos, respecto a la institución beneficial: ya en la etapa preparatoria del Concilio se pidió su supresión en diversos proyectos de documentos porque se creía que el sistema beneficial era obsoleta y no contribuía ya a cumplir sus fines principales"; DE PAOLIS, V., Los bienes temporales de la Iglesia, Madrid: BAC, 2012, 138–139: "Un signo seguro del progreso realizado y hoy día bien consolidado está en el hecho de que toda la cuestión referente a los beneficios confluye en un solo canon. Su redacción, sin embargo, fue fruto de un largo trabajo. El camino estuvo marcado por las mismas oscilaciones que se tuvieron durante el concilio: de la reforma a la supresión. El esquema sobre los bienes temporales de 1977, c. 17, propone más bien una **reforma**, aunque profunda [...] Esta era confiada a la Conferencia episcopal de acuerdo con la Sede Apostolica. Pero, en el esquema de 1980, en lugar de la palabra régimen se lee ***suppressionem.*** Finalmente, en el último esquema convertido en ley con la promulgación del Código se vuelve a la palabra régimen. En realidad, la diferencia no es muy relevante: moderar, guiar la reforma o la supresión no es una cosa tan distinta, porque los criterios dados para el régimen son los mismos que para la *suppressio*. Sin embargo no se puede negar que una cosa es *moderari regimen*, y otra es *moderari suppressionem*. Esta tiene una línea clara y un objetivo bien definido; la normativa tiene como resultado la supresión; aquella, en cambio, admite la supervivencia del instituto beneficial [...]".

697 AZNAR GIL, F. R., "El fondo diocesano para la subsistencia del clero (c. 1274, § 1)", in: REDC 48 (1991), 619; cfr. DE PAOLIS, V., Los bienes temporales de la Iglesia..., 200: "Este canon se articula en cinco parágrafos que tratan respectivamente del instituto para la sustentación del clero (§ 1), de la previsión y de la asistencia social del clero (§2), de la masa común de bienes que se debe prever en toda diócesis (§3),de la colaboración entre diversas diócesis (§4) y del reconocimiento civil de los institutos canónicos (§5)".

2.7.1. Source du can. 1274, §§ 1–5.

Le can. 1274, conséquence logique de la norme du can. 1272 qui détermine la réforme complète ou l'abandon du système bénéficial, est une nouveauté dans le libre V du Code de Droit canonique[698]. Il n'a pas d'antécédent dans le CIC de 1917. Ses sources indirectes et directes sont à trouver dans les documents préconciliaires, conciliaires et postconciliaires[699].

Ce canon trouve ses sources indirectes dans des textes préconciliaires : d'abord dans la *Lettre circulaire du 25 février 1950*[700] des Ordinaires du lieu d'Italie qui parle de la « Cassa di sovvenzioni per il clero secolare d'Italia » et dans la *Lettre circulaire du 1 juillet 1941* de la Sacrée Congrégation du Concile et le *Règlement de 15 juin 1943* qui traitent de l'assistance sociale et de la prévoyance sociale des clercs italiens[701] et ensuite dans la *Déclaration du 17 décembre 1951* de la Sacrée Congrégation du Concile apparue dans les *Acta Apostolicae Sedis,* et qui affirme que l'argent obtenu de l'aliénation des biens

---

698 PERISSET, J.C., Les biens temporels de l'Eglise, Tardy, Paris : 1996, 135; FIORITA, N., o.c, 74–75:« Il can. 1274, con cui in ambito canonico si sancisce l'abbandono del sistema beneficiale, prevede la nascita nelle singole diocesi di un instituto che provveda al sostentamento dei chierici (§ 1), la creazione di un istituto che sia finalizzato ad assicurare la sicurezza sociale del clero (§ 2), la costituzione di un fondo comune che possa andare incontro alle varie necessità delle diocesi e fungere da strumento di sostegno in favore delle diocesi più povere (§ 3) ».

699 PONTIFICIO COMMISSIO CODICI IURIS CANONICI AUTHENTICE INTERPRETANDO, Codex Iuris Canonici, Auctoritate IOANNES PAULI PP. II promulgatus, Fontium annotatione et indice analytico-alphabetico auctus, Libreria Editrice Vaticana 1989 : cité par PIERO GIORGIO MARCUZZI, "Il sostentamento del clero nella normativa codiciale latina", in: "Il sostentamento del clero nella legislazione canonica e concordataria italiana", Libreria Editrice Vaticana, 1993, 38; GIORGIO MARCUZZI, P., ibid, 38–46; cfr. AZNAR GIL, F. R., comentario del c. 1274, in: PROFESORES DE DERECHO CANONICO DE UPSA, o.c, 728: sources du c. 1274, § 1: SCConc Litt. Circ., 25 feb. 1950; SCConc. Decl., 17 dec. 1951 (AAS 41 [1949] 44); LG 13, 23; ChD 6, 21, 31; PC 133; AG 17, 38; PO 8, 20, 21; ES I, 8, 11, 20; ES III, 8, 19; SDO IV, 19–21; DPME 117, 134–138.

700 GIORGIO MARCUZZI, P., o. c., 39: cfr. Note 20: *SACRA CONGREGATIO CONCILII, Litterae circulares La Cassa di sovvenzioni, Ordinariis locorum Italiae, Prot. 184/50, 26 febbraio 1950, in Leges Ecclesiae post Codicem iuris canonici editae, Collegit, digessit notisque ornavit Xaverius Ochoa in Universitate Lateranensi Professor, Volumen II Leges annis 1942–1948 editae, n. 2111, Roma 1969, col. 2733 (Leges Ecclesiae, II/2111, 2733).*

701 Ibid.

doit être utilisé seulement pour acquérir des biens immobiliers en faveur de l'Église ou de l'office[702]. Toutes ces premières sources n'ont qu'une portée locale car elles ne concernent que la situation du clergé italien.

Les sources conciliaires et postconciliaires du can. 1274[703] sont à trouver d'abord dans les étapes *antepraeparatoria* et *préparatoire du Concile* où beaucoup de documents des Évêques avaient suggéré l'idée de la création de « Fundum commune », de « Capsa communis » ou « aerarium commune »(trésor commun)[704] dont les sources d'alimentation seraient les offrandes des fidèles, les contributions des prêtres, les revenus des biens diocésains, les impôts ecclésiastiques, etc.[705]. Toutes ces idées sont revenues dans les différents textes de projets lors des débats du Concile[706] et ont pris corps dans les différents documents

---

702 Ibid.: cfr. Note 21: SACRA CONGREGATIO CONCILII, Declaratio cum Decreto, circa alienationem boniorum ecclesiaticorum, 17 decembris 1951, in AAS 41 (1952), 44.

703 DE PAOLIS, V., o. c., 200: «El c. 1274 § 1 es una norma completamente nueva, que tiene como fuente PO 21 et motu proprio *Ecclesiae Sanctae* I/8. El camino de la elaboración de la norma fue más bien fatigoso». Dans la note 84, De Paolis précise que le Code annoté donne Plusieurs sources qui sont assurément des textes utiles mais qu'elles ne sont pas sources directes de la norme. A propos du processus d'élaboration de ce canon, il nous renvoie dans la note 85 à certaines de ses études comme « De bonis Ecclesiae temporalibus. Adnotationes in Codicem. Liber V (PUG, Roma 1986), 82s; "Il sostentamento del clero dal concilio al Codice di diritto canonico", en R. LATOURELLE (ed.), Vaticano II: Bilancio e prospettive (Cittadella, Asís 1987), 571–595; P. G. MARCUZZI, "El sostentamento del clero nella normativa codiciale latina", en A.A. V.V., Il sostentamento del clero nella legislazione canonica e concordataria italiana (Ed. Vaticana, Ciudad del Vaticano 1993), 33–77.

704 ACTA et DOCUMENTA CONCILIO OECUMENICO VATICANO II. *Apparando. Series I (Antepraeparatoria). Appendix voluminis II, pars II (Typis Polyglottis Vaticanis 1961), 563, n. 7: "Fundum commune in quavis dioecesi constituatur ita ut omnes sacerdotes saltem illam quantitatem minimam pro honesta sustentatione percipiant"; 564, n. 7: "ad discrimina in re oeconomica tollenda in clero unica habeatur pro omnibus in dioecesi Capsa communis, ut qui altari deserviunt eodem pariter modo eademque dignitate de altari vivant, ut nemo in egestate inveniatur"; n. 565, n. 8:"Aerarium commune constituatur in unaque dioecesi: ex redditibus ecclesiarum, ex emolumentis ab unoquoque sacerdote perceptis, ex eleemosynis missarum manualium (emendato can. 1506)".*

705 AZNAR GIL, F. R., El fondo diocesano…, 621 et à partir des pages 625–28 : le professeur AZNAR donne l'évolution de l'élaboration du texte définitif du can. 1274, surtout dans son paragraphe 1.

706 SACROSANCTUM OECUMENICUM CONCILIUM VATICANUM SECUNDUM, *Schema Decreti de Clericis (Typis Polyglottis Vaticanis* 1963, 40–42, nn. 40, 42, 46 et 47.

émanant du Concile, mais de façon directe dans le décret PO, 21 et dans le *Motu Proprio Ecclesiae Sanctae, I.8*[707].

S'inspirant de la solidarité de la première communauté chrétienne de Jérusalem (Act. 4, 32), les pères conciliaires recommandaient, surtout dans les régions où la subsistance du clergé dépendait totalement ou en partie des offrandes des fidèles, l'institution d'un organisme diocésain ayant pour mission de recueillir les offrandes des fidèles destinées à la rémunération ou subsistance du clergé. C'est sur base de cette recommandation que le CIC de 1983 formule la norme du can. 1274, § 1 sur l'institut diocésain pour la rémunération du clergé[708]. Alors que la recommandation de PO, 21 est limitée aux régions où la subsistance ou la rémunération du clergé dépend entièrement ou partiellement des offrandes des fidèles, la norme du can. 1274, § 1 a une portée universelle car l'obligation de la création de cet organisme incombe à tous les diocèses ; exception faite aux diocèses où la rémunération du clergé est pourvue d'une autre manière. Le M.P. *Ecclesiae Sanctae*, I. 8[709] qui est aussi une source directe de ce can. 1274, surtout dans son paragraphe 1, reprend le décret PO 21, mais avec deux modifications importantes : a) l'insistance du rôle de vigilance des Conférences épiscopales dans la création de cet institut (*advigilent eaedem Conferentiae ut)* ; b) l'emploi

707 AZNAR GIL, F. R., El fondo diocesano…, 625: "El actual c. 1274, § 1 es completamente nuevo en relación con el anterior CIC, y sus fuentes constitutivos son, como queda dicho, el texto conciliar de PO, 21 y el postconciliar de ES, I.8. Con él se intenta cumplir la norma contenida en el c. 281, § 1: se pretende, en suma, establecer la estructura jurídica más adecuada para su efectiva realización, es decir para garantizar la equitativa remuneración de los sacerdotes diocesanos dedicados a su ministerio eclesiástico".

708 GIORGIO MARCUZZI, P., art. cit, 44: "Da parte del Concilio Ecumenico Vaticano II si propone la costituzionedi una "institutio quaedam dioecesana", che corrisponde perfettamente all'espressione codiciale:"in singulis dioecesibus speciale institutum""; con la differenza che, mentre nel testo conciliare si trattava soltanto di una proposta, anche se ritenuta estremamente conveniente, nella disposizione legislativa diventa un vero e proprio obbligo, esplicitato dal verbo "habeatur"".

709 PP. PAUL VI, M.P. *Ecclesiae Sanctae*, Partie I, n. 8c, dans AAS 58 (1966), 762: "*Advigilent eaedem Conferentiae ut, in regionibus saltem in quibus cleri sustentatio penitus aut magna ex parte afidelium oblationibus pendet, in singulis dioecesibus speciale institutum quod bona in hunc finem oblata colligat, habeatur, cuius administrator sit ipse Episcopus dioecesanus, cui vero auxilium praebeant sacerdotes delegati et, ubi utilitas id suadeat, etiam laici in re oeconomica peritis*"

de la forme verbale *habeatur* exprimant une obligation en lieu et place de l'expression *summopere congruit* qui exprime un souhait[710].

Le Directoire pastoral sur le ministère des Évêques *Ecclesiae Imago*, dans ses numéros 117c et 137 est considéré aussi comme source directe de ce canon car il parle respectivement de la création des *Fonds communs diocésains* et de leurs sources d'alimentation (les revenus des bénéfices et les offrandes des fidèles)[711].

En dehors de ces textes considérés comme de sources directes, il y a aussi d'autres textes qui sont les sources indirects[712]. C'est le cas du décret PO, 8 et 20, de la Constitution dogmatique LG, 13 et 23, du décret C. D, 6, 21 et 31, du décret A.G, 17 et 38, du décret P. C, 13, et du *Motu Proprio* du Pape Paul VI *Sacrum diaconatus ordinem*, IV, 19–21 qui recommande l'application des normes du can. 281 aux diacres permanents[713], du Directoire pastoral des Evêques, *Ecclesiae*

---

710 GIORGIO MARCUZZI, P., art.cit., 45:"La caratteristica del Motu Proprio Ecclesiae Sanctae è l'aver affidato il compito di vigilanza sull'effettiva costituzione dello speciale istituto diocesano di sostentamento del clero nele singole diocesi alle Conferenze Episcopali, dal momento che queste medesime avrebbero dovuto fissare le norme con cui provvedere convenientemente al dovuto sostentamento del clero; a questa particularita, si aggiunge l'inserzione del verbo impositivo "habeatur", comme sarà poi nel can. 1274, § 1: la vigilanza della Conferenza Episcopale è volta al fine che sussista tale istituto".

711 DPME, *Ecclesiae imago*, n. 117, 113: "*Opportunis denisque inceptis episcopus spiritui solidarientatis in presbyteris erga fratres favet, uti sunt mutuae assistentiae, quam vocant, societates, mensae pecuniae levissimo foenore concedendae, et praesertim aliqua massa communis constituenda, quae obligationibus et necessitatibus erga clericos et personas Ecclesiae deservientes satisfacere valeat"; cfr. N. 133–137: "Beneficiorum redituum omniumque oblationum fidelium congrua para ministrorum honestae sustentationi, servata quidem evangelica paupertate, destinanda est, nec non cautioni et assistentiae sanitariae, iuxta leges ecclesiasticas et civiles; sive ipsi in aliquod ministerium incumbunt sive infirmitatis, invaliditatis aut provectioris aetatis causa, non incumbunt. Haec ratio exigit ut clerici opportune praeparentur – iam inde ab annis qui in Seminario deguntur– ut paupertatem et mutuam caritatem tamquam vocationem vivendo exprimant, exemplo primaevaeEcclesiae sectantes* (cfr. Act. 2, 44–45; 4, 32ss.)"; GIORGIO MARCUZZI, P., art.cit, 45–46: "mentre nel 117 l'attenzione è posta sull'istituzione del fondo comune in quanto tale, nel n. 137 viene indicato concretamente il modo di provvederne alla consistenza económico-finanzianria mediante i redditi derivanti dai benefici e le offerte di tutti fedeli".

712 DE PAOLIS, V., Los bienes temporales de la Iglesia, Madrid: BAC, 2012, 200: cf. Note 84.

713 PAULUS PP. VI, *Litterae Apostolicae Motu Proprio dataeSacrum diaconatus ordinem*. Generales normae de diaconatu in Ecclesia Latina restituendo feruntur, 18 iuni 1967, IV, n. 19–21, in AAS 59 (1967), 701: "19. Quae normae de congruenti

imago, nn. 117 et 134–138[714] qui revient sur l'obligation de l'évêque à pourvoir à l'équitable rémunération des clercs, de promouvoir une administration correcte de biens ecclésiastiques et à instituer les caisses qui permettent d'atteindre les objectifs de la mission de l'Église.

Le paragraphe 3 du can. 1274 a pratiquement les mêmes sources que les paragraphes 1 et 2. Quant au § 4 qui détermine les différentes formes que peut revêtir l'organisme de la prévoyance sociale (diocésain ou interdiocésain) et le § 5 du c. 1274 qui exige que cet organisme soit constitué de façon qu'il ait une efficacité devant la législation civile, la Commission Pontificale pour l'interprétation authentique du Code de Droit Canonique n'en donne pas les sources. Mais comme le fait observer Marcuzzi, nous pouvons considérer comme sources surtout du § 4 d'abord le n. 21 du décret P.O, ensuite les sources préconciliaires des §§ 1 et 2 qui traitent de la « Cassa di sovvenzioni per il Clero Secolare d'Italia » et enfin tous les documents conciliaires évoqués plus haut qui parlent de la collaboration et du partage des biens matériels entre les différents diocèses (LG 13 et 23, CH D 6, AG 38 et PO 8) et le MP ES, partie I, 8 qui établit que les Conférences des Évêques, tenant compte des normes ecclésiastiques et civiles, érigent des organismes pour la prévoyance sociale des clercs soit au niveau diocésain, interdiocésain ou des associations interdiocésaines fédérées ou nationales[715].

2.7.2. Contenu du can. 1274, §§ 1–5.

Le can. 1274 comprend 5 paragraphes qui préconisent la création de trois organismes diocésains à vocation économique que le Concile Vatican II a appelés de ses vœux après l'option de l'abandon progressif du système bénéficial. Il s'agit de « l'organisme diocésain pour la subsistance du clergé » (can. 1274, § 1), de « l'organisme supradiocésain pour la sécurité sociale » (can. 1274, § 2) et du « Fonds

sacerdotum sustentatione accuranda deque socialibus, ut aiunt, cautionibus in orum commodum spondendis vigent, eae in favorem quoque stabilium diaconorum servandae sunt, habita etiam ratione familiae diaconorum in matrimonio viventium atque articulo n. 21 harum Letterarum perspecto. 20. Episcopalis Conferentiae erit de honesta sustentatione diaconi eiusque familiae, si matrimonio est iunctus, certas edere normas, pro diversis locorum temporumque adiunctis.

21. Diaconi, qui civilem professionem exercent, ex perceptis inde fructibus sibi suaeque familiae necessitatibus, quantum possunt, consulere debent".

714 SACRA CONGREGATIO PRO EPISCOPIS, Directorium *Ecclesiae imago*, De pastorali ministerio Episcoporum, 22 februari 1973, n. 117, 134–138, Typis Polyglottis vaticanis 1973, 112–113, 130–135.

715 GIORDIO MARCUZZI, P., art.cit, 51–52.

commun diocésain pour les autres nécessités » (can. 1274, § 3). Ce canon donne donc le cadre juridique organisationnel de base à travers lequel les Églises particulières peuvent répondre adéquatement aux besoins existants. En effet, tout le canon reflète le désir du législateur, en conformité avec la saine application du principe de subsidiarité, de s'en remettre aux diocèses et aux Conférences Épiscopales respectives en ce qui concerne la détermination de manière concrète de l'obligation de subvenir aux besoins énumérés dans ce canon.[716].

2.7.2.1. Organisme diocésain pour la rémunération du clergé (can. 1274, § 1).

Il s'agit d'un « organisme spécial [constitué] pour recueillir les biens et les offrandes » en vue de pourvoir à la subsistance des clercs qui sont au service du diocèse. Cette initiative manifeste la sollicitude de l' Église et, en particulier, de chaque évêque diocésain pour son presbyterium, conformément au can. 281, § 1[717]. La constitution de cet organisme est *obligatoire* dans chaque diocèse si on doit s'en tenir à la forme verbale « habeatur » qui se traduit par un sens d'obligation (Il doit y avoir). Cette obligation incombe aux diocèses où il n'y a pas une autre forme de pourvoir à la subsistance des clercs (*nisi aliter eisdem provisum sit,* can. 1274, § 1)[718]. Cette exception s'explique par l'extrême variété de situations qui se présentent dans chaque pays. Il y a des pays où la subsistance du clergé est assurée par un système déjà efficace, ecclésial ou extraecclésial, alors dans ce cas, la création de l'organisme du can. 1274, § 1 n'aurait pas sa raison d'être.

La finalité de cet organisme est de pourvoir à la rémunération des clercs qui sont au service du diocèse, conformément à la norme du can. 281[719]. Les bénéficiaires de prestations de cet organisme sont les clercs, prêtres ou diacres, incardinés ou non dans le diocèse, mais qui rendent un service ministériel au diocèse[720]. C'est un organisme à caractère purement diocésain et sa

---

716 CAMPO, M., Fondos comunes (diocesanos e interdiocesanos), in: DGDC IV (2012), 60: "En el c. 1274 se delinea el régimen jurídico-patrimonial básico de nuevas instituciones a través de las cuales las Iglesias particulares puedan cumplir su obligación de atender à la congrua sustentación de los clérigos, a la previsión social a favor de los mismos, a las obligaciones respecto a otras personas que prestan servicios a la diócesis, y en general, a las distintas necesidades de la Iglesia particular".

717 SCHOUPPE, J. P., o. c., 204.

718 CAMPO, M., ibid.; SCHOUPPE, J. P., ibid.

719 Ibid.: "La regulación del c. 281, con hondas raíces bíblicas, se instrumentaliza técnicamente en le fondos común diocesano del c. 1274, § 1".

720 AZNAR GIL, F. R., El fondo diocesano para la sustentación del clero…, 628; SCHOUPPE, J. P., ibid.; CAMPO, M., ibid; Comm. 12 (1980), 409–410.

réglementation relève de la compétence de l' Évêque diocésain, bien que cela ne soit pas expressément dit dans le canon[721]. Le Code n'envisage pas la possibilité d'ériger un organisme pour la subsistance du clergé à l'échelon supradiocésain car la rémunération ou subsistance du clergé est de la responsabilité directe de l'évêque diocésain et cette responsabilité spécifique ne peut faire l'objet d'une délégation (can. 1274, § 4) et que, pour ce motif, le législateur envisage surtout l'élaboration de règles diocésaines en matière de subsistance du clergé[722]. Mais, d'après J.P SCHOUPPE, « cette règle a été appliquée avec une grande souplesse. Dans la ligne du principe de subsidiarité, et en vertu d'une faculté accordée par le Pontife romain, certaines Conférences des évêques – notamment en Italie et en Espagne- ont constitué, en plus des instituts diocésains, un Institut central pour la subsistance du clergé : la prise en considération des circonstances locales ainsi que certaines raisons d'efficacité organisationnelle motivent un tel choix »[723].

Quant à la nature juridique, cet organisme diocésain peut être constitué en personne juridique comme le recommande le paragraphe 5 du can. 1274 ou en fondation autonome diocésaine avec personnalité juridique propre (cfr. Can. 115) conférée par l' Évêque diocésain. Mais si l'évêque ne le constitue pas avec personnalité juridique propre, dans ce cas, les biens de cet organisme seront mis au nom du diocèse tout en jouissant cependant d'une autonomie comptable ou administrative. Dans les deux cas, ces biens seront dotés d'une structure permettant une organisation spécifique, selon les statuts propres ou les normes internes[724]. Cependant, l'idéal serait de doter cet organisme d'une personnalité juridique tant civile qu'ecclésiastique pour sa stabilité et son efficacité.

721 SCHOUPPE, J. P, ibid, 206.

722 Ibid.

723 Ibid. : cfr. Note 577 : Pour l'Italie, il se réfère à la Loi du 20 mai 1985, N. 222 qui parle de l'Institut central avec personnalité juridique ecclésiastique et civile et dont les principales sources de financement sont les offrandes des fidèles déductibles jusqu'à un certain montant qui sont faites directement au profit de l'institut central et aussi de l'assignation du huit pour mille : les contribuables décident librement l'assignation d'une quantité équivalente au huit pour mille des revenus des personnes physiques ; cfr. Note 578 : Pour l'Espagne c'est le « Fondo Común Interdiocesano » qui s'acquitte de cette fonction. Cet organisme est principalement régi par "le Reglamento de Ordenación Económica de la CEE (1er diciembre 1984, BOCEE 5 (1985), 19–25. Voir aussi J. Ferrer Ortiz (dir.), Derecho Ecclesiastico del Estado Español, Pamplona, 2004, 210–213).

724 Ibid., 205.

En ce qui concerne les sources de financement de cet organisme, la législation ne les réglemente pas expressément, elle s'en remet au droit particulier. Mais parmi les sources de financement signalées dans le livre V du Code de 1983, on peut énumérer : les rentes (revenus) et dotations des bénéfices ecclésiastiques en extinction (cfr. can. 1272), les biens de certaines fondations pieuses non autonomes, une fois que ces dernières sont arrivées à l'expiration de la durée pour laquelle elles ont été constituées (cfr. Can.1303, § 2), les biens et les offrandes spontanées (can. 1261, § 1) ou *rogatas* (can. 1262), les dons (can. 1267, § 3), les revenus d'un impôt, tant ordinaire comme extraordinaire (can. 1263) et les collectes spéciales organisées pour cette fin (can. 1266). Ces sources ecclésiastiques sont appelées à être les principales, conformément à l'esprit du Concile Vatican II. Outre ces sources principales, l'Organisme pour la rémunération du clergé peut être aussi alimenté par les contributions publiques[725].

2.7.2.2. Organisme pour la protection sociale du clergé (can.1274, § 2).

La norme du can. 1274, § 2 recommande, partout où la prévoyance sociale du clergé n'est pas encore organisée de façon appropriée, l'institution d'un organisme de protection sociale pour le clergé. Partant de l'expression *ubi praevidentia socialis in favorem cleri nondum apte ordinata est*, nous pouvons dire que cette norme n'a pas un caractère obligatoire pour tous. L'institution de cet organisme revêt un caractère obligatoire seulement quand la protection sociale du clergé n'est pas suffisamment organisée[726], soit par le pouvoir publique, soit par les autorités ecclésiastiques.

Nous savons que l'entretien du clergé est une responsabilité qui incombe directement au diocèse. Il en va de même pour tout ce qui concerne la protection sociale face aux aléas de la vie. Mais la complexité de l'organisation de la protection sociale a poussé le législateur à attribuer à la Conférence Épiscopale de chaque pays la compétence de pourvoir à la création de cet organisme. Dans son organisation, l'organisme dont parle le can. 1274, §2 a un caractère supradiocésain. Il peut être interdiocésain ou national afin d'atteindre avec efficacité ses objectifs. Voilà ce qui justifie la compétence de la Conférence Épiscopale dans ce domaine et surtout la nature supra-diocésaine de cet instrument technique[727].

---

725 Ibid.

726 CAMPO, M., art. cit., 61; DE PAOLIS, V., o. c., 202: "En cuanto al c. 1274 § 2, se puede observar que un instituto para la previsión social en favor del clero está previsto solo cuando y donde esta no esté todavía *apte ordinata*: se trata, por tanto, de una norma transitoria y de suplencia".

727 SCHOUPPE, J. P., o. c., 207; CAMPO, M., loc. Cit.

Partout où les organismes de sécurité sociale peuvent être créés, ils peuvent fonctionner sous le régime soit de *coopération*, soit de *fédération*, soit d'*association* (cfr. can. 1274 § 4). Le *régime de coopération* reflète une moindre centralisation. Il signifie que plusieurs organismes diocésains d'un territoire déterminé (provincial, régional, national ou international) coopèrent en organisant conjointement les prestations ainsi que la gestion des services, chacune des institutions contribuant aux frais nécessaires. Le *régime de la fédération* signifie avoir fait un pas de plus dans le processus d'intégration, car les différentes institutions comptent alors avec des organes centraux de direction. La troisième solution consiste en *une association*, non pas des instituts diocésains, mais bien des diocèses eux-mêmes (s'agissant toujours de diocèses dépendant d'une même Conférence des évêques) afin de constituer une institution unique chargée de la sécurité sociale du clergé[728].

Quant aux sources de financement de cet organisme, le Code de droit canonique n'en indique pas. « Les solutions pourront variées d'un pays à l'autre. Même l'invitation des clercs à collaborer à la subsistance de ces instituts comme manifestation personnelle de leur solidarité envers leurs frères dans le ministère – suggestion contenue dans le décret P.O 21 – peut donner lieu à des modalités de mise en œuvre très variées »[729]. Mais nous pensons que la solution vers laquelle plusieurs pays tendent est celle de la cotisation imposable aux bénéficiaires eux-mêmes, sans exclure d'autres voies de subventions.

Selon la norme du can. 1274, § 5, cet organisme pour la protectionsociale du clergé doit, dans la mesure du possible, être constitué avec personnalité juridique pour qu'il ait plus de stabilité et d'efficacité tant en droit ecclésiastique qu'en droit civil.

2.7.2.3. Fonds commun diocésain pour les autres besoins (can. 1274, § 3).

La norme du can. 1274, §3 encourage, « autant que nécessaire », la création dans chaque diocèse d'une *masse commune* ou d'un *Fonds commun diocésain des biens* pour couvrir les dépenses rentrant dans ce qu'il est convenu d'appeler de manière générique « les divers besoins du diocèse » ou encore « les autres nécessités du diocèse ». Il s'agit par exemple de la formation des catéchistes, des séminaristes, des constructions d'édifices, des œuvres de charité, la rétribution des autres personnes au service du diocèse, (cfr. can. 1286), de l'aide aux autres

728 SCHOUPPE, ibid.
729 Ibid., 207.

diocèses plus nécessiteux, l'assistance financière du diocèse au Siège apostolique, etc[730].

Quant à sa nature juridique, la norme parle d'un Fonds, c'est-à-dire d'un patrimoine séparé à caractère diocésain. Sa constitution et son administration relèvent de la compétence de l' Évêque diocésain. Mais, « malgré son caractère diocésain (pour ce qui a trait à son organisation et à sa destination), il y a lieu d'envisager une collaboration interdiocésaine qui est même encouragée, selon le can. 1274, § 4. Celle-ci pourrait s'articuler sous la forme d'une fédération, d'une association, voire de la création d'un Fonds commun pour plusieurs diocèses [comme le stipule la norme du can. 1275] »[731].

Selon l'esprit du législateur, la constitution de ce Fonds n'est pas obligatoire ; elle doit dépendre de circonstances concrètes de chaque diocèse. D'où l'emploi de l'expression « *In singulis dioecesibus constituatur, « quatenus opus sit » (« autant que nécessaire ») massa communis* ». En fait, le législateur a cherché à respecter le principe de subsidiarité et à préserver la flexibilité normative, de façon que les solutions plus adéquates soient élaborées localement. Néanmoins, si on tient compte de l'ampleur de besoins dans un diocèse, il est difficile de dire que la constitution de ce Fonds ne soit pas nécessaire[732]. Au contraire, les besoins diocésains sont tels qu'il est vraiment impératif de le constituer pour donner au diocèse les moyens de sa mission. Une fois, constitué, l'Évêque peut ou ne pas le doter d'une personnalité juridique, mais l'idéal comme le souhaite la norme du can 1274, § 5 est de le doter d'une personnalité juridique pour son efficacité civile. Mais dans le cas où il est constitué sans personnalité juridique, il serait souhaité qu'il jouisse d'une autonomie administrative (*una clara autonomia contable*)[733].

En ce qui concerne les sources de financement de ce Fonds, le Code ne les indique pas. Il faut s'en remettre au droit particulier. Mais sans doute, elles peuvent être les mêmes que celles qui alimentent les organismes des §§ 1 et 2. Le Décret PO, 21 indique par exemple des offrandes des fidèles comme principale source et les autres sources qui peuvent être déterminées par le droit particulier.

730 Ibid, 209 : il s'agit ici de la rétribution des laïcs qui fournissent un travail en vertu d'un contrat (cc. 231, § 2 et 1286, 2°), ensuite de « subvenir aux diverses besoins du diocèse » et enfin, l'assistance aux diocèses nécessiteux, voir l'assistance financière des diocèses au Siège Apostolique peut entrer dans la finalité de ce fonds, même si le canon ne le rappelle pas expressément.

731 Ibid., 209.

732 CAMPO, M., art. cit., 62.

733 Ibid.

2.7.2.4. Collaboration entre les différents diocèses (can. 1274, § 4).

Le paragraphe 4 du can. 1274 ne parle pas d'un autre organisme mais par contre il insiste sur le mode de fonctionnement au niveau interdiocésain des organismes cités ci- haut. Il suggère une certaine collaboration au niveau interdiocésain des organismes dont parlent les §§ 2 et 3 dans le but de promouvoir l'efficacité de leur action. La norme suggère plusieurs formes de collaboration : la *coopération* entre différents organismes, la *fédération ou confédération* entre les différentes institutions créées pour cet objectif ou l'*association* entre les différents diocèses, voire même entre tous les diocèses appartenant à une même Conférence Épiscopale[734].

2.7.2.5. Efficacité civile des organismes canoniques du can. 1274 (§ 5).

La norme suggère que les organismes dont il est question dans les paragraphes 1, 2 et 3 soient constitués de manière qu'ils aient un effet en droit civil. C'est-à-dire qu'ils jouissent au plan civil d'une personnalité juridique qui leur offre une garantie de sécurité et de stabilité comme personnes juridiques. Cependant, V. De Paolis fait remarquer que cela n'est toujours pas possible tant du point de vue strictement juridique que du point de vue de l'opportunité. Nonobstant, la norme reflète une mentalité positive vis-à-vis de la loi civile[735]. Mais en réalité, cela peut poser un problème de collision avec la personnalité juridique du diocèse qui couvre la propriété de tous les biens temporels destinés à satisfaire les besoins du diocèse. Face à cette difficulté, le prof. F. R. Aznar Gil a souligné que « le risque peut être évité à travers une élaboration correcte des Statuts qui, sans ériger ces organismes en personnalité juridique, leur garantissent une grande autonomie de gestion administrative »[736].

Une autre question qu'on peut se poser est celle de savoir s'il est nécessaire de constituer distinctivement dans chaque diocèse tous les organismes indiqués dans le can. 1274 ? La norme du can. 1274 n'oblige pas de manière catégorique que ces organismes soient constitués dans chaque diocèse. Leur érection doit dépendre des circonstances concrètes de chaque diocèse. Mais la norme veut que les finalités soient garanties, cela peut être atteint soit en constituant distinctivement chaque organisme, soit en créant un seul organisme qui garantit,

734 DE PAOLIS, o. c., 203.
735 Ibid.
736 F.R. AZNAR GIL, La administracion de los bienes temporales…, 319.

à travers des départements distincts, les différentes finalités dont il est question dans ce canon[737].

3. Application des dispositions des cc.281, §§ 1–2 et 1274, §§ 1–5 dans l'Église particulière de la RDC.

Au regard de la situation matérielle actuelle des membres du clergé diocésain, surtout les difficultés de bénéficier d'une rémunération juste et d'une protection sociale suffisante, nous pouvons dire que l'une des causes qui explique cette situation c'est le grand déficit organisationnel de la vie économique au niveau des Églises particulières de la RDC conformément aux normes du Droit canonique. Aujourd'hui, dans presque tous les diocèses de la RDC, les principes définis dans le can. 281, §§ 1–2 et les organismes dont parle le can. 1274 souffrent d'une volonté d'application. Trente-quatre ans après la promulgation du Code de Droit Canonique, beaucoup de diocèses en RDC accuse un grand retard d'abord sur le plan législatif pour compléter le droit universel dans les domaines où les ouvertures sont laissées pour un droit particulier complémentaire à cause de la diversité des situations socio-économiques et politiques, et ensuite sur le plan de l'application des normes du droit universel. Ce manque d'éffort sur le plan législatif et de volonté dans l'application des normes du droit canonique font que l'organisation surtout du domaine économique soit souvent déficitaire et chaotique et que les finalités de la mission d'Église soient difficilement atteintes.

Cela se voit d'abord dans l'absence des normes précises sur des questions économiques et financières, dans presque beaucoup de diocèses, et ensuite, dans l'incapacité de garantir aux prêtres leurs droits fondamentaux dont parle le can. 281, §§ 1–2 et enfin dans l'inexistence des organismes économiques exigés par le Concile Vatican II et par le Code de droit canonique dans le can. 1274, §§ 1–5. Pour mettre fin à cette léthargie, nous pensons que les universités catholiques en RDC doivent être des véritables « think tank » (laboratoires de

737 . Ibid., 320 : «El can. 1274 no obliga taxativamente a que se erijan las tres instituciones allí previstas, sino que, garantizado el cumplimiento de su fin, déjà su acomodación a las circunstancias de cada diócesis. En mi opinión, vistos los antecedentes de la norma, su proceso de codificación y su finalidad, no se prohíbe, como tampoco se impone obligatoriamente, la constitución de una única masa o fondo común de bienes diocesanos con el que se cumplirían más fácilmente las finalidades allí previstas. Creo que, en definitiva, se puede constituir una única masa o fondo de bienes diocesanos en la que, si es preciso, se pueden distinguir las secciones o departamentos autónomos que se precisen ».

pensées) pour l'émergence d'un droit particulier et pour la définition de stratégies qui peuvent aider les diocèses à relever les nombreux défis pastoraux.

4. Conclusion partielle.

Dans ce chapitre nous avons démontré dans un premier temps que, suite aux inégalités économiques criantes générées par le système bénéficial et à l'absence d'un vrai régime de protection sociale dans la législation canonique antérieure, le Concile Vatican II avait levé l'option d'abandonner le système bénéficial en définissant dans le Décret conciliaire P.O 20 et 21 le principe d'un nouveau régime économique plus juste, plus solidaire et adapté aux exigences de la nouvelle ecclésiologie pour les clercs. C'est le régime de la rémunération juste et de la prévoyance sociale dont la mise en application incombe d'abord à l'Église particulière[738]. Dans cette nouvelle conception, l'Évêque diocésain jouit d'une plus grande liberté pour conférer les offices ecclésiastiques car les droits et privilèges qui, dans l'ancien système, conditionnaient les décisions de l'Évêque ont été abolis. Mais, un des désavantages c'est le fait que les droits dans leur ensemble ont été fragilisés. D'ailleurs, la formulation du droit à la rémunération et à la protection sociale du clergé diocésain dans des termes moins forts est plus qu'éloquente.

Outre la liberté dont il jouit dans ses décisions et dans les provisions des offices ecclésiastiques, l'Évêque diocésain comme pasteur de l'Église particulière a aussi le devoir d'éduquer le peuple de Dieu pour qu'il participe pleinement à la mission et subvienne aux besoins matériels et financiers de l'Église particulière.
Dans la mise en application de ce nouveau régime économique, le Concile a aussi suggéré les mécanismes ou instruments techniques à travers lesquels les droits sociaux des clercs peuvent être atteints. Il s'agit de l'organisme diocésain pour la rémunération du clergé, de l'organisme de prévoyance sociale et du fonds commun diocésain.

---

738 J.P. SHOUPPE, o. c., 147–148 : « L'optique conciliaire a pris nettement ses distances par rapport au système bénéficial. Les pères conciliaires optèrent pour l'abandon de cette institution pluriséculaire et pour son remplacement par un système de solidarité économique. Ce changement radical fait suite à des nombreuses objections qui avaient été formulées tant au niveau théorique que pratique. Les temps sont mûrs pour l'instauration d'un nouveau système qui soit à même de tirer les conséquences structurelles d'un office sacré dorénavant conçu avant tout comme un service pastoral, ainsi que de la solidarité ecclésiale mise en évidence par la nouvelle ecclésiologie de communion ».

Plusieurs documents postconciliaires sont revenus sur le même enseignement du Concile Vatican II en mettant l'accent soit sur la spiritualité de communion comme socle dans la recherche des solutions aux problèmes de l'Église, soit sur le rôle de l'Évêque comme pasteur de l'Église particulière qui, par sa sollicitude et son amour paternel, doit se préoccuper des conditions de vie des prêtres, ses collaborateurs immédiats ; soit sur les prêtres eux-mêmes qui doivent s'impliquer activement dans la recherche de solutions à leurs problèmes et surtout doivent, face aux biens de ce monde, vivre dans le détachement et faire le choix absolu de rechercher d'abord Dieu et son Royaume ; soit enfin sur la participation responsable des fidèles à la mission de l'Église et aux besoins de celle-ci pour atteindre les objectifs de la mission.

Dans le deuxième temps, nous avons analysé la législation canonique en vigueur sur la problématique de la rémunération et la protection sociale du clergé. Cette analyse s'est centrée sur l'étude du can. 281, §§ 1–2 qui définit les principes du nouveau régime économique du clergé diocésain en remplacement de l'ancien régime du CIC de 1917 basé sur les titres d'ordination et sur le can. 1274, §§ 1–5 qui détermine, après l'abandon du système bénéficial (can. 1272) les nouveaux instruments techniques pour atteindre les objectifs définis dans le can. 281, §§ 1–2. L'objectif du nouveau régime de la rémunération et de la protection sociale du clergé diocésain dont les principes ont été définis au Concile Vatican II et mis en forme par le Code de droit canonique, est d'améliorer partout les conditions de vie et de travail des membres du clergé et de leur offrir des conditions matérielles et financières suffisantes et équitables. C'est pourquoi, il a été recommandé à toutes les Églises particulières de mettre en place des systèmes de solidarité qui garantissent aux clercs une rémunération « juste » et une protection sociale « suffisante » (ou « adéquate ») et « égale ». Elles seront justes ou suffisantes (ou adéquates) quand elles tiennentt compte de la situation concrète de chaque clerc. C'est-à-dire des conditions propres ou de la fonction exercée, des circonstances spatio-temporelles et des circonstances particulières de la vie de chaque clerc (état de santé, juste rétribution de personnes à son service, nécessités familiales, possibilité de prendre un minimum de vacances et de donner personnellement des aumônes). Elles seront « égales » dans la mesure où elles éviteront les différences injustifiées entre les clercs se trouvent dans les mêmes conditions de vie, par exemple, à l'intérieur d'une même province ecclésiastique, compte tenu de la nature de leur office et des circonstances spatio-temporelles (cfr. PO 20). L'égalité ici n'est pas synonyme de l'égalitarisme aveugle. Il ne s'agit pas d'une règle rigide mais plutôt d'une garantie d'égalité pour tous ceux qui se trouvent dans les mêmes conditions.

Par ailleurs, les clercs « sont invités à se conformer au Christ, en s'efforçant de soigner le détachement des biens matériels, en luttant contre toute manifestation de convoitise et en s'abstenant de la pratique du commerce (cfr. can. 286). De même, ils sont appelés à éviter tout ce qui pourrait inciter les pauvres à s'éloigner d'eux. Ils doivent aussi être généreux et soutenir, dans les limites de leurs possibilités, les nécessités matérielles du diocèse et, en particulier, celles de leurs confrères dans le sacerdoce. Au cas où un clerc posséderait des biens plus que suffisants, par exemple, par les biais de l'exercice d'un office ecclésiastique ou d'un cumul de fonctions, à moins d'une disposition contraire du droit particulier, il est invité à l'employer au service de l'Église ou pour des œuvres de charité (PO 17, ES 8) »[739].

Pour atteindre ces objectifs, la nouvelle législation canonique sur la problématique de la vie matérielle du clergé diocésain a été guidée par le principe de la subsidiarité afin que la responsabilité première de chaque Église particulière soit mise en exergue. Dans cette perspective, le problème économique ou matériel du clergé diocésain ne peut se comprendre et trouver de solutions que dans la vision d'une Église Peuple de Dieu, « mystère qui trouve son expression adaptée à l'Afrique dans l'image de l'Église Famille de Dieu [qui]… donne du relief aux concepts de sollicitude envers l'autre, de solidarité, de relations chaleureuses, de dialogue et de confiance »[740] et où « la participation, la collaboration et le partage des biens se comprennent comme prolongement de la vie qui doit être renforcée dans la communauté pour le bien-être de tous les membres »[741]. Toutes ces valeurs doivent à la fois promouvoir une gestion efficace, transparente et conforme aux normes du droit canonique pour que les objectifs de la mission d'évangélisation soient atteints sans trop de difficultés.

---

739 J.P. SCHOUPPE, ibid., 150–151.

740 CHEZA, M. (éd.), Le Synode africain. Histoires et textes, Paris : Karthala, 1996, 243.

741 LONEMA DZ'DJO, F., o. c, 283.

DEUXIEME PARTIE : DROIT À LA RÉMUNÉRATION JUSTE ET À LA PROTECTION SOCIALE DU CLERGÉ DIOCÉSAIN. ANALYSE DE SON APPLICATION DANS L'ÉGLISE PARTICULIÈRE DE LA RDC.

CHAPITRE I : IMPLANTATION DE L'ÉGLISE LOCALE AU CONGO ET PROBLÈME DE LA VIE MATÉRIELLE DU CLERGÉ DIOCÉSAIN.

0. Introduction

Dans ce premier chapitre de la deuxième partie de notre étude, notre objectif est d'examiner le processus de l'implantation de l'Église particulière au Congo et son implication dans la problématique de la vie matérielle du clergé diocésain. L'œuvre d'évangélisation des missionnaires européens est à la base de l'implantation de l'Église particulière du Congo et de la naissance d'un clergé diocésain autochtone sans lequel la continuité de l'œuvre d'évangélisation serait impossible aujourd'hui.

Dans un premier temps, nous situerons implantation de l'Église particulière du Congo d'abord dans le contexte général de l'évangélisation du continent africain qui remonte à l'époque même de la naissance de l'Église pour l'Egypte et l'Afrique du Nord, ensuite aux XVe et XVIe siècles et enfinau XIXe siècle pour les régions situées au sud du Sahara[742]. Dans le deuxième moment, nous insisterons sur l'implication de l'œuvre missionnaire dans la naissance du clergé diocésain et dans la résolution de la problématique de sa subsistance matérielle. Et nous terminerons cette analyse par une conclusion partielle qui ramassera les grandes articulations de ce chapitre.

1. Évangélisation du Congo dans le contexte général du continent africain.

Le premier contact du continent africain avec le christianisme remonte aux temps apostoliques, bien avant les siècles de la colonisation ou de la pénétration européenne. De ce premier contact sont nées des Églises de souche africaine comme « celles de l'Egypte, de la Berbérie (Afrique du Nord), de la Nubie (Soudan), de l'Erythrée (le royaume d'Axoum) et de l'Ethiopie »[743]. Leur existence

742 JEAN PAUL II, PP., Exhort. Ap. post-synodale Ecclesia in Africa, n. 30.

743 DE MEESTER, P., L'Église d'Afrique. Hier et aujourd'hui, Kinshasa : Ed. Saint Paul Afrique, 1980, 15.

témoigne que « la rencontre du christianisme et de l'Afrique est un fait historique aussi vieux que l'histoire du christianisme lui-même et bien plus ancien que la rencontre de l'Afrique et de l'Islam »[744]. Cette première évangélisation n'a touché que la partie septentrionale du continent et a donné naissance, entre les IIe et IVe siècles à une vie chrétienne très intense avec un grand rayonnement tant sur le plan théologique que sur le plan littéraire[745]. Malheureusement, ces Églises se sont vite éteintes avec le déclin de l'Empire romain, exception faite de quelques-unes dont les rites et les traditions sont encore vivantes aujourd'hui. Loin de nous l'intention de nous étendre sur l'histoire de ces Églises anciennes, leur évocation vise à éclairer les causes qui ont justifiées leur déclin et leur manque de rayonnement dans tout le continent africain.

---

744 Ibid.

745 MUDIMBE, V. Y., Préface, dans DE MEESTER, P., ibid., 9 : « Ce sont ces communautés qui ont donné au Christianisme naissant ses premiers penseurs, les pères fondateurs de sa philosophie et de sa théologie : Origène d'Alexandrie (185–254), le grand Origène, le premier grand apologiste chrétien ; Saint Athanase (295–373), le bouillant patriarche d'Alexandrie, combattant exemplaire de l'arianisme ; Quintus Septimus Florens Tertullianus – Tertullien – (ca 150–230), figure majeure de la littérature et de la pensée chrétiennes ; Saint Victor – le premier et unique pape d'origine africaine – né à Carthage et élevé au pontificat sous le règne de Septime Sévère ; Minuctus Felix, l'auteur de l'Octavius dont on a dit qu'il avait l'élégance cicéronienne ; Thascius Caecilius Cyprianus, connu sous le nom de Cyprien (+258), évêque de Carthage ; Arnobe (+327), contemporain de Dioclétien, polémiste redoutable ; L. Firmianus Lactantius (+325), le Cicéron chrétien – comme l'appellera Pic de la Mirandole ; et, après l'édit de Milan : Tyconius, l'exégète intempérant ; Optat de Milève, le combattant acharné du donatisme ; et surtout Aurelius Augustinus – St Augustin – un des génies les plus puissants que l' Église ait pu produire » ; cfr. JEAN PAULII, PP, Exhort. Ap, Ecclesia in Africa, n. 31 : « Dans un message adressé aux Évêques et à tous les peuples d'Afrique pour la promotion du bien-être matériel et spirituel de leur continent, mon vénéré prédécesseur, le Pape Paul VI, rappelait en des termes mémorables la glorieuse splendeur du passé chrétien de l'Afrique :`Nous pensons aux Églises chrétiennes d'Afrique, dont l'origine remonte aux temps apostoliques et est liée, selon la tradition, au nom et à l'enseignement de l'évangéliste saint Marc. Nous pensons à la foule innombrable de saints, de martyrs, des confesseurs, de vierges appartenant à ces Églises. En réalité, du IIe au IVe siècle, la vie chrétienne dans les régions septentrionales de l'Afrique fut très intense et occupa une position d'avant-garde, aussi bien dans le domaine de la théologie que dans celui de la littérature chrétienne. Des noms remontent aussitôt à la mémoire, ceux des grands docteurs et écrivains, comme Origène, Saint Athanase, saint Cyrille, Tertullien, saint Cyprien, saint Augustin, les grands saints du désert, Paul, Antoine, Pacôme...... ».

Les Églises de la Berbérie (Afrique du Nord), celles d'Egypte et d'Ethiopie furent la résultante de l'implantation colonisatrice de la Rome impériale. Mais, leur rayonnement s'est arrêté avec le déclin de l'Empire romain et n'a pas pu atteindre la partie du continent au sud du Sahara. En outre, l'Islam qui contrôlait les Pays du Soudan et les routes de la Méditerranée fut aussi un obstacle majeur dans l'expansion de la foi chrétienne vers le sud du continent. Il faut attendre plus de dix siècles pour que « l'Océan Atlantique devienne le nouveau centre de la civilisation européenne et le point de départ de l'expansion européenne dans le monde pour que les missions chrétiennes réapparaissent en terre d'Afrique »[746], grâce à la « formation des empires coloniaux des différents peuples de l'Europe [qui] ont servi de garantie et de support à l'évangélisation de l'Afrique Noire »[747]. C'est dans ce contexte que le bassin du Congo s'ouvrira au christianisme d'abord au XVe siècle et de façon systématique au XIXe siècle.

2. Evangélisation du Congo et implantation de l'Église particulière

2.1. Étapes de l'évangélisation du bassin du Congo.

C'est aux XVe et XVIe siècles qu'il faut situer la *première évangélisation* de l'Afrique située au Sud du Sahara en général et du bassin du Congo en particulier, grâce à l'exploration de la côte africaine par les Portugais. Ce premier contact de l'Afrique subsaharienne avec le christianisme concernait surtout les régions du Bénin actuel, de Sao Tome, de l'Angola, du Mozambique et de Madagascar[748]. En cette période, alors que la conquête, l'exploration et la domination de nouvelles terres sont menées par les puissances occidentales, le Pape Alexandre VI abandonne aux rois du Portugal et de l'Espagne l'évangélisation et l'organisation de l' Église dans leurs domaines respectifs[749]. C'est comme ça

---

746 Ibid., 20.

747 Ibid.

748 SARR, TH. A., CARDINAL et ARCHEVEQUE DE DAKAR, Préface, dans DE BENOIST, J. R., Histoire de l' Église catholique au Sénégal. Du milieu du XVe siècle à l'aube du troisième millénaire, Paris/Dakar : Éd. Karthala et Éd. Clairafrique, 2008, 7 ; cfr. DE MEESTER, o. c, 53 : « Sur les côtes africaines, à l'embouchure du Sénégal, en Guinée, sur les îles Sâo Tomé et Principe, l' Église faisait ses premières implantations, les unes éphémères, les autres plus solides […] Une plus grande stabilité et vitalité caractérisa heureusement la chrétienté qui surgit dans l'ancien Royaume du Congo ».

749 CEZ, *Prise en charge matérielle de l'Église par ses propres fidèles. Directives et Orientations pastorales des Évêques du Zaïre*, Kinshasa : Éd. du Secrétariat Général, 1995, 31–32 ; cfr. ELA, J.-M., o. c, 20 : « La bulle « Inter cetera » de 1493 qui édictait les

que le *patronato* espagnol fixera son attention sur les terres conquises d'Amérique et le *padroado* portugais s'investira pour la conquête des terres africaines.

En Afrique centrale, les explorateurs et missionnaires portugais ont fait surgir une chrétienté stable et vitale dans l'ancien royaume du Congo. La christianisation de ce grand royaume au cœur de l'Afrique commence avec le baptême du *Mani Soyo* (gouverneur de Soyo) le 3 avril 1491 et celui du roi *Nzinga Nkuwu* (Alfonso 1er) le 3 mai de la même année. La conversion du roi ouvrait ainsi la voie à la christianisation et à la domination de tout le royaume du Congo par le roi du Portugal[750]. Et à partir de la fin du XVe siècle une vraie chrétienté s'établit dans le royaume Congo (sous domination du roi Nzinga Nkuwu 1450–1506) qui s'étendait du nord de l'Angola (actuel), dans le Bas-Congo et au sud-ouest de la République démocratique du Congo.

Malheureusement cette première évangélisation du royaume Congo sera interrompue pendant plusieurs siècles pour les raisons multiples dont les plus importantes sont : « l'incapacité et les abus des souverains portugais », la pénurie des prédicateurs zélés due à l'attitude réticente des autorités ecclésiales de doter cette Église naissante d'un clergé autochtone, l'ambiguïté et fallacieuse confusion du système moyenâgeux du « patronat » dont l'objectif premier n'était l'évangélisation des nouvelles terres, mais l'exploration, les expéditions commerciales et le commerce des esclaves nègres et enfin le manque de vertus chez les prêtres et religieux étrangers, attirés par de grasses prébendes et le commerce des esclaves[751]. En fait, du XVe jusqu'au début du XIXe siècle, l'Afrique au Sud

obligations des souverains catholiques et leur reconnaissait les pouvoirs pour l'évangélisation des terres découvertes, plaçait l'Afrique sous le patronat du Portugal. Avant que Rome ne crée en 1622 la Congrégation de la Propagande dont le programme souligne le caractère supranational et apolitique des missions chrétiennes ».

750 De MEESTER, P., *o. c*, 53- 55 : « Sur les côtes africaines, à l'embouchure du Sénégal, en Guinée, sur les îles Sâo Tomé et Principe, l' Église faisait ses premières implantations, les unes éphémères, les autres plus solides. En 1482 un premier prêtre célébrait la messe à Elmina au Ghana et en 1503 un grand chef d'Efutu était baptisé avec 1300 de ses sujets […] Une plus grande stabilité et vitalité caractérisa heureusement la chrétienté qui surgit dans l'ancien Royaume du Congo […] Lorsque le 29 mars 1491 les bâtiments mouillèrent dans l'embouchure du fleuve Zaïre face aux terres de la province de Soyo, le Mani Soyo (gouverneur) accueillit la mission portugaise avec joie. Il ordonna que tous les siens se réunissent pour une fête en leur honneur. En même temps il demanda à être baptisé, car il était vieux et craignait que la mort ne le surprenne. » ; cfr. MUKOSO NG'EKIEB, F., *Les origines et les débuts de la mission du Kwango (1879–1914)*, Kinshasa : F.C. K., 1993, 23.

751 DE MEESTER, P., ibid, 63–64 : « L'entrave la plus sérieuse à la christianisation du Congo est certainement l'attitude réticente des autorités ecclésiastiques à l'idée de

du Sahara était livrée aux rois européens qui utilisaient abusivement l' Évangile pour la conquérir et occuper ses terres pour leurs intérêts économiques. C'est ce que Fweley Diangitukwa dénonce quand il dit : « Avant l'arrivée des Arabes et des Européens, les Africains étaient puissants et souverains mais ils ont été vaincus par l'Europe coloniale qui a utilisé contre eux deux outils subtils et fatals : la religion (Bible) et les armes de destruction massive que les Africains n'avaient pas développées »[752]. Et J-M. Ela, tirant la conclusion de cette période écrit : « aucune chrétienté importante ne sera créée sur le continent avant le XIXe siècle. L'expérience d'Alfonso 1er, le souverain noir qui avait cru au Dieu des Blancs et avait fait appel à la coopération étrangère, portugaise en l'occurrence, pour moderniser son pays par l'utilisation des techniques occidentales, fut un échec. Pendant plus d'un siècle, le bilan des missions est maigre. Cet échec ne saurait être attribué uniquement à une christianisation rapide ; il est dû également aux rivalités et guerres internationales qui ont leur répercussion en Afrique. En définitive, le développement du commerce des esclaves fera un tort considérable au christianisme [...]. De toutes manières, l'Europe qui s'était intéressée à l'Afrique pour y créer des escales sur la route des Indes orientales et des entrepôts d'esclaves n'a pas un projet défini d'évangélisation du Continent africain »[753].

La *deuxième évangélisation* plus systématique et plus étendue qui jettera les bases solides pour l'implantation d'une véritable Église locale commence au XIXe siècle dans le contexte de la colonisation de l'Afrique noire par l'Europe occidentale et de l'éveil de la conscience missionnaire au sein de l' Église Catholique[754]. L'œuvre missionnaire du XVe siècle dans l'ancien royaume Congo a

---

créer un clergé autochtone »[...]. « Si la souplesse de la discipline canonique avait à ce moment permis d'ordonner prêtres les meilleurs d'entre les jeunes nobles congolais, on aurait sans doute, écrit L. JADIN, assisté à une meilleure résistance de cette pauvre chrétienté. Dès la fin du XVIe siècle et à travers tout le XVIIe siècle, il a été constamment question de fonder des séminaires en Afrique pour former un clergé noir, mais il n'en est rien résulté de concret » ; ELA, J. M., ibid., 21.

752 FWELEY DIANGITUKWA, L'Afrique doit renaitre, France : Éd. Monde Nouveau/ Afrique Nouvelle, 2016, 13.

753 ELA, J-M., ibid.

754 Cfr. MUKOSO NG'EKIEB, F., ibid., 14 : « L'histoire de l'évangélisation de l'Afrique noire a été liée aux vicissitudes de sa colonisation par l'Europe occidentale. C'est dans ce contexte et dans celui de l'éveil de la conscience missionnaire au sein de l' Église Catholique que fut donné aux africains de connaître le Dieu de Jésus-Christ » ; Cfr. SARR, TH. A., CARDINAL et ARCHEVEQUE DE DAKAR, art. cit, dans DE BENOIST, J. R., loc. cit : « C'est au XIXe siècle que commence l'évangélisation plus

laissé sans doute, malgré son échec, une semence silencieuse qui a permis « l'éclosion rapide et quasi miraculeuse [...] d'une Église nouvelle et pleine de dynamisme qui deviendra cette Église rayonnante de l'Afrique centrale »[755]. Cette éclosion et rayonnement sont l'œuvre à la fois de la *Sacrée Congrégation de la Propagande*, des *Congrégations religieuses européennes*, des *mouvements des explorations*, des *pouvoirs publics coloniaux* et des *populations autochtones*.

Conscient des déboires de la première évangélisation dont l'organisation fut confiée aux souverains européens, le Saint Siège avait institué en 1622 la *Sacrée Congrégation de la Propagande* comme organe central de l'évangélisation dans les pays de mission. Celle-ci en collaboration avec les Congrégations missionnaires a mis en place un véritable projet d'évangélisation qui a abouti à l'implantation des Églises particulières en territoires de mission[756]. En ce qui concerne le bassin du Congo, la Sacrée Congrégation de la Propagande avait confié l'évangélisation de ce vaste territoire au centre de l'Afrique aux *missionnaires du Scheut* pour le *Vicariat Apostolique du Congo Indépendant ou Congo Belge* dès *l'année 1888*, aux *Pères Blancs* pour le *Vicariat du haut-Congo dès 1886*[757]

systématique et plus étendue. Entre 1819 et 1848 arrivent au Sénégal les Congrégations religieuses qui ont posé les bases solides de l'implantation de l' Église : les religieuses de Saint- Joseph de Cluny, les Frères de l'instruction chrétienne de Ploërmel, les Pères spiritains et les religieuses de l'Immaculée Conception de Castres » ; Parlant de l'implication de la Compagnie de Jésus dans l'œuvre « civilisatrice » du Roi Léopold II de Belgique, LEON DE SAINT MOULIN écrit : « l'esprit dans lequel cet engagement fut accepté était celui de l'élan missionnaire qui souffla sur l'Europe au 19e siècle, en même temps que celui de l'expansion démographique et coloniale » (cfr. DE SAINT MOULIN, L., « Objectifs de la mission du Kwango et esquisse de l'itinéraire missionnaire de la Compagnie de Jésus au Congo », dans DE SAINT MOULIN, L., et MUYEMBE, O. (éd.), Un siècle d'évangélisation du Bandundu. Bilan et perspectives, Kinshasa : CEPAS, 2005, 16.)

755 DE MEESTER, P., ibid., 68.

756 MUKOSO NG'EKIEB, F., o. c, 26. 34.

757 Ibid., 27 : « La ligne de partage des premières missions catholiques, qui furent respectivement attribuées en 1880 aux Pères Blancs et en 1888 aux Pères Scheutistes, a pour une part été déterminée d'après cette réalité ». A la page 34, le même auteur confirme la présence des Pères Blancs au Congo à partir de 1880 : « [...] en 1880 les Pères Blancs étaient sur le lac Tanganyika, avec les Pères du Saint-Esprit à Boma, les premiers missionnaires de la deuxième évangélisation du Zaïre » et à la page 36, concernant les Pères de Scheut, il écrit : « Les Scheutistes acceptèrent à leur chapitre général de 1887 le principe de la Mission du Congo et l'admission de novices pour ce pays. L'année suivante, un décret de la Congrégation de la Propagande érigeait et leur confiait le nouveau Vicariat Apostolique du Congo belge ou Indépendant. Celui-ci

et à la *Compagnie de Jésus* pour la *Mission du Kwango en 1893*[758]. Ainsi, sous l'égide de la Sacrée Congrégation de la Propagande de la Foi, ces trois Congrégations seront à la pointe de l'œuvre de la deuxième évangélisation du bassin du Congo après que d'autres Congrégations ou Instituts ne les rejoignirent dans l'œuvre de l'implantation de l' Église particulière du Congo[759].

2.2. Objectifs de la mission et moyens pour leur réalisation.

L'ultime objectif de toute œuvre missionnaire, tel qu'affirmé par le Magistère de l' Église, est l'implantation d'une véritable Église particulière dans les pays de

---

comprenait tout le territoire de l' État, dans ses frontières de l'époque, à l'exception de la partie déjà attribuée aux Pères Blancs : l'Est de la Luvua, du Lualaba depuis l'embouchure de la Luvua jusqu'à celle de l'Elila, soit un peu au nord de Kindu, et d'une ligne joignant ce dernier point au lac Mwata Nzige » ; DE SAINT MOULIN, L., art. cit., 15–16 : « Le 11 mai 1888, le Pape Léon XIII avait érigé en Vicariat Apostolique confié aux Pères de Scheut l'ensemble du territoire de l' État Indépendant du Congo, à l'exception de la partie située à l'est du Lualaba déjà confiée aux Pères Blancs de Mgr Lavigerie, en vue du bien, de la diffusion et de l'honneur de la religion catholique et de l'éternel salut des fidèles. Une seule congrégation ne pouvait suffire à l'évangélisation d'un si vaste territoire. Les Jésuites belges avaient refusé en 1879 et 1885 une offre du Roi Léopold II de s'associer à l'œuvre qu'il avait entreprise dans le bassin du Congo. Ils disaient manquer de personnel pour une nouvelle mission, alors qu'ils venaient d'en fonder une à Calcutta en Inde et venaient d'envoyer deux Pères et deux Frères pour une fondation – qui ne réussit pas au Zambèze [...] [L'institution des colonies scolaires en 1890 et l'érection le 11 avril 1892 de la Mission indépendante du territoire du Kwango ouvrirent la voie à l'implication de la Compagnie de Jésus à l'évangélisation du Congo] ».

758 Ibid., 11 : Dans la préface, Mgr Fidèle MSIELELE ZI MPUTU parlant du début de la Mission du Kwango cite son prédécesseur Mgr Mayala : « Marchant sur les traces de leurs aînés qui avaient participé à l'évangélisation du royaume du Kongo, quelques membres de la Compagnie de Jésus conduits par le Père Emile Van Hencxthoven commencèrent la grande mission de Kwango, en partant de Kibangu sur la rive gauche du fleuve. Ils arrivèrent à Kisantu le 15 novembre 1893 » (Mgr Mayala Ma Mpangu, *Evangélisation et mission après un siècle d'évangélisation dans le diocèse de Kisantu 1893-1993,* Kisantu, 6 novembre 1992, 5).

759 A titre illustratif, on peut bien voir l'apport des autres congrégations à l'évangélisation des différentes régions du Congo : cfr N'TEBA MBENGI, A., MAKAMBU MULOPO, A. et KABEYA MAKWETA, N. (dir.), « Allez dans le monde entier... ». Centenaire de l'évangélisation catholique du Kwango-Diocèse de Popokabaka (1915–2015), Kinshasa : Ed. Loyola, 2015, 103–179 : « L'apport des autres familles apostoliques dans l'évangélisation du Kwango-Popokabaka » (chap. III).

mission sous l'autorité d'une hiérarchie autochtone[760]. Mais pour atteindre cet objectif, il faut au préalable atteindre certains objectifs immédiats sans lesquels l'objectif ultime serait impossible. Comprenant bien cela, les premiers missionnaires ont commencé l'œuvre de l'implantation de l'Église par la conquête du territoire, l'implantation des postes de mission et leur mise en valeur avec la construction des infrastructures, la formation du clergé autochtone et plus tard l'évangélisation en profondeur[761].

---

760 Cfr. PIE XII, Lettre encyclique *Evangelii Praecones*, dans AAS (2 juin 1951), n° 22. Cet objectif ultime de l'œuvre missionnaire est affirmé sans ambages dans plusieurs documents du magistère sur la mission : Lettre apostolique *Ad Extremas* (du 24 juin 1893) du Pape Léon XIII, *Maximum Illud* (du 30 novembre 1919) de Benoît XV sur la propagation de la foi dans le monde, *Rerum Ecclesiae* (du 28 février 1926) de PIE XI sur la formation du clergé autochtone, *Fidei Donum* (du 21 avril 1957) de PIE XII et *Princeps Pastorum* (du 28 novembre 1959) de JEAN XXIII sur le développement du clergé autochtone, etc.(cfr. MAKAMBU MULOPO, A et KABEYA MAKWETA, N., « Le clergé diocésain de Popokabaka. De la période missionnaire à l' Église locale », in : NTEBA MBENGI, A., MAKAMBU MULOPO, A. et KABEYA MAKWETA, A. (dir..), o. c., 71–72 (cfr. note 10).

761 DE SAINT MOULIN, L., art. cit, 16 : « Le premier souci des fondateurs était d'occuper l'ensemble du territoire qui leur était confié, particulièrement pour ne pas y être devancé par les protestants. L'encyclique *Maximum Illud* de Benoît XV en 1919 insistait encore sur la multiplication des stations (au n° 4), en même temps que sur la nécessité de former un clergé autochtone (au n° 7). Plus tard, la préoccupation d'une évangélisation plus profonde fit accorder une importance prioritaire aux œuvres d'éducation, sous des formes qui évoluèrent » ; cfr. MUKOSO NG'EKIEB, F., o. c, 32 : « Toute l'œuvre des missions sera influencée par cette idéologie de l'occupation du territoire : catholiques et protestants rivaliseront, au début surtout, mais jusqu'en 1960, pour l'implantation de postes ou à tout le moins de catéchistes dans les villages les plus importants » ; cfr. MANZANZA MWANANGOMBE, W., « Les implantations pastorales : défi d'évangélisation et réponses au premier siècle de l'Église au Kwango-Kwilu », dans ANGELO KANGOSA, G., et MANZANZA MWANANGOMBE, W. (dir.), Du Vicariat du Kwango à l' Église locale de Kikwit. Cent ans d'évangélisation au Kwango-Kwilu et perspectives d'avenir, Kinshasa : MédiasPaul, 2012, 22 : parlant de l'implantation des missions dans le Vicariat du Kwango, l'auteur souligne la conquête du territoire comme un élément intrinsèque à l'implantation de l' Église : « La conquête du territoire débute avec l'organisation des expéditions apostoliques dans les différentes contrées du Kwango-Kwilu à partir de décembre 1912. Ces différentes expéditions, auxquelles Mgr De Vos lui-même prenait de temps en temps part, conduisirent à la fondation des premières postes de missions dans le territoire ». Notons que « la vision expansionniste était dictée par un esprit de croisade contre un ennemi spirituel qu'il fallait tantôt devancer en occupant le premier une région, tantôt combattre là où il s'était déjà installé ou cherchait à s'infiltrer »

Pour atteindre ces objectifs et jeter les bases de l'implantation d'une Église particulière, les missionnaires avaient besoin de beaucoup de moyens matériels et financiers. Mais où trouvaient-ils ces moyens ? Le bassin du Congo offrait-t-il les ressources matérielles nécessaires pour implanter une Église particulière ? A cette question la réponse serait normalement positive car la conquête coloniale du bassin du Congo se justifiait d'abord par l'abondance de ces richesses naturelles. Mais paradoxalement, ces richesses ont plus servi pour développer, construire la métropole que servir les intérêts du Congo. La spoliation de la richesse du Congo au profit de la Belgique, par exemple, est bien exprimée par l'indignation d'un missionnaire qui se plaignait en ces termes : « Après tout, pourquoi les indigènes ne pourraient-ils pas tirer profit des richesses de leurs pays ? Pourquoi les condamner à rester éternellement esclaves ? [...] Chaque année, la Belgique tire des millions de ce pays ; quelle part est employée au relèvement des indigènes ? Je vous en prie, cher Père, prenez en main les intérêts des pauvres noirs, que l'on dépouille d'abord de leurs terres et de leurs biens, et à qui l'on vient dire : Maintenant, payez les impôts ! Rendez-moi possible la création d'un syndicat entre noirs, et je mourrai content »[762]. Paradoxalement, dans un pays extrêmement riche par ses ressources naturelles, au lieu d'asseoir l'œuvre de l'implantation de l' Église particulière sur les richesses du pays, les missionnaires ont préféré aller chercher les ressources matérielles et financières dans leurs pays d'origine. Ainsi, ils ont implanté une Église particulière dépourvue d'autonomie et dont la survie devait dépendre essentiellement des aides extérieures. Voilà pourquoi J-M. Ela écrit : « De fait, il n'y a pas de ressources financières dans les missions qui ne viennent du pays d'origine des missionnaires au point que bien des structures disparaîtraient rapidement avec le départ des missionnaires qui en assuraient le fonctionnement. Dès le XIXe siècle, l'Europe, les États-Unis et le Canada sont la source de provenance des ressources de la Propagation de la Foi : lieux de culte, écoles, dispensaires, séminaires, écoles de catéchistes, orphelinats, léproserie, etc...seront entretenus par des fonds extérieurs aux pays de mission »[763]. Dans le même sens abondent les

(p. 25). Ainsi donc, « ne pas créer des structures pastorales d'accueil pour ces masses de catéchumènes signifiait [pour les missionnaires catholiques] abandonner une moisson si abondante au concurrent protestant qui, lui aussi, cherchait à établir sa foi et son influence au Kwango-Kwilu » (p. 25).

762 VAN HENCXTHOVEN, E., Lettre au Père Cus du 11 avril 1905, dans E. LAVEILLE, L' Évangile au cœur de l'Afrique, Louvain-Bruxelles, 1926, 376 : cité par DE SAINT MOULIN, L, art. cit, 18.

763 ELA, J.- M., o. c, 30–31.

Évêques du Zaïre (actuelle Rép. Démocratique du Congo) quand ils affirment dans leurs *Directives et Orientations pastorales sur leur projet de l'auto-prise en charge* que : « Les missions catholiques au Zaïre, Congo Belge d'alors, doivent leur remarquable essor à l'Église catholique de Belgique et à l'appui soutenu du Saint-Siège [...]. L'aide des anciennes Églises d'Europe et d'Amérique du Nord à ces jeunes Églises africaines revêtit des formes variées et emprunta divers canaux. Il y avait d'abord les subsides de Rome rendus possibles par d'innombrables contributions individuelles et communautaires des chrétiens du monde entier [...]. Ensuite, il y avait l'aide plus personnalisée qu'apportaient aux missions les familles et les paroisses d'origine des missionnaires. Plus tard, des organismes spécifiques d'aide furent créés par les Églises d'Europe et d'Amérique du Nord »[764]. Dans l'ensemble, affirment les Évêques congolais : « Toute l'ossature de l'économie des missions sera bâtie à quatre-vingt-dix pour cent sur la politique de dépendance extérieure et à dix pour cent sur la contribution de population locale. [Et]les Encycliques successives des papes notamment, *Maximum illud* de Benoit XV en 1919, *Rerum Ecclesiae* de Pie XI en 1926, *Evangelii Praecones* de Pie XII en 1951 et *Princips pastorum* de Jean XXIII en 1959... rappelleront la nécessité de pourvoir les jeunes Églises de leur propre personnel pour la continuité de l'œuvre évangélisatrice, mais elles ne souligneront jamais la nécessité pour ces communautés naissantes de se prendre elles-mêmes matériellement en charge ni d'apprendre à s'autogérer et à s'autofinancer. Ces Églises resteront matériellement dépendantes de l'Occident même après l'accession à l'indépendance de leurs pays d'implantation et leur prise en main par un clergé autochtone »[765].

Outre l'aide des Églises d'Europe, des États-Unis et du Canada, l'implantation de l'Église dans les pays de missions a largement bénéficié de l'appui des pouvoirs coloniaux[766]. C'est dans ce sens que le Roi Léopold II de Belgique

764 CEZ, Prise en charge matérielle de l' Église..., 44.

765 Ibid., 32.

766 LUWANA PERO, M., o. c., 9. 22 : « La coopération entre l'E.I.C. et les missions catholiques, dans le cas particulier du Congo, a été marquée par trois grandes époques : l'époque léopoldienne (1885–1908) qui a fait du pays un État Indépendant, l'époque de la colonisation belge (1908–1960) qui en a fait une colonie belge et l'époque de son Indépendance politique acquise depuis 1960. Il est vrai que la coopération entre l' État colonial et les missions a varié dans sa nature d'une période à l'autre, mais pour l'essentiel nous pouvons dire que le Congo a été l'objet d'une sollicitude bienveillante de la part des autorités belges. Les missionnaires reçurent un coup de main matériel et financier efficace des autorités civiles pour leur apostolat » ; cfr. MUKOSO NG'EKIEB, F., o. c, 33.

encourageait le Gouverneur Général du Congo d'apporter l'aide nécessaire aux missionnaires car ils travaillaient pour une même cause : « C'est la véritable politique, en ces lointains pays tels que l'Orient, le Congo ou le Tonkin, de considérer comme liés indissolublement à l'œuvre de la civilisation les efforts des missionnaires chrétiens. Pour la mener à bonne fin le concours de tous est nécessaires » (*Note de E. Van Eetvelde, fin 1888, AAB, Cultes et missions, Généralités : Établissements divers au Congo et correspondances diverses, M 561/1*)[767]. L'aide des pouvoirs publics aux missions s'est manifestée sous plusieurs formes : la cession ou concession des terres pour l'implantation de postes de missions, l'octroi des subsides pour le fonctionnement, l'appui matériel et financier pour la construction des infrastructures de postes de mission, le transport gratuit des personnes et des marchandises, etc.[768]. Mais, cette bienveillance des pouvoirs publics envers les missions catholiques n'était pas désintéressée ; elle poursuivait un double objectif : a). Attirer beaucoup de Congrégations religieuses à l'œuvre civilisatrice pour faire asseoir l'autorité des pouvoirs publics dans les populations indigènes ; b). Faire des missionnaires des auxiliaires de l'État dans l'expansion de la civilisation chez les indigènes et occuper par l'intermédiaire des missions le pays aussi vite que possible[769].

Considérant les enjeux sous-jacents et ambigus de l'aide des pouvoirs publics coloniaux aux missions, Luwana Pero partage le point de vue de M-J Kalamba qui soutient : « Ce que l'Église gagnait matériellement dans ce système de collaboration entre missions et l' État, elle le perdait au niveau de sa crédibilité historique et sociale aux yeux des indigènes et des générations montantes. En effet, ceux-ci l'accusèrent de complicité avec les colonisateurs » et « malgré le progrès effectué dans ses prises de position, l'Église de mission en « Afrique belge » est restée dans son ensemble liée aux principes de base qui légitimaient la colonisation. Elle était liée aux pratiques de faveurs matérielles, financières et sociales prodiguées par le système »[770]. La relation ambigüe avec les pouvoirs publics coloniaux a eu pour conséquences d'abord « la *perte de liberté d'action*

---

767 MUKOSO NG'EKIEB, F., ibid, 35.

768 LUWANA PERO, M., o. c., 10.

769 Cfr. CUYPERS, L., La politique foncière de l'Etat Indépendant du Congo à l'égard des missions Catholiques, dans R.H. E., t. 67, 1 (1962), 463–465 : cité par LUWANA PERO, M., ibid., 13–15.

770 KALAMBA, M-J., La dépendance matérielle des Églises du Zaïre et les perspectives de leur autofinancement gradué. Essai critique de l'ecclésiologie africaine, Kinshasa-Munich, Publications Universitaires Africaines, 1993, 109 : cité par LUWANA PERO, M., ibid., 25–26.

et de pensée de l'Église-Institution à l'égard de l'État colonial. [Car], quand bien même elle réagissait contre les abus du pouvoir politique dominant, elle se limitait à un rôle minimum de modération ou régulation à l'intérieur du système qui la protégeait. Elle ne parvenait pas à jouer efficacement le rôle d'instance critique comme « choc thérapeutique de l'Esprit ». En subventionnant beaucoup de ses œuvres religieuses et socio-caritatives, l'État colonial devenait un bailleur de fonds et un partenaire social indispensable à la prospérité matérielle desdites œuvres ecclésiastiques [et tenait par-là l'Église sous contrôle]. Il ne souhaitait pas tant voir devant lui une Église qui échapperait totalement à son obéissance grâce à son éventuelle autonomie matérielle et financière. La dépendance économique des missions à son pouvoir joua un rôle important dans sa politique religieuse. Par le cordon ombilical de la bourse, la colonie s'assurait la soumission de l'Église de missions et la liait ainsi à sa remorque »[771], ensuite l'autre conséquence positive c'est *l'émergence du néant des infrastructures colossales* qui ont contribué sensiblement à l'amélioration des conditions de vie de la population indigène et aussi à projeter dans l'esprit des indigènes l'image d'une Église riche des blancs, représentant la puissance matérielle et financière et qui n'avait pas besoin de leur apport[772]. Ainsi, aux yeux des africains, le missionnaire était le « père » qui nourrissait et distribuait les vivres et les biens matériels aux fidèles. Cette attitude paternaliste laissait peu d'initiatives aux fidèles qui ne se sentaient pas dans l'obligation de contribuer au développement de leur Église car tout se concevait sans eux et les moyens pour construire venaient de l'étranger. Voilà pourquoi J-M. Ela écrira : « Si le christianisme de l'Occident conquérant parvient dans les savanes et les forêts africaines, ce n'est pas sous la poussée d'un dynamisme interne […]. Le succès des missions au XIXe siècle ne relève peut-être pas du « miracle » : les structures des missions sont un effet de l'emprise du pouvoir colonial en Afrique. Car, par l'infrastructure économique, les missions dépendent en grande partie du pouvoir colonial […]. Si les résultats de l'œuvre missionnaire du XIXe siècle ne peuvent être considérés comme de simples produits du contexte politique, économique et culturel, on admettra que les missions ont parfois eu besoin de l'appui militaire, économique et diplomatique de l'Europe coloniale […]. Ainsi, les Églises des missions apparaîtront, au début du XXe siècle, comme des appendices des Églises métropolitaines, sans personnalité propre. Elles reçoivent des fonds et du personnel

771 LUWANA PERO, M., ibid., 27.
772 Ibid., 26.

de l'extérieur. La mission s'accomplit dans la dépendance des Églises du Sud à l'égard des Églises du Nord »[773].

Malgré une attitude trop paternaliste des missionnaires et une grande dépendance des aides extérieures, il serait sans doute injuste de parler de l'implantation de l'Église au Congo sans pour autant évoquer l'apport des autochtones, minime soit-il. Les Évêques du Congo le confirment en ces termes : « Néanmoins, dès le début de l'évangélisation, l'œuvre missionnaire put compter sur une participation active de la population locale. Il est évident que les néophytes et les catéchumènes, d'ailleurs peu nombreux au cours des premières années, n'étaient pas riches ; mais ils mirent au service de l'œuvre commune la force de leurs bras. Les catéchumènes et plus tard les enfants des écoles fournissaient aux missions naissantes une main d'œuvre gratuite, grâce à laquelle des bâtiments purent s'ériger et des plantations se constituer à peu des frais »[774]. A la main d'œuvre des néophytes, des catéchumènes et des écoliers, il faut ajouter la légendaire hospitalité africaine dont les missionnaires bénéficiaient lors de leurs tournées apostoliques. Ils étaient accueillis, hébergés comme des chefs et leurs matériels étaient toujours transportés gratuitement par les autochtones[775].

Dans leur effort d'implanter l'Église en territoire de mission, les missionnaires ne se sont pas uniquement contentés de recevoir l'aide de leurs pays d'origine, ils ont aussi créé des unités de production sur place pour promouvoir l'autofinancement. Dans le cas précis de la Compagnie de Jésus, la méthode d'apostolat dite de « fermes-chapelles » visait justement à promouvoir l'autofinancement comme le confirme L. De Saint Moulin : « Dans le programme des

---

773 ELA, J-M., o. c, 33 ; cfr. CEZ, *Prise ne charge matérielle de l' Église*..., 32 : « L'œuvre de l'évangélisation des terres nouvellement découvertes d'Afrique subsaharienne, d'Asie et de l'Amérique s'effectuera dès la fin du XVe siècle dans le contexte d'une collaboration ambiguë entre le Etats et les missions catholiques. Dans certaines contrées, les missions catholiques dépendant matériellement de l'étranger, paraîtront complices du pouvoir colonial. Par ailleurs, conçues comme des succursales des Églises-mères, les communautés chrétiennes nouvelles ne jouissent pas d'assez d'autonomie » ; MUKOSO NG'EKIEB, F., o. c, 139 : « Au départ, c'est l' État qui avait désiré la venue des jésuites au Zaïre et il s'était engagé à préparer leur première installation et à assurer leur ravitaillement jusqu'au moment où ils pourraient vivre de leurs propres cultures. Les premiers missionnaires avaient ainsi pu bénéficier des services de l' État le long de la route des caravanes, trouver à Kinshasa une colonie scolaire déjà sommairement construite et peuplée, et compter dans toutes leurs activités sur le soutien de l' État »

774 CEZ, *Prise en charge matérielle de l' Église*..., 45–46, n° 86.

775 Ibid, n° 87.

fermes-chapelles, c'est en quelque sorte une évangélisation intégrale que visait le Père Van Hencxthoven. Il cherchait un développement endogène, sans investissement extérieur ou à tout le moins avec des moyens très limités. Il s'efforçait de développer l'aisance matérielle des chrétiens par la vente du bois de chauffage pour le bateaux à vapeur, celle du petit bétail, ou même le commerce du caoutchouc, dont les prix restèrent intéressants jusqu'en 1906 »[776]. Avec le temps, les initiatives et méthodes d'autofinancement vont se multiplier et se développer avec des unités de production plus consistantes : « De même, les missionnaires firent un effort pour trouver sur place les ressources nécessaires au fonctionnement de leurs postes de mission. Aidés par l'abondante main-d'œuvre gratuite, certaines Congrégations missionnaires créèrent des élevages et des plantations, des potagers et des poulaillers, des ateliers et des fours à briques. Le but recherché était d'une part, de subvenir à leurs besoins et à ceux de leurs collaborateurs et, d'autre part, de créer des ressources financières stables pour leurs œuvres [...]. Grâce à ces initiatives prises dès le début, les missionnaires ont pu survivre avec des moyens trouvés sur place durant les deux guerres mondiales de 1914–1918 et de 1940–1945 »[777].

Bien qu'il y ait eu des initiatives d'autofinancement dans beaucoup de pays de mission en général et au Congo en particulier, il faut noter qu'elles ne représentaient qu'une infime part des fonds requis pour la fondation des missions ; les gros des œuvres de missions ont été réalisé avec l'aide extérieure. *Cette grande dépendance et cette extraversion des initiatives ecclésiales* en pays de mission ont créé chez les chrétiens africains *une mentalité d'assistés* qui continue à peser lourd dans l'élan d'auto-prise en charge des Églises locales aujourd'hui[778]. Et tenant compte des infrastructures colossales dont l'Église catholique dispose au Congo depuis l'époque missionnaire, il est difficile aujourd'hui de faire comprendre aux chrétiens que l'Église locale est matériellement et financièrement pauvre et que sa construction exige leur contribution. La résistance des fidèles aux efforts d'auto-prise en charge est aussi renforcée par le train de vie souvent scandaleux de certains hommes d'Église qui contraste avec la pauvreté de la majorité des fidèles et avec la véritable image de l'Église du Christ.

---

776 DE SAINT MOULIN, L., art. cit, 17 ; MUKOSO NG'EKIEB, F., o. c., 78 : « Il faut faire en sorte que chaque poste arrive peu à peu à vivre des produits du sol, afin que les aumônes venues d'Europe soient *employées à créer d'autres postes dans le voisinage et qu'ainsi le royaume de Dieu s'étende de proche en proche jusqu'à s'annexer des pays entiers* ».

777 CEZ, *Prise en charge de l' Église...*, 46, n° 88.

778 Ibid., n° 89.

2.3. Problème de la subsistance matérielle et de la protection sociale des missionnaires.

La deuxième évangélisation qui a jeté les bases de l'implantation des Églises particulières en Afrique commence, comme nous l'avons souligné plus haut, au XIXe siècle dans le contexte général de l'exploitation et la colonisation des peuples d'Afrique Noire. Alors qu'en Europe les relations entre Église et État ne sont pas au bon fixe, en Afrique, les missions catholiques sont complices du pouvoir colonial. Les deux pouvoirs affichent une entente harmonieuse pour atteindre leurs objectifs. Et les protagonistes de l'œuvre de l'implantation sont alors les missionnaires européens appelés par leurs souverains à contribuer à l'œuvre de la colonisation de l'Afrique Noire. Par voie de conséquence, le pouvoir colonial jouera un grand rôle dans la subsistance matérielle et la protection sociale des missionnaires appelés à contribuer à l'œuvre « civilisatrice ». Cet appui se manifeste dans l'octroi de subventions, des aides matérielles et financières que les missionnaires recevaient des pouvoirs publics.

Mais par rapport à la *discipline canonique de l'époque*, la *subsistance des membres du clergé*, religieux ou séculiers, dépendait principalement *du titre d'ordination* qui pouvait être celui du *bénéfice ecclésiastique*, de la *pension* ou du *patrimoine*. Et dans les territoires de mission sous la juridiction de la Congrégation de la Propaganda de la Foi, le titre admis était *celui du service du diocèse ou de la mission* à cause de la difficulté de constituer des bénéfices ecclésiastiques ou doter les clercs de titre de patrimoine et de pensions ecclésiastiques. Quant aux *clercs membres de congrégations religieuses*, le régime général était celui de la *mensa communis* correspondant à l'exigence de pauvreté. Suivant cette discipline canonique, les missionnaires européens, membres de congrégations religieuses, qui œuvraient dans les pays de mission assuraient leur subsistance et leur protection sociale par le régime de la « mensa communis » et aussi par le « titre du service à la mission » car dans ces territoires, les bénéfices ecclésiastiques étaient inexistants. Concrètement, pour subvenir à leurs besoins matériels, les missionnaires ont développé deux grandes voies de ressources : les activités *d'industria propria* et les *ressources étrangères*. Malgré cela, il faut reconnaitre que beaucoup de missionnaires ont accompli leur ministère dans de conditions de vie difficiles et par manque de voies de communication, d'infrastructures sanitaires adéquates et à cause de la dureté du climat, les terres africaines furent pour eux un grand cimetière.

De manière générale, les missionnaires jouissaient de droits et services que leur prêtaient leurs familles religieuses. Celles-ci prenaient en charge les frais occasionnés par le travail de leurs membres, payaient les frais de leurs voyages de congé, s'occupaient des démarches administratives et douanières pour leurs bagages et pouvaient les rapatrier, dans la mesure du possible, vers leurs pays d'origine où ils pouvaient bénéficier des prestations de la sécurité sociale ou de l'assistance des caisses d'entraide sacerdotale.

2.4. Naissance du clergé autochtone et problème de sa subsistance matérielle.

2.4.1. Naissance du clergé autochtone.

L'une des causes qui avait conduit à l'interruption ou à l'échec de la première évangélisation de l'Afrique subsaharienne aux XVe et XVIe siècles fut l'absence d'une volonté des autorités ecclésiastiques de former un clergé autochtone capable d'enraciner l'évangile dans leurs propres cultures[779]. L'existence d'un clergé local est un élément fondamental dans l'implantation d'une Église particulière[780]. Ignorer cette exigence de la mission c'est condamner toute l'œuvre à l'échec. Voilà pourquoi la Hiérarchie catholique, après l'échec de l'évangélisation du XVe siècle en Afrique, martelait « qu'il n'y a pas de mission sans missionnaires, autant il est difficile d'imaginer, une Église locale sans un clergé séculier [et que] le processus conduisant d'une Église des missions à une Église locale, ou encore d'un clergé missionnaire à un clergé séculier [diocésain], est

779 DE MEESTER, P., o. c, « Ces témoignages, qui ne camouflent ni le bien ni le mal, mettent déjà le doigt sur les causes qui empêchent l'enracinement et la croissance de l' Église, malgré les bonnes dispositions de tout le peuple. L'entrave la plus sérieuse à la christianisation du Congo est certainement l'attitude réticente des autorités ecclésiastiques à l'idée de créer un clergé autochtone. « Si la souplesse de la discipline canonique avait à ce moment permis d'ordonner prêtres les meilleurs d'entre les jeunes nobles congolais, on aurait sans doute, écrit L. JADIN, assisté à une meilleure résistance de cette pauvre chrétienté ». Dès la fin du XVIe siècle et à travers tout le XVIIe siècle, il a été constamment question de fonder des séminaires en Afrique pour former un clergé noir, mais il n'en est rein résulté de concret ».

780 EPISCOPAT DU CONGO, Actes de la VIe Assemblée Plénière de l' Épiscopat du Congo. Léopoldville 1961 (20 Novembre- 2 Décembre), Léopoldville : Éd. Secrétariat Général de l' Épiscopat, 1961, 19 : « L' Église a été fondée par le Christ pour continuer sa passion rédemptrice et apporter le salut aux hommes. Elle sera implantée lorsqu'elle jouira d'une stabilité qui fera d'elle un établissement permanent de salut. Ceci suppose l'existence d'un clergé originaire du pays à même de perpétuer la mission de l' Église » ; cfr. NTEBA MBENGI, A. et MBIRIBINDI, D., La Compagnie de Jésus au Kwango : *Quo vadis*?, dans NTEBA MBENGI, A., MAKAMBU MULOPO, A. et KABEYA MAKWETA, A. (dir.), o. c., 55.

intrinsèque au principe-même de l'évangélisation »[781]. Cette conviction sera rappelée dans plusieurs documents du Magistère sur la mission comme la Lettre encyclique *Maximum Illud* (du 30 novembre 1919) de Benoit XV, *Rerum Ecclesiae* (du 28 février 1926) de Pie XI, *Evangelii Praecones* (du 2 juin 1951) et *Fidei Donum* (du 21 avril 1957) de Pie XII et *Princeps Pastorum* (du 28 novembre 1959) de Jean XXIII[782]. Face à certaines contraintes comme la difficulté des missionnaires de s'adapter à la culture du peuple à évangéliser, les barrières psychologiques des uns et des autres ou les considérations accidentelles de l'histoire qui peuvent pousser les missionnaires à quitter les territoires de mission, le prêtre autochtone, pensait le Pape Benoit XV, « était le plus grand espoir des Églises nouvelles [...] car il se trouvait préparé à merveille pour introduire la foi chez ses compatriotes, comme il est naturel chez un homme qui leur est uni par la naissance, la mentalité, les sentiments et les goûts. Beaucoup mieux que n'importe quel autre il aurait les moyens de les persuader. Aussi, trouve-t-il un accès facile où un prêtre étranger n'aurait pas eu la permission d'entrer »[783].

Malheureusement cette exigence de la Hiérarchie ne sera pas accueillie avec le même empressement dans les différents territoires de mission en Afrique Noire. Dans les colonies françaises de l'Afrique Noire, par exemple, les missionnaires d'origine française ont été les premiers à comprendre que l'implantation d'une véritable Église particulière n'est pas possible sans un clergé autochtone. C'est pourquoi entre 1840–1848 trois prêtres sénégalais seront formés en France et retourneront au pays pour jouer un rôle important dans l'implantation de l'Église particulière[784]. Mais c'est surtout à partir de 1848 jusqu'à 1872 qu'un vaste plan de formation sera initié avec le Vicaire Apostolique, Mgr Aloys Kobes afin de donner à l'Église ses racines locales[785]. Au Congo-belge, par contre, les

---

781 MAKAMBU MULOPO, A. et KABEYA MAKWETA, N., art. cit, 69–70.

782 Ibid., 73.

783 BENOIT XV, *Maximum Illud*, n° 30 et 31 : cité par MAKAMBU MULOPO, A. et KABEYA MAKWETA, N., art. cit, 73.

784 DE BENOIST, J. R., o. c, 117 : « L'ordination sacerdotale des trois premiers prêtres sénégalais des temps modernes ouvre une nouvelle période dans l'histoire de cette Église. En huit ans, des nouveaux ouvriers vont venir travailler dans le pays. Ce sont d'abord ces trois premiers prêtres [abbés Jean-Pierre Moussa, Fridoil et Boilat]. Arrivés dans un contexte difficile, marqué notamment par la campagne abolitionniste et la fin de l'esclavage en 1848, il leur manquera un encadrement stable et de qualité pour accompagner leurs premiers pas dans le sacerdoce. Leur activité pastorale dans leur pays sera relativement brève et marqué par défaillances et des conflits ».

785 CARDINAL SARR, TH. A., art. Cit., 8 ; DE BENOIST, J. R., o. c., 145 :» De 1848 à 1872, le Vicaire apostolique, monseigneur Aloys Kobès, fait figure de grand

missionnaires n'ont pas réagi à cette exigence avec le même empressement car la politique coloniale qu'ils appliquaient dans cette partie de l'Afrique rejetait toute idée d'une formation intellectuelle d'une élite capable de prendre un jour le relais. En lieu et place d'une élite intellectuelle, ils ont préféré la formation des auxiliaires dans beaucoup de domaines de la vie publique. Dans le domaine religieux, par exemple, la formation des catéchistes-auxiliaires était préférée à celle d'un clergé local formé au standard universel. C'est ce que confirme F. Mukoso Ng'ekieb parlant des Pères spiritains dans le Cabinda et des Pères jésuites dans la Mission du Kwango où la première école de catéchistes fut créée en 1893 à Kisantu par le père Van Hencxthoven[786]. Pour ce dernier, la

---

fondateur de l' Église. Non seulement il multiplie et étend les créations de poste de mission, mais il donne à l' Église ses racines locales, en promouvant la formation de prêtres autochtones dans le Petit et le Grand Séminaire, et en fondant les deux congrégations autochtones féminine et masculine des Filles du Saint-Cœur de Marie et des Frères de Saint-Joseph, les premiers, sinon parmi les premières en Afrique au Sud du Sahara [...] « A côté d'une école primaire et d'une école professionnelle, où les frères apprennent aux enfants un métier manuel (imprimerie, reliure, menuiserie, charpente, forge, taillerie, cordonnerie), Mgr Kobès ouvre un séminaire-collège où les élèves reçoivent une instruction plus poussée dans le domaine littéraire et scientifique : « Mgr Kobès avait résolu de former les séminaristes dans le pays même. Outre qu'il était dangereux, pour la plupart, de les dépayser, leur jeune âge ne pouvant supporter un climat si différent de leur, il y avait encore une autre raison. Beaucoup d'enfants, ayant une certaine velléité d'être prêtre, ne sont pas encore bien fixés dans leur vocation, et arrivés à un âge plus avancé, s'aperçoivent, ou on s'aperçoit, que Dieu ne les appelle pas au sacerdoce, d'où la nécessité de les renvoyer chez eux sans avoir atteint le but pour lequel on les avait dépaysés. Or c'était des dépenses que les ressources de la Mission n'étaient à même de supporter. On revient donc au projet de M. l'abbé Baradère, en installant le séminaire en Afrique. Dakar fut sa première étape ».

786 MUKOSO NG'EKIEB, F., o. c., 78. 91–92 : « Cabinda était une vaste colonie, où les Spiritains apprenaient non seulement à lire aux enfants qui leur étaient confiés, mais aussi à travailler la terre. Ils en choisissaient certains parmi eux pour être des auxiliaires de leur apostolat et les gardaient plus longuement à la mission, où ils les formaient pour être à la fois maîtres d'école, instructeurs des catéchumènes et présidents de la prière communautaire dans les villages [...] Bon observateur, le Père [il s'agit du Père Jésuite Van Hencxthoven qui a visité Landana et Cabinda, deux postes de mission de Spiritains] avait remarqué que l'horaire était rigoureusement centré sur le travail manuel, surtout agricole, l'apprentissage du catéchisme et la prière. Cette méthode, qui conduisait à faire du catéchiste un personnage central dans le système, n'était pas propre aux Pères Spiritains. Elle relevait des instructions de la Propagande à tous les missionnaires. Les Jésuites l'appliquaient aussi en Inde [...]

conversion de la population autochtone était possible, non pas d'abord avec les missionnaires blancs ou avec une élite intellectuelle, mais avec des intermédiaires autochtones, c'est-à-dire avec des catéchistes-auxiliaires. Voilà pourquoi les missionnaires ont concentré leurs énergies à la formation des auxiliaires[787].

Comme on peut le constater, les missionnaires du Congo-belge en optant pour des catéchistes-auxiliaires, ils ont négligé au départ la constitution d'un clergé autochtone dont la formation, selon l'enseignement du Pape Benoit XV dans l'Encyclique *Maximum Illud*, devait être exigeante, intégrale et complète, comparable à celle reçue par les prêtres des pays de haute culture et répondant aux normes de l' Église Catholique et non celle des chefs catéchistes, auxiliaires des missionnaires, bons pour les besognes humbles[788]. L'option des catéchistes-auxiliaires bien qu'elle soit une politique d'intégration des autochtones dans l'œuvre de l'évangélisation, elle avait l'inconvénient de ne pas envisager une formation sérieuse de ceux qui devaient contribuer à l'évangélisation en profondeur. La préoccupation pour eux était d'avoir une main-d'œuvre et

---

La colonie scolaire de Kimwenza, baptisée colonie Sainte Marie, fut donc officiellement ouverte le 27 juillet 1893. Le nombre d'enfants y était alors de 73 [...] L'objectif recherché dans cette formation ne tarda pas à susciter de graves réserves de la part des missionnaires. L' État mettait l'accent sur la formation militaire et exigeait des enfants et du personnel une discipline stricte et rigoureuse : discipline à la militaire. De leur côté, les missionnaires voulaient avant tout évangéliser la population. Les enfants devaient surtout, dans leur esprit, devenir des auxiliaires de leur apostolat futur ; ils souhaitaient donc insister davantage sur la formation de leur conscience selon les principes moraux chrétiens et sur l'enseignement des éléments fondamentaux de la doctrine catholique ».

787 Ibid., 96. 107 : « Je prends la respectueuse liberté de vous faire une demande, qui, si elle est agréée, ne concourra pas moins, à l'intérêt de l' État qu'à la rapide propagation de notre sainte religion parmi les populations congolaises...Le commissaire de District a détaché de Kimwenza un certain nombre d'hommes, libérés du Haut-Congo, pour aider aux premiers défrichements, parmi eux, il s'en trouve qui, par leurs qualités tant morales qu'intellectuelles paraissent aptes à servir plus particulièrement la mission, voire même à en devenir les premiers catéchistes. Si vous nous autorisez à nous les attacher définitivement, c'est-à-dire jusqu'à l'expiration de leur terme de service, je me proposerais de pousser leur instruction religieuse et de les rendre capables d'occuper à bref délai des postes dans les villages voisins de nos colonies. Là, sous la direction de nos Pères, ils enseigneraient la foi chrétienne. Tous les villages ainsi occupés par eux seraient, je pense, des villages dont la soumission serait assurée à l' État. Ces catéchistes feraient autant et plus, sous la direction de nos Pères, qu'un soldat de poste... ».

788 Cfr. BENOIT XV, Lettre Encyclique *Maximum Illud*, nn. 33. 34 et 35.

qu'eux-mêmes restent éternellement les maîtres du jeu. Cette manière de voir les choses est contraire aux objectifs même de la mission d'évangélisation et a porté un grand préjudice à l'œuvre de l'évangélisation au Congo et au développement social du pays. C'est vrai comme le soulignent A. N'teba Mbengi et D. Mbiribindi que les catéchistes laïcs ont déployé des grands efforts au début de l'œuvre évangélisatrice, ce qui a permis de jeter les bases d'une Église particulière[789], mais ce travail aurait porté plus de fruits dans l'enracinement de l' Évangile et dans la construction de l' Église particulière s'il avait été confié à un clergé local bien formé auquel on associerait les catéchistes laïcs.

Le manque de volonté de former une élite intellectuelle à tous les niveaux de la société obéissait à la mentalité coloniale de l'époque qui, sur base de théories de l'ethnologue Lucien Levy-Bruhl, considérait l'homme noir comme « un être humain incapable de penser abstraitement ou de raisonner, de saisir les vérités les plus simples et d'appliquer son esprit à des objets autres qu'à ceux qui tombent habituellement sous ses sens et de poursuivre d'autres fins que celles d'utilité immédiate [...]. L'africain, Nègre ou Bantou, [comme un être qui] ne réfléchit pas, ne raisonne pas [...] qui a une mémoire prodigieuse ; qui a de grands talents d'observation et d'imitation, beaucoup de facilité de parole, et montre de bonnes qualités, qui peut être bienveillant, généreux, aimant, désintéressé, dévoué, fidèle, brave, patient et persévérant. Mais dont les facultés de raisonnement et d'invention restent en sommeil. Il saisit aisément les circonstances actuellement présentes, s'y adapte et y pourvoit ; mais élaborer un plan sérieusement, ou induire avec intelligence – cela est au-dessus de lui »[790]. Pour Kimoni Iyay, cette prétendue incapacité du Noir à penser est le prétexte brandi par l'homme blanc pour poursuivre un objectif : celui de soumettre l'homme noir à son service, de le transformer en « outil des blancs », « un esclave estimé pour sa force physique et certaines de ses qualités naturelles », docile et fidèle au service du maître, et par conséquent, « exclu des qualités supérieures par lesquelles l'homme est homme »[791]. « Vu sous cet angle, l'homme noir ne pouvait être qu'une bête de somme destinée à accomplir des travaux lourds n'exigeant que la force physique. En tant que tel, l'homme noir ne pouvait pas

789 N'TEBA MBENGI, A. et MBIRIBINDI, D., art. cit, 53.

790 LEVY- BRUHL, L., La mentalité primitive, Paris : Retz, 1976, 37 : cité par MATENSI TAKIKANGU, I., « Formation ecclésiastique dans le Bandundu. Formation et ministère », in : DE SAINT MOULIN, L. et MUYEMBE, O. (éd.), o. c., 126–127.

791 KIMONI IYAY, Une image du Noir et de sa culture. Esquisse de l'évolution de l'idée du Noir dans les lettres françaises du début du siècle à l'entre deux guerres, Neuchâtel : Messeiller, 27 : cité par MATENSI TAKIKANGU, I., ibid.

espérer accéder à une quelconque scolarité, ni à une quelconque formation qui lui aurait permis d'épanouir ses qualités naturelles et humaines. Il ne pouvait pas accéder au sacerdoce car il jouerait le même rôle que le maître. Son rôle ne devait se limiter qu'à servir, à être l'auxiliaire du missionnaire dans le contexte de l'évangélisation »[792].

Les missionnaires du Congo-belge, au départ prisonniers de cette vision idéologique colonialiste, ont fini par comprendre, au contact de la population et de sa culture, qu'il fallait dépasser cette mentalité pessimiste coloniale et faire du Noir le premier protagoniste de son développement et de l'évangélisation en profondeur. Cette œuvre passait inévitablement par la formation intégrale et complète d'une élite et d'un clergé autochtone. Dans le contexte général de l'évangélisation du Congo-belge, ce sont d'abord les Pères Blancs du Vicariat Apostolique du Haut-Congo qui vont comprendre le premier que la scolarité était la voie idéale pour une évangélisation en profondeur. Voilà pourquoi dès 1898, ils donneront le ton sur la formation d'un clergé séculier autochtone en ouvrant une section du Petit Séminaire, à côté de l' École des catéchistes de Mpala qui existait déjà depuis 1892. En 1905, deux élèves terminèrent leur formation du Petit Séminaire et entrèrent au Grand Séminaire à Baudouinville. Et dès 1907 le Grand Séminaire fonctionnait de façon stable, bien qu'avec un seul candidat, STEPHANO KAOZE, qui devint le 21 juillet 1917 le premier prêtre séculier du Congo[793]. Les Pères de Scheut du Vicariat du Congo-Belge emboiteront les pas aux Pères Blancs en fondant dès 1913 des Écoles des catéchistes, où seraient aussi accueillis des jeunes gens présentant des dispositions pour le Séminaire. Ainsi, en 1916 deux Petits Séminaires furent fondés dans le Vicariat : l'un à Kangu (dans le Bas-Congo) et l'autre à Nouvelle-Anvers (dans la région de l'Equateur)[794]. Dans la Mission du Kwango, après la tentative avortée de fonder un Petit Séminaire à Kimwenza en 1896, les Jésuites ouvriront en 1922 le Petit Séminaire de Lemfu qui deviendra en 1928 un Grand Séminaire[795].

---

792 MATENSI TAKIKANGU, I., ibid.

793 MANZANZA MWANGOMBE, W., La constitution de la hiérarchie ecclésiastique au Congo - Belge (10 novembre 1959). Prodromes et réalisation (Europäische Hochschulschriften XXIII/759), éd. Peter Lang, Frankfurt a. M. ∞ Cie, 2003, 67–68 et 71 : cité par MAKAMBU MULOPO, A. et KABEYA MAKWETA, N., art. cit., 76.

794 Ibid.

795 N'TEBA MBENGI, A., La mission de la Compagnie de Jésus au Kwilu. Contribution à la transformation d'une région congolaise (1901–1954) (Tesi Gregoriana. Serie Storia Ecclesiastica 10), Roma: éd. Pontificia Università Gregoriana, 2010, 418–419 : cité par MAKAMBU MULOPO, A. et KABEYA MAKWETA, N, art. cit, 76.

En 1932, un cycle complet de philosophie –théologie fut organisé avec quatre séminaristes. En 1933, le Grand Séminaire de Lemfu sera transféré à Mayidi qui deviendra le laboratoire de la formation d'un clergé local pour le Vicariat Apostolique du Kwango et de Kisantu[796]. C'est donc tard à la fin du XIXe siècle et surtout durant la troisième décennie du XXe siècle qu'ont commencé à s'ouvrir, au Congo-belge, les Écoles pour la formation d'une élite intellectuelle et d'un clergé autochtone. C'est un retard et une erreur que l' Église a reconnu alors que jusqu'en 1947, elle avait le monopole de l'enseignement[797]. La conséquence de tout cela est qu'à l'aube de l'indépendance, le pays « ne possédait pas vingt universitaires formés »[798], c'est-à-dire qu'il ne possédait pas une élite intellectuelle suffisante, à même de conduire le pays, et au niveau de l' Église, on notait « une grave pénurie de prêtres, de religieux et de religieuses »[799], comme en témoignent les tableaux statistiques ci-dessous. La croissance va se remarquer à partir surtout de la fin des années soixante et début des années soixante-dix, c'est-à-dire après l'indépendance, grâce à la détermination des congolais eux-mêmes qui ont milité pour la création d'un grand nombre de Grands Séminaires sur l'étendue du territoire national[800].

---

796 DE SAINT MOULIN, L., « Le Grand Séminaire de Mayidi: aspects historiques et bilan (1933–2008) », dans: Re-penser la formation sacerdotale pour une nouvelle évangélisation à l'ère de la mondialisation. Actes du 6è Colloque de Mayidi du 13 au 16 mai 2008, Kinshasa/Bas-Congo (Publications du Grand Séminaire de Mayidi), Mayidi: éd. Du Grand Séminaire de Mayidi, 2010, 38–39 et 46–47: cité par MAKAMBU MULOPO, A. et KABEYA MAKWETA, N., ibid.

797 ÉPISCOPAT DU CONGO, Actes de la VIe Assemblée Plénière…, 31 : « On reproche aussi à l' Église d'avoir trop tardé à former une élite laïque intellectuelle et ce reproche paraît d'autant plus pertinent que jusqu'en 1947, les missions ont eu le monopole de l'enseignement. On ne peut que reconnaitre qu'il y a eu là une erreur, et qu'on a compris trop tardivement la nécessité d'une telle élite. Pour juger objectivement cette attitude, il faut tenir compte de l'optique générale qui a inspiré la politique de l'enseignement et qui était caractérisée par le souci d'assurer une évolution harmonieuse de toute la population. Mais dès l'instant où elles se rendirent compte de cette erreur, les missions ont fait un immense effort pour créer et développer en un temps record un enseignement secondaire et supérieur de valeur dont le couronnement est l'Université Lovanium ».

798 MATENSI TAKIKANGU, I., art. cit, 130.

799 ÉPISCOPAT DU CONGO, Actes de la VIe Assemblée Plénière…, 59.

800 CENCO/COMMISSION ÉPISCOPALE POUR LE LES SÉMINAIRES ET LECLERGÉ , L'identité du prêtre diocésain. Actes de la Session des recteurs et des animateurs spirituels des Grands Séminaires de la RDC (Du 05 au 14 novembre 2007), Kinshasa-Gombe : Éd. Secrétariat Général de la CENCO, 2008, 199– 204 : I. **Province**

2.4.1.1. *Tableau I : Évolution des ordinations sacerdotales au Congo-Zaïre de 1935–1984*[801].

Année (période allant de)	Prêtres diocésains	Prêtres religieux
1935 - 1939	8	-
1940 - 1944	22	-
1945 - 1949	42	-
1950 - 1954	66	-
1955 - 1959	91	9
1960 - 1964	122	13
1965- 1969	79	65
1970 - 1974	90	72
1975 - 1979	149	80
1980 - 1984	366	101

ecclésiastique de KINSHASA : A. Kinshasa : Grand Séminaire JEAN XXIII (1969), Grand Séminaire Saint KAGGWA, Grand Séminaire JEAN PAUL 1er, Séminaire Universitaire JEAN PAUL II **; B. Bas-Congo** : Grand Séminaire de Mayidi /Kisantu (1931), Grand Séminaire abbé Ngidi de Boma ; **C. Bandundu :** Grand Séminaire Saint Augustin de Kalonda/Kenge (1978), Grand Séminaire Saint Cyprien de Kikwit (1983) ; **II. Province ecclésiastique de MBANDAKA** : Grand Séminaire Saint Jean Baptiste de Bamanya/Mbandaka, Grand Séminaire Saints Pierre et Paul de Lisala ; **III. Province ecclésiastique de KISANGANI** : Grand Séminaire Saint Augustin de Kisangani, Grand Séminaire Saint Cyprien Bunia **; IV. Province ecclésiastique de BUKAVU** : Grand Séminaire Mbaga Tuzinde/Bukavu ; Grand Séminaire Jean Paul II/ Goma ; Grand Séminaire Saint Octave/Butembo ; Grand Séminaire *Regina Pacis* /Butembo ; Grand Séminaire Mgr Busimba/Goma ; Grand Séminaire Saint Pie X/Bukavu ; **V. Province ecclésiastique de LUBUMBASHI** : Grand Séminaire Saint Paul Théologat/Lubumbashi ; Philosophat Saint Paul /Lubumbashi ; **VI. Province ecclésiastique de KANANGA** : Grand séminaire Kabwe de Kananga (1934) ; Grand Séminaire Christ-Roi de Malole/ Kananga ; Grand Séminaire Jean Paul II de Kabinda ; Grand Séminaire Jean Paul II de Lodja ; Grand Séminaire Saint François Xavier de Mbuji Mayi ; Grand Séminaire Paul VI de Kabinda.

801 CEZ, Ministère et vie des prêtres au Zaïre. Instructions et Directives pastorales de l' Épiscopat, Kinshasa-Gombe : Éd. Secrétariat Général de la CEZ, 1991, 143.

2.4.1.2. Tableau II : Dates d'ordination des prêtres diocésains de 1935–1990[802].

Date d'ordination	Nombre	Date d'ordination	Nombre
1935	1	1965	14
1936	–	1966	19
1937	–	1967	8
1938	3	1968	9
1939	4	1969	24
	8		**74**
1940	2	1970	9
1941	3	1971	23
1942	5	1972	31
1943	2	1973	7
1944	6	1974	18
	18		**88**
1945	4	1975	35
1946	4	1976	35
1947	7	1977	31
1948	5	1978	26
1949	9	1979	27
	31		**148**
1950	7	1980	39
1951	13	1981	30
1952	16	1982	72
1953	11	1983	97
1954	11	1984	126
	58		**364**
1955	16	1985	125
1956	12	1986	228
1957	10	1987	131
1958	23	1988	161
1959	14	1989	157
	75		**702**
1960	19	1990	120
1961	14		
1962	18		
1963	26		
1964	29		
	106	**TOTAL**	**1792**

802 Ibid., 144.

2.4.1.3. Tableau III : Nombre des prêtres diocésains en 2004, 2009 et 2012[803].

DIOCÈ SE	ANNÉE 2004	ANNÉE 2009	ANNÉE 2012
1. Archidiocèse de Kinshasa	186	237	263
2. Boma	246	298	212
3. Idiofa	140	162	160
4. Inongo	52	76	77
5. Kenge	76	101	108
6. Kikwit	140	164	190
7. Kisantu	112	124	129
8. Matadi	151	155	159
9. Popokabaka	55	67	72
Sous-Total	**1158**	**1384**	**1370**
10. Archidiocèse de Mbandaka-Bikoro	56	73	75
11. Basankusu	36	41	41
12. Bokungu-Ikela	21	28	26
13. Budjala	52	61	65
14. Lisala	70	86	94
15. Lolo	22	25	30
16. Molegbe	53	61	63
Sous-Total	**310**	**375**	**394**
17. Archidiocèse de Kisangani	37	52	58
18. Bondo	26	23	27
19. Bunia	50	56	60
20. Buta	26	21	19
21. Dungu-Doruma	20	39	41
22. Isangi	8	10	17
23. Isiro- Niangara	67	83	91
24. Mahagi- Nioka	66	80	89
25. Wamba	31	40	44
Sous-Total	**331**	**404**	**446**
26. Archidiocèse de Bukavu	108	163	177
27. Butembo	155	188	210
28. Goma	86	122	122
29. Kasongo	32	48	48
30. Kindu	20	33	38
31. Uvira	53	53	69
Sous- Total	**454**	**607**	**664**

803 CENCO, Clergé diocésain [PDF], in: http://www.cenco.cd, 344–346.

DIOCÈ SE	ANNÉE 2004	ANNÉE 2009	ANNÉE 2012
32. Archidiocèse de Lubumbashi	86	105	113
33. Kalemie- Kirungu	54	49	90
34. kamina	41	41	78
35. Kilwa-Kasenga	24	39	38
36. Kolwezi	48	68	71
37. Kongolo	58	71	84
38. Manono	44	51	48
39. Sakania- Kipushi	13	32	33
Sous-Total	**368**	**456**	**555**
40. Archidiocèse de Kananga	141	153	160
41. Kabinda	78	87	86
42. Kole	42	59	57
43. Luebo	73	70	72
44. Luiza	119	129	140
45. Mbuji-Mayi	163	189	206
46. Mweka	39	39	44
47. Tsumbe	90	98	114
Sous- Total	**745**	**824**	**879**
TOTAL GENERAL	**3366**	**4050**	**4308**

2.4.1.3. Tableau IV : Pyramides des âges des prêtres diocésains[804].

Date de naissance	**NOMBRE**		
	2004	**2009**	**2012**
Avant 1918	12	2	2
1918	6	1	1
1919	1	1	1
1920	4	2	0
1921	2	0	0
1922	3	2	1
Sous-Total	**28**	**8**	**5**
1923	8	4	3
1924	11	4	2
1925	6	1	–

804 Ibid., 346–349.

Date de naissance	NOMBRE		
1926	5	1	–
1927	7	7	6
Sous-Total	**37**	**17**	**11**
1928	6	2	2
1929	11	10	6
1930	13	9	5
1931	12	9	7
1932	16	14	10
Sous-Total	**58**	**44**	**30**
1933	17	11	10
1934	13	10	7
1935	14	13	9
1936	19	20	18
1937	19	16	13
Sous-Total	**82**	**70**	**57**
1938	14	12	9
1939	11	8	7
1940	9	8	5
1941	18	16	14
1942	17	16	15
Sous-Total	**69**	**60**	**50**
1943	15	16	13
1944	14	15	13
1945	14	13	10
1946	21	19	20
1947	25	22	19
Sous-Total	**89**	**85**	**75**
1948	22	22	19
1949	25	20	18
1950	27	26	21
1951	25	24	21
1952	29	28	27
Sous- Total	**128**	**120**	**106**
1953	37	34	31
1954	56	53	44
1955	72	62	59
1956	107	96	83
1957	136	120	115
Sous-Total	**408**	**365**	**332**

Date de naissance	NOMBRE		
1958	166	151	140
1959	179	175	159
1960	216	209	186
1961	134	129	114
1962	184	166	149
Sous-Total	**879**	**830**	**748**
1963	184	180	162
1964	221	213	201
1965	188	195	185
1966	165	172	164
1967	151	168	163
Sous-Total	**909**	**928**	**875**
1968	143	161	172
1969	153	185	189
1970	124	189	194
1971	75	116	123
1972	69	159	177
Sous-Total	**564**	**810**	**855**
1973	32	117	131
1974	26	159	178
1975	9	113	160
1976	1	97	136
1977	1	64	107
Sous-Total	**69**	**550**	**712**
1978	–	52	108
1979	–	26	72
1980	–	25	80
1981	–	16	66
1982	–	1	43
Sous-Total	**0**	**120**	**369**
1983	–	1	26
1984	–	–	23
1985	–	–	8
1986	–	–	3
1987	–	–	1
Sous-Total	**46**	**42**	**22**
Indéterminés	**46**	**42**	**22**
TOTAL GÉNÉRAL	**3366**	**4050**	**4308**

Les données statistiques de ces différents tableaux nous montrent d'abord clairement qu'au début de l'ère missionnaire la croissance du clergé autochtone allait à pas de tortue. De 1935 jusqu'en 1959, date de la mise en place de la Hiérarchie ecclésiastique locale, l' Église du Congo ne comptait que quatre-vingt-onze (91) prêtres diocésains incardinés pour un territoire de 2. 344.858 km2. Cette croissance lente s'explique par plusieurs facteurs à la fois historiques et sociaux, mais le facteur le plus déterminant, à notre avis, était l'absence d'une volonté politique et ecclésiale de promouvoir l'élite intellectuelle africaine, en général et le clergé local, en particulier[805]. Mais, pour ce qui concerne le Congo, depuis l'indépendance politique, l' Église particulière connait une grande croissance vocationnelle et une vitalité sans précédent comme l'indiquent les données statistiques des tableaux ci-haut présentés[806]. Cela se justifie à la fois

805 Parlant du nombre insignifiant de candidats au sacerdoce dans le diocèse de Popokabaka par exemple, MAKAMBU MULOPO, A. ET KABEYA MAKWETA, N. évoquent l'insuffisance d'écoles pour la formation de la jeunesse dans la région du Kwango due au manque d'une politique de promotion de l'enseignement secondaire de la part de l' Église et de l' État. Cette situation particulière de la région du Kwango est aussi vérifiable dans d'autres régions du pays : « Nous savons par ailleurs que le nombre et la qualité des candidats au sacerdoce dépendent largement du nombre et de la qualité des écoles secondaires où ils sont formés. Or le Kwango-diocèse de Popokabaka ne disposant pas à l'époque de beaucoup d'écoles primaires et secondaires, il va sans dire que le nombre de candidats qui demandaient d'aller au Grand Séminaire ne pouvait qu'être insignifiant. Car beaucoup de parents ne pouvaient pas risquer d'envoyer leurs enfants si jeunes loin dans le Bas-Congo ou ailleurs pour des études primaires et secondaires. On le voit, le diocèse a par conséquent longtemps payé le prix de cet état des choses en matière de vocation sacerdotale et religieuse, à savoir le manque d'une politique de promotion de l'enseignement secondaire sur le territoire de la part de l' Église et de l' État » (MAKAMBU MULOPO, A. et KABEYA MAKWETA, N., art. cit, 80).

806 ÉPISCOPAT DU CONGO, Actes de la VIe Assemblée Plénière…, 20 : « Au terme de ce rapide examen, nous pouvons affirmer que l' Église est bien implantée. Le nombre toujours plus grand de prêtres, religieux, religieuses et laïcs africains qui se veulent apôtres, la multiplication des paroisses, l'efficience croissante des institutions d' Église, tout cela constitue une base solide et une garantie sérieuse d'un progrès soutenu dont le Saint-Siège a consacré officiellement les résultats en établissant la Hiérarchie et en confiant un nombre toujours plus grand de diocèses à des Évêques congolais » ; BÜHLMANN, W., La Tierce- Église est là, Kinshasa/Limité : Éd. Saint-Paul Afrique, 1978, 139 : Parlant de la croissance de la chrétienté africaine en général, il écrit : « Les deux grandes décennies de l' Église africaine vont de 1952 à 1972. Pendant cette période, le nombre des catholiques africains a triplé : de 12, 5 millions à 36 millions ; même courbe pour les prêtres, qui sont passés de 1.400 à 4.200 ; les

par des facteurs ecclésiaux, sociaux et politiques. Au niveau purement ecclésial, la mise en place de la Hiérarchie ecclésiastique locale en 1959, une volonté ecclésiale de former un clergé local et la création de plusieurs institutions de formation sacerdotale dans presque chaque province ecclésiastique ont largement contribué à l'éclosion des vocations sacerdotales[807]. Sur le plan social et politique, les indépendances politiques ont éveillé la conscience des africains sur leur propre développement et sur la nécessité des institutions de formation d'une élite intellectuelle qui faisait défaut à la veille des indépendances dans plusieurs pays africains en général et au Congo en particulier.

2.5. Problème de la subsistance matérielle et de la protection sociale du clergé autochtone.

Après la prise de conscience de causes de l'échec de la première évangélisation, les missionnaires étrangers ont bien compris l'importance d'un clergé autochtone bien formé pour prendre un jour la relève de l'œuvre missionnaire et porter l'évangile du Christ dans la profondeur de la culture locale. Cette prise de conscience a ouvert la voie à la fondation de premiers Petits et Grands Séminaires dans les années 1930 afin de donner au pays ses missionnaires autochtones, gage de l'avenir de l' Église dans ces nouvelles terres. Entre 1930 et 1935, les premiers noyaux importants du clergé autochtone commencèrent à se constituer et à collaborer à l'œuvre de l'évangélisation.

évêques africains quant à eux, ont sauté de 2 à 147. On peut dire sans exagérer que jamais l'histoire de la mission n'a enregistré un pareil succès en si peu de temps. Si l'on pense que dans le même laps de temps ont eu lieu la décolonisation et le Concile de Vatican II, nous devons admettre que nous nous trouvons en face d'une époque particulièrement dense en événements [...] [Mais] les raisons de ce grand succès sont à rechercher en premier lieu dans les écoles de la mission [...] et dans la prédisposition profondément religieuse des Africains. Pour eux, l'idée de Dieu, dont on se sait complétement dépendant, est la lumière qui se voit, l'air qui se respire, la peau dans laquelle on vit et non seulement le vêtement dont on se couvre. L'Africain ne croit pas seulement en Dieu et aux esprits des ancêtres, mais il vit, au plein sens du terme, sous les yeux du Créateur, qui est la cause invisible de toutes les autres causes ».

807 Concernant les Institutions de formation du clergé séculier on peut bien se référer à la note en bas de page nº 84 où nous avons pu inventorier les Grands Séminaires existant aujourd'hui dans chaque province ecclésiastique de la RDC. Cet inventaire ne prend pas en compte les Séminaires Propédeutiques, les Petits Séminaires et certains collèges qui sont aussi de pépinières de vocations sacerdotales.

Mais comment sont assurées alors la subsistance et la protection sociale de ses premiers membres du clergé diocésain ? Selon la législation canonique en vigueur à cette époque, la subsistance du clergé était assurée par l'institution du titre d'ordination qui pouvait être du bénéfice ecclésiastique, de la pension ecclésiastique ou du patrimoine. Dans les territoires de mission dépendant de la Propagande de Foi où il était difficile d'instituer ces titres canoniques, la subsistance du clergé diocésain reposait sur le titre supplétoire « du service au diocèse ou à la mission. ». Cette discipline très ancienne sera confirmée par le Concile de Trente et le Code de droit canonique de 1917 (cc. 979, § 1 et 981, §§ 1–2). En faisant dépendre la subsistance du clergé diocésain sur le titre supplétoire « du service à la mission ou au diocèse », la discipline canonique voulait simplement dire que c'est à la mission et au diocèse, par leurs patrimoines et par les contributions des fidèles, d'assurer aux prêtres leur subsistance et leur protection sociale. Et dans le cas où le prêtre était ordonné sans titre d'ordination comme le stipulait le can. 980, § 2, il revenait alors à l'Ordinaire du lieu qui l'aurait fait de lui assurer les moyens nécessaires pour sa subsistance. Mais cette pratique, très courante dans beaucoup de diocèses et dans les territoires de mission, avait l'inconvénient d'exposer les prêtres à la misère car le tout reposait sur le pouvoir discrétionnaire de l'autorité ecclésiastique.

Au Congo et peut-être aussi dans beaucoup d'autres territoires de mission, les normes canoniques sur la subsistance matérielle du clergé séculier n'étaient pas suffisamment appliquées. Généralement, en lieu et place de normes du droit commun, les prêtres diocésains, vivant au début dans des communautés mixtes (avec les missionnaires religieux), étaient soumis aux normes propres de ces derniers[808]. En réalité, ils étaient admis au sacerdoce sans titre d'ordination pour garantir leur subsistance ou, ils étaient assimilés aux religieux et vivaient de la « mensa communis ». Le diocèse leur assurait le logement et la nourriture et quelque fois, il leur donnait des honoraires de messe comme chez les missionnaires religieux. Dans une enquête menée en 1969 auprès du clergé diocésain par l' Épiscopat congolais, les prêtres congolais décrivaient leur situation

808 MAKAMBU MULOPO, A et KABEYA MAKWETA, N., art. cit., 84 : « Conformément aux premiers Statuts du clergé indigène du Congo - Belge et du Ruanda-Urundi de 1936, les prêtres séculiers de la première heure, en attendant qu'ils fussent placés dans des stations séparées des postes européens, firent généralement partie des communautés missionnaires où ils furent en tout soumis au Supérieur de ce poste dans la limite des prérogatives à lui reconnues. Toutefois, on en trouvait qui vivaient en communauté séparée des Européens » (cfr. Statuts du clergé indigène 1936, II §1 et III § 1).

matérielle et financière en ces termes : « L'organisation de la vie matérielle des prêtres diocésains comprend en tout premier lieu, de la part du diocèse, une subvention en nature : logement et nourriture [...]. Dans tous les diocèses, l'on pratique ce que font les couvents. On donne aux prêtres séculiers des intentions de messe avec des honoraires y attachés. Une intention de messe vaut 50 k ; cela fait la somme de 15 zaïres pour un mois de trente jours, soient 180 zaïres par an »[809].

Cette situation matérielle et financière du prêtre séculier telle que présentée reflétait les principes définis dans les Statuts du Clergé indigène du Congo- Belge et du Ruanda-Urundi de 1936. En réalité, ces statuts étaient inspirés du style de vie des missionnaires religieux et comprenaient des prescriptions propres à ces derniers, lesquelles ne tenaient pas compte de la mentalité et des traditions africaines[810]. Tout était élaboré de telle manière que l'exercice du ministère ne semblait pas accorder des droits sociaux au prêtre diocésain qui, matériellement et financièrement, devait vivre de la générosité des missionnaires. Par voie de conséquence, le prêtre diocésain vivait et exerçait son ministère dans la précarité et l'angoisse. Face à cette situation, le clergé diocésain exigeait de ses vœux l'élaboration des Statuts propres qui définissent clairement ses droits et ses obligations.

En ce qui concerne la protection sociale, alors que les Congrégations religieuses s'efforçaient de cotiser pour leurs membres au système de protection sociale en vigueur dans leurs pays d'origine pour leur garantir une assurance-maladie, une assurance- accident et une assurance-vieillesse, les prêtres autochtones étaient dépourvus de protection sociale. C'est ce qui explique que la question de la sécurité sociale soit l'une des revendications du clergé diocésain dans les travaux préparatoires de la révision des Statuts de 1936. C'est donc dès les premières heures que la situation matérielle et financière du clergé diocésain commençait à poser problème dans l'Église particulière de la RDC. Dès cet instant jusqu'aujourd'hui, le combat du clergé diocésain sera focalisé sur l'amélioration de ses conditions de vie et de travail, sur la reconnaissance de ses droits sociaux et sur l'exigence de la répartition équitable des moyens matériels et financiers entre eux et les missionnaires étrangers. Ne pas prendre au sérieux ces revendications légitimes, c'est ouvrir la voie à ce que le Préfet

809 CENCO, Consultation du clergé en vue de l'Assemblée Plénière de 1970. Problèmes concernant le clergé. Rapport des groupes « Recherches et Dialogue », Kinshasa : Éd. Secrétariat Général de la CENCO, 1970, 3.

810 EPISCOPAT DU CONGO, Actes de la VIe Assemblée Plénière..., 333–334.

Maynard stigmatisait dans les territoires français du Sénégal : « La situation matérielle des prêtres [...] a des incidences sur leur comportement. Il faut que ce traitement soit honorable et que les prêtres soient placés dans une position au moins indépendante que celle des autres employés du gouvernement [...] Ils ne doivent pas être préoccupés par leurs besoins temporels [...]. Le prêtre doit pouvoir vivre chez lui sans gêne et d'une manière qui lui permette de travailler sans compromettre sa santé. Il ne doit pas dépendre des autres : les déviations morales des prêtres [...] sont souvent venues du fait qu'ils allaient « chercher une table économique dans une pension [...]. Ces scandales n'ont pas lieu dans une autre colonie parce que le traitement et le casuel placent le prêtre dans une situation honorable et indépendante »[811].

3. Conclusion partielle.

Nous avons tenté dans ce chapitre d'examiner le processus d'évangélisation du continent africain, en mettant en exergue la nécessité de la naissance d'un clergé local et en examinant le problème de sa subsistance matérielle.

Parlant du processus d'évangélisation du continent africain, nous avons distingué trois phases successives depuis les temps apostoliques jusqu'aujourd'hui[812]. Le bassin du Congo est entré en contact avec le christianisme au XVe siècle (deuxième phase), mais cette première tentative d'évangélisation s'est soldée par un échec cuisant pour plusieurs raisons dont l'une d'elles est l'absence d'un clergé autochtone, pilier incontestable d'une vraie Église particulière. Prenant conscience des erreurs de la deuxième évangélisation, le Saint-Siège a fini par définir une vraie politique d'évangélisation des territoires de mission en confiant la troisième phase de l'évangélisation du Continent noir à la Congrégation de la Propagande de la Foi (créée en 1662) en collaboration avec les entreprises colonisatrices européennes du XIXe siècle. Dans l'objectif d'implanter une vraie Église particulière dans les territoires de mission, le Saint-Siège, à travers les Encycliques missionnaires, avait fait de la constitution d'un clergé local l'une des priorités de l'évangélisation des territoires de mission. Au Congo, cette exigence bien que prise en compte avec beaucoup de retard

---

811 DE BENOIST, J-R., o. c., 118.

812 BÜHLMANN, W., o. c, 137 :« Le christianisme a cherché à faire la conquête de l'Afrique en trois vagues successives. La première vague dura six siècles, la deuxième trois, et la troisième compte jusqu'à maintenant un siècle. Les résultats de la première et de la deuxième période ont été dans la suite quasi totalement réduits à rien. La troisième, actuellement en cours, est peut-être la définitive pour l' Église d'Afrique ».

a commencé à porter ses fruits avec l'institution des maisons de formation du clergé autochtone dans les années 1930.

Quant aux problèmes matériels et financiers du clergé local, ils naissent dès sa constitution car on applique sur lui un statut ambigu calqué sur le modèle des missionnaires religieux. Ses droits sociaux sont pratiquement ignorés et toute sa vie matérielle et financière repose, non sur des garanties du droit, mais sur les libéralités et la bienveillance des autres. Cette situation jettera le clergé autochtone dans la précarité et l'angoisse et restera jusqu'aujourd'hui l'une des préoccupations du clergé diocésain dont les solutions efficaces tardent à venir.

CHAPITRE II : RADIOGRAPHIE DE LA SITUATION MATÉRIELLE ET FINANCIÈRE DU CLERGÉ DIOCÉSAIN DANS L'ÉGLISE PARTICULIÈRE DE LA RDC DE 1935À NOS JOURS.

0. Introduction.

Réaliser une radiographie de la situation matérielle et financière du clergé diocésain congolais dès sa naissance jusqu'à maintenant semble être une tâche difficile à cause de l'élasticité du temps, de changements socio-historiques et surtout de la difficulté de réunir des données fiables dans le contexte actuel de la RDC[813]. Malgré ces difficultés, cet état de lieu est indispensable car il permet de mieux comprendre la problématique, de poser un diagnostic sérieux et de faire des propositions constructives pour une recherche des solutions efficaces. Grâce à la documentation que nous avons pu obtenir auprès du Secrétariat Général de la CENCO, grâce aussi à certaines données recueillies auprès de certains diocèses et à une enquête menée auprès de membres du clergé diocésain congolais de certains diocèses ayant une maison sacerdotale à Kinshasa, la capitale du pays, nous avons réussi à dresser un état de lieu de la situation matérielle et financière du clergé diocésain congolais.

Dès les années 1930 qui marquèrent le commencement de la constitution des premiers noyaux du clergé diocésain congolais jusqu'aujourd'hui, la situation matérielle et financière du clergé diocésain congolais semble présenter le même tableau clinique : la précarité des conditions de vie et de travail, l'ambiguïté du statut et la résolution du problème sur la seule base de subsides extérieurs.

Pour mieux présenter cet état de lieu, nous avons divisé la période en trois étapes : *de 1931 à 1961* (période marquée par l'érection des maisons de formation sacerdotale, par l'érection de la Hiérarchie ecclésiastique locale et par les bouleversements politiques dus à l'indépendance politique) ; *de 1961 à 1970* (période marquée par la conduite des affaires par une Hiérarchie ecclésiastique

813 Depuis 1996 jusqu'aujourd'hui la RDC est entrée dans un cycle d'instabilité politique suite aux guerres récurrentes qui rendent l'accès difficile dans certaines régions du pays et aussi rendent très difficile la récolte des données pour un état de lieu exhaustif sur la situation matérielle et financière du clergé diocésain congolais.

locale, par la célébration du Concile Vatican II et le départ de beaucoup de missionnaires du territoire national à cause de conséquences des événements politiques) et enfin *de 1970 à nos jours* (période marquée par les idées conciliaires, par la promulgation du nouveau Code de droit canonique de 1983, par une croissance des vocations sacerdotales et de membres du clergé diocésain et par une forte diminution de la présence missionnaire dans beaucoup de diocèses). La prise en compte de ces trois périodes permet de voir comment le problème a évolué au fil du temps et de dresser un état de lieu sur base des données réelles liées à chaque période.

1. Radiographie de la situation matérielle et financière du clergé diocésain congolais.

1.1. De 1931–1961 : Période missionnaire et situation matérielle et financière des premiers prêtres diocésains.

L'année 1931 nous la considérons comme le *terminus ad quo* car elle est marquée par l'érection de premières maisons de formation sacerdotale qui offriront leurs premiers prêtres en 1935 bien que déjà en 1917, le Grand Séminaire de Baudouinville érigé en 1905 par les Pères Blancs dans le Vicariat Apostolique du Haut-Congo offrait déjà son premier prêtre en la personne de STEPHANE KAOZE. De ce premier noyau des membres du clergé diocésain ordonnés vers les années 1935, sortira les premiers évêques congolais qui formèrent la Hiérarchie ecclésiastique locale dont l'érection eut lieu en 1959. L'année 1961 comme *terminus ad quem*, après l'indépendance politique du pays en 1960, semble être à la charnière entre la fin de l'époque vraiment missionnaire et celle de « l'africanisation de l' Église »[814] comme l'ont souligné les Évêques congolais

814 CARDINAL MALULA, J., « L' Église à l'heure de l'africanité ». Conférence du 26 Novembre 1973, Kinshasa, 1973, 4–6 : Parlant de l'africanisation de l' Église, le cardinal explicite son intuition en ces termes : « Pour saisir le sens exact de notre projet et en mesurer toute la portée, il est bon de vous rappeler ici l'enseignement du Concile Vatican II concernant l'activité missionnaire (cfr. A G, 6) : « La fin propre de cette activité missionnaire, c'est l'évangélisation et l'implantation de l' Église dans les peuples ou les groupes humains dans lesquels elle n'a pas encore été enracinée [...] » [...] Voilà clairement défini le but de l'activité missionnaire, la raison d'être de la « mission » et des missionnaires étrangers dans ce pays. [En prônant l'africanité de l' Église], nous n'avons pas derrière la tête l'intention de mettre de côté les missionnaires étrangers, ni de les rendre inutiles pour les décourager. Notre grand respect pour leur sacerdoce et l'œuvre qu'ils accomplissent ne nous permet pas de

lors de la VIe Assemblée Plénière de 1961 où ils ont dressé le bilan de l'œuvre missionnaire et donné de nouvelles orientations dans le nouveau contexte marqué par les indépendances politiques dans le continent[815].

Considérant les données statistiques de l'évolution des ordinations sacerdotales de 1935 à 1984 telles que publiées par la Conférence Episcopale du Zaïre en 1991 et reprises plus haut, le nombre de prêtres diocésains ordonnés de 1935 à 1959 s'élevait déjà à 290 pour l'ensemble du territoire national[816]. C'est un nombre assez considérable qui a permis au Saint-Siège d'ériger en 1959, suite aux bouleversements politiques, une Hiérarchie ecclésiastique locale pour l' Église du Congo. Malgré cette croissance, par rapport à leur répartition sur le territoire national et par rapport à l'effectif des missionnaires étrangers, les prêtres diocésains étaient encore une goutte d'eau dans la mer. Minoritaires dans les différents diocèses, la plupart des prêtres diocésains vivaient dans des communautés mixtes et leur statut financier et matériel se confondait avec celui de missionnaires religieux avec qu'ils partageaient la vie et le ministère. C'est ce qui ressort de *Statuts du clergé indigène du Congo-belge et du Ruanda-Urundi de 1936* qui avaient régi la vie du clergé diocésain jusqu'en 1961 et contre lesquels, lors de consultations initiées par le Secrétariat Général de l' Épiscopat en 1961, les prêtres diocésains formulaient deux griefs ou observations pertinentes : a). « Les Statuts [de 1936] étaient inspirés par une optique propre aux religieux.

---

nous livrer à des pareilles cogitations, ni recourir à des manœuvres de cette nature [...] Notre projet n'a qu'un seul but : favoriser le surgissement d'une Église locale authentiquement négro-africaine : [avec] sa théologie propre, sa philosophie propre, sa liturgie propre, certains points de discipline ecclésiastiques propres [...] C'est un programme de vie [qui] veut marquer la fin d'une période et le début d'une autre période [...] le début d'une nouvelle ère s'ouvre dans l'histoire de l' Évangélisation de l'Afrique ».

815 ÉPISCOPAT DU CONGO, Actes de la VIe Assemblée Plénière ..., 17 : « A l'aube de l'indépendance du Congo vos évêques ont tenu à se réunir pour établir le bilan de l'œuvre accomplie et préciser les lignes de force de l'action de l' Église dans notre pays. Tenant compte des efforts du passé, ils ont cherché à déceler les vues de Dieu sur ce grand et beau pays appelé, ils en sont convaincus, à jouer un rôle d'extrême importance dans la promotion des peuples africains. Ce bilan, vos évêques ont voulu qu'il soit le résultat d'une recherche commune. Dès septembre 1960, ils ont convié prêtres et laïcs à un effort de réflexion et de prière pour confronter notre apostolat commun avec les vues de Jésus-Christ, notre Maître, qui est « La Voie, la Vérité et la Vie » ».

816 CEZ, Ministère et vie des prêtres au Zaïre..., 144 : cfr. Tableau des dates d'ordinations des abbés incardinés.

La chose était normale [...] puisque la grande majorité des prêtres visés étaient des missionnaires : les quelques « abbés » (prêtres séculiers) étaient englobés dans leurs communautés. Au début les Statuts n'étaient pas réservés au « clergé séculier » : il est donc normal qu'ils aient été inspirés par ce qui est prescrit aux religieux... Ils comprennent des prescriptions outrepassant celles du droit commun [...]. On insère dans ce règlement tout ce qui est imposé aux religieux du fait des vœux qu'ils émettent, [comme par exemple] le vœu de pauvreté ou d'obéissance [...] »[817] ; b). « [Ces Statuts n'étaient pas adaptés au style de vie des prêtres autochtones] et comprenaient des prescriptions ne tenant pas suffisamment compte de la mentalité et des traditions africaines, [comme par exemple] le devoir de solidarité envers les parents et proches dans la nécessité »[818].

Partant de cette ambiguïté juridique, la situation matérielle et financière du clergé diocésain était caractérisée par de nombreuses divergences suivant les diocèses et l'esprit de différentes Congrégations religieuses auxquelles les prêtres diocésains étaient rattachés. Beaucoup vivaient et exerçaient leur ministère sans garantie juridique[819]. Les revenus annuels s'élèvent pour beaucoup à

817 ÉPISCOPAT DU CONGO, Actes de la VIe Assemblée Plénière ..., 333.

818 Ibid.

819 Ibid., 334–335 : Ils soulignent ces imprécisions et divergences en s'appuyant sur les données diocésaines ci-après : 1) Intentions de messe : – Diocèse de Lisala souligne que le taux (25 frs) est notoirement insuffisant ; 2) Patrimoine : Dans la plupart des cas, il n'existe pas. Très souvent les parents attendent une certaine aide de la part de leur prêtre ; 3). Dons : – La plupart de Statuts interdisent de les recevoir ou se montrent réticents : Kivu, art. 81 (refus) ; Kongolo, art. 65 et 93 ; Kisantu, art. 155, Kabwe, art. 67 et 98 ; Niangara, art. 40. 4) ; 4). Normes imprécises sur les revenus réalisés par le travail personnel : Kisantu propose en son art. 154 de distinguer les revenus ne provenant pas de la fonction sacerdotale et ceux provenant de fonctions purement sacerdotales. Les premiers reviennent au prêtre et les seconds au diocèse. Par contre les diocèses de Kivu (art. 88), Kabwe (art. 80), Kongolo (art. 76), Niangara (art. 45), tous stipulent que les honoraires de messes et les fruits des travaux personnels ne relevant pas directement des obligations sacerdotales reviennent aux diocèses ; 5) Imprécision normative sur les charges qui incombent directement aux prêtres eux-mêmes. En effet, les Statuts décrivent l'entretien personnel comme suit : Diocèse de Kabgayi (art. 42) : vêtements, linge, livres, moyen de locomotion, objets de bureau, voyages privés ; Kisantu (art. 158) : vêtements, livres, montre, vélo... et subvenir aux autres dépenses qui ne relèvent pas de la vie de communauté ou des obligations proprement sacerdotales comme par ex. : frais de voyage pour les visites en famille ou autres motifs personnels ; Niangara (art. 48) : ne donne aucune précision ; Kongolo (art. 85) et Kabwe (art. 89) : vêtements, souliers, linge, vélo, livres, articles de bureau, etc.

10. 800 frs au maximum et dépendaient d'une seule source : les intentions ou horaires de messe (900 frs par mois quand il y en a). Les titres d'ordination étaient inexistants et les dons étaient défendus par les Statuts (art. 81)[820]. Les Statuts leur imposaient un style de vie propre aux religieux dont la subsistance était basée sur le titre de la *mensa communis* alors que le droit commun exigeait pour eux, le *titre de service au diocèse ou de la mission.* Malgré cette vie de communauté, souvent, ils étaient victimes de discrimination et des inégalités dans la répartition des biens par rapport à leurs confrères prêtres européens. Bref, pour les prêtres diocésains, le « titulus » d'ordination se réduisait à la table et au logement[821].

Quant à leur protection sociale, elle n'était assurée par aucun système de sécurité sociale. Ils pouvaient bénéficier de quelques soins de santé dans les structures sanitaires publiques ou ecclésiales, mais une partie de soins étaient toujours à la charge de chaque prêtre (dentiste, oculiste, etc.)[822]. Bref, les prestations sociales n'étaient pas garanties par un régime légal.

Face à une telle situation matérielle et financière qui ne répondait pas de manière suffisante aux besoins nécessaires de leur vie, les prêtres diocésains exigeaient : a). La modification de Statuts de 1936 afin de leur donner plus de précision[823] et de bien définir les droits et obligations du clergé diocésain et les sources de revenus pour leur subsistance[824] ; b). l'obtention d'une subvention des pouvoirs publics pour garantir leur subsistance ; c).la reconnaissance de leur droit de posséder, d'acquérir et de disposer librement de leurs biens comme

820 Ibid.
821 Ibid.
822 Ibid.
823 Ibid. : « Un changement des statuts s'impose. Prévoir une façon concrète pour remédier à cette situation du clergé ».
824 Ibid., 336–337 : « Les prêtres séculiers gardent le droit de posséder et d'acquérir et peuvent disposer librement de leurs biens. Mais ils ont à respecter certaines prescriptions indispensables tant pour garder l'égalité fraternelle requise par la vie de communauté à laquelle ils sont tenus, que pour la sauvegarde de la liberté apostolique, l'esprit sacerdotal et le bien des œuvres [...] Il importe de modifier les statuts, de leur donner plus de précision et de prévoir les stipulations suivantes : a) reconnaitre comme propriété des abbés les dons faits « intuitu personae » ; b). Revenus : le fruit des travaux personnels ne relevant pas directement de leurs obligations ou de leurs fonctions ; Intentions de messe : augmenter le taux ; d). diocèse et prêtres interviendront, tous deux par moitié dans l'acquisition et l'entretien des articles dits d'usage personnel, mais que le prêtre emploie quand même pour le ministère (proposition de Lisala) ».

le stipule le droit commun ; d). Plus de sollicitude et de justice de la part du diocèse pour améliorer leur situation matérielle et financière car la précarité les pousse souvent à la mendicité et à la perte de l'enthousiasme apostolique.

Prenant en compte ces exigences, l' Épiscopat du Congo avait levé les options ci-après : a). Réviser les Statuts du clergé diocésain et les adapter à leur style de vie et aux circonstances de temps et de lieu ; b) Accepter le principe de recourir aux subventions étatiques pour garantir la subsistance du clergé diocésain ; c) Définir les modalités de versement de la subvention étatique (pas un salaire versé directement au prêtre, mais une subvention versée dans un Pool commun dont la gestion dépend de l' Évêque) ; d). Faire de façon que les subventions étatiques servent à ériger les bénéfices avec dot[825] ; e) Justifier le recours aux subventions étatiques par les inappréciables services que les ministres sacrés rendent à la société par leurs fonctions[826] ; f). Retirer à la source les cotisations nécessaires pour la sécurité sociale ; g). Sans attendre les subventions étatiques, l'obligation pour chaque diocèse d'accorder à chaque prêtre diocésain une subvention lui permettant de s'acquitter des obligations de la sécurité sociale et de disposer d'au moins 2.000 frs mensuellement pour les autres besoins (art 41)[827].

En guise de conclusion de cette période, nous pouvons dire que le statut financier et matériel du clergé diocésain était mal défini de 1935 à 1961. Les dispositions souvent appliquées aux prêtres diocésains étaient celles de missionnaires religieux et le style de vie que les Statuts leur imposaient était propre aux religieux. Face à cette ambiguïté et imprécision normative, la réforme des Statuts propres au clergé diocésain s'imposait vu l'accroissement de l'effectif des membres dans beaucoup de diocèses. La détermination d'un statut financier du prêtre diocésain par l'Assemblée Plénière de 1961 est une décision qui est allée dans le bon sens car les dispositions prises ont montré la volonté de l' Épiscopat d'améliorer les conditions de vie des prêtres. Cependant, le principe de recours aux subventions étatiques comme voie de solutions ne garantit en rien une amélioration dans le temps car sa stabilité est souvent soumise aux caprices des relations entre l' Église et l' État.

---

825 CIC 1917 : can. 1415, § 3.

826 ÉPISCOPAT DU CONGO, Actes de la VIe Assemblée Plénière…, 338.

827 Ibid., 339.

1.2. Situation matérielle et financière des prêtres diocésains de 1961 à 1970.

L'état de lieu de la situation matérielle et financière du clergé diocésain au Congo durant cette période a été rendue possible grâce aux éléments d'enquête menée par la Commission Épiscopale du Clergé auprès du clergé diocésain sur toute l'étendue du territoire national et dont les résultats ont été publiés dans deux documents :1). *Consultation du clergé en vue de l'Assemblée plénière de 1970. Rapports des groupes « Recherche et dialogue »*[828]qui reprend substantiellement les idées exprimées par le clergé diocésain ; 2). *Les problèmes du clergé. Actes de la Xème Assemblée Plénière tenue du 19 au 24 octobre 1970*[829].

Il faut rappeler que le contexte ecclésial général est celui de la fin du Concile Vatican II où une nouvelle ecclésiologie avait été définie (cfr. Décret L.G.) et, où un décret a été consacré sur le ministère et la vie des prêtres : le Décret P.O. C'est dans cet enseignement conciliaire que les prêtres congolais vont puiser les principes d'analyse de leur situation matérielle et financière et proposer les voies de solutions conformes à l'enseignement conciliaire. Les Évêques aussi de leur côté vont s'appuyer sur cet enseignement, comme cela apparaît dans les Actes du VIIIe Assemblée Plénière tenue à Kinshasa en novembre 1968[830], pour aborder avec une nouvelle vision les problèmes du clergé diocésain (cfr. C.D, 28)[831].

---

828 CENCO, Consultation du clergé en vue de l'Assemblée plénière de 1970. Rapports des groupes « recherches et dialogue », Kinshasa, 1969.

829 CENCO, Les problèmes du clergé. Actes de la Xème Assemblée Plénière de l' Épiscopat du Congo du 19 au 24 octobre 1970, Kinshasa-Kalina : Éd. du Secrétariat Général, 1970.

830 CENCO, Communication au clergé. Actes de la VIIIe Assemblée Plénière de l' Épiscopat du Congo de Novembre 1968, Kinshasa-Kalina : Éd. du Secrétariat Général, 1968, 3 : « Au cours de cette session, l'épiscopat s'est penché sur d'autres questions et a tenu, en particulier, à procéder à un examen d'ensemble des problèmes qui concernent le sacerdoce : pastorale des vocations –préparation au sacerdoce (petits et grands séminaires) – problèmes auxquels est affronté le clergé ».

831 Ibid., 28 : "L'enquête auprès du clergé visait un doublé but : 1. Recueillir des informations des prêtres sur la vie et le rôle du prêtre dans l' Église du Congo d'aujourd'hui ; il ne s'agit pas de faire un inventaire de revendications mais de provoquer une réflexion globale des prêtres sur leur vie afin de découvrir avec une certaine précision leurs idéaux, leurs aspirations en même temps que leurs problèmes ; 2. Cette recherche […] vise également à créer un climat positif de dialogue et de confiance ».

1.3. Situation matérielle et financière des prêtres diocésains selon les rapports d'enquête de 1969[832].

Suivant les résultats de l'enquête menée auprès du clergé diocésain dans chaque province ecclésiastique, la situation matérielle et financière des prêtres diocésains présentait pratiquement le même tableau comme nous allons le démontrer ici-bas.

1.3.1. Province ecclésiastique de KINSHASA.

La province ecclésiastique de Kinshasa comprend : l'archidiocèse de Kinshasa (diocèse métropolitain), les diocèses suffragants de Boma, de Kenge, d'Inongo, d'Idiofa, de Kikwit, de Kisantu, de Matadi et de Popokabaka et la Communauté estudiantine des prêtres diocésains de l'Université Lovanium.

1). *Rapport-synthèse des diocèses* : La situation matérielle et financière du clergé séculier est présentée en trois points : 1. Détermination des principes ; 2. Situation de fait ou application ; 3. Propositions d'avenir.

a). *Détermination des principes* : a). L'idéal qui anime le prêtre diocésain est de répondre à l'appel de Dieu avec foi et se mettre à son service[833] ; b). De cet engagement et de la disponibilité pour le service de Dieu et de l Église découle son droit d'être pris en charge matériellement par l' Église conformément à la volonté du Seigneur : *dignus operarius mercede sua (Lc 10, 7) ;* c). La reconnaissance du droit à une rémunération digne et à une prévoyance sociale comme le recommande l'enseignement du Concile Vatican II (PO, 20) ; d).L'obligation du diocèse de subvenir aux besoins matériels du clergé diocésain pour lui permettre de vivre honnêtement au nom du principe de la justice sociale ; e). L'exigence d'une gestion transparente et efficace des finances et des biens temporels du diocèse car la situation matérielle et financière des prêtres en dépend.

b). *Application des principes* : a). Les diocèses assurent aux prêtres une subsistance qui comprend : le logement, la nourriture, des intentions de messes avec des honoraires y attachés (50 k /Intention de messe), soient 15 zaïres/

832 Ibid., 29 : Sur le timing de cette enquête on note ceci : « La préparation de l'enquête débutera dès 1969. Étant donné l'ampleur du travail la synthèse ne pourra être présentée aux assemblées provinciales avant 1971 ». L'idée de cette enquête fut approuvée unanimement, tant sur le principe que sur la procédure, par la VIIIe Assemblée plénière.

833 EPISCOPAT DU CONGO, Consultation du clergé…, 3.

mois et 180 zaïres par an. Cette somme minimum est insignifiante[834] ; b). L'insuffisance des moyens financiers alloués aux prêtres séculiers annuellement, soient 200 zaïres et la précarité de la vie matérielle et financière qui conduisent à la mendicité et à la misère morale et spirituelle ; c). La charge pastorale confiée au prêtre diocésain n'est pas accompagnée des moyens conséquents pour son exercice. On lui exige de compter sur la générosité des chrétiens auxquels on n'avait jamais appris à subvenir aux besoins de l' Église et qui vivent eux-mêmes dans une pauvreté extrême ; d). L'absence d'un système de prévoyance sociale qui mette le prêtre diocésain dans l'insécurité et le jette dans une incertitude pour ses vieux jours ; e). Tendance de beaucoup de prêtres à se livrer à des activités personnelles lucratives pour combler l'insuffisance des moyens matériels et financiers avec comme conséquence la détérioration de l'image même du sacerdoce et de l' Église.

c). *Propositions pour résoudre cette situation*[835] : a). Exhortation aux Évêques de faire preuve de sollicitude paternelle pour alléger la souffrance de leurs prêtres et redynamiser leur zèle apostolique ; b) Que la source principale de revenus du prêtre diocésain soit d'abord sa rémunération qui est un droit légitime et non les horaires de messe qui sont des libéralités ; c). Face aux contingences de la vie, la Conférence Épiscopale doit urger la mise en place

834 Ce constat est souligné dans presque tous les rapports diocésains : Inongo, p. 6 :« actuellement notre budget paroissial et personnel est insuffisant. Ceci nous oblige à mendier de l'argent chez des anciens amis qui ont fait les mêmes études que nous…Nous sommes persuadés que les conseillers européens de nos autorités veulent nous maintenir dans un état de pauvreté et de dépendance économique tel que nous nous sentions obligés de garder à leur égard et éternellement l'attitude de *fils à papa* » ; Idiofa, p. 2 ; Kisantu, p.2 :« L'indigence matérielle entraine souvent la misère morale et spirituelle…La passation des pouvoirs pastoraux d'un clergé régulier riche à un clergé séculier pauvre s'est effectué souvent dans les conditions que personne n'ignore » ; Kenge et Popokabaka, p. 3 : « Le prêtre congolais se trouve dans une situation matérielle misérable qui n'est pas non plus compatible avec son travail apostolique ».

835 Toutes ces propositions apparaissent dans les différents rapports diocésains et dans la synthèse provinciale : cfr. Rapport synthèse de la province ecclésiastique de Kinshasa, in : Conférence Épiscopale du Nationale du Congo, Consultation du clergé…, 3–5 ; Rapport synthèse Groupe de Kinshasa, pp. 20–22 ; Rapport synthèse groupe Idiofa, pp. 2–3 ; Groupe Inongo, pp. 6 ; Groupe Kenge et Popokabaka, pp. 3–4 ; Groupe de Kikwit : a rejeté la procédure d'enquête telle qu'initiée par la Commission épiscopale et n'a pas apporté sa contribution sur le thème (cfr. pp. 1–2) ; Groupe de Kisantu, pp. 2–3 ;

d'un vrai système de protection sociale ; d). Promouvoir au niveau diocésain une gestion responsable et transparente des biens ecclésiastiques et des finances sans laquelle l'amélioration de la vie matérielle et financière des prêtres est impossible ; e) Associer à la gestion des finances du diocèse les membres du clergé et les laïcs, formés en matière de gestion ; f) Promouvoir l'esprit du travail et les initiatives locales de production des biens économiques en vue d'une auto-prise en charge et de la fin de la dépendance économique et financière avec le monde extérieur ; g). Sans hypothéquer la liberté, solliciter auprès des autorités civiles de subventions pour assurer la rémunération des prêtres car leur travail contribue au bien de toute la société nationale ; h). En matière économique, respecter les normes du droit canonique, mettre en place des structures canoniques recommandées et les rendre fonctionnelles avec des administrateurs compétents et honnêtes.

1.3.2. Rapport-synthèse du groupe de l'Université de Lovanium.

La communauté estudiantine des prêtres diocésains de l'Université *Lovanium* de Kinshasa avait fait une analyse de la situation matérielle et financière du prêtre diocésain congolais en soulignant d'abord la vraie cause qui expliquerait cette situation de précarité et ensuite en indiquant la voie durable de sortie de cette misère économique.

a). *La cause de la misère économique du prêtre diocésain* : Pour ce groupe, la misère économique du prêtre diocésain vient de la dépendance extérieure et de l'absence de production de biens économiques et d'initiatives d'auto-prise en charge au niveau local : « Le problème de la misère [des prêtres séculiers] vient du fait qu' [ils] attendent trop de l'extérieur, [ils] attendent tout des autres. [Ils ajoutent en s'appuyant sur les idées de BOOKER T. WASHINGTON, grand éducateur des noirs américains] que nous devons savoir après tout que nous serons respectés dans la mesure où nous apprendrons à produire ce dont que les autres ont besoin. Voilà la force qui triomphe » et « nos difficultés, sans tomber toutes, iront en diminuant si nous avons la ferme conviction que pour ce faire, il faut que nous ayons de l'énergie, de l'habilité, de l'intelligence et du caractère et qu'aucune race, sans ces éléments, n'a jamais pu réussir de façon durable. Voilà la force qui triomphe »[836].

836 Rapport du groupe de Lovanium, in : CENCO, Consultation du clergé en vue de l'Assemblée plénière de 1970…, 1.

b). *La voie de sortie de la misère économique* : Les prêtres diocésains briseront la misère et la dépendance en devenant d'abord responsables de leur histoire et premiers artisans de la construction de leur Église locale. Pour sortir de notre indigence, nous n'avons besoin que de nous-mêmes, en effet, les autres nous aideront et nous aident de fait, mais l'aide irremplaçable qui nous manque, c'est l'aide qui doit venir de nous-mêmes [...] la meilleure solution est de trouver des sources des revenus qui doivent faire vivre la communauté et nous-mêmes. Voilà le problème sur lequel doivent se pencher les prêtres d'un diocèse autour de leur évêque[837]. C'est une prise de conscience sur l'auto-prise en charge et l'effort du travail productif et des initiatives locales de l'autosuffisance, voie idéale pour améliorer la vie économique des prêtres en particulier et celle de l' Église en général. Mais cette option pour aboutir demande de l'énergie, de l'habilité, de l'intelligence et du caractère car sans ses valeurs, aucun progrès durable n'est possible[838]. Outre les efforts d'autosuffisance, l' Église du Congo doit envisager l'option des subventions étatiques car le ministère du prêtre bénéficie aussi à la nation toute entière.

1.3.3. Province ecclésiastique de MBANDAKA-BIKORO.

La province ecclésiastique de Mbandaka-Bikoro comprend : l'Archidiocèse métropolitain de Mbandaka et les diocèses suffragants de Basankusu, de Bikoro, de Bokungu-Ikela, de Lisala, de Lolo, de Molegbe et de Budjala. L'analyse de la situation matérielle et financière du clergé diocésain s'est centrée sur deux points : la description de la situation et la proposition des voies de sortie de la crise.

1). *Description de la situation matérielle et financière* : Pour le clergé de la province ecclésiastique de Mbandaka-Bikoro, la situation matérielle et financière du prêtre diocésain est une « situation non enviable, non viable », « une situation de misère qui fait des prêtres séculiers la risée des gens ». Les prêtres séculiers ne disposent ni de moyens financiers, ni des moyens matériels suffisants pour satisfaire leurs besoins fondamentaux et accomplir leur travail apostolique avec efficacité. A l'opposé, les missionnaires religieux vivent dans l'opulence, bénéficient des gros moyens financiers et matériels pour accomplir leur apostolat. Les prêtres séculiers sont exclus de la gestion du patrimoine ecclésiastique car les évêques font plus confiance aux missionnaires européens et considèrent les prêtres séculiers comme

837 Ibid.
838 Ibid., 2.

de « grands enfants »[839]. Tout le droit à une rémunération digne et juste comme le recommande les enseignements du Concile Vatican II se réduit à un logement, à une restauration et à des intentions de messe dont le montant annuel se levait à 200 zaïres, soit 50 K par jour et 15 zaïres par mois, une somme visiblement dérisoire face au coût de la vie et aux besoins fondamentaux du prêtre. Quant à la protection sociale, elle est pratiquement inexistante et l'avenir du prêtre diocésain est sombre et inquiétant.

Bref, la situation matérielle et financière du prêtre diocésain est caractérisée par l'insuffisance des moyens et par les inégalités économiques entre le prêtre diocésain et le missionnaire européen, entre le prêtre dans l'apostolat rural et le prêtre exerçant un ministère rémunérateur (enseignement, par exemple)[840]. Cette situation crée des frustrations, fait perdre le zèle

---

839 RAPPORT DE LA RÉUNIONPROVINCIALE DES ABBÉS DE L' ÉQUATEUR DU 3 AU 6/XII/1969, in : ibid, 2 :« La situation financière des abbés n'est ni enviable, ni viable. Les évêques n'ignorent pas la misère de leurs abbés. La misère est-elle peut-être le moyen d'apostolat qu'ont réservé les évêques à leur clergé séculier ? Sinon, pourquoi ne poussent-ils pas jusqu'au bout la recherche d'une solution équitable et adéquate à ce grave problème ? Nous ne pouvons supporter de devenir la risée des gens à cause de la peur et la timidité de nos évêques à résoudre un tel problème. Si les finances du diocèse sont nulles, les abbés voudraient bien le savoir.... Alors cherchons les solutions ailleurs » ; Rapport du clergé séculier du diocèse de Basankusu, in : ibid, 3–4 :« La somme d'argent allouée aux abbés, vus le coût et le standing de la vie actuelle, ne suffit pas et ne leur permet pas de se procurer par eux-mêmes le nécessaire pour leur petite vie [...] Ils n'ont aucune possibilité matérielle de se procurer de l'argent par eux-mêmes. Ils sont tenus à l'´écart de la gestion du patrimoine ecclésiastique, le tout est entre les mains de l'évêque et des missionnaires religieux. L'Ordinaire n'est jamais parvenu à mettre à la disposition de son clergé séculier des moyens matériels et financiers pour faciliter leur vie, leur travail apostolique et surtout prévoir l'avenir du diocèse. Il considère ses prêtres séculiers comme de « grands enfants » ; « Le clergé séculier congolais... vit une discrimination dans la répartition des biens matériels et des moyens de travail : Tous les moyens matériels de travail (véhicules, finances) étaient réservés aux seuls prêtres européens pour les postes qu'ils desservaient éventuellement ».

840 Rapport du diocèse de Basankusu, in : ibid, 4 : « Tous les moyens matériels de travail (véhicules, finances) étaient réservés aux seuls prêtres européens pour les postes qu'ils desservaient éventuellement ». Entre les prêtres séculiers, « les prêtres enseignants ont, en dehors de leurs intentions de messes, un salaire qu'ils emploient pour leurs besoins personnels et scolaires. Tandis que les abbés dans l'apostolat rural, n'ont que l'argent des intentions de messes pour leurs besoins personnels et ministériels et parfois pour une aide éventuelle à la famille ».

apostolique à beaucoup de prêtres[841] et affecte les relations de collaboration entre les évêques et leurs prêtres[842].

2). *Propositions pour résoudre la situation* : a). Reconnaitre d'abord que la rémunération juste et la protection sociale sont des droits fondamentaux dont le fondement se trouve dans les Ecrits sacrés (« L'ouvrier mérite son salaire » (Lc 10, 7) ; « Ceux qui annoncent l' Évangile de l' Évangile doivent vivre » (1 Cor. 9, 14) et dans les enseignements du Concile Vatican II (PO, 20) ; b) L' Église locale doit prendre ses responsabilités pour garantir à ses ministres leurs droits fondamentaux au nom de la justice sociale ; c). Les évêques doivent accomplir leur devoir de rappeler aux fidèles leur obligation de subvenir aux besoins matériels des prêtres qui travaillent pour eux ; d).Promouvoir partout les initiatives de production des biens économiques et d'auto-prise en charge (*industria propria*) et une gestion saine et transparente des biens ecclésiastiques ; e). Mettre en place un système de sécurité sociale qui garantirait aux prêtres séculiers de pensions de vieillesse et subviendrait à leurs besoins en cas de maladie, d'invalidité, etc. et promouvoir l'organisation d'une mutualité d'entraide des prêtres séculiers ; f) Solliciter des subventions au gouvernement car les prêtres comme tous les autres fils et filles du pays contribuent efficacement au développement économique, social et culturel de de la nation ; g). Revoir le statut social et financier du prêtre séculier et mettre fin aux inégalités criantes en matière économique entre le clergé séculier et les missionnaires. Car, ces derniers s'appuient sur leur puissance économique pour ridiculiser et dénigrer le clergé local, au lieu d'en faire un usage humble pour le bien de l' Église[843].

1.3.4. Province ecclésiastique de STANLEYVILLE-KISANGANI.

La Province ecclésiastique de Kisangani est constituée de l'Archidiocèse métropolitain de Kisangani, des diocèses suffragants d'Isangi, de Bondo, de Buta, d'Isiro- Niangara, Dungu-Doruma, de Mahagi-Nioka, de Bunia et de Wamba.

---

841 Rapport du clergé séculier du diocèse de Budjala, in : ibid, 1.

842 Ibid, 3 : « Nous déplorons le manque de dialogue franc qui existe entre l'évêque et son clergé séculier. Les entretiens de certains évêques avec leur clergé sont superficiels. Les points de vue des abbés sont minimisés à priori et jamais pris en considération. Leurs problèmes, projets et désidérata sont trop vite taxés de « revendications », « d'enfantillage », « d'irréflexion » et rejetés sans suite. Nous déplorons le manque de confiance que certains évêques témoignent à leur clergé séculier. Ils n'osent pas l'associer au gouvernement du diocèse ».

843 Ibid, 2–3.

1). *Description de la situation matérielle et financière* : Pour le clergé diocésain de Kisangani, leur situation matérielle et financière est très inquiétante car elle est basée essentiellement sur les aides extérieures : intentions de messe, dons des missionnaires et subsides de Rome. Aucun système de prévoyance sociale n'est mis en place pour permettre au prêtre de faire face aux aléas de la vie. L'avenir est sombre et inquiétante. « N'étant pas religieux, la communauté ne les entretient pas, et nos frères en font fi également. Les premiers missionnaires ayant habitué nos chrétiens à recevoir plutôt qu'à donner, ceux-ci, au lieu de nous aider, viennent souvent chez nous pour demander de l'argent et toute aide matérielle ; ils vont jusqu'à réclamer l'impossible aux abbés »[844].

Cependant, cette situation varie d'un diocèse à l'autre. Mais de manière générale les moyens matériels et financiers sont insuffisants pour vivre dignement. Par exemple, mensuellement, le prêtre séculier dans *l'Archidiocèse de Kisangani* reçoit 20 Zaïres pour subvenir à ses besoins, payer ses ouvriers (cuisinier, lavandier), le sacristain, les factures d'électricité et d'eau, le téléphone, entretenir la maison, le véhicule et assurer sa nourriture dont le coût journalier est d'environ 100 K (1 zaïre). A cette somme, on peut y ajouter des intentions de messe qu'il peut recevoir de manière irrégulière et la quête dominicale qui, souvent ne dépasse pas 10 zaïres par mois[845]. Au *diocèse de Kindu*, en 1970, un prêtre diocésain recevait annuellement 200 Zaïres pour ses besoins et pour sa restauration, cette somme était des honoraires de messe. Dans le *diocèse de Buta*, l'évêque quand il en avait les moyens donner de manière irrégulière des honoraires de messe et un peu d'argent pour la restauration et les petites dépenses courantes[846]. Dans le *diocèse de Bondo*, on peut lire ceci : « Avant la rébellion, l'entretien était à la charge du diocèse : charge du personnel et des moyens de l'apostolat. Aujourd'hui, nous devons nous débrouiller avec la modique somme de 20 zaïres. En 1960, nous recevions par mois 6.000 Francs, soit 60 Zaïres. Aujourd'hui, nous recevons 17 Zaïres, soit 1.700 francs (1960) mais avec cette modique somme de 20 + 17 nous devons pourvoir à tous les besoins de l'apostolat. Nous disons bien tous nos besoins, car nous devons couvrir les frais de culte [...], entretenir les véhicules mis à notre disposition [...]. Et si l'on veut prendre les initiatives pour parer au devoir de quémander, on

844 Rapport du clergé séculier de la province ecclésiastique de Kisangani, in : ibid, 2.
845 Rapport du clergé séculier de Kisangani-Isangi, in : ibid., 4.
846 Ibid., 5.

critique et on nous couvre de tous les péchés d'Israël »[847]. Dans le *diocèse de Mahagi-Nioka*, sur base de la prévision budgétaire pour l'année 1970, estimée à 18. 773, 50 dollars, soit 16.000 Zaïres (dont 60 % viennent de subsides extérieures, 40 % traitements des enseignants)[848], le prêtre diocésain recevait 10 Zaïres par mois pour son alimentation et pour tous ses besoins personnels et du ministère (même le paiement de son personnel), soit 120 Zaïres. A cette somme s'ajoutaient quelques honoraires de messe quand il y en avait. Bref, l'argent alloué au prêtre pour son entretien annuel est insuffisant[849].

2). *Propositions pour améliorer cette situation*[850] : a). La révision du Statut du clergé séculier de 1962 en vue d'un nouveau Statut fait avec la collaboration du clergé séculier lui-même ; b). Éviter les inégalités criantes dans la répartition des biens ecclésiastiques entre le clergé séculier et les missionnaires religieux ; c). Diversifier les sources de revenus, ne pas compter seulement sur les intentions de messe et les subsides extérieurs ; d). Uniformiser au niveau national le principe de base pour la rémunération du clergé séculier en fixant une base minimum pour tous ; e). Promouvoir des initiatives locales de production de biens, de l'auto-prise en charge et de l'autonomie économique pour mettre fin à la dépendance extérieure ; f). Mettre en place un système de prévoyance sociale pour faire face aux maladies, aux infirmités et à la vieillesse et promouvoir l'organisation des mutualités d'entraide sacerdotale ; g). Recourir aux subventions étatiques pour améliorer la situation économique du clergé car son travail contribue aussi au développement de la nation ; h). Promouvoir une gestion saine, transparente, efficace et concertée des biens et finances du diocèse sans laquelle le développement économique est impossible.

1.3.5. Province ecclésiastique de COSTEMANSVILLE -BUKAVU.

Ce rapport est le résultat des groupes de travaux constitués de l'archidiocèse métropolitain de Bukavu et des diocèses suffragants de Uvira, de Kasongo, de Kindu, de Goma et de Butembo-Beni.

---

847 Rapport du groupe Bondo-Buta, in : ibid., 7.
848 Rapport du clergé séculier de Mahagi-Nioka, in : ibid, 3–4.
849 Ibid.
850 Ibid, 4–5.

1). *Description de la situation* : Les prêtres diocésains de Bukavu décrivaient leur situation matérielle et financière en ces termes : « La situation de la plupart des prêtres congolais n'est pas enviable. En général, il est en dessous de ce qu'il devrait être. Car, selon les documents officiels établis par la Fonction Publique, le prêtre est à considérer comme gradué, c'est-à-dire que pour son statut social il faut Zaïres 60 (Soixante) par mois. Dans plusieurs diocèses du Kivu on n'a que deux zaïres par mois. L'on est dans l'impossibilité de ranimer financièrement même une petite œuvre dont on est chargé. L'on est pratiquement réduit à célébrer pour les honoraires [...]. Cela affecte le climat moral du travail, le rendement ...cela peut conduire à l'abandon après découragement... »[851]. « Aussi longtemps qu'on était couvé par la « sollicitude paternelle » des congrégations missionnaires, le clergé en général avait un standing de vie assez convenable. Actuellement, l'avenir matériel de beaucoup de prêtres du clergé diocésain est assez sombre. On est obligé de pratiquer les vœux de pauvreté que l'on n'a pas émis. Dans beaucoup de régions, la plupart des prêtres ont perdu leurs parents pendant la rébellion ; d'autre part, ils n'ont aucune ressource ailleurs. Se sentant en conflit avec l'évêque, isolés de la communauté et n'ayant pas de moyens de subsistance, beaucoup de prêtres se trouvent réellement dans un état désespéré »[852]. Cela a un impact négatif sur la pastorale de vocations : « Dans quelques anciens diocèses du Congo, la première génération de prêtres diocésains commence à s'éteindre, et quand on considère leur situation lamentable, on est vraiment angoissé, surtout quand on voit soi-même que dans quelques années on passera par la même situation, sinon pire que cela, il est temps de se préoccuper de ce problème [...]. Il est clair que ce n'est pas celui qui cherche constamment comment résoudre ses problèmes qui va favoriser les vocations sacerdotales. Même s'il ne prêche pas contre les vocations, sa propre vie est déjà un témoignage d'une existence malheureuse. Humainement on ne peut pas s'engager dans une vie dans laquelle on ne voit que des « ratés » »[853].

2). *Propositions pour l'amélioration de la situation* : a) l' Épiscopat congolais doit trouver un système sûr qui puisse garantir une subsistance digne au clergé local ; b). A cours et moyen terme, la solution passe par les subsides

851 Abbé Évariste CHUMA, Rapport de la Province ecclésiastique de Bukavu (Kivu), in : Ibid., 4.

852 Abbé Charles Lwanga BILEMBO, Réflexion sur la situation du clergé séculier, in : ibid, 3.

853 Ibid., 3–4.

de Rome et peut-être par un éventuel recours aux subsides étatiques, mais la solution durable passe par l'auto-prise en charge, l'autofinancement et non par la dépendance ; c). Promouvoir à tous les niveaux une gestion efficace et transparente des biens et de finances des diocèses car sans cela toutes les initiatives économiques seront vouées à l'échec ; d).Mettre en place un système de contrôle de gestion capable de sanctionner ceux qui seront coupables de mauvaise gestion du patrimoine ecclésiastique ; e).Mettre en place un système de prévoyance sociale pour permettre aux prêtres de faire face aux aléas de la vie (maladie, accident, invalidité, vieillesse).

1.3.6. Province ecclésiastique d'ÉLISABETHVILLE-LUBUMBASHI.

Ce rapport constitue une synthèse provinciale élaborée sur base des éléments émanant de six diocèses de la Province ecclésiastique de Lubumbashi, à savoir : l'Archidiocèse métropolitain de Lubumbashi et les diocèses suffragants de Kolwezi, de Sakania-Kipushi, de Manono, de Kalemie-Kirunga, de Kongolo, de Kilwa-Kasenga et de Kamina. A ce rapport émanant des diocèses s'ajoute celui des prêtres étudiants de l'Université Officielle du Congo à Lubumbashi.

1.3.6.1. Rapport-synthèse des diocèses de Katanga.

a). *Description de la situation* : Appréciant l'initiative de l' Épiscopat de les consulter sur leurs propres problèmes[854], le clergé diocésain du Katanga décrivait sa situation en ces termes : elle est écartelée entre l'arbitraire et des statuts ambigus, [ce qui rend] la vie intenable pour beaucoup de prêtres »[855]. C'est une situation très délicate, source de mésententes continuelles dues à l'arbitraire, à l'ambiguïté de Statuts et au non application

854 Rapport du clergé séculier de la Province ecclésiastique de Katanga, in : ibid, 1. 2 : « Pour la première fois dans l'histoire de l' Église du Congo, le clergé séculier de ce pays a été consulté sur les principaux problèmes qui le touchent de près et qui sont d'ailleurs au centre de l'actualité. Décidément l'événement est sans précédent [...] Cette initiative est accueillie avec satisfaction et un réel soulagement. [On vient enfin par-là] d'amorcer le dialogue, suite logique et bienfaisante de Vatican II [...] Avec patience et discipline, ils n'attendaient que l'occasion de s'ouvrir à leurs évêques. A présent, ils leur parlent à cœur ouvert. En effet, sortir de l'impasse, voilà leur premier objectif et leur espoir le plus immédiat ». « Conscients de leurs obligations devant Dieu et de l'ampleur du malaise sacerdotal, avec confiance ils ont répondu à l'appel. Le rapport qui suit en est la preuve. C'est leur façon de contribuer à l'œuvre réformatrice de Vatican II, pourvu qu'on les prenne au sérieux ».

855 Ibid., 2.

des principes évangéliques et de l'enseignement de l' Église sur la justice sociale[856]. A cause de cela, les prêtres séculiers du Katanga vivent dans l'indigence et le dénuement qu'on confond avec la pauvreté chrétienne qui est un esprit de détachement volontaire aux richesses pour mieux vivre la charité et le partage avec les plus démunis[…] En appliquant aux abbés une fausse notion de la pauvreté chrétienne, on les a privés d'un moyen efficace pour un témoignage de bonté[857]. Pour les garder dans cette indigence et dénuement, leur situation économique ne repose que sur les honoraires de messe, les plus irréguliers et insignifiants. Outre ces honoraires de messe, la subvention mensuelle s'élève à 16 Zaïres par mois. Toute la subvention annuelle ne dépasse pas 200 Zaïres par an (mensualité plus honoraires de messe)[858].

b). *Propositions de sortie de crise*[859] *:* a :). Mettre fin à l'arbitraire et résoudre le problème matériel et financier du clergé en se conformant aux principes évangéliques de justice, aux normes ecclésiastiques universelles et aux

856 Ibid., 5 : Le problème de finances pour le prêtre doit se comprendre et trouver son fondement dans le principe évangélique : « L'ouvrier mérite son salaire » (Lc X, 7) ; « Vivre de l'évangile (1 Cor. IX, 7 et 14) et dans les enseignements pontificaux : « Les moyens temporaires sont nécessaires à la vie de l' Église, oui, mais dans la mesure où le pain est nécessaire à la vie, et toujours ordonnés rigoureusement à la finalité de sa mission spirituelle » (Paul VI) ; « Si l' Église demande, c'est pour donner » (Paul VI) ; « Les biens de l' Église sont au service du bien » (Osserv.) ».

857 Ibid.

858 Ibid., 6 : "Quant aux abbés eux-mêmes, de quelles ressources disposent-ils ? Ils ont bien entendu des intentions de messe mais pas toujours : certains abbés n'ont que cela comme ressources et à des taux les plus divers et les plus discutés. En fait de ressources, c'est fort aléatoire et tout à fait insuffisant. La plus part du temps, ces intentions viennent de l'étranger. On n'est pas sûr qu'on en aura indéfiniment. Rien ne permet de compter beaucoup sur la générosité de leurs frères, dont la très grande majorité les considère d'ailleurs comme des « riches ». Non pas qu'ils ne contribuent pas du tout […] mais, ils sont pauvres en général […] En plus d'intentions de messe, certains diocèses – donc pas encore tous – allouent à chaque abbé deux cents zaïres ou plus par an, soit plus de seize zaïres par mois. C'est déjà mieux, cependant même les abbés des diocèses qui donnent quelque chose ne sont pas pour autant à l'abri des surprises, ni épargnés de tout embarras pécuniaires, vu leurs besoins propres et certaines obligations sociales. Et que dire des abbés qui ne reçoivent rien d'autre en dehors des intentions de messe ? Qu'on ne s'étonne donc pas que les abbés, à défaut d'un statut satisfaisant, soient tentés de chercher ailleurs une activité lucrative. Il faut quand même vivre ».

859 Ibid, 7.

enseignements du Concile Vatican II ; b)Promouvoir à tous les niveaux une gestion transparente et efficace des biens temporels et des finances des diocèses ; c).promouvoir une répartition équitable des biens ecclésiastiques entre les différentes communautés et éviter les écarts trop criants entre différents diocèses en tenant compte du minimum vital à déterminer selon des critères vraiment objectifs ; d). Promouvoir la collaboration du clergé séculier dans la gestion de diocèses car demain c'est à lui que reviendra de conduire l' Église locale ; e). Octroyer à chaque prêtre séculier la part qui lui revient en toute justice, non pas à titre de don ou de cadeau, mais un vrai traitement mensuel digne et juste conforme aux exigences du droit, à l'enseignement conciliaire et à sa position sociale ; f).Définir un statut financier clair et juste du prêtre séculier ; g). Mettre en place de manière urgente un système de protection sociale qui permet au prêtre de faire face aux aléas de la vie et lui garantit une vieillesse digne et honorable.

1.3.6.2. Rapport-synthèse du groupe de l'Université officielle du Congo à Lubumbashi.

a). *Rappel des principes* : Les prêtres étudiants ont souligné que la juste rétribution du travail est un droit naturel pour tout homme. Ce droit est reconnu dans les enseignements bibliques (Lc 10, 7 ; 1Cor 9, 14), dans la loi ecclésiastique (can. 122) et dans les enseignements conciliaires (PO., 20). Partant de ces fondements, la rémunération du prêtre et sa protection sociale sont un droit et non une aumône ou un acte de charité[860].

b). *Description de la situation* : Partant de ces principes, l' Épiscopat du Congo a fixé un montant minimum applicable sur toute l'étendue du territoire national afin d'apporter une réponse au problème préoccupant du clergé séculier. Malheureusement, les décisions de l' Épiscopat ne se traduisent pas en réalité au regard de la situation misérable des prêtres diocésains. « Malgré les nombreux papiers employés, les décisions en cette matière ne semblent demeurer, pour la plupart des diocèses, qu'au stade de textes pour orner les armoires du Secrétariat de l' Épiscopat. Cette montagne de documents paraît n'avoir pour but que d'étaler devant d'autres épiscopats qu'au Congo l'on travaille. En effet, chaque année, de nouveaux décrets issus de chaque synode national annuel s'ajoutent aux anciens alors qu'on n'a même

860 Rapport du clergé séculier étudiant à l'Université Officielle du Congo à Lubumbashi, dans : ibid, 3.

pas, le plus souvent, commencé à appliquer ceux pris auparavant »[861]. Outre la non- application de décisions, ils reprochent à beaucoup d'évêques de faire preuve d'une mauvaise gestion des biens ecclésiastiques et de mener un train de vie qui frise le scandale : « Lorsqu'on survole les diocèses congolais, on est effaré devant la manière dont le haut clergé gère les finances diocésaines. Et ce n'est pas toujours pour les meilleurs usages. Parfois on dirait que ces grands de l'Église croient posséder en propriété privée tout l'avoir du diocèse et qu'ils n'ont de compte à ne rendre à personne. De ce bien commun, ils s'autorisent des fois, à mener un train de vie pour le moins fort bourgeois alors qu'à leur côté, leur premier prochain, leurs prêtres, est souvent dans le besoin. Y-a-t-il seulement dix diocèses au Congo où le clergé, le bas clergé, est tenu au courant des finances diocésaines ? ». « Nous savons que la Congrégation pour l'Évangélisation des Peuples alloue chaque année un budget au clergé, comment et à quel but emploie-t-on cette somme pour ne pas satisfaire le clergé ? Puisque le clergé ne semble pas figurer dans les postes du budget diocésain, pour quels besoins uniquement est-il établi ce budget (en supposant qu'il existe) ? »[862].

c). *Propositions pour l'amélioration de la situation*[863] : a :). Promouvoir une gestion transparente et efficace des biens ecclésiastiques ; b) Reconnaitre aux prêtres leur droit fondamental à une rémunération juste et à une sécurité sociale ; c). Ne pas restreindre la sustentation du clergé aux seuls mangers et logement. Car une « honnête sustentation » doit dépasser ce strict minimum et inclure tous les besoins nécessaires du prêtre ; d). Ne pas confondre la sustentation proprement dite avec les intentions de messe. Il faut une séparation nette entre les deux réalités ; e). Ne pas condamner le recours aux activités lucratives (commerce) alors que l' Église n'est pas capable de trouver une solution juste et humaine à la situation matérielle de ses prêtres ; f). Autoriser les prêtres séculiers à exercer des activités rémunératrices en dehors de leur ministère sacerdotal pour leur éviter la mendicité et leur permettre de se soutenir matériellement eux-mêmes ; g). Mettre en place un système de prévoyance sociale qui permettrait aux prêtres âgés et malades de bénéficier d'une retraite digne[864].

861 Ibid.
862 Ibid, 3–4.
863 Ibid.
864 Ibid, 5.

1.3.7. Province ecclésiastique de LULUABOURG-KANANGA.

La situation matérielle et financière de Luluabourg (Kananga) a été présentée par les groupes de l'archidiocèse métropolitain de Luluabourg (Kananga) et des diocèses suffragants de Luiza, de Kabinda, de Luebo, de Kole, de Mweka, de Tsumbe et de Mbuji-Mayi.

1). *Description de la situation matérielle et financière* : Tous les différents rapports diocésains présentent la situation matérielle et financière du prêtre diocésain comme « déplorable ». Le prêtre vit avec une solde de 100 Zaïres par an en raison de 8 Zaïres, soit 3/10 par mois et avec des intentions de messe qui lui sont données de manière sporadique et irrégulière. C'est qui est vraiment insuffisant considérant les besoins réels du prêtre et le coût de la vie. La subsistance se réduit seulement aux seuls mangers et logement[865]. Cette situation n'est pas conforme aux enseignements du Concile Vatican II qui demandent avec insistance qu'on assure aux prêtres « une juste rémunération », car l'ouvrier mérite son salaire et de faire le nécessaire pour assurer aux prêtres un niveau de vie suffisant et digne » (PO, 19. 20)[866].
2). *Causes de cette situation* : la cause première de cette situation c'est d'abord l'insuffisance des moyens financiers au niveau de diocèses car ceux-ci ne vivent pour l'essentiel que de subsides de Rome et des aides extérieures. Ensuite s'ajoute la mauvaise gestion des biens et finances de l' Église, le mauvais usage de l'argent de tous par certaines personnes. Par exemple, dans un diocèse pauvre, on voit facilement un évêque changer de voiture et de mode de vie comme il le veut et l'entend, bref une vie de luxe qui frise le scandale[867]. Enfin, il y a aussi l'absence de volonté réelle dans l'application des décisions des Assemblées Plénières de l' Épiscopat[868].

---

865 Rapport du clergé séculier de Luluabourg et de Luiza, dans : ibid., 5.
866 Rapport du clergé séculier de Luebo, dans : Ibid., 5.
867 Ibid., 3.
868 Rapport du clergé séculier de Kabinda, in : Ibid., 2 : « On ne se préoccupe guère de résoudre ce problème. Nous n'ignorons pas que les évêques du Congo avaient décidé de la rémunération des prêtres diocésains durant leur Conférence Plénière de 1967 [...] Peu, et très peu d'évêques essaient de l'appliquer » ; Rapport du clergé séculier de Luebo, dans : Ibid., 5 : « L' Épiscopat congolais aurait fixé « 600 Zaïres » (ou 1. 200 dollars) par an le budget d'abbé congolais. (Source : Rapport de la Réunion du Conseil Académique des Grands Séminaires à Manresa (Kimwenza), du 10 au 14 février 1969, p. 18). Ce qui revient à 50 Z par mois. Toutefois, cette disposition ne semble pas encore effective partout. Ce qui est dommage » ; Rapport du clergé

3). *Propositions pour résoudre le problème* : a). Résoudre le problème en restant fidèle aux principes définis par le Concile Vatican II (PO, 20)[869] ; b). Diversifier les sources de revenus et ne pas compter seulement sur les subsides de Rome et les aides extérieures. Et surtout promouvoir l'auto-prise en charge et l'autosuffisance matérielle et financière au niveau de chaque diocèse ; c). Bien différencier la rémunération mensuelle des honoraires de messe qui sont des libéralités. Ne pas réduire la subsistance du clergé aux seuls mangers et logement car le prêtre a d'autres besoins nécessaires ; d) Mettre en pratique les recommandations du Concile Vatican II sur les nouveaux organismes techniques pour la rémunération et la sécurité sociale du clergé ; e).S'efforcer à publier et appliquer les décisions prises dans les Assemblées Plénières pour l'amélioration des conditions de vie des prêtres et pour l'intérêt de toute l' Église ; f). Au cas où l' Église serait incapable d'assurer la subsistance de ses prêtres, autoriser ces derniers à exercer des métiers ou des professions rémunérées pouvant leur permettre de vivre dignement sans pour autant nuire au ministère sacerdotal ; g).Promouvoir une gestion saine et transparente de biens et de finances des diocèses et des autres institutions ecclésiastiques car tous les secteurs de la vie de l' Église en dépendent ; h). Mettre en place un système de prévoyance sociale qui permettra aux prêtres de faire face aux contingences de la vie comme la maladie, les accidents, les invalidités et la vieillesse.

1.3.8. Évaluation des rapports provinciaux.

Il ressort de l'analyse des différents rapports de Provinces ecclésiastiques que la situation matérielle et financière du clergé diocésain de 1961à 1970, était très critique. Le tableau sombre de cette situation s'explique par plusieurs causes, à la fois internes et externes. Au niveau interne, nous pouvons signaler la jeunesse même de cette Église particulière et de l'État, le déficit dans l'organisation des structures de fonctionnement, la pauvreté de la population, les attitudes culturelles négatives, la grande dépendance des aides extérieures, etc. Et au niveau

---

séculier de Mbuji-Mayi, in : Ibid., 5 :« En effet, il y a longtemps que l'Assemblée Plénière de l' Épiscopat du Congo a décidé de donner à chaque prêtre une somme annuellement de 200 Zaïres, mais combien de diocèses mettent sérieusement cette décision en pratique ? S'il y en a qui assurent régulièrement le soutien matériel de leurs prêtres en leur donnant un peu d'argent de poche, d'autres le font avec une irrégularité si régulière que les prêtres ne savent même pas ce qui se passe ».

869 Rapport du clergé séculier de Luebo, loc. cit.

externe, nous pouvons surtout stigmatiser la politique paternaliste appliquée sur les jeunes Églises et les jeunes États, laquelle inhibe les initiatives et la créativité.

Mais l'élément important à souligner dans ces rapports, c'est la prise de conscience de l'Église particulière à redresser cette situation en mettant l'accent sur la responsabilité de tous dans la recherche de solutions, sur une vraie politique d'auto-prise en charge et d'autosuffisance, sur la promotion d'une gestion efficace et transparente des biens ecclésiastiques, sur une ferme volonté de tourner le dos à toutes les attitudes culturelles et historiques négatives qui freinent les efforts du développement et aussi sur l'engagement à respecter les normes et l'enseignement de l'Église dans l'organisation et le fonctionnement des institutions ecclésiales et aussi dans le domaine des droits de la personne humaine pour contribuer efficacement à l'élévation de sa dignité souvent bafouée.

1.4. Situation matérielle et financière des prêtres diocésains de 1970 à 2016.

Contrairement à la première partie où nous avons pu analyser la situation matérielle et financière du clergé diocésain congolais en nous basant sur les résultats de l'enquête menée en 1969 par l' Épiscopat congolais sur toute l'étendue du territoire national auprès des prêtres diocésains, cette deuxième partie souffre d'un manque des documentations capables de retracer l'évolution historique et de nous offrir un panorama général de la situation matérielle et financière du clergé diocésain au Congo. Faute de cela, l'état de lieu de cette période ne sera pas fait suivant une évolution historique rigoureuse et ne s'étendra pas sur toutes les provinces ecclésiastiques de la RDC. Les données à notre possession sont le résultat d'une enquête que nous avons menée sur terrain entre le mois d'août et de septembre 2015 auprès de certains prêtres diocésains rencontrés dans la ville-province de Kinshasa. Elles ne concernent que trois provinces ecclésiastiques : Kinshasa, Mbandaka et Kananga[870]. Les éléments pris en compte sont ceux de la situation actuelle dans les différents diocèses concernés. Mais bien que la réalité varie selon les circonstances socio-économiques de chaque diocèse, le constat général est que la situation matérielle et financière du prêtre diocésain semble présenter la même physionomie dans la plupart des diocèses de la RDC et nos conclusions peuvent être extrapolées sur l'ensemble des diocèses de la RDC.

870 Cfr. Annexe 2 : Questionnaire d'enquête sur la situation matérielle et financière des diocèses et des prêtres diocésains congolais.

1.4.1. Province ecclésiastique de KINSHASA.

1.4.1.1. Archidiocèse de Kinshasa.

Nos données sont les résultats d'une enquête menée auprès des quelques prêtres dans la Paroisse SAINT PIE X et dans la paroisse SAINTE AGATHE, situées toutes deux dans la commune de Ngiri-Ngiri de la ville-province de Kinshasa.

1). *Description de la situation* : la situation matérielle et financière du prêtre diocésain dans l'Archidiocèse de Kinshasa s'est légèrement améliorée. Cette amélioration est due en grande partie à la prise de conscience des fidèles de participer aux efforts de l'auto-prise en charge de l' Église par elle-même et aussi à un grand effort d'amélioration de l'administration des biens ecclésiastiques suivant les normes du Code de Droit canonique. Cette amélioration se remarque avec l'existence dans toutes les paroisses du *Conseil pour les Affaires Economiques* où les laïcs participent activement et la mise en place du *Fonds commun diocésain.*
Dans la vie du prêtre diocésain, l'amélioration est visible dans les domaines ci-après : a) *Logement :* les prêtres disposent de bonnes infrastructures de logement construites depuis la période missionnaire et qui sont dans l'ensemble bien entretenus par l'équipe sacerdotale actuelle ; b) *la restauration* : dans beaucoup de paroisses, l'organisation est assurée par une intendante laïque sans doute membre du Conseil pour les Affaires Economiques Paroissial (CAEP). Toutes les offrandes en nature servent à la restauration du clergé et à la Caritas paroissiale. Et par semaine une CEV est désignée pour apporter les offrandes pour la subsistance des prêtres ; c) *La collecte de dimanche* est obligatoirement versée au Fonds Commun Diocésain. Les deux paroisses sont de paroisses où le niveau économique des habitants est moyen, mais malgré cela, la collecte de dimanche peut facilement atteindre 200 dollars voire 300 dollars américains. La collecte lors de messes journalières qui n'est pas très significative sert au fonctionnement de la paroisse. Outre les collectes et les dons, certaines paroisses disposent de salles polyvalentes et des écoles privées qui gèrent des revenus et contribuent largement à l'amélioration de conditions de vie et de travail ; d) *La rémunération* : l'Économat diocésain accorde mensuellement et de manière régulière une rémunération de 200 dollars américains à chaque prêtre exerçant son ministère. Bien que le montant soit insuffisant par rapport au coût de la vie, sa régularité est un point positif dans le sens de l'amélioration des conditions de vie du clergé diocésain par rapport à beaucoup d'autres diocèses où les prêtres ne reçoivent pratiquement rien mensuellement. En plus

de cette rémunération, chaque paroisse assure, grâce aux contributions de fidèles, la restauration journalière des prêtres. Le système de rémunération à partir d'un *Pool commun* en appliquant la *péréquation* a été mis en place il n'y a pas assez longtemps et est aujourd'hui dans une phase expérimentale qui semble bien fonctionner ; e). *La prévoyance sociale* : Il n'y a pas un système de sécurité sociale auquel seraient affiliés les prêtres diocésains de l'archidiocèse de Kinshasa, mais ils disposent pour le moins d'une assurance maladie qui leur permet de se faire soigner sans difficulté dans certains établissements hospitaliers de la ville (Par ex. à l'Hôpital Saint Joseph de Limete, etc.)[871].

2). *Evaluation de la situation* : Au regard de cette description sur base d'une enquête dans deux paroisses, nous pouvons affirmer que l'Archidiocèse de Kinshasa est l'un des diocèses du Congo où la situation matérielle et financière du clergé diocésain semble s'améliorer ces derniers temps. Cette amélioration est due sans doute au niveau économique un peu élevé de la population de la ville et surtout à une bonne organisation de structures ecclésiales de fonctionnement. Quant à la protection sociale, malgré l'existence d'une assurance -maladie, beaucoup reste encore à faire pour les autres besoins ou risques sociaux. Il est donc difficile de parler d'un vrai système de sécurité sociale.

1.4.1.2. Diocèse de Boma.

Les éléments qui apparaissent sont les fruits d'une enquête menée entre août et septembre 2015 auprès des prêtres du diocèse de Boma résidant ou de passage à la maison diocésaine de Boma à Kinshasa dans la commune de Limete.

1). *Description de la situation* : Pour les prêtres de Boma, leur situation matérielle et financière est depuis plusieurs années très lamentable. Le prêtre diocésain de Boma vit et exerce son ministère dans la misère et le dénuement. Bien qu'il bénéficie d'un logement dans les presbytères hérités de l'époque missionnaire, aujourd'hui en mauvais état, certains de leurs besoins fondamentaux sont très mal couverts. Ainsi par exemple, la restauration pose problème car elle dépend pour l'essentiel des contributions de fidèles et la situation n'est pas la même dans toutes les paroisses.

---

871 Sur l'assurance -maladie dont bénéficieraient les prêtres diocésains de l'Archidiocèse de Kinshasa, nous ne disposons pas d'un document officiel qui nous renseigne sur l'étendue des prestations et sur le type de contrat qui lie l'Archidiocèse avec les établissements hospitaliers.

La qualité de la restauration dépend des moyens de chaque paroisse et surtout de l'organisation interne. La rémunération mensuelle est de 25 dollars américains pour chaque prêtre. A cette somme peuvent s'ajouter les honoraires de messe dans la mesure du possible. C'est donc une source de revenus peu sûre et irrégulière. Evidemment avec une rémunération de 25 dollars américains, cela représente une misère et conduit les prêtres à l'indiscipline et à la démotivation sur le plan pastoral. Quant à la sécurité sociale, le prêtre diocésain de Boma ignore ce qu'est la sécurité sociale car aucun système n'existe. Les organismes d'entraide qui fonctionnent au niveau de la Conférence Épiscopale restent un secret de polichinelle des évêques. Ils sont gérés dans l'opacité totale et les prêtres qui devaient en être les bénéficiaires directs ignorent totalement leur fonctionnement car ils sont privés d'informations. Il est donc difficile d'affirmer qu'il existe pour les prêtres diocésains un système de prévoyance sociale car son impact dans la vie quotidienne du prêtre n'est pas perceptible. Aujourd'hui, les prêtres diocésains de Boma ont du mal à accéder aux soins de santé de qualité et la vieillesse est envisagée avec beaucoup d'inquiétude et de désarrois.

2). *Les causes de cette situation* : a) La crise économique et politique que connait le pays est à la base de la pauvreté économique de la population et par conséquent de l' Église ; b). La population malgré sa prise de conscience de son obligation de prendre en charge son Église est très pauvre et ne peut contribuer qu'à la hauteur de ce qu'elle a ; c). L'insuffisance des activités et le peu d'efforts dans l'autofinancement au niveau du diocèse et de paroisses contribuent largement à la misère ; d). La mauvaise gestion des biens ecclésiastiques et le manque du sens de l' Église chez beaucoup d'administrateurs sont source de notre sous-développement économique.

3). *Options prioritaires pour améliorer la situation* : a).Mettre l'accent sur l'autofinancement et amener les chrétiens à une meilleure prise en charge de leur Église ; b) Lutter contre les structures qui maintiennent notre population dans la pauvreté car « la vie matérielle de l' Église, peuple de Dieu, comporte des liens profonds avec celle de la communauté des hommes à évangéliser »[872] ; c). Promouvoir la pastorale de la prise en charge matérielle

---

872 CEZ, Les Évêque du Zaïre en visite « Ad Limina » 18–30 avril 1988. Problèmes pastoraux et échanges de discours, Kinshasa : Éd. du Secrétariat Général de la CEZ, 1988, 60, nª 7. 1.

de l' Église par elle-même : conscientisation des fidèles, gestion transparente et efficace des biens ecclésiastiques à tous les niveaux, effort de solidarité, promotion du travail productif, mise en place de structures fonctionnelles, choix de gestionnaires compétents et honnêtes, etc.

1.4.1.3. Diocèse d'Idiofa.

L'enquête menée auprès des prêtres du diocèse d'Idiofa rencontrés à la maison diocésaine, sise sur l'avenue Funa dans la commune de Limete dans la ville de Kinshasa ne nous a rien apporté. Car aucun prêtre n'a manifesté la volonté de répondre à notre questionnaire portant sur la situation matérielle et financière du clergé séculier, plus précisément sur la rémunération et la sécurité sociale. Mais Isay Onkiri, R., dans sa thèse défendue à la Faculté de Théologie et Sciences des religions de l'Université de Montréal et portant sur « *L'impact de l'économie sur la pastorale du diocèse d'Idiofa en République Démocratique du Congo. Analyse des répercutions sur l'exercice ministériel des prêtres* », nous donne une description éloquente de la situation matérielle et financière du diocèse d'Idiofa en général et des prêtres en particulier. Pour lui, la situation économique de l' Église diocésaine d'Idiofa n'est pas reluisante. Cette Église vit de contraintes économiques et dans un dénuement matériel sans précédent depuis son érection. La pauvreté s'installe de façon permanente. Elle est obligée de vivre de l'aide extérieure comme toutes les autres Églises postcoloniales qui vivent grâce à une alimentation artificielle. Depuis l'époque coloniale, les autorités diocésaines d'Idiofa, ont accordé une importance moindre au problème économique de l'être humain. Elles l'ont occulté en prêchant l'accès au ciel par la mortification, le jeûne, la pauvreté et la prière. En laissant de côté cette question, la pauvreté et la misère économique ont atteint les prêtres et la population entière et sont source des conflits et des désordres au niveau ecclésial. Cette crise économique affecte l'exercice pastoral et toute la mission évangélisatrice de l' Église locale d'Idiofa[873].

Après cette présentation de la dégradation de la situation économique de l'Église locale d'Idiofa, Isay Onkiri est convaincu que pour résoudre ce problème qui affecte l'exercice du ministère sacerdotal et l'approfondissement de la foi chrétienne, il faut dépasser l'ancienne méthode d'évangélisation et de la

873 ISAY ONKIRI, R., *L'impact de l'économie sur la pastorale du diocèse d'Idiofa en République démocratique du Congo. Analyse des répercutions sur l'exercice ministériel des prêtres*, Montréal : Université de Montréal/Faculté de Théologie et Sciences des religions, Thèse de doctorat (en format PDF), 2011, 15–17.

pastorale pour adopter une méthode qui favorise la connaissance profonde des évangélisateurs et des fidèles, de leurs problèmes socio-économiques et de leur culture. Il s'agit en fait d'opter pour une « théologie de l'inculturation intégrale et contextuelle ». C'est-à-dire une inculturation qui prend en compte les défis économiques et sociaux du continent africain et non seulement des questions liturgiques, rituels et sacramentaires. C'est donc une théologie qui s'écarte du contexte d'une « théologie de la manne », symbole d'attentisme et de paternalisme pour s'inscrire dans la perspective d'une « théologie de solidarité » ou « du jardin partagé » qui préconise l'effort et la participation de toute la population et de la communauté ecclésiale, en insistant sur le vivre ensemble et en favorisant le travail en commun[874].

Cette situation économique difficile et la voie de solution exhortant la participation de tous les fidèles sont corroborées par Mgr José Moko Ekanga, évêque du diocèse d'Idiofa dans une lettre pastorale destinée aux fidèles chrétiens où il invite ses chrétiens à subvenir aux besoins de leur Église particulière et de leurs prêtres afin de mettre fin aux conditions difficiles dans lesquelles les prêtres vivent et travaillent. Nous reproduisons littéralement cette lettre ici-bas :

874 Ibid., 22–23.

MGR JOSE MOKO EKANGA
DIOCESE D'IDIOFA

Idiofa, le 30 Août 2013

Chers Confrères dans le sacerdoce,
Chers frères et sœurs ressortissants du diocèse d'Idiofa,
Chers frères et sœurs dans le Christ,
Mesdames et Messieurs,

Vous êtes nombreux à vous demander comment aider tel ou tel prêtre d'idiofa. Je me permets de mettre à votre disposition ce moyen rapide et fiable. En effet, depuis peu chacun des prêtres possède un compte bancaire. Votre aide ira directement à l'un des prêtres de notre diocèse qui travaille dans des conditions difficiles voire héroïques. Votre aide peut aussi préférer de soutenir les structures centrales de notre diocèse. Dans ce cas elle est la bienvenue. Un virement mensuel automatique peut vous éviter de manquer à ce devoir de solidarité cher à nous tous.

Je vous assure de mes prières et vous accorde mes bénédictions apostoliques.

+ José MOKO EKANGA

JOSE MOKO EKANGA – EPISCOPUS IDIOFAENSIS

Evêque d'Idiofa

B.P. 8251 – KINSHASA 1 - REPUBLIQUE DEMOCRATIQUE DU CONGO
TEL. : 00243814501252 - E-mail : mokojose@yahoo.fr - Web site : www.idiofadiocese.com

Cette lettre de l'évêque souligne bien que les prêtres diocésains d'Idiofa vivent et travaillent dans des conditions très difficiles et héroïques, pour cela, entant que Pasteur de son Église particulière, l' Évêque invite les fidèles chrétiens à s'acquitter de leur devoir de subvenir aux besoins de leurs prêtres et de leur Église avec leurs contributions.

1.4.1.4. Diocèse d'Inongo.

Le tableau de la situation matérielle et financière du diocèse d'Inongo nous a été dressé par deux prêtres résidant dans la Maison diocésaine de Ndolo à Kinshasa[875].

1). *Description de la situation* : De manière générale, la situation matérielle et financière n'est pas agréable car les prêtres rencontrent beaucoup de difficultés pour satisfaire convenablement à leurs besoins vitaux : restauration, habillement, soins de santé, équipement, etc. Les prêtres n'ont pas une rémunération mensuelle et ne sont pas affiliés à un système de sécurité sociale. Mais malgré cela, le diocèse s'efforce à donner le minimum pour que les prêtres ne vivent pas dans la misère totale. L' Économat diocésain dans la mesure du possible accorde trimestriellement un subside aux paroisses et aux prêtres. Cela n'est pas régulier. Il est difficile de le chiffrer car cela dépend de moyens dont dispose l' Économat, mais le quart du budget annuel est consacré à la subsistance du clergé et aux soins de santé des prêtres. Il faut noter qu'aujourd'hui le diocèse d'Inongo compte plus au moins 88 prêtres et 10 diacres. Au fur et à mesure que le nombre des prêtres augmente, les difficultés ne font que s'ajouter car la croissance économique et financière n'est pas au rendez-vous. Il y a donc un rythme disproportionné.

2). *Causes de la situation économique difficile du diocèse* : Il y a plusieurs causes qui expliquent les difficultés économiques dans le diocèse d'Inongo. D'abord il y a l'insuffisance des moyens matériels et financiers due à la dépendance aux aides extérieures (faibles subsides de Rome) et à la faible production locale (la crise socio-économique du pays contribue largement au faible rendement des unités de production : plantations de café, élevages, moyens de transports fluviaux dont dispose le diocèse) ; ensuite la faible prise de conscience des fidèles de prendre en charge leur Église (dans les grandes cités l'effort de prise en charge commence à donner ses fruits, mais

875 Le témoignage sur la situation matérielle et financière du diocèse d'Inongo nous a été donné par les abbés Bernardone MbuMoyi (recteur de la maison diocésaine) et Delphin Nkanu (résidant).

dans les milieux ruraux les gens ont du mal à s'impliquer dans cette option pastorale à cause de leur pauvreté ; au contraire, ce sont eux qui attendent que l'Église leur vienne en aide comme ce fut le cas durant la période missionnaire) et enfin, la mauvaise gestion des biens ecclésiastiques au niveau des structures diocésaines et paroissiales.

3). *Pistes de sortie de la crise* : La voie de sortie est d'accord la prise de conscience que la solution doit venir de nous-mêmes. Le temps est fini d'attendre les aides extérieures pour améliorer notre situation économique. Il faut pour cela des efforts et des initiatives d'auto-prise en charge et d'autosuffisance. Ce défi est possible quand les efforts des uns et des autres sont accompagnés par une gestion efficace et transparente et aussi par la mise en place des structures fonctionnelles et efficaces.

1.4.1.5. Diocèse de Kenge.

Le diocèse de Kenge avait célébré en 2005 un siècle d'évangélisation du Bandundu avec la fondation de Wombali le 10 juin 1901 par le Père jésuite Emile Van Hencxthoven comme berceau de cette évangélisation qui donna naissance aux diocèses de Kikwit, Idiofa, Kenge et Popokabaka. La célébration de ce centenaire fut pour le diocèse de Kenge, l'occasion « de tourner une page de son histoire et d'en ouvrir une autre », c'est-à-dire de faire le bilan de l'œuvre déjà accomplie et donner les perspectives d'avenir pour la nouvelle évangélisation[876]. Mais, en parcourant les thèmes des réflexions du colloque organisé pour cette circonstance, nous sommes étonnés du silence sur un thème aussi important que celui de la vie matérielle et financière du diocèse en général et du clergé séculier en particulier. Et pourtant, c'est un domaine où se manifestent au quotidien des situations d'injustice, de misère et de contre-témoignage de l' Évangile. Ne pas porter un regard critique sur ce domaine c'est oublier une des missions primordiales de l'Église. C'est dans ce souci que F. Kwakwa dans sa réflexion invitait à une pastorale d'engagement politique et économique-social. Car, pense-t-il, « à l'exemple de Jésus-Christ, et selon le dessein de Dieu, l' Église doit travailler à l'établissement d'une société plus juste et plus humanisante.

---

876 Mgr MUDISO, G., Mot de clôture du colloque, in : DE Saint MOULIN, L. et MUYEMBE, O. (éd.), *Un siècle d'évangélisation du Bandundu. Bilan et perspectives*, Kinshasa : Cepas, 2005, 214 : « Avec ce colloque et la célébration du centenaire de Wombali, la première mission catholique de notre province de Bandundu, nous venons, sans peut-être trop nous en rendre compte, de tourner une page de notre histoire et d'en ouvrir une autre ».

Car toutes les situations de misère et d'oppression vécues par nos fidèles [et par les prêtres] sont conséquence du péché et du péché structurel qu'il faut combattre. [C'est pourquoi], l'Église doit aider les gens à se prendre en charge politiquement, économiquement et socialement. [Car] l'histoire nous révèle que c'est autour des monastères que c'est bâti aussi le développement en Occident. Alors pourquoi ne pourrait-on pas envisager chez nous une action semblable ? Il faut repenser les systèmes de sensibilisation, de formation à la démocratie, aux élections, à la dénonciation des chefs véreux et vicieux ; au travail de développement et d'assainissement et d'environnement »[877].

Malgré l'absence d'une réflexion présentant la radiographie de la vie matérielle et financière du diocèse de Kenge en général et du clergé séculier en particulier, le professeur Pfunga-Pfunga a eu le mérite de présenter une réflexion qui souligne la crise économique sévère que traversent les diocèses de Bandundu et notre société, laquelle ne peut se résoudre que par l'option de la prise en charge de l' Église par ses propres fidèles levée par le Concile Vatican II et l' Épiscopat du Congo[878]. Pour le professeur Pfunga-Pfunga, face à la crise économique que traversent beaucoup de diocèses du Congo[879], il est plus que nécessaire de faire comprendre aux chrétiens leur obligation de prendre en charge matériellement leurs Églises car « la richesse matérielle du ministre de Dieu était artificielle tant qu'elle était assise sur les apports de l'Occident. Or il n'est pas possible que le développement des Églises africaines soit durable tant qu'il dépend, pour son financement, des dons de l'Europe. L'autonomie financière, l'autofinancement des Églises du Tiers-Monde est une valeur pour le développement humain »[880]. L'exhortation à la prise en charge de ministres par les fidèles « ne signifie pas que les ministres de Dieu sont des misérables, mais que ce qu'ils doivent avoir doit désormais venir d'ici même et non plus de l'extérieur »[881]. En nous basant sur les textes bibliques (Lc 10, 7 : « L'ouvrier vit de son salaire » et le Concile Vatican II définissant l' Église comme Peuple de Dieu, puis Famille de Dieu, la communauté chrétienne s'est convertie en employeur qui devait payer ce

877 KWAKWA, F., « 100 ans après l'évangélisation ! Quel impact du message chrétien sur les croyances et pratiques ancestrales et traditionnelles dans les diocèses du Bandundu ? », in : ibid., 84.

878 PFUNGA-PFUNGA, PH., art. cit, 174–191.

879 Ibid, 174.

880 Ibid., 182 ; cfr. CONCILE VATICAN II, AG, 6 : « Il faut que, nées de la Parole de Dieu, des Églises particulières autochtones suffisamment établies croissent partout dans le monde, jouissent de leurs ressources propres et d'une certaine maturité ».

881 Ibid.

salaire. C'est à elle que revient l'obligation de maintenir en vie son pasteur car celui-ci travaille pour elle[882].

L'analyse du professeur Pfunga-Pfunga nous amène à conclure que, comme partout ailleurs dans les diocèses du RDC, les prêtres diocésains de Kenge vivent et travaillent dans des conditions très difficiles à cause de la dépendance économique extérieure et à cause de peu d'initiatives et d'efforts d'autosuffisance et d'auto-prise en charge[883]. La misère économique de l'Église particulière ne peut être combattue que par une prise de conscience aigüe par tous de l'option de la prise en charge et de l'autosuffisance matérielle et financière et par une gestion transparente des biens ecclésiastiques par les administrateurs de l'Église[884].

1.4.1.6. Diocèse de Kikwit.

Les données sur la situation matérielle et financière du prêtre diocésain de Kikwit nous viennent des réflexions publiées à l'occasion du centenaire de l'évangélisation de la Province ecclésiastique du Kwango-Kwilu dont le diocèse de Kikwit fait partie.

1). *Description de la situation* : Dans une réflexion publiée par S. Mukulu Mbangi, la situation économique du prêtre diocésain de Kikwit est décrite en ces termes : « C'est depuis au moins quinze ans que la situation matérielle du prêtre diocésain de Kikwit s'est détériorée. Il existe ainsi un malaise grave lié à la subsistance et à la sécurité sociale du prêtre diocésain. En effet, s'il est difficile à ce dernier de subvenir à ses besoins élémentaires, force est de constater que le prêtre diocésain de Kikwit ne dispose plus, de nos jours, de moyens suffisants pour s'acquitter de son ministère sacerdotal »[885]. Dans le même sens poursuit F. Mabanza : « A l'heure qu'il est, [le diocèse de Kikwit] se trouve réduit dans une pauvreté sans nom. Les prêtres meurent de faim, n'ont pas d'argent de poche ni ne reçoivent régulièrement les intentions de messe, et n'ont plus droit facilement aux soins de santé quand ils

---

882 Ibid., 183.

883 Il s'agit de toutes les causes citées à la page 183 qui expliquent la disparition du patrimoine ecclésiastique dans beaucoup de diocèses du Congo.

884 Ibid., 184.

885 MUKULU MBANGI, S., « La gestion du grenier ecclésiastique : Les défis d'un service. Jalons pour une « pastorale du grenier » », in : GUY-ANGELO KANGOSA et W. MANZANZA MWANANGOMBE (dir.), « Du vicariat du Kwango à l' Église locale de Kikwit. Cent ans d'évangélisation au Kwango-Kwilu et perspectives d'avenir », Kinshasa-RDC : MédiasPaul, 2012, 225.

sont malades. Pour vivre, ils sont souvent à la merci des familles, des amis et des connaissances. Cela comporte des conséquences néfastes incalculables sur le ministère et leur identité sacerdotale : l'insoumission à l'évêque, etc. La difficile situation amène certains confrères à devenir égoïstes, à protéger jalousement le peu qu'ils possèdent, sacrifiant par-là la solidarité et la charité sacerdotales »[886]. Mais avant la détérioration de la situation, le diocèse de Kikwit a fait preuve pendant longtemps d'une bonne organisation matérielle et financière. Cette bonne organisation a permis de garantir aux prêtres une *pension alimentaire* (P.A) mensuelle pour couvrir les besoins alimentaires de chaque communauté et assurer la paie mensuelle des employés de la paroisse, aussi des *frais d'itinérance* en sigle « F.I. » pour l'organisation des activités pastorales, des *frais de fonctionnement* (F.F.) destinés à la réparation des engins, au maintien des autres matériels utilisés dans la pastorale paroissiale et parfois comme supplément aux frais d'achat pour un nouvel engin et un *compte personnel* en sigle « C.P. » où mensuellement l' Économe diocésain versait la rémunération du prêtre au service du diocèse (jusqu'en 1995, la rémunération mensuelle s'élevait, pour le prêtre curé, à 1500 Francs Belges et pour le prêtre vicaire et le diacre, à 1000 Francs belges). Ce compte était géré par l'économat diocésain et était quelque fois renfloué par des intentions de messe (I.M.) »[887]. Par rapport à la sécurité sociale, l'économat diocésain assurait aux prêtres diocésains une assistance maladie et une assistance vieillesse avec l'appui des fonds de « Opus Securitatis », un organisme lié aux Œuvres Missionnaires Pontificales chargé de la sécurité sociale pour les prêtres âgés[888].

Malheureusement, de tous ces services, aujourd'hui, le diocèse de Kikwit n'assure, d'ailleurs d'une manière insuffisante, que la *pension alimentaire* et *l'assistance maladie* pour ses prêtres diocésains. La pension alimentaire mensuelle de chaque prêtre s'élève aujourd'hui à 50 dollars américains[889].

2). *Causes de la dégradation de la situation économique* : les causes sont nombreuses, mais on peut en épingler quelques-unes : a).la manière dont l'Ordinaire du lieu exerce son autorité et la gestion du « grenier ecclésiastique » qui ne répond plus au modèle évangélique et aux enseignements de l' Église

886 MABANZA TOLOTOLO, F., « La responsabilité du clergé diocésain de Kikwit dans la crise financière et institutionnelle actuelle », in : GUY-ANGELO KANGOSA ET W. MANZANZA MWANANGOMBE (dir.), ibid, 240.

887 MUKULU MBANGI, S, art. cit., 225–226.

888 Ibid.

889 Ibid.

en cette matière[890] ; b) la manière dont les prêtres et les laïcs affectés dans les structures diocésaines gèrent les biens ecclésiastiques, souvent sans respect de normes ecclésiastiques, sans esprit évangélique, sans compétence et sans respect du sens et vocation des biens ecclésiastiques[891] ; c) le modèle de gestion traditionnel hérité de la colonisation où le colonisateur avait droit à tout et le colonisé avait seulement le droit de servir les intérêts du maitre colonisateur. Ce modèle fait des responsables de nos Églises et des gestionnaires d'unités de production des gens qui ne produisent pas ou produisent peu, mais qui attendent de prendre pour eux ce que les autres ont produit ou gagné au prix de beaucoup de difficultés. Peu importe si ceux qui les ont produits souffrent et croupissent dans la misère[892] ; d) La crise économique générale qui frappe notre pays dans toutes ses institutions et aussi le monde entier. Cette crise économique est plus une crise d'hommes provoquée par l'homme lui-même. Pour s'en sortir, l'effort consistera à remettre l'homme au centre de tout progrès économique [...]. L'économie et les finances, en tant qu'instruments, doivent être utilisés de manière éthique afin de créer les conditions favorables pour le développement de l'homme et des peuples[893] ; e). Le tribalisme qui contribue à la crise d'identité sacerdotale, qui sacrifie les critères de compétence au profit de l'appartenance tribale ou ethnique et qui brise l'unité nécessaire pour la construction de l' Église Famille de Dieu[894].

3). *Voies de sortie de la crise* : a). promouvoir une gestion participative du grenier ecclésiastique à l'exemple de la première communauté chrétienne (Ac. 6, 1–4 ; 11, 29–30 ; 1 Co 16, 3–4 ; 2 Co 8, 20–21) et comme l'exige

890 Ibid, 223 .224 : cfr. L'appel du Pape J. Paul II à ce sujet dans l'Exhortation Ap. post-synodale *Pastores gregis* : « Chers frères dans l' Épiscopat, soyez, à la suite du Christ-bon Pasteur, de bons bergers et des serviteurs du troupeau qui vous est confié, exemplaires par votre vie et votre comportement. La bonne administration de vos diocèses requiert votre présence. Pour que votre message soit crédible, faites que vos diocèses deviennent des modèles quant au comportement des personnes, à la transparence et la bonne gestion financière. Ne craignez pas d'avoir recours à l'expertise des audits comptables pour donner l'exemple aussi bien aux fidèles qu'à la société toute entière. Favorisez le bon fonctionnement des organismes ecclésiaux et paroissiaux tels qu'ils sont prévus par le droit de l' Église. » ; cfr. MABANZA TOLOTOLO, F., art. cit., 254–255.

891 MUKULU MBANGI, S., ibid, 224 ; MABANZA TOLOTOLO, f., art. cit, 256

892 MABANZA TOLOTOLO, F., ibid, 241.

893 Ibid.

894 Ibid, 257.

l'ecclésiologie du Concile Vatican II qui met au premier plan la « communion-Participation » (L.G., 37a). Une telle méthode doit répondre aux exigences de la rigueur, de la transparence, de l'honnêteté et de la vérité. Elle favorisera la collaboration sincère entre les différents organes de gestion et les fidèles chrétiens, elle fera recours à l'expertise des laïcs compétents dans les affaires économiques, s'appuiera sur des mécanismes efficaces de contrôle de la gestion économique et financière à tous les niveaux et se conformera aux normes ecclésiastiques en matière de gestion des biens ecclésiastiques[895] ; b) Lever l'option d'une « pastorale du grenier » ecclésiastique comme motif de crédibilité car elle permet de découvrir un Dieu qui fait vivre en donnant à manger à son peuple (Cf. Ex. 16, 11–17) et qui se donne pour que nous ayons la vie en abondance (Jn 10,10)et parvenir à une pratique de la foi et à la mise sur pieds d'une Église-Famille de Dieu qui refuse tout système entretenant des greniers vides, c'est-à-dire la faim et la mort »[896] ; c). Faire de l' Église et des communautés chrétiennes « des lieux d'initiatives et de créativité, c'est-à-dire des endroits où les hommes et les femmes se mettent ensemble pour mener des luttes de survie contre toute sorte de faim dont elles souffrent : faim de nourriture, de communion de vie, de dignité humaine, de respect des droits de toute personne, de justice et de paix et par-dessus tout de vie en abondance et de transformation radicale à la lumière de la Parole de […] Jésus-Christ, pain de vie(cf. Jn 6, 68a)[897] ; d). Promouvoir une bonne gouvernance qui entraîne une gestion transparente des biens de l' Église et des personnes[898], au sens de responsabilité collective dans le redressement de la situation économique et financière de l' Église locale[899] ; e). Promouvoir l'auto-prise en charge de l' Église locale par le travail productif afin de briser la mentalité de consommateurs et d'assistés perpétuels acquise de l'évangélisation des premiers missionnaires[900] ; f) Reconstruire l'unité en bannissant le tribalisme car l'unité est une force pour construire[901].

---

895 MUKULU MBANGI, S., art. cit., 227–231.
896 Cfr. ELA, J-M., Ma foi d'Africain, 125 : cité par MUKULU MBANGI, ibid., 232–233.
897 MUKULU MBANGI, S., ibid, 233.
898 MABANZA TOLOTOLO, F., art. cit., 245.
899 Ibid.
900 Ibid, 247.
901 Ibid, 259.

1.4.1.7. Diocèse de Popokabaka.

Le problème de la situation matérielle et financière du diocèse en général et du clergé diocésain en particulier est presque permanent dans toutes les réflexions du clergé diocésain de Popokabaka depuis 1978 jusqu'à ces jours[902]. Le diagnostic général de la situation a été repris dans une réflexion faite par deux prêtres diocésains, N. Kabeya Makweta et Ap. Makambu Mulopo, sous le titre « Le clergé diocésain de Popokabaka. De la période missionnaire à l'Eglise locale » et publiée dans une œuvre collective, « » *Allez dans le monde entier…* ». *Centenaire de l'évangélisation catholique du Kwango-Diocèse de Popokabaka (1915–2015)* ».

902 Sur la situation matérielle et financière du diocèse et du clergé séculier de Popokabaka, on peut bien lire les différents rapports des journées sacerdotales de 1999 à 2015 : 1. *Rapport des journées sacerdotales : « L'évangélisation de l'an 2000 et la vie du prêtre séculier »*. Tenue à Iniangi du 17 au 22 aout 1999, 1–7 (texte non publié) ; 2. Mgr Louis Nzala Kianza, *Lettre pastorale au seuil de l'an jubilaire 2000 :« Toujours prier sans jamais se lasser » (Lc 18, 1–8)* ; 3. *Rapport des journées sacerdotales tenues à Popokabaka du 23 au 24 janvier 2004*, 1–14 (texte non publié) ; 4. *Compte rendu de la réunion du Conseil presbytéral tenue à Popokabaka du 17 au 18 juillet 2006*, 1–12 (texte non publié) ; 5. *Procès-verbal de la rencontre des prêtres du doyenné de Panzi (diocèse de Popokabaka) du 24 septembre 2007 au début de l'année pastorale 2007–2008* (texte non publié) ; 6. Mgr Louis NZALA KIANZA, *Lettre pastorale à l'occasion de l'érection canonique de la paroisse Saint Esprit de Kingwangala (4 janvier 2006)* (Texte non publié) ; 7. *Rapport de la Rencontre des abbés sur la situation matérielle du clergé, tenue du 4 au 9 aout 2010 à Kinshasa*, 1–8 (texte non publié) ; 8. Mgr EDOUARD LUTAKU IWUTU, Vicaire Général, *Lettre du 29 aout 2013 au clergé diocésain de Popokabaka sur la Constitution de la Caisse « Pool commun » du clergé diocésain de Popokabaka* (texte non publié) ; 9. *Compte rendu de la réunion communautaire des abbés résidant à la Maison diocésaine de Kintambo du 16 juin 2014*, 1–5 (texte non publié) ; 10. *Compte-rendu de la réunion sacerdotale tenue à Kintambo du 16 juin au 5 aout 2014*, 1–17 (texte non publié) ; *Propositions des membres du clergé ayant participé à la réunion sacerdotale du 16 juin au 5 aout 2015 tenue à Kintambo/Kinshasa sur la survie du clergé*, 1–8 (texte non publié) ; N'TEBA MBENGI, A., MAKAMBU MULOPO, A. et KABEYA MAKWETA, N. (dir.), « *Allez dans le monde entier…* ». *Centenaire de l'évangélisation catholique du Kwango-Diocèse de Popokabaka (1915–2015)*, Kinshasa : Ed. Loyola, p. 444 : lire surtout le chapitre 2, pp. 69–102 : « *Le clergé diocésain de Popokabaka, de la période missionnaire à l'Eglise locale* ».

1). *Description de la situation* : Depuis 1978 jusqu'aujourd'hui, le clergé diocésain de Popokabaka vit et exerce le ministère dans la misère et dénuement total. Cette situation a été dénoncée mainte fois lors des journées sacerdotales devant les Ordinaires de lieu qui se sont succédé à la tête du diocèse. Lors de Journées sacerdotales tenues à Popokabaka du 23 au 24 janvier 2004, les prêtres décrivaient leur situation de précarité en ces termes : « Aujourd'hui, dans nos communautés, nous manquons le minimum matériel vital et vivons dans une insécurité sociale et économique très dangereuse qui pousse le prêtre à la mendicité et le tourne en dérision. Par conséquent, beaucoup des confrères sont démotivés, démobilisés, désengagés sur le champ pastoral. Beaucoup de prêtres commencent à se créer leurs *industria propria* sur le reste de biens communs qu'on a en paroisse. Contrairement à la situation évoquée à Iniangi en 1999, il y a aujourd'hui une réelle dégradation des conditions matérielles des prêtres, due entre autre raison à la mégestion des structures génératrices des recettes, au manque de suivi et absence des sanctions. D'où venons-nous, où sommes-nous et où allons-nous ? Pourquoi a-t-on supprimé les mensualités et les intentions de messes ? »[903]. Cette situation a été décrite pratiquement dans les mêmes termes déjà en 1999.[904] et lors du Conseil presbytéral du 17 au 18 juillet 2006, les délégués sont arrivés à la même conclusion que la situation économique et financière du diocèse en général et du clergé en particulier va de mal en pis[905]. Et dans un Rapport d'une Rencontre des prêtres diocésains du 4 au 9 aout 2010 sur le thème « Réflexion sur la situation matérielle du clergé diocésain », le constat de la situation est le même : « Les prêtres du diocèse de Popokabaka ne vivent plus, ils souffrent. Jadis, ils recevaient du diocèse une allocation de 100 dollars américains, sous forme de mensualité ou d'intentions de messe ; mais cet argent de poche n'est plus donné, voilà cinq ans. La mensualité supprimée, une pension alimentaire a continué à être donnée pendant un ou deux ans comme une allocation annuelle unique de 1.000 dollars américains par communauté des abbés (pas toutes non plus). Celle-ci est

903 CLERGÉ DIOCÉSAIN DE POPOKABAKA, Journées sacerdotales tenue du 23 au 24 janviers 2004 à Popokabaka (texte non publié), 12.

904 CLERGÉ DIOCÉSAIN DE POPOKABAKA, Rapport des journées sacerdotales : « L'Évangélisation de l'An 2000 et la vie du prêtre séculier », tenue à Iniangi du 17 au 22 aout 1999 (texte non publié), 3.

905 Compte-rendu de la Réunion du Conseil Presbytéral tenue à Popokabaka du 17 au 18 juillet 2006, 5.

descendue à 500 dollars pendant deux ou trois ans, mais elle est devenue, à ce jour sporadique, irrégulière, incertaine. De temps en temps, à l'occasion d'une fête anniversaire, ou de la perception de quelques tensions engendrées par la misère, Mgr l' Évêque distribue 100 dollars américains à chacun des prêtres présents ou insérés dans le ministère pastoral (curés, vicaires). Les abbés se demandent d'où vient cet argent distribué de manière ponctuelle et imprévisible. Il y a donc le sentiment d'une démission du diocèse devant ses responsabilités, aussi bien au niveau de ce qui devait être alloué, qu'au niveau de la mise en place de structures d'autofinancement pour la prise en charge de l'œuvre future de l'évangélisation »[906]. Lors des réflexions que les prêtres ont eues entre 16 juin et 4 Aout 2014, ils ont dressé encore le même tableau sombre : « Les membres du clergé de Popokabaka font face à une condition sociale précaire, notamment en matière de pension alimentaire, d'habillement, de logement, de soins de santé et d'argent de poche. Les prêtres ne demandent pas de vivre dans le luxe mais de bénéficier des conditions de vie décentes. En ce qui concerne la pension de vieillesse [...] [ils ignorent comment fonctionne la structure de *l'Opus Securitatis* dont la gestion est sous la responsabilité de la Conférence Épiscopale Nationale du Congo (CENCO). Le diocèse de Popokabaka ne donne pas l'information à ses prêtres sur cette structure] »[907].

Cette situation a un impact négatif sur la vie matérielle du prêtre, sur son comportement, sur sa discipline, sur la gestion de biens communautaires et sur son engagement dans le ministère sacerdotal. Beaucoup de prêtres ont tendance à vivre de la mendicité et à contracter des dettes auprès de tierces

906 Rapport de la Rencontre des abbés sur la situation matérielle du clergé, tenue à Kinshasa du 4 au 9 aout 2010 (texte non publié), 2–3.

907 CLERGÉ DIOCÉSAIN DE POPOKABAKA, Compte-rendu de la réunion sacerdotale tenue à Kinshasa du 16 juin au 5 aout 2015 (texte non publié), 12 ; MAKAMBU MULOPO, A. et KABEYA MAKWETA, N., Le clergé diocésain de Popokabaka... dans : N'TEBA MBENGI, A., MAKAMBU MULOPO, A et KABEYA MAKWETA, N. (dir.), o. c., 90 : « En ce qui concerne la vie matérielle des paroisses et des prêtres au Kwango-diocèse de Popokabaka, il n'est un secret pour personne qu'aujourd'hui cette situation demeure préoccupante sinon alarmante : les infrastructures reçues des missionnaires par le clergé séculier se sont dégradées, si elles n'ont pas disparu. Par ailleurs, la vie matérielle des prêtres dans les paroisses ne rassure plus comme ce fut le cas il y a quelques années. Ce qui conduit d'aucuns à se démotiver, voire à se désengager sur le plan pastoral. D'autres encore recourent à l'industria propria comme voie de sortie ».

personnes, à ne pas donner le meilleur d'eux-mêmes sur le plan pastoral[908]. Dans la vie communautaire, cette situation engendre des tensions entre les prêtres et contribue à la détérioration des infrastructures de base (mauvaises conditions de logement, mauvaise restauration, absence criant des outils de travail, impaiement prolongé des ouvriers au service de la communauté sacerdotale)[909].

2). *Causes de cette situation de crise* : a) L'insuffisance des moyens financiers due à la forte dépendance des aides extérieures et à l'absence d'initiatives pour l'auto-prise en charge et l'autosuffisance matérielle et financière ; b). La mauvaise gestion des unités productrices de revenus, couplée d'un gaspillage de peu de moyens disponibles pour des intérêts égoïstes et pour des finalités qui n'ont aucune relation avec la mission de l' Église ; c). Le manque de structures de fonctionnement et de contrôle au niveau du diocèse à cause d'un déficit organisationnel et d'un leadership visionnaire et clairvoyant ; d). Une gestion opaque des finances du diocèse qui se fait généralement hors des structures autorisées par l' Église (par exemple, une manière courante de faire du Secrétaire-chancelier diocésain un gestionnaire de finances, alors qu'il existe bien un économe diocésain.)[910] ; e). La pauvreté de notre peuple et l'absence d'un vrai accompagnement de l' Église dans sa lutte contre cette pauvreté (le témoignage de l' Église dans la gestion du temporel n'est pas un stimulus pour un peuple très pauvre dans sa lutte pour le développement) ; f). L'environnement économique internationale et nationale hostile, fait d'inflation sauvage, de tracasseries policières, de destructions de l'infrastructure sociale et économique (routes, écoles, hôpitaux, eau, énergie…)[911] ; g). L'instabilité politique dans laquelle se trouvent empêtrer les populations africaines, avec leurs corollaires que sont la pauvreté, la misère, le manque de liberté, le manque de politique sociale, la corruption

---

908 CLERGE DIOCESAIN DE POPOKABAKA, Rapport des journées sacerdotales : « L'Evangélisation de l'An 2000… », 2.

909 Ibid., 3.

910 MAKAMBU MULOPO, A. et KABEYA MAKWETA, N., loc. cit. : « l'inadaptation des structures héritées de l'époque missionnaire aux conditions financières du clergé diocésain, l'absence ou la léthargie des structures diocésaines de gestion et de contrôle, le manque d'initiatives aussi bien de la part des prêtres que des autorités diocésaines, la mauvaise gestion ou la dilapidation des biens reçus des missionnaires ainsi que de fonds de financement des projets » bref un déficit organisationnel très criant d'où au manque de « leadership ».

911 PFUNGA-PFUNGA, P., art. cit,.dans : DE SAINT MOULIN, L., et MUYEMBE, O. (dir.), o. c, 183.

et la déchéance éthique[912] ; h). La politique paternaliste appliquée toujours sur les Églises africaines qui freine l'émergence des Église locales vraiment adultes ; i) La représentation et l'exercice erronés du pouvoir tant au niveau politique qu'ecclésiastique ; J). La logique d'un développement qui doit se réaliser selon la vision classique des projets à financer par des organismes étrangers ecclésiastiques ou civils et le mauvais choix de stratégies dans la politique de développement au niveau ecclésial et civil.

3). *Voies de solutions* : Pour résoudre cette situation préoccupante, les solutions ne peuvent venir que de la capacité inventive de l' Église locale face aux nombreux défis dont elle est confrontée. C'est-à-dire que « les solutions aux problèmes matériels et économiques de nos communautés chrétiennes doivent être trouvées sur place avec les moyens de bord, en exploitant les atouts que nos milieux offrent selon l'idéologie de la prise en charge d'une Église par elle-même, c'est-à-dire par ses propres fidèles. Ceci est d'autant plus pressant que non seulement l' Église de l'Occident se concentre de plus en plus sur ses propres priorités face à l'asphyxiante crise dans laquelle se trouve plongé le monde, mais aussi parce qu'elle a résolument changé de philosophie, voire de politique vis-à-vis de l'aide à accorder à l'Afrique. L'Occident est convaincu que l'Afrique a mûri et doit désormais voler de ses propres ailes »[913]. Cette vision de rupture avec les vieilles habitudes nées du paternalisme missionnaire suppose une grande capacité d'inventions, d'initiatives et d' organisation de l' Église locale qui doit se manifester dans la mise en place des structures fonctionnelles, dans la création des organes générateurs de revenus[914], dans la promotion du travail productif, dans

912 MAKAMBU MULOPO, A., et KABEYA MAKWETA, N., art. cit, 88.

913 MAKAMBU MULOPO, A., et KABEYA MAKWETA, N., ibid., 89–90 ; cfr. Procès-Verbal de la Rencontre des prêtres du doyenné de Panzi au début de l'année pastorale 2007–2008 (Kingwangala, 24 septembre 2007), 5 : Face à la question : « Comment être efficace pastoralement dans le contexte économique actuel de nos diocèses et paroisses ? » ou « De quoi sommes-nous capables au niveau local ? », leurs réponses sont toutes allées dans le sens d'une auto-prise en charge par la conscientisation des chrétiens, par la solidarité sacerdotale et par la promotion du travail productif avec les moyens locaux dont chaque paroisse dispose.

914 Mgr LUTAKU IWUTU, E., VICAIRE GÉNÉRAL, Lettre aux membres du clergé diocésain de Popokabaka, datée du 29 aout 2013 : Constitution Caisse « Pool Commun » du clergé diocésain de Popokabaka : Dans cette lettre, le Vicaire Général souligne d'abord que « depuis son érection, le diocèse de Popokabaka s'est engagé dans une lutte acharnée pour son autosubsistance et son autofinancement dans l'espoir d'affirmer son autonomie matérielle et financière. Mais il s'avère qu'après cinquante

une éthique de la gestion du bien commun qui suppose la transparence, la rigueur, le respect des structures de gestion, le choix judicieux des compétences dans la gestion, la discipline dans l'usage des biens, l'honnêteté dans la gestion du patrimoine commun, la peur éthique de l'argent d'autrui et du bien commun, le contrôle de la gestion à tous les niveaux de la vie ecclésiale, le respect des normes canoniques dans l'administration des biens temporels, etc[915].

1.4.2. Province ecclésiastique de MBANDAKA.

Les données sur l'état de lieu de la situation matérielle et financière dans la Province ecclésiastique de Mbandaka nous ont été fournies par les prêtres diocésains rencontrés dans les Maisons diocésaines de Basankusu, de Budjala, Molegbe et Lisala, sises dans la commune de Limete dans la ville-province de Kinshasa.

1.4.2.1. Diocèse de BASANKUSU.

La situation économique et financière du clergé diocésain du diocèse de Basankusu nous a été brossée succinctement au mois de septembre 2015 par

ans d'existence, les résultats de cette lutte sont mitigés. [Et] dans le contexte actuel de la crise économique -financière qui sévit dans notre pays, il est pratiquement difficile à un diocèse improductif financièrement mais consommateur économiquement de faire face aux multiples problèmes auxquels il est confronté [...] Par manque de structures fonctionnelles d'autofinancement, les ressources économiques et financières du diocèse ne font que s'épuiser. Face à cette situation de précarité, [Les membres du clergé diocésain] étaient invités à prendre une part active à l'effort commun d'autofinancement par des initiatives qui soient vraiment productives. C'est dans cette perspective que le projet de la caisse dite « Pool commun » du clergé diocésain de Popokabaka fut lancé ». Cette initiative vise à promouvoir la solidarité sacerdotale et la justice car le ministère sacerdotal est une mission reçue de l'Église en vue du bien commun et non pour un intérêt personnel et égoïste, comme le rappelle le Concile Vatican II dans le Décret PO, 8 ; Cfr. PROCES-VERBAL DE LA RENCONTRE DES PRETRES DU DOYENNE DE PANZI.. : « Proposition de créer une association du clergé diocésain à l'instar d'autres diocèses. Les objectifs de cette association sont purement sociaux et économiques. L'avis de l'assemblée est que cette proposition, en soi bonne, soit débattue en plénière aux prochaines journées sacerdotales ».

915 CLERGE DIOCESAIN DE POPOKABAKA., Rapport des Journées Sacerdotales tenues à Popokabaka du 23 au 24 janvier 2004, 7.

l'abbé Laurent Esia Kongo, alors recteur de la Maison diocésaine de Basankusu, sise au quartier Funa de la commune de Limete dans la ville province de Kinshasa[916].

1). *Description de la situation* : L'abbé Laurent Esia présentait la situation en ces termes : « Le clergé séculier du diocèse de Basankusu vit et exerce son travail pastoral dans des conditions matérielles et financières très difficiles. C'est la situation presque générale dans l'ensemble de nos diocèses du Congo. Actuellement, au diocèse de Basankusu, le principe est que chaque prêtre exerçant son ministère pastoral devait recevoir 45.000 FC, soit 50 dollars américains par mois. Cependant ce principe n'est pas toujours la réalité car l'insuffisance de moyens financiers fait que la concrétisation du principe soit irrégulière. Cette somme est donnée deux à trois fois par an et non mensuellement comme décidé. Quelque fois, des intentions de messe peuvent être distribuées aussi sporadiquement par l' Économat diocésain, soit 75 dollars américains par an quand il y en a. Chaque paroisse assure dans les conditions très difficiles la restauration de ses prêtres. Pour tenir débout, beaucoup des prêtres se débrouillent jusque parfois à se retrouver dans de situations très compliquées qui ternissent leur image de prêtre et de l' Église ». Parlant de la sécurité sociale, il disait : « Les prêtres séculiers du diocèse de Basankusu ne sont affiliés à aucun système de sécurité sociale. Au niveau du diocèse il n'y a aucune structure qui peut leur garantir une protection sociale suffisante. L'avenir et les vieux jours sont souvent abordés avec beaucoup d'inquiétudes et cela a des répercussions dans le rendement sur le champ ministériel. Si au niveau de la Conférence Épiscopale Nationale du Congo il y a une structure de protection sociale, les prêtres de Basankusu ignorent aujourd'hui son fonctionnement car aucune information ne leur est donnée. Cependant, dans de cas graves de maladie, le diocèse, malgré ses maigres ressources, s'efforce à procurer à ses prêtres des soins de santé ».
2). *Causes de cette situation* : La situation de pauvreté économique et financière de l' Église locale de Basankusu est la conséquence logique de l'héritage missionnaire. Les prêtres diocésains ont hérité des missionnaires de structures matérielles et économiques dont la survie était basée sur les aides extérieures. Une fois les missionnaires riches sont partis, les prêtres

916 Source d'informations sur la situation économique et financière du clergé séculier de Basankusu : Abbé Laurent Esia Kongo, recteur de la Maison diocésaine de Basankusu à Kinshasa.

diocésains pauvres et sans préparation suffisante dans la gestion de biens temporels, car souvent laissés à l'écart, ont du mal à gérer des structures colossales qui, jadis, dépendaient à 90 % des appuis extérieurs. Pour faire survivre toutes ces structures colossales, ils doivent se retourner auprès d'une population pauvre à qui les missionnaires n'ont pas appris à participer à la construction de l' Église, mais sinon à recevoir d'une Église qui a projeté l'image de la richesse et de la bourgeoisie. Face à cette conception d'une Église-riche qui doit donner et non-recevoir de ses propres fidèles, le credo de l' Épiscopat congolais sur la prise en charge matérielle de l' Église par ses propres fidèles a du mal à se faire entendre et produire du fruit. A cela il faut ajouter que les évêques et les prêtres diocésains eux-mêmes continuent à entretenir cette fausse image d'une Église riche car leur train de vie pour certains ne cadre pas avec la précarité matérielle et financière de l' Église locale. Beaucoup vivent au-dessus de leurs moyens, mènent une vie de jouissance en abusant du peu qui doit servir à tous. Ils forment alors une communauté de consommateurs sans esprit d'initiatives, sans souci de construire un avenir prospère pour les futures générations qui doivent un jour prendre le relais de l'évangélisation. C'est la philosophie du « Carpe diem », propre aux jouisseurs. Evidemment un tel esprit ne peut conduire qu'à la mauvaise gestion du patrimoine commun et à l'individualisme, à la perte du sens même de l' Église comme Peuple de Dieu et Famille de Dieu.

3). *Voie de solutions* : Il faut s'attaquer à toutes ces causes qui retardent le développement et prendre conscience que l'avenir de l' Église locale dépend de ce que les chrétiens africains feront d'elle. L'heure de la mendicité a pris fin, il faut maintenant faire preuve de sens de responsabilité, d'initiatives et de créativités pour relever le défi de l'auto-prise en charge et de l'autosuffisance matérielle et financière.

1.4.2.2. Diocèse de Budjala.

Les données sur la situation matérielle et financière du clergé diocésain de Budjala nous ont été fournies en septembre 2015 par les prêtres résidant dans la Maison diocésaine se trouvant à Kinshasa[917].

---

917 Source d'informations : Abbé Sylvestre Bokwanga, prêtre diocésain de Budjala, professeur de Droit Canonique à l'Université Catholique de Kinshasa et Ancien Secrétaire de la Commission Épiscopale des Séminaires et du Clergé.

1). *Description de la situation* : Les prêtres diocésains de Budjala ont décrit leur situation en ces termes : « Les prêtres séculiers du diocèse de Budjala vivent et travaillent dans de mauvaises conditions. C'est une situation inacceptable pour des gens qui ont accepté de sacrifier leur vie pour le bien du Peuple de Dieu. Ils vivent de fondations missionnaires mais sans moyens. Une vie pauvre, sans subside et sans intentions de messe comme autrefois. Chacun se débrouille pour survivre et à force de se débrouiller on s'embrouille, d'où certains comportements qui ternissent l'image du prêtre et de l' Église : dettes auprès de tiers, immoralité, individualisme, recherche effrénée de l'argent même par de moyens malhonnêtes, mendicité, etc. ». « Aucune structure de protection sociale n'existe au niveau du diocèse. Les prêtres séculiers affrontent souvent les aléas de la vie comme maladie, accidents et vieillesse avec beaucoup d'inquiétudes et angoisses. Un avenir sombre qui ne rassure pas et qui provoque même un questionnement sur le sens de l'engagement au sacerdoce. La structure de *l'Opus Securitatis* qui fonctionne au niveau de la Conférence Épiscopale pour assurer une pension aux prêtres est souvent ignorée par ces derniers car aucune information ne leur est donnée sur son fonctionnement. Et quand une pension de vieillesse est accordée à un prêtre, l'argent est souvent mal géré par l'évêque. La tendance est de mettre cet argent dans la caisse commune, alors cela ne devait pas être ainsi ».

2). *Causes de cette crise* : parlant des causes, ils ont souligné ceci : « Laissant de côté toutes les causes historiques qui peuvent expliquer cette situation de misère du prêtre séculier, les causes immédiates sont d'abord le manque de politique économique au niveau du diocèse, la mauvaise gestion des biens ecclésiastiques, la manipulation des structures de gestion pour les intérêts égoïstes de ceux qui ont une parcelle d'autorité, le manque d'initiatives pour promouvoir la production locale des biens économiques, le manque de contrôle et l'impunité, la pauvreté de la population, la persistance des vieilles habitudes nées du paternalisme colonial et missionnaire, etc. ».

3). *Voies de sortie de la cris*e : L' Église locale doit : a)Respecter les prescriptions canoniques et évangéliques ; b). L'enseignement sur la justice sociale ne doit pas seulement rester au niveau théorique, mais il doit se traduire en acte pour être crédible ; c). La bonne gestion du patrimoine commun doit être le cheval de bataille de la bonne gouvernance de l'Église ; d). Les Évêques doivent cesser la manie de plaire aux instances supérieures alors qu'en réalité ce qu'ils présentent ne reflète en rien la réalité sur le terrain ; e). Promouvoir à tous les niveaux un contrôle sévère de la gestion du patrimoine commun ; f). Apprendre à travailler pour le bien de la paroisse et du diocèse ; g). Revoir le programme de formation des prêtres. Abandonner le type de formation paternaliste et promouvoir une formation où le futur prêtre est un acteur principal du développement en lui inculquant l'esprit du travail productif, la valeur des ressources locales pour construire son Église, l'esprit managérial (qui permet de percevoir la réalité (le réel), de créer du lien (le symbolique) et de susciter l'imaginaire, la créativité, des projets ambitieux et des perspectives de développement) ; h). L' Église doit améliorer ses relations avec l'État pour qu'ensemble ils puissent travailler pour relever le défi de la pauvreté, de la misère et du développement. Les relations toujours tendues ne profitent ni à notre peuple, ni à l' Église et ni à notre nation mais seulement à ceux qui cherchent toujours à nous séparer pour mieux régner ; i). La première condition remplie alors, l' Église peut recourir à l' État pour relever le défi interne de l'auto-prise en charge.

1.4.2.3. Diocèse de Molegbe.

La situation matérielle et financière du clergé diocésain de Molegbe que nous présentons ici est le résultat d'une enquête menée entre les mois d'aout et septembre 2015 à Kinshasa auprès de membres de ce même clergé résidant ou de passage à la Maison diocésaine de Molegbe se trouvant dans la ville de Kinshasa, commune de Limete[918].

1). *Description de la situation et causes* : « Avant la crise politique de 1997 qui a jeté le pays dans un spirale de guerres d'agression et a conduit à la chute de Régime Mobutu, le diocèse de Molegbe jouissait d'une situation économique florissante due au développement des grandes unités de production au niveau local : Plantations de café, de cacao, de palmeraies et surtout de l'existence d'un ONG de développement, le CEDI –BWAMANDA que les Pères Cappucins avaient mis en place pour coordonner les unités de production locale et promouvoir le développement en milieu rural et aussi du PADIM (Projet Agricole Diocésain de Molegbe) dont l'objectif principal était d'assurer la subsistance du clergé diocésain. Malheureusement, la crise politique et économique dans laquelle s'est plongé le pays est venue mettre en mal toutes ces initiatives locales qui, pendant longtemps, ont contribué à l'auto-prise en charge, à l'autofinancement de toute l'œuvre d'évangélisation

918 Sources d'informations : Abbé David Gbena, recteur de la maison diocésaine de Molegbe à Kinshasa et Abbé Grégoire Libana, Curé de la Paroisse saint Joseph Nourricier de Pandu (Molegbe).

dans le diocèse. A la crise politique et économique, il faut aussi ajouter la mauvaise gestion qui a conduit à la faillite de toutes ces structures de production locale. La situation économique et financière a des conséquences très fâcheuses sur l'ensemble de l'œuvre de l'évangélisation. Parlant seulement de la vie matérielle des prêtres, la conclusion est simple : ceux-ci n'ont plus de rémunération mensuelle et ne bénéficient d'aucune protection sociale rassurante (pas d'assurance maladie, pas de pension de vieillesse, etc.). Seulement dans les cas graves de maladie, le diocèse prend en charge les soins de santé de prêtres. Du reste chaque paroisse, sans moyens suffisants et dans une précarité hallucinante, doit se débrouiller pour assurer aux prêtres la restauration et les soins de santé primaire. Dans ces conditions difficiles de vie et de travail, beaucoup des prêtres diocésains perdent l'enthousiasme et l'efficacité pastorale, l'indiscipline prend domicile et la dignité sacerdotale est compromise dans des situations contre-nature.

2). *Pistes de sortie de la crise* : Les prêtres de Molegbe, sans vouloir tomber dans le fatalisme, affirment que « le redressement de la situation revient d'abord aux prêtres diocésains eux-mêmes et à toute l' Église locale de Molegbe. Tous doivent inventer une nouvelle manière d'être Église locale en prenant au sérieux les défis à relever, surtout ceux de la pauvreté, de la misère de la population, de l'auto-prise en charge, de l'autosuffisance matérielle, du travail productif et de la bonne gestion des ressources locales tant humaines que matérielles ».

1.4.2.4. Diocèse de Lisala.

1). *Description de la situation* : Les prêtres de Lisala interrogés ont décrit leur situation en ces termes : « Au diocèse de Lisala, la situation matérielle et financière des prêtres n'est pas différente de beaucoup d'autres diocèses de la Province ecclésiastique et du pays aussi. Une situation non mauvaise mais acceptable car grâce aux efforts de prise en charge de l' Église par les fidèles, les prêtres peuvent manger et être logés dans des conditions quelque peu acceptables. Cependant il est difficile d'affirmer que les prêtres reçoivent mensuellement une rémunération et soient affiliés à une sécurité sociale comme le recommande le droit canonique. Compte tenu de maigres ressources financières du diocèse, l' Économat peut donner trimestriellement quand il y en a 100 ou 50 dollars américains. Évidemment cela ne permet pas au prêtre de couvrir tous ses besoins et de vivre décemment ». Pour ce qui concerne la protection sociale, « Les prêtres ne sont pas affiliés au système de sécurité sociale du pays. Et au niveau diocésain aucune structure de protection sociale n'a été mise en place. Seulement le diocèse avec ses maigres ressources tente de prendre en charge les soins de santé de prêtres. Normalement la Conférence Épiscopale rembourse 60 ou 55 % de dépenses de santé engagés par le diocèse pour les prêtres. Cette information n'est pas appuyée sur un document officiel de la CENCO. Les prêtres sont très peu informés sur la question. Seuls les évêques savent comment les choses fonctionnent. Et les pensions de *l'Opus Securitatis* ne sont pas directement versées aux bénéficiaires mais au diocèse qui en décide l'utilisation car les prêtres âgés sont pris en charge par le diocèse comme tous les autres membres. Nous pensons que cette manière de faire ne respecte pas les prescriptions canoniques, elle porte atteinte aux droits fondamentaux des individus. A noter que cette situation a beaucoup d'impact négatif sur la vie morale et spirituelle du prêtre. Elle est source de relâchement des valeurs morales, de la sécheresse spirituelle et d'indiscipline ».

2). *Causes de cette situation* : Plusieurs causes peuvent expliquer cette situation : a). le marasme économique dans lequel se trouve plongé le pays en général depuis des décennies, la crise économique internationale qui affecte tout le monde, la situation politique instable du pays à cause de rebellions, des pillages et des régimes illégitimes ; b). Le passage d'une Église missionnaire à une Église locale mal préparé ; c). La pauvreté et la misère de la population ; d). La mauvaise gestion du patrimoine ecclésiastique, le manque des structures de production, le manque généralisé d'organisation des structures ecclésiales, le manque de formation des gestionnaires des structures de productions, le manque de transparence dans la gestion des biens temporels, l'égoïsme et l'individualisme qui font perdre le sens d'une Église-Famille des enfants de Dieu, le manque de contrôle de gestion au niveau diocésain et paroissial, l'inexistence des structures fonctionnelles, etc.

3). *Pistes de sortie de la crise* : Pour améliorer aujourd'hui la situation matérielle et financière du clergé diocésain, il est illusoire de croire que la solution viendrait d'ailleurs. L' Église locale doit prendre conscience qu'elle lui revient de trouver de solutions locales par une réelle prise en charge de l' Église par ses fidèles. Cette option pastorale définie par l' Épiscopat du Congo depuis bientôt plusieurs décennies tarde à se concrétiser à cause de la persistance des anti-valeurs dans la gestion du patrimoine ecclésiastique. Ici, évêques, prêtres et laïcs engagés dans la gestion des biens temporels doivent se partager la responsabilité et se dépouiller du vieux homme et revêtir l'homme nouveau qui aime l' Église et travaille pour son développement.

1.4.3. Province ecclésiastique de KANANGA.

En raison de difficultés d'ordre pratique, nous n'avons pas pu atteindre un échantillon suffisant de membres du clergé diocésain de diocèses formant la Province ecclésiastique de Kananga dans les deux Kasaï. Seul un prêtre du diocèse de Kananga[919], alors étudiant à l'IBTP/Kinshasa, a bien voulu répondre à notre questionnaire relatif à la situation matérielle du clergé diocésain dans l'Archidiocèse de Kananga.

1). *Description de la situation* : D'après notre source d'information, il est difficile de parler, dans le diocèse de Kananga, d'un droit à une rémunération et à la sécurité sociale des prêtres diocésains comme le prescrit le Droit Canonique. Aujourd'hui ces droits sont bafoués car les prêtres vivent dans de mauvaises conditions de vie et d'apostolat. En grande partie, chaque prêtre se prend en charge avec toutes les conséquences néfastes que cette façon de vivre peut entrainer dans la vie et l'apostolat : indiscipline, compromission, individualisme, égoïsme, perte du sens de l' Église, angoisses devant un avenir sombre. La sécurité sociale des prêtres n'est pas garantie. Aucun prêtre n'est affilié au système de sécurité sociale de l' État qui, de surcroit, fonctionne mal. Les soins de santé sont pris en charge difficilement par le diocèse à cause de maigres ressources dont il dispose. Le Système de prévoyance sociale dit de *l'Opus Securitatis* qui fonctionne au niveau de la Conférence Épiscopale nationale du Congo n'est pas bien connu par les prêtres car l'information sur son fonctionnement ne leur est pas donnée. Dans la vie courante, les prêtres ont du mal à jouir de ses prestations. C'est une structure qui fonctionne dans l'obscurantisme entre la CENCO et les Évêques.
2). *Pistes de sortie de crise* : Pour sortir de la situation économique et financière misérable dans laquelle se trouve nos diocèses, les autorités ecclésiastiques sont invitées à une grande capacité d'organisation, à la mise en place des structures fonctionnelles et génératrices de revenus, à un grand esprit d'inventer autrement la manière d'être Église dans le contexte africain caractérisé par la pauvreté et la misère du peuple, à une gestion efficace et transparente des biens de l' Église, à l'abandon des anti-valeurs qui ternissent l'image de l' Église surtout en matière de gestions des biens temporels, etc. Dans l'état actuel du système de sécurité sociale publique, il serait mieux que l' Église rende performant un système de protection sociale pour les ecclésiastiques.

919 Source d'information : Abbé Léonard Mulumba Kabuya, prêtre du diocèse de Kananga étudiant à l'IBTP/Kinshasa.

2. Conclusion partielle.

Au terme de ce parcours, la radiographie de la situation matérielle et financière du clergé diocésain dans l'Eglise particulière de la RDC peut se résumer en ceci : De 1935 jusqu'en 2016, l' Église de la RDC a connu une grande croissance démographie au niveau de son personnel autochtone, surtout diocésain. Face à cette croissance démographique, cette Église apparait malheureusement comme un parent pauvre qui met au monde beaucoup d'enfants qu'il ne peut nourrir convenablement à cause de manque de moyens. Aujourd'hui, les prêtres diocésains dans presque tous les diocèses de la RDC vivent et exercent leur ministère dans des conditions pitoyables. Les causes de cette situation sont à la fois endogènes et exogènes. Conscients de la gravité de la situation et sans fatalisme, les prêtres diocésains sont très convaincus que la solution passe par une prise de conscience de la responsabilité de l'Église particulière elle-même et par une volonté ferme de vaincre les anti-valeurs qui freinent le développement économique de la société et de l' Église. Il faut pour cela une refondation du modèle de l' Église, une manière nouvelle de présenter l' Évangile du salut au peuple qui croupit dans la misère et une formation qui fait d'abord du prêtre un producteur des biens et non seulement un consommateur et ensuite une formation qui donne aux prêtres les outils nécessaires pour une gestion efficace et transparente des biens temporels. Il s'agit en fait d'abandonner le type de formation paternaliste et promouvoir une formation où le futur prêtre est formé comme acteur principal du développement en lui inculquant l'esprit du travail productif, la valeur des ressources locales, les outils de la bonne gestion des biens et des personnes et l'esprit managérial qui permet de percevoir la réalité (le réel), de créer du lien (le symbolique) et de susciter de l'imaginaire qui est au cœur de la créativité des projets ambitieux et de la recherche des perspectives de développement. L'imaginaire constitue un véritable levier d'innovations face aux défis auxquels l'homme est confronté. Aujourd'hui, il fait défaut dans le chef de beaucoup de prêtres diocésains à cause de la formation qu'ils reçoivent qui n'est pas adaptée aux réalités de leur Église particulière et qui fait d'eux des répétiteurs des théories sans impact sur la vie réelle des gens et de l'Église particulière.

CHAPITRE III : DROIT À LA RÉMUNÉRATION ET LA PROTECTION SOCIALE DU CLERGÉ DIOCÉSAIN DANS L'ÉGLISE PARTICULIÈRE DE LA RDC.

0. Introduction.

Dans l'état de lieu sur la situation matérielle et financière du clergé diocésain congolais que nous avons dressé dans le chapitre précédent, il s'est dégagé que sur le plan démographique, le clergé diocésain congolais a connu une croissance fulgurante depuis les années soixante-dix jusqu'aujourd'hui, mais malheureusement cette croissance démographique est en déséquilibre avec sa situation matérielle et financière. Plus le nombre des prêtres diocésains augmente plus leur situation matérielle et financière devient plus précaire. Plusieurs causes endogènes et exogènes d'ordre historique, culturel, juridique et pratique expliquent ce déséquilibre et les conditions difficiles dans lesquelles ils vivent et exercent leur ministère.

Pour mettre fin à cette situation et à toutes les conséquences qui en découlent dans la vie des prêtres diocésains et dans la vie de l' Église, la Hiérarchie de l'Église en RDC a tenté au cours de l'histoire de rechercher de solutions à ce problème suivant une ligne évolutive marquée par deux visions ecclésiologiques : une vision que nous pouvons qualifier de « tridentine » liée à l'époque de l'implantation de l'Église particulière et caractérisée par un paternalisme qui fait dépendre toute l'œuvre évangélisatrice aux aides extérieures[920] et une

920 CEZ, Les Évêques du Zaïre en visite « Ad limina » du 18– 30 avril 1988…, 62 : « En effet, depuis toujours – et ce n'est pas encore fini – la vie matérielle de notre Église particulière, pour ce qui est de l'entretien du personnel, des frais de culte, de la formation des catéchistes, des séminaristes, des religieux et religieuses ainsi que de l'organisation de la pastorale, repose en grande partie sur la générosité des OPM, des Églises-sœurs, et des bienfaiteurs vivant à l'étranger. Pris de pitié par la pauvreté de la population, les responsables de « l' Église et de la Mission » dans notre pays ont préféré soit faire appel à la générosité des Églises qui envoyaient des missionnaires au Zaïre, soit entreprendre des activités de rapport qui permettaient à la mission de subvenir pour une bonne part à ses besoins. Les fidèles ne contribuaient que pour une part infime à la prise en charge matérielle de leur Église ».

autre basée sur l'ecclésiologie du Concile Vatican II qui met à l'avant plan le principe d'une Église-communion et fait prendre conscience aux Églises de territoires de mission que l'heure est arrivée de construire partout des Églises particulières matures qui « doivent assumer la responsabilité de leur existence dans le concret »[921], tout en contribuant elles aussi efficacement à la communion et à la charité universelle.

Dans ce chapitre, nous voulons justement analyser, à travers les Orientations et Directives pastorales, les réponses de l'Épiscopat du Congo au problème du droit à la rémunération juste et à la protection sociale du clergé diocésain congolais. Mais, à cause des difficultés d'accès à la documentation des administrations diocésaines, cette analyse se limitera aux documents de la CENCO où se dégagent les orientations et les directives pastorales appliquées dans tous les diocèses en tenant compte de la particularité socio-économique de chaque communauté locale. Outre l'analyse des documents de la CENCO, en ce qui concerne la protection sociale du clergé, nous ferons une brève analyse de la législation sociale congolaise pour comprendre le statut actuel du prêtre congolais dans celle-ci et chercher des éléments pouvant plaider pour un nouveau statut social qui lui ouvrirait la voie aux bénéfices du régime universel de la sécurité sociale. .

1. La CENCO et le problème de la rémunération juste du clergé diocésain. De l'érection de la hiérarchie locale au Concile Vatican II.

L'apport de la CENCO à la problématique de la vie matérielle et financière du clergé diocésain sera évalué sur deux étapes. La première étape prendra en compte les orientations et directives pastorales partant de l´érection de la hiérarchie ecclésiastique locale en 1959 jusqu'au concile Vatican II et la deuxième étape prendra en compte toutes les réflexions de la CENCO partant du Concile Vatican II à nos jours. L'érection de la hiérarchie ecclésiastique locale est un point de départ important parce qu'elle marque la démarcation entre la période de l'implantation de l'Église en terre congolaise et celle de la naissance d'une véritable Église particulière dans laquelle le clergé local , et surtout diocésain, commençait à jouer un rôle prépondérant dans l'œuvre de l'évangélisation et, le problème de sa subsistance matérielle et financier commençait à se poser

921 MAURICE CHEZA (éd.), Le synode africain. Histoire et textes…, 31 ; cfr CONCILE OECUMENIQUE VATICAN II, Ad. Gentes, n. 6.

avec acuité. La prise en compte de l'enseignement du Concile Vatican II est aussi très importante parce qu'il a impulsé une nouvelle vision ecclésiologique à la lumière de laquelle il faut situer et comprendre toutes les orientations et réflexions visant à relever efficacement les défis auxquels l'Église est confrontée aujourd'hui. Il s'agit en fait pour nous de comprendre comment l'Épiscopat du Congo s'est approprié cet enseignement en ce qui concerne la problématique de la vie matérielle du clergé diocésain et si réellement il s'est opéré une rupture avec la période de l'implantation de l'Église particulière ou simplement il y a une continuité dans la manière d'appréhender la problématique et de chercher les voies des solutions ?

1.1. Épiscopat congolais face à la situation matérielle et financière du clergé diocésain.

L' Épiscopat congolais s'est montré très attentif aux problèmes du clergé diocésain dès les premières heures de sa constitution comme hiérarchie locale. Les premières difficultés auxquelles il s'est buté sont la dépendance économique et financière de la jeune Église avec les Églises-sœurs d'Occident[922]et aussi la misère épouvantable, l'instabilité politique et la désorientation sociale de la population[923]. La question principale pour l' Épiscopat congolais était celle de savoir comment, dans ce contexte de la dépendance et de la pauvreté du peuple, assurer efficacement une subsistance digne au clergé diocésain ?

Lors de la *VIème Assemblée Plénière de 1961*, le constat fait est que, depuis son implantation, l' Église particulière du Congo vit « sous perfusion » économiquement et financièrement malgré de progrès en termes de capital humain[924].

922 CEZ, *Prise en charge matérielle de l' Église par ses propres fidèles...*, 37 : « Il est cependant un secteur où nos Églises ne semblent pas avoir pris conscience des exigences d'une stature adulte : la nécessité de leur propre prise en charge matérielle. Habituées à vivre des fonds en provenance de l'Europe et de l'Amérique du Nord, nos communautés semblent parfois se complaire dans cette dépendance à tel point que même dans une conjoncture nationale et internationale visiblement défavorable au lieu de réagir positivement en recherchant des voies d'une autosuffisance financière, nos Églises recourent de plus en plus à l'aide extérieure. Une mentalité ancrée dans nos communautés entretient l'illusion que les subsides des Œuvres Pontificales Missionnaires (OPM) sont suffisantes pour faire fonctionner nos diocèses et institutions interdiocésaines ».

923 Ibid, 31.

924 ÉPISCOPAT DU CONGO, *Actes de la VIe Assemblée Plénière...*,17–19 : « De progrès notables étaient déjà visibles dans ce domaine car les statistiques établissaient déjà

Cette situation à laquelle il faut ajouter la pauvreté de la population « handicape lourdement son action pastorale [et met en cause son degré de maturité]... Elle entrave sa créativité dans le domaine de l'évangélisation et de la mise sur pied d'institutions ecclésiales adaptées à son identité historique et à son environnement social spécifique »[925]. La question fondamentale qui va préoccuper les Évêques congolais est celle de savoir comment mettre fin à la dépendance matérielle et financière, à la pauvreté de la population et arriver à garantir des meilleures conditions de vie et de travail aux prêtres ?

Déjà à cette période, ils soulignent la nécessité de l'auto-prise en charge, de l'autosuffisance et du développement économique comme les défis pastoraux prioritaires pour une Église particulière qui se veut mature. Malgré ce diagnostic et la voie indiquée pour éradiquer l'obstacle, la résolution du problème matérielle et financière de l' Église en général et du clergé diocésain en particulier restera toujours dépendante des aides extérieures (subsides de Rome et aides des Églises-sœurs d'Occident). Il faut attendre plus au moins trois décennies pour qu'ils reviennent sur ces thèmes avec des directives et des orientations pastorales précises dans deux *Exhortations pastorales* importantes : *« Le chrétien et le développement de la nation » en 1988* et *« Prise en charge matérielle de l' Église par ses propres fidèles » en 1995*[926].

1.2. Statut matériel et financier ambigu du clergé diocésain.

Outre la dépendance matérielle et financière comme l'une des causes principales qui empêche l' Église particulière du Congo de résoudre efficacement la question de la vie matérielle du clergé diocésain, sur le plan juridique, les Évêques ont relevé aussi que le statut matériel et financier du clergé diocésain était mal défini ou souffrait d'ambiguïté depuis la période missionnaire[927]car

le nombre des prêtres, des frères et des sœurs congolais respectivement à 417, à 402 et à 809 et le nombre des aspirants au sacerdoce et à la vie consacrée garantissait l'avenir ».

925 CEZ, *Prise en charge matérielle de l' Église par ses propres fidèles...*, 5–6.

926 A cette question se rapporte justement l'Exhortation pastorale des Évêques du Zaïre (Congo). « *Le chrétien et le développement de la Nation* », publié en 1988 et aussi les Directives et Orientations pastorales : « *Prise en charge matérielle de l' Église par ses propres fidèles* » de 1995.

927 ÉPISCOPAT DU CONGO, *Actes de la VIe Assemblée Plénière...*, 333 : "La chose était normale, fait-on remarquer, puisque la grande majorité des prêtres visés étaient des missionnaires : les quelques « abbés » étaient englobés dans des communautés. Au début les statuts n'étaient pas réservés au « clergé séculier » : il est donc normal qu'ils aient été inspirés par ce qui est prescrit aux religieux ». Il s'agit des *Statuts du clergé*

il imposait aux prêtres diocésains des prescriptions qui outrepassent le droit commun, surtout en matière de pauvreté et d'obéissance[928] et qui ne tiennent pas compte de la mentalité et des traditions africaines car elles privent le prêtre diocésain de la liberté de s'acquitter de son devoir de solidarité vis-à-vis de siens[929]. Cette *ambiguïté juridique* conduisait à faire croire que la subsistance digne n'était pas un droit mais une libéralité ou un acte de bienfaisance de l'autorité ecclésiastique. Dans cette logique, son titre d'ordination se réduisait seulement aux garanties de la table et du logement, les restes de ses besoins étaient abandonnés aux efforts personnels et à la providence.

Pour mettre fin à cette ambiguïté juridique et à la précarité de vie du clergé diocésain, l' Épiscopat du Congo avait orienté la recherche de solutions sur trois axes :

1.3. Hypothèse de la subvention étatique pour la subsistance du clergé diocésain.

Pour de nombreux services que les prêtres rendent à la nation, il était nécessaire de solliciter une subvention étatique qui permettrait d'ériger des bénéfices avec dot[930]. Celle-ci ne serait pas un salaire individuel que l' État accorderait à chaque prêtre avec le risque de faire de celui-ci un fonctionnaire public, mais une dotation versée dans un Pool commun administré par le « Conseil d'Administration ecclésiastique du diocèse » et auquel il reviendrait de définir les critères de distribution et retenir les cotisations obligatoires pour le logement, la nourriture, les soins médicaux, la pension et l'assurance-maladie- accident –invalidité. Comme on peut le constater, cette voie de solution existe dans d'autres pays pour d'autres raisons historiques, mais elle présente le risque d'hypothéquer la

indigène du Congo-belge et du Ruanda-Urundi dont la première édition daterait de 1935.

928 Ibid., 333–334 : « Il était normal qu'établissant un règlement concernant avant tout des religieux, on insère dans ce règlement tout ce qui est imposé aux religieux du fait des vœux qu'ils émettent. Actuellement il faut tenir compte du clergé séculier et s'en tenir essentiellement aux prescriptions du droit commun (Droit Canon) ».

929 Ibid., 334 : « Homme social comme tous les autres, le prêtre a des devoirs sacrés auxquels il ne peut se dérober. Ainsi la piété filiale l'oblige à assister ses parents et proches dans la nécessité, si possible. D'ailleurs, s'il lui est permis d'aider d'autres, pourquoi pas sa famille ? Et, pour un Africain, la chose revêt une importance particulière. Il serait donc à souhaiter que, contrairement à certaines prescriptions des statuts, le prêtre jouisse d'une plus large liberté sur ce point ».

930 Ibid., 338.

liberté de l' Église face aux systèmes politiques qui ne respectent pas les droits de citoyens. Heureusement pour l' Église particulière de la RDC, cette voie a fini par être abandonnée.

1.4. Obligation du diocèse de subvenir aux besoins des prêtres diocésains.

L' Épiscopat congolais rappelait à chaque diocèse son obligation de garantir à chaque prêtre une subvention minimum pour sa subsistance, car ne pas le faire est signe d'irresponsabilité. Cette subvention devait s'élever mensuellement à 2000 Frs et devait être complétée par des honoraires de messe[931]. Elle permettrait ainsi à mettre fin à la pratique courante de réduire le titre d'ordination au seul logement et à la table alors que le prêtre comme personne humaine a aussi d'ordres besoins nécessaires.

1.5. Révision des statuts du clergé diocésain.

Face à l'ambiguïté juridique dans laquelle le prêtre diocésain vivait et exerçait son ministère, des Statuts adaptés à sa particularité et qui définissent clairement ses droits et devoirs étaient nécessaires[932]. Depuis sa naissance jusqu'en 1961, le clergé diocésain congolais était régi par les « Statuts du clergé indigène du Congo-belge et Ruanda-Urundi de 1935 » dont la particularité était sa rédaction sur le style de vie de religieux missionnaires et l'application sur le clergé diocésain des prescriptions au-delà de ce qu'exigeait le droit commun[933].

Pour mettre fin à cette situation, l' Épiscopat congolais avait levé l'option de réviser ces Statuts ambigus. Ils furent alors revus, corrigés et promulgués en 1962. Ils seront par la suite amendés en novembre 1978 et approuvés par la XVème Assemblée Plénière de 1979. Avec la promulgation du Code de droit

---

931 Ibid., 339.

932 Ibid., 334–335 : Les statuts devaient définir un taux uniforme sur les intentions de messe, savoir que le patrimoine ecclésiastique n'existe pas dans la plupart des diocèses, clarifier la situation des dons et formuler une règle d'une manière positive et plus nette, c'est-à-dire, au lieu d'interdire de manière globale les dons, adopter la distinction entre dons faits « intuitu missionis » et à ceux faits « intuitu personae ». Quant aux revenus du travail, il faut distinguer entre le travail répondant à la fonction et tout travail d'ordre privé et volontaire ou d'ordre temporel. Les statuts doivent aussi définir de manière claire les charges qui incombent personnellement aux prêtres séculiers.

933 Ibid, 333–334.

canonique de 1983 et la célébration du Synode des Évêques pour l'Afrique, à l'aube du 3e millénaire dans la perspective de l' Église-famille de Dieu, les Statuts de 1979 étaient aussi révisés pour les adapter à la nouvelle vision ecclésiologique[934]. Les textes révisés furent approuvés par l'Assemblée Plénière de la CENCO lors de la réunion du 07 décembre 2006 et promulgués en 2007(art. 70)[935].

1.5.1. Statuts du clergé diocésain de 1962.

Les Statuts de 1962 (amendés en 1979), inspirés du CIC de 1917, comprennent un plan général en cinq livres[936]. C'est dans le livre II que la situation matérielle et financière du prêtre séculier sera abordée sous le titre : le Statut financier (art. 31- 49). Avant d'analyser ce statut financier, il convient d'analyser d'abord deux articles qui sont, à notre avis, le fondement du statut financier défini dans les articles 31 à 49. Il s'agit de l'art. 1 et de l'art. 2 qui parlent du statut canonique du prêtre séculier[937].

1.5.1.1. Statut canonique du prêtre diocésain (art. 1–2).

Deux articles définissent le statut canonique du prêtre diocésain : l'art. 1 et l'art. 2. L'article 1 trouve sa source dans le canon 111§ 2 du CIC de 1917 et stipule : « *Par le fait de recevoir la première tonsure, le clerc est incardiné au diocèse au service duquel il est ordonné* » et l'art. 2, quant à lui, trouve sa source dans le can. 981, §§ 1–2 qui détermine que dans les territoires de mission dépendant de la Congrégation de la Propagande de la Foi, les prêtres peuvent être ordonnés à titre supplétoire « *de service à la mission* » (§1) et que l'Ordinaire du lieu est obligé de garantir une subsistance digne au prêtre qui s'engage à servir perpétuellement la mission (§2).

---

934 CENCO, Statuts du clergé diocésain, Kinshasa-Gombe : Éd. du Secrétariat Général, 2007, 3–4.

935 Ibid., 33 : art. 70.

936 ÉPSICOPAT DU CONGO, *Actes de la VIe Assemblée Plénière…*, 327–330 : Livre I : Normes générales : Indiquant la valeur juridique de ces statuts ; Livre II : Des personnes : Des clercs (1ère partie), Des membres des Instituts de perfection (2ème partie) et des laïcs (3ème partie) ; Livre III : De rebus : 1. Des Sacrements ; 2. Les Lieux et Temps sacrés ; 3. Le magistère ecclésiastique ; Des biens ecclésiastiques ; Livre IV : il est sans entête mais comprend les deux titres : 1. Officialité ; 2. Tribunal ecclésiastique ; Livre V : Il traite des Délits et peines.

937 Ibid., 339.

La norme de ces deux articles s'articule autour de quelques éléments importants : la réception de la première tonsure, l'incardination au diocèse, l'ordination pour le service du diocèse et l'obligation de l'Ordinaire du lieu de garantir au prêtre une subsistance digne. C'est donc par la réception de la première tonsure que le clerc s'incorpore de manière définitive dans le diocèse où il recevra l'ordination sacerdotale afin d'y exercer le ministère clérical. La conséquence juridique est que par l'acte d'incardination, le clerc devenait sujet de droits et des devoirs vis-à-vis de l' Église particulière et par l'ordination il obtenait le pouvoir de servir la communauté dans laquelle il s'est incardiné. Parmi les droits qui lui étaient reconnus figure en bonne position celui de sa subsistance matérielle. Car par l'acte d'incardination, par l'ordination aux ordres et par l'exercice effectif du ministère naissait un *type de contrat* entre l'ordonné et le diocèse. Dans l'obligation du contrat, le prêtre s'engageait à servir de manière perpétuelle le diocèse et le diocèse par l'intermédiaire de l'Ordinaire du lieu s'engageait à lui assurer une subsistance digne[938]. Cette subsistance impliquait l'entretien du prêtre (meilleures conditions de vie) et la garantie de bonnes conditions de travail (moyens d'apostolat)[939].

La norme de ces deux articles est conforme à l'enseignement multiséculaire de l' Église universelle qui reconnait aux prêtres un droit à une subsistance digne pour son incardination dans une Église particulière et pour l'exercice de son ministère au bénéfice de celle-ci. La garantie de ce droit est un devoir qui incombe à la communauté chrétienne dont l' Évêque diocésain est le représentant.

1.5.1.2. Statut financier du prêtre diocésain (art. 31–49).

Dans les Statuts de 1962, le Statut financier est abordé dans les articles 31 – 49 du livre II qui traite des *Personnes* au titre V[940]. L'article 31 affirme le droit du prêtre diocésain d'acquérir, de posséder et de disposer de ses biens et invite le prêtre à faire un usage de ses biens dans un esprit de détachement afin de sauvegarder la vie communautaire, la liberté apostolique, l'esprit sacerdotal et le respect des biens des œuvres[941]. L'article 33, quant à lui, détermine les sources

938 Cfr. CIC 1917 : can. 981, §§ 1–2.

939 ÉPISCOPAT DU CONGO, *Actes de la VIe Assemblée Plénière…*, 339.

940 Ibid, 345.

941 Ibid., 345, art. 32 : « Le parfait détachement du cœur à l'égard des biens terrestres, appuyé sur un abandon confiant en la Divine Providence, doit s'allier chez les prêtres séculiers avec la possession des biens personnels et l'administration sage et prévoyante de ceux-ci ».

par lesquelles le prêtre peut acquérir les biens matériels : l'héritage, la vente de biens personnels ou des produits de ses talents, les fruits des travaux personnels (art. 36), les dons offerts par des parents et non ceux offerts par les paroissiens ou des bienfaiteurs qui sont présumés faits aux œuvres, sauf évidemment indication contraire du donateur (art. 37), les subventions accordées selon les normes fixées par le Conseil d'administration diocésain et aussi les honoraires de messes (art. 35)[942].

Bien que ces Statuts visent à améliorer la situation matérielle et financière du prêtre diocésain en définissant clairement ses droits et obligations, nous pouvons relever quelques faiblesses. *Premièrement*, nulle part ces Statuts définissent de manière explicite le droit du prêtre à une subsistance tel qu'exigé par le CIC de 1917. Cette omission, si elle n'est pas un déni de droit, elle confirme d'une part la crainte qui a toujours caractérisé l' Église dans les pays de mission d'affirmer explicitement les droits économiques de ses ministres afin de ne pas se conformer au droit du travail et à la législation sociale et d'autre part, une trahison de la doctrine sociale sur la justice et l'équité sociale dont celle-ci a toujours réclamé être le grand défenseur. *Deuxièmement*, ce statut matériel et financier ne repose pas sur des sources stables. Car les subventions et les honoraires de messe dont parle la norme de l'article 35 ne sont pas définis en termes de droits. Cette instabilité de ressources de revenus consacre la précarité matérielle et financière du prêtre. *Troisièmement*, ce statut repose encore sur une institution canonique pratiquement en crise : le « titre d'ordination ». *Quatrièmement*, l'ensemble des articles qui constituent ce statut présentent un certain déséquilibre entre le binôme droits- obligations. Sur les 19 articles, trois articles seulement déterminent les droits (art. 31, 35 et 36), sept se rapportent aux obligations et neuf articles concernent les prohibitions. Cette répartition déséquilibrée montre bien qu'en ce qui concerne la vie matérielle du prêtre, l' Église a souvent tendance à mettre trop d'accent sur les devoirs-obligations du prêtre que sur ses droits. Or dans la doctrine sociale de l' Église le binôme droit-devoir est inséparable. Les droits dans l' Église se comprennent à la lumière des devoirs ou obligations. C'est en accomplissant ses devoirs que les droits acquièrent leur force. Mais en mettant trop l'accent sur les devoirs et les prohibitions, l' Église tombe souvent dans un déni des droits et porte atteinte au principe de la justice sociale qu'elle proclame dans son enseignement social.

942 Ibid., 345, art. 33 :« Les prêtres peuvent acquérir légitimement par héritage, par vente de biens personnels ou des produits de leurs talents, par tout don fait à leur personne, par subventions accordées selon les normes fixées par le conseil d'administration diocésain ».

Ces faiblesses, à notre avis, témoignent d'un manque de volonté à résoudre le problème et d'une incapacité pour l' Église locale à trouver de solutions adaptées à ses propres réalités. Et pourtant avec les orientations de *l'Exhortation apostolique Menti nostrae* de 1950 du pape Pie XII et la volonté de changement qui caractérisait la société en générale et surtout le continent africain en cette période, les Évêques congolais auraient pu apporter de solutions nouvelles pouvant contribuer à améliorer efficacement les conditions de vie et de travail de leurs prêtres. Il s'agissait en fait pour eux de penser et de mettre en place un vrai régime de subsistance et de protection sociale qui faisait défaut et qui reposerait sur l'implication de tous les chrétiens et qui tiendrait compte des réalités économiques et politiques du continent.

2. Droit à la rémunération juste du clergé diocésain à la lumière de l'enseignement du Concile Vatican II.

La nouvelle vision ecclésiologique impulsée par le Concile Vatican II a permis aux Évêques du Congo de prendre grandement conscience de leur responsabilité dans l'émergence d'une Église vraiment particulière qui doit non seulement recevoir, mais aussi apporter sa contribution à la communion et à la solidarité universelle. Cette exigence a fait que la recherche de solutions au problème de la vie matérielle et financière de l' Église particulière en général et du clergé en particulier soit orientée vers une nouvelle politique qui met l'accent sur *l'auto-prise en charge* et *l'autosuffisance matérielle et financière* avec l'implication des fidèles laïcs, longtemps mis à l'écart par le système paternaliste missionnaire.

2.1. Création de la commission des séminaires et du clergé.

Pour la mise en œuvre des exigences du Concile Vatican II sur le ministère et la vie des prêtres, la première décision prise par l' Épiscopat congolais lors de la *VIIème Assemblée Plénière de 1967* fut la création d'une « *Commission des Séminaires et du clergé* » comme organe technique pour promouvoir la pastorale des vocations, la formation des futurs prêtres, l'organisation des Séminaires et la recherche de solutions aux problèmes du clergé diocésain[943]. Cette commission devait définir les stratégies pour une vraie pastorale des vocations et pour une recherche de solutions aux problèmes du clergé diocésain qui privilégie les

943 ÉPISCOPAT DU CONGO, *Actes de la VIIème Assemblée Plénière de l' Épiscopat du Congo, tenue à Kinshasa en 1967*, Kinshasa-Kalina : Secrétariat Général, 1967, 263, art. 15.

atouts locaux. Pour mener à bien cette mission, un dialogue permanant avec le clergé diocésain était nécessaire afin de l'impliquer dans la résolution de ses propres. De là naquit l'idée d'une mission d'enquête auprès du clergé diocésain pour mieux appréhender ses problèmes et faire de ce dernier un protagoniste dans la recherche de solutions efficaces.

Lors de la *VIIIème Assemblée Plénière de l' Épiscopat de 1968* consacrée à la formation sacerdotale[944], Mgr P. Bouckaert, président de la Commission des Séminaires et du clergé, présentait son premier rapport dans lequel il soulignait que les conditions matérielles et financières des membres du clergé diocésain étaient dans beaucoup de diocèses du Congo source de beaucoup de tensions[945] à cause de l'incapacité des diocèses d'accomplir leurs obligations vis-à-vis de leurs prêtres et de l'insuffisance des ressources matérielles et financières[946].

---

944 ÉPISCOPAT DU CONGO, *Actes de la VIIIe Assemblée Plénière de l' Épiscopat du Congo, tenue à Kinshasa du 21 au 26 octobre 1968*, Kinshasa : Éd. Secrétariat Général de l' Épiscopat, 1968, 26.

945 Mgr BOUCKAERT, P., « *Rapport sur la situation financière des diocèses dans le Congo (Kinshasa)* », dans Actes de la VIIIe Assemblée Plénière…, 74 : « En ma qualité de Président de la Commission Épiscopale du Clergé, j'ai été appelé à exposer devant l'Assemblée Plénière de l' Épiscopat Congolais, lors de sa réunion d'octobre 1967, les problèmes du clergé séculier congolais[…] Il est vite apparu que, parmi d'autres, la question du statut financier des abbés était une des sources principales du malaise qui régnait parmi les membres du clergé ».

946 Ibid, 76–79. Dans son rapport Mgr Pierre Bouckaert a démontré l'insuffisance des ressources diocésaines par les données statistiques ci-après : « 1.Les subsides des Œuvres Pontificales missionnaires qui, entre 1967 et 1968, couvrent 27 % du budget diocésain ; 2. Les subsides scolaires du gouvernement attribués aux prêtres œuvrant dans l'enseignement tant primaire que secondaire représentent une moyenne de 8,9 % du budget diocésain ; 3. Les revenus de fondations ou de capitaux se situent entre 5, 4 % pour certains diocèses et 10 % pour d'autres et 0 % pour ceux qui ne disposent pas de fondations ou de capitaux ; 4. Les revenus des ressources locales « ex industria propia » : plantations, cheptel, petites industries varient selon le milieu entre 1 %, 8 %, 15 % du budget diocésain ; 5. L'aide de l'Institut religieux qui patronne le diocèse couvrant en moyenne 0 % pour certains et 5 % du budget diocésain pour d'autres ; 6. L'aide des chrétiens du diocèse (aumônes, offrandes, dîmes…) varie en moyenne entre 1 à 2,5 % du budget diocésain. Une faiblesse due en général à la pauvreté de la population congolaise et au manque pendant longtemps d'une pastorale de prise en charge de l' Église par ses fidèles qui ne permet pas encore à celle-ci de prendre son Église en charge ; 7. L'aide étrangère couvre en moyenne 8,5 % du budget diocésain. Cette moyenne est en baisse à cause d'abord de la diminution générale de l'intérêt pour les missions dans le monde, ensuite à cause de la « concurrence » des

Mais en attendant les résultats de l'enquête qui devait commencer en 1969 pour impliquer les prêtres dans la recherche de solutions à leurs problèmes, la Commission présentait une série des mesures pour améliorer les conditions de vie et de travail du clergé diocésain. Parmi ces mesures nous pouvons citer : a). L'obligation pour chaque diocèse de doter chaque prêtre diocésain d'une subvention repartie en trois rubriques : 1. *Frais d'entretien* qui comprennent la nourriture, le logement, le personnel domestique attaché au service du prêtre, le blanchissage ; 2. *Frais d'apostolat* ; 3. *Frais personnel* ; b). L'obligation d' allouer à chaque rubrique un montant pouvant permettre au prêtre d'accomplir ses fonctions sans trop d'inquiétudes, soit *800 dollars américains* aux deux premières rubriques annuellement et *400 dollars américains* pour la troisième ; ce qui donnait un *total annuel de 1200 dollars américains* pour chaque prêtre diocésain.

L'élément positif de ces mesures réside dans la volonté de l'Église particulière d'améliorer les conditions de vie de ses prêtres et d'offrir aux diocèses un barème de référence dans la fixation annuelle de la rémunération du clergé. Cependant, la faiblesse réside dans l'application de ces mesures car le vrai problème de l'insuffisance de moyens financiers au niveau diocésain n'a pas été résolu. Face à cette difficulté, la politique économique et la recherche de solutions aux problèmes matériels et financiers sont demeurées tributaire de la politique de la « main tendue » vers la Sacrée Congrégation pour l'Évangélisation de Peuples et vers les Églises-sœurs de l'Occident, en lieu et place d'une politique d'autosuffisance matérielle et financière telle que souhaitée par le Concile Vatican II dans le décret Ad Gentes, 16 et 15[947].

Se cramponner à la « politique de la main tendue » était suicidaire pour une Église particulière à la quête de sa maturité. Voilà pourquoi lors de *la IXème Assemblée Plénière de 1969*, l' Épiscopat du Congo prit conscience de rompre

Œuvres à tendance plus sociale et visant surtout l'aide au développement (*Misereor*, Carême de partage, etc.) et enfin pour le cas particulier du Congo, à cause de la baisse de la sympathie de la Belgique, grand fournisseur, envers le Congo en raison des événements politiques entre les deux pays ».

947 CONCILE ŒCUMENIQUE VATICAN II, *Ad Gentes*, n° 6 et 15 :« Des Églises particulières autochtones suffisamment établies croissent partout dans le monde, jouissent de leurs ressources propres et d'une certaine maturité [...] disposant des moyens accordés à leur génie, nécessaires pour mener une vie pleinement chrétienne, elles contribuent au bien de toute l' Église [...] » et qu'« [elles doivent]dès le début être constituées de telle manière qu'elles puissent, dans la mesure du possible, pourvoir elles-mêmes à leurs besoins ».

avec la dépendance et d'orienter la recherche de solutions vers une vision qui privilégie les efforts locaux. Dans cette optique, le principe qui devait guider la recherche de solutions aux problèmes du clergé diocésain devait être d'abord celui « de la recherche d'une définition de l'image du prêtre de demain [qui] se poursuit sur une base théologique solide et une analyse sociologique approfondie des réalités concrètes dans lesquelles le prêtre sera appelé à exercer son ministère »[948]. En d'autres termes le prêtre congolais appelé à annoncer l' Évangile du Christ dans le contexte africain de la misère et de la pauvreté économique ne doit pas oublier ce contexte et chercher à vivre au-dessus de moyens matériels et financiers de la population ou à mettre en place des structures que cette même population sera incapable de soutenir financièrement. D'où le prêtre congolais devait vivre son sacerdoce sur base de principes ci-après[949] : a). L'esprit de détachement et de pauvreté volontaire à l'exemple du Christ pauvre qui doit l'amener à considérer les moyens matériels non comme une finalité, mais comme moyens pour accomplir sa mission ; b). Les biens temporels comme moyens qui favorisent l'épanouissement spirituel et l'accomplissement de la mission ne doivent pas manquer et la communauté diocésaine a l'obligation de les garantir ; c). Ces moyens seront disponibles au niveau du diocèse si les fidèles subviennent aux besoins de l' Église[950] et que tout le monde se mette au travail pour les produire, d'où l'appel urgent fait aux prêtres d'avoir dans leurs communautés un esprit d'initiatives et de créativité pour produire les biens matériels qui aident à sortir de la dépendance endémique.

---

948 ÉPISCOPAT DU CONGO, *Actes de la IX Assemblée Plénière de l'Episcopat du Congo du 3 au 9 aout 1969*, Kinshasa : Éd. du Secrétariat Général, 1969, 64.

949 Ibid., 67.

950 Notons que ce thème de la contribution à la subsistance du clergé et à l'autosuffisance de l' Église a fait l'objet d'une étude scientifique faite par Fabien Lonema Dz'Djo en 2005 sous le titre : « *Devoir et droit des fidèles chrétiens de subvenir aux nécessités de l'Eglise dans la perspective de l'Exhortation Apostolique « Ecclesia in Africa »*, Rome 2005 : on peut lire avec intérêt les chapitres IV et V (pp. 195–324). Dans cette étude, l'auteur souligne de prime à bord la difficulté majeure, pour le cas du continent africain, dans la recherche de l'équilibre nécessaire entre l'autonomie matérielle et la dépendance extérieure dans le contexte de pauvreté généralisée à cause des crises socio-économiques et politiques. Mais malgré cette difficulté, la solution, pense l'auteur, passe par une « éducation qu'il convient de donner à tous les fidèles chrétiens en ayant comme toile de fond l'image de l' Église Famille de Dieu en Afrique telle que promue par le Synode africain » (p. 1–2).

2.2. Vers la rupture de la politique de la main tendue.

Ayant déterminé les principes fondamentaux qui doivent guider les prêtres dans l'exercice de leur ministère sacerdotal, l' Épiscopat a mis l'accent sur la responsabilité première de l' Église particulière à subvenir aux besoins de ses prêtres. Ainsi chaque diocèse avait l'obligation[951] : a) D'assurer au prêtre séculier les frais d'entretien et les frais occasionnés par son apostolat ordinaire, soit *200 Frs mensuellement* complétés par des *honoraires de 25 messes ;* b). De prendre en charge les frais médicaux extraordinaires du prêtre ; c). Pour chaque prêtre affecté à des fonctions d'enseignement de verser son traitement à une « caisse commune » destinée à pourvoir à l'entretien de tous les prêtres sur un critère d'égalité ; d). De promouvoir une gestion transparente et efficace des biens temporels à tous les niveaux, diocésain et paroissial (Faire le rapport de la gestion aux structures autorisées et donner l'information à tous les niveaux) ; e). De former les futurs prêtres à la gestion des biens temporels (Comptabilité, élaboration d'un budget, exécution, évaluation, etc.) ; f). De pratiquer une solidarité et une charité saines (surtout avec les membres de famille) pour corriger l'image fausse du prêtre riche et d'une Église riche ; g). Former des chrétiens adultes qui participent à la mission de l' Église et contribuent à son développement.

Les principes indiqués ci-haut et le rappel des obligations de l' Église particulière visent à rompre avec la « politique de la main tendue » qui a caractérisé l'implantation de l' Église en territoires de mission pour enfin orienter la recherche de solutions vers la perspective de l'auto-prise en charge de l' Église particulière par elle-même comme le souhaite le Concile Vatican II[952]. Mais cette nouvelle orientation ne peut atteindre ses objectifs que dans l'implication de tous dans la recherche de solution aux problèmes de l' Église.

2.3. Implication du clergé dans la recherche des solutions à ses problèmes.

Si pendant la période missionnaire, les autochtones en général et le clergé local n'étaient pas trop impliqués dans les problèmes de l' Église. Tel n'est pas le cas au sortir du Concile Vatican II. La nouvelle ecclésiologie prônée par le Concile appelait tout le monde, clercs et laïcs, à participer à la construction de l' Église-communion. C'est ainsi que la *Commission Épiscopale de Séminaires et du clergé* devait mener à terme à partir de 1969 l'idée exprimée depuis 1967

951 ÉPISCOPAT DU CONGO, *Actes de la IXè Assemblée Plénière…*, 67– 68.
952 Cfr. CONCILE OECUM ÉNIQUE VATICAN II, *Ad Gentes*, n°15.

d'établir un dialogue dans l'esprit du Concile[953]entre la Hiérarchie et le clergé diocésain afin d'impliquer activement ce dernier dans la recherche de solutions à ses problèmes[954]. Dès 1969, ce dialogue a permis au clergé diocésain de s'exprimer sur ses problèmes et ses desiderata furent débattus lors de la *Xème Assemblée plénière des Évêques du Congo tenue en 1970* sous le thème central : « *Vie personnelle du prêtre et problème de son apostolat* ». Les Actes de cette Xème Assemblée dont la quintessence repose sur les idées exprimées par le clergé diocésain lors la consultation de 1969[955] furent publiés sous le titre : « *Problèmes du clergé* »[956]. Ce document constitue jusqu'à ces jours l'un des premiers documents de l' Épiscopat du Congo qui traite avec rigueur tous les problèmes de la vie et de l'apostolat du clergé diocésain au Congo comme cela est confirmé dans les Statuts du Clergé diocésain de 2007 : « L'étude des problèmes relatifs à la vie et au ministère du clergé a été entreprise [de manière systématique] depuis 1970. C'est alors que tous les membres du clergé ont été consulté par l' Épiscopat, afin qu'ils donnent leurs avis sur certains problèmes [...] La Xe Assemblée Plénière, après avoir examiné tous les avis des prêtres et réalisé la complexité

953 Ibid., 31–32 : " Ceci prouve bien [...] qu'une enquête systématiquement menée auprès du clergé a toute la chance d'être bienfaisante : qui plus est, celle-ci est attendue par les prêtres, notamment comme preuve de l'intérêt de l' Épiscopat à l'égard de ces problèmes ».

954 ÉPISCOPAT DU CONGO, *Actes de la VIIIe Assemblée Plénière...*, 31. 35 : « En abordant cette question, la commission rappelle tout d'abord la « proposition de s'adresser au clergé » que l'Assemblée Plénière de 1967 avait renvoyée à cette année. D'autre part, cinq Conférences Provinciales ont regretté que l'examen des problèmes concernant le clergé avait encore été remis ». « Nous nous rendons également compte que nous ne laissons pas uniquement aux Évêques le travail gigantesque du renouvellement de l' Église congolaise, c'est avec nous et par nous qu'ils peuvent mener toute cette opération. Ce n'est pas pour rien que nous partageons leur sacerdoce. Nous comprenons très mal la réticence et la réserve que manifestent certains de nos évêques ; nous avons tous un grand intérêt à gagner la confiance, sans laquelle une vraie coopération dans une œuvre commune est impossible. Si parmi nous il y en a qui croient que dans un diocèse l'évêque seul est coupable quand ça va mal, ils se trompent gravement ».

955 CENCO, *Consultation du clergé en vue de l'Assemblée Plénière de 1970. Rapports des groupes « Recherche et Dialogue »*, Kinshasa : Secrétariat Général de l' Épiscopat, 1969 : Dans ce document, les problèmes du clergé séculier sont présentés par Province ecclésiastique sur base des rapports diocésains.

956 CENCO, *Actes de la Xème Assemblée Plénière du Congo, tenue du 19 au 24 octobre 1970. « Les problèmes du clergé »*, Kinshasa-Kalina : Secrétariat Général, 1970, 31.

des problèmes, affirma la nécessité de poursuivre le dialogue et la recherche des solutions dans un esprit de compréhension, de vérité et de charité »[957].

La première partie de ce document est un exposé doctrinal qui met en lumière les problèmes que pose la naissance des jeunes Églises nées de l'Esprit-Saint et de l'œuvre missionnaire et qui invite à chercher leurs solutions dans la solidarité, dans un esprit de foi, « dans la fidélité au Christ et à l'Afrique », afin d'arriver, dans la vision du Concile Vatican II, à l'expression négro-africaine du message chrétien tant au niveau théologique, liturgique, moral que canonique. Il s'agit en fait d'aboutir à l'ajustement de toute la vie chrétienne au génie et au caractère de la culture négro-africaine et à la mise sur pied des structures nouvelles et originales d'un type d'Église particulière, riche de tous les dons que Dieu a prodigués à l'Afrique[958]. C'est-à-dire donner naissance à un modèle d'Église qui correspond à la situation socio-économique de la population africaine en général et congolaise en particulier[959].

La deuxième partie du document est l'application concrète des principes doctrinaux sur les problèmes du clergé diocésain, notamment celui de la vie matérielle et financière. Face aux biens matériels, les Évêques rappellent d'abord l'esprit de détachement et de pauvreté qui doit caractériser le prêtre à l'image du Christ pauvre afin d'être plus disponible au ministère (Ps. 62, 11 ; 2Cor. 8, 9) » (PO, 20)[960]. Cette invitation ne nie pas cependant la nécessité des besoins matériels dans la vie du prêtre diocésain, au contraire, l'enseignement du Concile Vatican II la souligne en exigeant d'accorder au prêtre une juste rémunération conformément à l'enseignement du Christ (Lc 10, 7) et à la pratique apostolique (1Cor. 9, 14) (PO, 20)[961]. Cette rémunération permettra au prêtre de mener une vie digne et de s'acquitter de ses obligations et dans le contexte africain, de pratiquer la solidarité envers ses proches en difficultés matérielles et la charité au milieu d'une population fort pauvre et parfois même totalement dépourvue de moyens d'existence décente[962].

---

957 CENCO, *Statuts du clergé diocésain…*, 3 ; cfr. CENCO, *Actes de la Xème Assemblée Plénière …*, 32.

958 CEZ, *Actes de la Xème Assemblée plénière…*, 13.

959 RECCHI, S., « *L'implantation des Églises nouvelles et le problème de l'autofinancement des Églises d'Afrique centrale* », dans SILVIA RECCHI (dir.), « *Autonomie financière et gestion des biens dans les jeunes Églises d'Afrique* », Paris : Harmattan, 2007, 35.

960 CEZ, *Actes de la Xème Assemblée plénière…*, 20.

961 Ibid., 21.

962 Ibid, 22.

Mais devant l'insuffisance des moyens dans les Églises particulières, cette exigence n'incombe pas seulement à l'Évêque diocésain, mais à toute la communauté chrétienne. Pour favoriser cette participation, la confiance et la collaboration de tous, l' Évêque doit promouvoir une gestion transparente et efficace des biens de l' Église, éduquer les chrétiens aux valeurs de la solidarité et du partage, rappeler aux chrétiens que les prêtres ont droit à une subsistance digne comme cela a été dit lors de l'Assemblée Plénière de 1968[963]et qu'il leur revient de contribuer par leurs moyens matériels et financiers pour atteindre cette finalité. Il est important aussi de mettre de structures diocésaines de contrôle et d'information pour une gestion transparente comme le « Conseil financier »[964]. Devant le manque de structures de protection sociale, chaque Église particulière était dans l'obligation de prendre soins de ses prêtres malades, infirmes et épuisés par le poids de l'âge[965] et promouvoir la création des *Mutuelles sacerdotales* pour l'entraide face aux aléas de la vie[966].

Toutes ces mesures ne peuvent se réaliser qu'à travers une vraie politique d'auto-prise en charge et d'autosuffisance qui doit aboutir à la création d'un patrimoine diocésain générateur de revenus[967]. Les prêtres doivent pour cela éduquer les chrétiens à abandonner la conception d'une « Église-affaire des autres » pour devenir tous des protagonistes de la construction et du développement d'une Église-famille de Dieu. Cette option et le contexte politique d'alors conduisaient *ipso facto* à l'abandon de toute idée de recourir aux subventions étatiques[968].

L'apport significatif de ce document est d'abord l'implication directe du clergé diocésain dans la recherche de solutions à ses problèmes, ensuite la prise en compte de l'enseignement du Concile Vatican II qui détermine le droit du prêtre à une rémunération et à une prévoyance sociale et enfin, la volonté de rupture avec la mentalité de dépendance qui a longtemps caractérisée l' Église particulière du Congo : « L'heure est donc venue pour la portion africaine et congolaise du Peuple de Dieu d'apporter « aux autres et à l' Église toute entière le bénéfice de ses propres dons, en sorte que le tout et chacune des parties s'accroissent par un échange mutuel universel et par un effort commun vers une plénitude dans l'unité » (LG, 13) »[969].

963 Ibid, 22–23.
964 Ibid, 23.
965 Ibid, 23.
966 Ibid.
967 Ibid., 24.
968 Ibid.
969 Ibid., 31.

Cinq ans après la publication des Actes du Xème Assemblée plénière de 1970 « Problèmes du clergé », l' Épiscopat congolais reviendra encore sur le problème de la vie matérielle du clergé en mettant surtout l'accent sur la coresponsabilité ecclésiale lors de la XIIème Assemblée Plénière de l' Épiscopat du Congo de 1975 consacrée au thème « l'évangélisation au Zaïre ». Dans le contexte de mutations des Églises et sociétés africaines, les Évêques congolais étaient bien convaincus qu'il fallait obligatoirement trouver « de nouvelles voies pour une évangélisation en profondeur, trouver la physionomie particulière d'une Église qui veut assurer sa croissance »[970], trouver une nouvelle méthodologie d'évangélisation pour susciter une vraie Église particulière au Zaïre, « avec un visage plus acceptable, plus crédible, sans taches ni rides »[971].

2.4. Évangélisation en profondeur dans la coresponsabilité.

Parmi les causes qui justifient les difficultés matérielles et financières de l' Église africaine et son incapacité à assurer des conditions de vie dignes à ses prêtres figurent la dépendance aux aides extérieures et la quasi-exclusion des fidèles chrétiens dans la construction de celle-ci. Maintenant qu'elle est à la croisée des chemins, c'est-à-dire qu'« elle se trouve dans une étape transitoire entre l' Église de mission et l' Église en mission, testant ses ailes et cherchant son chemin vers la pleine maturité »[972], elle est obligée d'impliquer tous ses filles et fils, laïcs et consacrés, à participer à l'édification de la maison commune. Voilà pourquoi les Évêques africains, *lors du IVe Synode épiscopal mondial de 1974*, avaient préconisé la *« promotion d'une évangélisation dans la coresponsabilité »*[973] afin de rompre avec une vision d'une « Église affaire des autres » et de construire une vraie Église africaine dans laquelle chaque baptisé apporte sa pierre à la construction de l'édifice commune. Cette option tombe à point nommé car d'une part, dans le contexte général du continent, « les africains aspirent à prendre désormais en main leur propre destinée dans un continent en voie de développement [et à rompre avec] « un christianisme insuffisamment incarné et

970 CENCO, *Actes de la XIIème Assemblée Plénière de l' Épiscopat du Zaïre tenue à Kinshasa du 6 au 18 janvier 1975*. Texte réservé, Kinshasa-Gombe : Ed. du Secrétariat Général, 1975, 91.

971 Ibid.

972 MAURICE CHEZA (éd.), o. c, 32.

973 *"Promouvoir l' Évangélisation dans la coresponsabilité"*, Déclaration des Évêques d'Afrique et de Madagascar au IVème Synode Épiscopal mondial de 1974, in : La Documentation Catholique, n. 1664 (1974), 995–996.

vécu souvent comme de l'extérieur, sans lien réel avec de valeurs authentiques que véhiculent les religions traditionnelles »[974] et d'autre part, « les missionnaires venus d'autres Églises-sœurs sombrent dans un découragement apparent et contagieux, s'interrogeant sur la signification et l'avenir de leur apostolat en terre africaine »[975]. Ce contexte exigeait une prise de conscience de tous pour bâtir ensemble une Église nouvelle et surtout apporter l' Évangile dans le cœur de la culture africaine à travers une liturgie, une discipline ecclésiastique et un patrimoine spirituel propres (cfr. *Orientalium Ecclesiarum*, n° 3) qui contribueraient à l'éclosion et à la croissance intérieure d'une vraie Église particulière[976].

---

974 CENCO, *Actes de la XIIème Assemblée Plénière, tenue à Kinshasa du 6 au 18 janvier 1975*. Texte réservé, Kinshasa-Gombe : Secrétariat Général, 1975, 90.

975 CARDINAL MALULA, J., art. cit, 4 : Dans son souci de promouvoir l'évangélisation dans la coresponsabilité avec une plus grande africanisation de l' Église, une plus grande prise de responsabilités par les laïcs dans l' Église locale comme le recommandait le Concile Vatican II, le Cardinal Malula stigmatisait déjà l'inquiétude non fondée de beaucoup de missionnaires en ces termes : « Aujourd'hui, plusieurs parmi les missionnaires étrangers s'interrogent sur le sens et la portée de ce projet. Que veut réellement le Cardinal par ce projet ? Qu'est-ce qu'il a derrière la tête ? Il y en a même qui s'inquiètent de leur avenir missionnaire. « Le Cardinal a sonné le glas de la présence missionnaire dans ce pays », disent les uns ; « Collaborer à ce projet, c'est creuser notre propre tombe », disent les autres. Pourquoi cette inquiétude ? Une chose est nécessaire : bien saisir l'intuition profonde de notre projet et bien comprendre le but de notre projet : « favoriser le surgissement d'une Église locale authentiquement négro-africaine ». Ce but coïncide avec le but de l'activité missionnaire défini dans le Décret sur l'Activité missionnaire de l' Église « Ad Gentes divinitus », n° 6 : « La fin propre de cette activité missionnaire, c'est l'évangélisation et l'implantation de l' Église dans les peuples ou les groupes humains dans lesquels elle n'a pas encore été enracinée. Il faut que, nées de la parole de Dieu, des Églises particulières autochtones suffisamment établies croissent partout dans le monde, jouissent de leurs ressources propres et d'une certaine maturité [...] ».

976 CENCO, *Actes de la XIIe Assemblée Plénière...*, 91 : « La lecture attentive de ces signes du temps est le préalable de toute évangélisation en profondeur. Sans elle, il devient difficile d'imaginer de nouvelles méthodes de travail pour une évangélisation qui fasse « répandre sur tous les hommes la clarté du Christ qui resplendit sur le visage de l' Église » (LG, 1) » ; Cette intuition, le Cardinal MALULA l'exprimait déjà lors du IIe Synode Romain en 1971, devant le Pape Paul VI et les Pères Synodaux, quand parlant de l' Église africaine, il définissait l'africanisation en disant : « L'Afrique doit avoir sa théologie propre, sa philosophie propre, sa liturgie propre, certains points de discipline ecclésiastique propres » et dans une Conférence aux agents pastoraux, il y est revenu en reconnaissant que cela était un défi lourd à relever, mais qu'il fallait s'y consacrer : « cela est une tâche difficile et de longue haleine [...] C'est un

Et dans le domaine matériel et financier où les populations font cruellement face à la pauvreté, à la misère, à la dépendance, à la marginalisation et aux injustices, la tâche de l' Église doit se définir face à cette pauvreté, aux injustices et elle-même comme sacrement du salut, doit être le signe visible de la présence du Seigneur dans l'aspiration au progrès et dans la lutte contre la pauvreté, la misère et les injustices[977]. C'est ce que souligne Mgr T. Tshibangu quand il écrit : « l' Église, comme Peuple de Dieu inspiré et guidé par la force de l'Esprit, n'est pas appelée seulement à travailler à sa propre croissance intérieure, mais à l'achèvement et à la libération du monde dans et selon le Christ, à la gloire de Dieu le Père. Le salut annoncé et vécu par l' Église n'est pas seulement l'attente passive d'un autre monde. Il est transformation du monde présent. Le salut proclamé signifie en même temps le dynamisme qui veut rendre autre ce monde, présent, par l'action personnelle et communautaire de tous les chrétiens »[978].

Pour relever le défi de la croissance intérieure d'une Église particulière vraiment africaine et celui de la libération de la société africaine contre les structures sociales et politiques injustes, l'Épiscopat du Zaïre a opté pour une action pastorale centrée, non plus sur de puissantes institutions, mais sur les personnes afin que celles-ci soient « lumière du monde et sel de la terre » (Mt 5, 13–16). D'où la primauté à la formation d'un laïcat adulte engagé dans la construction de l'Église.

---

travail qui nécessitera la mobilisation de toutes nos énergies intellectuelles et la mise en branle de toutes nos émotions créatrices négro-africaines. Ce n'est donc pas pour demain ni pour après-demain. C'est un programme de vie. Néanmoins, notre projet veut, par des actes concrets et visibles, marquer la fin d'une période et le début d'une autre période. Ce projet veut signifier à tous nos collaborateurs, d'une manière tangible, l'orientation que va prendre l' Église : le début d'une nouvelle ère s'ouvre dans l'histoire de l' Évangélisation de l'Afrique » (cfr. « L' Église à l'heure de l'africanité… », 6).

977 Ibid., 92– 93 : « L' Église peut trouver dans l' Évangile des motifs particulièrement profonds et des ressorts toujours nouveaux pour promouvoir une généreuse consécration au service de tous les hommes et spécialement des pauvres, des plus faibles, des opprimés, et pour éliminer les conséquences sociales du péché qui se traduisent dans des structures sociales et politiques injustes » (cfr. « *Promouvoir l' Évangélisation dans la coresponsabilité* », Déclaration des Evêques d'Afrique et de Madagascar…, loc. cit, 964.

978 Mgr TSHIBANGU TSHIKUKU, TH., *L'engagement des laïcs dans la croissance et le développement intégral de l'Afrique. Orientations générales,* dans Actes de la Troisième Assemblée Plénière de Symposium des Conférences Episcopales d'Afrique et de Madagascar, Kampala, 1972, 95 : cité par CENCO, dans « Actes de la XIIe Assemblée Plénière… », 93.

2.5. Formation d'un laïcat adulte.

Pour réussir le pari d'une évangélisation en profondeur dans la coresponsabilité de tous les membres de l' Église et libérer la société africaine de la pauvreté et de la misère, les Évêques congolais ont bien compris qu'il fallait investir aussi dans la formation d'un laïcat adulte. Il s'agit de former des chrétiens laïcs responsables, engagés dans le temporel et le spirituel et très conscients de leur rôle dans l' Église et dans la société : « Les laïcs s'engagent dans la croissance de l' Église parce qu'ils sont membres du peuple de Dieu ; ils s'engagent dans le développement de l'Afrique parce qu'ils sont membres de la cité terrestres. Ce double engagement, disait le Pape Paul VI, « n'en doit faire qu'un pour les chrétiens qui refusent toute séparation arbitraire entre leur vie et leur foi, mais s'efforcent de collaborer au progrès terrestre temporel en même temps qu'au destin éternel des hommes dans l'harmonie d'une pensée et d'une vie unifiées » »[979]. C'est à travers ce double engagement que les laïcs pourront transformer positivement la société et contribuer au développement de l'Église et à la vie matérielle de leurs prêtres. Car comme le souligne le Décret conciliaire *Ad Gentes*, numéro 19 :« La maturité d'une Église Particulière se mesure à la manière dont une Église pourvoit à ses propres besoins grâce à ses ressources matérielles et humaines propres et à la manière dont elle apporte de l'aide à d'autres Églises - sœurs »[980].

Un laïcat adulte est celui qui comprend que la mission évangélisatrice n'est pas l'apanage du clergé, mais elle est réservée à tout baptisé et que « l' Église se présente harmonieusement comme un Peuple un et vivant dans chacun de ses membres, selon leur vocation propre »[981]. Voilà pourquoi le Cardinal Malula invitait les laïcs à *un changement de mentalité* : « Nous leur demandons également de se convertir et de réaliser un véritable changement de mentalité. En conséquence, ils doivent lutter contre leur complexe d'infériorité, parfois non avoué, mais réel et agissant. Ils sont habitués à tout attendre, à tout recevoir des étrangers. Leurs capacités d'initiatives et de créativité ont été quasi inhibées pendant des longues années. Les missionnaires étrangers concevaient et pensaient tout à leur place ; ils mâchaient et trituraient des idées à leur place pour les leur donner ensuite à consommer. Les autochtones, eux, n'avaient qu'à

979 CENCO, *Actes de la XIIe Assemblée Plénière*.., 94 : cfr. PAUL VI, PP, Message à la rencontre panafricano-malgache des laïcs, dans la Documentation Catholique, n. 1594 (1971), 862–963, surtout p. 862.

980 Ibid., 95.

981 Ibid., 103.

avaler. D'où ce complexe de passivité vieux de 80 ans. Cet état de choses doit changer. Les chrétiens autochtones portent une lourde responsabilité devant Dieu et devant l'histoire. Cette Église locale ne surgira pas de cette terre africaine sans eux. Des communautés vivantes que nous attendons ne naitront pas sans eux. Nous invitons donc nos frères zaïrois, évêques, prêtres, religieux et religieuses, laïcs chrétiens à rompre avec cette mentalité révolue. Ils doivent absolument secouer et balayer une bonne fois ce complexe d'infériorité et de passivité et se mettre résolument au travail. Car cette Église locale négro-africaine ne leur viendra pas du ciel comme la manne »[982].

En levant l'option d'entamer l'évangélisation en profondeur dans la coresponsabilité et l'auto-prise en charge, les Évêques congolais étaient aussi conscients qu'une telle entreprise ne peut aboutir que si le prêtre acteur principal de l'évangélisation était formé dans l'esprit d'une « Église Famille de Dieu » et d'une « autosuffisance matérielle » de l' Église particulière. C'est ce sur quoi va insister le « Directoire sur la formation sacerdotale de 1977 », fruit des débats de *la XIIIème Assemblée plénière* des évêques congolais de la même année.

2.6. Former le futur prêtre dans l'esprit de l' « Église famille de Dieu » et de l' « autosuffisance matérielle et financière ».

Après avoir insisté sur le rôle du laïcat dans la mission de l' Église et dans la construction d'une véritable Église locale africaine, les Évêques congolais, dans *le Directoire sur la formation sacerdotale de 1977,* mettront l'accent sur la formation du futur prêtre dans un esprit de l' Église-Famille de Dieu et de l'auto-prise en charge et de l'autosuffisance. L'objectif est de donner aux candidats au sacerdoce une formation complète qui les insère dans l'avenir de l' Église et de la société[983]. Le succès d'une telle formation implique *la participation de la communauté chrétienne* d'où la nécessité d'une pastorale des vocations qui vise à sensibiliser les communautés chrétiennes pour susciter sa responsabilité[984] et à disposer des moyens pour atteindre les objectifs[985].

---

982 CARDINAL MALULA, J., art. cit., 10.

983 CENCO, *Actes de la XIIIème Assemblée plénière de l' Épiscopat du Zaïre, tenue du 17 février au 1er mars 1977. Dossiers préparatoires et Directoire sur la formation sacerdotale et religieuse.* Texte réservé, Kinshasa-Gombe : Éd. du Secrétariat Général, 1977, 88.

984 CENCO, *Actes de la XIIIème Assemblée plénière…*, 99- 102.

985 Ibid., 103- 107.

L'esprit de l' Église-Famille de Dieu (Chap. III) suppose la promotion de la vie communautaire[986] qui doit se manifester « par la participation active et consciente aux activités de la communauté et par la mise en commun des ressources et qualités d'un chacun pour le bien de tous en vue du sacerdoce »[987]. L'intériorisation de ses valeurs à partir de la maison de formation permettra au candidat à la vie sacerdotale de « percevoir l' Église comme une Famille au sein de laquelle joue l'interaction des forces et des talents créateurs d'une haute mystique de disponibilité pour réaliser ensemble l'œuvre de la rédemption. Le Séminaire sera pour lui un cadre formatif et un milieu où il s'exerce à la pratique des vertus chrétiennes de base. Il sera une communauté et une famille rassemblée en Dieu et dans la prière [...], une famille de joie [...], une famille de travail, un milieu de vie où les relations seront imprégnées d'estime, de confiance mutuelle, de charité et d'amour[988].

Face aux biens temporels, le candidat au sacerdoce doit *cultiver une attitude positive* (chap. VII)[989] qui lui permet de les apprécier à leur juste valeur de biens de ce monde et à les utiliser pour le service de Dieu et des hommes. Cela suppose le rejet des attitudes négatives comme la corruption, l'avarice, le vol, la destruction des biens communs, la recherche du profit par n'importe quel moyen, l'égoisme, le manque d'initiatives, etc., et l'intériorisation de la gratuité et de la générosité[990].

Dans la troisième partie consacrée aux « Vocations et vie sacerdotale », on montre que les conditions de vie et de travail du prêtre en ministère ont un impact sur la pastorale de vocations. Dans une Église où les prêtres vivent dans la misère, les jeunes n'auront pas un engouement à la vocation sacerdotale. C'est pourquoi, pour promouvoir les vocations sacerdotales, la question de la vie matérielle des prêtres dans tous ses aspects – entretien personnel, moyens d'apostolat, prévoyance sociale, aide aux familles – doit être prise au sérieux et trouver sa solution dans une politique globale où le prêtre doit apprendre à relativiser sa condition matérielle au profit du service de Dieu et de ses frères, l'effort de l'auto-prise en charge et l'autosuffisance doivent prend le dessus sur la dépendance, où les chrétiens doivent savoir qu'ils ont un devoir de subvenir aux

986 Ibid., 126–132.
987 Ibid.
988 Ibid., 127–128.
989 Ibid, 138–145.
990 Ibid., 139.

besoins de l' Église et où les pasteurs soutiennent par une gestion responsable les efforts des chrétiens à collaborer à la vie de l' Église[991].

2.7. Pour un droit particulier africain et un développement intégral de l'homme et de la société.

Lors de la *XIVème Assemblée Plénière de l' Épiscopat du Congo tenue à Kinshasa du 22 juin au 1er juillet 1978* et dont l'objet principal était *l'examen du « Schemata Canonum Novi Codicis Iuris Canonici »* et de la situation socio-politique du pays, les Évêques sont arrivés à la conclusion que les problèmes auxquels les Églises particulières africaines font face trouvent aussi leur source dans le manque d'un cardre juridique adapté aux réalités de celles-ci et dans lemanque d'intégration du problème du développement intégral de l'homme et de la société parmi les défis prioritaires de l'évangélisation en Afrique.

Parlant du cadre juridique, ils constatent que les « Schemata Canonum Novis Codicis Iuris Canonici » présentent sans doute des éléments positifs comme le « souci d'adaptation, la souplesse des principes, la clarté et la précision de la formulation de normes canoniques et [...] le souci de la modernisation de la législation ecclésiastique dans le respect de la technique et de la logique du Concile Vatican II »[992], mais ils renferment aussi beaucoup de limites par rapport aux Églises particulières africaines ou de territoires dits de mission. C'est le cas par exemple de certaines normes anachroniques aux réalités socio-culturelles et aux exigences pastorales de ces Églises. Cet anachronisme ne peut être corrigé que dans un « Code particulier » propre et adapté aux réalités pastorales et socio-culturelles de jeunes Églises africaines[993] et différent du Code latin et du Code des Églises Orientales. Cette revendication trouve son fondement dans le principe de la diversité dans l'unité de la foi défendue par la « Lex fundamentalis » et dans le fait que les jeunes Églises d'Afrique ont déjà leur visage propre, qui n'est ni latin proprement dit, ni oriental non plus. Un visage propre auquel la jurisprudence ecclésiastique et un certain « stylus curiae » ont déjà accordé *de facto* une certaine reconnaissance officielle. Car depuis leurs origines, ces Églises ont toujours été régies par un *Droit spécial* dit *« Droit missionnaire »* et dont le fondement se trouvait dans le *CIC de 1917, cc. 293–311.* Elle s'appuie

---

991 Ibid., 148. 149–151.

992 CENCO, *Actes de la XIVème Assemblée Plénière de l' Épiscopat du Zaïre. Session extraordinaire tenue à Kinshasa du 22 juin au 1er juillet 1978.* Texte réservé, Kinshasa-Gombe : Éd. du Secrétariat Général, 1978, 41.

993 Ibid., 42.

aussi sur le fait que le Nouveau Code a délibérément ignoré les jeunes Églises des terres de mission en supprimant toutes normes qui s'y référaient dans le Code de 1917 (cc. 293–311). Cette suppression apparait comme le signal donné à ces Églises de s'inscrire avec leur visage et leur bagage socio-culturel dans le monde juridique ecclésiastique au même titre que l' Église latine ou l' Église orientale. Non seulement ça, le même Code ouvre aux jeunes Églises la voie de l'originalité juridique lorsqu'il réduit de 40 ans à 20 ans le délai légal accordé à une coutume pour avoir force de loi (c. 27). Or les réalités et les exigences pastorales de ces jeunes Églises confrontées aux impératifs socio-culturels propres ont déjà façonné depuis bientôt plus d'un siècle un visage propre de l' Église Catholique dans leurs nations respectives. Ce cadre juridique propre trouve ses arguments aussi dans les exhortations pontificales qui encouragent les jeunes Églises d'Afrique à rendre vivante et efficace la rencontre du christianisme avec l'antique tradition africaine dont la valeur morale est incontestable (Message du pape Paul VI à l'Afrique en octobre 1967 : « Africae terrarum » dans A.A.S., 1967, pp. 1073.1080) et à exprimer leur foi et à la vivre à leur manière et selon leur situation socio-culturelle (Message du Pape Paul VI aux évêques africains à Kampala, 1967)[994].

Malgré *l'apologie d'un droit africain propre,* force est de constater que dans un domaine comme celui des biens temporels où le droit universel laisse beaucoup d'ouvertures aux Églises particulières de compléter les normes universelles par des normes adaptées aux particularités socio-économiques et politiques, beaucoup d' Églises particulières surtout en Afrique accusent encore un grand retard législatif. Pour le cas de l' Église particulière de la RDC, cette léthargie législative est très manifeste au regard du contenu des documents de la Conférence Épiscopale qui ne s'arrêtent le plus souvent qu'aux considérations pastorales et laissant de côté l'aspect juridique qui aurait pu donner une force à leurs enseignements pastoraux.

Parlant du défi du développement de l'homme et de la société, les Évêques sont arrivés au constat selon lequel le problème de la vie matérielle et financière du prêtre ne peut être dissocié du contexte général de pauvreté et de misère qui caractérise l'homme et la société congolaise. Ainsi les difficultés auxquelles l' Église particulière du Congo est confrontée, surtout dans le domaine économique, sont liées aussi à la situation générale du pays qu'ils qualifient de « mal zaïrois ». Ce mal qui engendre une dégradation vertigineuse des valeurs morales dont les signes visibles sont l'irresponsabilité, l'inconscience, la corruption, les

994 Ibid., 42–44.

injustices sous toutes les formes, l'immoralité publique, la misère économique et la dépravation des mœurs, etc.[995]. La cause profonde de ce mal est dans l'inefficacité du système de gouvernement et de gestion de la chose publique basé sur l'institutionnalisation du Parti unique et sur la consécration du pouvoir personnel et absolu[996].

Face à cette situation, l' Église est appelée à rompre tout silence complice afin de répondre aux tristesses, aux angoisses et aux souffrances du peuple et d'inviter les chrétiens à s'engager davantage dans un renouveau interne afin d'être meilleurs citoyens et artisans dynamiques de leur propre bonheur et de défendre le droit et de rendre témoignage de la vérité devant ceux qui tiennent en main les destinées du peuple[997]. Elle doit s'engager à faire de la question de la promotion humaine, du développement intégral de l'homme, de la libération contre toutes les servitudes et de la démocratie une composante de la mission de l'évangélisation. Car comme le soulignait le Pape PAUL VI : « Entre évangélisation et promotion humaine, développement et libération, il y a des liens profonds. *Liens d'ordre anthropologique*, parce que l'homme à évangéliser n'est pas un être abstrait, mais qu'il est sujet aux questions sociales et économiques ; *liens d'ordre théologique* puisqu'on ne peut pas dissocier le plan de la création de celui de la Rédemption qui, lui, atteint les situations très concrètes de l'injustice à combattre et de la justice à restaurer ; *liens d'ordre de charité*, parce qu'il cherche comment proclamer le commandement nouveau pour promouvoir dans la justice et la paix véritables l'authentique croissance de l'homme »[998]. Cet engagement se veut un combat contre les anti-valeurs et un combat pour la promotion des institutions publiques démocratiques capables de générer le développement intégral de l'homme et de la société[999] et de permettre à l' Église particulière

---

995 Ibid., 50.

996 Ibid., 53.

997 Ibid., 51–52.

998 PAUL VI, PP., Lettre Encyclique *Evangelium Nunciandi*, n.31.

999 Mgr MONSENGWO PASINYA, L., Préface, dans : Mgr MAPWAR BASHUTH, F. J., « *Eglise et Société* ». *Le Discours socio-politique des Evêques de la CENCO (1996–2006), T. II*, Textes de la CENCO, Kinshasa : F.C.K., 2008, 13 : « A travers ses messages et ses déclarations au peuple de Dieu qui est en RD Congo et à tous les hommes et femmes de bonne volonté, l' Épiscopat a rappelé avec insistance des valeurs authentiques à promouvoir et des droits inaliénables à défendre, notamment : la reconstruction du pays, l'unité nationale, l'intégrité territoriale de la RD Congo, sa défense et sa souveraineté nationale, la non-violence, la protection et la circulation des biens et des personnes, la réconciliation nationale, le dialogue dans la liberté, la justice et la vérité, le consensus national ».

du Congo de rompre avec la dépendance économique avec les Églises-sœurs d'Occident et de se lancer sur la voie de l'autosuffisance matérielle et financière, signe de la maturité.

Lors de leur *visite Ad Limina de 1988*, les Évêques reviendront sur le défi de l'autosuffisance financière et de la promotion sociale de la population comme voie idéale pour résoudre avec efficacité les problèmes du clergé séculier[1000]. Pour eux, l' Église de la RDC vit encore de la dépendance extérieure[1001] malgré certains progrès sur le plan humain[1002]. Elle est pauvre car la population congolaise est pauvre : « la vie matérielle de l' Église, peuple de Dieu comporte des liens profonds avec celle de la communauté des hommes à évangéliser. Par conséquent, la subsistance matérielle d'une Église particulière est liée aux conditions de vie du peuple de Dieu. C'est dans la mesure où une communauté chrétienne se développe qu'elle sera en mesure d'assurer intégralement sa subsistance matérielle »[1003].

1000 CEZ, *Les Évêques du Zaïre en Visite « Ad Limina »...*, 3 : « Aussi les Évêques du Zaïre ont-ils estimé opportun de présenter au Saint-Père, à l'occasion de leur visite « *ad limina* », une synthèse des problèmes majeurs qui font l'objet de la sollicitude pastorale de l'ensemble des Évêques. Il s'agit essentiellement de : l'inculturation, le laïcat, les vocations sacerdotales, la vie consacrée, la famille chrétienne, la pastorale scolaire, la vie matérielle, les sectes, les facultés Catholiques de Kinshasa, le sanctuaire de la Bienheureuse Anuarité à Isiro ».

1001 Ibid., 60–65 ; RECCHI, S., art. cit, 27–28 :« Si l'on considère la réalité des Églises de l'Afrique subsaharienne, environ après cent ans d'évangélisation, on s'aperçoit que l'un de ses problèmes majeurs est constitué par leur dépendance financière et matérielle des Églises et organismes d'Occident. C'est une conviction partagée que, si cette aide financière s'arrêtait, il y aurait lieu de se poser des questions fondamentales sur l'avenir de ces Églises. Les auteurs arrivent à s'exprimer en terme de « perfusion » financière sous laquelle l'existence en Église risque de s'éteindre » ; Sur la même réalité de la dépendance des Églises africaines on peut lire avec intérêt : KALAMBA NSAPO, S., « *Les ecclésiologies d' Épiscopats africains subsahariens. Essai d'analyse de contenu* », Bruxelles : Éd. Société Ouverte, 2000, 72 et R. LUNEAU et J.M. ELA dans « *Voici le temps des héritiers* », Paris : Karthala, 1981, 121.

1002 RECCHI, S., art. cit, dans RECCHI, S. (dir.), o. c, 19 : « Malgré le fait que les Églises d'Afrique centrale ont connu une croissance significative quant à la constitution d'une hiérarchie locale, au clergé indigène, au nombre de religieux et des fidèles en général, on ne peut pas affirmer qu'elles ont atteint un état adulte. En effet, leur dépendance par rapport aux structures et moyens des Églises mères qui les ont générées est encore frappante ».

1003 CEZ, *Les Évêques du Zaïre en Visite Ad Limina...*, 60, n. 7. 1. 2.

Consciente de cela, « l' Église particulière du Congo ne peut donc pas prétendre étudier les problèmes de son autosubsistance en faisant abstraction de la promotion sociale du peuple. Prendre conscience de la pauvreté de l' Église particulière doit aller de pair avec un engagement accru dans la lutte pour libérer la population de toutes les servitudes et conditions infra-humaines de vie »[1004]. Il s'agit pour l' Église de s'engager « pour une plus grande justice sociale sur le plan national et international, pour l'initiation de la population aux techniques appropriées de développement et de l'épargne, pour l'éducation à un style de vie qui favorise et encourage la production locale, en même temps qu'il décourage l'introduction dans les mœurs de besoins superflus et inutilement coûteux »[1005].

Pour traduire en acte cette vision qui fait du développement non plus un corollaire, mais une partie intégrante de l'évangélisation (Concile Vatican II), l' Épiscopat du Congo avait créé, depuis 1967, une Commission technique appelée d'abord « *Commission du Service du monde* » puis par la suite « Commission pour le Développement » dont la mission principale est de conscientiser, d'éduquer et d'accompagner le peuple dans son combat pour la libération et le développement progressif. Et en juin 1975, la Conférence Épiscopale du Zaïre (Congo) avait créé un « *Conseil Économique et Financier* » (CEFI)[1006] dont la mission était de « pourvoir aux besoins économiques et financiers de l'Église du Zaïre, de valoriser les moyens traditionnels en sa possession, d'explorer de nouvelles voies qui devaient conduire progressivement l'Église du Zaïre à une autonomie financière pour une meilleure partage avec les autres Églises »[1007]. Malheureusement, le CEFI n'a pas atteint ses objectifs et en 1985, la Conférence Épiscopale du Zaïre avait décidé de poursuivre la lutte de l'autonomie financière de l'Église particulière en mettant l'accent sur les voies classiques : la collecte et la dîme[1008]. Cependant, la réussite de cette nouvelle orientation dépend d'abord de la grande conscientisation des agents pastoraux, des fidèles chrétiens de l'Église du Zaïre et de toutes les Églises-sœurs qui peuvent soutenir les efforts de l'autofinancement et de l'autonomie matérielle de l'Église particulière du Zaïre. Les défis de l'autosuffisance matérielle et de la promotion sociale

---

1004 Ibid., 61, n. 7.2.

1005 Ibid.

1006 CEZ, *Rapport du Comité Permanent des Évêques du Zaïre, juin 1975 et décembre 1975*, Kinshasa : Éd. Du Secrétariat général, 1975, 93 et 119.

1007 CEZ, *Actes de la XIIIème Assemblée Plénière de l' Épiscopat du Zaïre de 1977...*, 248ss et 478.

1008 CEZ, *Rapport du Comité Permanent des Évêques du Zaïre de janvier 1986*, Kinshasa : Éd. du Secrétariat général, 1986, 230–240 et 362–365.

feront encore l'objet d'une réflexion très approfondie *lors de la XXVIe Assemblée Plénière tenue à Kinshasa du 12 au 17 septembre 1988* et dont les conclusions seront publiées dans une *Exhortation pastorale intitulé « Le chrétien et le développement de la nation »*[1009].

Dans cette exhortation pastorale, les Évêques du Congo ont voulu réaffirmer à la suite du Concile Vatican II et de l'enseignement du Magistère que « les tâches du développement font partie intégrante de la mission de l'Église » (cf. G. S. n. 14) ou encore « que l'Église n'a jamais négligé de promouvoir l'élévation humaine des peuples auxquels elle apportait la foi au Christ »[1010]. Pour cela, l'Église-Institution ne doit plus les séparer et évacuer de son action comme dans le passé[1011]. Car, si aujourd'hui celle-ci a des difficultés à s'autofinancer, à garantir une rémunération digne et une protection sociale suffisante à se prêtres c'est parce que l'une des causes est la misère et la pauvreté qui frappent les populations africaines et auxquelles l'Église n'a pas fait grandement attention. Pour cela, les pasteurs sont dans l'obligation d'exhorter les chrétiens à s'impliquer dans les tâches du développement pour éradiquer la pauvreté et la misère économique car « le salut apporté par Jésus-Christ concerne à la fois le corps et l'âme, c'est-à-dire l'être tout entier de la personne humaine. D'où la nécessité de leur engagement dans les tâches temporelles afin de travailler à la gloire de Dieu dans cette partie du monde qu'est l'Afrique »[1012] et de mettre fin

---

1009 CEZ, *Actes de la XXVIème Assemblée Plénière de l' Épiscopat du Zaïre (du 12 au 17 septembre 1988). Le chrétien et le développement de la nation. Exhortation pastorale des Évêques du Zaïre*, Kinshasa : éd. du Secrétariat Général de la CEZ, 1988.

1010 PAUL VI, Lettre encyclique *Populorum progressio*, Madrid : Ed. Cuadernos para el diálogo, 1967, n. 12.

1011 PFUNGA-PFUNGA, F., art. cit, 174 : « Traditionnellement, l' Église-Institution a plutôt cherché à séparer et évacuer les problèmes socio-économiques et politiques de son champ d'action, qui était entendu comme le salut exclusivement spirituel de l'homme inauguré par Jésus-Christ ».

1012 CEZ, *Le chrétien et le développement de la nation*... 58, n. 131 ; cfr. Mgr KUSIELE DABIRÉ DÈR, R., Préface, dans JEAN PAULIN KI, MICHEL BELEMGOUABGA, ABRAHAM ZERBO, « *Lutter contre la pauvreté en Afrique par l'Evangile. La production des biens économiques* », Paris : Harmattan, 2009, 12. 15 : « En effet, si nous annonçons l' Évangile du Royaume, il ne peut être que source de salut à la fois terrestre et céleste, matériel et spirituel, le Royaume étant présent et à venir, historique et éternel. Le véritable problème de l'auto-prise en charge des Églises en Afrique vient du fait que, pendant cent ans d'évangélisation, il a été pensé de façon erronée, le Royaume étant présenté comme réalité spirituelle à venir et les richesses matérielles et le corps comme principaux obstacles à l'entrée dans le Royaume de Dieu. Il s'impose alors, tout en ayant à l'esprit le souci de l'auto-prise

à la « culture de la pauvreté »[1013] dont les conséquences sont très visibles dans plusieurs secteurs de la vie[1014].

Pour mettre fin à la culture de la pauvreté et construire une société prospère et développée certains préalables et priorités doivent être remplis : une *volonté politique de dirigeants* qui doit se traduire par le choix des moyens appropriés, par leur mise en œuvre avec détermination dans tous les secteurs de la vie sociale ; une *gestion rigoureuse, saine et transparente* des deniers publics[1015] ; une *mobilisation du facteur humain* qui passe obligatoirement par une éducation de la jeunesse et des adultes dans une culture assimilée qui doit se convertir en facteur important du développement[1016] ; une *protection de l'environnement* comme base de tout développement grâce une législation et une éducation appropriée des masses[1017] ; une *santé monétaire* qui doit être la condition indispensable de développement[1018] ; une *santé de la famille*, cellule de base de la société car « la santé de la personne et de la société tant humaine que chrétienne est étroitement liée à la prospérité de la communauté conjugale et familiale » (Cfr. GS, 47)[1019].

Cependant, le développement auquel doit tendre le peuple ne doit pas se réduire à une simple croissance économique. Le développement authentique est celui qui est intégral, c'est-à-dire celui qui vise à promouvoir tout homme et tout l'homme[1020]. Un développement qui permet aux hommes « d'être affranchis de la misère, de trouver plus sûrement leur subsistance, la santé, un emploi stable ; de participer davantage aux responsabilités, hors de toute oppression, à l'abri de situations qui offensent leur dignité d'hommes ; d'être plus instruits ; en un mot faire, *connaitre* et *avoir plus* pour *être plus* »[1021]. Un développement

---

en charge, d'initier une nouvelle évangélisation en profondeur basée sur l'annonce du Royaume comme une double réalité présente et future, historique et éternelle ».

1013 DOMENACH, J-M., « *Le visage du message contemporain. La société industrielle : progrès et contrecoupes* », dans *Bilan de la Théologie du XXe siècle, t. I*, Paris-Tournai, 1970, 45 ss : cité par CEZ, Actes de la XXVIème Assemblée plénière de l' Épiscopat du Zaïre du 12 au 17 septembre 1988. « *Le chrétien et le développement de la Nation* »..., 17, n. 15.

1014 CEZ, « *Le Chrétien et le développement de la nation* »..., 17–40., nn. 14–93.

1015 Ibid., 43–44, nn. 98–99.

1016 Ibid., 44, nn. 100–120.

1017 Ibid., 51–53, nn. 121–125.

1018 Ibid., 53- 54, nn. 127- 29.

1019 Ibid., 71–72, nn. 159–161.

1020 Paul VI, Lettre Encyclique *Populorum progressio*..., n. 14 ; cfr. CEZ, ibid., 58–59, n. 133

1021 Paul VI, ibid., n. 6 ; cfr. CEZ, *Actes de la XXVIème Assemblée plénière*.., 58–59, n. 133.

qui sauvegarde et promeut les droits et devoirs fondamentaux de chaque homme membre de la société : droit à la vie dès sa conception ainsi qu'à l'intégrité physique et aux moyens nécessaires et suffisants pour une existence décente[1022]. Pour le cas du prêtre diocésain et d'ailleurs pour tout travailleur, il s'agit précisément ici du droit à une rémunération juste et à une protection sociale suffisante. Ce développement doit être l'œuvre de tous les fils et filles de la nation, dans une solidarité agissante, dans le partage et par le travail de chacun. Il relève aussi de la responsabilité de l'État qui doit être animé d'une vraie volonté politique d'atteindre les objectifs du développement[1023]. L'Église aussi doit apporter sa contribution par son Magistère (enseignements) ou par la force de l'Évangile qui vise à former les consciences, c'est-à-dire à reformer les âmes où se situe la racine du mal, la cupidité et l'égoïsme qui font fouler aux pieds la loi de Dieu et agir à l'opposé de ses préceptes[1024] ; par ses œuvres sociales dont l'objectif est d'améliorer la qualité de la vie, de libérer le peuple des conditions infra-humaines et de l'amener à prendre en charge son Église par les fruits de son travail[1025] et par l'action irremplaçable des chrétiens laïcs qui doivent veiller, par leur participation active à la construction de la nation, à ce que les principes et les mœurs chrétiens inspirent la mise en place des Institutions ainsi que leur fonctionnement (cfr. *Ad Gentes*, 15)[1026].

2.8. Promouvoir l'esprit d'unité, de communion et de fraternité sacerdotale.

Après avoir souligné que la vie matérielle et financière d'une Eglise particulière est liée aux conditions de vie du peuple et qu'une communauté chrétienne n'est capable d'assurer intégralement sa subsistance que si elle a relevé le défi du développement, l'Episcopat congolais, dans son document intitulé « instructions et Directives pastorales sur le ministère et vie de des prêtres au Zaïre » et publié en 1991, replace la recherche de solutions au problème de la vie matérielle du clergé dans le cadre de l'unité du presbyterium autour de l'évêque[1027].

1022 CEZ, ibid, 59, n. 134.
1023 Ibid., 60, nn. 135–140.
1024 Ibid., 62–63, nn. 141–143.
1025 Ibid., 63–66, nn. 144–150.
1026 Ibid., 66–69, nn. 151–154.
1027 CEZ, *Ministère et vie des prêtres au Zaïre. Instructions et Directives pastorales de l' Épiscopat*, Kinshasa-Gombe : Éd. du Secrétariat Général, 1991, 11, n. 2.

Comme le problème de la vie matérielle et financière du clergé est l'un des problèmes qui ternit souvent les relations entre l'évêque et son clergé et provoque de tensions dans la vie pastorale, il était indispensable que la recherche de solutions soit faite dans l'unité du presbyterium dont le fondement se trouve dans la communion sacramentelle, c'est-à-dire la participation à l'unique sacerdoce et à l'unique ministère du Christ (PO 7)[1028]. Prêtres et Évêques sont donc liés par de liens théologiques et spirituels qui doivent toujours être renforcés malgré les difficultés qui peuvent surgir dans les relations. Pour ne pas mettre en péril cette unité, l' Évêque évitera d'agir tout seul surtout sur des questions très sensibles comme celles d'ordre matériel et financier. Il rendra toujours opérationnelles les structures de dialogue pour resserrer les liens de l'unité[1029] et sa gestion du diocèse doit contribuer à renforcer cette unité[1030].

En raison de cette communion dans le même sacerdoce et le même ministère, l' Évêque doit considérer ses prêtres comme des frères et des amis et doit se préoccuper autant que faire se peut, de leurs biens tant matériels que spirituels (PO 7)[1031]. Et les prêtres entre eux sont invités à une vie de fraternité, de charité apostolique, de communion et de solidarité. Cette solidarité sacerdotale peut être effective à travers des *associations sacerdotales* qui permettent aux prêtres de se sentir responsables les uns les autres et de s'entraider surtout dans de moments difficiles[1032]. Dans l'unité, la communion, la fraternité, la solidarité et le partage, les membres du *presbyterium* doivent comprendre que la solution aux problèmes matériels et financiers passe par l'autosuffisance matérielle et financière de l'Église particulière et de ses œuvres pastorales[1033]. Ce défi exige la participation de tous. C'est pourquoi, « tous les membres de l' Église individuellement ou collectivement sont obligés chacun selon ses moyens de contribuer par un apport des biens matériels au bon fonctionnement des œuvres diocésaines. Que le prêtre ne se contente pas seulement de consommer, mais qu'il soit aussi producteur là où il est »[1034]. Car, c'est dans la mesure où chacun participe efficacement à l'autosuffisance matérielle et financière de l'Église particulière que celle-ci peut disposer des moyens suffisants pour garantir aux prêtres des conditions de vie décente, leur accorder une rémunération juste et leur assurer

---

1028 Ibid., 50, n. 67.
1029 Ibid., 50, n. 69.
1030 Ibid., 51, n. 70.
1031 Ibid., 52, n. 72.
1032 Ibid., 54, n. 76.
1033 Ibid., 114, n. 199.
1034 Ibid., 114, n. 200.

une protection sociale suffisante afin de les libérer des soucis et des préoccupations d'ordre matériel et financier qui mettent souvent en péril leur ministère[1035].

Ces Instructions et Directives pastorales de l' Épiscopat congolais sur le Ministère et vie des prêtres au Zaïre (Congo) nous a conduit à comprendre que le problème de la vie matérielle du prêtre est indissociable de celui de l'autosuffisance matérielle de l'Église particulière et de ses œuvres pastorales. Tous ces problèmes restent pour l' Église particulière du Congo des défis à relever. Certes, la tâche est difficile et exige du temps et de la détermination, mais elle n'est pas impossible. Pour y parvenir, cela exige de la part du presbyterium diocésain un esprit d'unité, de communion, de fraternité et de solidarité et à tous les niveaux de l' Église un grand effort d'autofinancement, un changement de mentalité, un esprit d'initiative et de créativité dans la production des biens matériels, une gestion transparente, saine et rigoureuse des biens matériels et financiers, une bonne organisation pastorale qui fait de la lutte contre la misère et la pauvreté de la population une dimension intégrante de l'évangélisation. Car, seule « une communauté chrétienne aisée [spirituellement et matériellement] libérera le prêtre du souci de chercher pour lui-même de quoi vivre et lui permettra de vaquer plus librement à procurer de la nourriture spirituelle au peuple confié à sa sollicitude pastorale »[1036].

2.9. Option pastorale de la « prise en charge matérielle et financière de l'Église par ses propres fidèles ».

Face aux multiples difficultés d'ordre économique auxquelles l'Eglise de la RDC fait face depuis son implantation, et lesquelles l'empêchent d'assurer une subsistance digne à ses prêtres, les Évêques congolais sont arrivés à l'évidence que « le manque d'un minimum d'autonomie matérielle constitue un handicap à l'action pastorale de l' Église locale, [il] entrave sa créativité dans le domaine de l'évangélisation et de la mise sur pied d'institutions ecclésiales adaptées à son identité historique et à son environnement social spécifique »[1037]. Pour cela, le temps est arrivé de prendre des options pastorales courageuses qui permettraient à l' Église particulière d'atteindre sa maturité et à contribuer à la solidarité universelle. Parmi ces options qui doivent conduire impérativement à la rupture de la « politique de la main tendue », à l'abandon de « l' Église sous perfusion », à l'abandon de l' Église « affaire des autres » et faire naitre une

---

1035 Ibid., 115, nn. 203–204.

1036 Ibid., 136, n. 258.

1037 CEZ, *Prise en charge matérielle de l' Église…*, 5–6, n.2.

nouvelle Église–Famille de Dieu qui se construit dans la solidarité et le partage, figurent la bonne gestion, le développement et l'autonomie financière[1038]. C'est dans cette optique de l'auto-prise en charge et non dans la dépendance que les problèmes d'ordre économique et financier auxquels l' Église de la RDC fait face jusqu'aujourd'hui doivent trouver une réponse efficace.

L'un des problèmes est celui de la rémunération et de la sécurité sociale des agents pastoraux évoqué aux numéros 64 et 65. Face à ce problème, les Évêques rappellent d'abord le principe du droit des agents pastoraux à une « juste rémunération » et à une protection sociale tel qu'établi dans les Écritures (Lc 10, 7 ; 1 Co 9, 14) et défini par le Concile Vatican II dans le décret *Presbyterorum ordinis*, n°20 et au can. 281 du CIC de 1983 ; ensuite, considérant la situation économique et financière actuelle de l' Église particulière, ils rappellent que ces exigences ne peuvent être atteintes que si les chrétiens individuellement ou collectivement, à l'exemple des premières communautés chrétiennes, font preuve d'une solidarité et d'un partage qui sont signe et expression de la communion ecclésiale[1039]. C'est-à-dire qu'ils ont une obligation morale de participer à cette rémunération et d'assurer aux agents pastoraux un niveau de vie suffisant et digne[1040].

L'option de la prise à charge à laquelle les Évêques invitent les chrétiens de la RDC a des *fondements théologiques*. Déjà *dans l'A.T.*, il est attesté que « l'organisation et la gestion des ressources humaines et matérielles sont des éléments essentiels à la vie et à la mission du peuple de Dieu. Ces biens qui sont un don divin, les membres de la communauté en usent pour rendre grâce et exprimer leur foi et leur reconnaissance au Dieu de la création et de l'alliance. Voilà pourquoi les membres de la communauté, à travers la dîme et autres offrandes, se prenaient en charge et assuraient le culte divin et le service de la charité »[1041]. *Dans le N.T.* on voit que « la nouvelle communauté fondée par le Christ s'était autogérée. Les apôtres se sont organisés de manière à pourvoir aux besoins

1038 Ibid., 6, n. 4 : « Solidaire avec notre peuple, nous voulons dans les présentes directives et orientations pastorales faire appel à toutes les personnes de bonne volonté, compétentes en la matière, en premier lieu aux agents d'évangélisation afin de relever le défi du sous-développement, d'apprendre au peuple à s'assumer économiquement, en apportant chacun sa contribution à la bonne gestion des biens dont il a la charge, plus particulièrement en assurant une bonne administration des biens de l' Église ».

1039 Ibid., 35, n. 63.

1040 Ibid., 35, n° 64.

1041 Ibid., 80–81, n. 158.

matériels de leur groupe [...] et à être pris en charge par la communauté qu'ils servent. Et les Églises fondées par les apôtres [...] étaient constituées de telle manière qu'elles puissent disposer du personnel, et de ressources humaines et matérielles nécessaires à leur vie et à leur croissance. Cette autogestion, de principe, appelait aussi le partage et la solidarité entre les Églises, comme signe de leur unité et leur communion »[1042]. L' Église de la période patristique, aux structures rudimentaires et peu coûteuses, s'est dotée des ressources matérielles et financières nécessaires à l'exercice et à l'expression de la charité grâce à l'idéal de la communion fraternelle, de la solidarité et du partage[1043]. Mais c'est *à partir du IVe siècle* que *l' Église est entrée dans un processus d'inféodation à l' État* qui a conduit petit à petit à la perte de l'engouement des chrétiens à la prise en charge de l' Église. Face à cela, les voix prophétiques entre les Xe et XVIe siècles se sont levées pour rappeler le conseil évangélique de la pauvreté et la nécessité pour l' Église de garder sa liberté vis-à-vis des princes et d'encourager les chrétiens à assumer leurs obligations vis-à-vis de l' Église[1044]. C'est dans ce sens que les Conciles de Trente et de Vatican II travailleront efficacement à la rénovation et au renouvellement de l' Église et du clergé en mettant l'accent sur la formation et la sainteté du clergé (*Concile de Trente*) et en insistant sur la mise en commun des ressources matérielles et leur distribution équitable, spécialement entre les membres du clergé et les agents pastoraux (*Concile Vatican II*)[1045].

Malheureusement l' Église particulière de la RDC n'a pas été implantée dans l'esprit de l'autogestion et de l'autosuffisance, mais dans la dépendance matérielle et financière totale des Églises-sœurs d'Occident. Cette dépendance endémique a engendré une mentalité de « perpétuels assistés » qui entretient l'illusion que les aides extérieures suffisent pour faire fonctionner les institutions ecclésiales[1046]. Cette illusion aujourd'hui est suicidaire[1047] et la maintenir, c'est faire preuve d'immaturité. La prise de conscience de cette situation justifie aujourd'hui l'urgence de la prise en charge matérielle et financière de l' Église par ses propres membres et de l'autosuffisance[1048].

1042 Ibid., 81, n. 159.

1043 Ibid., 81, n. 160.

1044 IbId., 82–83, nn. 162–163.

1045 Ibid., 83, n. 163.

1046 Ibid., 37, n. 67.

1047 Cfr RECCHI, S., loc. cit ; KALAMBA NSAPO, S., o. c, 72 et LUNEAU, R. et ELA, J-M., o. c, 121.

1048 CEZ, *Prise en charge matérielle de l' Église...*, 38, n. 68.

Pour relever ces défis, l' Église particulière de la RDC doit *capitaliser trois atouts majeurs* : le *capital humain*, le *capital matériel* et les *valeurs morales*. Sur le *plan humain*, elle dispose d'un personnel jeune et en pleine croissance[1049]. Cet atout démographique, vérifiable aussi au niveau de la nation entière[1050] doit être mis à profit pour qu'il contribue au développement de la nation et de l' Église[1051]. Sur le *plan matériel*, le pays dispose des potentialités économiques importantes qui exigent une gestion rationnelle et efficace qui doit soutenir le développement de toute la société aujourd'hui confrontée à la pauvreté et à la misère. Les infrastructures déjà existantes exigent aussi une gestion rigoureuse et un entretien permanent[1052]. Sur le *plan moral*, elle doit capitaliser le sens profond de la famille élargie, les vertus de la solidarité traditionnelle et du partage et la ferme volonté de survie qui caractérisent les peuples africains en général et le peuple congolais en particulier[1053]. Par un témoigne authentique de l' Évangile du Christ, l' Église elle-même doit redevenir cette « phare qui donne espoir dans une mer obscure et tourmentée »[1054].

Les atouts seuls ne suffisent pas. L' Église de la RDC doit aussi vaincre un certain nombre d'obstacles qui freinent la réalisation de ces objectifs. Ainsi, *sur le plan socio-culturel,* elle doit d'abord surmonter le poids du sous-développement et de la pauvreté effective de la population[1055], tenir compte de la jeunesse et de l'inexpérience du pays dans plusieurs domaines sociaux[1056] et vaincre les obstacles psychologiques liés à l'héritage culturel comme l'absence des prévisions économiques, la peur de l'innovation et de l'action à long terme, l'utilisation irrationnelle des ressources matérielles, les conflits entre groupes ethniques, la jalousie, etc.[1057]. *Sur le plan historique*, elle doit faire face aux mentalités endémiques nées du paternalisme colonial et missionnaire et au rejet de

1049 GONZALEZ CALVO, G., *África: La tercera colonización*, Madrid: Ed. Mundo negro, 2008, 58: "Los países africanos tienen muchos retos por delante en el ámbito del desarrollo. Cuentan con una población joven, que es una ventaja considerable, si no se ven obligados a emigrar, al precio que sea, a los países industrializados, para satisfacer al menos la aspiración más elemental de todo ser humano: el derecho a vivir".

1050 CEZ, *Prise en charge matérielle de l' Église*…39, nn. 71. 72.

1051 Ibid., 39, n. 70.

1052 Ibid., n. 72.

1053 Ibid., 40, n. 73.

1054 MAURICE CHEZA (éd.), o. c, 31.

1055 CEZ., ibid., 49, n. 95.

1056 Ibid., 40, n. 75.

1057 Ibid., 41, n. 76.

la culture qui a engendré un complexe d'infériorité pour redonner au peuple la confiance en soi et en ses capacités de s'assumer et se libérer de la dépendance avilissante[1058]. Sur *le plan économico-politique*, elle doit s'engager dans la lutte contre ce que G. Gonzalez Calvo appelle les « *causes de l'hécatombe africaine* »[1059], c'est-à-dire les mécanismes de pillages de richesses naturelles ou causes de la pauvreté mis en place par les puissances occidentales pour exploiter l'Afrique et fomenter les conflits ethniques, les guerres meurtrières et la destruction des infrastructures et de l'environnement[1060] ; elle doit aussi lutter

1058 Ibid.

1059 CONZALEZ CALVO, G., o. c., 51–58: "Cuales son entonces las causas de esta hecatombe, que condena a decenas de miles de africanos a malvivir por debajo de los umbrales de la pobreza? [...] ¿Qué hay que hacer para romper ese infernal círculo de la pobreza? 1. Los países africanos tienen que tomar las riendas de sus proprios recursos, para explotarlos, aunque sea con la cooperación de compañías internacionales, en beneficio de la población. De no ser así, cada vez serán más dependientes y más pobres; [...] 2. Los gobiernos tienen que impedir la sangría de sus recursos forestales, cuya explotación salvaje esta provocado lo que Lloy Timberlake ha llamado la "bancarrota ambiental"; [...] 3. Hay que conseguir una progresiva e intensa potabilización del agua. El agua se debe considerar como un derecho y no solo como una necesidad sujeta a comercialización [...]; 4. Es preciso poner fin a las guerras y a los conflictos más o menos virulentos que asuelan a varios países africanos [...] la pacificación de todo el continente es un imperativo urgente. Y no depende esto sólo de los países africanos, porque la inmensa mayoría de las guerras africanas tienen su origen en el desmesurado afán de dominio económico de los países occidentales [...]; 5. Es preciso frenar la venta de armas, cuyo comercio, a cambio muchas veces de diamantes o de petróleo, está fomentado conflictos e impidiendo que se aceleren los procesos de paz; 6. Hay que apoyar con decisión los procesos democráticos en Africa; [...] 7. Tiene que haber una mayor participación de la sociedad civil a la hora de marcar los objetivos políticos y económicos; [...] 8. Hay que cambiar las reglas del comercio internacional [...] De no hacerse así, el desarrollo del Norte se seguirá basando en el subdesarrollo del Sur [...]; 9. Es preciso cambiar la política de las ayudas bilaterales o multilaterales, que han beneficiado hasta ahora sobre todo a los países donantes, sumiendo a los países africanos en una mayor pobreza [...]; 10. Hay que condonar totalmente la deuda externa africana, el continente más endeudado del mundo; 11. La mujer africana debe desempeñar un papel más activo en la toma de decisiones de las políticas económicas, al menos proporcional al peso que tiene en la economía, formal o informal [...]; 12. Hay que recuperar cuanto antes a los más de 300.000 intelectuales y científicos africanos que viven fuera de Africa. Esta fuga de cerebros está beneficiado a Occidente, pero está causando un daño irreparable a sus países de procedencia [...]; 13.ES preciso eliminar el azote de enfermedades endémicas, como la malaria, y otras pandemias como el sida".

1060 CEZ, *Prise en charge matérielle de l' Église* ...42, n. 76.

contre les déficiences des pouvoirs politiques à assurer le développement et la bonne gestion ; c'est-à-dire qu'elle doit dénoncer le manque de volonté politique à promouvoir le développement socio-économique[1061] ; elle doit rejeter ou combattre tout environnement socio-politique nuisible et incompatible avec le progrès social et économique dans le monde moderne[1062]. Sur *le plan moral*, elle doit combattre les anti-valeurs comme le vol, le détournement de fonds, la corruption, le gout au vice et au gain facile, l'impunité, la négligence du bien commun, etc.[1063], car on ne peut sortir efficacement de la pauvreté et de la misère si le cœur de l'homme n'est pas purifié de ces vices. Enfin, sur *le plan ecclésial*, elle doit *se libérer d'une ecclésiologie trop centralisée* qui accorde peu de pouvoir d'initiatives aux structures inférieures alors que depuis le Concile Vatican II, le *principe de subsidiarité* est le maître mot de la nouvelle vision ecclésiologique (causes d'ordre structurel)[1064]. Elle doit aussi combattre la conception d'une « Église affaire des autres », et former les chrétiens à une conscience aigüe d'une « Église famille de Dieu » qui se construit dans la solidarité, le partage, la participation de tous ou la communion[1065]. Elle doit renoncer à un « modèle d' Église installé en Afrique qui ne résulte pas de l'expérience propre des communautés chrétiennes africaines et qui demeure disproportionné par rapport à leurs capacités matérielles et financières »[1066], source de la grande dépendance et l'extraversion des structures et des initiatives ecclésiales en pays de mission[1067], source de mauvais choix opérés dans le style de vie et d'organisation de communautés chrétiennes et des membres du clergé et aussi des erreurs de stratégies dans la politique d'investissement et de mobilisation des ressources matérielles et financières[1068]. Dans le même registre, elle doit promouvoir de programmes de formations sacerdotales qui intègrent la dimension

---

1061 Ibid., 41, n. 75.

1062 Ibid., 49–50, n. 96 ; 51, nn. 99–100.

1063 Ibid., 41, n. 76.

1064 Ibid., 47, n. 91.

1065 Ibid., 37, n. 67 ; 38, n. 69 ; 43–44, n. 80. 81 : « Les missions catholiques au Zaïre, Congo-Belge d'alors, doivent leur remarquable essor à l' Église catholique de Belgique et à l'appui soutenu du Saint-Siège [...] En ce qui concerne la coopération interne, l'aide des anciennes Églises d'Europe et d'Amérique du Nord à ces jeunes Églises Africaines revêtit des formes variées et emprunta divers canaux : [...] les subsides de Rome[...], l'aide plus personnalisée de familles et de paroisses d'origine des missionnaires et les organismes spécifiques d'aide ».

1066 RECCHI, S., art. cit, 38.

1067 CEZ, *Prise en charge matérielle de l' Église....*, 47, n. 90.

1068 Ibid., 47, n. 91.

du développement et l'auto-prise en charge pour que les prêtres ne soient pas de simples « consommateurs », mais des gens pleins d'initiatives et de créativités capables de transformer leur milieu de vie et offrir aux fidèles chrétiens par le travail productif un modèle à suivre pour le développement.

Les *voies et les moyens pratiques* pour relever le défi du développement, fondement d'une auto-prise en charge sont d'abord, au niveau national, *l'émerge un État responsable*, dont les dirigeants sont animés d'une volonté politique de promouvoir l' État de droit, le développement intégral, la croissance économique et le progrès social[1069], la prise de conscience de la population de sa responsabilité première de son développement, l'éducation aux valeurs (travail productif, gestion honnête et transparente, justice, paix, solidarité, partage, respect de la loi, etc.) doit devenir une priorité indispensable[1070].

A travers ces directives et orientations pastorales sur la prise en charge matérielle de l' Église par elle-même, les Évêques de la RDC ont voulu rompre radicalement avec la mentalité de la dépendance matérielle et financière et faire émerger une Église particulière responsable et adulte qui s'assume et se construit par ses propres moyens dans l'optique de l' Église-Famille de Dieu pour une évangélisation en profondeur de l'Afrique[1071]. L'Église Famille de Dieu doit être construite « par des personnes responsables qui, chacun à son niveau, la prennent en charge […]. Car, la maturité d'une Église ne se mesure pas seulement à l'émergence d'une hiérarchie autochtone et au grand nombre de ses ministres, [mais aussi par sa capacité] de répondre entièrement de ses initiatives [en disposant] aussi et surtout des moyens matériels et financiers suffisants pour ne pas être à charge de personne. C'est aussi à ce prix que l'Église deviendra notre Église, l'Église famille de Dieu »[1072]. Cela suppose une responsabilité

1069 Ibid., 51, n. 99.

1070 Ibid., 53, n. 102.

1071 NAVARRETE, R., "*¿Qué es autofinanciación? Algunos conceptos de la ciencia de la economía*", in: OTADUY, J. y ZALBIDEA, D. (edit.), *El sostenimiento económico de la Iglesia Católica en España. Nuevo modelo. Actas del VII Simposio Internacional del Instituto Martín de Azpilcueta,* Pamplona: EUNSA, 2008, 43: "El concepto genérico de autofinanciación en Economía se podría concretar para la Iglesia Católica de la siguiente forma: la capacidad de generar recursos financieros para garantizar el mantenimiento y la expansión de la actividad pastoral y la labor apostólica y de evangelización".

1072 CENCO, *Actes de la XXXIIème Assemblée Plénière des Évêques du Congo. Rapport de la Session tenue à Nairobi du 15 au 20 novembre 1999 : I. Dossiers préparatoires. II. Déroulement des travaux : Avis et décisions. III. Annexes.* Texte réservé, Kinshasa-Gombe : Éd. du Secrétariat Général, 1999, 120.121, nn. 287–289 ;

communautaire de ses membres et une ferme volonté de vaincre la misère et la pauvreté avilissantes et dégradantes.

Dans la suite du synode des Évêques pour l'Afrique de 1994 où les pères synodaux ont levé l'option de « l'Église Famille de Dieu » comme finalité de la Nouvelle évangélisation et vision ecclésiologique à promouvoir en Afrique, au seuil du troisième millénaire, les Évêques congolais ont publié deux documents importants pour approfondir cette vision ecclésiologique synodale. Il s'agit de *l'Instruction sur la Nouvelle évangélisation et la Catéchèse dans la perspective de l'Église Famille de Dieu en Afrique de 2000*[1073] dans laquelle, ils donnent des indications théologiques et grandes lignes pastorales pour l'édification d'une Église Famille de Dieu et, du *Directoire sur la Nouvelle évangélisation et la Catéchèse dans la perspective de l' Église Famille de Dieu de 2000*[1074], un texte annexe dans lequel ils donnent aux agents pastoraux des directives et recommandations pratiques pour le même objectif.

Dans ce Directoire, les Évêques, revenant sur les conditions matérielles de l'Église particulière de la RDC, rappellent encore que la maturité d'une Église ne se mesure pas seulement à l'émergence d'une hiérarchie autochtone et au grand nombre de ses ministres, mais aussi à sa capacité de se prendre en charge matériellement et à contribuer à la charité universelle[1075]. D'où l'urgence de l'auto-prise en charge et de l'autosuffisance matérielle et financière de l'Église particulière. Les moyens matériels pour y parvenir sont ceux déjà indiqués dans les Directives et Orientations pastorales sur la Prise en charge matérielle de

---

1073 CENCO, *Nouvelle évangélisation et catéchèse dans la perspective de l' Église Famille de Dieu en Afrique. Instructions à l'usage des agents de l'évangélisation et de la Catéchèse en République Démocratique du Congo*, Kinshasa-Gombe : éd. du Secrétariat Général, 2000 : Le chapitre V de ce document est consacré aux « conditions matérielles des Églises particulières du Congo » (nn. 234–274) et parle de l'éducation au travail productif, de la collecte des fonds pour les besoins de l'Église, de la coopération économique entre les Églises particulières, de la coopération économique au sein de l' Église universelle, de la participation aux actions des entreprises privées et publiques, et de la bonne gestion (cfr. CENCO, *Actes de la XXXIIIème Assemblée Plénière…*, 98–121, nn.232–289).

1074 CENCO, *Actes de la XXIVème Assemblée Plénière des Évêques du Congo tenue à Kinshasa du 10 au 15 juillet 2000. Dossiers préparatoires : I. Directoire sur la Nouvelle Évangélisation et la Catéchèse dans la perspective de l' Église Famille de Dieu. II. Situation socio-politique du pays.* Texte réservé, Kinshasa-Gombe : Éd. du Secrétariat Général, 2000, 15–62.

1075 CENCO, *Actes de la XXXIIIème Assemblée Plénière…*, 120, n. n. 287.

l'Eglise en 1995[1076] : a). *L'éducation des chrétiens au travail productif*[1077] « car la mendicité constitue toujours quelque part une blessure à la dignité d'enfants de Dieu »[1078] ; b).*Une catéchèse appropriée* qui cultive dans les cœurs des fidèles l'amour envers l' Église et qui leur fait comprendre la nécessité de contribuer à ses besoins, notamment à l'entretien de ses ministres[1079] ; c). La *mise en valeur des potentialités économiques* dont dispose chaque communauté chrétienne et la *promotion de la coopération économique* entre les Églises particulières et au sein de l' Église universelle[1080] ; d). La *capacité des Églises locales à diversifier les sources de revenus* en participant, tenant compte de l'éthique chrétienne, aux actions des entreprises publiques et privées[1081] ; e). La *gestion transparente et efficace des biens matériels et financiers* qui encourage les membres de l'Église Famille de Dieu à continuer à soutenir leur Église[1082].

En fait, ces deux documents n'apportent pas une nouveauté, sinon seulement rappeler aux chrétiens et aux agents pastoraux l'urgence d'une plus grande responsabilité à prendre en charge matériellement et financièrement leur Église afin de lui permettre d'atteindre sa maturité et de contribuer à la charité universelle. Ils rappellent aussi l'exigence d'une gestion transparente des biens ecclésiastiques à tous les niveaux pour soutenir les efforts de l'autosuffisance.

1076 CEZ, *Prise en charge matérielle de l' Église...*, 62–72, nn.124–146.

1077 CENCO, *Directoire sur la Nouvelle Évangélisation et la Catéchèse dans la perspective de l' Église Famille de Dieu*, Kinshasa-Gombe : Secrétariat Général, 2001, 78, n. 216 : « Il est demandé aux agents de l'évangélisation et de la catéchèse de sensibiliser tout le peuple de Dieu au travail productif. Chacun dans sa situation, dans son secteur doit se sentir concerné : les catéchumènes, les élèves, ceux qui sont dans les maisons de formation pour la vie sacerdotale et religieuse, les prêtres et les religieux, les membres des C.E.V, tous sont concernés et invités à s'informer et à être formés dans ce domaine combien important pour la subsistance et la survie de la vie communautaire ».

1078 CENCO, *Actes de la XXXIIème Assemblée Plénière...*, 121, n. 289.

1079 CENCO. *Directoire sur la Nouvelle Évangélisation...*, 80, n. 223.

1080 Ibid., 81, nn. 229–235.

1081 Ibid., 84, n. 236.

1082 Ibid., 84, n. 237–240 : Cette bonne gestion implique une bonne formation technique et morale des administrateurs, un contrôle rigoureux du secteur économique, des nominations des responsables et gestionnaires suivant les critères de compétence et d'honnêteté éprouvée et la capacité des tribunaux ecclésiastiques de juger et sanctionner les cas de mauvaise gestion.

2.10. Droit à la rémunération juste et à la protection sociale du clergé diocésain dans les Statuts du clergé diocésain de 2007.

Le dernier document qui présente un grand intérêt dans l'évolution de l'approche de la CENCO à la problématique du droit à la rémunération juste et à la protection sociale du clergé séculier dans l' Église particulière de la RDC est le texte de *Statuts du clergé diocésain de 2007.* L'ossature de ce texte statutaire comprend une note *historique* qui retrace son évolution historique (p. 3–4), un *préambule* qui donne le fondement théologique du ministère sacerdotale (p. 4–5), le *corps en 70 articles* qui déterminent successivement le statut canonique du prêtre séculier (art. 1–4), ses rapports avec la hiérarchie (art. 5–20), la vie en communion fraternelle et la vie spirituelle (art. 22–34), les droits et devoirs en rapport avec les biens matériels et financiers (art. 35–44), ses obligations et ses différentes relations (art. 45–68), le caractère missionnaire du ministère sacerdotal (art. 69), le caractère officiel de ce texte statutaire (art. 70), une *conclusion* dans laquelle les Évêques affirment connaitre les joies de la vie sacerdotale et les difficultés auxquelles les prêtres sont confrontés et les invitent à s'appuyer sur Dieu, sur la fraternité sacerdotale et sur la foi à l'exemple d'Abraham le fidèle (cf. He, 11,8 ; P.O., 22) (p. 34) et de *textes annexes* sur les vocations et la vie sacerdotale (*annexe 1* : la vie matérielle des prêtres ; *annexe2* : la vie intellectuelle des prêtres ; *annexe 3* : La vie spirituelle des prêtres et *annexe 4* : dialogue dans le ministère pastoral).

Notre analyse de ce document ne concerne que quelques points : le *statut canonique* (art. 1–4), le *devoir de l'évêque* (art. 11), le *statut financier* (art. 35–44), les *obligations personnelles* (art. 45–52) et *la vie matérielle des prêtres dans le texte annexe 1* (nn. 1–10, p. 36–38).

2.10.1. Situation canonique du prêtre diocésain (art. 1–4).

L'art. 1 affirme que le ministère sacerdotal comme tout autre ministère dans l' Église a été institué par le Christ pour paître et accroître le Peuple de Dieu. A cette mission ont participé les apôtres, participent les Évêques et les prêtres (art. 2).

L'art. 3 indique que « c'est par l'ordination au diaconat que l'on devient clerc et incardiné dans une Église particulière au service de laquelle on est destiné » (can. 266, § 1)[1083]. Ce lien sacramental et juridique engendre des droits et des

1083 CENCO, *Statuts du clergé diocésain*, Kinshasa-Gombe : Éd. du Secrétariat Général, 2007, 6 : art. 3.

devoirs : droits économiques et devoirs ministériels entre le clerc et l' Église particulière. L'un de ces droits est celui de recevoir de la part de la communauté chrétienne une rémunération juste et une protection sociale suffisante pour l'exercice du ministère au bénéfice de celle-ci.

2.10.2. Devoir de l'Évêque (art. 10–11) et promotion de la vie communautaire (art. 22–30).

L'art. 10 détermine que la communauté chrétienne, c'est-à-dire le diocèse, est confiée à l'autorité de l'Évêque diocésain. Celui-ci doit être pour ses prêtres le père qui les entoure d'une charité particulière car ils sont ses fils, ses amis, ses « coopérateurs prudents ». Il doit se soucier de leur état spirituel, intellectuel et matériel pour qu'ils aient les moyens de mener une vie sainte et pieuse et accomplir fidèlement et avec fruit leur ministère (CD. 16, §§ 3–4 ; CD.28). La confiance et l'amitié entre l'Évêque et ses prêtres doivent être promues dans un esprit de dialogue sincère (art. 11, § 2 ; art. 17, § 2).

Les prêtres entre eux doivent cultiver un esprit fraternel, de communion et d'entraide pour favoriser le développement de leur vie spirituelle, intellectuelle et matérielle et améliorer leur coopération dans le ministère (cfr. P.O, 8) (art. 22)[1084]. Cet esprit de communion, de fraternité et d'entraide doit fondamentalement guider le prêtre dans sa vie matérielle. Celle-ci doit être décente, conforme aux exigences de l'apostolat, de l'esprit de pauvreté évangélique et de l'austérité sacerdotale » (art. 30)[1085]. Pour cela, le prêtre doit éviter la recherche effrénée des biens matériels, du luxe qui risque de l'éloigner de sa mission.

Cependant, l'exigence d'une vie décente n'est pas formulée en termes du droit pour le prêtre comme c'est le cas dans l'art. 28 qui déterminent clairement le droit à un congé annuel d'une durée de 30 jours[1086]. Nous pensons que cette exigence, à travers une rémunération juste et une protection sociale suffisante, pouvait bien être exprimée dans les Statuts en termes de droit pour les prêtres au lieu d'être un souhait dont l'application n'est pas contraignante. Il faut reconnaitre que le plus souvent, quand il s'agit de parler des droits de

---

1084 Ibid., 16, art. 22.

1085 Ibid., 16. Art. 30.

1086 Ibid., 16 : art. 28 :« Les prêtres diocésains ont droit à un congé annuel d'une durée de 30 jours, cumulables, pas au-delà de 3 ans (cf. can. 283 § 2)...Pour ce qui concerne les frais de congé, une somme identique sera allouée à tous les prêtres selon l'organisation et les possibilités de chaque diocèse. Ce congé de reconstitution est une obligation pour chaque prêtre ».

prêtres dans le domaine matériel et financier, l'Église a toujours entretenu un langage ambigu et peu clair. Ce langage contredit, à notre avis, un principe clairement défini dans les Écritures (Lc. 10, 7 ; 1 Co 9, 14) et aussi toute la doctrine sociale chrétienne qui, comme le souligne le Pape Jean XXIII, a pour *lumière* la *Vérité*, pour *objectif* la *justice* et pour *force dynamique* l'*amour*[1087]. Sur ce, la vie matérielle et financière des prêtres ne doit pas obéir à l'arbitraire ; elle doit être « déterminée en justice et équité »[1088]. Cela exige comme pour les travailleurs laïcs, que la rémunération juste et la protection sociale leur soient reconnues comme un droit et leur soient accordées sur base de justice et d'équité afin d'avoir un niveau de vie vraiment humain et de faire face avec dignité à leurs responsabilités[1089].

2.10.3. Statut financier du clergé diocésain (art. 35–44)

Dans le statut financier, l'art. 35 affirme le droit du prêtre diocésain d'acquérir, de posséder et de disposer librement des biens personnels (can. 282, § 2) qu'il peut obtenir par voie d'héritage, de dons ou de subventions accordées selon les normes diocésaines. Comme nous pouvons le remarquer ici aussi on affirme bien le droit d'acquérir, de posséder et de disposer librement des biens personnels (can. 282, § 2) , mais sans faire aucune allusion au droit à une rémunération juste et ni à une protection sociale dont parle le can. 281, §§ 1–2. A notre avis, le statut financier devrait explicitement affirmer ce droit fondamental dont le principe est évoqué dans le can. 281 et dans le décret conciliaire PO, 20–21. Ne pas faire référence explicitement à ce principe fondamental dans le statut financier dont les sources d'inspiration devaient être les textes du Concile Vatican II et le Code de Droit canonique de 1983 est un manquement grave qui s'apparente, à notre avis, à un déni d'un droit fondamental et de justice sociale pour le prêtre qui consacre sa vie au service de l'Église particulière.

N'ayant pas défini dans ces Statuts ce droit à la rémunération et à la protection sociale comme le stipule le Code de droit canonique dans le can. 281, §§ 1–2, on se demande alors comment le prêtre peut-il se procurer l'équipement personnel et garantir son entretien comme le stipule l'art. 39. Car le régime de la rémunération et de la protection sociale sont les nouvelles voies proposées par le Concile Vatican II et le Code de droit canonique depuis la suppression

---

1087 JEAN XXIII, Lettre encyclique « *Mater et Magistra* », Paris :Éd. . Fleurus, 1961, 151, n.229.

1088 Ibid., 97, n. 72.

1089 Ibid.

des titres canoniques comme structure économique de base pour la subsistance du clergé séculier.

Les autres articles dans ce statut financier insistent plus sur les *prohibitions* (art. 38, § 1 : prohibition d'accepter un travail rémunéré en dehors du ministère sans l'autorisation de l'évêque ; art. 41 : prohibition de contracter de dettes ; art. 42 : abstention de faire des prêts et des emprunts aux laïcs) et sur les *recommandations* (art. 37 : bon usage des biens temporels dans un esprit de pauvreté ; art. 40 : bonne administration des biens ecclésiastiques ; art. 38, § 2 : recommandation d'utiliser les salaires perçus dans l'exercice d'une fonction suivant les normes diocésaines ; art. 43 : recommandation de la permission de l'Ordinaire pour engager une action au pétitoire ou au possessoire au for civil ou y répondre). Le dernier article du Statut financier du clergé diocésain (art. 44) rappelle l'obligation de faire en temps opportun un testament olographe (écrit de la main du testateur, signé et daté par lui). Dans le registre des obligations personnelles, nous rencontrons encore une *série d'interdictions* : L'art. 46 : i :nterdiction de faire le négoce ou le commerce (can. 286), l'art. 46 : interdiction de remplir les charges publiques avec exercice du pouvoir civil (can. 285, § 3), l'art. 48 : prohibition de gérer des biens appartenant aux laïcs ou des charges séculiers comportant l'obligation de rendre des comptes (cfr. can. 285, § 4). En fait l'essentiel du statut financier tourne autour de certaines recommandations et prohibitions et ignore pratiquement les droits qui reviennent au prêtre. Les articles dans l'ensemble sont formulés comme de recommandations pastorales et non comme des normes juridiques contraignantes.

Pour combler ce lacune, un texte annexe sur la vie matérielle des prêtres rappelle, au numéro 3, le principe évangélique d'accorder aux ouvriers de l' Évangile leur salaire (Lc 10, 7 ; 1 Co 9, 14). A part la référence au principe biblique, le texte annexe ne fait même pas référence au décret conciliaire PO 20–21 ni même au can. 281, §§ 1–2 qui sont aussi des sources fondamentales en cette matière. Le même numéro rappelle également le devoir des diocèses d'assurer à leurs prêtres un entretien suffisant et digne et condamne toute négligence dans l'accomplissement de ce devoir[1090]. Le numéro 4 recommande une action pastorale de sensibilisation de la communauté chrétienne pour qu'elle contribue à l'entretien du clergé et à la vie économique de l' Église[1091]. Le numéro 5 recommande aux administrateurs des biens ecclésiastiques une gestion transparente qui doit se manifester par l'obligation d'informer sur l'état réel des finances

1090 Ibid., 36 : Annexe 1 : La vie matérielle des prêtres, n. 3.
1091 Ibid., n. 4.

du diocèse afin d'encourager les prêtres et les fidèles à s'impliquer dans l'effort commun d'autofinancement avec des initiatives efficaces et productives[1092]. Et pour faire face aux besoins de la vie de manière solidaire, le numéro 8 recommande à chaque diocèse la création d'une « caisse commune » qui, alimentée par des dons et des cotisations régulières, peut venir en aide aux membres du clergé[1093].

2.10.4. Évaluation des Statuts du clergé diocésain de 2007.

Au terme de l'analyse de la situation matérielle et financière du clergé diocésain dans les *Statuts du clergé diocésain de 2007*, nous sommes arrivés à ce constat malheureux que les différents articles du statut financier n'ont pas fait une référence aux sources principales, le *Décret PO, 20 et 21 et le can. 281, §§ 1–2* qui déterminent les principes du nouveau régime économique du clergé diocésain. Alors que sur d'autres questions les Statuts font référence à beaucoup de textes conciliaires et à plusieurs canons du CIC de 1983, en ce qui concerne le droit à la rémunération et à la protection sociale, les Statuts restent silencieux non seulement sur les sources principales, mais aussi sur les mêmes droits. Aucun article des Statuts n'en parle. Les seuls droits qui sont clairement affirmés sont le droit à un congé annuel d'une durée de 30 jours (art. 28) et le droit d'acquérir, de posséder et de disposer librement de biens personnels (art. 35 ; can. 282, § 2). Seuls deux articles parlent de la vie matérielle du clergé séculier de manière globale : l'article 30 qui dit que « la vie matérielle des prêtres sera décente. Elle se conformera aux exigences de l'apostolat, de l'esprit de pauvreté évangélique et de l'austérité sacerdotale » et le n.3 du texte annexe sur la vie matérielle des prêtres où l'on rappelle le principe biblique qui détermine le droit de l'ouvrier à un salaire (Lc 10, 7 ; 1 Co 9, 14) et le n. 8 qui propose la création d'une caisse commune d'assistance au clergé face aux besoins auxquels le prêtre ne peut faire face individuellement.

Devant cette évidence, on se pose alors la question de savoir ce qui justifie cette omission alors que dans la notice historique qui ouvre ce texte statutaire, il est clairement dit que la révision de ces Statuts a été motivée par la promulgation du Code de 1983 et la célébration du Synode des Évêques pour l'Afrique, à l'aube du 3e millénaire dans la perspective de l'Église -famille de Dieu[1094] et que ces Statuts sont considérés comme « la « loi-cadre », « la référence qui garantit

1092 Ibid., 37, n. 5.
1093 Ibid., 37, n. 8
1094 Ibid., 3–4.

l'unité dans l'action et dans le comportement, tout en évitant l'arbitraire » et aussi comme une « garantie [qui empêche aux uns et aux autres] de suivre les vues personnelles mais, d'agir en responsables d'une Église mue par le souffle de l'Esprit Saint [qui est Vérité, Justice et Amour] ? »[1095]. LesÉvêques , en ignorant de définir clairement ces droits, ont-ils agi en responsables d'une Église mue par le souffle de l'Esprit Saint ou simplement ont-ils voulu soumettre à leur libre arbitre toute la vie matérielle et financière de leurs prêtres ? Nous pensons que la vie matérielle et financière du clergé diocésain si elle est laissée à l'arbitraire de l'autorité ecclésiastique et si elle n'est pas protégée par des garanties juridiques sera toujours source de conflits dans les diocèses. Nous pensons aussi que le respect de normes canoniques et leur mise en application doivent guider l'action pastorale pour garantir la communion, la justice et la paix dans l'Église..

3. La CENCO et le problème de la protection sociale du clergé diocésain.

Nous avons découvert tout au long de cette réflexion que la notion de protection sociale englobe plusieurs mécanismes qui diffèrent les uns des autres sur plusieurs éléments, mais convergent tous vers une même finalité : celle de protéger l'individu contre les aléas de la vie. Depuis les années 1945, partout dans le monde le mécanisme de la sécurité sociale universelle s'est imposé et les ecclésiastiques qui, à certain moment, étaient en marge de cette structure de protection sociale ont compris qu'il fallait y adhérer pour une solidarité universelle plus efficace. Avant de savoir comment la CENCO organise la protection sociale du clergé diocésain congolais et quelle est l'efficacité de cette organisation, il sied de préciser un peu la notion de la sécurité sociale.

3.1. Notion de la sécurité sociale.

L'expression « sécurité sociale » a été pour la première fois utilisée officiellement en 1935, dans le titre d'une loi des États-Unis avant d'être largement employée dans les diverses Conventions et Recommandations adoptées par l'Organisation Internationale du Travail « O.I.T. » à partir de 1952. Elle désigne la protection sociale que la société accorde à ses membres, grâce à une série de mesures publiques, contre le dénuement économique et social où pourraient les plonger, en raison de la disparition ou la réduction sensible de leur gain, la maladie,

1095 Ibid., 5.

la maternité, les accidents du travail et les maladies professionnelles, le chômage, l'invalidité, la vieillesse et le décès ; à cela s'ajoutent la fourniture de soins médicaux et l'octroi de prestations aux familles avec enfants. La sécurité sociale est donc une organisation légale qui, à la différence de l'assistance et de l'assurance privée, garantit à l'individu des droits aux soins médicaux et aux moyens de subsistance, par des techniques visant à une certaine redistribution des revenus[1096]. « Née d'une réflexion philosophique sur le droit à la santé, en tant

1096 Cfr. RYS, V., "*La sociologie de la sécurité sociale* », dans Bull. AISS, 1964 (1–2), 12–13 ; DUPEYROUX, J-J., *Sécurité sociale*, Paris : Dalloz, 1967, nº 15 ; BUGGENHOUT, A., *L'impact macro-économique de la sécurité sociale*, Genève : B. I. T., 1970, 8 : cités par DOLE, G., *Les ecclésiastiques et la sécurité sociale en Droit comparé. Intégration des clercs dans la cité*, Paris : Librairie Générale de Droit et de Jurisprudence, 1976, 1 : note 1 ; cfr. ARIMON GIRBAU, G., *El problema de la seguridad social del clero…*, 74 : «La locución «seguridad social » es hoy una expresión técnica, adoptada universalmente y cuyo contenido dinámico, en constante evolución, se hace difícil de determinar con rigor, y sobre todo delimitar […]. Sin embargo, se admite una cierta descripción de su sentido, el cual, alrededor de un núcleo esencial, aglutina en un momento dado modos muy distintos de realización. Su objeto y finalidad es proteger a los individuos contra las "contingencias" adversas o riesgos de la vida, en su dimensión inmediatamente económica, más comunes, mediante una intervención comunitaria o social; su carácter moderno es la "obligatoriedad" de contribución de todos los miembros de la colectividad asimilados a sus fines. No es un auxilio ofrecido por caridad; ni tampoco es asistencia del Estado al indigente; ni es en realidad una previsión de "mutualidad" voluntaria sin beneficios comerciales; ni una empresa comercial de seguros, aunque todos ellos tengan algo de común con la seguridad social. Es una previsión establecida por una colectividad bien definida con carácter obligatorio […] La comunidad asume, al menos para una parte muy importante de la colectividad, unos riesgos o simplemente algunas aspiraciones individuales de exigencia común; cuando sus miembros no pueden afrontarlas individualmente"; cfr. LUTUMBA KOMBA, B., *Le travail et la sécurité sociale des clercs dans l' Église et l' État*, Roma : PUL, 1999, 58 : "L'absence d'une définition légale univoque, nous fait "constater une grande diversité des conceptions et, par conséquent, des définitions de ce que recouvre l'expression "sécurité sociale". La nouvelle discipline déboucha, sans toutefois manquer ses objectifs, en une « confusion » et une « fluidité terminologique », voire une « altération sémantique ». En effet, la diversité terminologique : « législation sociale du travail », « droit social », « prévoyance sociale » et « assurance sociale » renvoie à un système complexe et dynamique des normes dites « sociales » dans la mesure où elles règlent « les politiques relatives au bien-être de chacun des membres de la société, et, par conséquent la satisfaction de tous les droits indispensables à sa dignité et au libre développement de sa personnalité ».

qu'attribut de la personne humaine, la sécurité sociale a imposé à la conscience collective l'idée que tout individu peut attendre, en vertu de la solidarité, une aide de la communauté lorsque, sans sa faute, il se trouve dans l'impossibilité de subsister par ses propres moyens. Cette solidarité constitue le fondement d'un droit subjectif, selon la condition juridique de la personne et sa situation dans la famille, dans le groupe professionnel ou religieux »[1097]. Un tel système, d'après G. Dole, constitue un progrès évident car il fonde l'indemnisation du dommage sur la base essentiellement de la réalisation du risque et, dans certaines limites sur les besoins du bénéficiaire, contrairement au contrat d'assurance privé qui se fonde sur les apports de l'assuré[1098]. Dans diverses Constitutions et Conventions internationales, la sécurité sociale est définie comme un droit pour chaque individu[1099]. Ce droit « dérive, en partie, des besoins fondamentaux de l'individu et réclame donc des garanties et une organisation appropriée »[1100]. Ce droit tend aujourd'hui dans beaucoup de pays à se généraliser à toutes les catégories sociales, mêmes celles longtemps marginalisées. Aujourd'hui, l'évolution de nombreux régimes de sécurité sociale met en évidence la superposition de prestations proportionnées aux cotisations et des garanties égales pour tous les citoyens.

3.2. Organisation de la protection sociale du clergé diocésain dans l'Église particulière de la RDC.

L'Église particulière de la RDC comme toutes les Églises latines est régie par le CIC de 1983. Dans ce nouveau Code, « l'organisation de la protection sociale

---

1097 DOLE, G., « *La protection sociale du clergé en droit canonique et sa mise en œuvre étatique* », dans Revue de droit canonique, t, 41, n° 1 (Janvier-juin 1991), 71.

1098 Ibid.

1099 DÉCLARATION UNIVERSELLE DE DROITS DE L'HOMME, art. 22 : « Toute personne, en tant que membre de la société, a droit à la sécurité sociale ; elle est fondée à obtenir la satisfaction des droits économiques, sociaux et culturels indispensables à sa dignité et au libre développement de sa personnalité, grâce à l'effort national et à la coopération internationale, compte tenue de l'organisation et des ressources de chaque pays » ; PROJET DE CONSTITUTION DE LA RDC, Kinshasa : Éd. LINELIT, 2005, art. 36 b : « L'État garantit au travailleur, la protection contre le chômage et une rémunération équitable et satisfaisante assurant au travailleur ainsi qu'à sa famille une existence conforme à la dignité humaine, complétée par tous les autres moyens de la protection sociale notamment la pension de retraite et la rente viagère ».

1100 DOLE, G., *Les ecclésiastiques et la sécurité sociale...*, 51.

comporte deux institutions complémentaires : l'*assistance* et la *prévoyance sociale*. Les nouvelles dispositions prennent leur source dans une antique tradition. Dès ses origines, l'Église catholique s'est préoccupée de procurer à ses ministres une honnête subsistance, y compris en cas d'invalidité ou de maladie ainsi que pendant leurs vieux jours. Le principe de l'assistance s'enracine dans le concept néo-testamentaire de *koinonia* et dans la pratique ecclésiale. [...] [Au cours des siècles, avec l'institution du *titre canonique du bénéfice ecclésiastique* naquit l'institution] de la *pension ecclésiastique* qui, malheureusement a souffert de la crise et du déclin du système bénéficial. [Pour combler le vide et ne pas laisser les ministres de Dieu à leur triste sort], au contact des institutions séculières, naissait l'idée de prévoyance sociale dont l'expression visible se trouve dans la création des *fonds diocésains* et des *mutuelles sacerdotales* comme mouvements de solidarité cléricale »[1101]. L'organisation de la protection sociale du clergé diocésain dans L'Église particulière de la RDC suit, d'une manière ou d'une autre, la grande ligne de l'organisation canonique qui s'articule autour de l'assistance et de la prévoyance sociale.

3.2.1. Idée d'une sécurité sociale pour le clergé diocésain.

C'est dans les *Actes de la VIe Assemblée plénière de l'Épiscopat du Congo de 1961* qu'apparait pour la première fois l'idée d'une sécurité sociale au sens moderne pour le clergé diocésain. Elle est évoquée dans la proposition de solliciter une subvention étatique qui permettrait de résoudre efficacement la question de la subsistance du clergé diocésain. Il est dit clairement que cette subvention serait versée dans un Pool commun administré par le Conseil d'Administration ecclésiastique du diocèse. Celui-ci devait définir les critères de distribution et retenir les cotisations obligatoires pour le logement, la nourriture, les soins médicaux, la pension et l'assurance-maladie- accident –invalidité[1102]. Cette référence nous fait penser à l'idée de protection sociale sous le régime moderne de la sécurité sociale. A part cette évocation nous n'avons pas rencontré un élément qui pourrait nous permettre de parler avec certitude d'une quelconque affiliation des prêtres diocésains congolais à la sécurité sociale telle qu'organisée par les pouvoirs publics.

Mais, la problématique de la sécurité sociale du clergé diocésain sera abordée de manière explicite lors de la *Xe Assemblée plénière tenue à Kisangani du 29 avril au 4 mai 1970*. Les résolutions de cette réunion sur ce problème n'ont pas

---

1101 DOLE, G. *La protection sociale du clergé...*, 68–69.

1102 ÉPISCOPAT DU CONGO, *Actes de la VIè Assemblée Plénière...*, 338.

abordé la question dans le sens de l'intégration des prêtres diocésains dans le régime universel de la sécurité sociale congolaise, mais elles ont orienté la solution du problème vers une protection sociale basée sur « l'assistance corporative » ou « mutualiste »[1103]. Voilà ce qui explique l'organisation de la protection sociale du clergé diocésain congolais autour de trois organismes complémentaires d'assistance sociale : 1. *L'A.S.I.C* (Action Sociale Interdiocésaine Congolaise) ; 2. *L'Opus Securitatis* ; 3. *L'Opus Senectus*[1104].

3.2.2. Organismes de protection sociale pour le clergé diocésain congolais.

A partir de 1970, l'Église particulière de la RDC avait résolu d'orienter sa politique de la protection sociale du clergé diocésain, non dans la ligne du régime de la sécurité sociale proprement dite, mais dans la ligne de la prévoyance sociale avec des fonds d'assistance ou des mutualités d'entraide. Cette prévoyance sociale est fondée sur l'aide charitable et sur une reconnaissance timide d'un droit à pensions. Mais devant les difficultés de constituer une caisse de pensions, les Évêques de la RDC avait levé l'option d'accorder à tous les prêtres, jeune ou vieux, malades ou invalides, les mêmes conditions de vie matérielle[1105]. Ce principe est celui qui est pratiquement en vigueur jusqu'aujourd'hui dans tous les diocèses de la RDC. Et les trois organismes de secours et d'entraide, *l'Action sociale Interdiocésaine Congolaise (ASIC), l'Opus Securitatis et l'Opus Senectus*, viennent pratiquement en appui à ce principe.

3.2.2.1. L'A.S.B.L. « Action sociale interdiocésaine congolaise » (A.S.I.C).

L'A.S.I.C fut créée en 1970 sous la dénomination de « Fonds Interdiocésains Congolais » (F.I.C) en partenariat avec la Conférence Épiscopale Belge et la Conférence Épiscopale Congolaise. En 1971, le F.I.C se transforme en A.S.I.C. (Action Sociale Interdiocésaine Congolaise) comme une A.S.B.L de droit belge et dont le siège social se trouve à Bruxelles. Son objectif comme organisme social est de prendre en charge les frais pour les soins de santé des prêtres diocésains congolais[1106]. Depuis sa création jusqu'aujourd'hui, l'A.S.I.C dispose d'une

1103 DOLE, G., *La sécurité sociale des ecclésiastiques…*, 59.

1104 LUWANA PERO, M., *La Constitution de divers fonds diocésains….*, 144.

1105 CENCO, *Actes de la Xème Assemblée Plénière de l'Épiscopat du Congo (19 au 24 octobre 1970)*, Kinshasa :Éd. . du Secrétariat Général, 1970, .23.

1106 CENCO, *Actes de la XXXVIème Assemblée Plénière tenue à Kinshasa du 03 au 06 juillet 2002*. Texte réservé, Kinshasa-Gombe : Éd. du Secrétariat Général, 2002, 113.

*Caisse de remboursement des dépenses de frais de santé des prêtres diocés*ains et elle est alimentée par[1107] : a) Les cotisations annuelles des diocèses (1.500 FB/ prêtre) retenues automatiquement à la distribution des subsides annuels ; b). Les subsides de l'œuvre de Saint Pierre Apôtre de Rome via la Nonciature (25 $ par prêtre par an)[1108] ; c). Les subsides de l'A.S.I.C qui sont constitués par les intérêts d'un capital constitué par quelques bienfaiteurs.

L'action de l'A.S.I.C. ne se limite qu'à un seul secteur de risques sociaux, celui de l'assurance maladie. Ses prestations ne s'étendent pas à la pension de vieillesse comme l'ont souhaité à plusieurs reprises les Évêques congolais. Car avant 1974, le secteur de l'assurance-vieillesse était couvert par AKTIO PRIM[1109]. Mais compte tenu de l'insuffisance de ressources de l'A.S.I.C., le vide créé par AKTIO PRIM ne pouvait être comblé. L'idée d'affilier les membres du clergé diocésain congolais à l'Organisme International « E.M.I. » (Entraide Missionnaire Internationale) n'a pas non plus trouvé d'assentiment des Évêques congolais qui trouvaient que les ressources de l'A.S.I.C. ne permettaient pas de couvrir les cotisations annuelles et le montant de la pension à percevoir au niveau d'E.M.I était aussi insignifiant[1110]. Face à cette impasse, la décision prise par les Évêques du Congo est celle de continuer à assurer à tous les prêtres jeunes ou vieux, en bonne santé ou malade, les mêmes conditions financières jusqu'au bout[1111]. C'est cette formule qui, jusqu'aujourd'hui, semble être la voie de solution à l'impossibilité de créer une « Caisse de pension » pour le clergé séculier congolais.

Tenant compte d'énormes difficultés qu'éprouvent les prêtres congolais dans leur ensemble pour accéder à des bons soins de santé, nous pouvons dire que les prestations de l'A.S.I.C ne se font pas sentir dans la vie quotidienne.

1107 Ibid.

1108 LUWANA PERO, M., o. c, 146 : « Pour l'assurance –maladie du clergé diocésain congolais, l'œuvre de Saint Pierre Apôtre (Section Opus Securitatis) verse un montant de 25 $ USA (vingt-cinq dollars américains) par mois, soit 300$ USA par an, pour chaque prêtre […] cette somme est placée dans une banque en Belgique pour produire des intérêts ».

1109 CENCO, *Rapport de la Réunion de la Conférence Episcopale, tenue à Kisangani du 29 au 4 mai 1974*. Texte réservé, Kinshasa-Gombe : Éd. du Secrétariat Général, 1974, 61.

1110 Ibid., 62.

1111 LUWANA PERO, M., o. c, 143 : « Toutefois, les évêques du Congo Démocratique se sont engagés sur l'honneur en 1970 de prendre soin de leurs prêtres malades, infirmes ou devenus incapables d'exercer le ministère, et cela jusqu'au bout de leur mort » (cfr. Épiscopat du Congo, *Actes de la Xème Assemblée Plénière de l'Épiscopat du Congo (19 au 24 octobre 1970)…*, 23).

Le problème n'est pas, à notre avis, de rembourser les frais médicaux qui sont souvent difficiles à trouver, mais d'offrir aux prêtres diocésains la possibilité de se faire soigner sans problème. Cela suppose donc que l'A.S.I.C mette en place un système de partenariat avec certains centres médicaux et hôpitaux qui permettraient aux prêtres diocésains congolais d'accéder sans trop de difficultés aux soins de santé de qualité. Le protocole définirait les conditions d'accès à ces établissements et le volume des prestations.

Il y a lieu de relever ici aussi qu'en continuant à garder le siège social de l'A.S.I.C à Bruxelles, cela démontre bien l'immaturité de l'Église particulière de la RDC alors que celle-ci avait levé, dans son processus de l'évangélisation en profondeur, l'option pastorale d'une évangélisation du troisième millénaire basée sur la « prise en charge de l'Église par elle-même ». Celle-ci, pensons-nous, ne doit pas être un slogan creux mais, doit se vérifier aussi dans la capacité de cette Église particulière de s'assumer et de savoir administrer par elle-même ses propres institutions, parmi lesquelles l'A.S.I.C. Celle-ci doit s'approcher de ses assurés et redynamiser ses actions tenant compte de véritables problèmes auxquels le clergé diocésain congolais fait face au quotidien.

3.2.2.2. L'Opus Securitatis.

L'Opus Securitatis est une *Œuvre pontificale d'assistance à la vieillesse pour les prêtres diocésains* (Can. 281, § 2) qui dépendait d'abord de l'Œuvre de Saint Pierre Apôtre, mais maintenant elle dépend de l'Œuvre pontificale de la Propagation de la Foi[1112]. C'est à partir de 1er juillet 1977 que la Conférence Épiscopale du Congo a affilié tous les diocèses du Congo à cet organisme[1113]. Le financement de l'Œuvre se faisait d'abord par l'obligation de célébrer deux messes, puis une messe par mois à l'intention de l'Œuvre. Par la suite cette pratique fut abolie et le financement se fait maintenant par des cotisations individuelles fixées par l'Œuvre Pontificale de la Propagande de la Foi et que chaque diocèse doit verser pour ses prêtres affiliés, aussi par les dons et les intérêts des capitaux.

L'affiliation à l'O.S se fait par l'adhésion du diocèse et non par le prêtre en personne. L'Évêque donne mandat à l'Œuvre d'admettre ses prêtres suivant ce modèle : *MANDAT D'ADMISSION DES PRETRES DIOCESAINS* à *l'OPUS SECURITATIS*[1114]

1112 CENCO, *Actes de la XXXVIème Assemblée Plénière…* : cfr Annexe V : OPUS SECURITATIS, 101.

1113 LUWANA PERO, M., loc. cit.

1114 CENCO, *Actes de la XXXVIème Assemblée Plénière…*, 104 : Cfr Formulaire OS 01/2000 : Mandat d'admission.

Je soussigné, évêque de.......................... certifie par ma signature et l'apposition du sceau du diocèse, que je donne le mandat à l'Œuvre pontificale de la Propagation de la Foi, Section OPUS SECURITATIS, d'admettre à l'OPUS SECURITATIS tous les prêtres incardinés dans ce diocèse ou qui le seront à l'avenir, selon la dernière rédaction des Statuts. Le diocèse s'engage à communiquer aussitôt que possible tous les changements d'effectifs de ses prêtres à l'admission de l'OPUS SECURITATIS.

....
Lieu Date Sceau Signature

Dans le processus d'inscription, après avoir donné mandat d'affiliation à l'Œuvre pontificale de la Propagation de la Foi, l'Évêque adjoindra aussi la liste des prêtres à affilier. Sur la liste, il inscrira le nom, prénom et post-nom de chaque prêtre avec sa date de naissance et sa date d'ordination[1115]. On affilie à l'O.S que les prêtres ayant moins de 50 ans[1116].

Outre l'inscription ou l'affiliation, le diocèse est aussi obligé de notifier à l'O.S la sortie d'un prêtre du diocèse. Et le formulaire pour la notification est le suivant : *Formulaire O.S 03/2000 : Notification de la sortie d'un prêtre inscrit de l'O.S*[1117] : 1. Pays.......................Diocèse...2.a.Nom du prêtre (Mettre tous les noms)...b. Numéro courant de la liste ....3. Motif de la sortie (décès, laïcisation ou autre)...4. Date effective de la sortie ....5. Date----------------- Signature----------------------------

Le paiement de la pension ou liquidation se fait à partir de *65 ans*. Une année avant, l'O.S avertira l'Évêque . Lorsque le prêtre atteint la limite d'âge, l'Évêque à son tour avisera l'O.S. Il demandera soit le transfert de la somme au compte de son choix, soit l'administration de cet argent et des intérêts par l'Œuvre jusqu'à nouvel avis. La somme est de plus ou moins *615, 00 euros/an*. Le diocèse est obligé d'envoyer à l'O.S annuellement un rapport financier sur l'utilisation de ces fonds. Il est demandé à chaque Évêque diocésain de constituer un Comité de pension d'au moins 4 membres (y compris lui-même) pour gérer ces fonds[1118].

La question qu'on peut se poser est celle de savoir pourquoi cet argent ne peut pas être versé dans le compte personnel du prêtre pour que celui-ci en

1115 Ibid., 101.

1116 Ibid., 101–102.

1117 Ibid., 106 : cfr Formulaire OS 03/2000 : Notification de la sortie d'un prêtre inscrit de l'OS.

1118 Ibid., 102; cfr. *Statuts de l'Opus Securitatis. Liber Missarum*, Secrétariat Général de la CEZ, Kinshasa-Gombe, 1977, 2–9.

tant que bénéficiaire en soit directement l'administrateur ? Cette question vaut son pesant d'or car dans beaucoup de diocèses l'administration des biens et de finances se fait dans l'opacité et très souvent au détriment des bénéficiaires et sans respect des normes canoniques et de finalités pour lesquels les fonds sont versés dans le compte diocésain. La mauvaise gestion de ces fonds par les diocèses très caractéristique aujourd'hui contredit souvent ce que stipulent les Statuts de *l'Opus Securitatis* : « L'argent qui constitue le fonds de cet organisme d'assistance provient de la solidarité internationale de la *Communio Ecclesiarum*. Chaque groupe-membre effectif et ses institutions et organes sont tenus en conscience d'appliquer cet argent uniquement au bénéfice des membres effectifs »[1119]. Pour respecter cet objectif, la tâche de l'administration diocésaine doit consister, à notre avis, à mettre de mécanismes de bonne gestion pour que les bénéficiaires ne se retrouvent pas du jour au lendemain sans aucun sous pour le reste de leur vie et non se substituer aux bénéficiaires comme si ceux-ci étaient de mineurs sans capacité de gestion[1120]. Tels que ces fonds sont gérés aujourd'hui par les diocèses de la RDC, il y a lieu de souligner des *abus de gestion* qui portent préjudices aux bénéficiaires. Le signe visible de ces abus est la non-conformité dans presque tous les diocèses de la RDC à l'exigence de la mise en place du Comité des pensions, telle que voulue par les Statuts de l'O.S.

Soulignons pour terminer que dans *le cas de sortie prématurée d'un prêtre* pour raisons soit de décès, de mariage, de laïcisation, d'abandon du ministère, d'excardination et incardination dans un diocèse non-membre ou un institut religieux, l'argent destiné à la pension de ce prêtre, d'après les statuts de l'Opus Securitatis, reste à la disposition de l'Œuvre et le prêtre ne reçoit rien[1121]. Cette disposition nous paraît *injuste* car le financement, étant basé sur les cotisations individuelles même si elles sont retenues sur les subsides de Rome, donne au prêtre un droit qui ne peut lui être nié parce qu'il a changé de statut social. Pour

---

1119 *Statuts de l'Opus Securitatis*..., 9.

1120 LUWANA PERO, M., o. c, 145 : « L'Évêque diocésain ou la ConférenceÉpiscopale , suivant le cas, peuvent décider avec le Comité de pension de certaines mesures à prendre. Il faut aider le bénéficiaire à bien gérer ce fonds pour le reste de ses jours. Nous avons vu certains bénéficiaires tomber dans le piège de la solidarité clanique ou familiale, en investissant ces fonds dans l'achat des vieux camions pour le compte de leurs familles. Mais dans un pays qui connait d'énormes difficultés de ravitaillement et de commercialisation, sans voies de communication convenables, ces camions n'ont effectué qu'un voyage ; ils ont connu des pannes irréparables. Qu'est-ce que les bénéficiaires de l'OS auront gagné ? Quel sera leur avenir ? »

1121 *Statuts de l'Opus Securitatis*..., 9.

avoir œuvré au service de l'Église , nous pensons que les années de cotisations doivent lui être reconnues et remboursées afin de lui permettre de faire face aux contingences de la vie dans son nouveau statut social. Une solution équitable pourrait être envisagée au cas par cas afin d'éviter que le prêtre ayant changé de statut social sombre dans l'indigence.

3.2.2.3. L'Opus Senectus.

L'Opus Senectus est un organisme d'assurance-vieillesse qui concerne les prêtres diocésains du Congo nés avant 1928 ou qui avaient déjà atteint 50 ans d'âge le 31décembre 1977, à la création de *l'Opus Securitatis.* Il a son siège social à Bruxelles et a été créé par l'initiative des Missionnaires du Cœur Immaculé de Marie *(CICM)* ou Pères de Scheut. *L'Opus Senectus* existait déjà avant 1977 sous une autre forme dans les diocèses évangélisés par les missionnaires du CICM. Il versait pour chaque prêtre ayant atteint l'âge de la pension une somme de FB 2.500 (deux mille cinq cents Francs Belges) par mois. En 1977, à la création de *l'Opus Securitatis* qui n'assurait que les prêtres nés après 1928, la Conférence Épiscopale du Congo avait jugé utile de garantir l'assurance-vieillesse aux prêtres nés avant 1928 par *l'Opus Senectus* afin que cette catégorie ne reste pas sans couverture vieillesse[1122]. En tant qu'organisme d'entraide, *l'Opus Senectus* est financé entièrement par les dons de la Congrégation des Missionnaires du Cœur Immaculé de Marie (CICM) et par les intérêts des fonds mis en banque. Les bénéficiaires des prestations de *l'Opus Senectus* n'ont aucune obligation en contrepartie, sinon l'exercice de leur ministère sacerdotal. Ils perçoivent chaque trimestre un montant de FB 10.000 (dix mille francs belges) ou son équivalent en euro à partir du 15 février, 15 mai, 15 aout et 15 décembre de chaque année. Le mode de perception de ce montant est fixé par le bénéficiaire lui-même. Seulement, il lui est demandé d'accuser réception une fois en possession de son argent. L'administration des fonds de *l'Opus Senectus* ne concerne pas le diocèse, elle se fait librement par le bénéficiaire[1123].

Considérant les dernières statistiques du clergé diocésain du Congo publiées en 2012, nous pouvons dire que le nombre de bénéficiaires des prestations de *l'Opus Senectus* a sensiblement diminué dans beaucoup de diocèses du Congo. On peut bien se poser la question de savoir que deviendront les fonds et les actions de cette Œuvre quand aura disparu le dernier prêtre de la génération 1928 ? Seules les organes d'administration et la Conférence Épiscopale du

1122 LUWANA PERO, M., o. c., 147.
1123 Ibid.

Congo pourront dire un mot et éclairer l'opinion. L'idéal serait de constituer un jour une « caisse de pension » ouverte à tous les membres du clergé diocésain avec les fonds et les actions de *l'Opus Senectus* et dont l'administration incomberait directement à la CENCO.

L'une des faiblesses de cet organisme c'est son mode de financement basé sur la charité et non sur la participation des bénéficiaires eux-mêmes. Toute en louant le bien-fondé de toute action caritative, il faut reconnaître qu'elle ne permet pas aux gens de s'assumer et souvent, elle renforce la dépendance et inhibe les efforts d'auto-prise en charge. Dans l'administration de fonds alloués, l'élément positif est que l'organisme permet au prêtre de gérer ses fonds sans intermédiaire. Cela donne l'assurance que ces fonds atteignent ses objectifs contrairement au système d'administration appliqué par *l'Opus Securitatis.*

Au regard de conditions de vie des prêtres diocésains congolais, force est de constater que malgré l'existence de ces trois organismes, leur protection sociale est toujours défaillante. Dans l'ensemble des diocèses de la RDC, les prêtres séculiers ont du mal à se faire soigner par manque de moyens financiers et beaucoup meurent dans le dénuement total sans bénéficier de leur pension de vieillesse parce que les fonds destinés à cette fin ont été mal gérés par l'administration diocésaine. Bref, ils vivent pratiquement sans une vraie protection sociale car ils sont livrés souvent à eux-mêmes ou à l'assistance de membres de leur famille. Face aux carences de l'assistance sociale ecclésiale, ne serait-il pas urgent de poser la question sur la pertinence d'une organisation exclusive de l'Église dans un domaine où la tendance générale de la société est de promouvoir la solidarité universelle ? Il ne serait pas temps que l'Église particulière de la RDC repense l'organisation de la protection sociale pour le clergé diocésain ? Et à l'heure de l'universalité de la sécurité sociale, ne pourrait-elle às ouvrir le dialogue avec les structures publiques de la sécurité sociale pour une mise en place d'un système plus efficace non seulement pour les prêtres, mais aussi pour tous les citoyens ?

3.3. Clergé diocésain congolais face à l'organisation de la sécurité sociale en RDC.

Après le parcours de l'organisation de la protection sociale du clergé diocésain dans l'Église particulière de la RDC, nous voulons à présent examiner l'organisation de la sécurité sociale en RDC et le statut du prêtre diocésain congolais par rapport à celle-ci.

3.3.1. Organisation de la sécurité sociale en RDC.

L'histoire de l'organisation de la sécurité sociale en RDC est marquée par deux périodes : la période coloniale et la période postcoloniale.

3.3.1.1. Organisation de la sécurité sociale au Congo durant la période coloniale.

Dans la colonie du Congo-belge, les premières tentatives d'une politique sociale envers les autochtones ont commencé *en 1918* avec les *anciens combattants*, les *gradés* et *soldats de la Force Publique et les agents des Corps de polices urbaines*[1124]. Mais le système moderne de la sécurité sociale ouverte aux travailleurs n'a vu le jour que *vers 1945*. Celle-ci était organisée sur une *base ségrégationniste* entre les employés expatriés européens et asiatiques, d'une part, et les employés autochtones du Congo-belge ou des colonies voisines du Ruanda-Urundi, d'autre part. Ce régime de la sécurité sociale était élaboré, au Congo-belge, sur la préoccupation de pensions[1125] afin de freiner le processus migratoire de la main-d'œuvre indigène et stabiliser celle-ci pour garantir la productivité industrielle et le développement économique. Il fallait pour cela accorder aux travailleurs indigènes des avantages sociaux comme les allocations familiales, le logement ou les allocations de logement, la construction des camps de travailleurs, la création des services sociaux (hôpitaux, dispensaires,

---

1124 Cfr WEMBI, A., *La sécurité sociale au Congo. Origines, possibilités et difficultés de gestion,* Léopoldville- Louvain- Paris :Éd. . IRES – NAUWELAERTS - BEATRICE-NAUWELAERTS, 1966, 23 : dans les sources juridiques de la sécurité sociale congolaise, l'auteur donne une série des décrets réglementant la sécurité sociale suivant certaines catégories sociales : Décret du 17 juillet 1918 concernant les pensions des Anciens combattants ; Décret du 3 avril 1930 concernant les pensions des gradés et soldats de la Force Publique et Décret du 7 aout 1935 concernant les pensions des agents des Cops de Police urbaine.

1125 Ibid, 94 : A la différence du système du Congo-belge basé sur la préoccupation de pensions, la politique de la *sécurité sociale britannique*, par exemple, fut élaborée essentiellement sur l'idée de « chômage ». C'est un système conçu comme une sorte d'assurance-chômage généralisée dans laquelle les autres risques sont assimilés à des périodes d'inaction forcée, et donnent lieu aux mêmes prestations. Par contre, le *système français* quant à lui, est fondé sur la préoccupation démographique afin de remédier à la diminution croissante de la natalité qui était à l'origine du recul de la position de la France dans le monde. Pour cela, les pouvoirs publics français ont mis plus d'accent sur les prestations familiales, en intégrant toutefois les autres risques sociaux.

écoles, foyers sociaux pour l'adaptation des femmes...), le régime de pensions pour les travailleurs âgés afin de prolonger leur séjour dans un centre urbain car l'adaptation au milieu coutumier est devenue difficile[1126].

Au Congo-belge, les premières initiatives de protection sociale des travailleurs furent l'œuvre des grandes entreprises minières privées et non des pouvoirs publics. Celles-ci voulaient, par ces mesures de protection sociale, protéger leurs travailleurs contre les principaux risques de la vie professionnelle et s'assurer une stabilité de la main d'œuvre pour une meilleure production économique en empêchant le retour dans les milieux traditionnels[1127]. C'est à partir de 1945 que les pouvoirs publics coloniaux ont commencé à réglementer le système de sécurité sociale à deux régimes discriminatoires : l'un pour les travailleurs expatriés, européens et asiatiques avec des avantages énormes et l'autre pour les travailleurs autochtones du Congo et des colonies voisines du Ruanda et d'Urundi[1128]. Les deux régimes régissaient les prestations concernant

---

1126 Ibid, 95–96.

1127 Ibid, 7 : « Certaines grandes entreprises installées au Congo, notamment l'Union Minière du Haut Katanga, avaient compris à temps la nécessité de protéger leur personnel contre les principaux risques de la vie professionnelle. Aussi, plusieurs d'entre elles avaient pris, sans attendre l'intervention des pouvoirs publics, un certain nombre de mesures de sécurité sociale en faveur de leurs travailleurs. Parmi ces mesures, il y a lieu de mentionner : la pension gratuite (non contributive) accordée aux travailleurs âgés, les allocations familiales octroyées sous forme de rations, la réparation des dommages résultant des accidents du travail pour certaines catégories de travailleurs particulièrement exposés aux risques, etc. ».

1128 Ibid, 23 : Les sources législatives du régime de la sécurité sociale de l'époque coloniale sont : A)*Pour les employés expatriés* : Décret du 20 décembre 1945 concernant la réparation des dommages résultant des accidents du travail survenus aux non-indigènes (Code, T. III, p. 71) ; Arrêté royal du 25 janvier 1952 concernant les pensions des employés (Code, T. III, p. 165) ; Décret du 7 aout 1952 concernant l'assurance contre la maladie ou l'invalidité des employés coloniaux (Code, T. III, p.147) ; Décret du 7 mai 1953 concernant l'assurance des soins de santé aux employés coloniaux, aux membres de leurs familles et à leurs ayants droit (Code, T.III, p. 217) ; Décret du 8 décembre 1954 concernant les allocations familiales pour les employés non indigènes (Code, T.III, p. 109) ; Décret du 28 mars 1957 concernant les maladies professionnelles des non-indigènes (Code, T. III, p. 83) ; Décret du 6 avril 1957 concernant le soutien des non-indigènes privés de travail (Code, T.III, p. 134). B). *Pour les travailleurs indigènes* : Décret du 1er aout 1949 concernant les accidents du travail et maladies professionnelles (B.O, p.1912) ; Décret du 26 mai 1951 concernant les allocations familiales (B.O, p. 831) ; Décret du 19 février 1957 concernant les allocations d'invalidité (B.O., p.604) ; Décret du 6 juin 1956 concernant les pensions (B.O., p.846).C). *Pour les agents autochtones de l'administration* : Décret

l'assurance maladie, l'invalidité, l'assurance des soins de santé, les allocations familiales, la réparation des dommages résultant des accidents du travail, le chômage pour les expatriés, les pensions, les rentes de survie pour veuves et orphelins. Ainsi trois institutions distinctes assuraient les différentes prestations : *La Caisse de Pensions des Travailleurs* (C.P.T.), la *Caisse Centrale de Compensation pour Allocations Familiales* (C.C.C.A.F) et le *Fonds des Invalidités des Travailleurs* (F.I.T.).

Malgré les mesures discriminatoires, il faut reconnaitre que durant la période coloniale le système de sécurité sociale avait fonctionné parfaitement.

3.3.1.2. Organisation de la sécurité sociale au Congo durant la période postcoloniale.

3.3.1.2.1. Principes de l'organisation de la sécurité sociale postcoloniale.

La période postcoloniale est dominée par la promulgation du *Décret – loi du 29 juin 1961 organique de la sécurité sociale*[1129] qui trouve son esprit et ses principes directeurs dans la *Table Ronde Économique et sociale de Bruxelles de 1960*[1130] et dans la *Commission de la sécurité sociale*, instituée conformément aux recommandations de la Table Ronde économique et sociale[1131]. L'objectif poursuivi par la réforme était surtout de « non amalgamer les deux législations existantes, dont l'une applicable aux employés et l'autre aux travailleurs, mais

---

du 12 avril 1955 concernant les rentes de survie pour veuves et orphelins des agents auxiliaires (B.O., 669) ; Décret du 7 juillet 1918 concernant les pensions des anciens combattants (B.O., p. 267) ; Décret du 3 avril 1930 concernant les pensions de gradés et soldats de la Force Publique (B.O., p. 249) ; Décret du 7 aout 1935 concernant les pensions des agents des corps de police urbaine (B.O., p. 949) ; Décret du 12 avril 1955 concernant les pensions des chasseurs –cornacs préposés à la conservation de la faune et de la flore et des gardes-frontières (B.O, p. 661).

1129 DÉCRET-LOI DU 29 JUIN 1961 organique de la sécurité sociale (Moniteur congolais, 4 aout 1961, n° 17), dans B.I.T., Série législative, 2, 1961, 1–29.

1130 Table Ronde économique et sociale de Bruxelles fut une manifestation qui réunit à Bruxelles en dates du 20 janvier- 20 février et 26 avril-16 mai 1960 entre d'une part des représentants politiques et chefs coutumiers congolais et, d'autre part, des dirigeants publics et économiques belges pour décider de l'avenir du Congo-belge dont un consensus majeur portant sur la date de l'indépendance du futur État, fixée au 30 juin 1960, et l'organisation institutionnelle de ce dernier.

1131 WEMBI, A., o. c, 22 : « Les travaux de la Commission de la sécurité sociale, instituée conformément aux recommandations de la Table Ronde économique et sociale, ont débuté le 17 octobre 1960, et se sont clôturés le 10 avril 1961 ».

de construire un système de sécurité sociale basé sur les conventions internationales, et autant que possible, sur les recommandations de l'Organisation Internationale du Travail »[1132]. Il fallait pour cela, unir d'abord les divers régimes autonomes existants des assurances sociales, en vue de simplifier tant les législations que leur organisation administrative et ensuite, voir comment étendre les bénéfices des avantages de la sécurité sociale au plus grand nombre possible de travailleurs. C'est cette volonté de l'unification et de généralisation qui a conduit à la création de *l'Institut National de Sécurité Sociale* (I.N.S.S.) comme organe unique et technique de la sécurité sociale, et dont les principes directeurs étaient[1133] :1). *Eliminer la dualité des législations* faites sur une base discriminatoire entre les employés européens et les travailleurs congolais ; 2) *Supprimer le régime statutaire de sécurité sociale* pour les fonctionnaires de l'administration Publique, et les assujettir au régime commun de sécurité sociale[1134] ; 3). *Promouvoir la stabilité financière du régime* car les événements politiques liés à l'indépendance et le ralentissement des activités économiques qui en a suivi, avaient provoqué une détérioration de la situation financière des trois branches (risques professionnels-invalidités, allocations familiales et pensions) ; 4). *Simplifier l'administration* en fusionnant les différentes Caisses autonomes en une seule administration avec une volonté d'unir tous les risques sociaux dans une organisation d'ensemble bien cohérente[1135].

C'est dans cette optique que l'I.N.S.S, comme organe technique et social, aura pour mission d'organiser et de gérer le régime général congolais de sécurité sociale en trois branches principales : La branche des pensions (Invalidité, retraite et survivant) ; la branche des risques professionnels (accidents de travail et maladies professionnelles) et la branche des allocations familiales (charges familiales).

Ce décret-loi organique de 1961 connaitra au cours de l'histoire plusieurs modifications dont la plus récente est l'Arrêté ministériel n° 049 du 10 décembre

---

1132 Ibid.

1133 Ibid, 24.

1134 Ibid, 28–31 : Cet objectif ne fut pas atteint car la Commission de la sécurité sociale, après débats et délibérations, avait opté pour le maintien des fonctionnaires des Administrations publiques en dehors du régime commun de sécurité sociale.

1135 Cfr. Décret-loi du 29 juin 1961 organique de la sécurité sociale… Exposé des motifs : 1 ; cfr. WEMBI, A., o. c, 19 : « Les risques sociaux sont incontestablement divers ; mais ils sont assez proches dans leurs effets pour faire l'objet d'une organisation d'ensemble. Reconnaissant cette unité profonde de tous les risques sociaux, le législateur du décret-loi du 29 juin 1961 eut le mérite de les discerner et d'en assurer une organisation d'ensemble bien cohérente ».

2012 relatif à l'affiliation des employeurs à l'immatriculation des travailleurs et aux modalités et conditions de versement des cotisations de la sécurité sociale[1136].

1136 Arrêté ministériel n° 049/CAB/MIN/ETPS/MBL/2012 du 10 décembre 2012 relatif à l'affiliation des employeurs à l'immatriculation des travailleurs ainsi qu'aux modalités et conditions de versement des cotisations de la sécurité sociale, dans Journal Officiel de la République Démocratique du Congo, Première partie, 53e année, Numéro Spécial du 20 décembre 2012, Kinshasa, 1–18. Dans le sommaire de cet Arrêté ministériel, nous trouvons de la page 1 à 2, le répertoire des textes juridiques qui ont régi le système de la Sécurité Sociale congolaise depuis la création de l'I.N.S.S. en 1961 jusqu'aujourd'hui : Décret - loi du 1er février 1961 abrogeant le Décret d'urgent du 31 mai 1960 portant réorganisation de la compensation des allocations familiales des travailleurs du Congo - Belge et du Rwanda - Urundi ; Décret - loi du 29 juin 1961 organique de la sécurité sociale ; Arrêté Ministériel n°8/61 du 21 octobre 1961 portant règlement général de l'assurance (MC n°1 du 18/01/61) ; Arrêté Ministériel n°5/61 du 26 novembre 1963 modifiant et complétant l'Arrêté n°8/61 du 21 octobre 1961 portant règlement de l'assurance (M.C. n°16 du 14/08/63) ; Décret - loi du 1er septembre 1965 modifiant et complétant le Décret - loi du 29/09/61 organique de la sécurité sociale (M.C. n°20 du 01/11/65) ; Ordonnance n°66/370 du 09 juin 1960 relative à la liste des maladies professionnelles à l'usage de la sécurité sociale (M.C. n°14 du 01/08/66) ; Ordonnance n°68–491 du 20 décembre 1968 modifiant le Décret - loi du 29 juin 1961 organique de la sécurité sociale ; Ordonnance n°69/065 du 06 décembre 1969 modifiant le Décret - loi organique de la sécurité sociale ; Ordonnance n°71/021 du 26 mars 1971 modifiant le Décret - loi du 29 juin 1961 organique de la sécurité sociale ; Ordonnance - loi n°78–008 du 29 mars 1978 portant modification du Décret - loi du 29 juin 1961 organique de la sécurité sociale ; Arrêté Départemental n°0021 du 10 avril 1978 relatif à l'affiliation des employeurs, à l'immatriculation des travailleurs ainsi qu'aux modalités et conditions de versement des cotisations de la sécurité sociale ; Ordonnance n°78–186 du 05 mai 1978 portant statut d'une entreprise publique, dénommée : Institut National de Sécurité Sociale ; Ordonnance n°83 - 166 du 17 septembre 1983 portant institution d'un salaire minimum agricole garanti, réajustement du salaire minimum interprofessionnel garanti, des allocations familiales et de la contre-valeur du logement ; Loi n°78–002 du 06 janvier 1978 portant dispositions générales applicables aux entreprises publiques et l'Ordonnance n°78–186 du 05 mai 1978 portant statut d'une entreprise publique dénommée « I.N.S.S. » en sigle, il devint une entreprise publique au sens de l'article 2 de la Loi n°78–002, et placé sous la garantie de l' État ; Ordonnance n°92–087 du 20 août 1992 portant déplafonnement total de l'assiette des cotisations pour les branches des pensions, des risques professionnels et des allocations familiales ; Circulaire n°002/95 du 10 mai 1995 relative à la fixation de l'âge d'admission de la pension de retraite

Outre le décret-loi de 1961 qui est considéré comme la loi organique de la sécurité sociale en RDC, il y a lieu de mentionner aussi *la Constitution de la RDC de 2006* qui, dans le Titre II sur les droits humains, les libertés fondamentales et les devoirs du citoyen et de l'État , au chapitre 2, portant sur les droits économiques, sociaux et culturels, revient dans *son article 36* sur le *droit au travail* et à la *protection sociale à chaque citoyen congolais* : « Le travail est un droit et un devoir sacrés pour chaque congolais. L'Etat garantit le droit au travail, la protection contre le chômage et une rémunération équitable et satisfaisante assurant au travailleur ainsi qu'à sa famille une existence conforme à la dignité humaine, complétée par tous les autres moyens de protection sociale notamment la pension de retraite et la rente viagère »[1137]. A travers cette norme, la Loi fondamentale congolaise affirme le droit à la protection sociale pour le travailleur congolais afin de lui permettre de mener une existence conforme à la dignité humaine.

Nous pensons que le concept de « travailleur » dans cette Constitution n'est pas restrictif, il peut s'étendre aux travailleurs salariés, aux travailleurs indépendants, etc. Mais toutefois, le droit à la sécurité sociale tel qu'il est affirmé dans la Constitution congolaise ne semble pas bénéficié à tous les citoyens ; il est réservé aux seuls travailleurs. Outre les travailleurs, la Constitution congolaise garantit le droit à une protection sociale aux personnes du troisième âge et aux personnes avec handicap, selon l'art. 49 : « La personne du troisième âge et la personne avec handicap ont droit à des mesures spécifiques de protection en rapport avec leurs besoins physiques, intellectuels et moraux »[1138].

3.3.1.2.2. Personnes protégées par le Décret-loi -organique de 1961.

Dans ses articles 2 et 3, la loi-organique de la sécurité sociale protège obligatoirement tous les travailleurs soumis à la réglementation relative aux contrats de louage de services y compris les étrangers, les bateliers et marins immatriculés au Congo. Pourront être assimilés à ces travailleurs, les stagiaires et les

---

(Ministère du Travail et de la Prévoyance Sociale) ; Loi n°08/007 du 07 juillet 2008 portant dispositions générales relatives à la transformation des entreprises publiques, spécialement en ses articles 2, 3, 4, 9 et 13, a voulu que l'I.N.S.S. retrouve ses prérogatives premières telles que définies dans son chapitre III, aux termes de ses articles 9 et 10 ; L'Arrêté ministériel n° 049 du 10 décembre 2012 relatif à l'affiliation des employeurs à l'immatriculation des travailleurs ainsi qu'aux modalités et conditions de versement des cotisations de la sécurité sociale.

1137 PROJET DE CONSTITUTION DE LA RDC, Kinshasa : LINELIT, 2005, art. 36, 28.

1138 Ibid, art. 49, 35.

apprentis des écoles professionnelles ou artisanales. Cette possibilité d'assimilation vise principalement la branche des risques professionnels (art. 2, § 1). Sont aussi concernés par la même loi tous les travailleurs au service de l' État, des provinces, des communes et autres pouvoirs subordonnés, même s'ils ne sont pas soumis au décret-loi sur le contrat de louage de service pour autant qu'ils ne bénéficient pas d'un régime réglementaire de sécurité sociale (art. 2, §2)[1139]. Comme on peut le constater, les fonctionnaires bénéficiant d'un régime réglementaire de sécurité sociale et les ecclésiastiques qui sont régis par leur discipline interne sont exclus de la présente législation[1140].

3.3.1.2.3. Champs d'application de la législation de 1961 sur la sécurité sociale.

Les champs d'application du régime de la sécurité sociale congolaise sont basés sur deux principes : celui de « *ratione personae* » et celui de « *ratione materiae* ».

Le principe de *ratione personae* détermine la catégorie des personnes protégées par le régime de la sécurité sociale. Le régime de la sécurité sociale de 1961 protège tous les travailleurs salariés prestant leurs services au Congo et cela, sans discrimination de race, de nationalité, de sexe ou d'origine[1141]. Le *seul critère qui détermine l'assujettissement* au régime est *le contrat de louages de services.* Partant de ce critère, les prêtres sont exclus du régime car ils ne

1139 DECRET-LOI ORGANIQUE DE 1961, art. 2 : §1. « Sont obligatoirement assujettis au régime de sécurité sociale institué par le présent décret-loi, les travailleurs soumis à la réglementation relative au contrat de louage de services, ainsi que les bateliers, sans aucune distinction de race, de nationalité, de sexe ou d'origine, lorsqu'ils sont occupés en ordre principal sur le territoire national, pour le compte d'un ou de plusieurs employeurs, quelle que soit la nature, la forme, la validité du contrat ou le montant et la nature de la rémunération ; il en est de même des marins immatriculés au Congo » ; §2. « Sont également assujettis les salariés de l' État, des provinces et des pouvoirs subordonnés ne bénéficiant pas, en vertu de dispositions réglementaires, d'un régime particulier de sécurité sociale. Une ordonnance du président de la République peut assimiler en tout ou en partie aux travailleurs visés au précédent paragraphe, les élèves des écoles professionnelles ou artisanales, les stagiaires et les apprentis même non rémunérés ».

1140 WEMBI, A., o. c, 42 : « Étaient également exclus du bénéfice des avantages du décret, les indigènes qui, par philanthropie ou conviction religieuse, se consacraient au culte, se dévouaient à l'enseignement ou collaboraient aux œuvres missionnaires sans exiger d'autre rémunération qu'une simple indemnité leur permettant de vivre » (cette exclusion date déjà du décret du 1er aout 1949).

1141 WEMBI, A., o. c, 25–27.

sont pas liés par un contrat de travail et ne sont pas considérés comme travailleurs salariés selon la discipline canonique[1142]. Restant dans cette logique, la hiérarchie ecclésiastique congolaise n'avait jamais levé l'option d'assujettir ses membres au régime commun de la sécurité sociale comme c'est le cas dans d'autres pays[1143]. Elle a préféré se réserver le monopole de l'organisation de la protection sociale de ses ministres alors que la protection corporative avait déjà montré ses limites sous d'autres cieux où la tendance générale est l'incorporation des catégories sociales longtemps marginalisées dans le régime commun de la sécurité sociale. Pour FR. WOLF, la tendance à la généralisation se justifie par le fait que « la société moderne est telle que l'individu est [...] davantage tributaire des autres qu'il ne l'a jamais été dans le passé. Le choix qu'il fait de sa voie, de son métier ou de sa vocation est subordonné à certains impératifs dont il lui est impossible, en règle générale, de se détacher : santé, âge, éducation, ressources, milieu familial, environnement, technique, système et conjoncture politique, etc. [...] L'individu est tributaire des autres, car la société moderne est envahissante. Chacun est pris dans ses filets ou s'y laisse pendre. Par exemple, il n'est plus possible de se passer ni de l'électricité, ni de transports, ni, de façon générale, d'institutions créées à l'intention de la société et sur son initiative. [De ce fait], de par leur nature et leurs dimensions, les risques encourus sont trop démesurés pour ne plus relever que de l'individu ou du groupe restreint

1142 Ibid., 28 : « Dans les régimes antérieures, les législations avaient pour cadre le contrat de travail ; ce cadre a été maintenu par le décret-loi de 29 juin 1961. En effet, en vertu de dispositions de l'article 1, 1°, D, et de l'art5icle 2, 1° et 2°, le bénéfice des avantages de la sécurité sociale demeure actuellement réservé aux seuls travailleurs salariés. Aucune tentative n'est signalée concernant son extension aux travailleurs non-salariés (indépendants) ».

1143 VINCENT, J., *Préface*, dans DOLE, G., *Les ecclésiastiques et la sécurité sociale en droit comparé...*, VII ; DOLE, G., ibid, 1 : « La plupart des Constitutions nationales donnent au législateur la mission d'étendre à l'ensemble de la population une protection sociale qui fut primitivement réservée aux travailleurs salariés. Dans beaucoup de pays, la sécurité sociale tend ainsi aujourd'hui à se généraliser, garantissant les diverses catégories de résidents par un régime général ou par un système sectoriel. Le projet d'extension conduit à élargir progressivement les critères d'affiliation : le statut de salarié, n'étant plus réservé au titulaire d'un contrat de travail, a pénétré le cercle familial en se superposant aux liens institutionnels de parenté. Le travailleur forcé, lui-même, peut-être fictivement qualifié de salarié. Sur cette lancée, la sécurité sociale devait couvrir certains personnels statutaires, notamment ceux des 0rganisations religieuses : ministres du culte et membres d'associations spirituelles ».

auquel il appartient : famille, entreprise, tribu, cellule communautaire, etc. Et la sécurité sociale n'a pas d'autre origine. A travers elle et par l'intermédiaire des pouvoirs publics, c'est l'ensemble des citoyens qui tend à prendre en charge les risques multiples auxquels l'homme est aujourd'hui exposé. La conscience moderne – et ceci et à porter au crédit du XXe siècle, il faut le souligner – ne saurait plus tolérer, en effet, que ces risques fussent ignorés ou insuffisamment pris en charge »[1144].

Le principe de *ratione materiae* détermine la matière à couvrir, c'est-à-dire les risques sociaux qui font l'objet de protection dans le système de la sécurité sociale. Partant de la classification internationale, le régime congolais de la sécurité sociale porte sur les risques sociaux ci-après : a) *la vieillesse* (pensions de retraite) ; b). *L'entretien des enfants* (allocations familiales ; c). Les *accidents du travail et maladies professionnelles* (soins médicaux, rentes d'invalidité et de survivant ainsi qu'indemnités journalières) ; d). L'*invalidité* (pension d'invalidité).

Le seul risque social exclu du régime congolais est le chômage. Tout en le reconnaissant sur le plan humanitaire comme un problème social qui affecte le travailleur, l'exclusion du chômage se justifie par les conséquences économiques au niveau du pays. Ainsi, pour le législateur congolais, la solution au problème du chômage réside « dans la vraie vocation du Congo à l'agriculture en favorisant le retour des chômeurs à la terre, dans leur milieu coutumier »[1145] et dans « l'application par le gouvernement, d'une politique de plein emploi »[1146]. Ainsi, L'article 1er du Décret-loi du 29 juin 1961 reprend quatre risques sociaux couverts par le système de la sécurité sociale congolaise : la vieillesse (Pensions), l'entretien des enfants (allocations familiales), les risques professionnelles (accidents du travail et maladies professionnelles : Soins médicaux, rentes d'invalidité et de survivant ainsi que des indemnités journalières) et l'invalidité (Pensions d'invalidité).

3.3.2. Raisons d'exclusion du prêtre congolais de la sécurité sociale publique.

Au regard du système de la sécurité sociale congolaise et du principe – celui de protéger les travailleurs salariés et garantir une main-d'œuvre stable – qui le justifie, nous pouvons dire que le prêtre congolais n'entre pas dans la catégorie

---

1144 WOLF, F., *Avant-propos*, dans DOLE, G., ibid, III.
1145 WEMBI, A., o. c, 32.
1146 Ibid, 33.

sociale protégée par la sécurité sociale publique. Sa protection sociale est exclusivement assurée par l'Église, d'ailleurs de manière insuffisante. Quelles sont alors les raisons qui justifient cette exclusion ?

3.3.2.1. Argument des limites juridiques.

Pour comprendre l'argument de limitations juridiques, il sied de rappeler que la sécurité sociale a été conçue au départ pour les travailleurs laïcs avant d'être étendue dans la suite aux autres catégories sociales. Cette extension a donné lieu, dans certains droits positifs, à une adaptation de critères juridiques pour permettre aux catégories sociales marginalisées de bénéficier aussi des avantages sociaux. Mais, selon la discipline canonique, le prêtre catholique ne jouit pas du statut social de travailleur salarié et le ministère sacerdotal n'est pas une profession au sens strict du terme et ceux qui l'exercent ne sont pas liés à l'Église par une dépendance juridique de type contractuel.[1147]. Dans cette logique, tout régime de sécurité sociale organisé sur base de contrat de louages de services, comme c'est le cas en RDC, exclut *de iure* les prêtres des prestations sociales. Face à cela, l'inclusion exige une adaptation de critères juridiques d'affiliation qui tiendraient compte du statut *sui generis* de ces derniers.

Toute idée d'affiliation du prêtre congolais à la sécurité sociale doit d'abord résoudre ces obstacles juridiques. Car l'histoire nous renseigne que dans beaucoup de pays, les droits positifs, la jurisprudence et les conventions privées se sont appuyés sur ces arguments pour refuser aux prêtres séculiers le statut social des travailleurs salariés dans l'exercice de leur activité spirituelle et pour les exclure de la législation du travail et de la législation sociale réservée aux travailleurs salariés. Dans cette logique, même une activité dépendant d'un employeur laïc était souvent considérée comme prolongement du « ministère » spirituel, et leur subordination était assimilée à une « affectation » canonique qui excluait un engagement contractuel. Mais un grand défenseur de l'affiliation des prêtres à la sécurité sociale, comme G. Dole, trouve ces arguments fragiles dans la mesure où ils sont discriminatoires et méconnaissent l'égalité de tous les citoyens au regard de la législation sociale. Pour lui, un point de vue que nous partageons aussi, les prêtres sont des citoyens qui jouissent de l'égalité juridique et en tant que tel on ne peut pas leur priver leurs droits civiques. En plus, la laïcité de la législation sociale ne permet pas de prendre en compte

---

1147 DOLE, G., *Les ecclésiastiques et la sécurité sociale…*, 416 : « le statut de travailleur indépendant et, plus encore, celui de salarié étaient juridiquement incompatibles avec la discipline religieuse ».

l'appartenance religieuse ou politique d'une personne. Dans le cadre des droits civiques, le droit social doit avoir la prédominance sur le droit canonique.

Aujourd'hui beaucoup de législateurs, par de techniques juridiques d'*assimilation* et de *fictions juridiques*, ont contourné ces obstacles juridiques pour faire bénéficier aux ecclésiastiques, longtemps marginalisés, les avantages sociaux. Dans le cas des prêtres diocésains congolais, le législateur n'aura pas à inventer la roue de l'histoire juridique, sinon simplement s'inspirer aussi des solutions appliquées ailleurs pour faire bénéficier à plus de citoyens, longtemps restés à l'écart, les avantages qu'offre à la société moderne le système de sécurité sociale.

3.3.2.2. Argument de l'autonomie sociologique de l'Église.

La doctrine canonique traditionnelle et classique définissait l'Église comme une société parfaitement souveraine dans le domaine spirituel et dotée des attributions essentielles à sa mission. Dans cette vision d'une Église -institution autonome et parfaite, il était difficile d'assimiler, sur le plan économique et social, le prêtre à un travailleur, surtout à un salarié car cela semblait contraire à un modèle sociologique qui situait les ecclésiastiques en marge de la population. A partir de la chrétienté médiévale, le sacerdoce s'est en effet organisé en un corps distinct de la société globale rompant ainsi le lien avec l'activité économique du milieu laïc qui caractérisait l'Église primitive. Désormais, le prêtre ne vit plus du travail exercé en marge de son sacerdoce mais, des avantages que lui offre le système bénéficial[1148]. « Ainsi se forment des groupes de type patriarcal autour de l'évêque ou du supérieur religieux, dispensateurs des biens temporels. Face aux carences du pouvoir séculier, l'Église s'érigera en puissance publique, vivant à l'instar de la société séculière ; elle possède ses prébendes et sa propre fiscalité ; l'évêque fait figure de prince autant que de père. La théologie du sacerdoce catholique, précisée par le Concile de Trente, présentera le prêtre comme étant « séparé » des fidèles par un statut privilégié »[1149]. En tant que puissance publique, l'Église assure elle-même la subsistance de ses ministres et possède ses propres institutions de pensions et d'assistance sociale pour ses derniers. Elle va légitimer l'autonomie, juridique et financière, des organismes mutualistes et s'opposer à l'affiliation du clergé au régime public de la sécurité

1148 ARIMON GIRBAU, G., o. c., 65: "El beneficio como medio de sustentación del clero, ponía en manos de éste una solución de sustentación integral, para vejez, enfermedad e invalidez, según los módulos de la época. Algo así cómo la solución que pueda ofrecer una renta suficiente para todas las necesidades".

1149 DOLE, G., *Les ecclésiastiques et la sécurité sociale…*, 372.

sociale car il n'a pas le statut social de salarié dans l'exercice de son ministère et sa rémunération n'est pas un salaire comme chez le travailleur laïc. Par conséquent, il n'est pas soumis ni à la législation du travail ni à la législation sociale et sa protection sociale dépend exclusivement des organismes ecclésiastiques[1150]. Malheureusement, cette politique d'assistance corporative en faveur des clercs, louable soit- elle, a montré aussi ses carences[1151] et dans beaucoup de pays, se sont manifestées « la nécessité de garanties protégées par un droit positif »[1152] et la reconnaissance de la compétence de l' État en matière de protection sociale.

S'appuyant sur cette théorie des corps ecclésiastiques autonomes défendue par l'Église elle-même, beaucoup de législations sociales avaient soustrait les prêtres ou les ecclésiastiques en général de toute protection sociale publique car ils formaient des « communautés hiérarchisées, fortement organisées et suffisant à elles-mêmes »[1153] et leurs risques sociaux devraient être pris en charge par leur Église. A partir de là, s'impose le modèle sociologique d'une Église « providence » où « les prêtres devraient vivre avec l'insouciance des « oiseaux du ciel et des lys de champs » dont l'Évangile exalte le bien-être, et confier leur sécurité matérielle à la sollicitude pastorale de leurs évêques »[1154]. Au lieu de cela, en réalité, la charge financière de l'assistance pèse entièrement sur les prêtres eux-mêmes, sous la forme des cotisations mutualistes prélevées sur leurs traitements. Et là où les organisations mutualistes sont inexistantes, les prêtres croupissent dans la galère avec à peine une assistance médicale insuffisante ou pratiquement inexistante.

Face aux limites de la politique ecclésiale de la protection sociale du clergé, l'Église s'est vue obliger, dans beaucoup de pays surtout en Occident, de s'ouvrir vers les garanties protégées par le droit positif de la sécurité sociale et à dépasser sa vision de l'autonomie sociologique surtout en matière économique

1150 Ibid., 59 : « Avant les assurances sociales, l'assistance corporative a joué un rôle indispensable pour la plupart des corps de métier et des groupes sociaux, y compris pour les ministres du culte et pour les communautés religieuses ».

1151 Quant aux carences, dans les chapitres précédents, nous avons souligné les limites de la politique de titre d'ordination (Bénéfice ecclésiastique) et Dole G. parlant des mutualités ecclésiastiques souligne l'exiguïté de l'assise démographique due à la baisse des effectifs des membres du clergé et la modicité de ressources financières du clergé qui ne permet pas de supporter le poids de cotisations qu'exige les assurances mutualistes (cfr. DOLE, G., ibid., 69–87).

1152 Ibid, 62.

1153 Ibid., 373.

1154 Ibid., 374.

et sociale. Cette ouverture est déjà manifeste dès la fin du XIXe siècle dans la pensée sociale de l'Église où le pape Léon XIII proclame, dans son Encyclique *Immortale Dei*, le *principe d'indépendance et de compréhension réciproque entre l'Église et l'État* en soulignant que « l'une préposée aux choses divines, l'autre aux choses humaines, selon les limites déterminées par sa nature et son but, dans une sphère circonscrit »[1155]. Dans l'Encyclique *Rerum novarum*, il va défendre une vraie pensée sociale en préconisant des « fonds de réserve » pour garantir l'ouvrier contre les risques professionnels et ceux de l'existence. Cette idée sera appliquée, en 1908, au personnel de la Curie romaine et sera développée, en 1937, par un régime de pensions pour l'ensemble des fonctionnaires du Vatican et du Saint-Siège. C'est surtout entre 1945 et 1960 que la doctrine pontificale se développe autour d'une conception plus proche de la sécurité sociale[1156]. Et Pie XII va défendre la collaboration des institutions pour garantir à l'individu une protection sociale suffisante. Pour lui, la protection sociale de l'individu résulte du concours de trois institutions hiérarchisées par leurs origines : la famille, les corps intermédiaires et les pouvoirs publics. L' État n'a pas l'exclusivité de l'organisation de la sécurité sociale ; il joue par contre un rôle subsidiaire par rapport à celui des organisations privées. Dans l'Exhortation *Menti nostrae* de 1950, il invite l'ensemble de l'épiscopat à promouvoir une assurance mutualiste pour les prêtres qui ne bénéficient pas encore de garanties sociales[1157]. Mais jusqu'au Concile Vatican II, la tendance la plus généralisée était celle de concevoir la protection sociale du clergé comme une prérogative de l'Église . Cela s'est manifesté avec la création des *mutualités ecclésiastiques* et des *caisses ecclésiastiques d'entraide sociale* pour le clergé séculier.

Le Concile Vatican II, dans la Constitution *Gaudium et Spes*, a affirmé que « sur le terrain qui leur est propre, la communauté politique et l' Église sont *indépendantes* l'une de l'autre et *autonomes* mais, elles sont tenues à une *collaboration saine* surtout dans le domaine économique et sociale pour le bien de la personne humaine[1158]. Le domaine de la protection sociale est l'un des terrains de cette coopération. Le Concile reconnait la compétence des pouvoirs publics en cette matière et exhorte la coopération, toute en encourageant l' Église a joué son rôle subsidiaire partout où la sécurité sociale n'était pas encore correctement organisée en faveur du clergé. Sans établir le droit des

1155 Ibid., 17.

1156 Ibid., 63.

1157 Ibid., 64.

1158 CONCILE OECUMENIQUE VATICAN II, Const. *Gaudium et Spes*, 76, § 3.

clercs aux prestations sociales, le Concile souligne par là un caractère impératif des garanties sociales car les prêtres retraités, comme les prêtres malades doivent mener une vie décente[1159]. Avec cette exigence, « le Concile Vatican II a esquissé un statut d'assistance corporative, sans doute plus complet que celui des pensions canoniques, mais finalement subsidiaire vis-à-vis d'une organisation étatique de sécurité sociale »[1160]. Ainsi donc pour le Concile Vatican II, les garanties juridiques émanant du système de la sécurité sociale publique est la première méthode de protection sociale du clergé séculier même si les défaillances organisationnelles dans certains pays peuvent conduire à promouvoir des structures subsidiaires pour mettre fin au drame du vieux prêtre mourant d'épuisement dans sa paroisse ou aux inquiétudes de ceux qui sont dépourvus de toute protection sociale dans certains diocèses.

Cette reconnaissance de la compétence de l' État dans le domaine de la protection sociale montre que « par tous ces traits, l' Église catholique apparait fondamentalement comme une communauté consacrée au bien spirituel de ses membres et, par-là, moins apte à organiser leur protection sociale »[1161]. D'où la nécessité pour elle d'ouvrir un dialogue constructif avec les pouvoirs publics afin de coopérer pour la promotion dans le pays d'un système de sécurité sociale efficace pour tous les citoyens, y compris les ecclésiastiques.

3.3.2.3. Argument du poids financier.

Le poids financier de la sécurité sociale publique est un des arguments sur lequel l'Église s'est longtemps appuyée pour rejeter l'affiliation du clergé au système de solidarité nationale. Face aux avatars politiques et au régime public de la sécurité sociale, l'Église a défendu la liberté mutualiste. Pour les autorités ecclésiastiques, l'organisation étatique de la sécurité sociale est *plus couteuse et moins adaptée à la discipline hiérarchique*. Elle se caractérise par : « [une] gestion bureaucratique, [une] ingérence administrative, [un] abandon de la liberté de placement de leurs capitaux et de leurs fonds disponibles à la discrétion de la Caisse des Dépôts et consignations, [des] difficultés d'accommoder le fonctionnement d'une caisse d'assurances sociales – fût-elle réservée aux prêtres d'un diocèse – avec la hiérarchie et la discipline ecclésiastique »[1162]. Tous ces obstacles ont conduit les autorités ecclésiastiques à rejeter pendant longtemps

---

1159 DOLE, G., *Les ecclésiastiques et la sécurité sociale…*, 64–65.
1160 Ibid., 65.
1161 Ibid.
1162 Ibid,. 369.

la politique de sécurité sociale et à défendre pour le clergé une politique d'assistance corporative basée sur la constitution de caisses diocésaines d'assistance mutuelle dont le contrôle ne pouvait leur échapper. En fait, en défendant la politique mutualiste, l' Église catholique voulait, d'une part, échapper au poids financier qu'engendrerait une affiliation de son personnel au régime public de la sécurité sociale et ne pas se soumettre au contrôle juridique et politique de l' État, et d'autre part, elle voulait garder son autonomie en tant que corps intermédiaire qui prétend avoir une compétence exclusive sur la protection sociale de ses membres.

Malheureusement, dans les associations mutualistes le poids de cotisations retombe uniquement sur le prêtre qui a déjà un pouvoir économique très faible et le diocèse en tant qu'employeur ne contribue pas à la protection sociale de ses employés comme cela se fait dans un régime de sécurité sociale commune où les cotisations sont, normalement réparties entre l'assuré et l'établissement employant ses services. En plus, bien que les organisations mutualistes canoniques ou civiles poursuivent la même finalité que la sécurité sociale publique, elles ont les désavantages d'offrir des prestations limitées pour de raisons multiples comme par exemple, la diminution des adhérents, le déséquilibre financier ou la mauvaise administration. Toutes ces limites plaident pour un système plus efficient. Et la sécurité sociale commune est l'une des solutions qui s'impose aujourd'hui dans le monde moderne. Cela ne signifie pas cependant qu'il faille abandonner les organisations mutualistes qui, poursuivant les mêmes objectifs bien que avec des moyens limités ; Ceux-ci, par contre, doivent servir de système complémentaire de la protection sociale du clergé[1163].

3.3.2.4. Argument du déficit organisationnel du système étatique de la sécurité sociale au Congo.

Si les trois arguments évoqués plus haut peuvent être communs à tous les pays dans la marginalisation du clergé au régime commun de sécurité sociale, le dernier argument du *déficit organisationnel du système de sécurité sociale* est peut-être particulier à la RDC. Aujourd'hui, l'I.N.S.S. qui est l'organe central et

---

1163 ARIMON GIRBAU,G., o. c, 81: «No obstante lo dicho es necesario el mantenimiento, «por» y «para» el grupo, de asociaciones específicas, que actúen como intermediarias entre las diócesis y la seguridad social, y que ofrezcan "prestaciones" complementarias, concebidas según una medida específica, y adecuadas a las necesidades del sacerdote y de cada diócesis. Es decir, el mutualismo privado ha de subsistir entre el clero, como agente vivo y ayuda complementaria».

exclusif de l'organisation de la sécurité sociale en RDC est incapable de garantir aux assujettis les prestations nécessaires par manque de volonté politique et d'une vraie politique sociale dans le pays. Les Évêques congolais stigmatisaient déjà cette défaillance quand ils écrivaient : « Durant la période coloniale, la sécurité sociale visait essentiellement à assurer aux travailleurs outre des soins de santé une certaine sécurité alimentaire et une pension de vieillesse assez convenable. Après l'indépendance, un effort remarquable a été fait pour assurer la continuité d'abord et, ensuite, pour rendre systématique la sécurité sociale à toutes les catégories des travailleurs. Fort malheureusement la longue crise économique a émoussé tous les efforts si bien que les prestations de l'Institut National de la Sécurité Sociale n'ont pratiquement plus de portée. On ne peut que déplorer la paupérisation des masses laborieuses qui en a résulté. Les retraités sont en général malheureux et, par-là, la conscience professionnelle des jeunes employés est devenue comme un non-sens, car la Nation n'a guère de reconnaissance pour ses meilleurs serviteurs [...] Il est impitoyable le sort des pensionnés. Ils meurent rapidement « pour faire place aux jeunes » disent les gens. La situation sociale du pensionné est généralement décrite comme étant difficile. Difficile, tout d'abord à cause de l'insuffisance notoire du taux des pensions de retraite, dont les montants, quand ils ne sont pas volés, n'atteignent même pas le plus élémentaire « minimum vital » [...] Difficile, la situation du pensionné l'est aussi parce que, comme tout salarié, il devrait pouvoir compter non seulement sur sa pension en fin de carrière, mais aussi et surtout sur son épargne personnelle. Or, malgré les résolutions prises par le syndicat, les travailleurs n'arrivent pas à assurer leurs vieux jours par l'épargne sur leur salaire. Car non seulement le taux de rémunération est trop faible, mais il s'exprime dans une monnaie continuellement dépréciée »[1164]. B. Lutumba Komba fait le même constat d'échec du système de sécurité sociale en RDC : « C'est avec regret que nous constatons l'échec de ce projet de réforme qui n'a pu aboutir. Le pays croupit dans l'instabilité politique et la régression socio-économique et sanitaire. Dans tels milieux caractérisés pendant ces dernières décennies par les intérêts privés d'élites, seuls les nantis et leurs fidèles serviteurs se permettaient de se faire soigner dans les cliniques privées ou à l'étranger et se garantir un avenir aisé avec le cumul à l'étranger des biens mal acquis. Ces élites se berçaient d'illusion d'assurer leurs vieux jours dans une totale incurie des biens publics et l'enrichissement personnel par le détournement du dénier public. Dans un tel contexte, le droit à la santé est devenu un privilège oligarchique,

---

1164 C.E.Z., Le chrétien et le développement de la Nation..., n° 50–52, pp., 27–28.

un luxe de l'élite et magnats ; les pensions y sont devenues un souvenir lointain du passé pour les adultes en âge de retraite et un rêve impossible à atteindre pour les jeunes qui attendent impatiemment d'entrer dans le monde du travail ou qui craignent d'en être incessamment éjectés. L'échec des systèmes de sécurité sociale, notamment en RDC, a des origines structurelles et organiques »[1165]. Pour N. Kabeya Makweta, l'échec de la réforme du système de la sécurité sociale congolaise trouve sa justification dans « l'absence de solidarité institutionnelle entre les gouvernants et les peuples »[1166] qui est visible à travers l'inefficacité, sinon la quasi – inexistence des mécanismes qui la rendent opératoire, notamment les structures de la protection sociale. La pratique de l'assistance sociale [ou mieux de la protection sociale] est la forme d'expression de l'impératif d'une solidarité vécue et agissante au niveau de l' État. Cette protection sociale étatique, selon E. Alfandari, « est l'aide que la collectivité publique accorde aux individus se trouvant dans le besoin [...] Elle implique l'intervention de l'autorité publique, qui ne veut pas laisser à l'appréciation des particuliers l'aide à apporter aux besogneux ; cette intervention peut consister soit dans une obligation mise à la charge de personnes ou de collectivités diverses, soit dans l'organisation des services publics propres à assurer l'assistance [la protection sociale], soit dans les deux procédés à la fois. Bien entendu, elle suppose chez les bénéficiaires de l'aide, un état de besoins généralement dicté par l'impossibilité de se procurer, avec ses propres ressources, ce qui est essentiel à l'existence »[1167].

Aujourd'hui, dans beaucoup de pays africains en général et en RDC en particulier, constate N. Kabeya Makweta, les mécanismes de protection sociale peinent à se développer et depuis les indépendances, les mécanismes de sécurité sociale hérités de l'époque coloniale sont tombés en désuétude ou sont incapables de garantir une solidarité institutionnelle et assurer une justice sociale[1168]. Les causes de ce dysfonctionnement et de cette inefficacité du mécanisme de solidarité institutionnelle se trouvent dans la mauvaise gouvernance qui conduit à la confiscation et à la destruction du patrimoine commun par une oligarchie qui se sert du trésor public, comme d'un grenier privé, pour s'enrichir aux dépens de la majorité de la population et priver cette dernière des infrastructures pour le service public et de tous les mécanismes de sécurité

1165 LUTUMBA KOMBA, B., o. c, 73–74.

1166 KABEYA MAKWETA, N., « *Comment surmonter les aspects politiques de la marginalisation de l'Afrique* »..., 88

1167 ALFANDARI, E., "*Système d'Assistance*", dans Encyclopedia Universalis, vol. 2 (Analogie-Autonomie), 930 : cité par KABEYA MAKWETA, N., art. cit., 88–89.

1168 KABEYA MAKWETA, N., art. cit., 92–93.

sociale[1169]. Face à cette irresponsabilité politique l'individu est incapable de faire face par lui-même aux contingences de la vie comme la maladie, l'incapacité physique ou mentale, la vieillesse, etc. Il végète et ne vit plus comme cela est le cas sous d'autres cieux.

Toutes ces raisons évoquées ci-haut font qu'aujourd'hui le clergé diocésain congolais ne soit pas intégré dans le système de sécurité sociale publique et que l'Église tarde à initier le processus de son assujettissement à un système qu'elle considère inefficace. Mais malheureusement, l'Église congolaise elle-même n'offre pas non plus une protection suffisante à ses prêtres. Le minimum de protection qu'elle offre repose sur des organismes d'assistance qui, pour l'essentiel, dépendent des aides extérieures. Face à cela, il semble que le clergé diocésain congolais se trouve dans une situation sociale sans issu car d'une part le système étatique de sécurité sociale est en faillite pour tous les citoyens et de l'autre l'Église est impuissante d'assurer une protection sociale suffisante à ses prêtres. Devant une telle équation, le problème de la sécurité sociale doit devenir un des défis majeurs de l'Évangélisation pour l'Église locale de la RDC car il ne concerne, non seulement les prêtres ou les ecclésiastiques, mais aussi tous les citoyens. Et la solution à ce problème sociétal doit appeler, à notre avis, une conjugaison d'efforts entre l' Église et l' État congolais pour repenser le système de protection sociale et redéfinir un système efficient qui protège, sur base d'une vraie justice distributive, toutes les catégories sociales sans marginalisation.

3.3.3. Raisons pour l'intégration du prêtre congolais dans le régime universel de la sécurité sociale.

Le Décret conciliaire PO, 21 §2 recommande aux Conférences Épiscopales d'établir de manière subsidiaire la protection sociale du clergé diocésain dans les nations où celle-ci n'est pas encore organisée. Cette recommandation laisse entrevoir que la protection sociale ou la sécurité sociale est d'abord une prérogative du pouvoir public comme ça se vérifie d'ailleurs dans beaucoup de pays, surtout en Occident. En RDC comme aucun régime de sécurité sociale n'existe pour le clergé diocésain ou pour les ecclésiastiques, la Hiérarchie ecclésiastique locale, dans sa volonté d'appliquer les recommandations du Concile Vatican II, a mis en place, avec l'aide de Rome et de certaines Congrégations missionnaires, de Fonds d'assistance que nous avons évoqués plus haut pour couvrir certains besoins sociaux du clergé diocésains congolais.

1169 Ibid., 93–94.

Au regard de conditions de vie des prêtres diocésains nous pouvons affirmer, sans risque d'être contredit, que les résultats de ces organismes d'entraides sont mitigés. Et les prêtres congolais n'hésitent même pas à dire qu'ils ignorent leur fonctionnement et qu'ils vivent sans protection sociale. Face aux carences de cette assistance corporative et à la tendance à universaliser la sécurité sociale à toutes les catégories sociales, on peut se demander si l'heure n'est pas venue de penser à l'intégration du clergé diocésain congolais dans un régime commun de la sécurité sociale ? Cette voie nous pousse à avancer des arguments qui plaident pour l'intégration du clergé diocésain dans le régime public de sécurité sociale.

3.3.3.1. Reconnaissance de la compétence des pouvoirs publics.

Ce premier argument nous est offert par le Concile Vatican II qui « reconnait la nécessité d'une organisation publique de la sécurité sociale, non seulement pour les laïcs mais aussi pour le clerc et les religieux, dont les droits fondamentaux sont ceux de tout individu »[1170]. C'est ce qui est confirmé dans le Décret conciliaire PO, 21 § 2 où l'État est reconnu comme le premier garant de la sécurité sociale mais que l'Église peut offrir une protection sociale subsidiaire au clergé diocésain partout où leur sécurité sociale n'est pas encore organisée[1171]. Cette reconnaissance de la compétence des pouvoirs publics, l'Épiscopat congolais l'exprimait déjà en 1961 lors de sa VIe Assemblée Plénière en ces termes : « L'État, fidèle à sa mission propre d'assurer aux personnes les conditions temporelles de leur développement total, possède dans son domaine une autorité qui lui appartient en propre. La nature des hommes en effet, leur impose l'obligation de former entre eux une société et de l'organiser pour le bien de tous. L'État répond à cette exigence de nature. A ce titre, il a compétence pour organiser, diriger, administrer la société et il a le droit de faire respecter l'autorité dont il dispose pour l'exercice de cette compétence et de refuser l'ingérence d'un autre pouvoir dans ce domaine que lui confie la nature. Aussi l'Église réprouve-t-elle et condamne-t-elle toute manifestation de cléricalisme, c'est-à-dire la substitution des autorités de la société religieuse à celles de l'État

---

1170 Cfr. CONCILE OECUMENIQUE VATICAN II, G.S., n. 27 § 2 ; 48 § 4 ; 66§3 ; 69–70 ; U. SCHWENDENWEIN, „Probleme um die soziale Sicherheit.» , 14–18 ; 22–23 : cités par DOLE, G., Les ecclésiastiques et la sécurité sociale…, 91.

1171 DOLE, G., ibid., 91–92 : « En formulant les exigences d'une « vie décente » et d'un « revenu suffisant » pour tous, notamment en faveur de malades et des vieillards, les Pères conciliaires ne pouvaient qu'étendre aux ecclésiastiques les garanties réclamées. Ils ont donc jugé que le clergé soit affilié à la sécurité sociale et, à défaut, ils ont invité les évêques à y suppléer par une organisation privée ».

dans le domaine de celui-ci [...] Instrument du bien public temporel, l'État se développe suivant les besoins et l'ampleur de l'œuvre à accomplir. Aujourd'hui l'extension du réseau des relations humaines, l'impact croissant du politique, de l'économie et du social, le développement technique, élargissent chaque jour le domaine de la compétence de l'État et le champ de ses responsabilités. Dans un pays jeune, la nécessité, pour vivre, d'entrer en compétition sur le plan économique et social avec des nations hyperindustrialisées, impose à l'État un effort accru de rationalisation et de coordination »[1172]. Dans la société moderne la protection sociale de la population est l'un des domaines qui relève de la compétence directe de l'État.

Face au rôle primordial des pouvoirs publics, les politiques de protection sociale corporative doivent devenir de solutions subsidiaires. Mais, considérant les limites de la politique corporative de protection sociale dans l'Église de la RDC et le déficit organisationnel du système étatique dans le pays, l'Église et l'État congolais doivent, à notre avis, *établir une collaboration constructive* pour une convergence d'efforts entre les deux pouvoirs afin de mettre fin au manque d'un système de sécurité sociale efficient pour toutes les catégories sociales[1173]. Car, la sécurité sociale doit devenir un défi national, non seulement pour le clergé diocésain, mais aussi pour tous les citoyens[1174]. Car, comme le

1172 ÉPISCOPAT DU CONGO, *Actes de la VIe Assemblée Plénière*...., 32–33.

1173 Ibid., 33 : « La distinction nécessaire entre l'ordre temporel et l'ordre spirituel ne signifie nullement opposition. L'Église et l'État , chacun dans son ordre, sont des sociétés nécessaires et parfaites. Dans la mesure où elles seront fidèles à leur domaine propre, leurs missions apparaîtront complémentaires. L'Église a reçu le pouvoir exclusif de régler la vie religieuse ; l'État , celui d'organiser la société temporelle en vue du bien commun. Ouverts l'un à l'autre, dans la reconnaissance et le respect mutuels de leur valeur et de leur compétence, l'Église et l'État contribuent, chacun pour sa part, à l'édification du bien total de l'homme. A L'État de comprendre que son action ne prend tout son sens que si elle s'achève par l'action de l'Église , porteuse de la rédemption universelle. L'Église , par ailleurs, sait qu'elle n'a pas à contribuer à la recherche purement humaine d'un système politique et économique : elle ne se préoccupe du domaine profane que dans la mesure de son incidence sur le moral et le religieux ».

1174 LUTUMBA KOMBA, B., o. c, 59 : « La prévoyance sociale a connu une dilation. Elle n'engobe plus uniquement les salariés, mais, tous les citoyens, travailleurs ou non. Au nom de la solidarité nationale et des principes démocratiques dont l'égalité, la justice et l'équité, ils méritent une garantie minimum de subsistances, en cas de manque de revenu ou d'éventuels risques de l'existence qui les rendent incapables de pourvoir par leur travail à leur propre subsistance ».

confirme G. Dole, « depuis 1945, le principe de la sécurité sociale attribue à la communauté nationale la mission de garantir non seulement les préposés des travailleurs, mais tous les membres de la collectivité, en vertu de leur solidarité dans les revenus et les charges. La sécurité sociale se donne vocation de protéger l'individu au nom d'un droit civique qui est fondé sur une dette de la société envers lui ; elle s'enracine, dès lors, dans la sphère juridique de l'État et revêt un caractère public et, à certains égards, politique. Cette nouvelle perspective distingue désormais les composantes de la protection sociale qui avaient été jusqu'alors confondues : la garantie d'un revenu professionnel et celle d'un revenu social »[1175].

Pour promouvoir une solidarité nationale efficiente, nous pensons que l'Église congolaise doit faire de la sécurité sociale un défi de sa pastorale pour un développement intégral. Cela signifie qu'elle doit mener un vrai travail de sensibilisation ou de « lobbying » auprès des pouvoirs publics pour la mise en place d'un système de sécurité sociale qui intègre non seulement les personnes actives et leurs familles (groupes professionnels), mais aussi les différentes catégories d'individus rendus inactifs par incapacité physique ou par indisponibilité sociale. Une telle protection sociale aura l'avantage « d'atténuer les cloisonnements sociaux et d'intégrer les divers groupes de population à une solidarité plus large et homogène »[1176]. Cette exigence est plus urgente dans les pays africains où l'ensemble de la population ne bénéficie pas encore de la sécurité sociale et où comme le soulignait A. Wembi, les structures sociales traditionnelles (comme la solidarité clanique) qui protégeaient l'individu ont connu un éclatement[1177], que dans les pays d'Occident où déjà plusieurs structures publiques protègent efficacement l'individu. Pour cela, tous doivent lutter pour l'avènement des systèmes de gouvernement qui mettent les intérêts de citoyens au premier plan à travers une vraie politique sociale qui garantit à tous les citoyens un système de santé efficace, une éducation de qualité, des allocations familiales, des pensions de retraite dignes, les allocations de chômage, des salaires justes, l'accès au travail pour tous, etc. Bref, comme le soulignait N. Kabeya Makweta, il faut la naissance « d'une solidarité institutionnelle entre les gouvernants et les gouvernés […] à travers des structures de la protection sociale »[1178].

1175 DOLE, G., *Les ecclésiastiques et la sécurité sociale…*, 93.

1176 Ibid., 94.

1177 WEMBI, A., o. c, 11.

1178 KABEYA MAKWETA, N., art. cit, 88.

3.3.3.2. Argument du statut social du ministère sacerdotal.

Le deuxième argument en faveur de l'intégration au régime commun de la sécurité sociale viendrait du *statut social de l'activité ecclésiastique et du prêtre lui-même*. Alors que la loi organique de la sécurité sociale en RDC réduit le champ d'application du régime de protection sociale aux seuls travailleurs salariés, il y a lieu de considérer, sur le plan de la politique sociale, le ministère sacerdotal comme une profession au même titre que la profession laïque[1179] et d'assimiler le prêtre comme un travailleur soumis aux règles du droit public du travail en ce qui concerne sa protection sociale.

Cet argument à première vue n'est pas défendable vis-à-vis du droit canonique et de toute la tradition ecclésiale qui ont toujours considéré que les prêtres forment la catégorie sociale des personnes liées par un engagement spirituel, de caractère statutaire. Ils ne sont pas liés au diocèse par un contrat de travail et ne peuvent donc revêtir le statut social des travailleurs salariés, ni être soumis directement aux règles du droit du travail comme cela serait le cas pour les laïcs affectés de manière permanente ou temporaire à un service spécial de l'Église (can. 231, § 1). G. Dole s'inscrit en faux vis-à-vis de cette thèse et constate que « la sensibilité religieuse [bien qu'elle] puisse répugner à considérer un ministre du culte comme salarié de son Église, dans la plupart des pays, cette catégorie d'ecclésiastiques est assimilée à des travailleurs – indépendants ou salariés – notamment sur les divers plan fiscal, du droit syndical et des assurances sociales. Cette assimilation, admise par la plupart des cultes, apparait notamment dans le clergé catholique : le Saint-Siège applique à son personnel ecclésiastique le même régime de traitements qu'à ses fonctionnaires civils, situant par là le service du prêtre ou du religieux « sur un plan purement humain »[1180]. Sans méconnaitre la transcendance du ministère sacerdotal et son caractère purement spirituel, nul ne peut nier que l'Église a toujours donné au prêtre un emploi qui lui procure des moyens de subsistance sous une forme ou une autre (suivant les époques), et à défaut d'une affectation ou si le prêtre n'est

---

1179 ARIMONGIRBAU, G., o. c, 22:"Postulamos además que la ocupación ministerial "ut sic" entitativamente o fenoménicamente es un trabajo – aceptado o no como útil por la mayoría de la sociedad -- independientemente de su retribución, porque las actividades ministeriales verifican la noción de trabajo admitida por todos. Todavía más en esta perspectiva laboral del ministerio sacerdotal, el tiempo que emplee el sacerdote en su trabajo tiene un valor económico, al menos en sentido de que es una sustracción al tiempo que este hombre destinaria a ganar su sustento, pues éste es previo al ejercicio de toda actividad".

1180 DOLE, G., *Les ecclésiastiques et la sécurité sociale...*, 47.

plus en état de servir, elle lui a toujours garanti une protection sociale (pension, soins de santé, etc.). Ces obligations réciproques forment les éléments d'un quasi-contrat que le droit canonique sanctionne aux dépens de la partie défaillante et que l'on a pu comparer à un contrat de travail[1181].

A l'exemple du Saint-Siège et des Églises particulières surtout d'Occident, l'Église de la RDC est aussi invitée à *repenser le statut social du ministère sacerdotal* afin d'ouvrir la voie à l'assujettissement des prêtres au régime commun de la sécurité sociale car comme le soutient R. Savatier, « qu'en vivant de l'autel le prêtre d'aujourd'hui s'intègre aux structures de la profession libérale [...] et en faisant appel au service de l'homme, les organisations religieuses se soumettent aux structures de l'emploi et de l'économie professionnelle, notamment au niveau des rémunérations qu'elles versent à leur personnel »[1182]. En plus, *l'activité spirituelle* qui forme l'essence du ministère sacerdotal, pense G. Dole, peut revêtir les caractères professionnels, notamment sur le plan syndical et fiscal et par conséquent entrainer certaines applications du droit social. Car, l'idéal religieux, même s'il ne vise pas le profit, procure assurément et indirectement des ressources aux personnes qui s'y consacrent et l'exercice du culte est bel et bien un service spécifiquement profitable au public ; à ce titre, il fait naître un intérêt professionnel pour ses ministres qui acquièrent le droit d'être représentés comme membres d'un groupement titulaire d'un patrimoine moral et pécuniaire[1183]. D'ailleurs, ce statut professionnel du ministère sacerdotal fut discuté au Concile Vatican II même s'il ne fut pas consacré par les textes[1184] et la pratique du Saint-Siège sur son personnel tant ecclésiastique que laïc confirme cette tendance actuelle. Dans les droits positifs de certains pays, la même tendance à considérer le ministère sacerdotal comme une profession et le prêtre

---

1181 Cfr. DORTEL-CLAUDOT, M., *État de vie et rôle du prêtre*, Paris: Le Centurion, 1971, 142: cité par DOLE, G., o. c., 20–21 ; ARIMON GIRBAU, G., o. c, 22–23:«Es cierto que lo que decimos equivale a sostener la tesis de que el sacerdote ha de vivir de su ministerio, total o parcialmente ; pero este supuesto deriva de otro anterior que consiste en establecer una correlación irreversible entre trabajo y sustentación del hombre que lo ejerce, total o parcialmente, según la medida del trabajo. La tesis tiene un respaldo metafísico, bíblico-histórico a la vez y adquiere una vigencia privativa y universal al correr de los tiempos, y se hace praxis común».

1182 SAVATIE, R., *Le droit comptable au service de l'homme*, Paris : Dalloz, 1969, n° 934 : cité par G. DOLE, ibid., 48.

1183 DOLE, G., ibid, 30–31.

1184 Cfr. SCHREUDER, O., "*Der professionnelle charakter des geistlichen Amtes*", dans Der Seelsorger, 36 (1966), 320–335 ; v. La discussion du problème dans LTK, Vat. II, t. III, 181, note 21 : cité par DOLE, G., ibid.

comme un travailleur soumis au fisc et à la sécurité sociale est aujourd'hui omniprésente. Si cela vaut sous d'autres cieux, pourquoi l'Église en RDC ne ferait-elle pas de même pour ses prêtres à qui on semble nier le droit à une sécurité sociale ?

3.3.3.3. Argument de la rémunération comme source des revenus.

Le troisième argument qui plaide pour l'intégration est *le principe de la rémunération* sur lequel repose aujourd'hui la vie économique du prêtre diocésain. Bien que la rémunération ne soit pas essentielle à la notion sociologique de travail, elle atteste néanmoins le caractère professionnel du service fourni. Nous savons que les activités ecclésiastiques, surtout pour le cas des prêtres, transcendent la recherche d'un profit, mais elles sont néanmoins une source de revenus pour ces derniers. Depuis l'abandon du système bénéficial, le Concile Vatican II exhorte les diocèses à accorder à leurs prêtres des traitements fixes, assortis de pensions en cas d'invalidité et de vieillesse. Outre les honoraires et autres offrandes volontaires des fidèles, *le traitement fixe*, servi par l'Église, *forme donc une sorte de salaire.* Evidemment l'enseignement traditionnel de l'Église ne partage pas ce point de vue et continue à nier le caractère salarial aux traitements accordés aux membres du clergé. Mais, même si la rémunération du clergé n'intègre pas tous les éléments d'un salaire, elle reste bien une source de revenus qui permet au prêtre d'assurer sa subsistance comme le salaire pour un travailleur laïc[1185]. Cette rémunération si elle est garantie de façon permanente et juste, elle peut permettre au prêtre de s'acquitter de ses obligations vis-à-vis de la sécurité sociale. C'est d'ailleurs ce qui s'observe aujourd'hui dans plusieurs Églises particulières de l'Occident.

1185 DOLE, G., ibid, 455 : « A de rares exceptions près, la fonction religieuse équivaut généralement à une profession lucrative, notamment sur le plan fiscal et social. Elle s'assimile, selon les systèmes juridiques, à une profession indépendante ou à un emploi salarié [...] L'exiguïté de la rémunération ecclésiastique, parfois invoquée pour en contester le caractère lucratif, n'en modifie pas toutefois la nature. Au reste, le désintéressement de la vocation sacerdotale n'empêche pas le clerc de percevoir une rétribution pour « des services dont le prix est fait de ce qu'ils sont au-dessus de l'argent ». M. le Doyen R. Savatier a souligné l'élément patrimonial de la fonction sacrée comme une conséquence nécessaire de l'économie du culte et de ses rapports avec la société civile ; l'Église catholique admet que le prêtre « vit de l'autel » et « les croyants ne pensent pas déprécier leur foi en lui versant des honoraires. Par tous ces traits, le service spirituel apparait compatible avec la qualification lucrative. Cette constatation semble toutefois se heurter à l'idéal de détachement que [défend la doctrine ecclésiastique] ».

3.3.3.4. *Argument de l'effritement de la solidarité clanique dans les sociétés africaines modernes.*

Dans les sociétés africaines actuelles, un autre argument qui plaide pour l'intégration du clergé séculier dans le système de la sécurité sociale est *l'effondrement des structures sociales traditionnelles.* Dans les pays africains en voie de développement, fait remarquer A. Wembi, la solidarité clanique est devenue insuffisante pour garantir à l'individu une protection sociale digne. Face à cet éclatement des structures sociales traditionnelles et surtout à la régression de la solidarité clanique, la sécurité sociale est appelée à prendre la relève dans le domaine de la protection sociale[1186]. Le prêtre congolais en est aussi victime car devant l'impuissance de l'Église de lui garantir une protection sociale suffisante, il a tendance à recourir à la solidarité clanique pour le soutenir face aux aléas de la vie. Malheureusement cette solidarité clanique est aujourd'hui en perte de vitesse et cela appelle de solutions efficaces comme la solidarité nationale dans sa forme moderne de la sécurité sociale.

Tous ces arguments évoqués plus haut plaident aujourd'hui pour l'intégration du clergé diocésain dans le régime commun de la sécurité sociale car la solidarité nationale est la voie idéale qui permet à l'individu à faire face aux contingences de la vie auxquelles lui-même ou sa corporation est incapable de satisfaire. Mais cette intégration ne veut pas dire l'abandon des structures traditionnelles de protection sociales. Celles-ci doivent être maintenues et renforcées pour servir des structures complémentaires de protection sociale aux prestations de la solidarité nationale.

1186 WEMBI, A., o. c, 10–11 : « L'apparition des européens sur le sol congolais a entrainé, soit directement, soit indirectement des conséquences irréversibles pour l'équilibre traditionnel, en ouvrant des possibilités de vivre économiquement et socialement en dehors du cadre clanique. En effet, le cadre économique dans lequel s'exerçaient les activités de l'individu éclatait et s'élargissait ; il ne s'agissait plus de la vie d'une société enfermée dans les étroites limites du clan, mais de la vie d'une société désormais ouverte aux nouveaux courants culturels et commerciaux [...] La conséquence de tous ces facteurs a été la désagrégation du clan en tant qu'entité sociale, et la réduction très sensible de sa capacité de production en tant qu'unité économique. Les conditions dans lesquelles s'exerce la solidarité clanique dans les villages se sont sensiblement modifiées [...] La solidarité clanique devient insuffisante, de sorte qu'à l'avenir il faudra envisager l'extension au milieu rural de formes appropriées de sécurité sociale [...] Dans les pays en voie de développement qui, comme le Congo, connaissent l'éclatement de leurs structures sociales traditionnelles, la sécurité sociale est appelée à prendre la relève dans le domaine de la protection sociale »

3.4. Techniques d'affiliation au régime universel de la sécurité sociale.

Pour mettre fin à la marginalisation des ecclésiastiques aux avantages des politiques sociales, les droits positifs dans beaucoup de pays ont usé des techniques d'affiliations qui peuvent aussi servir de référence à la RDC. De manière générale, les législations de beaucoup de pays en Occident se sont appuyées sur trois critères pour affilier les ecclésiastiques à la sécurité sociale : a). Le statut de travailleur ou de résident ; b). Les branches de garanties ; c). Le statut religieux.
Sur base de ces critères, quatre types de régimes de sécurité sociale ont été appliqués aux ecclésiastiques : 1) les régimes spéciaux ; 2). le régime des professionnels indépendants ; 3). Le régime des travailleurs salariés ;4). Le régime des résidents.

3.4.1. Les régimes spéciaux de la sécurité sociale.

Les régimes spéciaux tiennent généralement compte des structures de chaque catégorie à assurer pour déterminer les conditions d'assujettissement et l'étendue des garanties. De manière générale, les régimes spéciaux sont organisés soit sur base du statut de la fonction publique, soit sur base des régimes autonomes existant pour les professions indépendantes, soit sur base du régime des travailleurs salariés[1187] :

3.4.1.1. Le régime spécial rattaché au statut de la fonction publique.

Ce régime consiste à reconnaitre au prêtre le statut de fonctionnaire publique parce qu'il occupe un poste laïc (employé dans la fonction publique : administration, enseignement public, hôpital public, forces armées ou police, etc.) ou parce que son ministère sacerdotal revêt un intérêt général[1188]. Dans ce cas, le prêtre jouit du *statut de fonctionnaire public* et *bénéfice d'avantages sociaux* comme la pension de retraite, l'assurance maladie, etc. identiques ou similaires à ceux de ses collègues laïcs. Cependant, il peut faire l'objet de certaines dérogations, notamment la branche des allocations familiales à cause de l'observance du célibat inhérent à son statut religieux ou la cotisation due pour les pensions réversibles aux survivants, etc.[1189]. La qualification de fonctionnaire public s'applique surtout au prêtre qui occupe un poste laïc ; mais pour celui qui exerce un ministère sacerdotal qui revêt un intérêt général reconnu par le pouvoir public,

1187 DOLE, G., *Les ecclésiastiques et la sécurité sociale….*, 271.
1188 Ibid.,
1189 Ibid., 271–272.

il sera seulement assimilé au personnel civil de l'État et bénéficiera seulement d'un statut identique ou similaire sans être fonctionnaire de l'État. Il sera seulement régi par le droit public pour ce qui concerne sa rémunération et ses garanties sociales, pour le reste, il demeurera soumis au droit canonique et à son autorité religieuse.

Sur le plan politique la solution rattachée au statut du fonctionnaire peut subir les aléas des rapports souvent conflictuels entre l'État et l'Église, mais malgré cela, elle présente des avantages sans doute précaire, mais profitables tant qu'ils peuvent durer et offre aussi des garanties très étendues[1190]. Toutefois il faut signaler que l'efficacité de ce régime dépend en grande partie de la capacité organisationnelle de chaque pays. Dans un pays comme la RDC où l'État est très défaillant en matière de politique sociale, cette solution n'est pas encourageante pour les prêtres.

3.4.1.2. Les régimes autonomes pour les professionnels indépendants.

Ces régimes offrent aux assurés de modalités de financement qui tiennent compte, à la fois, du souci *d'indépendance administrative* de leurs dirigeants et des *cloisonnements sociologiques* de certains de ces groupes. Ils sont souvent caractérisés par la *sélection des personnes affiliées*, ainsi que par les *modalités de financement et de garanties*. L'affiliation des assurés est souvent *sectorielle*, parfois limitée à un groupe précis. Dans ce cas, les assurés sont cloisonnés par des régimes distincts et *l'étendue des garanties dépend souvent du statut social du groupe*. Dans un pays où le clergé d'un culte jouit d'une situation privilégiée, il bénéficiera de garanties sociales plus étendues auxquelles n'auront pas droit les personnels des organismes non reconnus par la loi. En fait les avantages dépendent du statut propre du groupe des assurés, à la capacité contributive et aux besoins de chaque catégorie des assujettis. Dans ces régimes autonomes, le cloisonnement des groupes d'assurés en régimes distincts se justifie par la nécessité d'adapter le financement et les garanties à la capacité contributive et aux besoins de diverses catégories assujetties[1191]. Donc entre les différents groupes d'assurés il peut y avoir de disparité dans les taux de cotisations et dans l'étendue des garanties.

Dans beaucoup de pays, la tendance est souvent de réduire ces disparités en cherchant à unifier le système. Cette tendance à regrouper dans un même système d'assurance les diverses catégories d'assujettis des régimes spéciaux est

---

1190 Ibid., 273.
1191 Ibid., 274–275.

aussi dictée par le dynamisme unificateur qui caractérise de plus en plus la sécurité sociale. Cette unification tient aussi compte de particularités des groupes d'assurés sur base du statut de chaque groupe[1192]. Dans ces régimes spéciaux, les ressources des fonds proviennent généralement des seules cotisations des assurés, que complètent éventuellement une contribution des organismes dont dépendent les assurés ou des subventions étatiques si le système politique l'autorise (cas des pays avec un régime concordataire)[1193]. Quant à la charge des cotisations, elle peut être soit imputée intégralement aux assurés, soit répartie entre les assurés et leurs organismes-employeurs ou soit elle incombe entièrement à ces derniers. La double cotisation, empruntée au régime des travailleurs salariés est la plus fréquente et a l'avantage d'alléger l'effort contributif des assurés[1194].

Le point faible des régimes spéciaux est généralement la fragilité financière des fonds autonomes. Pour cela, ils procurent des garanties moins substantielles que les systèmes organisés pour les travailleurs laïcs[1195].

3.4.1.3. Les régimes dérivés de l'assurance des travailleurs laïcs.

Selon les modalités d'assujettissement et de cotisations, certains régimes spéciaux ont été organisés sur le modèle du régime de travailleurs salariés. Dans certains pays, les législateurs ont assujetti aux assurances obligatoires des travailleurs salariés les ecclésiastiques occupant un poste rémunéré en dépendance de leurs établissements canoniques (employés directement par leur communauté). Dans ce cas, l'affiliation est soumise à des règles plus souples que pour les assurés liés à l'employeur par un contrat de travail. Elle n'est pas rattachée à un contrat de travail, mais à la dépendance statutaire de l'ecclésiastique envers sa corporation religieuse, par assimilation avec la subordination juridique qui caractérise généralement le statut salarial. En d'autres termes, les critères d'assujettissement se basent surtout sur l'appartenance religieuse et, éventuellement, sur une subordination de fait. Toutefois, l'assuré ecclésiastique est souvent dispensé de certaines cotisations, en particulier de celles relatives à l'assurance-chômage et aux prestations familiales. Il contribue de la même manière qu'un travailleur salarié à la branche des pensions, de l'assurance maladie et, parfois à l'assurance-accident.

1192 Ibid., 275.
1193 Ibid., 277.
1194 Ibid., 278.
1195 Ibid.

Dans ce régime, la gestion administrative et financière appartient généralement à un organisme national, mais des modalités particulières d'affiliation, de cotisations et de garanties adaptent aux ecclésiastiques un régime initialement conçu pour des travailleurs salariés laïcs. Les prestations s'identifient, généralement, à celles du régime applicable aux affiliés laïcs, sauf dans certaines branches de garanties ne couvrant pas les ecclésiastiques (allocations familiales ou de chômage). Ces régimes visent surtout à procurer aux ecclésiastiques une protection compatible avec leur situation juridique et financière. Ils ne considèrent pas ces assurés comme de véritables travailleurs, ni des salariés proprement dits, étant donné que leur capacité contributive est souvent plus faible que celles des laïcs. Les garanties offertes, moins étendues, se limitent aux éventualités individuelles et les plus indispensables. Généralement restent hors couverture les maladies et accidents imputables aux activités religieuses, l'assurance chômage, les allocations familiales, les garanties accordées aux survivants, etc. L'assurance-maladie se limite souvent à l'indemnisation des frais médicaux et les pensions sont moins substantielles que celles de laïcs.

Dans leur ensemble les régimes spéciaux basés en une solidarité sectorielle souffre d'une fragilité financière à cause surtout de leur crise démographique. Cette fragilité justifie en grande partie les restrictions des garanties et la faiblesse de ces régimes de cloisonnement. D'où la tendance actuelle va dans le sens de l'unification de ces régimes ou de l'intégration des ecclésiastiques à la catégorie de travailleurs ou de résidents pour combattre la fragilité financière des régimes spéciaux et leur offrir des garanties plus étendues.

3.4.2. Le régime des professionnels indépendants.

Le régime des professions indépendantes (artisans, exploitants agricoles, médecins, avocats, etc.) est l'un des régimes le plus apte, après les régimes spéciaux, à intégrer les prêtres à la sécurité sociale. Ce régime est ouvert aux prêtres lorsqu'ils exercent une profession laïque, en marge de l'état religieux, ou ils peuvent y être assujettis, à l'occasion d'une fonction spirituelle, mais dans des conditions parfois restrictives. Les prêtres sont rattachés ou assimilés aux professions indépendantes et sont affiliés au système contributif national, sauf exception, au même titre que les travailleurs indépendants. Certaines législations cependant considèrent que l'exercice du ministère sacerdotal se limitant à une activité exclusivement religieuse n'est pas une activité professionnelle, au sens de la législation sociale et n'admettent les prêtres que lorsqu'ils exercent une profession laïque, en marge de leur ministère spirituel. Malgré cette exception, d'autres législations assimilent les prêtres à des travailleurs indépendants, au regard du fisc comme des assurances sociales. Dans ce cas, ils peuvent bénéficier d'une assurance de plein droit (obligatoire), d'une assurance partielle (pour une branche déterminée (allocations familiales) et les autres branches sous d'autres régimes) ou volontaire (les expériences d'assurance volontaire tentées dans certains pays n'ont pas connu de succès et ont fait ressortir l'utilité des régimes obligatoires[1196]).

L'assimilation du ministère sacerdotal à une profession libérale se justifie par sa soumission à la législation fiscale et au droit syndical et, surtout par le fait qu'il procure à celui qui s'y consacre les moyens de subsistance. De ce caractère lucratif, accessoire dans son inspiration, le ministère sacerdotal tire un contenu économique et donne lieu à l'application du droit commun, notamment en matière de responsabilité civile, au regard du fisc et des assurances sociales. Sous cet aspect sociologique et économique, le ministère sacerdotal reste le type le plus parfait de la profession libérale[1197]. Mais, l'inconvénient en appliquant au ministère sacerdotal le statut des professions libérales est que les charges contributives incombent entièrement aux prêtres vivant de modestes pécules en exonérant leur employeur religieux de la part patronale. Le poids de cotisations est souvent élevé et égal à celui des travailleurs laïcs mais, malgré cela les garanties sont moins avantageuses. Il est toutefois injuste de faire peser la charge entière de l'assurance sur le titulaire d'un emploi qui procure à l'employeur (l'Église ou diocèse) des profits suffisants pour en assumer normalement sa part légale. Cet inconvénient fait que le régime des travailleurs salariés soit la voie la plus avantageuse pour les prêtres.

3.4.3. Le régime des travailleurs salariés.

Aujourd'hui dans la législation du travail, la notion de « travailleur salarié » a beaucoup évolué surtout quand on l'envisage en relation avec le droit à la protection sociale. Le statut du salarié n'est plus envisagé exclusivement en rapport avec un contrat de travail mais, il pénètre aussi des groupes de production ou de service, jusqu'alors régis par des rapports différents du contrat de louage de service. Il s'est étendu à plusieurs catégories des travailleurs comme aux travailleurs à domicile, aux travailleurs familiaux, aux personnels statutaires

---

1196 Cas des États-Unis (régime facultatif de 1954 : avec un faible pourcentage d'inscrits) et d'Argentine (1968) : assurance obligatoire pour les travailleurs salariés et indépendants, inscription volontaire à l'assurance-pension pour les membres du clergé et des communautés religieuses : cfr. DOLE, G., ibid., 286.

1197 Ibid., 287.

de l'administration publique et même aux ecclésiastiques liés à leurs organismes par un lien *sui generis*. Cette extension du statut des salariés permet aujourd'hui d'ouvrir facilement les portes à la sécurité sociale à beaucoup de catégories sociales qui sont restées pendant longtemps en marge des avantages sociaux. C'est le cas par exemple des membres du clergé dans beaucoup de pays, surtout dans les pays européens.

Le prêtre peut être assimilé au travailleur salarié et être affilié au régime salarial des assurances sociales lorsqu'il exerce un emploi profane ou religieux dépendant d'une personne laïque (dans le secteur public comme dans le secteur privé) ou des *organismes religieux*. Dans toutes ces hypothèses, le contrat de travail demeure le critère normal mais non plus exclusif *d*e l'assujettissement à un régime salarial de sécurité sociale. Mais avec l'éclatement du cadre classique de l'emploi dépendant, le droit positif trouve aussi dans la *notion de « relation de travail »* dont la base n'est pas contractuelle *un autre critère* pouvant s'appliquer, plus largement, à des catégories marginales comme les ecclésiastiques. Sur base de ce critère, plusieurs droits positifs tentent de mettre fin à une « injustice indéniable » qu'on inflige à certaines catégories des travailleurs soumis à une discipline canonique et dont certains établissements et communautés abusent pour leur interdire d'exercer leurs droits sociaux. L'application de ce critère est vérifiable dans la législation italienne de 1920, de 1956 et de 1966[1198], dans la législation belge où les ecclésiastiques reçoivent un traitement public et bénéficient du régime d'assurance-santé des salariés, sans être nécessairement engagés par un contrat de louage de service, qui demeure le critère normal de l'affiliation[1199] et dans la législation autrichienne[1200].

Nous pouvons dire qu'en étendant son champ d'application aux différentes catégories longtemps marginalisées, le droit de la sécurité sociale s'est émancipé de celui du travail par ses sources et ses critères d'assujettissement. Aujourd'hui, bien que les contrats au sens traditionnel restent la mise en œuvre des rapports professionnels, la « relation de travail » perd de son contenu exclusivement contractuel pour amalgamer des éléments réglementaires, que lui apportent certains emplois soumis au statut d'un organisme ou à des conventions collectives. Les techniques d'assimilation ou de qualification fictive permettent aujourd'hui d'appliquer aux catégories sociales marginales comme les ecclésiastiques des critères d'affiliation empruntées au régime salarial.

1198 Ibid., 305.
1199 Ibid., 306.
1200 Ibid.

Quant aux prestations, compte tenu de l'état religieux, certaines législations peuvent exonérer le prêtre de certaines prestations comme celles liées à la maternité, aux allocations familiales. De manière générale, l'étendue des garanties dépend de la législation de chaque pays.

3.4.4. Le régime de l'assurance dite des résidents.

Outre les régimes de sécurité sociale réservés aux travailleurs et organisés selon les structures professionnelles, dans beaucoup de pays, les garanties sociales sont aussi assurées aux citoyens sur base du critère de la résidence. C'est en tant que résident sur un territoire national qu'un citoyen dans certains pays peut bénéficier, *à* titre contributif ou gratuit, de divers avantages sociaux, principalement en matière d'assurance-santé et de pensions minimales. Ce régime couvre surtout les soins de santé, les allocations de vieillesse et quelque fois les allocations familiales. Quand c'est à titre contributif, les cotisations sont diversifiées selon les catégories des assurés : salariés, travailleurs indépendants et personnes dépourvues d'activité lucrative.

Dans les régimes non-contributifs, les garanties sociales sont généralement financées par l'impôt et sont accordées aux assurés dans les mêmes conditions, sauf quand il y a exceptions fiscales.

Aujourd'hui où la tendance à la généralisation des garanties sociales à tout individu est l'objectif de beaucoup de législations sociales, l'assurance des résidents semble être le régime capable de promouvoir une solidarité nationale et de protéger l'individu quel que soit sa condition. C'est un régime basé sur l'unification organique, sur l'égalité des prestations de base, sur la redistribution équitable des ressources entre les individus dans une société plus solidaire. Avec ce système, les membres des groupes longtemps marginalisés peuvent acquérir un statut social identique à celui des autres citoyens et participer entièrement aux avantages et aux charges de la collectivité nationale. L'égalité juridique donne aujourd'hui à chaque individu le droit au bien-être matériel[1201].

L'efficacité d'un tel régime dépend en grande partie d'une meilleure organisation politique et économique d'une nation[1202]. Pour les pays africains, malgré

1201 Ibid., 322.

1202 LUTUMBA KOMBA, B., o. c, 63 : « L'efficacité de la sécurité sociale dépend de l'incidence des éléments démographiques et économiques tels : la pyramide des âges, la répartition de la population active entre salariés et non-salariés, la répartition des revenus, une politique sociale juste et équitable. L'efficacité dépend du rapport entre actifs et inactifs. L'incidence d'éléments économiques de la sécurité sociale

que les conditions de vie de population réclament l'urgence des politiques sociales efficaces, le régime de sécurité sociale sur base du critère de résidence semble être un objectif difficile à atteindre à court terme car les systèmes politiques et économiques accusent de graves déficits organisationnels et investissent moins sur la protection de la personne humaine.

Mutatis mutandis, ces techniques d'affiliation appliquées ailleurs pour ouvrir aux catégories marginalisées les avantages de la sécurité sociale et dont les résultats ont été probants, peuvent aussi servir d'exemple à la législation sociale congolaise pour offrir aux catégories sociales défavorisées une protection sociale qui leur fait grandement défaut aujourd'hui dans la société congolaise.

4. Conclusion partielle.

L'analyse des documents de la CENCO nous a fait découvrir que le problème matériel et financier du clergé diocésain a toujours été une préoccupation permanente de la Hiérarchie ecclésiastique locale depuis sa fondation. Cela à cause de son importance et de ses conséquences dans la vie du prêtre et de l'Église. Pour comprendre ce problème et surtout les difficultés auxquelles l'Église particulière de la RDC est confrontée pour le résoudre efficacement, il faut replacer ce problème dans le contexte général de la vie matérielle et financière de l'Église particulière et de son peuple où la misère et la pauvreté sont devenues endémiques.

A cause de cette misère et pauvreté, l'Église fait face à une insuffisance des moyens matériels et financiers et est obligée de vivre de la mendicité. Et « le manque d'un minimum d'autonomie matérielle constitue un handicap à l'action pastorale, car elle entrave la créativité dans le domaine de l'évangélisation et de la mise sur pied d'institutions ecclésiales adaptées à son identité historique et à son environnement social spécifique »[1203]. Si la situation actuelle de l'Église a de liens ontologiques avec celle du peuple à évangéliser, « l'Église particulière de la RDC ne peut donc étudier les problèmes de son autosubsistance abstraction faite de la promotion sociale du peuple. Prendre conscience de la pauvreté de l'Église particulière doit aller de pair avec un engagement accru dans la lutte pour libérer la population de toutes les servitudes et conditions infra-humaines de vie. Cette lutte pour la libération comprend notamment le combat pour une

---

sur l'emploi, celle de la productivité sur la sécurité sociale et de la Sécurité sociale sur la redistribution du revenu national est déterminante pour un système de la sécurité sociale efficace ».

1203 CENCO, *Prise en charge matérielle de l' Église par ses propres fils…*, 5–6.

plus grande justice sociale au plan national et international, l'initiation de la population aux techniques appropriés de développement et de l'épargne, l'éducation à un style de vie qui favorise et encourage la production locale, en même temps qu'il décourage l'introduction dans les mœurs de besoins superflus et inutilement coûteux »[1204].

La pauvreté et la misère de la population sont les premiers défis auxquels l'Église particulière de la RDC doit s'attaquer pour sortir de sa propre pauvreté et prétendre s'autosuffire matériellement et financièrement. Pour relever ce défi, il revient aux pasteurs africains d'annoncer l'Évangile du Royaume comme source du Salut à la fois terrestre et céleste, matériel et spirituel, car le Royaume annoncé par le Christ est présent et à venir, historique et éternel. Si pendant longtemps, le mystère du Royaume était présenté de façon erronée aux africains, c'est-à-dire comme une réalité exclusivement spirituelle à venir, faisant de ce fait des richesses matérielles et du corps comme principaux obstacles à l'entrée dans le Royaume de Dieu, il s'impose aujourd'hui d'annoncer le Royaume comme une double réalité présente et future, historique et éternelle. Cette nouvelle évangélisation doit conduire les chrétiens africains à abandonner les mauvaises habitudes acquises surtout de l'époque coloniale et missionnaire qui les poussaient à négliger la dimension terrestre et historique du Royaume. Ils doivent devenir aujourd'hui les artisans de leur propre développement par la production des biens matériels utiles pour atteindre le spirituel. Le défi de la pauvreté et de la misère doit être relevé en unissant les efforts car le Salut comporte aussi une dimension communautaire. Mais, il est illusoire et suicidaire de penser que les biens économiques dont nous avons besoin pour vivre doivent venir d'abord de la générosité des autres. Il faut travailler soi-même avant d'espérer l'aide des autres. Les chrétiens africains doivent devenir des producteurs de biens économiques s'ils veulent lutter contre la faim, les maladies, la mort, la pauvreté et la misère. Ils doivent puiser les énergies nécessaires dans l'Évangile (Bonne nouvelle du Salut) pour se libérer de la misère et de la pauvreté.

Mais pour que les efforts de libération de la pauvreté et de la misère soient couronnés de succès, ils doivent être soutenus par une bonne organisation des structures politiques et ecclésiales et par une gestion transparente et efficace des biens communs à tous les niveaux.

Quant à la protection sociale, elle reste un grand défi dans l'ensemble de sociétés africaines. La majorité de citoyens sont dépourvus de couverture sociale dans tous les domaines de la vie. Cette problématique ne concerne pas

1204 Ibid, n. 7.2, 61.

seulement les prêtres qui d'ailleurs bénéficient d'un minimum de protection sociale avec l'assistance corporative. Mais considérant les limites et les insuffisances de cette assistance et le manque de protection sociale généralisée de beaucoup de citoyens dans la société congolaise, nous pensons qu'il est aujourd'hui urgent et nécessaire à ce que l'Église et l'État conjuguent leurs efforts pour la mise en place d'un système de protection sociale basé sur la solidarité nationale et ouvert à toutes les catégories sociales. Car, malgré les divergences sur certaines questions de société, il y a d'autres pour lesquelles l'Église et l'État doivent impérativement privilégier la collaboration pour l'intérêt général de citoyens. Et la sécurité sociale pour tous les citoyens en est une. Dans cette perspective, l'Église congolaise doit d'avantage travailler pour une pastorale d'engagement politique et économique-social pour l'établissement d'une société plus juste et plus humanisante. Car toutes les situations de misère et d'oppression vécues par les fidèles et dont les répercusions sont visibles dans l'Église particulière sont conséquence du péché et du péché structurel qu'il faut combattre.

CONCLUSIONS GENERALES ET PERSPECTIVES D'AVENIR.

1. Conclusions générales.

La problématique qui a fait l'objet de notre étude est celle du droit à une rémunération juste et à une protection sociale suffisante pour le clergé diocésain en RDC conformément aux principes définis par le Concile Vatican II et le droit canonique en vigueur. En effet, il s'agissait pour nous de comprendre, au regard des conditions matérielles et financières actuelles des prêtres diocésains congolais, si ces derniers ont réellement des droits sociaux et d'où trouvent-ils leurs fondements ? Pourquoi depuis l'existence de ce clergé, ce problème suscite des débats interminables et semble être une équation difficile à résoudre ? Et que devons faire aujourd'hui pour résoudre de manière efficace ce problème ?

A travers ce problème du clergé diocésain, c'est en réalité la situation matérielle et financière de l'Église particulière de la RDC qui est mise en exergue. L'Église particulière de la RDC a été implantée à 90 % à partir des aides venant des Églises-sœurs de l'Occident, c'est-à-dire dans une logique de dépendance matérielle et financière. Cette situation a engendré auprès des chrétiens congolais et de leurs pasteurs des attitudes et des comportements qui empêchent que cette Église particulière puisse atteindre sa pleine maturité comme une vraie Église particulière appelée à contribuer à la solidarité universelle surtout dans le domaine du temporel. Dans ce domaine, elle apparait aujourd'hui comme un parent pauvre incapable de subvenir aux besoins de ses nombreux enfants et de soutenir efficacement par elle-même l'œuvre d'évangélisation en profondeur. Face à cela, on se pose la question de savoir comment faire pour sortir de cette dépendance et permettre à celle-ci de nourrir ses enfants, de soutenir son œuvre d'évangélisation au troisième millénaire et de participer comme les autres Églises de façon juste ou proportionnée au bien de l'Église universelle ?

Au terme de notre réflexion nous voulons justement répondre à ces interrogations en réaffirmant d'abord, sur base des données bibliques, historiques et doctrinales, que le prêtre diocésain qui exerce ou qui a exercé son ministère au bénéfice de la communauté chrétienne a droit à une rémunération juste et à une protection sociale suffisante et que l'obligation pour l'accomplissement de ces droits sociaux revient d'abord à la communauté chrétienne et subsidiairement à d'autres partenaires sociaux comme par exemple l'État. Cependant, ces droits sociaux dans leur formulation actuelle dans la doctrine conciliaire et le Code de droit canonique de 1983 nous paraissent une virtualité sans garantie de normes, génératrices d'un droit subjectif. La norme du can. 281, §§ 1–2 telle qu'elle est formulée avec les expressions *remunerationem merentur* (§1) et *item providendum est ut gaudeant illa sociali assistentia* n'affirme vraiment pas un droit subjectif garanti. Cette formulation, à notre avis, s'en remet au libre arbitre de l'autorité ecclésiastique compétente et ouvre la voie à la violation de ces droits dans certaines Églises particulières où le contexte social ne contribue pas facilement au respect des droits individuels et collectifs. Voilà pourquoi nous plaidons pour la reformulation du can. 281, §§ 1–3 afin d'affirmer de manière explicite ces droits avec l'expression *ius habent* qu'on trouve dans le can. 231, §§ 1–2 du CIC de 1983 et dans le can. 390, §§ 1–2 du CCEO.

Ensuite, en s'appuyant sur les orientations et directives pastorales des Évêques de la RDC et en mettant en exergue les limites de celles-ci, nous voulons dire aux chrétiens et aux agents pastoraux congolais que tant que nous continuerons à perpétuer le modèle d'Église hérité de l'époque missionnaire et coloniale, surtout dans ses structures externes, nos greniers resteront toujours vides et ils ne seront pas capables de nourrir ses enfants et de soutenir l'œuvre d'évangélisation dans le contexte actuelle du continent africain où l'ensemble de la population croupit sous le poids de la pauvreté et de la misère. L'autosuffisance et l'auto-prise en charge matérielle et financière de l'Église par ses propres fidèles doivent être le résultat d'une nouvelle pastorale que nous qualifions, en empruntant une expression du théologien camerounais J-M. Ela, de « pastorale du grenier ». Celle-ci est une pastorale qui doit mettre l'accent sur le sens de responsabilité communautaire et individuelle, sur la valeur du travail productif, sur une grande capacité organisationnelle, sur la bonne gestion du contenu du grenier ecclésiastique et surtout sur une cohérence du discours contre la faim, contre le grenier vide avec un agir ou un comportement crédible de tous les protagonistes afin de combattre l'oisiveté, la mégestion, le gaspillage, l'attitude attentiste propre aux consommateurs et tous les anti-valeurs qui font que le grenier ecclésiastique reste toujours vide.

Au travers cette nouvelle pastorale, nous voulons que les pasteurs et les fidèles africains en général et ceux de l' Église particulière de la RDC en particulier comprennent qu'en assumant nous-mêmes la responsabilité de notre développement, nous accélérons le processus de maturité qui est encore déficitaire dans nos Églises particulières et qui fait qu'aujourd'hui nous continuons à dépendre des autres pour exister comme Églises particulières et que nous soyons incapables de subvenir par nous-mêmes aux besoins de nos communautés chrétiennes. Face à cela, il est plus qu'urgent d'inventer un autre modèle d' Église capable de combattre la culture de la mort, de la faim et du sous-développement et semer dans les cœurs des gens la paix et la justice afin que tous aient la vie et qu'ils l'aient en abondance. Ce travail doit être d'abord l'œuvre des africains eux-mêmes sur le plan ecclésial, spirituel, économique et politique si nous voulons mettre fin à la dépendance, à la pauvreté, à la misère, au sous-développement et à la marginalisation.

Pour arriver à ces conclusions, notre étude s'est divisée en deux grandes parties. La première partie s'est focalisée sur les fondements biblico-historiques, doctrinaux et canoniques des droits sociaux qui ont fait l'objet de notre réflexion et sur les institutions canoniques qui ont, au cours de l'histoire, permis à l'Église de garantir ces droits aux membres du clergé. Dans le premier chapitre de cette partie, nous avons démontré que dans l'Ancien Testament la fonction sacerdotale était rigoureusement et minutieusement réglementée. Les ministres sacrés avaient droit à une rétribution pour leur service rendu au temple et la communauté s'en acquittait par les sacrifices, les offrandes, les tributs et les dîmes payés à Dieu (Dt 12, 12). Dans le N.T., Jésus-Christ, dans son discours missionnaire (Lc 9, 1–6 ; 10, 1–7) confirme le droit des apôtres à un salaire (Lc 10, 2–7) et invite les destinataires de l' Évangile de leur garantir une subsistance matérielle digne. Mais l'exercice de ce droit devait être guidé par le principe fondamental de la gratuité de la mission et par l'esprit de détachement et de pauvreté afin que les biens matériels ne soient pas un obstacle dans l'accomplissement de la mission spirituelle. Saint Paul réaffirme cet enseignement du Christ sur ces droits fondamentaux, mais, pour l'efficacité du ministère apostolique, il renonce librement à ses droits légitimes et se présente comme un modèle de prise en charge pour éviter d'être un scandale pour les faibles. Malgré l'exemple particulier de Paul, les communautés chrétiennes de trois premiers siècles, dans un contexte historico-politique très difficile, reconnaissaient ces droits fondamentaux aux ministres de Dieu et ont fait preuve sur base de la charité chrétienne d'une bonne organisation du personnel et des ressources matérielles avec une grande capacité d'autogestion et d'autonomie.

Après une période d'autonomie, de simplicité et aussi de persécutions, au 4ème siècle, l' Église entame une ère de paix et coopération avec l'État sous le règne de l'empereur Constantin (313). Ainsi s'instaure une situation à tout le moins ambiguë dans laquelle l' Église, au prix de sa sujétion et de son inféodation à l'État , reçoit de celui-ci de nombreux avantages juridiques, matériels et financiers qui lui permettent de se constituer un patrimoine important. Dans ce contexte, le clergé va adopter des habitudes de la société civile et va développer progressivement un style de vie de plus en plus coûteux. Il cessera de dépendre directement de la charité chrétienne et, avec l'avènement du féodalisme et la naissance des églises patronales, sa subsistance matérielle reposera désormais sur l'institution du « titre d'ordination ». Celle-ci connaitra sa consécration canonique dans les différentes collections canoniques de la période classique et va s'imposer comme la structure économique fondamentale pour la subsistance du clergé.

Dans le deuxième chapitre, nous avons démontré que le titre d'ordination comme structure économique pour la subsistance du clergé a généré beaucoup d'abus qui ont affecté l'image de l' Église et du clergé. Après plusieurs tentatives de réforme de l' Église, le Concile de Trente a réussi à mettre de l'ordre dans la vie du clergé et à réglementer cette institution. Ces efforts de redressement de la discipline ont trouvé un cadre juridique idéal avec la promulgation du CIC de 1917 qui a règlementé les institutions canoniques et la vie du clergé. Mais malgré cette canonisation, le « titre d'ordination » plus précisément le système bénéficial comme régime économique du clergé sera l'objet de beaucoup de critiques qui ont engagé l' Église sur la voie de sa réforme totale ou de son abandon.

Dans le troisième chapitre, nous avons fixé notre attention sur les aspects doctrinaux et canoniques de la problématique en nous appuyant sur l'enseignement du Concile Vatican II et de la législation canonique en vigueur. Prenant en considération les critiques et les limites du régime du titre d'ordination, le Concile Vatican II, dans le décret PO, 20–21, a défini les principes d'un nouveau régime économique plus juste et solidaire pour le clergé : le *régime de la rémunération* et de la *prévoyance sociale*. Ces principes seront traduits en langage canonique dans le Code du droit canonique de 1983, plus précisément au can. 281, §§ 1–2 ou ces droits sont affirmés dans des termes, à notre avis, moins forts et au can. 1274, §§ 1–5 où les instruments techniques sont proposés pour la matérialisation de ces droits sociaux. Mais, pour que ce nouveau régime soit effectif et que l'Église dispose des moyens matériels et financiers pour atteindre les autres objectifs de sa mission, les documents du Concile et la législation canonique en vigueur ont aussi insisté sur l'obligation et le devoir de la communauté chrétienne de subvenir aux besoins matériels et financiers de l'Église(-can. 222, §§ 1–2). Cette obligation et ce devoir trouvent leur fondement dans *la communion fraternelle* qui fait de nous tous membres de *l'Église Peuple de Dieu* ou membres de *l'Église Famille de Dieu*, selon l'expression chère aux Pères synodaux lors du Synode sur l'Afrique de 1994.

La deuxième partie de notre étude a situé la problématique dans le contexte précis de l'Église particulière en RDC où nous avons voulu comprendre comment cette Église particulière a cherché et cherche encore depuis son implantation jusqu'à ces jours à résoudre le problème de la vie matérielle et financière du clergé diocésain ? Et pourquoi les orientations et principes définis par le Concile Vatican II et le CIC de 1983 sur le nouveau régime économique du clergé diocésain peinent à se concrétiser ?.

Dans le premier chapitre nous avons abordé la problématique dans la perspective de l'implantation de l'Église particulière de la RDC. Ici, nous sommes arrivés à une première conclusion que les problèmes auxquels l'Église particulière de la RDC fait face surtout dans le domaine matériel et financier trouvent leur origine d'abord dans la dépendance économique et financière aux Églises-sœurs d'Occident. Cette Église, dans ses structures externes et dans son mode de vie, a été conçue et implantée dans la vision européenne sans une implication conséquente des africains. Elle est apparue aux yeux des africains comme le symbole de la puissance économique, une Église riche qui n'a pas besoin de l'apport de ses chrétiens pour sa subsistance. C'est donc une « Église affaire des autres » où les chrétiens africains n'ont qu'un rôle secondaire de simples « consommateurs ». Dans cette logique, les membres du clergé diocésain étaient considérés comme des hommes riches appartenant à une Église riche. Parler de leur pauvreté matérielle et financière semble, aux yeux de beaucoup, un discours inacceptable et anachronique. Et dire que les chrétiens ont l'obligation et le devoir de subvenir à leur subsistance parait aussi irréaliste et incompréhensible, surtout que ces derniers croupissent dans la misère et la pauvreté. Face à cela, les appels de la Hiérarchie ecclésiale à la prise en charge de l'Église semblent tomber, dans beaucoup de cas, dans les oreilles des sourds. Ensuite, la deuxième conclusion est que, sur le plan démographique, les membres du clergé diocésain augmentent sensiblement sans pour autant que leur situation économique suive le même rythme de croissance et sans que leur statut financier soit bien défini. Ce déséquilibre entre une démographie galopante du clergé diocésain et le manque des moyens suffisants pour ces Églises contribuent à la dégradation quotidienne des conditions de vie et de travail des prêtres diocésains et à la dégénérescence des mœurs du clergé.

Dans le deuxième chapitre, nous avons dressé un état de lieu de la situation matérielle et financière qui témoigne de la dégradation des conditions de vie et des mœurs du clergé diocésain. Cette situation remonte à l'époque de la naissance du clergé diocésain où le statut juridique de ce dernier est mal défini et où ses droits sociaux reposent non sur des garanties du droit mais sur la générosité des bienfaiteurs. Dans le présent, elle est aggravée d'abord par un manque d'organisation efficace au niveau des Églises particulières et surtout au non-respect de normes canoniques dans la gestion des biens temporels et dans la mise en place des structures adéquates ; ensuite, par la persistance des attitudes et des comportements négatifs nés de l'époque coloniale, par la pesanteur de certaines traditions culturelles, la pauvreté et la misère de la population et le contexte économique et socio-politique du pays qui ne favorisent pas le développement.

Les conséquences de cette situation sont très nombreuses dans la vie des prêtres diocésains : le manque de zèle apostolique, la sécheresse spirituelle, le relâchement des vertus morales, l'indiscipline notoire, la perte sensible du sens de l'Église et de la communauté, l'égoïsme sans précédent, la recherche effrénée du profit personnel, la tendance à l'exode économique, etc.

Dans le troisième chapitre, l'analyse des orientations et directives de la CENCO nous a indiqué deux directions essentielles dans la recherche de solutions à la problématique. Premièrement c'est la conviction qu'il est difficile de tenter de résoudre les difficultés matérielles et financières de l' Église en général et du clergé en particulier sans s'attaquer aux problèmes de la pauvreté et de la misère de la population. C'est pourquoi le défi du développement intégral de la société doit faire partie des priorités de l'évangélisation du troisième millénaire en Afrique en général et en RDC en particulier. Deuxièmement, c'est la prise de conscience que la dépendance et le manque d'autonomie matérielle et financière sont un grand handicap dans le processus de la maturité de l'Église particulière. D'où la nécessité impérieuse pour l'Église de la RDC d'assumer ses problèmes et de construire son avenir avec un sens aigu de responsabilité en privilégiant l'auto-prise en charge matérielle et financière et en s'engageant dans le combat qui libère le peuple de toutes les structures aliénantes. Ce défi ne peut être relevé que dans un sens de coresponsabilité ecclésiale qui permettra de passer d'une « l'Église sous perfusion », d'une « Église affaire des autres » à une « Église famille de Dieu » qui, dans la solidarité, le partage et le travail, tourne le dos à l'attitude attentiste des consommateurs et fait éclore ses capacités inventives et créatrices.

Prenant en considération ces deux grandes orientations de la CENCO dans la recherche des solutions efficaces aux problèmes matériels et financiers de l'Église particulière de la RDC en général et du clergé diocésain en particulier, nous avons terminé cette étude en formulant certaines recommandations sous formes des conditions indispensables à l'Église universelle et à l'Église particulière en RDC et qui, si elles sont prises en compte peuvent aider à relever le défi de l'auto-prise en charge matérielle et financière au niveau local et à améliorer les conditions de vie et de travail des prêtres diocésains.

2. Perspectives d'avenir.

Depuis que la CENCO a levé les deux grandes options pastorales ci-haut mentionnées pour résoudre la situation matérielle et financière de l'Église particulière de la RDC, force est de constater que dans beaucoup de diocèses de la RDC les résultats sont mitigés et la parole ne suit pas l'action. La forte dépendance aux aides extérieures est toujours persistante dans nos Églises et celles-ci sont de plus en plus impuissantes face à certains défis qui touchent leur existence et face à l'application du principe d'un droit à une rémunération juste et à une protection sociale pour le clergé diocésain défini dans l'enseignement conciliaire et la législation canonique actuelle. Face à cela, le pessimisme peut nous pousser à baisser les bras et à croire qu'aucune solution n'est possible à court et à moyen terme. Cette étude veut animer l'espérance pour ne pas s'arrêter, comme le disait le Pape Benoit XVI dans un discours au Palais présidentiel de Cotonou au Bénin, à des préjugés ou à des images qui donnent de la réalité africaine et [des Eglises africaines] une vision négative, issue d'une analyse chagrine (cfr. DC., n° 2480, 18 décembre 2011, 1089). A travers les conclusions de cette étude, nous voulons surtout dire aux africains de ne pas tomber dans le pessimisme et dans le défaitisme, mais de croire qu'il y a lieu de sortir de cette situation si nous prenons en compte certaines considérations indispensables dans la recherche des solutions durables et efficaces.

Ces considérations, à notre avis, concernent à la fois l'Église universelle et les jeunes Églises, surtout celles du continent africain. Et nous sommes convaincus que cela n'est pas impossible à réaliser si seulement l'enseignement de l'Église et les normes canoniques sont respectés. Nos suggestions vont justement dans le sens de la promotion du respect de l'enseignement de l'Église, des normes canoniques et de leur meilleure application surtout au niveau des Églises particulières.

2.1. Suggestions pour l'Église universelle.

2.1.1. Repenser la politique d'aide aux jeunes Églises particulières.

Au niveau de l'Église universelle, la première considération qui peut aider les jeunes Églises à atteindre un degré suffisant de maturité et à s'autogérer et s'autofinancer consiste à *repenser la politique d'aide à ces Églises* dépendant de la Congrégation pour l'Évangélisation des Peuples. Tout en acceptant le principe universel de solidarité et de partage des biens qui a toujours caractérisé l'Église depuis son existence pour soutenir les communautés chrétiennes pauvres et promouvoir l'évangélisation dans le monde, nous pensons que l'Église universelle doit *renoncer à la politique paternaliste* qui consiste à maintenir les pauvres et les faibles dans la dépendance totale et inhibe leur capacité d'initiatives et de créativités. L'aide qui serait bénéfique à ces Églises est celle qui doit les conduire à acquérir une maturité, à s'autogérer et à s'autofinancer et non celle qui vise le fonctionnement des institutions ecclésiales et le maintien dans la dépendance enfantine. En appuyant les initiatives d'autogestion et d'autofinancement, cette aide contribue vraiment à l'émergence des Églises particulières mûres et capables de contribuer à la solidarité universelle. C'est dans ce sens que les Évêques d'Afrique et de Madagascar présents au 4ème synode épiscopal mondial invitaient à revoir les formes de coopération entre les anciennes et les jeunes Églises afin qu'elle vise à promouvoir l'autonomie et la responsabilité (cfr. *Promouvoir l'évangélisation dans la coresponsabilité. Déclaration des Évêques d'Afrique et de Madagascar présents au 4ème Synode épiscopal mondial*, in : DC, nº 1663, 3 novembre 1974, 996).

Dans le même ordre d'idées, les *organismes de bienfaisance et d'assistance sociale* qui continuent à fonctionner hors du territoire des Églises de pays de mission, dans le but de promouvoir une vraie autonomie de celles-ci et de contribuer efficacement à leur quête de la maturité, doivent transférer la gestion totale de ces organismes à ces dernières afin que les différentes Conférences Épiscopales, de manière responsable, mettent en place un vrai système de prévoyance sociale ou d'assistance sociale proche des bénéficiaires et capable de leur offrir une protection sociale suffisante.

2.1.2. Reformuler le can. 281, §§ 1–3 pour une meilleure affirmation des droits sociaux du prêtre.

La deuxième considération est *d'ordre purement canonique* et touche, quant à elle, la *formulation du can. 281, §§ 1–3*, fondement canonique des droits sociaux des prêtres diocésains ayant fait l'objet de notre étude. A la suite de G. Dole et de T. Marchi, nous trouvons que la formulation actuelle de ce canon, avec les expressions *remunerationem merentur* (§1) et *item providendum est ut gaudeant illa sociali assistentia* (§2), ne donne pas lieu d'affirmer l'existence des règles de droit, génératrices d'une obligation. Ces droits sociaux tels qu'ils sont formulés dans ce canon demeurent pour les prêtres *une virtualité sans garantie de normes*, génératrices d'un droit subjectif. Tout est laissé à la libre appréciation, sinon à l'arbitraire de l'autorité ecclésiastique compétente. En lieu et place de cela, nous plaidons pour *une reformulation du canon 281, §§ 1–3* qui exprimerait de manière explicite le droit du prêtre à une rémunération juste et à une protection sociale en utilisant les expressions *ius habent ad honestam remunerationem* et *itemque iis ius competit ut ipsorum praevidentiae et securitati sociali et assistentiae sanitariae, quam dicunt, debite prospiciatur* présentes dans le *can. 231, §§ 1–2* du CIC/83 qui parle explicitement des droits de laïcs affectés de manière permanente au service spécial de l'Église et dans le *can. 390, §§ 1–2 du CCEO* où les mêmes droits sont clairement affirmés pour les prêtres des Églises orientales.

Les expressions moins fortes comme « *remunerationem merentur* » et « *item providendum est ut gaudeant illa sociali assistentia* » n'expriment pas vraiment des droits subjectifs pouvant faire l'objet d'une action ou d'exception conformément au *can. 1491* qui stipule : « Tout droit est, à moins d'une autre disposition expresse, protégé non seulement par une action, mais aussi par une exception ». Elles ne donnent pas non plus lieu à une obligation canonique ou juridique de l'Église locale, ni de l'autorité compétente envers les membres du clergé. Ces expressions consacrent le libre arbitre ou l'appréciation de l'autorité pour que les membres du clergé entrent dans la jouissance de leurs droits fondamentaux. En laissant cela à l'arbitraire de l'autorité compétente, cette norme contredit, d'une part, ce qui a toujours été la tradition permanente de l'Église d'affirmer sans ambages pour ses prêtres un droit à une subsistance digne et d'autre part, elle ouvre la voie à l'arbitraire et l'irresponsabilité de certaines autorités ecclésiastiques qui, sans sens d'Église et avec une gestion calamiteuse des biens ecclésiastiques, font preuve de manque de sollicitude envers leurs prêtres et foulent aux pieds leurs droits fondamentaux comme êtres humains, tels que défendus par la doctrine sociale de l' Église.

Nous pensons qu'une formulation claire d'une loi impérative, source de droit et d'obligation, ne contredirait en rien la dimension pastorale du ministère sacerdotal ; au contraire elle manifesterait la fidélité de l'Église à sa doctrine sociale et à sa mission de défendre partout le respect des droits individuels ou collectifs sur lesquels repose la dignité humaine. Car la doctrine sociale de l'Église a toujours affirmé que le mouvement vers l'identification et la proclamation des droits de l'homme est un des efforts les plus importants pour répondre efficacement aux exigences irréductibles de la dignité humaine et par leur affirmation, la dignité humaine est plus efficacement reconnue et promue universellement comme caractéristique imprimée par Dieu Créateur sur sa créature. Le droit à une rémunération convenable et à une protection sociale pour les prêtres entre dans cet arsenal des droits de l'homme dont la racine est à rechercher dans la dignité qui appartient à chaque être humain depuis sa création. Ne pas l'affirmer clairement dans le Droit canonique et ne pas le reconnaitre dans la pratique ecclésiale contribuent à fouler aux pieds leur dignité en tant qu'êtres humains. L'Église a donc le devoir de l'affirmer clairement, de le reconnaitre et de le respecter car c'est un droit conféré à toute personne par la nature. Outre la reconnaissance de la dignité humaine, ce droit obéit aussi au principe de la justice qui exige la répartition équitable du revenu sur base non seulement de justice commutative, mais aussi de justice distributive et sociale, c'est-à-dire en considérant, au-delà de la valeur objective des prestations de travail, la dignité humaine des sujets qui l'accomplissent.

Nous sommes convaincus que le manque de rigueur dans l'affirmation de ces droits sociaux tel qu'il se manifeste dans la formulation actuelle du can. 281 contribue beaucoup à leur violation dans certaines Églises particulières où déjà le contexte social, économique et politique général ne protège pas les droits sociaux fondamentaux de citoyens et favorise aussi l'irresponsabilité de certaines autorités ecclésiastiques face à leurs obligations. Pour dissimuler leur irresponsabilité, beaucoup d'autorités ecclésiastiques n'hésitent pas à affirmer, sans fondement doctrinal et canonique, que les prêtres au service de l'Église n'ont pas un droit à réclamer à celle-ci. Nous pensons qu'une pareille affirmation est un déni de justice, un manque criant du sens de l'Église et enseignement de celle-ci, de sa praxis millénaire et de la discipline canonique.

2.2. Suggestions pour l'Église particulière de la RDC.

L'Église particulière de la RDC, sur base des enseignements du Concile Vatican II et de la réalité socio-économique et politique du pays, a levé plusieurs options pastorales que nous pouvons résumer fondamentalement en deux : 1. Face aux difficultés matérielles et financières de l'Église, face à la pauvreté et à la misère de la population, le défi du développement intégral de la société doit faire partie des priorités de l'évangélisation du troisième millénaire en RDC ; 2. La prise de conscience que la dépendance et le manque d'autonomie matérielle et financière sont un grand handicap dans le processus de maturité de l'Église particulière et dans la réalisation des objectifs de sa mission. Sur ce, l'auto-prise en charge matérielle et financière de l'Église par ses propres fidèles et la libération du peuple des toutes les structures aliénantes sont des exigences fondamentales de l'avenir de l'Église particulière et de la société en générale.

Mais malheureusement, ces options tardent à donner des fruits escomptés, car chaque jour qui passe la situation matérielle et financière dans beaucoup de diocèses va de mal en pis. Que devons-nous faire alors pour relever ces défis au niveau de l' Église particulière ? Nous pensons que la prise en compte des conditions ci-après peut aider à relever ces défis.

2.2.1. Renoncement au modèle d'Église implanté en Afrique.

Le mode d'Église implanté en Afrique à l'époque coloniale et missionnaire, dans ses structures externes et dans ses comportements, constitue aujourd'hui un poids pour les communautés chrétiennes pauvres. Les missionnaires, dans le souci d'assurer plus efficacement le bien spirituel et matériel des populations, ont créé, s'inspirant de leurs pays d'origine et avec les aides de ceux-ci, un ensemble d'institutions d'une densité remarquable qui sont devenues aujourd'hui une charge excessive pour les populations pauvres du Congo. Malgré ce constat, les Églises africaines en général et celle du Congo en particulier continuent à reproduire dans leurs institutions et dans leurs comportements ce modèle d' Église dans un continent où la majorité de la population vit dans la pauvreté et dans la misère totale. Continuer dans le contexte actuel ce modèle d' Église avec ses structures gigantesques qui se sont élevées dans les terres africaines sans les africains semble être suicidaire. C'est pourquoi, pour garantir l'avenir de l' Église en Afrique et lui permettre d'accomplir sa mission de manière efficace, il est urgent de renoncer à un modèle d' Église installé en Afrique qui ne résulte pas de l'expérience propre des communautés chrétiennes africaines et qui demeure disproportionné par rapport à leurs capacités matérielles et financières. Ce modèle d'Église, dans ses structures externes et dans ses comportements, est source de la grande dépendance et de l'extraversion, de mauvais choix opérés dans le style de vie et d'organisation de communautés chrétiennes et des membres du clergé et aussi des erreurs de stratégies dans la politique d'investissement et de mobilisation des ressources matérielles et financières. Il nous faut aujourd'hui un modèle d' Église qui doit surgir de l'ingéniosité, de l'esprit d'initiatives des africains sur base des réalités socio-économiques et politiques de ces derniers.

2.2.2. Amélioration de la capacité organisationnelle et du leadership.

La refondation du modèle d'Église coloniale et missionnaire dépend également d'une grande capacité organisationnelle et du « leadership » au niveau de chaque Église particulière. Aujourd'hui beaucoup de diocèses en RDC accusent un déficit organisationnel très criant et un déficit du « leadership » qui se manifeste par la manière peu évangélique, peu ecclésiale et peu canonique avec laquelle certains évêques, certains prêtres et laïcs au service de l'Église gèrent les diocèses et surtout administrent le « grenier ecclésiastique ». Dans beaucoup de diocèses, les situations matérielles et financières catastrophiques sont dues au mauvais choix des dirigeants des institutions ecclésiales, au non-respect de normes canoniques dans l'administration des biens ecclésiastiques et surtout à l'absence de vision pastorale pour les actions présentes et futures. L'administration des diocèses est souvent une navigation à vue dont la culpabilité repose d'abord sur les pasteurs du troupeau qui, dans beaucoup de cas, ne donnent pas un témoignage de vie des vrais disciples du Christ, tel que l'exige l'enseignement de l'Église. Prenant l'exemple sur le Christ et les Apôtres, les Évêques, en tant que successeurs des Apôtres, devraient exercer leur « leadership » dans l'évangélisation comme des disciples authentiques du Christ et serviteurs des mystères de Dieu. Ils devraient se revêtir du Christ et être Christ et serviteurs des mystères de Dieu. Ils devraient se revêtir du Christ et être Christ pour le peuple, être des témoins efficaces du Christ dont les exemples lumineux poussent et inspirent les autres acteurs de l'évangélisation à être d'authentiques disciples du Christ et des serviteurs de l'Évangile.

Nous pensons qu'avec une bonne organisation et un leadership basé sur le modèle du Christ-Serviteur, sur le sens profond de l'Église et de sa mission, sur le respect des normes canoniques et sur les structures adéquates et fonctionnelles, beaucoup de diocèses peuvent facilement relever le défi de la bonne gouvernance afin d'atteindre l'autosuffisance et l'auto-prise en charge matérielle et financière et tourner le dos à la dépendance matérielle et financière. Car, la situation matérielle et financière actuelle des jeunes Églises n'est pas un problème insoluble, mais elle exige pour son redressement des hommes responsables, une bonne organisation et une administration saine, transparente et responsable des institutions ecclésiales et des biens temporels.

2.2.3. Exigence de combler l'abîme entre la rhétorique des prédications et la situation concrète de la population.

Sur la pauvreté et la misère de la population, de l'Église et de ses ministres, l'Église particulière de la RDC a déjà produit beaucoup de réflexions très profondes, mais ce travail très précieux sur le plan théorique a du mal à atteindre ses objectifs parce qu'il y a un hiatus entre le « dire » et le « faire » de la part des pasteurs et des chrétiens. Ce manque de cohérence est très frappant dans la manière souvent « mercenaire » et « iconoclaste » d'administrer les biens ecclésiastiques dans nombre de diocèses et des paroisses. Aujourd'hui, l'Église qui est supposée être la lumière qui brille dans les ténèbres de la misère et de la pauvreté de populations africaines se caractérise très peu par un témoignage positif et édifiant dans lutte contre la pauvreté et la misère. Certaines attitudes et comportements des hommes d'Église comme l'incompétence, la mauvaise gestion, l'absence des modèles de gestion saine et transparente, la recherche effrénée du pouvoir pour assouvir les intérêts personnels et non servir l'Église, l'avarice et la cupidité qui conduisent à piller le « grenier ecclésiastique », la jouissance qui est source du gaspillage de peu de ressources disponibles, le tribalisme qui contribue à la crise de l'identité sacerdotale et chrétienne, contredisent tous les beaux discours sur l'autosuffisance, l'auto-prise en charge et le développement. Ces comportements et ces attitudes antiévangéliques creusent un grand fossé entre les discours de l'Église et la situation concrète de la population. Cet état de choses fait parfois naître un climat de suspicion entre les fidèles et leurs pasteurs, et refroidit quelque peu l'élan de générosité des premiers envers leur communauté. Ainsi, nos paroisses et nos diocèses sont loin de servir d'exemples dans l'administration des biens de la communauté, dans une société où la situation de pauvreté croissante est imputée en grande partie à la mauvaise gestion des biens et des ressources.Dans ce domaine l'Église du Congo n'est pas un modèle même face aux dirigéants politiques.

Pour extirper ces anti-valeurs, ces contre-témoignages qui refroidissent la générosité et l'attention aux besoins de l'Église, il faut qu'on arrive à un grand travail d'éducation aux valeurs évangéliques et morales qui passe par un *nouveau type de pastorale*. Dans le sillage du théologien africain J-M. Ela, nous plaidons pour une *pastorale du grenier*, c'est-à-dire, celle qui est capable de vaincre le sous-développement dans sa dimension matérielle et spirituelle par le changement de mentalités, par la cohérence de vie avec les valeurs évangéliques, par le travail productif et la bonne gestion des produits récoltés et les différentes ressources pour nourrir l'ensemble de la famille. Cette option, pour l'Église Famille de Dieu, sera un motif de crédibilité car elle amènera les membres de l'Église particulière à découvrir un Dieu qui fait vivre en donnant à manger à son peuple (Cf. Ex. 16, 11–17 ; Mt 14, 13–21 ; Mc 6, 30–44 ; Lc 9, 10–17 ; Jn 6, 1–14), qui se donne pour que nous ayons la vie en abondance (Jn 10,10) et à mettre sur pieds une vraie Église Famille de Dieu qui refuse tout système entretenant des greniers vides, c'est-à-dire la faim et la mort. Cela signifie que les communautés chrétiennes doivent devenir des lieux d'initiatives et de créativité, c'est-à-dire des endroits où les hommes et les femmes se mettent ensemble pour mener des luttes de survie contre toute sorte de faim dont elles souffrent : faim de nourriture, de communion de vie, de dignité humaine, de respect des droits de toute personne, de justice et de paix et par-dessus tout de vie en abondance et de transformation radicale à la lumière de la Parole de Jésus-Christ, pain de vie (cf. Jn 6, 68a). Par cette nouvelle pastorale, ces communautés chrétiennes doivent acquérir une maturité des comportements, renoncer à l'irréalisme et à l'infantilisme nés de la dépendance des aides extérieures et s'imprégner du sens profond de responsabilité et du réalisme afin de construire une vraie Église-Famille de Dieu où tous les membres participent individuellement et collectivement à remplir, par leurs efforts personnels et communautaires et non par la mendicité, le grenier familial qui donne à manger à tous.

Cette nouvelle pastorale doit enseigner aux chrétiens africains les méthodes rationnelles de production des biens économiques, la valeur du travail qui est la clé de la production des biens économiques et spirituels, le moyen de survie et de développement et la bonne organisation de la vie économique pour lutter contre la pauvreté et la mort en puisant les énergies nécessaires dans la Parole de Dieu. Elle doit enseigner aux chrétiens une bonne planification et doit promouvoir une Église participative où les responsabilités sont partagées entre tous les membres et où la gestion des biens de la communauté est faite de manière concertée et plus transparente.

Elle doit éduquer les chrétiens pour qu'ils comprennent que « le Salut apporté par Jésus-Christ concerne à la fois le corps et l'âme, c'est-à-dire l'être tout entier de la personne humaine. D'où la nécessité de leur engagement dans les tâches temporelles afin de travailler au bien-être des hommes et à la gloire de Dieu dans cette partie du monde qu'est l'Afrique qui croule sous le poids de la misère et de la pauvreté et qu'ils renoncent à la manière erronée de présenter le Royaume comme une réalité spirituelle à venir et les richesses matérielles et le corps comme principaux obstacles à l'entrée dans le Royaume de Dieu. Cette pastorale est une nouvelle évangélisation en profondeur basée sur l'annonce du Royaume comme une double réalité présente et future, historique et éternelle. C'est-à-dire qu'elle ne doit pas se cramponner seulement au domaine de la liturgie ou des sacrements, mais elle doit intégrer, dans le contexte africain caractérisé par la misère, la pauvreté, les injustices, l'oppression et les violations des droits de la personne, l'engagement politique, culturel et socio-économique pour l'établissement d'une société juste, et plus humanisante. En d'autres termes, elle doit transmettre la foi partant des défis auxquels font face les peuples et les cultures dans leur singularité et leur pluralité. Et reprenant les idées de l'Encyclique *Evangelii Gaudium* du Pape François, la nouvelle évangélisation dont l'Afrique a besoin doit toucher les cœurs, donner la joie de croire mais aussi la joie de vivre heureux, la joie de recevoir une parole qui transforme des vies et qui transforme le milieu de vie. Pour cela, elle exige d'abandonner le confortable critère pastoral du « on a toujours fait ainsi », pour être audacieuse et créative dans le devoir de repenser les objectifs, les structures, le style et les méthodes évangélisatrices des communautés (E.G, n.33).

Enfin, cette nouvelle pastorale doit, dans le contexte africain, manifester l' Église comme Sacrement universel du Salut qui signifie dans son organisation, dans sa propre structure interne le Salut dont elle annonce la réalisation. L' Église en Afrique doit être signe de libération de l'homme et de l'histoire. Et comme le soulignait à Cotonou le Pape Benoit XVI aux Évêques africains, lors de l'allocution pour la remise de *l'Exhortation apostolique post-synodale Africae munus*, l' Église doit devenir lumière du monde, lumière de l'Afrique qui souvent, à travers des épreuves, cherche la voix de la paix et de la justice pour tous ses habitants (cfr. DC., n° 2480, 18 décembre 2011, 1106). Elle a l'obligation de rendre transparent, dans ses structures visibles, le message dont elle est porteuse : le royaume de Dieu qui déjà commence dans l'histoire et qui refuse un ordre social injuste, la violence, la corruption, la pauvreté et la misère. Car, en Afrique, le monde où la communauté chrétienne doit vivre et célébrer son espérance eschatologique est celui du développement social, de la lutte contre la violence et contre la pauvreté ; sa tâche se définit face à ces luttes. Sa fidélité à l' Évangile ne lui laisse pas d'autre alternative : l' Église doit être le signe visible de la présence du Seigneur dans l'aspiration au progrès et dans la lutte pour une société plus juste et plus humaine, moins corrompue, moins violente et moins divisée.

2.2.4. Résoudre le problème de la protection sociale du clergé diocésain par la conjugaison des méthodes.

Considérant aujourd'hui l'incapacité de l'Église particulière de la RDC à offrir à ses prêtres une protection sociale suffisante et tenant compte aussi du déficit organisationnel de la sécurité sociale publique en RDC, nous proposons que la CENCO ouvre un dialogue constructif avec les autorités politiques pour la réforme du système de sécurité sociale actuelle. Car ce problème ne concerne pas seulement les membres du clergé diocésain, mais aussi toute la population congolaise qui se trouve abandonnée à elle-même sans une politique sociale efficiente malgré l'existence de l'institution de la sécurité sociale depuis des longues années. En plein 21e siècle où de tels manquements sont inadmissibles, les autorités ecclésiastiques avec d'autres forces sociales sont appelées à faire un plaidoyer pour la mise en place au niveau national d'un système de sécurité sociale capable de garantir à tous les citoyens une solidarité nationale et une redistribution de revenus à l'échelle national car, avec l'évolution de la société et l'effritement de structures traditionnelles de protection sociale, l'individu est incapable de faire face par lui-même aux contingences de la vie comme la maladie, l'invalidité, le chômage, le poids démographique de la famille, la vieillesse, etc. Cela n'est pas impossible. Il suffit seulement d'une volonté politique et d'une meilleure organisation économique dans un pays comme la RDC, avec ses énormes potentialités économiques, pour offrir aux citoyens une protection sociale qui les aiderait à sortir des conditions infra-humaines dans lesquelles ils vivent aujourd'hui.

Cependant, l'adhésion à la solidarité nationale à travers le régime commun de la sécurité sociale ne signifie pas que l'église doive abandonner les structures d'assistance sociale qu'elle a toujours utilisées pour offrir aux prêtres une assistance sociale. Celles-ci doivent toujours fonctionner comme des mécanismes supplémentaires pour une protection sociale suffisante et digne. Dans ce domaine de protection sociale, l' Église et les pouvoirs publics doivent plus privilégier la collaboration que l'exclusion ou l'antagonisme afin d'offrir aux différentes couches sociales une meilleure protection sociale.

2.2.5. Exigence de la connaissance et du respect des normes canoniques.

Force est de constater qu'aujourd'hui beaucoup des diocèses au Congo accusent un grand déficit dans leur organisation et dans le respect des droits et obligations des fidèles en général et des prêtres en particulier. Cela s'explique par le manque de connaissance de normes canoniques et par le non-respect de ces dernières dans le fonctionnement de l' Église. Nous sommes convaincus que la connaissance et le respect des normes canoniques pour une bonne organisation des diocèses et pour une administration transparente et responsable des biens temporels sont l'une des conditions indispensables pour les Églises africaines en général et celle du Congo en particulier afin qu'elles soient capables de promouvoir la justice, la paix, de mettre fin au règne de l'arbitraire, de relever le défi de l'auto-prise en charge et de tourner le dos à la dépendance matérielle et financière qui handicape aujourd'hui toute l'action évangélisatrice.

Pour cela, la formation en Droit canonique ne doit pas être l'apanage des experts, mais doit viser à atteindre tous les chrétiens afin que tous connaissent les normes qui régissent l'organisation de l' Église et définissent les droits et obligations des tous les membres de l' Église Peuple de Dieu. Certaines questions du droit canonique doivent aussi figurer dans les programmes de formation permanente des membres du clergé, car beaucoup accusent de lacunes dans la connaissance du droit canonique sur le terrain pastoral.

Au terme de cette étude, nous n'avons pas la prétention d'offrir de recettes miracles pour résoudre un problème aussi coriace que celui de la vie matérielle et financière de l' Église particulière de la RDC, en général et des membres du clergé diocésain, en particulier. Nos suggestions, dans le contexte combien difficile de nos pays et de nos Églises particulières, viennent simplement indiquer d'autres pistes qui peuvent être approfondies au niveau local pour relever le défi de l'auto- prise en charge et de l'autosuffisance matérielle et financière d'une Église à la quête de sa pleine maturité.

TEXTES ANNEXES.

1. Annexe 1.

2. ANNEXE 2.

QUESTIONNAIRE D'ENQUETE SUR LA SITUATION MATERIELLE ET FINANCIERE DES DIOCESES ET DU CLERGE DIOCESAIN DE LA REPUBLIQUE DEMOCRATIQUE DU CONGO.

Cible :

Prêtres diocésains de la RDC (Provinces ecclésiastiques de Kinshasa, Mbandaka et Kananga) et administrations diocésaines.

Zones d'enquête :

Notre enquête s'est réalisée dans certaines maisons diocésaines des Provinces ecclésiastiques de l'Eglise particulière de la RDC, notamment Kinshasa, Mbandaka et Kananga. Mais, compte tenu de l'insécurité et des difficultés de voies de communication pour atteindre toutes les provinces ecclésiastiques, notre enquête s'est limitée à la province ecclésiastique de Kinshasa et à la ville de Kinshasa où certains diocèses de la RDC disposent des Maisons diocésaines pour le séjour des prêtres en transit par la capitale du pays pour plusieurs raisons (santé, études, voyage à l'étranger, réunions, ravitaillement, etc.).

Questionnaire :

a). Comment se présente la situation matérielle et financière de votre diocèse ? Est-elle bonne, très bonne ou mauvaise ?
b). Quelles sont les raisons qui expliquent l'état actuel de cette situation matérielle et financière ?
c). Existe-t-il dans votre diocèse des structures recommandées par le droit canonique pour promouvoir une bonne administration des biens temporels ? (Conseil diocésain ou paroissial pour les affaires économiques, Conseil Presbytéral, Collège des Consulteurs, etc.)
d). Au regard de la situation du diocèse, comment se présente la situation matérielle et financière du clergé diocésain ?
e). Pouvez-vous confirmer que les prêtres qui exercent leur ministère ou qui ont exercé le ministère, mais ne peuvent le faire maintenant pour de raison de santé ou de la vieillesse, jouissent d'une rémunération juste et d'une protection sociale comme le recommandent les normes canoniques (can. 281, §§ 1–2) ?

f). Pensez-vous que pour les membres du clergé diocésain la rémunération et la protection sociale sont un droit ou une libéralité dépendant de la bienveillance de l'autorité ecclésiastique compétente ? S'ils sont un droit, à qui revient l'obligation de sa mise en application pour que les prêtres en bénéficient ?
g). Existe-t-il dans votre diocèse un organe spécifique pour garantir la subsistance matérielle du clergé ?
h). Les membres du clergé diocésain bénéficient-ils d'une sécurité sociale ? Comment elle est organisée au niveau diocésain et au niveau national ?
i). Quelles sont les raisons qui expliquent la situation matérielle et financière actuelle de votre diocèse et du clergé diocésain ?
j). Quelles sont les conséquences de la situation matérielle et financière du diocèse sur la vie des prêtres, sur l'activité missionnaire de l'Eglise ?
j). Si la situation matérielle et financière actuelle dans votre diocèse est lamentable, quelles sont les voies efficaces pour l'améliorer ? Quels sont les secteurs prioritaires pour redresser la situation actuelle ? Pensez-vous que la situation actuelle peut être redressée ? Comment et par qui ? Quels sont les atouts dont dispose votre diocèse pour améliorer cette situation ? Existe-t-il des initiatives au niveau local dans le sens de l'amélioration de la situation matérielle et financière du diocèse ? Quelle évaluation pouvez-vous faire de ces initiatives ?

Enquête menée auprès des membres du clergé diocésain de la République démocratique du Congo dans la ville province de Kinshasa, capitale du pays. Aout-Septembre 2015.

Par CRISPIN KABEYA KIPANA
Doctorant en Droit canonique
Faculté de Droit canonique/Universidad Pontificia de Salamanca(Espagne).

BIBLIOGRAPHIE GÉNÉRALE.

1. Sources :

1.1. Sources canoniques.

1. ACTA APOSTOLICAE SEDIS, *Commentarium officiale*, Città del Vaticano, Roma, Typis Polyglottis Vaticanis, 1909ss.
2. ACTA ET DOCUMENTA CONCILIO OECUMENCICO VATICANO II APPARANDO. SERIES I (*Antepraeparatoria). Appendix vol. II: Analyticus conspectus conciliorum et votorum quae ab episcopis et praelatis data sunt. Pars II* (Typis Polyglottis Vaticanis, MCMLXI).
3. ACTA ET DOCUMENTA CONCILIO OECUMENICO VATICANO II APPARANDO. SERIES I (Antepraeparatoria). Vol. IV. *Studia et vota universitatum et facultatum ecclesiasticarum et Catholicarum. Pars II. Universitates et Facultates extra urbem (Sub secreto).* Typis Polyglottis Vaticanis MCMLXI.
4. ACTA ET DOCUMENTA CONCILIO OECUMENICO VATICANO II, APPARANDO, series II (preparatorio, Commissio Centralis 1, Typis Polyglottis Vaticanis, MCMLXV.
5. ALBERIGO, G. (Éd.), Les Conciles œcuméniques. Les Décrets, T. II-1. De Nicée à Latran V, Paris, 1994.
   - Idem, Les Conciles œcuméniques. Les Décrets, T. II-2. De Trente à Vatican II, Paris, 1994.
6. AYAN CALVO, J-J (Dir.), Fuentes patrísticas 3: Didachè. Doctrina Apostolorum. Epístola del PseudoBernabé, Ed. Bilingüe preparada por Juan José Ayán Calvo, Madrid: Ed. Ciudad Nueva, 1992.
   - Idem, Fuentes patrísticas 4: Clemente de Roma. Carta a los Corintios. Homilía anónima (Secunda Clementis), Edición bilingüe, Madrid: Ed. Ciudad Nueva, 1994.
7. BIBLE DE JERUSALEM, Paris, Desclée de Brower, 1995.
8. BENEDICTII XV, Codex Iuris Canonici (27 mai 1917), in: AAS 9 (1917), pp. 5–521.
9. CONCILE ŒCUMÉNIQUE VATICAN II. Constitutions, Décrets, Déclarations, Messages, Textes latin et français, Centurion, Paris, 1967 ; Constituciones. Decretos. Declaraciones. Documentos pontificios complementarios, Madrid: BAC, MCMLXV.

- *Idem*, Constitution dogmatique sur l' Église, *Lumen Gentium* (21 novembre 1964), in: AAS 57 (1965), pp. 5–71.
- *Idem*, Constitution pastorale sur l' Église dans le monde de ce temps, *Gaudium et Spes* (7 décembre 1965), in: AAS 58 (7 déc.1966), pp. 1025–1120.
- *Idem*, Décret sur le ministère et la vie des prêtres, *Presbyterorum Ordinis* (7 décembre 1965), in: AAS 58 (5 novembre 1966), pp. 991–1024.
- *Idem*, Décret sur la charge pastorale des Évêques, *Christus Dominus* (28 0ctobre 1965), in: AAS 58 (8 octobre 1966), pp. 673–701.
- *Idem*, Déclaration sur la liberté religieuse, *DignitasHumanae* (7décembre 1965), in: AAS 58 (30 novembre 1966), pp. 929–941.
- *Idem*, Décret sur la formation sacerdotale, *Optatam totius* (28 octobre 1965), in: AAS 58 (8 octobre 1966), pp. 713–727.
- *Idem*, Décret sur l'apostolat des laïcs, *Apostolicamactuositatem* (18 novembre 1965), in: AAS 58 (5 novembre 1966), pp. 837–864.
- *Idem*,Decretum de activitate missionali Ecclesiae, *Ad Gentes*, in: AAS 58 (30 nov. 1966), n. 14, pp. 947–990.
- *Idem*, Decretum de instrumentis communicationis socialis, *Inter Mirifica (5 déc. 1963)*: in: AAS 56 (1964), pp. 145–157.

10. GASPARRI, P., *Codicis Iuris Canonici Fontes*:
    - Vol. III, Romae, 1925-
    - Vol. V, Romae, 1930.
    - Vol. VI, Romae, 1932.
    - Vol. I, Romae, 1926.
11. JEAN PAUL PP. II, *Codex Iuris Canonici* (25 janvier 1983), in: AAS 75/2 (1983), pp.1–317.
    - *Idem*, *Codex Canonum Ecclesiarum Orientalium* (18 octobre 1990), in: AAS 82 (1990),1033–1044 et 1060–1363.
12. PONTIFICIA COMMISSIO AD CODICIS IURIS CANONES AUTHENTICEINTERPRETANDO,*CodexIuriscanoniciinterpretationes authenticae seu responsa*, Typis Polyglottis Vaticanis 1935.
    - *Idem*, *Codex Iuris Canonici, Fontium annotatione et indice analytico-alphabetico auctus*, Libreria Editrice vaticana 1989.
13. PONTIFICIA COMMISSIO CODICI IURIS CANONICI RECOGNOSCENDO, Schema Codicis Iuris Canonici (Patribus Commissionis reservatum), Roma: Libreria Editrice Vaticana 1980.

14. Idem, Communicationes, vol. XIV, n. 1, 1982.

15. ROMERO POSE, EUG. (Dir.), Fuentes patrísticas 2.: S. Ireneo de Lión. Demonstración de la predicación apostólica, Edición bilingüe, Madrid: Ed. Ciudad Nueva, 1992.

16. SACROSANCTUM OECUMENICUM CONCILIUM VATICANUM SECUNDUM. *Schemata constitutionum et Decretorum. Ex quibus argumenta in Concilio disceptanda seligentur. Series quarta (Sub secreto), Typis Polyglottis Vaticanis* (MCMLXII).

1.2. Sources juridiques.

17. ARRETE MINISTERIEL n° 049/CAB/MIN/ETPS/MBL/2012 du 10 décembre 2012 relatif à l'affiliation des employeurs à l'immatriculation des travailleurs ainsi qu'aux modalités et conditions de versement des cotisations de la sécurité sociale, dans Journal Officiel de la République Démocratique du Congo, Première partie, 53e année, Numéro Spécial du 20 décembre 2012, Kinshasa, pp.1–18.

18. DÉCRET-LOI DU 29 JUIN 1961 organique de la sécurité sociale (moniteur congolais, 4 aout 1961, n° 17), in: B.I.T., Série législative, 2, 1961, pp.1–29.

19. Http: www. Ohchr.org /EN/ UDHR/ Documents/ UDHR., [consulté le 1 mars 2016]: NATIONS UNIES, DECLARATION UNIVERSELLE DES DROITS DE L'HOMME (10 décembre 1948).

20. PROJETDECONSTITUTIONDELAREPUBLIQUEDEMOCRATIQUE DU CONGO, Kinshasa: LINELIT, 2005.

2. Documents pontificaux.

21. BENOIT PP. XV, Lettre Encyclique *Maximun Illud* (du 30 novembre 1919), in: AAS 11(1 décembre 1919), pp. 440–455.

22. BENOITPP.XVI, lettre encyclique. *Caritas in Veritate* (29 juin 2009), in: AAS 101 (7 aout 2009), pp. 641–709.

- *Idem.*, Lettre Encyclique *Spe salvifactisumus* (2007), in: AAS 99(7 décembre 2007), pp. 985–1027; Carta Encíclica Spe salvi, Madrid: BAC-documentos 35, 2007.
- *Idem*, Lettre Encyclique. *Deus Caritas* est (25 décembre 2005), in: AAS 98 (2006), pp. 217–252.
- *Idem*, Exhort. Ap. post-synodale sur l' Église en Afrique au service de la réconciliation, de la justice et de la paix, *Africae munus* (19 novembre 2011), in: http: w2. Vatican.va / content/ Bénédict-xvi / fr.

- *Idem,* Discours aux membres du Conseil spécial pour l'Afrique du Synode des Évêques (Yaoundé, 19 mars 2009), in: AAS 101 (2009).
- *Idem,* Homélie à la messe de conclusion de la deuxième Assemblée spéciale pour l'Afrique du Synode des Évêques (25 octobre 2009), in: AAS 101 (2009), pp. 918.

23. FRANCOIS, PP, Lettre Encyclique *Laudato si* (24 mai 2015), in: AAS 107/ 9(4 septembre 2015), pp 847–945.
    - *Idem,* Exhort. Ap. *Evangelii gaudium* (24 novembre 2013), in: AAS 105 /12 (6 décembre 2013), pp. 1019–1137; Exhort. Apost. *Evangelii gaudium* (La alegría del Evangelio), Madrid: San Pablo, 2013.
    - *Idem,* Exhort. Ap. *Amoris laetitia,* in: AAS 108/4 (1 avril 2016), pp. 311–446; cfr. Amoris laetitia (La alegría del amor), Madrid: San Pablo, 2016.
24. JEAN PP. XXIII, Lettre. Encyclique *Sacerdotii nostri promordia* (1 août 1959), in: AAS 51 (1959), pp. 545–579.
    - *Idem,* Lettre. Encyclique. *Princeps pastorum* (28 novembre 1959), in: AAS 51 (1959), pp. 840–863.
    - *Idem,* Lettre Encyclique *Mater et Magistra* (15 mai 1961), in: AAS 53 (1961), pp. 405–447; *Mater et Magistra.* L'Église Mère etÉducatrice . Texte intégral, Coll. "L'aujourd'hui de l'Église ", Paris: Éd. Fleurus, 1961.
    - *Idem,* Encyclique *Pacem in terris*: AAS 55 (1963), pp. 257–304.
25. JEAN-PAUL PP. II, Discours à la Troisième Conférence Générale de l'Épiscopat latino-américain, Puebla (28 janvier 1979), I/8: AAS 71 (1979), pp. 187–205.
    - *Idem,* L'Église , rempart des droits de la personne. Allocution au Tribunal de la Rote (17 février 1979), in: Documentation Catholique 1761 (1979), pp. 324–326.
    - *Idem,* Lettre Encyclique *Redemptoris hominis* (4 mars 1979), in: AAS 71 (15 mars 1979), pp.257–324.
    - *Idem,* Litt. Encyclique *Laborem excercens* (14 septembre 1981), in: AAS 73 (1981), pp. 577–647.
    - *Idem,* Constitution Ap. *Sacrae disciplinae leges* (25 janvier 1983), in: AAS 75 (1983-II), pp. 7–19.
    - *Idem,* Lettre Encyclique, *Sollicitudo Rei socialis* (30 decembre1987), in: AAS 80 (1988), pp. 573–586.
    - *Idem,* Exhort. Ap. post- synodale *Christifideles laici* (30 décembre 1988), in: AAS 81 (1989), pp. 393–521.

- *Idem*, Exhort. Ap. *Redemptoris custos* (15 août 1989), in: AAS 82 (1990), pp. 5–34.
- *Idem*, Lettre Encyclique *Centisimus annus* (1 mai 1991), in: AAS 83 (1991), pp. 793–867.
- *Idem*, Lettre Encyclique *Redemptoris Missio* (7 décembre 1990), in: AAS 83 (1991), pp. 249–340.
- *Idem*, Exhort. Ap. post-synodale, *Pastores dabo vobis* (25 mars 1992), in: AAS 84 (1992), pp. 657–804.
- *Idem*, Homélie à l'ouverture de l'Assemblée spéciale pour l'Afrique du Synode des Évêques (10 avril 1994), in: AAS 87 (1995), pp. 180–181.
- *Idem*, Exhort. Ap. Post-Synodale, *Ecclesia in Africa* (14 septembre 1995), in: AAS 88 (1996), pp. 5–82.
- *Idem.*, Lettre Ap., *Tertio millenio adveniente* (10 novembre 1994), in: AAS 87 (1995), pp. 5–41.
- *Idem*, Const. Ap., *Universi Dominici Gregis* (22 février 1996), in: AAS 88 (1996), pp. 305–343.
- *Idem*, Lettre Ap. M.P., *Apostolos suos* (21 mai 1998), in: AAS 90 (1998), pp. 641–658.
- *Idem*, Message pour la journée mondiale de la paix de1999, in: AAS 91 (1999), pp. 379.
- *Idem*, Lettre Apost., *Novo millennioineunte*, in: AAS 93 (2001), pp. 287; cfr. La D.C. 2240 (21 janvier 2001), pp. 67–89.
- *Idem*, Exhort. Ap. post-synodale *Pastores gregis* (2004), in: AAS 96 (3 décembre 2004), pp. 825–927.

26. LEON PP.XIII, Lettre Encyclique. *Rerum Novarum* (15 mai 1891): Leonis XIII P.M. Acta, XI, Romae 1982, pp. 97–144.
27. PAUL PP. VI, Lettre. Ap. M.P., *Ecclesiae Sanctae* (6 août 1966), in: AAS 58 (1966), pp. 757–787.
    - *Idem*, Lettre Encyclique *Ecclesia suam* (6 aout 1964), in: AAS 56 (1964), pp. 609–659.
    - *Idem*, Lettre Encyclique *Populorum progressio* (Sur le développement des peuples) (26 mars 1967), in: AAS 59 (1967), pp. 257–299.; Carta Encíclica, *Populorum progressio.* El desarrollo de los pueblos, Madrid: Ed. Cuadernos para el diálogo, 1967.
    - *Idem*, Lettre Ap. M.P, *Ministeria quaedam* (15 août 1972), in: AAS 64 (1972), pp. 529–540.

- *Idem*, Lettre Ap. M.P. *Sacrum diaconatus Ordinem. Generales normae de diaconatu in Ecclesia Latina restituendo feruntur* (18 Juillet 1967), in: AAS 59 (7 aout1967), pp. 697–704.
- *Idem*, Lettre Encyclique *Sacerotalis coelibatus* (24 juin 1967), in: AAS 59 (7 aout 1967), pp. 657–697.
- *Idem*, Lettre Ap. M.P. *Pastorale munus* (30 novembre 1963), in: AAS 56 (1964), pp. 5–12.
- *Idem*, Lettre Encyclique *Evangelium Nuntiandi* (8 décembre 1975), in: AAS 68 (1976), pp. 5–76.
- *Idem*, Message à la rencontre panafricano-malgache des laïcs, in: La Documentation Catholique, n. 1594 (1971), pp. 862–963.
- *Idem*, Message à la Conférence internationale des droits de l'homme (15 avril 1968): AAS 60 (1968), pp. 283–286.

28. PIE PP. XI, Litt. Encyclique, Ad *catholici sacerdotii* (20 décembre 1935), in: AAS 28 (1935), pp. 5–52.
   - Idem, Const. Ap., *Deus Scientiarum Dominus* (24 mai 1931), in: AAS 23 (1931), pp. 241-262.
   - Idem, Lettre Encyclique *Rerum Ecclesiae* (du 28 février 1926), in: AAS 18 (1926), pp. 65–83.
   - Idem, Lettre Encyclique *Quadragesimo anno*: AAS 23 (1931), pp. 177–228.
29. PIE P.P. XII, Lettre Encyclique *Sertum laetitiae*, in: AAS 31 (1939), pp.635–644.
   - Idem, Adhort. Ap., *Ad Clerum universum Menti nostrae* (23 septembre 1950), in: AAS 42 (2 octobre 1950), pp. 657–702.
   - Idem, Lettre encyclique *Evangelii Praecones*, in: AAS 43(2 juin 1951), pp. 497–528.
   - Idem, Lettre Encyclique *Fidei donum* (Le Don de la foi) sur la situation des Missions Catholiques, notamment en Afrique (21 avril 1957), in: AAS 49 (1957), pp. 225–248.
   - Idem, Radio-message pour le 50ème anniversaire de l'encyclique « Rerum novarum », in: AAS 33 (1941), pp. 199–200.
30. DOCUMENTA SYNODI EPISCOPORUM: I. *De sacerdotio ministeriali*, in: AAS 68 (1971), 897–923 et La Documentation Catholique 1600 (2 janvier 1972), pp. 2–11.

3. Documents des Dicastères de la Curie Romaine et Commissions pontificales.

31. CONGREGATION POUR LE CLERGÉ, Directoire pour le ministère et la vie des prêtres, Città del Vaticano: libreria Ed. Vaticana, 1994.
32. CONGREGATION POUR L'EVANGELISATION DES PEUPLES, Guide pratique pour les prêtres diocésains qui dépendent de la Congrégation pour l'Évangélisation des peuples, Rome: Libreria Ed. Vaticana, 1989.
33. CONGREGATION POUR LES EVEQUES, Directoire pour le ministère pastoral des Évêques, Rome: Libreria Ed. Vaticana, 1973.
34. CONGREGATIO DE CULTU DIVINO ET DISCIPLINA SACRAMENTUM, Carta circular a los Excmos. Y Revmos. Señores Obispos Diocesanos y demás Ordinarios canónicamente facultados para llamar a las sagradas Órdenes, sobre los escrutinios acerca de la idoneidad de los candidatos, in: Comm. 30 (1998) 50–59.
35. CONGREGACIÓN PARA LA DOCTRINA DE LA FE, Documentos 1966- 2007, Edición preparada por Vadillo Romero, E., Madrid: BAC, MMVIII.
36. CONSEIL PONTIFICAL "JUSTICE ET PAIX", Compendium de la doctrine sociale de l'Église , Vatican: Libreria Editrice Vaticana, 2004.
37. SACRE CONGREGATION POUR LES EVEQUES, DIRECTOIRE POUR LE MINISTERE PASTORAL DES EVEQUES, *Apostolorum successores (22/02/ 2004)*, Cité du Vatican: Librairie éditrice vaticane 2004; Apostolorum successores. Directorio para el ministerio pastoral de los obispos, Madrid: EDICE, 2016.
38. S. CONGR. POUR LES EVEQUES, DIRECTOIRE POUR LE MINISTERE PASTORAL DES EVEQUES, *Ecclesiae imago*, TypisPolyglotisVaticanis, 1973.

4. Documents des Conférences Épiscopales Nationales :

4.1. Conférence Épiscopale du Congo (CENCO).

39. ÉPISCOPAT DU CONGO, Première et deuxième Conférences Plénières des Ordinaires du Congo-Belge et Ruanda-Urundi, Léopoldville : Secrétariat Général de l'Épiscopat , 1932–1935.
    - *Idem*, Actes de la VIème Assemblée Plénière de l'Épiscopat du Congo (20 Novembre-2 décembre 1961). Texte réservé, Léopoldville : Éd. du Secrétariat Général de l'Épiscopat , 1961.

- *Idem*, Actes de la VIIIe Assemblée Plénière de l'Épiscopat du Congo (21–26 octobre 1968). Texte réservé, Kinshasa :Éd. . du Secrétariat Général de l'Épiscopat , 1968.
- *Idem*, Actes de la IXe Assemblée Plénière de l'Épiscopat du Congo (3 – 9 aout 1969). Texte réservé, Kinshasa :Éd. . du Secrétariat Général de l'Épiscopat , 1969.
- *Idem*, Rapport des Groupes « Recherches et Dialogue ». Consultation du clergé en vue de l'Assemblée Plénière de 1970. Texte réservé, Kinshasa : Éd. du Secrétariat Général de l'Épiscopat , 1969.
- *Idem*, Actes de la Xème Assemblée Plénière de l'Épiscopat du Congo (19 au 24 octobre 1970). Les problèmes du clergé, Kinshasa-Kalina : Éd. du Secrétariat Général de l'Épiscopat , 1970.

40. MGR PIERRE BOUCKAERT, « Rapport sur la situation financière des diocèses dans le Congo (Kinshasa) », in : Actes de la VIIIe Assemblée Plénière de l'Épiscopat du Congo (21–26 octobre 1968). Texte réservé, Kinshasa :Éd. . du Secrétariat Général de l'Épiscopat , 1968.
41. SCEAM, Actes de la Troisième Assemblée Plénière de Symposium des Conférences Épiscopales d'Afrique et de Madagascar, Kampala, 1972.
42. *Idem*, Promouvoir l'Évangélisation dans la coresponsabilité", Déclaration des Évêques d'Afrique et de Madagascar au IVème Synode Épiscopal mondial de 1974, in : La Documentation Catholique, n. 1664 (1974), pp. 995–996.
43. CEZ, Rapport de la Réunion de la ConférenceÉpiscopale , tenue à Kisangani du 29 avril au 4 mai 1974. Texte réservé, Kinshasa-Gombe : Éd. du Secrétariat Général de l'Épiscopat , 1974.
    - *Idem*, Rapport du Comité Permanent des Évêques du Zaïre, Kinshasa :Éd . du Secrétariat Général de l'Épiscopat , 1975.
    - *Idem*, Actes de la XIIe Assemblée Plénière de l'Épiscopat du Congo (6 au 18 janvier 1975). Texte réservé, Kinshasa-Gombe : Éd. du Secrétariat Général de l'Épiscopat , 1975.
    - *Idem*, Actes de la XIIIème Assemblée plénière de la Conférence Épiscopale du Zaïre. Exhortation aux prêtres, religieux, religieuses (17 février au 1er mars 1977). Texte réservé, Kinshasa-Gombe : Éd. du Secrétariat Général de l'Épiscopat , 1977.
    - *Idem*, Statuts de l'Opus Securitatis. Liber Missarum, Secrétariat Général de la CEZ, Kinshasa-Gombe, 1977.
    - *Idem*, Actes de la XIVe Assemblée Plénière de l'Épiscopat du Zaïre. Session extraordinaire du 22 juin au 1er juillet 1978. Appel au

redressement de la Nation. Texte réservé, Kinshasa-Gombe : Éd. du Secrétariat Général de l'l'Épiscopat , 1978.

- *Idem*, Actes de la XVe Assemblée Plénière de l'Épiscopat du Zaïre. Session ordinaire du 1er au 14 juin 1979. Texte réservé, Kinshasa-Gombe :Éd. . du Secrétariat Général de l'Épiscopat , 1979.
- *Idem*, STATUTS du clergé diocésain, Kinshasa-Gombe :Éd. . du Secrétariat Général de la Conférence Épiscopale du Zaïre, 1980.
- *Idem*, La genèse de la Convention entre le Saint-Siège et Indépendant du Congo, dans L' Église Catholique au Zaïre, un siècle de croissance (1880–1980), Kinshasa : Éd. du Secrétariat Général de la CEZ, 1982.
- *Idem*, Rapport du Comité Permanent des Évêques du Zaïre. Session ordinaire tenue à Isiro du 13 au 18 janvier 1986. Texte réservé, Kinshasa-Gombe :Éd. . du Secrétariat Général de l'Épiscopat , 1986.
- *Idem*, Actes de la XXVIe Assemblée Plénière de l'Épiscopat du Zaïre. Le chrétien et le développement de la Nation. Exhortation pastorale des Évêques du Zaïre, Kinshasa-Gombe :Éd. . du Secrétariat Général de l'Épiscoapt , 1988.
- *Idem*, Les Évêques du Zaïre en Visite Ad Limina. Problèmes pastoraux et échange de discours, Kinshasa-Gombe :Éd. . du Secrétariat Général de l'Épiscopat , 1988.
- *Idem*, Ministère et vie des prêtres au Zaïre. Instructions et Directives pastorales de l'Épiscopat , Kinshasa-Gombe :Éd. . du Secrétariat Général de la CEZ, 1991.
- *Idem*, Actes de la XXIXe Assemblée Plénière de la Conférence Épiscopale du Zaïre. Session ordinaire tenue à Kinshasa du 7 au 14 septembre 1992. Texte réservé, Kinshasa-Gombe : Éd. du Secrétariat Général de l'Épiscopat , 1992.
- *Idem*, Directives et Orientations pastorales des Évêques du Zaïre. Prise en charge matérielle de l'Église par ses propres fidèles, Kinshasa-Gombe,Éd. . du Secrétariat Général de l'Épiscopat , 1995.
- *Idem*, Message des Évêques du Zaïre aux Catholiques et aux hommes de bonne volonté du 31 janvier 1997. « Bienheureux les artisans de paix (Mt 5, 9). Les Événements actuels et l'avenir du Zaïre, Kinshasa :Éd. . du Secrétariat Général de la CEZ, 1997, pp. 1–15.

44. CENC, Message des Évêques Catholiques de la RDC aux Fidèles et aux hommes de bonne volonté du 28 juin 1997. « Lève-toi et marche » (Ac 3, 6), Kinshasa : Éd. du Secrétariat Général de la CENC, 1997, pp. 1–13.

- *Idem*, Mémorandum des Évêques de la CENC au président de la RDC du 28 juin 1997, Kinshasa :Éd. . du Secrétariat Général de la CENC, 1997, pp. 14–23.
- *Idem*, Actes de la XXXIIIe Assemblée Plénière des Évêques du Congo. Rapport de la Session tenue à Nairobi (Kenya) du 15 au 20 novembre 1999. Texte réservé, Kinshasa-Gombe :Éd. . du Secrétariat Général de La CENC, 1999.
- *Idem*, Message des Évêques de la RDC aux catholiques et à tous les hommes de bonne volonté du 15 juillet 2000. « Courage ! ». « Le Seigneur ton Dieu est au milieu de toi » (So 3, 17), Kinshasa : Éd. du Secrétariat Général de la CENC, 2000, pp. 1–18.

45. CENCO, Message des Évêques de la RDC aux Catholiques et à tous les hommes de bonne volonté du 19 novembre 1999. « Sois sans crainte… » (Lc 12, 32). La situation dramatique actuelle et l'avenir de la RDC, Kinshasa : Éd. du Secrétariat Général de la CENCO, 1999, pp. 1–15.
    - *Idem,* de la XXXIVe Assemblée Plénière des Évêques du Congo. Session ordinaire tenue à Kinshasa du 10 au 15 juillet 2000. Dossiers préparatoires : I. Directoire sur la Nouvelle Évangélisation et la catéchèse dans la perspective de l'Église Famille de Dieu ; II. Situation socio-politique du pays. Texte réservé, Kinshasa-Gombe :Éd. . du Secrétariat Général de la CENCO, 2000.
    - *Idem,* Directoire sur la Nouvelle Évangélisation et la Catéchèse dans la perspective de l'Église Famille de Dieu. A l'usage des agents de l'Évangélisation et de la Catéchèse en RDC, Kinshasa-Gombe : Éd. . du Secrétariat Général de la CENCO, 2001.
    - *Idem,* Actes de la XXXVIe Assemblée Plénière des Évêques de la CENCO. Session ordinaire tenue à Kinshasa du 3 au 6 juillet 2002. Texte réservé, Kinshasa-Gombe : Éd. du Secrétariat Général de la CENCO, 2002.
    - *Idem,* Message des Évêques de la CENCO, membres du Comité Permanent, aux fidèles catholiques et aux hommes de bonne volonté du 15 février 2003. « J'ai vu la misère de mon peuple » (Ex 3, 7). « Trop, c'est trop ! », Kinshasa : Éd. du Secrétariat Général de la CENCO, 2003.
    - *Idem,* Actes de la Session des Recteurs et des Animateurs spirituels des Grands Séminaires de la RDC (du 5 au 14 novembre 2007). L'identité du prêtre diocésain, Kinshasa-Gombe : Éd. du Secrétariat Général de la CENCO, 2008.

- *Idem*, Défis pastoraux au seuil du XXIe siècle. Les Évêques de l'Église famille de Dieu en République démocratique du Congo en visite « Ad limina Apostolorum » à Rome du 15 janvier au 14 février 2006. Kinshasa-Gombe : Éd. du secrétariat général de la CENCO, 2006.
- *Idem*, Déclaration du Comité Permanent des Évêques de la RDC adressée aux fidèles catholiques et aux hommes de bonne volonté (du 3 mars 2006). « Levons-nous et bâtissons ! (Ne 2, 18). Pour un Congo nouveau », Kinshasa-Gombe : Éd. du Secrétariat Général de la CENCO, 2006.
- *Idem*, Statuts du clergé diocésain, Kinshasa-Gombe :Éd. . du Secrétariat Général de la CENCO, 2007.
- *Idem*, Message des Évêques de la CENCO aux fidèles catholiques et aux hommes de bonne volonté du 5 décembre.2006. « Avance en eau profonde » (Lc 5, 4). La foi dans l'avenir du Congo, Kinshasa, 2006, pp. 1–16.
- *Idem*, Clergé diocésain [PDF], in: http://www.cenco.cd.

46. CENCO/COMMISSION EPISCOPALE POUR LE LES SEMINAIRES ET LE CLERGE, L'identité du prêtre diocésain. Actes de la Session des recteurs et des animateurs spirituels des Grands Séminaires de la RDC (Du 05 au 14 novembre 2007), Kinshasa-Gombe : Éd. Secrétariat Général de la CENCO, 2008.

4.2. Conférence Épiscopale Espagnole (CEE).

47. CEE, XLI Asamblea Plenaria, 26 nov-1 dic. 1984. «Decreto general sobre algunas cuestiones especiales en materia económica", 15 julio 1985, BOCEE 2 (1985), 67–69.
    - *Idem*, XLIII, Asamblea Plenaria, 18–23 abril 1988, "Instrucción pastoral: la ayuda económica a la Iglesia", 22 abril 1988, in: BOCEE 19 (1988), 96–99.
    - *Idem*, Decreto General sobre las normas complementarias al Nuevo Código de Derecho Canónico, in: BOCEE 1 (1984), 95–113.
    - *Idem*, XLIV Asamblea Plenaria, 24 de abril de 1986. "Instrucción sobre asociaciones canónicas de ámbito nacional", in: BOCEE 3 (1986), pp. 79–84.
    - *Idem*, El derecho a un desarrollo integral. Simposio Internacional "a los 40 años de Populorum progressio", Col. Pastoral Social. Encuentros y Congresos 1, Madrid: Ed. EDICE, 2008.

- COMISIÓN EPISCOPAL DEL CLERO, Espiritualidad y retribución económica del clero, Madrid: Ed. EDICE, 1999, pp. 3–20.

48. BOLETÍN OFICIAL DEL ARZOBISPADO DE OVIEDO, año CVI. Enero 1972, n. 1, 39.

4.3. Conférence Episcopale Française.

49. SECRETARIAT DE LA CONFERNCE DES ÉVÊQUES DE FRANCE, Les biens des paroisses et le diocèse, in : Documents Épiscopat 14, 2005, 1–12.

50. COMMISSION SOCIALE DE L'ÉPISCOPAT , La sécurité sociale et ses valeurs : éléments de réflexion chrétienne sur la sécurité sociale en France, Paris : le Centurion, 1980.

5. Dictionnaires et Encyclopédies :

51. Diccionario Enciclopédico de Derecho canónico, Barcelona, 2008.

52. Dictionnaire de théologie Catholique, Paris : Letouzey et Ané, 1905.

53. Enciclopedia Universal Ilustrada. Europeo-americana, t. IX (Apéndice), Madrid: ESPASA-CALPE, 1991.

54. GUILLIEN, R. et VINCENT, J., Lexique de termes juridiques, 9ème édition, Paris : Dalloz, 1993.

55. INSTUTUTO MARTIN DE AZPILCUETA/FACULTAD DE DERECHO CANONICO/UNIVERSIDAD DE NAVARRA, Diccionario General de Derecho Canónico (dir. y coord. Por OTADUY, J., VIANA, A. y SEDANO, J.), vol. I (A Iure – Celibato), vol. II (Cementerio-Delito Frustrado), vol. III (Demanda judicial-Filiación), vol. IV (Filosofía del Derecho – Legislador), vol. VI (Patronos estables-Richter, Aemilius Ludwig), VII (Rite dispositus – Zuzek, Ivan), 1ª ed., Navarra: Thomson Reuter/ Aranzadi, 2012.

56. NAZ, R. (dir.), Dictionnaire de Droit canonique, t.1 (Abamitta – Azzon), Paris-VI : Letouzey et Ané, 1935.
    - Idem, Dictionnaire de Droit Canonique, t. 2 (Baccalauréat-Cathedraticum), Paris-VI : Letouzey et Ané, 1937.
    - Idem, Dictionnaire de Droit Canonique, t. 3 (Cause – Condis), Paris-VI : Letouzey et Ané, 1942.
    - Idem, Dictionnaire de Droit Canonique, t. 4 (Condition – Droits acquis), Paris-VI : Letouzey et Ané, 1949.

- Idem, Dictionnaire de Droit Canonique, t. 5 (Duacensis (Collectio) – Intérêt et Usure), Paris-VI : Letouzey et Ané, 1953.
- Idem, Dictionnaire de Droit Canonique, t. 6 (Interférences – Pittoni), Paris-VI : Letouzey et Ané, 1957.
- Idem, Dictionnaire de Droit Canonique, t. 7 (Placentin – Zype (Van den)), Paris-VI : Letouzey et Ané, 1965.

57. REAL ACADEMIA ESPAÑOLA, Diccionario manual e ilustrado de la lengua española, cuarta edición revisada, Madrid: Espasa – Calpe, S. A., 1989.
58. WERCK MEISTER, Petit dictionnaire de droit, Paris : Ed. du Cerf, 1993.

6. Ouvrages et articles :

6.1. Ouvrages

59. ACTES DES JOURNEES PHILOSOPHIQUES DE CANISIUS- XI, “Comment surmonter la marginalisation en Afrique ? (Avril 2009), Kimwenza ; Ed. Loyola/Publications Canisius, 2009.
60. ALONSO SCHÖKEL L, La Biblia de Nuestro Pueblo. Biblia del peregrino. América Latina, Bilbao: Ed. Mensajero, 2008
61. ALZOG, J., Historia universal de la Iglesia, t. II, traducida al francés por Isidoro Goschler y Carlos Félix Audley y al Castellano por D. Francisco Puig y Esteve, Barcelona: Librería religiosa, 1852.
62. ANDRÉS, R. (DIR.), *Santo Tomás de Aquino, vida, pensamiento y obra*, Col. Grandes pensadores, Madrid: BAC, 2007.
63. ARIMON GIRBAU, G., El problema de la seguridad social del clero. Análisis de su teoría y de su praxis, Colectanea San Paciano, Barcelona: Herder, 1976.
64. ARREQUI MORENO, F. J., La remuneración de los clérigos en las diócesis españolas: principios, criterios y normas [Tesina]. Director: F. R. Aznar, Universidad Pontificia de Salamanca, Facultad de Derecho Canónico, 2000.
65. ASIMBO KELEKELE, La rémunération du clergé : Est-ce un droit ou une faveur ? Cas des diocèses de la RDC, Kinshasa : Facultés Catholiques de Kinshasa, 2004 (Mémoire de licence non publié).
66. AZNAR GIL, F.R., La administración de los bienes temporales de la Iglesia, Salamanca: UPSA, 1993.
67. BERNHARD, J., LEFEBVRE, Ch. et RAPP, F., L’époque de la réforme et du Concile de Trente, Coll. Histoire du droit et des Institutions

de l'Eglise en Occident (dir. Le Bras, G., et Gaudemet, J.), T. XIV, Paris : Cujas, 1989.

68. BOROBIO, D. Y GARCIA ROJO, J. (dir.), La Iglesia y los mayores en la sociedad actual, col. Bibliotheca Salmanticensis. Estudios 219, Salamanca: Publ. UPSA, 2000.

69. BUHLMANN, W., La tierce-Église est là, Kinshasa : Saint Paul Afrique, 1978.

70. CAPARROS, E. et AUBE, H. (dir..), Code de droit canonique. Bilingue et annoté, 3o éd., Coll. Gratianus, Montréal : Wilson & Lafleur, 2009.

71. CARD. HERGENRÖTHER, Historia de la Iglesia, t. I, Col. Biblioteca Teológica del Siglo XIX (trad. Don Francisco Díaz Carmona), Madrid: Biblioteca de la "Ciencia cristiana", 1883.

- *Idem*, Historia de la Iglesia, t. V, Col. Biblioteca Teológica del Siglo XIX. (trad. Por Francisco García Ayuso), Madrid: Biblioteca de "La ciencia cristiana", 1888.

72. CARD. MALULA, J., « L'Église à l'heure de l'africanité ». Conférence du 26 Novembre 1973, Kinshasa, 1973.

73. CHEZA, M. (éd..), Le Synode africain. Histoires et textes, Paris : Karthala, 1996.

74. DAUVILLIER, J., Les Temps Apostoliques. Ier siècle, Paris : SIREY, 1970.

75. DE BURGOS NÚÑEZ, M., Pablo, predicador del Evangelio, Salamanca: San Esteban-EDIBESA, 2004.

76. DE MEESTER, P., L'Église d'Afrique. Hier et aujourd'hui, Kinshasa : Éd. Saint Paul Afrique, 1980.

77. DE REINA, V., El sistema beneficial, Pamplona: Universidad de Navarra, 1965.

78. DE SAINT MOULIN, L. et MUYEMBE, O. (éd.), Un siècle d'évangélisation du Bandundu. Bilan et perspectives, Kinshasa : Cepas, 2005.

79. DOLE, G., La protection sociale du clergé : Histoire et Institutions ecclésiastiques, Paris : Librairie Générale de Droit et de Jurisprudence, 1980.

- *Idem,* Les ecclésiastiques et la sécurité sociale en droit comparé. Intégration des clercs dans la cité, Paris : Librairie Générale de Droit et de Jurisprudence, 1976.

80. DORTEL-CLAUDOT, M., Etat de vie et rôle du prêtre, Paris : Le Centurion, 1971.

81. DUPEYROUX, J-J., Sécurité sociale, Paris : Dalloz, 1967.

82. ELA, J.M., le cri de l'homme africain. Questions aux chrétiens et aux Église d'Afrique, Paris : L'Harmattan, 1980.
- *Idem*, Fe y liberación en Africa, Madrid: Ed. Mundo Negro, 1990 (Titre original: Dire Dieu et libérer l'Afrique).
- *Idem*, « De l'assistance à la libération. Les tâches actuelles de l'Église en milieu africain, in : Telema 27 (1982), Paris : Centre Lebret, 1983.
- *Idem*, 1994 Afrique : l'irruption des pauvres. Société contre ingérence, pouvoir et argent. Paris : L'Harmattan, 1994.
- *Idem*, Ma foi d'Africain, Paris : Karthala, 1985.
- Idem, Innovations sociales et renaissance de l'Afrique noire. Les défis du "monde d'en-bàs". Montréal/Paris : L'Harmattan, 1998.
- *Idem*,Repenser la théologie africaine : Le Dieu qui libère, Paris : Karthala, 2003.
- *Idem*, Travail et entreprise en Afrique : Les fondements sociaux de la réussite économique. Paris : Karthala, 2006.

83. ELA, J-M. et LUNEAU, R., Voici le temps des héritiers. Églises d'Afrique et Nouvelles voix, Paris : Karthala, 1983.
84. FAIVRE, A., "Ordonner la fraternité. Pouvoir d'innover et retour à l'ordre dans l'Église ancienne », Paris : Cerf, 1992.
85. FERNANDEZ RODRIGUÉZ, F., Sacramento del Orden. Estudio teológico. Vida y santidad del sacerdote ordenado, San esteban-Edibesa, Salamanca-Madrid, 2007.
86. FIORITA, N., Remunerazione e previdenza dei ministri di culto, Milano: Ed.Dott. A. Giuffre, 2003.
87. FRANZEN, A., Historia de la Iglesia, Santander: Sal Terrae, 2009.
88. FUNGHINI, R. (dir.), Il sostentamento del clero. Nella legislazione canonica e concordataria italiana, Coll. Studi Giuridici XXVIII, Città del Vaticano: Libreria Editrice Vaticano, 1993.
89. FWELEY DIANGITUKWA, L'Afrique doit renaitre, France : Éd. Monde Nouveau/Afrique Nouvelle, 2016.
90. GARCÍA EXTERMEÑO, Cl., Eclesiología. Comunión de vida y misión al mundo, San Esteban-Edibesa, Salamanca-Madrid: 2005.
91. GARCIA Y GARCIA, A., Historia del Derecho Canónico, Col. Instituto de Historia de la Teología Español, Salamanca: 1967.
- *Idem*, Iglesia, sociedad y derecho, t. 2, col. Bibliotheca Salmanticensis. Estudios 89, Salamanca: UPSA, 1987.

92. GAUDEMET, J., Les sources du droit de l'Église en Occident. Du IIe au VIIe siècle, coll. Initiations au christianisme ancien, Paris: Cerf/ C.N.R.S., 1985.

- *Idem*, L'Église dans l'Empire romain (IVe – Ve siècles), Paris : Sirey, 1958 (avec mise à jour 1989).
- *Idem,Église et Cité*. Histoire du droit canonique, Paris : Cerf/ Montchréstien, 1994.
- *Idem*, Les sources du droit canonique. VIIIe –XXe siècle. Repères canoniques. Sources occidentales, Paris : Cerf, 1992.

93. GHIRLANDA., G., Introducción al derecho eclesial, Pamplona: Ed. Verbo Divino, 1995 (Titulo original: Introduzione al Diritto Ecclesiale, Ed. Piemme, 1993).

94. GIMENEZ BARRIOCANAL, F., La financiación de la Iglesia Católica en España, Madrid: EDICE, 2007.

95. GONZALEZ ARMENDIA, J.R., Sistemas históricos de dotación del Estado español a la Iglesia española (Siglos XIX–XX), Salamanca: UPSA, 1990.

96. GONZALEZ CALVO, G., Africa. La tercera colonización, Madrid: Ed. Mundo Negro, 2008.

97. GUTIERREZ MARTIN, L, El régimen de la diócesis, Salamanca: Publ. UPSA, 2004.

98. IMBERT, J., Les temps carolingiens (741–891). L'Eglise : Les Institutions, Coll. Histoire du Droit et des Institutions de l'Église en Occident (direct. G. Le Bras et J. Gaudemet), T. V, vol. I, Paris : Ed. Cujas, 1994.

99. INOSTROZA, J.C., Moisés e Israel en el desierto. El midrás paulino de 1 Cor 10, 1–13, Salamanca: Publ. UPSA, 2000.

100. INSTITUTO MARTIN DE AZPILCUETA/FACULTAD DE DERECHO CANONICO/UNIVERSIDAD DE NAVARRA, Comentario exegético al Código de Derecho canónico. Obra coordinada y dirigida por A. Marzoa, J. Miras y R. Rodríguez- Ocaña, vol. II/1, tercera edición actualizada, Navarra- Pamplona: EUNSA, 2002.

- *Idem*, Comentario Exegético al Código de Derecho canónico. Obra coordinada y dirigida por A., Marzoa, J. Miras y R. Rodríguez Ocaña, Vol. IV/1, tercera edición actualizada, Navarra-Pamplona: EUNSA, 2002.
- *Idem,* Código de Derecho Canónico, Edición anotada, Navarra-Pamplona: EUNSA, 1983.

101. JUSTO FERNANDEZ, J. (éd.), Sínodos diocesanos y legislación particular. Estudios históricos en honor al Dr. D. Francisco Cantelar Rodríguez, Col. Bibliotheca Salmanticensis Estudios 210, Salamanca: Publ. UPSA, 1999.

102. KABEYA KIPANA, CR., Administration extraordinaire des biens ecclésiastiques. Approche canonique de la législation en vigueur. Mémoire de Licence en Droit canonique (non publiée), UPSA, 2010.

103. KALAMBA NSAPO, S., Les ecclésiologies d'épiscopats africains subsahariens. Essai d'analyse de contenu, Bruxelles : Éd. Société ouverte, 2000.

104. KALAMBA, M-J., La dépendance matérielle des Églises du Zaïre et les perspectives de leur autofinancement gradué. Essai critique de l'ecclésiologie africaine, Kinshasa-Munich : Publications Universitaires Africaines, 1993.

105. KI, J. P., BELEMGOUABGA, ZERBO, A., Lutter contre la pauvreté en Afrique par l'Évangile . La production des biens économiques, Paris : L'Harmattan, 2009.

106. LEBRETON, J. et ZEILLER., J., "De la fin du 2ème siècle à la paix constantinienne", Paris, 1946.

- *Idem*, L'Eglise primitive, Paris 1946.

107. LESZEK CZERWINSKI, la remuneración del clero en Polonia [Tesis doctoral]. Director: F. R. Aznar Gil, Universidad Pontificia de Salamanca, Facultad de Derecho Canónico, 2000.

108. LE TOURNEAU, D., Droits et devoirs fondamentaux des fidèles et des laïcs dans l'Église , Coll. Gratianus, Montréal : Wilson & Lafleur, 2011.

109. LONEMA DZ'DJO, F., Devoir et droit des fidèles chrétiens de subvenir aux nécessités de l'Église dans la perspective de l'exhortation apostolique « Ecclesia in Africa », Roma : PUL, 2005.

110. LORTZ, J., Historia de la Iglesia en la perspectiva de la historia del pensamiento, t.1: Antigüedad y Edad media, Madrid: Ed. Cristiandad, 2003.

111. LUNEAU, R, Paroles et silences du Synode africain (1989–1999), Paris : L'Harmattan, 1997.

112. LUTUMBA KOMBA, B., le travail et la sécurité sociale des clercs dans l'Église et l'État . Droit comparé, Roma : P.U.L., 1999.

113. LUWANA PERO, M, La constitutions de divers fonds diocésains pour la prise en charge des Églises particulières par elles-mêmes. Can 1274, §§ 1–3. Expérience de la République démocratique du Congo, Rome : P.U. L., 2001.

114. LLORCA, B., GARCÍA VILLOSLADA, R.et MONTALBAN., F. J., Historia de la Iglesia católica. T. 1, Edad antigua. La Iglesia en el mundo greco-romano, 3ª edición., Madrid: BAC, 1960.

115. ORLANDIS, J., Historia de la Iglesia I. La Iglesia antigua y medieval, Madrid: Ediciones Palabra, 1975.

116. OTADUY, J. y ZALBIDEA, D., (edit.), El sostenimiento económico de la Iglesia católica en España. Nuevo modelo. Actas del VII Simposio Internacional del Instituto Martín de Azpilcueta (Pamplona, 24 al 26 de octubre de 2007), Pamplona: EUNSA, 2008.

117. MANZANZA MWANGOMBE, W., La constitution de la hiérarchie ecclésiastique au Congo Belge (10 novembre 1959). Prodromes et réalisation (Europäische Hochschulschriften XXIII/759), éd. Peter Lang, Frankfurt a. M. ∞ Cie, 2003.

118. MARTIN DE AGAR, J. T, Introducción al derecho canónico, Madrid: Tecnos, 2001.

119. MARZOA, A., MIRAS, J. et RODRIGUEZ OCAÑA, R. (Coord. Y Dir.), Comentario exegético al Código de Derecho Canónico, vol. II/1, segunda ed., Pamplona: EUNSA, 1997.

- *Idem*, Comentario exegetico al Codigode Derecho canonico, vol. IV/1, segunda ed., Pamplona: EUNSA, 1997.

120. MERTINEZ BLANCO, A., Derecho Canónico, Murcia: Ed. DM, 1995.

121. MESSNER, F., Le financement desÉglises , Strasbourg : Cerdic Publications, 1984.

122. Mgr MARTINEZ SISTACH, LL., Les asociaciones de fieles, 4ª ed. Revisada y ampliada, Coll. Lectània Sant Pacià, N. 37, Barcelona: Ed. De la Facultat de Teología de Catalunya, 2000.

123. Mgr MAYALA MA MPANGU, Évangélisation et mission après un siècle d'évangélisation dans le diocèse de Kisantu 1893–1993, Kisantu, 1992.

124. MIGUELEZ DOMINGUES, L., ALONSO, S. Y CABRERO, M., Código de Derecho Canónico (1917) y legislación complementaria. Texto latino y versión castellana, con jurisprudencia y comentarios. Reimpresión, Madrid: BAC, MMIX.

125. MONTOYA MELGAR, A., Derecho del trabajo. Trigésima sexta edición, Madrid: Tecnos, 2015.

126. MUKOSO NG'EKIEB, F., Les origines et les débuts de la mission du Kwango (1879–1914), Kinshasa : F.C. K., 1993.

127. MUNIER, CH., L'Église dans l'Empire romain (IIe –IIIe siècles). IIIe partie : Église et Cité, Coll. Histoire du Droit et des Institutions de

l'Église en Occident (dir.) : Gabriel Le Bras et Jean Gaudemet), T. II, vol. 3, Paris : Cujas, 1989.

128. NDI-OKALLA, J. (Dir.), Le deuxième synode africain face aux défis socio-économiques et éthiques du continent, Paris : Karthala, 2009.

129. N'TEBA MBENGI, A., La mission de la Compagnie de Jésus au Kwilu. Contribution à la transformation d'une région congolaise (1901–1954) (Tesi Gregoriana. Serie Storia Ecclesiastica 10), Roma : éd. Pontificia Università Gregoriana, 2010.

130. NUÑEZ REGODÓN, J. (coord.), JUAN FERNANDEZ SANGRADOR, J. y GUIJARO OPORTO, S., Ministerio apostólico y misterio pascual. Para una lectura pastoral de la segunda carta a los Corintios, col. Comision Episcopal del Clero. Formación permanente 8, Madrid: Ed.-EDICE, 2007.

131. PARALIEU, R., Guide pratique du Code de Droit Canonique. Notes pastorales, Bourges, 1985.

132. PELLETIER, J. (Coord.), Guide canonique et pastoral au service des paroisses, Québec, 2006.

133. PERISSET, J.C., Les biens temporels de l'Église . Commentaire des canons 1254–1340, Paris : Tardy, 1996.

134. PIÑERO CARRIÓN, J. Mª, La sustentación del clero. Síntesis histórica y estudio jurídico. Tesis doctoral en la facultad de Derecho canónico de la Universidad Pontificia de Salamanca, Sevilla, 1963.

   - *Idem*, El dinero de la Iglesia, Salamanca: UPSA, 1980.
   - *Idem*, La ley de la Iglesia. Instituciones canónicas I. Resumen sencillo y completo del Derecho Canónico, segunda edición, Col. Síntesis, Madrid: Sociedad Educación Atenas, 1993.

135. PRESAS BARROSA, C., La sustentación del clero en España. Precedentes históricos y situación actual, Santiago: Universidad de Santiago de Compostela, 1979.

136. PRISCO., J. SAN J., "Derecho parroquial. Guía canónica y pastoral", Salamanca: Sígueme, 2008.

   - *Idem* (Coord.), La curia diocesana. La función consultativa, col. Bibliotheca Salmanticensis. Estudios 242, Salamanca: UPSA, 2002.

137. PROFESORES DE LA FACULTAD DE DERECHO CNÓNICO DE LA UNIVERSIDAD DE SALAMANCA, Código de Derecho Canónico. Edición bilingüe comentada. Cuarta edición, Madrid: BAC, 2005.

   - *Idem*, Código de Derecho Canónico. Edición bilingüe comentada. Quinta edición (actualizada y revisada), Madrid: BAC, 2008.

138. RATZINGER, J., BENEDICTO XVI, Jesús de Nazaret. Primera parte. Desde el bautismo a la Transfiguración, Madrid: La Esfera de los libros, 2007.

139. RECCHI, S., (dir.), Autonomie financière et gestion des biens dans les jeunes Églises d'Afrique », Paris : L'Harmattan, 2007.

140. RINCÓN-PÉREZ, TH., El orden de los clérigos o ministros sagrados. Formación, incardinación y estatuto jurídico personal, Pamplona: EUNSA, 2009.

141. SANCHEZ y SANCHEZ, J. (dir.), La curia episcopal. Reforma y actualización, 2ª Ed., col. Bibliotheca Salmanticensis. Estudios 29, Publ. UPSA, 2000.

142. SAVATIE, R., Le droit comptable au service de l'homme, Paris : Dalloz, 1969.

143. SERIAUX, A., Droit canonique, Paris : PUF, 1996.

144. SCHOUPPE, J.P., Droit canonique des biens, Coll. Gratianus Montréal : Wilson & Lafleur, 2008.

145. SIGNIÉ, J. Mª, Paroisse et administration des biens. Un chemin vers l'autosuffisance des Églises d'Afrique, Paris : L'Harmattan, 2007.

146. SOCIETE INTERNATIONALE DE DROIT CANONIQUE ET DE LEGISLATIONS RELIGIEUSES COMPAREES, Code de Droit Canonique, Texte officiel et traduction Française, Paris, 1984.

147. VALDRINI, P., VERNAY, J., DURAND, J.P. et ECHAPPE, O., Droit canonique, Dalloz, Paris, 1989.

148. WEMBI, A., La sécurité sociale au Congo. Origines, possibilités et difficultés de gestion, Léopoldville- Louvain- Paris : Éd. IRES – NAUWELAERTS – BEATRICE-NAUWELAERTS, 1966.

6.2. Articles.

149. ABOI RUBIO, D., «Título», in: DGDC VII (2012), pp. 594–595.

- Idem, "Iglesia parroquial", in: DGDC, vol. IV (Filosofía del Derecho – Legislador) (2012), pp. 384–386.

150. ALFANDARI, E., "Système d'Assistance", in : Encyclopedia Universalis, vol. 2 (Analogie-Autonomie), pp. 928–930.

151. ALONSO MORÁN, S.: «De los beneficios y otros institutos eclesiásticos no colegiados (cc. 1409–1494)», in: ALONSO MORAN, S. et CABREROS DE ANTA, M., Comentarios al Código de Derecho canónico, t. III, Madrid: BAC, 1964, pp. 82–146.

152. ALLO, E. B., La portée de la collecte pour Jérusalem dans les plans de Saint Paul, in : RB, 45(1936), pp. 529–537.

153. AMALADOSS, M., Vers l'émergence d'une Église locale. Facteurs sociaux-ecclésiaux, in : *Spiritus*, 65 (1976), pp. 349–360.

154. AMBROSI, S., criteri di tassazione per la costituzione del fondo opere diocesane, in: *L'Amico del clero*, 68 (1986), pp. 331–332.

155. AMENTA, P., "Titulo de las Iglesias", in: DGDC, vol. VII ((RITE DISPOSITUS-ZUZEK, IVAN) (2012), pp. 599–601.

156. ARANDA, A., "Sacerdocio", in: DGDC, VOL. VII (RITE DISPOSITUS-ZUZEK, IVAN) (2012), pp. 87–93.

157. ARAÑA, J. A., "Seguridad jurídica", in: DGDC, vol. VII (RITE DISPOSITUS-ZUZEK, IVAN) (2012), pp. 224–227.

158. ARRIETA SEVILLA, L. J., "Precario", in: DGDC, vol. VI (Patronos estables – Richter, Aemilius Ludwig) (2012), p. 354.

159. ARRIETA, J. I., "Colegio de consultores y el consejo presbiteral", in: PRISCO, J. SAN J., La Curia diocesana. La función consultativa, Salamanca: UPSA, 2002, pp.115–144.

160. AZNAR GIL, F. R., Bienes temporales de la Iglesia y ordenamiento jurídico español: algunos problemas, in: XXI Jornadas de la Asociación Española de Canonistas (Madrid 18–20 abril 2001), Salamanca: UPSA 2002, pp. 167–203.

- *Idem*, La "conveniente remuneración" de los clérigos en el Código de Derecho Canónico (C.281, § 1), in: "Ciencia tomista" (113),1986/1, pp. 527–581.
- *Idem*, "La retribución económica de los sacerdotes en el Ordenamiento canónico español", in: REDC 43 (1986), pp. 411–479.
- *Idem*, "El fondo diocesano para la sustentación del clero (c. 1274, § 1)", in: REDC 48 (1991), pp.619–647.
- *Idem*, Actos de administración ordinaria y extraordinaria. Normas canónicas, in: REDC 57 (2000), pp. 41–70.
- *Idem*, La administración de los bienes temporales de la parroquia, in: "La parroquia desde el nuevo Derecho Canónico". X Jornadas de la Asociación Española de Canonistas (Madrid 18–20 abril 1990), Salamanca: UPSA, 1991, pp.161–215.
- *Idem*, Los bienes temporales de la Iglesia, in: C O R T E S DIEGUEZ, M. y PRISCO, J. SAN J. (Coord.), Derecho Canónico I: El Derecho del Pueblo de Dios, Col. Sapientia Fidei. Serie de Manuales de Teología, Madrid: BAC, 2006, pp.195–222.

- *Idem,* "El Consejo diocesano de asuntos económicos", in: PRISCO, J. SAN J., La curia diocesana. La función consultativa, Salamanca: UPSA, 2002, pp. 183–209.

161. BASSET, Financement de l'Eglise par les offrandes volontaires, in: *Concilium*, 137 (1978), pp. 43–54.

162. BIDAGOR, R., Los sujetos del patrimonio eclesiástico y el *ius eminens* de la Santa Sede, in: "El patrimonio eclesiástico". Estudios de la III semana de Derecho canónico, Salamanca: UPSA, 1950, pp.27–42.

163. BLAZQUEZ, R., «La función consultativa en la Iglesia comunión", in: PRISCO, J. SAN J. (coord.), La Curia diocesana. La función consultativa, Salamanca, UPSA, 2002, pp. 17–32.

164. BOKWANGA MOLAKU, S., « Présentation du thème », in: CENCO, L'identité du prêtre diocésain…, pp. 28–30.

165. BONET MUIXI, M., « La gestión del patrimonio ecclesiastico: administración", in: "El patrimonio eclesiástico. Estudios de la III Semana de Derecho Canónico, Salamanca: UPSA, 1950, pp. 121–151.

166. BOKA DI MPASI, l'autonomie des Églises africaines, in : *Spiritus*, 29 (1988), pp. 423–435.

167. BONE, G., «Corresponsabilidad eclesial», in: DGDC, vol. II (Cementerio-Delito Frustrado) (2012), pp. 778-785.

168. BONTINCK, F., Le conditionnement historique de l'implantation de l'Église Catholique au Congo, in : RCA, pp. 6–198.

169. BUETUBELA, B., L'autonomie des jeunesÉglises , in : Actes du 2ème Congrès des biblistes africains, Ibadan : 31 juillet-3 août 1984, Kinshasa : Facultés Catholiques de Kinshasa, 1990, pp. 77–104.

170. BUJO, B., Au nom de l'Évangile . Refus d'un christianisme néo-colonialiste, dans *BTA*, VI, 11 (1984), pp. 117–127.

171. CAMPO, M., «Fondos comunes diocesanos e interdiocesanos », in: DGDC, vol. IV (Filosofía del Derecho – Legislador) (2012), pp. 59–63.

172. CAPARROS, E., "Derechos y obligaciones de los laicos", in: DGDC, vol. III (Demanda judicial – Filiación), pp. 236–243; cfr. in: Comentario exegético al Código de Derecho Canónico, vol. II/1, segunda ed., Pamplona: EUNSA, 1997, pp. 162–205.

173. CARD. PALAZZINI, P.,"L'aequa remuneratio del clero, in: FUNGHINI, R. (dir.), Il sostentamento del clero. Nella legislazione canonica e cocordataria italiana, Coll. Studi Giuridici XXVIII, Città del Vaticano: Libreria Editrice Vaticana,1993, pp. 7–31.

174. CARD. SARR, TH. A., Préface, in : DE BENOIST, J. R., Histoire de l'Église catholique au Sénégal. Du milieu du XVe siècle à l'aube du troisième millénaire, Paris/Dakar :Éd. . Karthala et Ed. Clairafrique, 2008, pp. 7–9.

175. CARD. THIANDOUM, J., « Rapport introductif au Synode spécial des évêques pour l'Afrique », in : CHEZA, M. (éd.), Le Synode africain. Histoires et textes, Paris : Karthala, pp. 27–49.

- *Idem*, "Rapport de synthèse des interventions orales et écrites des Pères synodaux", in : CHEZA, M. (éd.), Le Synode africaine. Histoires et textes, Paris : Karthala, 1994, pp. 179–215.

176. CARD. YAGO, B., "Rôle prophétique de l'Église ", in : CHEZA, M. (éd.), Le synode africain. Histoires et Textes, Paris : Karthala, 1994, pp. 82–83.

177. CARD. ZOUNGRANA, P., "Interdépendance et solidarité", in : CHEZA, M. (éd.), Le Synode africain. Histoires et textes, Paris : Karthala, 1994, pp. 169–170.

178. CASTRO ARGUELLES, M. A. y RODRIGUEZ BLANCO, M., "Seguridad social de ministros de culto y religiosos", in: Ius Canonicum, XLIV, N. 87, 2004, pp. 153–196.

179. CATTANEO, A., «Presbiterio», in: DGDC, vol. VI (Patronos estables-Richter, Aemilius Ludwig) (2012), pp. 408–412.

- Idem, "Iglesia local", in: DGDC, vol. IV (Filosofía del Derecho – Legislador) (2012), pp. 381–383.
- Idem, "Iglesia particular", in: DGDC, vol. IV (Filosofía del Derecho – Legislador) (2012), pp. 386–390.

180. CEBRIA, M., "Impuesto eclesiastico", in: DGDC, vol. IV (Filosofía del Derecho – Legislador) (2012), pp. 450–452.

181. CENALMOR, D., "De las obligaciones y derechos de todos les fieles, cc. 209–223", in: Comentario exegético al Código de Derecho Canónico, vol. II/1, segunda ed., Pamplona: EUNSA, 1997, pp. 64–161.

182. CICCIMARRA, F. B., La sicurezza sociale dei religiosi nell'ordinamento canonico, in: Commentarium pro religiosi et missionarus, 1984, pp. 89–109.

183. CICOGNANI, «Derecho de la Iglesia a la posesión de bienes materiales», in: REDC 5 (1950), pp.5–25.

184. CLERGE DIOCESAIN DE POPOKABAKA., Rapport des Journées Sacerdotales tenues à Popokabaka du 23 au 24 janvier 2004 (texte non publié).

- *Idem*, Compte-rendu de la réunion sacerdotale tenue à Kinshasa du 16 juin au 5 aout 2015 (texte non publié).

- -*Idem,* Rapport des journées sacerdotales : « L'Évangélisation de l'An 2000 et la vie du prêtre séculier », tenue à Iniangi du 17 au 22 aout 1999 (texte non publié).
- *Idem,* Journées sacerdotales tenue du 23 au 24 janviers 2004 à Popokabaka (texte non publié).
- *Idem,* Compte-rendu de la Réunion du Conseil Presbytéral tenue à Popokabaka du 17 au 18 juillet 2006 (texte non publié).
- *Idem,* Procès-Verbal de la Rencontre des prêtres du doyenné de Panzi au début de l'année pastorale 2007–2008 (Kingwangala, 24 septembre 2007) (texte non publié).
- *Idem,* Rapport de la Rencontre des abbés sur la situation matérielle du clergé, tenue à Kinshasa du 4 au 9 aout 2010 (texte non publié).

185. COLOMBO, M., L'istituto per il sostentamento del clero e problemi connessi, in: *Monitor Ecclesiasticus,* 111 (1986), pp. 87–108.
186. COMBALIA, Z., "De la administración de los bienes, cc. 1273–1289, in: Comentario exegético al Código de Derecho Canónico, vol. IV/1, segunda ed., Pamplona: EUNSA, 1997, pp. 104–150.
187. DAVID, B., « Les biens d'Église. Principes théologico-canoniques », in : Cahiers du droit ecclésial 2 (1985), pp. 85–105.
188. DE ANGELIS, A., "L'inserimento degli istituti di sostentamento del clero nella Chiesa particulare, in: FUNGHINI, R. (dir.), Il sostentamento del clero. Nella legislazione canonica e cocordataria italiana, Coll. Studi Giuridici XXVIII, Città del Vaticano: Libreria Editrice Vaticana, 1993, pp. 127–133.
189. DE LEON REY, E., Historia del derecho canónico, in: CORTES DIEGUEZ, M.y PRISCO, J. SAN J. (Coord.), Derecho Canónico I: El Derecho del Pueblo de Dios, Col. Sapientia Fidei. Serie de Manuales de Teología, Madrid: BAC, 2006, 216, pp. 3–34.
190. DE LUBAC, H., « Les Églises particulières dans l'Église Universelle », in: La DC, n° 1602 (2 février 1972), pp. 126–133.
191. DE OTADUY, J., "Seguridad social del clero", in: DGDC VII (RITE DISPOSITUS - ZUZEK, IVAN) (2012), pp. 230–235.
    - *Idem,* "Salario", in: DGDC VII (RITE DISPOSITUS - ZUZEK, IVAN) (2012), pp. 126–128.
    - *Idem,* El derecho a la retribución de los laicos al servicio de la Iglesia, in: Fidelium Iura 2 (1992), pp. 187–206.
    - *Idem,* "Derechos y obligaciones de los clérigos", in: DGDC, vol. III (Demanda judicial - Filiación) (2012), pp. 224–230.

- *Idem*, "Fuentes del Derecho", in: DGDC, vol. IV (Filosofía del Derecho – Legislador) (2012), pp. 119–125.
- *Idem,* "De las obligaciones y derechos de los clérigos, cc. 273–289", in: Comentario exegético al Código de Derecho Canonico, vol. IV/1, segunda ed., Pamplona: EUNSA, 1997, pp. 318–383.
- *Idem,* "De la pérdida del estado clerical, cc. 290–297, in: Comentario exegético al Código de Derecho Canonico, vol. II/1, segunda ed., Pamplona: EUNSA, 1997, pp. 384–397.

192. DE PAOLIS, V., "Les biens temporels au regard du Code de droit canonique", dans AC 47 (2005), pp. 7–36.
   - *Idem*, «Schema canonum libri V, De iure patrimoniali in Ecclesia», in: Periodica 68 (1979), pp. 673–715.
   - *Idem*, "De bonis Ecclesiae temporalibus in novo Codice Iuris Canonici", in: Peridica 73 (1984), pp. 113–151.
   - *Idem*, "Dimensione ecclesiale dei beni temporali destinati ai fini ecclesiastici", in: Periodica 84 (1995), pp. 77–103.
   - *Idem*, "Titulo episcopal", in: DGDC, vol. VII (Rite dispositus- Zuzek, Ivan) (2012), pp. 603–605.

193. DE SAINT MOULIN, L., « Le Grand Séminaire de Mayidi: aspects historiques et bilan (1933–2008) », in : Re-penser la formation sacerdotale pour une nouvelle évangélisation à l'ère de la mondialisation. Actes du 6è Colloque de Mayidi du 13 au 16 mai 2008, Mayidi : éd. Du Grand Séminaire de Mayidi, 2010, pp. 34–50.
   - *Idem*, Objectifs de la mission du Kwango et esquisse de l'itinéraire missionnaire de la Compagnie de Jésus au Congo, in : DE SAINT MOULIN, L. et MUYEMBE, O. (éd.), Un siècle d'évangélisation du Bandundu. Bilan et perspectives, Kinshasa : Cepas, 2005, pp. 15–28.

194. DIAZ MORENO, J.Mª, «Clérigos regulares», in: DGDC, vol. II (CEMENTERIO – DELITO FRUSTRADO) (2012), pp. 137–139.
   - *Idem*, "Actividades extrañas a clérigos y religiosos", in: DGDC, vol. I (A Iure – Celibato) (2012), pp. 155–157.
   - *Idem*, "Fundamentos teológicos y requisitos canónicos de la función consultativa en la curia romana", in: PRISCO, J. SAN J. (coord.), La cura diocesana. La función consultativa, Salamanca: UPSA, 2002, pp. 33–58.

195. DÍAZ RODELAS, J. M., "Pablo, impulsor de la fraternidad", in: Corintios XII. Revista de teología y pastoral de la caridad: "San Palo, Testigo de la caridad", N. 129 (Enero-Marzo 2009), pp.12–23.

196. DIMITRIOS SAL, «Clérigo en las Iglesias orientales», in: DGDC, vol. II (CEMENTERIO - DELITO FRUSTRADO) (2012), pp. 125–137.

197. DOLE, G., « La nouvelle loi italienne sur les pensions du clergé », in : Ephémérides Iuris Canonici, XVIII (1962), n. 4, pp. 376–397.

- *Idem,* « La situation des personnels du culte en droit comparé de la sécurité sociale », in : Revue internationale de Sécurité sociale, n. 4 (1974), pp. 3–23.
- *Idem,* "Hacia un estatuto eclesiástico de la previsión social del clero", in: REDC, XXVII, 77 (1971), pp. 301–311.
- *Idem.,* « Les mutualités ecclésiastiques de prévoyance sociale », in : AC (1965), pp. 65–101.
- *Idem,* « Les caisses et les régimes ecclésiastiques de pensions », in : AC, t. 12 (1968), pp. 115–186.
- *Idem.,* « La protection sociale du clergé en droit canonique et sa mise en œuvre étatique », in : REDC, t.41 (1991), pp. 67–82.

198. DOMENACH, J-M., « Le visage du message contemporain. La société industrielle : progrès et contrecoupes », in : Bilan de la Théologie du XXe siècle, t. I, Paris-Tournai, 1970, pp. 175–189.

199. DOÑA, GR., "Instituto para la sustentación del clero", in: DGDC, vol. IV (Filosofía del Derecho - Legislador) (2012), pp. 660–661.

200. DURAND, J. P., Biens ecclésiastiques, droit canonique et droit français. Propos conclusifs : Etudes sur les biens ecclésiastiques (canones 1254–1310), in : AC 47 (2005), pp. 75–86.

201. EONE EONE, O., Le problème de la subsistance et de la sécurité sociale du clergé diocésain au Cameroun, in : RECCHI, S., (éd.), Autonomie financière et gestion des biens dans les jeunes Églises d'Afrique, Paris : L'Harmattan, 2007, pp.58–91.

202. FALCHI, F., «Clero secular», in: DGDC, vol. II (CEMENTERIO-DELITO FRUSTRADO) (2012), pp. 149–152.

- *Idem,* "Clero regular", in: DGDC, vol. II (CEMENTERIO - DELITO FRUSTRADO) (2012), pp. 144–148.

203. FARIS, J. D., "Iglesia latina", in: DGDC, vol. IV (Filosofía del Derecho - Legislador) (2012), pp. 377–381.

204. FELICIANI, G., "Codex Iuris Canonici (1917)", in: DGDC, vol. II (Cementerio - Delito Frustrado) (2012), pp. 167–172.

205. FINOCCHIARO, F., "Dal concordato lateranense agli accordi del 15 novembre 1984. Profili ecclesiasticistici", in: FUNGHINI, R. (dir.), Il sostentamento del clero. Nella legislazione canonica e cocordataria

italiana, Coll. Studi Giuridici XXVIII, Città del Vaticano: Libreria Editrice Vaticana, 1993, pp. 183–189.

206. FORNES, J., "Condición canónica de las personas", in: DGDC, vol. II (Cementerio - delito frustrado) (2012), pp. 468–473.

207. *Idem*, "De las obligaciones y derechos de todos los fieles, can. 208, in: Comentario exegético al Código de Derecho Canónico, vol. II/1, segunda ed., Pamplona: EUNSA, 1997, pp. 53–63.

208. FOURNERET, P., « Biens ecclésiastiques », in : DThC 2 (Paris 1928), pp. 843–878.

209. GARCIA, R. D., «Prebenda», in: DGDC, vol. VI (Patronos estables - Richter, Aemilius Ludwig) (2012), pp. 352–353.

210. GEFAEL, P., «Codex Canonum Ecclesiarum Orientalium», in: DGDC, vol. II (CEMENTERIO - DELITO FRUSTRADO) (2012), pp. 161–167.

211. GIORGIO FELICIANI, «Codex Iuris Canonici (1917)», in: DCGC, vol. II (Cementerio - Delito frustrado) (2012), pp. 167–172.

212. GIL ARBIOL, C., La "riqueza de la pobreza" (2 Cor 8): la solidaridad como condición y fruto del Evangelio, in: Corintios XIII. Revista de teología y pastoral de la caridad: "San Pablo, testigo de la caridad", N. 129 (Enero-Marzo) (2009), pp. 101–121.

213. GIMENEZ BARRIOCANAL, F., FLORES JIMENO, Mª del ROCIO e SANTOS CEBRIAN, M., "La economía de las diócesis españolas: un estudio empírico (The economic situation of dioceses in Spain: an empirical Study), in: Ius Canonicum, vol. 51 (2011), pp. 479–506.

214. GHIRLANDA, G. "Concilio Ecuménico", in: DGDC, vol. II (Cementerio - Delito Frustrado) (2012), pp. 375–380.

215. GONZALEZ DEL VALLE, J. Mª, "El Estado y la financiación de las confesiones", in: *Ius Canonicum*, XXXIII, N. 65, 1993, pp. 123–140.

216. GUIJARRO OPORTIO, S., "El ministerio apostólico I (2 Cor 2, 14 - 4, 6) y "El ministerio apostólico II (2 Cor 4, 7 - 7, 4), in: NUÑEZ REGODON, J. (coord.), JUAN FERNANDEZ SANGRADOR, J., GUIJARO OPORTO, S., Ministerio apostólico y misterio pascual. Para una lectura pastoral de la segunda carta a los Corintios, Madrid: Ed. EDICE, 2007, pp. 51–69 et 71–89.

217. GIMENEZ BARRIOCANAL, F., "Financiación eclesial: situación actual y perspectiva de futuro", in: *Ius Canonicum*, N. 95 (2008), pp. 25–68.

218. GREINER, PH., les biens des paroisses dans le contexte des diocèses français, in: AC 47 (2005), pp.37–50.

219. Https: // fr. Wikipedia.org./Wiki/ Social Security Act [consulté le 3 mars 2016].

220.Http://www.archive.org/stream/histoiredeladîmeviar/histoiredeladîme viar djvu.txt, 19:10/04/2012.

221. Http: //www. Droit-finances. Commentcamarche.net/faq/2656-contrat-de-travil-definition-juriique:23 janvier 2015.

222. HERRAEZ RUBIO, B., "Organización diocesana de la economía", in: SANCHEZ Y SANCHEZ, J. (dir.), La curia episcopal, 2ª ed., Salamanca: Publ. UPSA, 2000, pp. 251–264.

- *Idem*, «Codex Iuris Canonici (1983)», in: DGDC, vol. II (Cementerio – Delito Frustrado) (2012), pp. 172–186.

223. HEUSANI, G., "Modèle d'Église propre à l'Afrique", in: CHEZA, M. (éd.), Le Synode africain. Histoires et textes, Paris: Karthala, 1994, pp. 134–135.

224. IBANDA KABAKA, P., « La collaboration des pouvoirs publics et de l'Église dans le Kwango hier et aujourd'hui, et ses enjeux pour le développement des populations », in : N'TEBA MBENGI, A., MAKAMBU MULOPO, A et KABEYA MAKWETA, N. (dir.), « Allez dans le monde entier… ». Centenaire de l'évangélisation catholique du Kwango-Diocèse de Popokabaka (1915–2015), Kinshasa :Éd. . Loyola, 2015, pp. 317–330.

225. IRAIZOR UNZUE, M., "Comunicación de bienes temporales y Caja de compensación", in: SANCHEZ Y SANCHEZ, J., La Curia episcopal. Reforma y actualización, 2ª ed., Salamanca: Publ. UPSA, 2000, pp. 265–292.

226. KABAMBA MULUMBA, GH., « l'Église locale face à ses défis pastoraux », in: N'TEBA MBENGI, A., MAKAMBU MULOPO, A et KABEYA MAKWETA, N. (dir.), « Allez dans le monde entier… ». Centenaire de l'évangélisation catholique du Kwango-Diocèse de Popokabaka (1915–2015), Kinshasa: Éd. Loyola, 2015, pp. 311–316.

227. KABEYA MAKWETA, N., « Comment surmonter les aspects politiques de la marginalisation de l'Afrique ? », in : « Comment surmonter la marginalisation en Afrique ? Actes des Journées philosophiques de Canisius », RDC-Kinshasa : Médias Paul, Avril 2009, pp. 87–113.

228. KAHANG'A RUKONKISH, D., « Évangélisationet justice et paix », in : DE SAINT MOULIN, L. et MUYEMBE, O, Un siècle d'évangélisation du Bandundu. Bilan et perspectives, Kinshasa : Cepas, 2005, p. 144–150.

229. KAUFMANN, J. L, «Congrua», in: DGDC, vol. II (Cementerio- Delito frustrado) (2012), pp. 568–569.

230. KASLYN, R. J., «Titulo de ordenación", in: DGDC, vol. VII (RITE DISPOSITUS-ZEZEK, IVAN) (2012), pp. 601–603.

231. 232. KIBWENGE EL-ESU, F., « Mission évangélisatrice du Kwango et promesse de vie abondante. Radioscopie du centenaire du diocèse de Kikwit », in : ANGELO KANGOSA, G. et MANZANZA MWANANGOMBE, W. (dir..), Du Vicariat du Kwango à l'Église locale de Kikwit. Cent ans d'évangélisation au Kwango-Kwilu et perspectives d'avenir, Kinshasa : MédiasPaul, 2012, pp. 265–285.

233. KWAKWA, F., « 100 ans après l'évangélisation ! Quel impact du message chrétien sur les croyances et pratiques ancestrales et traditionnelles dans les diocèses du Bandundu », in : DE SAINT MOULIN, L. et MUYEMBE, O. (éd.), Un siècle d'évangélisation du Bandundu. Bilan et perspectives, Kinshasa : CEPAS, 2005, pp. 74–85.

234. LOPEZ ZUBILLAGA, J. L., Comentario del c. 1491, in: PROFESORES DE DERECHO CANONICO DE UPSA, Código de Derecho Canónico, Ed. bilingüe comentada, 5ª ed., Madrid: BAC, MMVIII, pp. 852–853.

235. MABANZA TOLOTOLO, F., « La responsabilité du clergé diocésain de Kikwit dans la crise financière et institutionnelle actuelle », in : ANGELO KANGOSA, G. et MANZANZA MWANANGOMBE, W. (dir.), Du Vicariat du Kwango à l'Église locale de Kikwit. Cent ans d'évangélisation au Kwango-Kwilu et perspectives d'avenir, Kinshasa : MédiasPaul, 2012, pp. 237–264.

236. MAKAMBU MULOPO, A. et KABEYA MAKWETA, N., « Le clergé diocésain de Popokabaka. De la période missionnaire à l'Église locale », in : N'TEBA MBENGI, A., MAKAMBU MULOPO, A et KABEYA MAKWETA, N. (dir.), « Allez dans le monde entier… ». Centenaire de l'évangélisation catholique du Kwango-Diocèse de Popokabaka (1915–2015), Kinshasa : Ed. Loyola, 2015, pp. 69–102.

237. MANZANZA MWANGOMBE, W., Les implantations pastorales : Défi d'évangélisation et réponses au premier siècle de l'Église au Kwango-Kwilu, in : ANGELO KANGOSA, G. et MANZANZA MWANANGOMBE, W. (dir.), Du Vicariat du Kwango à l'Église locale de Kikwit. Cent ans d'évangélisation au Kwango-Kwilu et perspectives d'avenir, Kinshasa : MédiasPaul, 2012, pp. 21–49.

238. MARCHETTO, A., «Concilio Vaticano II», in: DGCDC, vol. II (Cementerio – Delito frustrado) (2012), pp. 400–4028.

239. MARCHI, T., «La remunerazione dei chierici nel nuovo Codice, in: Lo stato giuridico dei ministri sacri nel nuovo Codex Iuris Canonici, Città del Vaticano, 1984.

- *Idem*, «La remunerazione del chierici nel nuovo Codice, in: «ME» 100 (1984).

240. MARCUZZI, P. G., "Il sostentamento del clero nella normativa codiciale latina", in: FUNGHINI, R. (dir.), Il sostentamento del clero. Nella legislazione canonica e cocordataria italiana, Coll. Studi Giuridici XXVIII, Città del Vaticano: Libreria Editrice Vaticana, 1993, pp. 33–78.

241. MATENSI TAKIKANGU, I., "Personnel ecclésiastique dans le Bandundu, formation et ministère, in : DE SAINT MOULIN, L. et MUYEMBE, O. (éd.), Un siècle d'évangélisation du Bandundu. Bilan et perspectives, Kinshasa. CEPAS, 2005, pp. 125–136.
   - *Idem*, « Réception du christianisme et réflexion sur la formation des prêtres dans notre Église locale », in : ANGELO KANGOSA, G. et MANZANZA MWANANGOMBE, W. (dir.), Du Vicariat du Kwango à l'Église locale de Kikwit. Cent ans d'évangélisation au Kwango-Kwilu et perspectives d'avenir, Kinshasa : MédiasPaul, 2012, pp. 75–97.

242. MBELU BABANYA KABUDI, Préface, in : FWELEY DIANGITUKA, L'Afrique doit renaitre, France :Éd. . Monde Nouveau/Afrique Nouvelle, 2016, pp. 7–10.

243. MC KEN, K. E., "Remuneración de los que están al servicio de la Iglesia", in: DGDC, vol. VI (Patronos estables- Richter, Aemilius Ludwig) (2012), pp. 910–913.

244. MEEHAN, A., "Bernard of Pavia." The Catholic Encyclopedia. Vol. 2. New York: Robert Appleton Company, 1907, in: http://www.newadvent.org/cathen/02504a.htm).

245. MESSI METOGO, E., « Religions, christianisme et modernité : quelle mission pour le second synode ? », in : NDI-OKALLA, J. (Dir.), « Le deuxième synode africain face aux défis socio-économiques et éthiques du continent », Paris : Karthala, 2009, pp. 26–37.

246. MESSOMO ATEBA, A. G., « Le second synode africain : la perspective ecclésiologique de son témoignage », in : NDI-OKALLA, J. (dir.), Le deuxième synode africain face aux défis socio-économiques et éthiques du continent, Paris : Karthala, 2009, pp. 147–153.

247. Mgr GALDI, F., «La remunerazione del clero secondo la normativa pattizia e di esecuzione», in: FUNGHINI, R. (dir.), Il sostentamento del clero. Nella legislazione canonica e cocordataria italiana, Coll. Studi Giuridici XXVIII, Città del Vaticano: Libreria Editrice Vaticana, 1993, pp. 135–161.

248. Mgr KEMBO, G., “La prise en charge des Églises locales par elles-mêmes », in : CHEZA, M. (éd.), Le Synode africain. Histoires et textes, Paris : Karthala, 1994, pp. 172–174.

249. Mgr KOMBO, E., « L'engagement politique est une forme de charité », in : CHEZA, M. (éd.), Le Synode africain. Histoires et textes, Paris : Karthala, 1994, pp. 83–84.

250. Mgr KPIEBAYA, G., « Ceux que le Synode ne peut oublier », in : CHEZZA, M. (éd.), Le Synode africain. Histoires et textes, Paris ; Karthala, 1994, pp. 57–58.

251. Mgr KUSIELE DABIRE DÈR, R., préface, in : KI, J-P, BELEMGOUABGA, M. et ZERBO, A., Lutter contre la pauvreté en Afrique par l'Évangile . La production des biens économiques, Paris : L'Harmattan, 2009, pp. 11–13.

252. Mgr LUTAKU IWUTU, E., VICAIRE GÉNÉRAL, Lettre aux membres du clergé diocésain de Popokabaka, datée du 29 aout 2013 : Constitution Caisse « Pool Commun » du clergé diocésain de Popokabaka.

253. Mgr MONGALE NKHUMISHE, P., « Comment subvenir aux besoins du clergé local ? », in : CHEZA, M. (éd.), Le Synode africain. Histoires et textes, Paris : Karthala, 1994, p. 172.

254. Mgr MONSENGWO PASINYA, L., Préface, in : Mgr MAPWAR BASHUTH, F. J., « Église et Société ». Le Discours socio-politique des Évêques de la CENCO (1996-2006), T. II, Textes de la CENCO, Kinshasa : F.C.K., 2008, pp. 11–13.

255. Mgr MPUNDU, T. G., « Engagement pour la justice et la paix », in : CHEZA, M. (éd.), Le Synode africain. Histoires et textes, Paris : Karthala, 1994, pp. 86–88.

256. Mgr MUDISO, G., Mot de clôture du colloque, in : DE Saint MOULIN, L. et MOYEMBE, O. (éd.), « Un siècle d'évangélisation du Bandundu. Bilan et perspectives », Kinshasa : Cepas, 2005, pp.11–13.

257. Mgr MVE ENGONE, B., « Évangile et combat pour la justice », in : CHEZA, M. (éd.), Le Synode africain. Histoires et textes, Paris : Karthala, 1994, pp. 84–86.

258. Mgr NNACHI OKORO, M., « Engagement dans les luttes quotidiennes », in : CHEZA, M. (éd.), Le Synode africain. Histoires et textes, Paris : Karthala, 1994, pp. 89–90.

259. Mgr O. OCHIAGHA, GR., « L'évêque, disciple du Christ », in : CHEZA, M. (éd.), Le Synode africain. Histoires et textes, Paris : Karthala, p. 147.

260. Mgr RABEONY, F., « Le royaume de Dieu est arrivé pour les pauvres », in : CHEZA, M. (éd.), Le Synode africain. Histoires et textes, Paris : Karthala, 1994, p. 58.

261. Mgr TITIANMA SANON, A., « Église-famille », in : CHEZA, M. (éd.), Le Synode africain. Histoires et textes, Paris : Karthala, 1994, pp. 136–138.

262. Mgr TSHIBANGU TSHIKUKU, TH., L'engagement des laïcs dans la croissance et le développement intégral de l'Afrique. Orientations générales, in : Actes de la Troisième Assemblée Plénière de Symposium des Conférences Épiscopales d'Afrique et de Madagascar, Kampala, 1972.

263. Mgr SASTRE, R., « Pour une créativité théologique et pastorale », in : CHEZA, M. (éd.), Le Synode africain. Histoires et textes, Paris : Karthala, 1994, p. 82.

264. Mgr SIMA NGUA, A., "Une évangélisation qui imprègne tout", in : CHEZA, M. (éd.), Le Synode africain. Histoires et textes, Paris : Karthala, 1994, p. 98.

265. Mgr VANDAME, CH., « Situation financière d'une Église locale », in : CHEZA, M. (éd.), Le Synode africain. Histoires et textes, Paris : Karthala, 1994, pp. 170–171.

266. MIGUELEZ DOMINGUEZ, L., Comentario de los cánones 973–982 : De los requisitos del sujeto de la sagrada ordenación, in: ALONSO, A. et alii, Comentarios al Código de Derecho Canónico. Con el texto legal latino y castellano, t. II. Cánones 682–1321, Madrid: BAC, 1962, pp. 403–408.

267. MINNICH, N. H., "Concilio de Trento", in: DGDC, vol. II (Cementerio – Delito frustrado) (2012), pp. 367–375.

268. MISTO, L., "Diritto alla remunerazione, beni dei chierici, uguaglianza e diversità di tratamento, in: Quaderni di diritto ecclesiale 2 (1989), p. 57–70.

269. MOGALE NKHUMISHE, P., Comment subvenir aux besoins du clergé local ?, in : CHEZA, M. (éd.), Le Synode africain. Histoires et textes, Paris : Karthala, 1996, p. 172.

270. MOLANO, Ed, «Derechos y obligaciones de los fieles», in: DGDC, vol. III (Demanda judicial- Filiación) (2012), pp. 230–235.

271. MUKULU MBANGI, S., « La gestion du grenier ecclésiastique : Les défis d'un service. Jalons pour une « pastorale du grenier », in : ANGELO KANGOSA, G. et MANZANZA MWANANGOMBE, W. (dir..), Du Vicariat du Kwango à l'Église locale de Kikwit. Cent ans d'évangélisation au Kwango-Kwilu et perspectives d'avenir, Kinshasa : MédiasPaul, 2012, pp. 219–236.

272. MWANAMA GALUMBULULA, F., « l'identité du prêtre diocésain dans les Statuts des Grands Séminaires de la RDC », in : CENCO/

COMMISSION EPISCOPALE POUR LES SEMINAIRES ET LE CLERGE, L'identité du prêtre diocésain..., pp. 102–117.

273. NAVARRETE, R., «¿Qué es autofinanciación? Algunos conceptos de la ciencia de la economía", in: OTADUY, J. y ZALBIDEA, D. (edit.), El sostenimiento económico de la Iglesia Católica en España. Nuevo modelo. Actas del VII Simposio Internacional del Instituto Martín de Azpilcueta, Pamplona: EUNSA, 2008, pp. 43–59.

274. NAVARRO, L., «Incardinación», in: DGDC, vol. IV (Filosofía del Derecho – legislador) (2012), pp. 503–508.

275. NDJONDJO NDJULA K'ASHA, M., «clero diocesano», in: DGDC, vol. II (CEMENTERIO-DELITOFRUSTRADO) (2012), pp. 139–142.

276. NGAMUKI, R., « Réinventer l'avenir de l'Église locale de Kikwit. Une réflexion sur les 100 ans d'évangélisation », in : ANGELO KANGOSA, G. et MANZANZA MWANANGOMBE, W. (dir..), Du Vicariat du Kwango à l'Eglise locale de Kikwit. Cent ans d'évangélisation au Kwango-Kwilu et perspectives d'avenir, Kinshasa : MédiasPaul, 2012, pp. 319–344.

277. NOTHUM, A., « Le Conseil diocésain pour les affaires économiques », in : RECCHI, S. (dir.), Autonomie financière et gestion des biens dans les jeunes Église d'Afrique, Paris : L'Harmattan, 2007, pp. 92–130.

278. N'TEBA MBENGI, A. etMBIRIBINDI, D., « La Compagnie de Jésus au Kwango : Quo Vadis?», in: N'TEBA MBENGI, A., MAKAMBU MULOPO, A et KABEYA MAKWETA, N. (dir.), « Allez dans le monde entier... ». Centenaire de l'évangélisation catholique du Kwango-Diocèse de Popokabaka (1915–2015), Kinshasa : Ed. Loyola, 2015, pp. 41–67.

279. NUÑEZ REGODON, J., "sustento del Apóstol y responsabilidad comunitaria. A propósito de 1 Cor 9", in: Corintios XIII, núm. 129 (Enero-marzo 2009), pp. 122–143.
   - *Idem*, "El Apóstol pablo", "La situación histórico-social de 2 Cor" y "Al servicio de la caridad (2 Cor 8, 1 – 9, 15)", in: NUÑEZ REGODÓN, J. (coord.), JUAN FERNANDEZ SANGRADOR, J. y GUIJARO OPORTO, S., Ministerio apostólico y misterio pascual. Para una lectura pastoral de la segunda carta a los Corintios, col. Comisión Episcopal del Clero. Formación permanente 8, Madrid: Ed.- EDICE, 2007, pp. 13–29 ; 31–49 et 91–106.

280. OCÁRIZ, F., "Iglesia universal", in: DGDC, vol. IV (filosofía del Derecho – Legislador) (2012), pp. 396–400.

281. PAVANELLO, P., «Clero extradiocesano», in: DGDC, vol. II (CEMENTERIO – DELITO FRUSTRADO) (2012), pp. 142–144.

282. PAVON BENITO, J., "Concilio Lateranense III", in: DGDC, vol. II (Cementerio- Delito frustrado) (2012), pp. 380–383.

283. PEÑARANDA QUINTERO, H. R., Principio de equidad procesal, in: Nomadas. Revista critica de Ciencias sociales y jurídicas 21 (2009), 1: Publicación Electrónica de la Complutense/ISSN, pp. 1578–6730.

284. PENOUKOU EFOE, J., "Églises -particulières", in : CHEZA, M., Le Synode africain. Histoires et textes, Paris : Karthala, 1994, pp. 138–139.

285. PEREZ MARTIN, A., "El Derecho canónico particular y el derecho común medieval", in: JUSTO FERNANDEZ, J., Sínodos diocesanos y legislación particular. Estudios históricos en honor al Dr. D, Francisco Cantelar Rodríguez, Salamanca: UPSA, 199, pp. 15–23.

286. PERLASCA, A., "Bien eclesiastico", in: DGDC I (a IURE-CELIBATO) (2012), pp. 689–693.

287. PFUNGA-PFUNGA, PH., Église et développement. Prise en charge matérielle de l'Église du Bandundu par ses propres fidèles. Hier, aujourd'hui et potentialités d'avenir, in : DE SAINT MOULIN, L. et MUYEMBE, O. (ed.), Un siècle d'évangélisation du Bandundu. Bilan et perspectives, Kinshasa : CEPAS, 2005, pp. 174–191.

- *Idem*, « Marginalisation et conformisme collectif », in : « Comment surmonter la marginalisation en Afrique ? Actes des Journées philosophiques de Canisius- XI (avril 2009) », Kimwenza-Canisius: Ed. Loyola, 2009, pp. 37–65.

288. PIÑERO CARRION, J. Mª, "Derecho de organización y de administración en la Iglesia", in: SANCHEZ Y SANCHEZ, J. (dir.), La curia episcopal. Reforma y actualización, 2ª Ed., Salamanca: Publ. UPSA, 2000, pp. 35–64.

289. PRISCO, J. SAN J., "Los ministros sagrados o clérigos", in: CORTES DIEGUEZ, M. y PRISCO, J. SAN J. (Coord.), Derecho Canónico I: El Derecho del Pueblo de Dios, Col. Sapientia Fidei. Serie de Manuales de Teología, Madrid : BAC, 2006, pp. 187–219.

- *Idem*, Comentario del can. 281, §§ 1–2, in: PROFESORES DE DERECHO CANÓNICO DE LA UPSA, Código de Derecho Canónico. Edición bilingüe comentada, 5ª Edición (actualizada y revisada), Madrid: BAC, 2008, pp. 186–187.
- *Idem*, "EL consejo diocesano de pastoral", in: PRISCO, J. SAN J. (coord.), La Curia diocesana. La función consultativa..., pp. 163–181.

290. RECCHI, S., « L'implantation des Églises nouvelles et le problème de l'autofinancement des Églises d'Afrique centrale. Une approche canonique. », in : RECCHI, S. (dir.), « Autonomie financière et gestion

des biens dans les jeunes Églises d'Afrique », Paris : Harmattan, 2007, pp. 19–57.

291. REDAELLI, C., "Cuestión de la codificación", in: DGDC, vol. II (Cementerio – Delito Frustrado) (2012), pp. 189–196.

292. RINCON PEREZ, T., "clérigo", in: DCGC, vol. II (CEMENTERIO-DELITO FRUSTRADO) (2012), pp. 119–125.
   - *Idem*, "Formación de los clérigos", in: DGDC, vol. IV (Filosofía del Derecho – Legislador) (2012), pp. 77–83.
   - *Idem*, "Sobre algunas cuestiones canónicas a la luz de la Exhort. Apost. 'Pastores Dabo Vobis'", in: Ius Canonicum, XXXIII, N. 65 (1993), pp. 315–378.

293. RIVERO, J., Préface, in : DOLE, G., La protection sociale du clergé. Histoire et institutions ecclésiales, Paris : Librairie Générale de Droit et de Jurisprudence, 1980, p. XII.

294. RODRIGUEZ BLANCO, M., «Seguridad social de miembros de IVC», in: DGDC, vol. VII (Rite Dispositus – Zuzek, Ivna) (2012), pp. 227–230.

295. *Idem*, "La inclusión de los religiosos en el régimen especial de trabajadores autónomos de la seguridad social. Precisiones", in: Ius Canonicum, XLI, N. 81, 2001, pp. 145–165.

296. RUFFINI, E., La classificazione delle persone giuridiche in Siniblado dei Fieschi ed. In F. C. Savigny, "Scritt Giuridici Minori", II, Milano, 1936, pp. 4–90.

297. SALACHAS, D., "Graciano", in: DGDC, vol. IV (Filosofía del Derecho – Legislador) (2012), pp. 239–274.

298. SALERNO, F., "Gli instituti per il sostentamento del clero negli accordi del 15 novembre 1984: Profili istituzionali, patrimoniali e fiscali, in: FUNGHINI, R. (dir.), Il sostentamento del clero. Nella legislazione canonica e cocordataria italiana, Coll. Studi Giuridici XXVIII, Città del Vaticano: Libreria Editrice Vaticana, 1993, pp. 79–125.

299. SALVATORI, D., «Presbítero», in: DGDC, vol. VI (Patronos estbales – Richter, Aemilius Ludwig) (2012), pp. 412–416.

300. SEMERARO, M., «Communio», in: DGDC, vol. II (Cementerio – Delito frustrado) (2012), pp. 283–288.

301. SCHOUPPE, J. P., «Bienes temporales en la Iglesia», in: DGDC vol. I (A IURE-CELIBATO) (2012), pp. 703–708.
   - *Idem*, Elementi di diritto patrimoniale canonico, Milano, 1997.
   - *Idem*, "Beneficio eclesiastico", in: DGDC, vol. I (A Iure – Celibato) (2012), pp. 656–662.

302. SIGNIÉ, J. Mª, « Le Conseil paroissial pour les affaires économiques », in : RECCHI, S. (dir.), L'autonomie financière dans les jeunes Églises d'Afrique, Paris : L'Harmattan, 2007, pp. 131–159.

303. STUDT, B., "Concilio Lateranense IV", in: DGDC, vol II (Cementerio – Delito frustrado) (2012), pp. 383–387.

304. ULUMA, V. de PAUL, « L'Église et la santé au Congo », in : DE SAINT MOULIN, L. et MUYEMBE, O. (éd.), Un siècle d'évangélisation du Bandundu. Bilan et perspectives, Kinshasa : Cepas, 2005, pp. 162–168.

305. VALENCIA, D. A., «Contrato de seguro», in: DGDC, vol. VII (RITE DISPOSITUS- ZUZEK, IVAN) (2012), pp. 235–237.

306. VAN HENCXTHOVEN, E., lettre au Secrétaire d'État , Kisantu le 1er mars 1894, AAB, Cultes et missions/Jésuites, M 563/16.

- *Idem*, Lettre au Père Cus du 11 avril 1905, dans E. LAVEILLE, L'Évangile au cœur de l'Afrique, Louvain-Bruxelles, 1926.

307. VIDAL GALLARDO, M., "El reconocimiento de la cotización a la seguridad social de los sacerdotes y religiosos de la Iglesia Católica secularizados. I. Comentario al Real Decreto 487/1998, de 27 de marzo, sobre reconocimiento, como cotizados a la seguridad social, de periodos de actividad sacerdotal o religiosa de los sacerdotes y religiosos o religiosas de la Iglesia Católica secularizados", in: REDC 55 (1998), pp. 265–294.

308. VILLAR, J. R., «Communio ecclesiarum», in: DGDC, vol. II (Cementerio – Delito furstrado) (2012), pp. 288–292.

- *Idem*, "Concilio Vaticano I", in: DGDC, vol. II (Cementerio – delito frustrado) (2012), pp. 395–400.

309. VIGNON, J., "Diagnostic d'une situation : pertinence et impertinence du discours social de l'Église ", in : « Transversalités. Colloque Stanislas Breton : l'avenir du christianisme entre foi et dialogue ». Revue de l'Institut Catholique de Paris, N° 135 (Oct.- – Déc. 2015), pp. 121–130.

310. Youf, D., "Seuils juridiques d'âges : du droit romain aux droits de l'enfant", Sociétés et Jeunesses en difficultés, [en ligne], n° 11/Printemps 2011, mis en ligne le 01 mars 2012, consulté le 5 novembre 2015. URL : http: //Sejed. Revues.org/ 7231.

311. ZALBIDEA, D., "Corresponsabilidad en el sostenimiento de la Iglesia", in: DGDC, vol, II (Cementerio- Delito Frustrado), pp. 785–787.

- Idem, «La digna sustentación de los clérigos (The adequate support of the clergy) », in: Ius Canonicum, N. 51 (2011), pp. 653–700.

312. ZUANAZZI, LL., "Bien público", in: DGDC vol. I (A IURE –CELIBATO) (1012), pp. 693–696.

African Theological Studies
Etudes Théologiques Africaines

Edited by Gerhard Droesser and Chibueze Udeani

Vol. 1 Blaise Okachibe Okpanachi: Nigerian-Vatican Diplomatic Relations. Evangelisation and Catholic Missionary Enterprise 1884-1950. 2013.

Vol. 2 Fidelis Chineme Bayo Kwazu: Developing a Viable Strategy of Solving the Problems of Poverty in the Light of Human Rights. A Case Study of Igboland in Nigeria. 2013.

Vol. 3 Onyenali Rowland: The Trilogy of Parables in Mt 21:28-22:14. From a Matthean Perspective. 2013.

Vol. 4 Paulinus Chibuike Nwaigwe: Canonical Marriage Preparation in the Igbo Tradition in the Light of Canon 1063 of the 1983 Code of Canon Law. Canonical Norms and Inculturation. 2013.

Vol. 5 Philip Chika Omenukwa: An Ecclesiological Exploration of the Four Marks of the Church. An Ecumenical Option for the Church in Nigeria. A Study in the Ecclesiology of Francis Alfred Sullivan. 2014.

Vol. 6 Anthony Ikechukwu Chimaka: Formal Education: A Catalyst to Nation Building. A Case Study of Nigeria. 2014.

Vol. 7 Sylvester O. Ajunwa: HI-Touch Pastoral Approach in the 21st Century. A response to the problem of insufficient organic link between faith and daily life in Nigeria. 2015.

Vol. 8 Chizurum Ann Ugbor: Living the Future in Dialogue. Towards a New Integral and Transformative Model of Religious Education for Nigeria in the 21st Century. 2015.

Vol. 9 Damian Emeka Ikejiama: Social Conflicts and Violence among Christian Churches and Denominations in Igboland. 2016.

Vol. 10 Stanislas Jean Abena Ahogni: Solidarité et Enseignement Catholique au Cameroun: L'implication des Parents. Approche Analytique et Enjeux Ethiques à la Lumière de l'Enseignement Social des Evêques du Cameroun de 1955 à 2005. 2016.

Vol. 11 Kizito Chinedu Nweke: Dialogues and Conflicts among Religious People. Addressing the Relevance of Interreligious Dialogue to the Common Public. 2017.

Vol. 12 Mark S. Aidoo: Shame in the Individual Lament Psalms and African Spirituality. 2017.

Vol. 13 Paul Mutume: Women's Emancipation in Africa – Reality or Illusion? A Case Study of Mbarara, Western Uganda. 2017.

Vol. 14 Bernhard Dinkelaker: How Is Jesus Christ Lord? Reading Kwame Bediako from a Postcolonial and Intercontextual Perspective. 2017.

Vol. 15 Godfrey Katumba: Solemn Communion. A Critical Examination of the Current Practices Surrounding the Completion of Christian Initiation in Masaka Diocese (Uganda, East Africa). 2019.

Vol. 16 Frédéric Fungula Kwilu: La Réconciliation comme volonté de vie. Une Proposition socio-anthropologique et éthique pour la reconstruction du vivre ensemble en République Démocratique du Congo. 2019.

Vol. 17 John Abimbola Jimoh: The Prophecy of Hananiah in Jeremiah 28: A Study among Christians in Abuja, Nigeria. 2019.

Vol. 18 Job Mwana Kitata: Église catholique et crise socio-politique en RD Congo. Analyse discursive de la parole épiscopale catholique sur la paix. 2020.

Vol. 19 Crispin Kabeya Kipana: Droit à la rémunération juste et à la protection sociale du clergé diocésain. Étude historico-canonique du can. 281, §§ 1-2. Dans la perspective de la prise en charge de l'Église particulière par elle-même en République Démocratique du Congo. 2021.

www.peterlang.com

www.ingramcontent.com/pod-product-compliance
Ingram Content Group UK Ltd.
Pitfield, Milton Keynes, MK11 3LW, UK
UKHW041828290926
8980IPUK00002B/132

9 783631 806494